# 2000

# 中国房地产统计年鉴

# CHINA REAL ESTATE STATISTICS YEARBOOK

中国城市出版社

图书在版编目(CIP)数据

中国房地产统计年鉴,2000/莫天全,叶剑平主编.—北京:中国城市出版社,2001

ISBN 7-5074-1265-2

Ⅰ.中… Ⅱ.①莫… ②叶… Ⅲ.房地产业—统计资料—中国—2000—年鉴 Ⅳ.F299.233-66

中国版本图书馆 CIP 数据核字(2001)第 12083 号

临时性广告经营许可证　京工商广临字 2001034 号

---

责任编辑　孙建庆
美术编辑　赵　婷
责任设计编辑　刘宪林
出版发行　中国城市出版社
地　　址　北京市朝阳区和平里西街 21 号　　邮　编　100013
电　　话　84275833　　传　真　84278264
电子信箱　cncity@peoplespace.net
经　　销　新华书店
印　　刷　北京集惠印刷有限公司
字　　数　1136 千字　插　页　16　　印　张　45.5
开　　本　850×1168(毫米)　1/16
版　　次　2001 年 4 月第 1 版
印　　次　2001 年 4 月第 1 次印刷
定　　价　360.00 元

---

《中国房地产统计年鉴》(2000)

# 编撰人员

# 编 辑 说 明

一、本书是以房地产业发展状况为核心内容的资料性年鉴。收录了 1998－1999 年全国及各省、自治区、直辖市房地产开发经济统计数据。其中,深圳、广州、武汉、西安等城市作为房地产业发展较快的代表城市进行了单独统计。是一部供房地产业管理部门和专门从事房地产开发研究以及房地产经营管理者使用的大型综合性工具书。

二、本书在综合反映建设领域全貌为主线的前提下,着重反映了房地产业的生产、经营和发展状况,并兼收了与房地产业关联度较高的其他产业的有关资料。一些地区还附带有重要历史年份的统计资料。

三、全书内容共分三篇:全国篇、城市篇、省区篇。

"全国篇"介绍了全国房地产开发、固定资产投资以及建筑业等多方面统计综合资料。其中包括对 35 个大中城市与地区的统计综合资料。

"城市篇"以城市为背景(暂不考虑其行政区划),专门综合介绍北京、天津、上海、重庆、深圳、广州、武汉、西安八大城市房地产统计资料。

"省区篇"主要是以各省、自治区为统计单位的房地产数据。

四、全国性的统计数据,除行政区划、国土面积等数据外,均不包括香港特别行政区、澳门地区及台湾省。统计数据中所使用的度量衡单位为国际统一标准计量单位,其中部分数据的合计数或相对数由于计量单位取舍差异而造成的计算误差,一般未做硬性调整。

五、统计表中的符号含义为:

"#"表示为该表中的主要项;

"－"表示无该项统计指标或该数据不详。

六、本书力求使所有数据详实、客观,但鉴于所载内容涉及面广,数据量浩大,且各省、市、自治区采集的样本资料及其内容特点各异,结构体系也不尽相同,因此,书中难免出现遗漏及不足,敬请读者及业内人士谅解,并提出宝贵意见,以便在今后编写出版下一年度《中国房地产统计年鉴》时予以修正。

备注:本资料中的房地产开发、固定资产投资以及建筑业统计综合资料部分均直接来源于国家统计局投资司。

# Preface

Ⅰ. China Real Estate Statistical Yearbook 2000 is an annual statistical publication, which covers comprehensive data on real estate and related industries of 1999 at national level and local levels of provinces, autonomous regions and municipalities directly under central government and important cities including Shenzhen, Guangzhou, Wuhan and Xi'an, and also covers data of some important years.

Ⅱ. The book contains the following three parts: National, Cities and Provinces and Regions.

"National Part" contains Composite Real Estate Statistics, Investment in fixed Assets, General Survey of Construction Trade.

"Cities Part" contains real estate statistical data of Beijing, Tianjin, Shanghai, Chongqing, Shenzhen, Guangzhou, Wuhan and Xi'an and major economy indicators of these cities.

"Provinces and Regions Part" contains real estate statistical data and major economy indicators of provinces and autonomous regions.

Ⅲ. National statistical data of this book do not include that of Hong Kong, Macao and Taiwan province except for divisions of administrative areas, territory and forest resources. The units of measurement used in this book are internationally standard measurement units. Statistical discrepancies due to rounding are not adjusted in this book.

Ⅳ. Notations used in the sheets of this book:

"#" indicates the major items.

"_" indicates the data not available.

Ⅴ. Although the editors have tried their best, this book might have deficiencies due to broad and abundant data contents and the different sample materials, coverage and statistical system of provinces, autonomous regions and municipalities directly under central government.

Note: Composite data of this book are provided directly by Investment Department of State Statistics Bureau.

# Preface

I. China Real Estate Statistical Yearbook 2000 is an annual statistical publication, which covers comprehensive data on real estate and related industries of 1999 at national level and local levels of provinces, autonomous regions and municipalities directly under central government and important cities including Shenzhen, Guangzhou, Wuhan and Xi'an, and also covers data of some important years.

II. The book contains the following three parts: National, Cities and Provinces and Regions.

"National Part" contains composite Real Estate Statistics, Investment in fixed Assets, General Survey of Construction Trade.

"Cities Part" contains real estate statistical data of Beijing, Tianjin, Shanghai, Chongqing, Shenzhen, Guangzhou, Wuhan and Xi'an and major economic indicators of these cities.

"Provinces and Regions Part" contains real estate statistical data and major economic indicators of provinces and autonomous regions.

III. National statistical data of this book do not include that of Hong Kong, Macao and Taiwan province except for divisions of administrative areas, territory and forest resources. The units of measurement used in this book are internationally standard measurement units. Statistical discrepancies due to rounding are not adjusted in this book.

IV. Notations used in the sheets of this book:

"#" indicates the major items;

"…" indicates the data not available.

V. Although the editors have tried their best, this book might have deficiencies due to broad and abundant data contents and the different sample and range coverage and statistical system of provinces, autonomous regions and municipalities directly under central government.

Note: composite data of this book are provided directly by Investment Department of State Statistics Bureau.

# 总 目 录

## 第一部分 全国篇



## 第二部分 城市篇

## 第三部分　省区篇

# BRIEF CONTENTS

## THE FIRST PART NATIONAL



## THE SECOND PART CITIES



## THE THIRD PART PROVINCES AND REGIONS

# 第一部分　全国篇

# THE FIRST PART
# NATIONAL

# 第一章　房地产综合

# CHAPTER 1　COMPOSITE REAL ESTATE STATISTICS

# 1-1 全国房地产开发综合统计(1997—1999年)

## COMPOSITE STATISTICS OF NATIONAL REAL ESTATE DEVELOPEMENT(1997—1999)

| 指　标 | Index | 1997 | 1998 | 1999 |
|---|---|---|---|---|
| **一、全部项目建设规模(亿元)** | **Total Projects Construction Investment (100 million yuan)** | | | |
| 计划总投资 | Total Investment Value Planned | 16392.40 | 17958.77 | 18744.18 |
| #本年计划投资 | # Investment Value Planned This Year | 3627.66 | 4183.43 | 4770.70 |
| 实际需要总投资 | Total Investment Actually Needed | 17685.72 | 19623.04 | 20207.68 |
| 自开始建设至本年底累计完成投资 | Accumalated Investment Completed up to This Year-end Since Start | 9109.72 | 10515.44 | 11509.43 |
| 全部建成尚需投资 | Investment Needed for The Left Construction | 8576.00 | 9107.60 | 8698.25 |
| **二、本年完成投资额(亿元)** | **Total Value Completed This Year (100 million yuan)** | **3178.37** | **3614.23** | **4103.20** |
| **1.按构成分** | **Grouped by use of Funds** | | | |
| 建筑安装工程 | Construction | 2236.37 | 2535.64 | 2923.86 |
| 设备、工具、器具购置 | Purchase of Equipment and Instrument | 124.66 | 120.08 | 105.39 |
| 其它费用 | Others | 817.34 | 958.51 | 1073.95 |
| #土地购置费 | # Purchase of Land | 247.60 | 375.40 | 500.03 |
| **2.按工程用途分** | **Grouped by Purpose of Projects** | | | |
| 住　宅 | Residence | 1539.38 | 2081.56 | 2638.48 |
| #经济适用房屋 | # Economic Buildings | 185.50 | 270.85 | 437.02 |
| 办公楼 | Office | 388.98 | 433.80 | 338.60 |
| 商业营业用房 | Commerce | 425.85 | 475.83 | 484.33 |
| 其　它 | Others | 824.16 | 623.04 | 641.79 |
| **三、本年新增固定资产(亿元)** | **Newly Increased Fixed Assets (100 million yuan)** | **2413.43** | **2802.64** | **3195.67** |
| **四、土地开发及其购置(万平方米)** | **Developed and Purchased Land Area (10000 sq.m)** | | | |
| 本年土地开发面积 | Developed Area This Year | 7371.35 | 7730.12 | 9319.56 |
| 本年土地购置面积 | Purchased Area This Year | 6641.74 | 10109.32 | 11958.90 |
| **五、房屋建筑面积(万平方米)** | **Floor Space of Buildings(10000 sq.m)** | | | |
| 施工面积 | Floor Space under Construction | 44958.46 | 50770.14 | 56857.63 |
| #住　宅 | # Residence | 30374.66 | 36223.04 | 42590.34 |
| 竣工面积 | Floor Space Completed | 15819.70 | 17566.60 | 21410.83 |
| #住　宅 | # Residence | 12464.70 | 14125.73 | 17640.67 |
| **六、房屋销售** | **Sale of Buildings** | | | |
| 房屋销售面积(万平方米) | Floor Space Sold(10000 sq.m) | 9010.17 | 12185.33 | 14556.53 |
| #住　宅 | # Residence | 7864.30 | 10827.08 | 12997.87 |
| #别墅、高档公寓 | # Villa, High-grade Apartment | 254.25 | 345.29 | 435.74 |
| 经济适用房屋 | Economic Buildings | 1211.85 | 1666.49 | 2701.31 |
| 房屋销售价格(元/平方米) | Selling Price(yuan/sq.m) | 1997.00 | 2063.00 | 2053.00 |
| #住　宅 | # Residence | 1790.00 | 1854.00 | 1857.00 |
| #别墅、高档公寓 | # Villa, High-grade Apartment | 5382.00 | 4596.00 | 4503.00 |
| 经济适用房屋 | Eanomic Buildings | 1097.00 | 1035.00 | 1093.00 |
| **七、利润总额(亿元)** | **Total Profit(100 million yuan)** | **15.01** | **25.75** | **-15.16** |

# 1－2 各地区按登记注册类型分的房地产开发企业(单位)个数(1999 年)

## REAL ESTATE DEVELOPMENT ENTERPRISES(UNITS) GROUPED BY REGISTERED TYPES BY REGION(1999)

单位:个 Unit:Number

| 地 区 | Rigion | 总计 Total | 内资 Domestic Funded | 国有 State-owned | 集体 Collective-owned | 股份合作 Share Holding Cooperative | 国有联营 State-owned Jiont | 集体联营 Collective-owned Joint |
|---|---|---|---|---|---|---|---|---|
| **全国总计** | **National Total** | **25762** | **21422** | **7370** | **4127** | **556** | **194** | **120** |
| 北 京 | Beijing | 486 | 291 | 131 | 25 | 7 | 2 | — |
| 天 津 | Tianjin | 663 | 586 | 161 | 66 | — | 6 | — |
| 河 北 | Hebei | 386 | 350 | 191 | 29 | 12 | 1 | 1 |
| 山 西 | Shanxi | 257 | 239 | 133 | 37 | 2 | — | 1 |
| 内蒙古 | Inner Mongolia | 241 | 233 | 67 | 22 | 8 | 1 | — |
| 辽 宁 | Liaoning | 1222 | 1043 | 356 | 186 | 32 | 1 | 1 |
| 吉 林 | Jilin | 272 | 243 | 124 | 11 | 4 | — | — |
| 黑龙江 | Heilongjiang | 407 | 373 | 189 | 29 | 7 | — | — |
| 上 海 | Shanghai | 2595 | 2294 | 641 | 316 | 76 | 47 | 37 |
| 江 苏 | Jiangsu | 1942 | 1618 | 625 | 459 | 71 | 16 | 11 |
| 浙 江 | Zhejiang | 1717 | 1588 | 415 | 332 | 49 | 20 | 13 |
| 安 徽 | Anhui | 834 | 749 | 279 | 127 | 32 | 3 | 4 |
| 福 建 | Fujian | 1909 | 1113 | 363 | 186 | 51 | 25 | 19 |
| 江 西 | Jiangxi | 533 | 429 | 205 | 66 | 15 | 1 | — |
| 山 东 | Shandong | 1220 | 1040 | 412 | 268 | 28 | 8 | 2 |
| 河 南 | Henan | 677 | 599 | 222 | 90 | 12 | 1 | 1 |
| 湖 北 | Hubei | 1119 | 856 | 439 | 100 | 16 | 8 | 2 |
| 湖 南 | Hunan | 638 | 549 | 252 | 65 | 10 | — | 2 |
| 广 东 | Guangdong | 4065 | 3256 | 995 | 1115 | 31 | 42 | 18 |
| 广 西 | Guangxi | 499 | 383 | 156 | 75 | 7 | 3 | — |
| 海 南 | Hainan | 111 | 69 | 31 | 9 | 1 | — | — |
| 重 庆 | Chongqing | 1073 | 931 | 177 | 98 | 23 | 3 | 1 |
| 四 川 | Sichuan | 1106 | 1016 | 243 | 194 | 37 | 3 | 4 |
| 贵 州 | Guizhou | 447 | 388 | 101 | 66 | 2 | 3 | 3 |
| 云 南 | Yunnan | 293 | 264 | 126 | 11 | 5 | — | — |
| 西 藏 | Tibet | 3 | 3 | 2 | — | — | — | — |
| 陕 西 | Shaanxi | 340 | 306 | 141 | 42 | 5 | — | — |
| 甘 肃 | Gansu | 329 | 263 | 88 | 59 | 6 | — | — |
| 青 海 | Qinghai | 94 | 89 | 21 | 9 | — | — | — |
| 宁 夏 | Ningxia | 119 | 112 | 33 | 18 | 5 | — | — |
| 新 疆 | Xinjiang | 165 | 149 | 51 | 17 | 2 | — | — |

1－2 续表 1　Continued

单位：个　Unit：Number

| 地区 | Region | 内资 Domestic Funded | | | | | | |
|---|---|---|---|---|---|---|---|---|
| | | 国有与集体联营 State-owned and Collective-owned Joint | 其他联营 Other Joint | 国有独资公司 State-owned Single Funded | 其他有限责任公司 Other Corporations Limited | 股份有限公司 Share Holding Corporations Limited | 私营独资 Individuals Single Funded | 私营合伙 Individuals Cooperative |
| **全国总计** | **National Total** | **135** | **104** | **207** | **3975** | **1828** | **186** | **89** |
| 北京 | Beijing | 1 | — | 3 | 92 | 26 | — | — |
| 天津 | Tianjin | 3 | 3 | 1 | 165 | 23 | 8 | 1 |
| 河北 | Hebei | 1 | — | 2 | 32 | 39 | 3 | 1 |
| 山西 | Shanxi | — | — | — | 18 | 24 | 1 | — |
| 内蒙古 | Inner Mongolia | — | 1 | — | 36 | 22 | 5 | — |
| 辽宁 | Liaoning | 1 | 2 | 5 | 170 | 123 | 15 | 6 |
| 吉林 | Jilin | — | 1 | 2 | 33 | 39 | 5 | — |
| 黑龙江 | Heilongjiang | 1 | 1 | 3 | 65 | 58 | 1 | — |
| 上海 | Shanghai | 50 | 17 | 38 | 760 | 90 | 8 | 19 |
| 江苏 | Jiangsu | 17 | 3 | 7 | 197 | 127 | 5 | — |
| 浙江 | Zhejiang | 13 | 4 | 12 | 488 | 125 | 2 | 1 |
| 安徽 | Anhui | — | 5 | 4 | 125 | 77 | 4 | 1 |
| 福建 | Fujian | 6 | 21 | 10 | 140 | 90 | 9 | 22 |
| 江西 | Jiangxi | — | 1 | — | 45 | 32 | 11 | 1 |
| 山东 | Shandong | 2 | 4 | 3 | 167 | 63 | 4 | 3 |
| 河南 | Henan | 1 | 1 | 8 | 118 | 61 | 5 | 1 |
| 湖北 | Hubei | 5 | 1 | 5 | 110 | 90 | 11 | 3 |
| 湖南 | Hunan | — | 1 | 4 | 72 | 73 | 6 | — |
| 广东 | Guangdong | 20 | 27 | 56 | 434 | 198 | 43 | 11 |
| 广西 | Guangxi | 1 | 1 | 3 | 57 | 33 | 5 | 2 |
| 海南 | Hainan | — | 4 | — | — | 16 | 5 | — |
| 重庆 | Chongqing | 5 | 3 | 11 | 159 | 101 | 10 | 4 |
| 四川 | Sichuan | 2 | — | 4 | 216 | 131 | 8 | 4 |
| 贵州 | Guizhou | 1 | 2 | 6 | 47 | 63 | 4 | 6 |
| 云南 | Yunnan | 3 | — | 4 | 50 | 23 | — | — |
| 西藏 | Tibet | — | — | — | — | — | — | — |
| 陕西 | Shaanxi | — | — | 5 | 54 | 18 | 3 | 2 |
| 甘肃 | Gansu | 1 | 1 | 1 | 57 | 26 | — | 1 |
| 青海 | Qinghai | — | — | — | 15 | 25 | — | — |
| 宁夏 | Ningxia | 1 | — | 6 | 34 | 2 | 1 | — |
| 新疆 | Xinjiang | — | — | 4 | 19 | 10 | 4 | — |

1-2续表2 Continued

单位:个 Unit: Number

| 地区 | Region | 内资 Domestic Funded | | | 港澳台投资 Hong Kong, Mocao and Taiwan Funded | | | |
|---|---|---|---|---|---|---|---|---|
| | | 私营有限责任公司 Individual Corporations Limited | 私营股份有限公司 Individual Share Holding Corporations Limited | 其他内资企业 Other Domestic Funded | | 合资经营 Joint Operations | 合作经营 Cooperated Operations | 独资 Single Funded |
| **全国总计** | **National Total** | **2106** | **287** | **138** | **3167** | **1534** | **754** | **807** |
| 北京 | Beijing | 3 | — | 1 | 136 | 63 | 69 | 2 |
| 天津 | Tianjin | 135 | 7 | 7 | 43 | 26 | 5 | 10 |
| 河北 | Hebei | 31 | 5 | 2 | 23 | 21 | — | 1 |
| 山西 | Shanxi | 21 | — | 2 | 13 | 10 | — | 1 |
| 内蒙古 | Inner Mongolia | 66 | 5 | — | 4 | 2 | 1 | — |
| 辽宁 | Liaoning | 118 | 23 | 4 | 109 | 90 | 9 | 10 |
| 吉林 | Jilin | 21 | 2 | 1 | 16 | 12 | — | 4 |
| 黑龙江 | Heilongjiang | 10 | 6 | 3 | 29 | 20 | 3 | 5 |
| 上海 | Shanghai | 169 | 13 | 13 | 208 | 136 | 19 | 52 |
| 江苏 | Jiangsu | 68 | 9 | 3 | 238 | 175 | 33 | 24 |
| 浙江 | Zhejiang | 84 | 19 | 11 | 82 | 62 | 3 | 14 |
| 安徽 | Anhui | 80 | 5 | 3 | 58 | 39 | 5 | 12 |
| 福建 | Fujian | 134 | 17 | 20 | 583 | 165 | 62 | 348 |
| 江西 | Jiangxi | 37 | 12 | 3 | 60 | 30 | 2 | 19 |
| 山东 | Shandong | 62 | 12 | 2 | 126 | 91 | 10 | 24 |
| 河南 | Henan | 66 | 9 | 3 | 59 | 39 | 3 | 15 |
| 湖北 | Hubei | 54 | 7 | 5 | 196 | 122 | 7 | 64 |
| 湖南 | Hunan | 48 | 10 | 6 | 72 | 41 | 6 | 20 |
| 广东 | Guangdong | 230 | 20 | 16 | 719 | 152 | 483 | 80 |
| 广西 | Guangxi | 29 | 8 | 3 | 86 | 49 | 20 | 13 |
| 海南 | Hainan | — | — | 3 | 31 | 11 | 1 | 16 |
| 重庆 | Chongqing | 275 | 42 | 19 | 85 | 46 | 3 | 30 |
| 四川 | Sichuan | 145 | 22 | 3 | 65 | 43 | 6 | 12 |
| 贵州 | Guizhou | 70 | 13 | 1 | 32 | 13 | 1 | 18 |
| 云南 | Yunnan | 37 | 5 | — | 20 | 17 | — | 3 |
| 西藏 | Tibet | 1 | — | — | — | — | — | — |
| 陕西 | Shaanxi | 32 | 4 | — | 22 | 18 | 3 | — |
| 甘肃 | Gansu | 17 | 3 | 3 | 32 | 22 | — | 9 |
| 青海 | Qinghai | 15 | 3 | 1 | 3 | 3 | — | — |
| 宁夏 | Ningxia | 12 | — | — | 5 | 5 | — | — |
| 新疆 | Xinjiang | 36 | 6 | — | 12 | 11 | — | 1 |

1－2 续表 3 Continued

单位：个 Unit: Number

| 地区 | Region | 港澳台投资 Hong Kong, Mocao and Taiwan Funded<br>股份有限 Share Holding Corporations Limited | 外商投资 Foreign Funded | 合资经营 Joint Operations | 合作经营 Cooperated Operations | 独资 Single Funded | 股份有限 Share Holding Corporations Limited |
|---|---|---|---|---|---|---|---|
| **全国总计** | **National Total** | **72** | **1173** | **671** | **154** | **309** | **39** |
| 北　京 | Beijing | 2 | 59 | 24 | 34 | — | 1 |
| 天　津 | Tianjin | 2 | 34 | 23 | 6 | 5 | — |
| 河　北 | Hebei | 1 | 13 | 10 | 1 | 1 | 1 |
| 山　西 | Shanxi | 2 | 5 | 3 | — | 2 | — |
| 内蒙古 | Inner Mongolia | 1 | 4 | 3 | — | 1 | — |
| 辽　宁 | Liaoning | — | 70 | 56 | 7 | 5 | 2 |
| 吉　林 | Jilin | — | 13 | 9 | — | 3 | 1 |
| 黑龙江 | Heilongjiang | 1 | 5 | 5 | — | — | — |
| 上　海 | Shanghai | 1 | 93 | 46 | 9 | 38 | — |
| 江　苏 | Jiangsu | 6 | 86 | 64 | 9 | 12 | 1 |
| 浙　江 | Zhejiang | 3 | 47 | 37 | 3 | 4 | 3 |
| 安　徽 | Anhui | 2 | 27 | 19 | 2 | 5 | 1 |
| 福　建 | Fujian | 8 | 213 | 55 | 13 | 142 | 3 |
| 江　西 | Jiangxi | 9 | 44 | 28 | 2 | 11 | 3 |
| 山　东 | Shandong | 1 | 54 | 37 | 9 | 6 | 2 |
| 河　南 | Henan | 2 | 19 | 13 | — | 4 | 2 |
| 湖　北 | Hubei | 3 | 67 | 41 | 2 | 23 | 1 |
| 湖　南 | Hunan | 5 | 17 | 10 | 1 | 6 | — |
| 广　东 | Guangdong | 4 | 90 | 33 | 45 | 8 | 4 |
| 广　西 | Guangxi | 4 | 30 | 23 | 6 | 1 | — |
| 海　南 | Hainan | 3 | 11 | 6 | — | 3 | 2 |
| 重　庆 | Chongqing | 6 | 57 | 41 | — | 7 | 9 |
| 四　川 | Sichuan | 4 | 25 | 20 | 1 | 3 | 1 |
| 贵　州 | Guizhou | — | 27 | 17 | — | 10 | — |
| 云　南 | Yunnan | — | 9 | 8 | 1 | — | — |
| 西　藏 | Tibet | — | — | — | — | — | — |
| 陕　西 | Shaanxi | 1 | 12 | 7 | 3 | 1 | 1 |
| 甘　肃 | Gansu | 1 | 34 | 28 | — | 6 | — |
| 青　海 | Qinghai | — | 2 | 1 | — | 1 | — |
| 宁　夏 | Ningxia | — | 2 | 2 | — | — | — |
| 新　疆 | Xinjiang | — | 4 | 2 | — | 1 | 1 |

# 1－3 各地区按资质等级分的房地产开发企业(单位)个数(1999年)

## REAL ESTATE DEVELOPMENT ENTERPRISES(UNITS) GROUPED BY QUALIFICATION BY REGION(1999)

单位:个 Unit:Number

| 地区 Region | | 总计 Total | 一级 First-grade | 二级 Second-grade | 三级 Third-grade |
|---|---|---|---|---|---|
| **全国总计** | **National Total** | **25762** | **499** | **3520** | **9407** |
| 北京 | Beijing | 486 | 26 | 40 | 20 |
| 天津 | Tianjin | 663 | 19 | 31 | 114 |
| 河北 | Hebei | 386 | 6 | 40 | 126 |
| 山西 | Shanxi | 257 | 6 | 20 | 73 |
| 内蒙古 | Inner Mongolia | 241 | 1 | 8 | 48 |
| 辽宁 | Liaoning | 1222 | 40 | 130 | 679 |
| 吉林 | Jilin | 272 | 6 | 40 | 110 |
| 黑龙江 | Heilongjiang | 407 | 8 | 84 | 226 |
| 上海 | Shanghai | 2595 | 43 | 272 | 295 |
| 江苏 | Jiangsu | 1942 | 54 | 258 | 1145 |
| 浙江 | Zhejiang | 1717 | 22 | 189 | 627 |
| 安徽 | Anhui | 834 | 12 | 126 | 345 |
| 福建 | Fujian | 1909 | 32 | 40 | 896 |
| 江西 | Jiangxi | 533 | 5 | 71 | 175 |
| 山东 | Shandong | 1220 | 32 | 96 | 251 |
| 河南 | Henan | 677 | 15 | 66 | 361 |
| 湖北 | Hubei | 1119 | 16 | 162 | 623 |
| 湖南 | Hunan | 638 | 6 | 99 | 341 |
| 广东 | Guangdong | 4065 | 65 | 1013 | 927 |
| 广西 | Guangxi | 499 | 15 | 81 | 156 |
| 海南 | Hainan | 111 | 6 | 42 | 11 |
| 重庆 | Chongqing | 1073 | 17 | 270 | 651 |
| 四川 | Sichuan | 1106 | 20 | 119 | 451 |
| 贵州 | Guizhou | 447 | 3 | 70 | 185 |
| 云南 | Yunnan | 293 | 8 | 20 | 59 |
| 西藏 | Tibet | 3 | — | — | 3 |
| 陕西 | Shaanxi | 340 | 9 | 40 | 137 |
| 甘肃 | Gansu | 329 | 1 | 24 | 233 |
| 青海 | Qinghai | 94 | 2 | 14 | 29 |
| 宁夏 | Ningxia | 119 | 1 | 16 | 33 |
| 新疆 | Xinjiang | 165 | 3 | 39 | 77 |

1－3续表1 Continued

单位:个 Unit: Number

| 地 区 | Region | 四级 Forth-grade | 五级 Fifth-grade | 其他 Others | 兼营 Affiliated Operations |
|---|---|---|---|---|---|
| **全国总计** | **National Total** | **7205** | **1952** | **2639** | **540** |
| 北 京 | Beijing | — | — | 396 | 4 |
| 天 津 | Tianjin | 396 | 4 | 95 | 4 |
| 河 北 | Hebei | 199 | 2 | 13 | — |
| 山 西 | Shanxi | 131 | 1 | 24 | 2 |
| 内蒙古 | Inner Mongolia | 144 | 5 | 30 | 5 |
| 辽 宁 | Liaoning | 230 | 20 | 103 | 20 |
| 吉 林 | Jilin | 104 | 1 | 8 | 3 |
| 黑龙江 | Heilongjiang | 42 | — | 39 | 8 |
| 上 海 | Shanghai | 368 | 1617 | — | — |
| 江 苏 | Jiangsu | 326 | 60 | 86 | 13 |
| 浙 江 | Zhejiang | 651 | 46 | 162 | 20 |
| 安 徽 | Anhui | 283 | 13 | 45 | 10 |
| 福 建 | Fujian | 692 | 46 | 91 | 112 |
| 江 西 | Jiangxi | 245 | 3 | 23 | 11 |
| 山 东 | Shandong | 502 | 47 | 247 | 45 |
| 河 南 | Henan | 211 | 3 | 18 | 3 |
| 湖 北 | Hubei | 271 | 3 | 28 | 16 |
| 湖 南 | Hunan | 166 | 3 | 14 | 9 |
| 广 东 | Guangdong | 1090 | 26 | 780 | 164 |
| 广 西 | Guangxi | 191 | 3 | 52 | 1 |
| 海 南 | Hainan | 1 | — | 42 | 9 |
| 重 庆 | Chongqing | 79 | 1 | 21 | 34 |
| 四 川 | Sichuan | 355 | 13 | 131 | 17 |
| 贵 州 | Guizhou | 187 | — | 2 | — |
| 云 南 | Yunnan | 63 | 24 | 114 | 5 |
| 西 藏 | Tibet | — | — | — | — |
| 陕 西 | Shaanxi | 98 | — | 49 | 7 |
| 甘 肃 | Gansu | 57 | 9 | 1 | 4 |
| 青 海 | Qinghai | 45 | 1 | 3 | — |
| 宁 夏 | Ningxia | 37 | — | 18 | 14 |
| 新 疆 | Xinjiang | 41 | 1 | 4 | — |

# 1-4 各地区按登记注册类型分的房地产开发企业(单位)从业人数(1999年)

## EMPOLEES OF REAL ESTATE DEVELOPMENT ENTERPRISES(UNITS) GROUPED BY REGISTERED TYPES BY REGION(1999)

单位:人 Unit:Person

| 地区 Rigion | 总计 Total | 内资 Domestic Funded | 国有 State-owned | 集体 Collective-owned | 股份合作 Share Holding Cooperative | 国有联营 State-owned Joint | 集体联营 Collective-owned Joint |
|---|---|---|---|---|---|---|---|
| **全国总计 National Total** | **880257** | **767187** | **312240** | **127370** | **16484** | **4238** | **2132** |
| 北京 Beijing | 30720 | 20645 | 11740 | 1613 | 351 | 46 | — |
| 天津 Tianjin | 18577 | 16526 | 5528 | 1945 | — | 107 | — |
| 河北 Hebei | 15746 | 14713 | 8547 | 1049 | 307 | 18 | 10 |
| 山西 Shanxi | 12357 | 11917 | 7440 | 1709 | 445 | — | 37 |
| 内蒙古 Inner Mongolia | 11237 | 11070 | 3241 | 922 | 314 | 25 | — |
| 辽宁 Liaoning | 40694 | 36047 | 14538 | 5315 | 926 | 6 | 4 |
| 吉林 Jilin | 14134 | 13374 | 6528 | 714 | 497 | — | — |
| 黑龙江 Heilongjiang | 26447 | 25658 | 12232 | 1066 | 381 | — | — |
| 上海 Shanghai | 81536 | 71627 | 24253 | 7565 | 1979 | 1335 | 746 |
| 江苏 Jiangsu | 61861 | 52950 | 26665 | 12906 | 1433 | 279 | 206 |
| 浙江 Zhejiang | 38075 | 35792 | 12157 | 5778 | 1226 | 385 | 156 |
| 安徽 Anhui | 24894 | 23208 | 9422 | 3684 | 795 | 38 | 104 |
| 福建 Fujian | 37884 | 24124 | 8408 | 3128 | 1352 | 487 | 215 |
| 江西 Jiangxi | 16918 | 14631 | 9297 | 1615 | 198 | 2 | — |
| 山东 Shandong | 59233 | 53535 | 27341 | 13734 | 1207 | 275 | 68 |
| 河南 Henan | 21914 | 18698 | 9170 | 2219 | 206 | 18 | 72 |
| 湖北 Hubei | 40427 | 35869 | 20150 | 3652 | 353 | 120 | 50 |
| 湖南 Hunan | 20530 | 18091 | 9096 | 2711 | 108 | — | 44 |
| 广东 Guangdong | 122962 | 102622 | 34975 | 31808 | 947 | 823 | 282 |
| 广西 Guangxi | 12146 | 9999 | 4973 | 1411 | 132 | 121 | — |
| 海南 Hainan | 2995 | 1794 | 729 | 193 | 31 | — | — |
| 重庆 Chongqing | 52287 | 46388 | 8892 | 6127 | 711 | 66 | 40 |
| 四川 Sichuan | 51416 | 48809 | 13199 | 9899 | 1504 | 59 | 70 |
| 贵州 Guizhou | 13912 | 12726 | 5482 | 1823 | 9 | 28 | 28 |
| 云南 Yunnan | 9116 | 8398 | 4285 | 259 | 132 | — | — |
| 西藏 Tibet | 105 | 105 | 75 | — | — | — | — |
| 陕西 Shaanxi | 13310 | 12013 | 5944 | 1193 | 306 | — | — |
| 甘肃 Gansu | 7566 | 6152 | 2652 | 1306 | 72 | — | — |
| 青海 Qinghai | 2740 | 2576 | 831 | 188 | — | — | — |
| 宁夏 Ningxia | 6915 | 6634 | 2209 | 917 | 542 | — | — |
| 新疆 Xinjiang | 11603 | 10496 | 2241 | 921 | 20 | — | — |

1-4续表1 Continued

单位：人 Unit: Person

| 地区 | Region | 内资 Domestic Funded | | | | | | |
|---|---|---|---|---|---|---|---|---|
| | | 国有与集体联营 State-owned and Collective-owned Joint | 其他联营 Other Joint | 国有独资公司 State-owned Single Funded | 其他有限责任公司 Other Corporations Limited | 股份有限公司 Share Holding Corporations Limited | 私营独资 Individuals Single Funded | 私营合伙 Individuals Cooperative |
| **全国总计** | **National Total** | **3455** | **2403** | **7780** | **127779** | **70199** | **7060** | **2250** |
| 北京 | Beijing | 21 | — | 639 | 4265 | 1726 | — | — |
| 天津 | Tianjin | 76 | 95 | 94 | 3535 | 1518 | 153 | 12 |
| 河北 | Hebei | 39 | — | 30 | 1159 | 1617 | 54 | 10 |
| 山西 | Shanxi | — | — | — | 643 | 1017 | 18 | — |
| 内蒙古 | Inner Mongolia | — | 10 | — | 1077 | 993 | 458 | — |
| 辽宁 | Liaoning | 9 | 17 | 252 | 5394 | 4068 | 540 | 366 |
| 吉林 | Jilin | — | 40 | 121 | 1220 | 2437 | 444 | — |
| 黑龙江 | Heilongjiang | 72 | 92 | 42 | 6323 | 3132 | 110 | — |
| 上海 | Shanghai | 1253 | 425 | 1722 | 24825 | 2765 | 158 | 380 |
| 江苏 | Jiangsu | 363 | 46 | 149 | 5568 | 3420 | 116 | — |
| 浙江 | Zhejiang | 245 | 105 | 261 | 10545 | 3986 | 26 | 11 |
| 安徽 | Anhui | — | 112 | 99 | 3993 | 2808 | 88 | 50 |
| 福建 | Fujian | 129 | 575 | 448 | 3713 | 1895 | 243 | 425 |
| 江西 | Jiangxi | — | 6 | — | 1300 | 838 | 420 | 12 |
| 山东 | Shandong | 37 | 92 | 90 | 4998 | 1976 | 192 | 90 |
| 河南 | Henan | 18 | 4 | 399 | 3299 | 1467 | 91 | 12 |
| 湖北 | Hubei | 86 | 38 | 43 | 4378 | 5461 | 371 | 41 |
| 湖南 | Hunan | — | 31 | 72 | 1630 | 2513 | 102 | — |
| 广东 | Guangdong | 593 | 551 | 1581 | 12137 | 7345 | 1979 | 199 |
| 广西 | Guangxi | 11 | 16 | 203 | 1160 | 847 | 171 | 50 |
| 海南 | Hainan | — | 73 | — | — | 668 | 55 | — |
| 重庆 | Chongqing | 112 | 42 | 409 | 9704 | 5537 | 337 | 198 |
| 四川 | Sichuan | 324 | — | 81 | 7611 | 7636 | 568 | 113 |
| 贵州 | Guizhou | 13 | 21 | 114 | 1022 | 2239 | 15 | 256 |
| 云南 | Yunnan | 19 | — | 183 | 1401 | 534 | — | — |
| 西藏 | Tibet | — | — | — | — | — | — | — |
| 陕西 | Shaanxi | — | — | 118 | 1218 | 1351 | 257 | 20 |
| 甘肃 | Gansu | 20 | 12 | 28 | 972 | 585 | — | 5 |
| 青海 | Qinghai | — | — | — | 531 | 491 | — | — |
| 宁夏 | Ningxia | 15 | — | 482 | 1945 | 31 | 15 | — |
| 新疆 | Xinjiang | — | — | 120 | 2213 | 298 | 79 | — |

1－4续表2 Continued

单位：人 Unit：Person

| 地区 | Region | 内资 Domestic Funded | | | 港澳台投资 Hong Kong, Mocao and Taiwan Funded | | | |
|---|---|---|---|---|---|---|---|---|
| | | 私营有限责任公司 Individual Corpora-tions Limited | 私营股份有限公司 Individual Share Hold-ing Corp-orations Limited | 其他内资企业 Other Domestic Funded | | 合资经营 Joint Operations | 合作经营 Cooperated Operations | 独资 Single Fimited |
| **全国总计** | **National Total** | **68497** | **12381** | **2919** | **80216** | **40020** | **19659** | **18772** |
| 北京 | Beijing | 235 | — | 9 | 6368 | 2350 | 3859 | 127 |
| 天津 | Tianjin | 3165 | 124 | 174 | 1032 | 581 | 164 | 252 |
| 河北 | Hebei | 1685 | 143 | 45 | 696 | 591 | — | 90 |
| 山西 | Shanxi | 552 | — | 56 | 317 | 229 | — | 20 |
| 内蒙古 | Inner Mongolia | 3910 | 120 | — | 86 | 69 | 11 | — |
| 辽宁 | Liaoning | 3844 | 669 | 99 | 2767 | 2449 | 176 | 142 |
| 吉林 | Jilin | 1176 | 190 | 7 | 432 | 364 | — | 68 |
| 黑龙江 | Heilongjiang | 1948 | 173 | 87 | 687 | 450 | 52 | 171 |
| 上海 | Shanghai | 3544 | 354 | 323 | 6662 | 4406 | 529 | 1708 |
| 江苏 | Jiangsu | 1407 | 335 | 57 | 4597 | 3249 | 716 | 520 |
| 浙江 | Zhejiang | 1367 | 322 | 222 | 1546 | 1092 | 55 | 342 |
| 安徽 | Anhui | 1751 | 226 | 38 | 1185 | 871 | 106 | 186 |
| 福建 | Fujian | 2469 | 297 | 340 | 9935 | 2745 | 1186 | 5828 |
| 江西 | Jiangxi | 724 | 169 | 50 | 1445 | 678 | 25 | 533 |
| 山东 | Shandong | 3156 | 264 | 15 | 4614 | 3656 | 259 | 670 |
| 河南 | Henan | 1501 | 164 | 58 | 2483 | 1281 | 147 | 1036 |
| 湖北 | Hubei | 955 | 130 | 41 | 3247 | 1519 | 304 | 1217 |
| 湖南 | Hunan | 973 | 692 | 119 | 2061 | 855 | 179 | 955 |
| 广东 | Guangdong | 8083 | 1096 | 223 | 18316 | 5631 | 10229 | 2276 |
| 广西 | Guangxi | 723 | 165 | 16 | 1596 | 1010 | 348 | 174 |
| 海南 | Hainan | — | — | 45 | 1053 | 147 | 335 | 487 |
| 重庆 | Chongqing | 10361 | 3285 | 567 | 3449 | 1602 | 563 | 1088 |
| 四川 | Sichuan | 5380 | 2253 | 112 | 1751 | 1112 | 267 | 252 |
| 贵州 | Guizhou | 1505 | 147 | 24 | 646 | 310 | 31 | 305 |
| 云南 | Yunnan | 1456 | 129 | — | 526 | 431 | — | 95 |
| 西藏 | Tibet | 30 | — | — | — | — | — | — |
| 陕西 | Shaanxi | 1528 | 78 | — | 757 | 614 | 118 | — |
| 甘肃 | Gansu | 370 | 95 | 35 | 707 | 517 | — | 186 |
| 青海 | Qinghai | 338 | 40 | 157 | 102 | 102 | — | — |
| 宁夏 | Ningxia | 478 | — | — | 174 | 174 | — | — |
| 新疆 | Xinjiang | 3883 | 721 | — | 979 | 935 | — | 44 |

1－4续表3 Continued

单位：人 Unit: Person

| 地区 | Region | 港澳台投资 Hong Kong, Mocao and Taiwan Funded 股份有限 Share Holding Corporations Limited | 外商投资 Foreign Funded | 合资经营 Joint Operations | 合作经营 Cooperated Operations | 独资 Single Funded | 股份有限 Share Holding Corporations Limited |
|---|---|---|---|---|---|---|---|
| **全国总计** | **National Total** | **1765** | **32854** | **18794** | **4721** | **8186** | **1153** |
| 北京 | Beijing | 32 | 3707 | 1644 | 1814 | — | 249 |
| 天津 | Tianjin | 35 | 1019 | 672 | 273 | 74 | — |
| 河北 | Hebei | 15 | 337 | 285 | 26 | 18 | 8 |
| 山西 | Shanxi | 68 | 123 | 48 | — | 75 | — |
| 内蒙古 | Inner Mongolia | 6 | 81 | 71 | — | 10 | — |
| 辽宁 | Liaoning | — | 1880 | 1467 | 172 | 148 | 93 |
| 吉林 | Jilin | — | 328 | 264 | — | 47 | 17 |
| 黑龙江 | Heilongjiang | 14 | 102 | 102 | — | — | — |
| 上海 | Shanghai | 19 | 3247 | 1666 | 281 | 1300 | — |
| 江苏 | Jiangsu | 112 | 4314 | 2359 | 214 | 1717 | 24 |
| 浙江 | Zhejiang | 57 | 737 | 559 | 55 | 62 | 61 |
| 安徽 | Anhui | 22 | 501 | 403 | 18 | 69 | 11 |
| 福建 | Fujian | 176 | 3825 | 939 | 180 | 2661 | 45 |
| 江西 | Jiangxi | 209 | 842 | 454 | 59 | 228 | 101 |
| 山东 | Shandong | 29 | 1084 | 777 | 138 | 141 | 28 |
| 河南 | Henan | 19 | 733 | 554 | — | 131 | 48 |
| 湖北 | Hubei | 207 | 1311 | 788 | 26 | 492 | 5 |
| 湖南 | Hunan | 72 | 378 | 219 | 54 | 105 | — |
| 广东 | Guangdong | 180 | 2024 | 785 | 1003 | 148 | 88 |
| 广西 | Guangxi | 64 | 551 | 412 | 105 | 34 | — |
| 海南 | Hainan | 84 | 148 | 93 | — | 46 | 9 |
| 重庆 | Chongqing | 196 | 2450 | 1831 | — | 329 | 290 |
| 四川 | Sichuan | 120 | 856 | 562 | 207 | 67 | 20 |
| 贵州 | Guizhou | — | 540 | 406 | — | 134 | — |
| 云南 | Yunnan | — | 192 | 147 | 45 | — | — |
| 西藏 | Tibet | — | — | — | — | — | — |
| 陕西 | Shaanxi | 25 | 540 | 435 | 51 | 13 | 41 |
| 甘肃 | Gansu | 4 | 707 | 600 | — | 107 | — |
| 青海 | Qinghai | — | 62 | 35 | — | 27 | — |
| 宁夏 | Ningxia | — | 107 | 107 | — | — | — |
| 新疆 | Xinjiang | — | 128 | 110 | — | 3 | 15 |

# 1－5　各地区按资质等级分的房地产开发企业(单位)从业人数(1999年)

## EMPOLEES OF REAL ESTATE DEVELOPMENT ENTERPRISES(UNITS) GROUPED BY QUALIFICATION BY REGION(1999)

单位:人　Unit:Person

| 地　区 | Region | 总计 Total | 一级 First-grade | 二级 Second-grade | 三级 Third-grade |
|---|---|---|---|---|---|
| **全国总计** | **National Total** | **880257** | **59954** | **189950** | **296523** |
| 北　京 | Beijing | 30720 | 6041 | 3027 | 1181 |
| 天　津 | Tianjin | 18577 | 2283 | 1551 | 3759 |
| 河　北 | Hebei | 15746 | 796 | 3480 | 4545 |
| 山　西 | Shanxi | 12357 | 971 | 2173 | 3541 |
| 内蒙古 | Inner Mongolia | 11237 | 44 | 468 | 2287 |
| 辽　宁 | Liaoning | 40694 | 6343 | 6595 | 18308 |
| 吉　林 | Jilin | 14134 | 771 | 3805 | 5031 |
| 黑龙江 | Heilongjiang | 26447 | 3167 | 8648 | 11461 |
| 上　海 | Shanghai | 81536 | 6807 | 13388 | 7892 |
| 江　苏 | Jiangsu | 61861 | 3734 | 15529 | 32237 |
| 浙　江 | Zhejiang | 38075 | 1760 | 8194 | 15216 |
| 安　徽 | Anhui | 24894 | 959 | 4129 | 10397 |
| 福　建 | Fujian | 37884 | 1194 | 2440 | 19046 |
| 江　西 | Jiangxi | 16918 | 113 | 4622 | 4995 |
| 山　东 | Shandong | 59233 | 3826 | 7905 | 11706 |
| 河　南 | Henan | 21914 | 1434 | 3657 | 12097 |
| 湖　北 | Hubei | 40427 | 2180 | 7734 | 17992 |
| 湖　南 | Hunan | 20530 | 675 | 4649 | 10638 |
| 广　东 | Guangdong | 122962 | 6814 | 41412 | 28688 |
| 广　西 | Guangxi | 12146 | 1038 | 2686 | 3551 |
| 海　南 | Hainan | 2995 | 229 | 1786 | 144 |
| 重　庆 | Chongqing | 52287 | 2602 | 17847 | 27067 |
| 四　川 | Sichuan | 51416 | 3596 | 9330 | 20908 |
| 贵　州 | Guizhou | 13912 | 715 | 4522 | 4669 |
| 云　南 | Yunnan | 9116 | 454 | 1049 | 2160 |
| 西　藏 | Tibet | 105 | — | — | 105 |
| 陕　西 | Shaanxi | 13310 | 938 | 2215 | 5433 |
| 甘　肃 | Gansu | 7566 | 25 | 707 | 5355 |
| 青　海 | Qinghai | 2740 | 150 | 524 | 790 |
| 宁　夏 | Ningxia | 6915 | 115 | 1354 | 1260 |
| 新　疆 | Xinjiang | 11603 | 180 | 4524 | 4064 |

1－5 续表 1 Continued

单位：人 Unit：Person

| 地 区 | Region | 四级 Forth-grade | 五级 Fifth-grade | 其他 Others | 兼营 Affiliated Operations |
|---|---|---|---|---|---|
| **全国总计** | **National Total** | **188272** | **46264** | **78324** | **20970** |
| 北 京 | Beijing | — | — | 20101 | 370 |
| 天 津 | Tianjin | 8543 | 72 | 2334 | 35 |
| 河 北 | Hebei | 6488 | 34 | 403 | — |
| 山 西 | Shanxi | 3603 | 12 | 2021 | 36 |
| 内 蒙 古 | Inner Mongolia | 6927 | 594 | 701 | 216 |
| 辽 宁 | Liaoning | 5979 | 429 | 2572 | 468 |
| 吉 林 | Jilin | 3956 | 22 | 210 | 339 |
| 黑 龙 江 | Heilongjiang | 1750 | — | 1014 | 407 |
| 上 海 | Shanghai | 13000 | 40449 | — | — |
| 江 苏 | Jiangsu | 7178 | 622 | 2306 | 255 |
| 浙 江 | Zhejiang | 9831 | 431 | 2455 | 188 |
| 安 徽 | Anhui | 7912 | 343 | 866 | 288 |
| 福 建 | Fujian | 10466 | 382 | 1189 | 3167 |
| 江 西 | Jiangxi | 6195 | 50 | 531 | 412 |
| 山 东 | Shandong | 20645 | 1297 | 12257 | 1597 |
| 河 南 | Henan | 4372 | 47 | 289 | 18 |
| 湖 北 | Hubei | 10066 | 108 | 857 | 1490 |
| 湖 南 | Hunan | 3965 | 65 | 390 | 148 |
| 广 东 | Guangdong | 22430 | 580 | 15597 | 7441 |
| 广 西 | Guangxi | 3799 | 19 | 1034 | 19 |
| 海 南 | Hainan | 3 | — | 717 | 116 |
| 重 庆 | Chongqing | 3710 | 10 | 469 | 582 |
| 四 川 | Sichuan | 12209 | 220 | 3189 | 1964 |
| 贵 州 | Guizhou | 3982 | — | 24 | — |
| 云 南 | Yunnan | 1648 | 328 | 3398 | 79 |
| 西 藏 | Tibet | — | — | — | — |
| 陕 西 | Shaanxi | 2780 | — | 1672 | 272 |
| 甘 肃 | Gansu | 1294 | 139 | 4 | 42 |
| 青 海 | Qinghai | 1135 | 5 | 136 | — |
| 宁 夏 | Ningxia | 1696 | — | 1469 | 1021 |
| 新 疆 | Xinjiang | 2710 | 6 | 119 | — |

# 第二章 房地产投资

# CHAPTER 2 INVESTMENT IN REAL ESTATE

# 2-1　各地区房地产开发企业(单位)投资规模与完成情况(1999年)

GENERAL SCALE AND ACTUALLY COMPLETED INVESTMENT BY REAL ESTATE DEVEPOPMENT ENTERPRISES(UNITS) BY REGION(1999)

单位:万元　Unit:10000 yuan

| 地区 | Region | 计划总投资 Total Investment Planned | 实际需要总投资 Total Investment Actually Needed | 自开始建设至本年底累计完成投资 Accumulative Investment Actually Made Since Starting of Construction up to The End of This Year | #本年完成投资 Investment Made This Year |
|---|---|---|---|---|---|
| **全国总计** | **National Total** | **187441784** | **202076790** | **115094262** | **41032024** |
| 北京 | Beijing | 31590667 | 33779997 | 17114632 | 4214591 |
| 天津 | Tianjin | 4856268 | 5175381 | 2940970 | 1169569 |
| 河北 | Hebei | 2531790 | 2660367 | 1527684 | 876233 |
| 山西 | Shanxi | 1415072 | 1535116 | 711039 | 350458 |
| 内蒙古 | Inner Mongolia | 625022 | 649431 | 432734 | 290221 |
| 辽宁 | Liaoning | 6182166 | 7328005 | 4363263 | 1822042 |
| 吉林 | Jilin | 1512485 | 1561955 | 1013467 | 529843 |
| 黑龙江 | Heilongjiang | 1762464 | 1780460 | 1278908 | 819553 |
| 上海 | Shanghai | 28576483 | 29854296 | 20646577 | 5148253 |
| 江苏 | Jiangsu | 9112586 | 9528152 | 6070547 | 3305491 |
| 浙江 | Zhejiang | 8722922 | 9240699 | 6153267 | 2719899 |
| 安徽 | Anhui | 2346827 | 2399242 | 1338846 | 740676 |
| 福建 | Fujian | 11527046 | 12502752 | 5903595 | 1786171 |
| 江西 | Jiangxi | 1126010 | 1196260 | 687415 | 335876 |
| 山东 | Shandong | 6633866 | 6874925 | 3874621 | 1736064 |
| 河南 | Henan | 2505196 | 2697252 | 1658789 | 704111 |
| 湖北 | Hubei | 6141386 | 6611183 | 3534407 | 1238672 |
| 湖南 | Hunan | 2451781 | 2539196 | 1181921 | 555014 |
| 广东 | Guangdong | 37410715 | 42562221 | 22787761 | 7102025 |
| 广西 | Guangxi | 2039442 | 2110852 | 1245998 | 329735 |
| 海南 | Hainan | 537859 | 547959 | 350898 | 61994 |
| 重庆 | Chongqing | 4985433 | 5159096 | 2570620 | 1125135 |
| 四川 | Sichuan | 3965641 | 4395455 | 2710806 | 1425003 |
| 贵州 | Guizhou | 950177 | 1025849 | 655269 | 313980 |
| 云南 | Yunnan | 2549306 | 2711223 | 1642205 | 920755 |
| 西藏 | Tibet | 12400 | 13067 | 10853 | 7919 |
| 陕西 | Shaanxi | 3719170 | 3848240 | 1561026 | 683317 |
| 甘肃 | Gansu | 723207 | 769846 | 463828 | 242726 |
| 青海 | Qinghai | 286430 | 297262 | 180352 | 112039 |
| 宁夏 | Ningxia | 182256 | 206013 | 157969 | 130178 |
| 新疆 | Xinjiang | 459711 | 515038 | 323995 | 234481 |

2-1 续表 1 Continued

单位:万元 Unit:10000 yuan

| 地 区 | Region | 累计新增固定资产 Accumulative Newly Increased Fixed Assets | 未完工程 Uncompleted Construction | 全部建成尚需投资 Investment Needed for The Left Construction | 未完工程百分比(%) Rate of Uncompleted Construction |
|---|---|---|---|---|---|
| **全国总计** | **National Total** | **51189027** | **58200869** | **86982528** | **141.8** |
| 北 京 | Beijing | 8323680 | 8445133 | 16665365 | 200.4 |
| 天 津 | Tianjin | 1055630 | 1503795 | 2234411 | 128.6 |
| 河 北 | Hebei | 859998 | 586819 | 1132683 | 67.0 |
| 山 西 | Shanxi | 406781 | 282629 | 824077 | 80.6 |
| 内 蒙 古 | Inner Mongolia | 288235 | 136408 | 216697 | 47.0 |
| 辽 宁 | Liaoning | 2116414 | 2075018 | 2964742 | 113.9 |
| 吉 林 | Jilin | 637365 | 350757 | 548488 | 66.2 |
| 黑 龙 江 | Heilongjiang | 834668 | 414264 | 501552 | 50.5 |
| 上 海 | Shanghai | 5669473 | 13002536 | 9207719 | 252.6 |
| 江 苏 | Jiangsu | 3442754 | 2367665 | 3457605 | 71.6 |
| 浙 江 | Zhejiang | 3440042 | 2526679 | 3087432 | 92.9 |
| 安 徽 | Anhui | 739836 | 504722 | 1060396 | 68.1 |
| 福 建 | Fujian | 2302047 | 3418285 | 6599157 | 191.4 |
| 江 西 | Jiangxi | 351777 | 306359 | 508845 | 91.2 |
| 山 东 | Shandong | 2365858 | 1410713 | 3000304 | 81.3 |
| 河 南 | Henan | 625378 | 932240 | 1038463 | 132.4 |
| 湖 北 | Hubei | 1411429 | 1690084 | 3076776 | 136.4 |
| 湖 南 | Hunan | 645286 | 492987 | 1357275 | 88.8 |
| 广 东 | Guangdong | 10178179 | 12016431 | 19774460 | 169.2 |
| 广 西 | Guangxi | 669685 | 568188 | 864854 | 172.3 |
| 海 南 | Hainan | 63426 | 287322 | 197061 | 463.5 |
| 重 庆 | Chongqing | 904239 | 1419389 | 2588476 | 126.2 |
| 四 川 | Sichuan | 1308470 | 1275204 | 1684649 | 89.5 |
| 贵 州 | Guizhou | 269500 | 367154 | 370580 | 116.9 |
| 云 南 | Yunnan | 869102 | 696949 | 1069018 | 75.7 |
| 西 藏 | Tibet | 5372 | 4101 | 2214 | 51.8 |
| 陕 西 | Shaanxi | 783251 | 672051 | 2287214 | 98.4 |
| 甘 肃 | Gansu | 242654 | 213625 | 306018 | 88.0 |
| 青 海 | Qinghai | 93757 | 60849 | 116910 | 54.3 |
| 宁 夏 | Ningxia | 112321 | 33047 | 48044 | 25.4 |
| 新 疆 | Xinjiang | 172420 | 139466 | 191043 | 59.5 |

# 2－2 各地区按资质等级分的房地产开发企业(单位)实际需要总投资(1999年)

## ACTUALLY NEEDED TOTAL INVESTMENT BY REAL ESTATE DEVELOPMENT ENTERPRISES(UNITS) GROUPED BY QUALIFICATION BY REGION(1999)

单位:万元 Unit:10000 yuan

| 地区 | Region | 总计 Total | 一级 First-grade | 二级 Second-grade | 三级 Third-grade |
|---|---|---|---|---|---|
| **全国总计** | **National Total** | **202076790** | **22294297** | **49868085** | **48430218** |
| 北京 | Beijing | 33779997 | 8352055 | 3504700 | 899647 |
| 天津 | Tianjin | 5175381 | 762524 | 445331 | 1008211 |
| 河北 | Hebei | 2660367 | 127803 | 729826 | 853569 |
| 山西 | Shanxi | 1535116 | 70925 | 125104 | 287616 |
| 内蒙古 | Inner Mongolia | 649431 | 1400 | 67317 | 201877 |
| 辽宁 | Liaoning | 7328005 | 1557233 | 1143265 | 2297928 |
| 吉林 | Jilin | 1561955 | 102182 | 196407 | 644822 |
| 黑龙江 | Heilongjiang | 1780460 | 73218 | 439429 | 847516 |
| 上海 | Shanghai | 29854296 | 2006953 | 5900149 | 2393062 |
| 江苏 | Jiangsu | 9528152 | 1509298 | 2187793 | 4565892 |
| 浙江 | Zhejiang | 9240699 | 879029 | 2651975 | 3701593 |
| 安徽 | Anhui | 2399242 | 96023 | 659786 | 1098883 |
| 福建 | Fujian | 12502752 | 574453 | 640804 | 6895888 |
| 江西 | Jiangxi | 1196260 | 3625 | 389329 | 391267 |
| 山东 | Shandong | 6874925 | 864680 | 1460162 | 1395100 |
| 河南 | Henan | 2697252 | 176535 | 949501 | 1140929 |
| 湖北 | Hubei | 6611183 | 682168 | 2734705 | 2123480 |
| 湖南 | Hunan | 2539196 | 48949 | 840130 | 1144460 |
| 广东 | Guangdong | 42562221 | 2848704 | 18911359 | 9191209 |
| 广西 | Guangxi | 2110852 | 126594 | 635727 | 634730 |
| 海南 | Hainan | 547959 | 75986 | 280439 | 64270 |
| 重庆 | Chongqing | 5159096 | 614599 | 2056460 | 2217640 |
| 四川 | Sichuan | 4395455 | 242662 | 751615 | 1575634 |
| 贵州 | Guizhou | 1025849 | 65178 | 340700 | 367035 |
| 云南 | Yunnan | 2711223 | 245747 | 479728 | 532298 |
| 西藏 | Tibet | 13067 | — | — | 13067 |
| 陕西 | Shaanxi | 3848240 | 99788 | 796588 | 1117554 |
| 甘肃 | Gansu | 769846 | 13500 | 184142 | 513818 |
| 青海 | Qinghai | 297262 | 32996 | 126676 | 45126 |
| 宁夏 | Ningxia | 206013 | 12846 | 49648 | 49628 |
| 新疆 | Xinjiang | 515038 | 26644 | 189390 | 216109 |

2－2续表1 Continued

单位:万元 Unit:10000 yuan

| 地 区 | Region | 四级 Forth-grade | 五级 Fifth-grade | 其他 Others | 兼营 Affiliated Operations |
|---|---|---|---|---|---|
| **全国总计** | **National Total** | **21516463** | **16077270** | **41423829** | **2466628** |
| 北 京 | Beijing | — | — | 20925209 | 98386 |
| 天 津 | Tianjin | 1462240 | 7570 | 1486241 | 3264 |
| 河 北 | Hebei | 630225 | 3702 | 315242 | — |
| 山 西 | Shanxi | 318614 | — | 731007 | 1850 |
| 内 蒙 古 | Inner Mongolia | 264682 | 18860 | 78117 | 17178 |
| 辽 宁 | Liaoning | 431291 | 29749 | 1846926 | 21613 |
| 吉 林 | Jilin | 485251 | 850 | 129143 | 3300 |
| 黑 龙 江 | Heilongjiang | 78673 | — | 318593 | 23131 |
| 上 海 | Shanghai | 4472239 | 15081893 | — | — |
| 江 苏 | Jiangsu | 447275 | 38322 | 766676 | 12896 |
| 浙 江 | Zhejiang | 1136214 | 39262 | 770867 | 61759 |
| 安 徽 | Anhui | 388725 | 13525 | 100920 | 41380 |
| 福 建 | Fujian | 3350557 | 186597 | 451036 | 403417 |
| 江 西 | Jiangxi | 334333 | 1255 | 38758 | 37333 |
| 山 东 | Shandong | 1358531 | 167103 | 1486520 | 142829 |
| 河 南 | Henan | 277886 | 27380 | 114671 | 10350 |
| 湖 北 | Hubei | 307820 | 4550 | 692894 | 65566 |
| 湖 南 | Hunan | 452667 | 2005 | 38016 | 12969 |
| 广 东 | Guangdong | 3073794 | 375582 | 7181983 | 979590 |
| 广 西 | Guangxi | 372915 | 3250 | 335936 | 1700 |
| 海 南 | Hainan | 3000 | — | 107628 | 16636 |
| 重 庆 | Chongqing | 99553 | — | 80355 | 90489 |
| 四 川 | Sichuan | 846781 | 8048 | 616208 | 354507 |
| 贵 州 | Guizhou | 232936 | — | 20000 | — |
| 云 南 | Yunnan | 291282 | 62168 | 1073900 | 26100 |
| 西 藏 | Tibet | — | — | — | — |
| 陕 西 | Shaanxi | 152986 | — | 1674028 | 7296 |
| 甘 肃 | Gansu | 35452 | 4996 | 2878 | 15060 |
| 青 海 | Qinghai | 84552 | 128 | 7784 | — |
| 宁 夏 | Ningxia | 51287 | — | 24575 | 18029 |
| 新 疆 | Xinjiang | 74702 | 475 | 7718 | — |

# 2-3　各地区房地产开发企业(单位)完成投资和新增固定资产(1999年)

## COMPLETED INVESTMENT AND NEWLY INCREASED FIXED ASSETS BY REAL ESTATE DEVELOPMENT ENTERPRISES(UNITS) BY REGION(1999)

单位:万元　Unit:10000 yuan

| 地　区 | Region | 本年计划投资额 Investment Value Planned This Year | 本年完成投资额 Investment Value Completed This Year | 本年新增固定资产 Newly Increased Fixed Assets This Year | 固定资产交付使用率(%) Rate of Fixed Assets Put into Use(%) |
|---|---|---|---|---|---|
| **全国总计** | **National Total** | **47707020** | **41032024** | **31956695** | **77.9** |
| 北　京 | Beijing | 4858145 | 4214591 | 3796754 | 90.1 |
| 天　津 | Tianjin | 1213524 | 1169569 | 647845 | 55.4 |
| 河　北 | Hebei | 1058598 | 876233 | 636516 | 72.6 |
| 山　西 | Shanxi | 490445 | 350458 | 228595 | 65.2 |
| 内蒙古 | Inner Mongolia | 334217 | 290221 | 265863 | 91.6 |
| 辽　宁 | Liaoning | 2284296 | 1822042 | 1611611 | 88.5 |
| 吉　林 | Jilin | 634389 | 529843 | 421856 | 79.6 |
| 黑龙江 | Heilongjiang | 888770 | 819553 | 679863 | 83.0 |
| 上　海 | Shanghai | 5996213 | 5148253 | 4276649 | 83.1 |
| 江　苏 | Jiangsu | 3700572 | 3305491 | 2575500 | 77.9 |
| 浙　江 | Zhejiang | 3233437 | 2719899 | 2365806 | 87.0 |
| 安　徽 | Anhui | 865255 | 740676 | 548911 | 74.1 |
| 福　建 | Fujian | 2179974 | 1786171 | 1287202 | 72.1 |
| 江　西 | Jiangxi | 408126 | 335876 | 245665 | 73.1 |
| 山　东 | Shandong | 2147318 | 1736064 | 1305940 | 75.2 |
| 河　南 | Henan | 856248 | 704111 | 378164 | 53.7 |
| 湖　北 | Hubei | 1238848 | 1238672 | 786797 | 63.5 |
| 湖　南 | Hunan | 695587 | 555014 | 422382 | 76.1 |
| 广　东 | Guangdong | 7894380 | 7102025 | 5532146 | 77.9 |
| 广　西 | Guangxi | 419317 | 329735 | 185348 | 56.2 |
| 海　南 | Hainan | 70874 | 61994 | 45470 | 73.3 |
| 重　庆 | Chongqing | 1408015 | 1125135 | 655728 | 58.3 |
| 四　川 | Sichuan | 1714783 | 1425003 | 1138184 | 79.9 |
| 贵　州 | Guizhou | 329874 | 313980 | 209819 | 66.8 |
| 云　南 | Yunnan | 835460 | 920755 | 582129 | 63.2 |
| 西　藏 | Tibet | 8200 | 7919 | 5372 | 67.8 |
| 陕　西 | Shaanxi | 1121026 | 683317 | 602958 | 88.2 |
| 甘　肃 | Gansu | 295429 | 242726 | 159045 | 65.5 |
| 青　海 | Qinghai | 134377 | 112039 | 87762 | 78.3 |
| 宁　夏 | Ningxia | 129331 | 130178 | 111641 | 85.8 |
| 新　疆 | Xinjiang | 261992 | 234481 | 159174 | 67.9 |

# 2-4 各地区按登记注册类型分的房地产开发企业(单位)完成投资额(1999年)

## COMPLETED INVESTMENT VALUE BY REAL ESTATE DEVELOPMENT ENTERPRISES(UNITS) GROUPED BY REGISTERED TYPES BY REGION(1999)

单位:万元 Unit:10000 yuan

| 地区 Rigion | 总计 Total | 内资 Domestic Funded | 国有 State-owned | 集体 Collective-owned | 股份合作 Share Holding Cooperative | 国有联营 State-owned Jiont | 集体联营 Collective-owned Joint |
|---|---|---|---|---|---|---|---|
| **全国总计 National Total** | **41032024** | **31901441** | **12639800** | **3651271** | **671002** | **317372** | **98609** |
| 北京 Beijing | 4214591 | 2656645 | 1217788 | 149818 | 46127 | 31110 | — |
| 天津 Tianjin | 1169569 | 970498 | 367458 | 74349 | — | 5664 | — |
| 河北 Hebei | 876233 | 792579 | 421475 | 70665 | 19294 | 12150 | 1400 |
| 山西 Shanxi | 350458 | 323253 | 220400 | 37646 | 2303 | — | — |
| 内蒙古 Inner Mongolia | 290221 | 283611 | 95357 | 25982 | 4408 | 1050 | — |
| 辽宁 Liaoning | 1822042 | 1454501 | 584679 | 160285 | 33732 | — | — |
| 吉林 Jilin | 529843 | 488889 | 190549 | 6727 | 8550 | — | — |
| 黑龙江 Heilongjiang | 819553 | 772214 | 360372 | 18728 | 18841 | — | — |
| 上海 Shanghai | 5148253 | 3703127 | 1063592 | 503772 | 72243 | 77756 | 40787 |
| 江苏 Jiangsu | 3305491 | 2842423 | 1660696 | 406823 | 96044 | 29972 | 9134 |
| 浙江 Zhejiang | 2719899 | 2537394 | 833657 | 318063 | 82163 | 33165 | 13297 |
| 安徽 Anhui | 740676 | 662903 | 258670 | 76845 | 25844 | 1355 | 4524 |
| 福建 Fujian | 1786171 | 1034901 | 391400 | 91222 | 47357 | 15277 | 8688 |
| 江西 Jiangxi | 335876 | 253364 | 140553 | 31302 | 6291 | 186 | — |
| 山东 Shandong | 1736064 | 1554221 | 891983 | 228384 | 32886 | 64645 | 1330 |
| 河南 Henan | 704111 | 498410 | 227749 | 44522 | 2926 | 232 | 266 |
| 湖北 Hubei | 1238672 | 863355 | 437489 | 63087 | 16098 | 8193 | 720 |
| 湖南 Hunan | 555014 | 463516 | 220285 | 47260 | 5429 | — | 160 |
| 广东 Guangdong | 7102025 | 5155173 | 1291079 | 892100 | 53995 | 88144 | 14979 |
| 广西 Guangxi | 329735 | 213534 | 84638 | 24199 | 2980 | 3687 | — |
| 海南 Hainan | 61994 | 31106 | 8371 | 14126 | 1500 | — | — |
| 重庆 Chongqing | 1125135 | 872468 | 161498 | 80004 | 17552 | 1494 | 450 |
| 四川 Sichuan | 1425003 | 1229981 | 444102 | 132014 | 50615 | 872 | 1874 |
| 贵州 Guizhou | 313980 | 257407 | 77856 | 37846 | 308 | 600 | 1000 |
| 云南 Yunnan | 920755 | 813583 | 415175 | 8718 | 7126 | — | — |
| 西藏 Tibet | 7919 | 7919 | 5966 | — | — | — | — |
| 陕西 Shaanxi | 683317 | 602257 | 385898 | 33688 | 9071 | — | — |
| 甘肃 Gansu | 242726 | 158609 | 54775 | 33126 | 2840 | — | — |
| 青海 Qinghai | 112039 | 96515 | 27806 | 5609 | — | — | — |
| 宁夏 Ningxia | 130178 | 126345 | 40796 | 16001 | 3879 | — | — |
| 新疆 Xinjiang | 234481 | 180722 | 57688 | 18360 | 600 | — | — |

2－4续表1 Continued

单位：万元 Unit：10000 yuan

| 地区 | Region | 内资 Domestic Funded | | | | | | |
|---|---|---|---|---|---|---|---|---|
| | | 国有与集体联营 State-owned and Collective-owned Joint | 其他联营 Other Joint | 国有独资公司 State-owned Single Funded | 其他有限责任公司 Other Corporations Limited | 股份有限公司 Share Holding Corporations Limited | 私营独资 Individuals Single Funded | 私营合伙 Individuals Cooperative |
| **全国总计** | **National Total** | **160783** | **123566** | **690948** | **6917873** | **2979108** | **375358** | **94824** |
| 北京 | Beijing | 837 | — | 198277 | 829623 | 169100 | — | — |
| 天津 | Tianjin | 3724 | 2310 | 20971 | 198412 | 54005 | 5367 | — |
| 河北 | Hebei | — | — | 5642 | 61555 | 99382 | 4526 | 700 |
| 山西 | Shanxi | — | — | — | 16379 | 28562 | 1356 | — |
| 内蒙古 | Inner Mongolia | — | 644 | — | 55519 | 19780 | 4590 | — |
| 辽宁 | Liaoning | 880 | 21 | 14857 | 231839 | 217211 | 11832 | 3500 |
| 吉林 | Jilin | — | 700 | 5184 | 116260 | 98802 | 15624 | — |
| 黑龙江 | Heilongjiang | 3300 | — | 6494 | 120987 | 114448 | 894 | — |
| 上海 | Shanghai | 60421 | 8327 | 99726 | 1316695 | 212967 | 13381 | 20581 |
| 江苏 | Jiangsu | 11960 | 1933 | 25463 | 302598 | 192472 | 3797 | — |
| 浙江 | Zhejiang | 12303 | 344 | 16547 | 853944 | 260893 | 1460 | 630 |
| 安徽 | Anhui | — | 3353 | 4490 | 120648 | 63677 | 2639 | 1314 |
| 福建 | Fujian | 11172 | 44854 | 31729 | 112719 | 74919 | 6985 | 30929 |
| 江西 | Jiangxi | — | 962 | — | 23350 | 18372 | 6581 | 710 |
| 山东 | Shandong | 110 | 8495 | 673 | 189681 | 108302 | 7157 | 5450 |
| 河南 | Henan | 330 | 400 | 18192 | 98412 | 38100 | 1396 | 620 |
| 湖北 | Hubei | 5399 | 350 | 2090 | 153968 | 112347 | 6500 | 475 |
| 湖南 | Hunan | — | 2779 | 1393 | 71121 | 57989 | 11283 | — |
| 广东 | Guangdong | 42208 | 43469 | 162361 | 1244131 | 555008 | 236259 | 13281 |
| 广西 | Guangxi | 30 | 280 | 5442 | 33087 | 21033 | 8321 | 2350 |
| 海南 | Hainan | — | 987 | — | — | 3474 | 2289 | — |
| 重庆 | Chongqing | 2269 | 3038 | 11481 | 147110 | 97476 | 7237 | 2030 |
| 四川 | Sichuan | 1800 | — | 5189 | 252221 | 149625 | 6427 | 2270 |
| 贵州 | Guizhou | 1280 | 260 | 2011 | 35150 | 43412 | 1000 | 8504 |
| 云南 | Yunnan | 1727 | — | 19579 | 161212 | 55958 | — | — |
| 西藏 | Tibet | — | — | — | — | — | — | — |
| 陕西 | Shaanxi | — | — | 12795 | 62180 | 51556 | 2280 | 820 |
| 甘肃 | Gansu | — | 60 | 944 | 26626 | 21568 | — | 660 |
| 青海 | Qinghai | — | — | — | 12647 | 28483 | — | — |
| 宁夏 | Ningxia | 1033 | — | 5114 | 45026 | 544 | 345 | — |
| 新疆 | Xinjiang | — | — | 14304 | 24773 | 9643 | 5832 | — |

2-4 续表 2 Continued

单位:万元 Unit:10000 yuan

| 地区 | Region | 内资 Domestic Funded | | | 港澳台投资 Hong Kong, Mocao and Taiwan Funded | | | |
|---|---|---|---|---|---|---|---|---|
| | | 私营有限责任公司 Individual Corporations Limited | 私营股份有限公司 Individual Share Holding Corporations Limited | 其他内资企业 Other Domestic Funded | | 合资经营 Joint Operations | 合作经营 Cooperated Operations | 独资 Single Funded |
| **全国总计** | **National Total** | **2628072** | **337302** | **215553** | **6681812** | **2856259** | **2187371** | **1437866** |
| 北京 | Beijing | 13321 | — | 644 | 1082935 | 271651 | 754624 | 34416 |
| 天津 | Tianjin | 202048 | 6582 | 29608 | 85037 | 41334 | 37708 | 3495 |
| 河北 | Hebei | 85708 | 7880 | 2220 | 42603 | 38364 | — | 4200 |
| 山西 | Shanxi | 11832 | — | 4775 | 13129 | 8989 | — | 1600 |
| 内蒙古 | Inner Mongolia | 70252 | 6029 | — | 3576 | 2180 | 1366 | — |
| 辽宁 | Liaoning | 155224 | 37820 | 2621 | 219848 | 185819 | 30333 | 3696 |
| 吉林 | Jilin | 43174 | 2675 | 644 | 26896 | 21744 | — | 5152 |
| 黑龙江 | Heilongjiang | 113675 | 11225 | 3250 | 41965 | 28701 | 6800 | 6364 |
| 上海 | Shanghai | 147214 | 19432 | 46233 | 953251 | 632077 | 107157 | 192517 |
| 江苏 | Jiangsu | 87299 | 11182 | 3050 | 332051 | 227695 | 34818 | 60182 |
| 浙江 | Zhejiang | 73662 | 18399 | 18867 | 137562 | 99856 | 4796 | 31679 |
| 安徽 | Anhui | 94386 | 4898 | 260 | 57057 | 32908 | 9656 | 13328 |
| 福建 | Fujian | 121050 | 17923 | 28677 | 574605 | 140964 | 67208 | 337205 |
| 江西 | Jiangxi | 20852 | 2815 | 1390 | 52417 | 21471 | 2980 | 15759 |
| 山东 | Shandong | 63647 | 9658 | — | 147634 | 113592 | 10270 | 23115 |
| 河南 | Henan | 57983 | 6237 | 1045 | 162467 | 74933 | 6360 | 80294 |
| 湖北 | Hubei | 41103 | 13010 | 2526 | 223294 | 92068 | 40639 | 87468 |
| 湖南 | Hunan | 31012 | 10025 | 4780 | 72837 | 34592 | 13479 | 21006 |
| 广东 | Guangdong | 462934 | 40886 | 14339 | 1770016 | 320934 | 973246 | 428808 |
| 广西 | Guangxi | 21324 | 5389 | 774 | 72590 | 50436 | 11005 | 8547 |
| 海南 | Hainan | — | — | 359 | 21981 | 2635 | 7870 | 6058 |
| 重庆 | Chongqing | 254694 | 44984 | 41151 | 144558 | 97613 | 3195 | 21402 |
| 四川 | Sichuan | 156315 | 22187 | 4470 | 138183 | 86703 | 38501 | 7995 |
| 贵州 | Guizhou | 41940 | 5806 | 434 | 33106 | 11355 | 10110 | 11641 |
| 云南 | Yunnan | 127797 | 16291 | — | 93628 | 77551 | — | 16077 |
| 西藏 | Tibet | 1953 | — | — | — | — | — | — |
| 陕西 | Shaanxi | 41006 | 2963 | — | 56763 | 34133 | 15250 | — |
| 甘肃 | Gansu | 12534 | 2800 | 2676 | 62272 | 47327 | — | 14945 |
| 青海 | Qinghai | 17810 | 3400 | 760 | 8332 | 8332 | — | — |
| 宁夏 | Ningxia | 13607 | — | — | 2727 | 2772 | — | — |
| 新疆 | Xinjiang | 42716 | 6806 | — | 48492 | 47575 | — | 917 |

2－4续表3 Continued

单位：万元 Unit：10000 yuan

| 地 区 | Region | 港澳台投资 Hong Kong, Mocao and Taiwan Funded 股份有限 Share Holding Corporations Limited | 外商投资 Foreign Funded | 合资经营 Joint Operations | 合作经营 Cooperated Operations | 独资 Single Funded | 股份有限 Share Holding Corporations Limited |
|---|---|---|---|---|---|---|---|
| **全国总计** | **National Total** | **200316** | **2448771** | **1370138** | **468104** | **471904** | **138625** |
| 北 京 | Beijing | 22244 | 475011 | 170569 | 207141 | — | 97301 |
| 天 津 | Tianjin | 2500 | 114034 | 93564 | 19298 | 1172 | — |
| 河 北 | Hebei | 39 | 41033 | 31355 | 3633 | 5645 | 400 |
| 山 西 | Shanxi | 2540 | 14076 | 2024 | — | 12052 | — |
| 内蒙古 | Inner Mongolia | 30 | 3034 | 2884 | — | 150 | — |
| 辽 宁 | Liaoning | — | 147693 | 100335 | 28675 | 12423 | 6260 |
| 吉 林 | Jilin | — | 14058 | 11377 | — | 2116 | 565 |
| 黑龙江 | Heilongjiang | 100 | 5374 | 5374 | — | — | — |
| 上 海 | Shanghai | 21500 | 491875 | 269658 | 72926 | 149291 | — |
| 江 苏 | Jiangsu | 9356 | 131017 | 100967 | 4387 | 22803 | 2860 |
| 浙 江 | Zhejiang | 1231 | 44943 | 37148 | 141 | 5850 | 1804 |
| 安 徽 | Anhui | 1165 | 20716 | 16674 | 790 | 2252 | 1000 |
| 福 建 | Fujian | 29228 | 176665 | 37946 | 7270 | 127504 | 3945 |
| 江 西 | Jiangxi | 12207 | 30095 | 17156 | 5588 | 5490 | 1861 |
| 山 东 | Shandong | 657 | 34209 | 23486 | 8787 | 1000 | 936 |
| 河 南 | Henan | 880 | 43234 | 32618 | — | 10296 | 320 |
| 湖 北 | Hubei | 3119 | 152023 | 88135 | 997 | 62891 | — |
| 湖 南 | Hunan | 3760 | 18661 | 5608 | 2815 | 10238 | — |
| 广 东 | Guangdong | 47028 | 176836 | 74560 | 91553 | 8743 | 1980 |
| 广 西 | Guangxi | 2602 | 43611 | 39867 | 2249 | 1495 | — |
| 海 南 | Hainan | 5418 | 8907 | 3373 | — | 4597 | 937 |
| 重 庆 | Chongqing | 22348 | 108109 | 83242 | — | 7897 | 16970 |
| 四 川 | Sichuan | 4984 | 56839 | 47200 | 5466 | 3799 | 374 |
| 贵 州 | Guizhou | — | 23467 | 15536 | — | 7931 | — |
| 云 南 | Yunnan | — | 13544 | 8276 | 5268 | — | — |
| 西 藏 | Tibet | — | — | — | — | — | — |
| 陕 西 | Shaanxi | 7380 | 24297 | 21332 | 1120 | 1220 | 625 |
| 甘 肃 | Gansu | — | 21845 | 17730 | — | 4115 | — |
| 青 海 | Qinghai | — | 7192 | 6258 | — | 934 | — |
| 宁 夏 | Ningxia | — | 1106 | 1106 | — | — | — |
| 新 疆 | Xinjiang | — | 5267 | 4780 | — | — | 487 |

# 2-5 各地区按资质等级分的房地产开发企业(单位)完成投资额(1999年)

## COMPLETED INVESTMENT VALUE BY REAL ESTATE DEVELOPMENT ENTERPRISES(UNITS) GROUPED BY QUALIFICATION BY REGION(1999)

单位:万元 Unit:10000 yuan

| 地区 | Region | 总计 Total | 一级 First-grade | 二级 Second-grade | 三级 Third-grade |
|---|---|---|---|---|---|
| **全国总计** | **National Total** | **41032024** | **3810915** | **9379828** | **11576476** |
| 北京 | Beijing | 4214591 | 784604 | 476717 | 97028 |
| 天津 | Tianjin | 1169569 | 154594 | 110147 | 260957 |
| 河北 | Hebei | 876233 | 47647 | 185726 | 297585 |
| 山西 | Shanxi | 350458 | 14560 | 42858 | 75913 |
| 内蒙古 | Inner Mongolia | 290221 | 1400 | 28722 | 67548 |
| 辽宁 | Liaoning | 1822042 | 282584 | 297065 | 754149 |
| 吉林 | Jilin | 529843 | 27529 | 77729 | 237240 |
| 黑龙江 | Heilongjiang | 819553 | 65315 | 198378 | 424171 |
| 上海 | Shanghai | 5148253 | 426521 | 945380 | 483087 |
| 江苏 | Jiangsu | 3305491 | 363930 | 828200 | 1672124 |
| 浙江 | Zhejiang | 2719899 | 193151 | 651407 | 1096347 |
| 安徽 | Anhui | 740676 | 47887 | 177623 | 330798 |
| 福建 | Fujian | 1786171 | 115256 | 121254 | 878746 |
| 江西 | Jiangxi | 335876 | 1368 | 70232 | 111183 |
| 山东 | Shandong | 1736064 | 190887 | 341149 | 368937 |
| 河南 | Henan | 704111 | 38690 | 200523 | 339448 |
| 湖北 | Hubei | 1238672 | 117929 | 433636 | 488584 |
| 湖南 | Hunan | 555014 | 23472 | 138517 | 279465 |
| 广东 | Guangdong | 7102025 | 541149 | 2686059 | 1447722 |
| 广西 | Guangxi | 329735 | 17620 | 105846 | 89303 |
| 海南 | Hainan | 61994 | 8799 | 21914 | 4076 |
| 重庆 | Chongqing | 1125135 | 78484 | 442710 | 526420 |
| 四川 | Sichuan | 1425003 | 91580 | 204219 | 465580 |
| 贵州 | Guizhou | 313980 | 16521 | 83480 | 122444 |
| 云南 | Yunnan | 920755 | 109959 | 183334 | 141878 |
| 西藏 | Tibet | 7919 | — | — | 7919 |
| 陕西 | Shaanxi | 683317 | 19687 | 98685 | 208635 |
| 甘肃 | Gansu | 242726 | 4150 | 52581 | 154834 |
| 青海 | Qinghai | 112039 | 5718 | 36833 | 29359 |
| 宁夏 | Ningxia | 130178 | 8748 | 35724 | 31679 |
| 新疆 | Xinjiang | 234481 | 11176 | 103180 | 83317 |

2－5续表1 Continued

单位:万元 Unit:10000 yuan

| 地 区 | Region | 四级 Forth-grade | 五级 Fifth-grade | 其他 Others | 兼营 Affiliated Operations |
|---|---|---|---|---|---|
| **全国总计** | **National Total** | **5716251** | **2882696** | **6816936** | **848922** |
| 北 京 | Beijing | — | — | 2819562 | 36680 |
| 天 津 | Tianjin | 442865 | 2370 | 198636 | — |
| 河 北 | Hebei | 271127 | 692 | 73456 | — |
| 山 西 | Shanxi | 97922 | — | 119105 | 100 |
| 内蒙古 | Inner Mongolia | 135390 | 2560 | 46361 | 8240 |
| 辽 宁 | Liaoning | 172896 | 16126 | 286286 | 12936 |
| 吉 林 | Jilin | 154753 | 407 | 29465 | 2720 |
| 黑龙江 | Heilongjiang | 42124 | — | 82364 | 7201 |
| 上 海 | Shanghai | 640087 | 2653178 | — | — |
| 江 苏 | Jiangsu | 248614 | 22836 | 161591 | 8196 |
| 浙 江 | Zhejiang | 535582 | 19799 | 202846 | 20767 |
| 安 徽 | Anhui | 138312 | 3106 | 31381 | 11569 |
| 福 建 | Fujian | 529177 | 13829 | 71134 | 56775 |
| 江 西 | Jiangxi | 125393 | 1185 | 16497 | 10018 |
| 山 东 | Shandong | 406503 | 44630 | 338590 | 45368 |
| 河 南 | Henan | 108062 | 3400 | 12918 | 1070 |
| 湖 北 | Hubei | 90864 | 1167 | 92109 | 14383 |
| 湖 南 | Hunan | 97030 | 1251 | 7733 | 7546 |
| 广 东 | Guangdong | 741204 | 63322 | 1279323 | 343246 |
| 广 西 | Guangxi | 77461 | 373 | 39122 | 10 |
| 海 南 | Hainan | 631 | — | 23547 | 3027 |
| 重 庆 | Chongqing | 38152 | — | 22251 | 17118 |
| 四 川 | Sichuan | 257034 | 3878 | 185341 | 217371 |
| 贵 州 | Guizhou | 89903 | — | 1632 | — |
| 云 南 | Yunnan | 97032 | 25823 | 356745 | 5984 |
| 西 藏 | Tibet | — | — | — | — |
| 陕 西 | Shaanxi | 58132 | — | 293142 | 5036 |
| 甘 肃 | Gansu | 20919 | 2486 | 2150 | 5606 |
| 青 海 | Qinghai | 33855 | 128 | 6146 | — |
| 宁 夏 | Ningxia | 32294 | — | 13778 | 7955 |
| 新 疆 | Xinjiang | 32933 | 150 | 3725 | — |

# 2-6 各地区按隶属关系分的房地产开发企业(单位)完成投资额(1999年)

## COMPLETED INVESTMENT VALUE BY REAL ESTATE DEVELOPMENT ENTERPRISES(UNITS) GROUPED BY OWNERSHIP BY REGION(1999)

单位:万元 Unit:10000 yuan

| 地区 | Region | 合计 Total | 中央属 Central | 地方属 Local | 省属 Provincial | 地市属 City Owned | 县属 County Owned | 其他 Others |
|---|---|---|---|---|---|---|---|---|
| **全国总计** | **National Total** | **41032024** | **1417261** | **39614763** | **5585397** | **14699867** | **10160486** | **9169013** |
| 北京 | Beijing | 4214591 | 303389 | 3911202 | 1832638 | 1556102 | 144607 | 377855 |
| 天津 | Tianjin | 1169569 | 30655 | 1138914 | 366803 | 258157 | 23664 | 490290 |
| 河北 | Hebei | 876233 | 15678 | 860555 | 50715 | 481967 | 190769 | 137104 |
| 山西 | Shanxi | 350458 | — | 350458 | 16205 | 206032 | 80764 | 47457 |
| 内蒙古 | Inner Mongolia | 290221 | — | 290221 | 34146 | 70848 | 98774 | 86453 |
| 辽宁 | Liaoning | 1822042 | 75232 | 1746810 | 73309 | 807785 | 366610 | 499106 |
| 吉林 | Jilin | 529843 | 5270 | 524573 | 81232 | 296226 | 76093 | 71022 |
| 黑龙江 | Heilongjiang | 819553 | 56898 | 762655 | 77424 | 479960 | 133154 | 72117 |
| 上海 | Shanghai | 5148253 | 322743 | 4825510 | 940402 | — | 2633149 | 1251959 |
| 江苏 | Jiangsu | 3305491 | 16474 | 3289017 | 67952 | 1535620 | 1298192 | 387253 |
| 浙江 | Zhejiang | 2719899 | 8705 | 2711194 | 222511 | 959110 | 926481 | 603092 |
| 安徽 | Anhui | 740676 | 20146 | 720530 | 78113 | 301825 | 160853 | 179739 |
| 福建 | Fujian | 1786171 | 9256 | 1776915 | 173076 | 926384 | 367210 | 310245 |
| 江西 | Jiangxi | 335876 | 6048 | 329828 | 17833 | 124339 | 99604 | 88052 |
| 山东 | Shandong | 1736064 | 8295 | 1727769 | 259692 | 537956 | 613641 | 316480 |
| 河南 | Henan | 704111 | 14221 | 689890 | 38778 | 230555 | 113506 | 307051 |
| 湖北 | Hubei | 1238672 | 49772 | 1188900 | 87627 | 443870 | 164945 | 492458 |
| 湖南 | Hunan | 555014 | — | 555014 | 94150 | 249661 | 106305 | 104898 |
| 广东 | Guangdong | 7102025 | 366065 | 6735960 | 316971 | 3403293 | 1411192 | 1604504 |
| 广西 | Guangxi | 329735 | 4187 | 325548 | 54998 | 169851 | 26637 | 74062 |
| 海南 | Hainan | 61994 | — | 61994 | 10933 | 18401 | 706 | 31954 |
| 重庆 | Chongqing | 1125135 | 11054 | 1114081 | 332369 | 123653 | 310745 | 347314 |
| 四川 | Sichuan | 1425003 | 13458 | 1411545 | 68213 | 651326 | 315686 | 376320 |
| 贵州 | Guizhou | 313980 | 5306 | 308674 | 27721 | 59476 | 41538 | 179939 |
| 云南 | Yunnan | 920755 | 7645 | 913110 | 112679 | 231925 | 235072 | 333434 |
| 西藏 | Tibet | 7919 | — | 7919 | — | 4566 | 1400 | 1953 |
| 陕西 | Shaanxi | 683317 | 22333 | 660984 | 39670 | 357065 | 123796 | 140453 |
| 甘肃 | Gansu | 242726 | 875 | 241851 | 39692 | 64802 | 46481 | 90876 |
| 青海 | Qinghai | 112039 | 3070 | 108969 | 19894 | 57178 | 5027 | 26870 |
| 宁夏 | Ningxia | 130178 | 770 | 129408 | 41080 | 63884 | 11117 | 13327 |
| 新疆 | Xinjiang | 234481 | 39716 | 194765 | 8571 | 28050 | 32768 | 125376 |

# 2-7 各地区按构成分的房地产开发企业(单位)完成投资额(1999年)

## COMPLETED INVESTMENT VALUE BY REAL ESTATE DEVELOPMENT ENTERPRISES(UNITS) GROUPED BY USE OF FUNDS BY REGION(1999)

单位:万元 Unit:10000 yuan

| 地区 | Region | 本年完成投资额 Investment Value Completed This Year | 建筑安装工程 Construction | 设备工器具购置 Purchase of Equipment and Instrument | 其他费用 Others | #土地购置费 Purchase of Land |
|---|---|---|---|---|---|---|
| **全国总计** | **National Total** | **41032024** | **29238597** | **1053936** | **10739491** | **5000267** |
| 北京 | Beijing | 4214591 | 2786121 | 168421 | 1260049 | 366247 |
| 天津 | Tianjin | 1169569 | 829283 | 13457 | 326829 | 82972 |
| 河北 | Hebei | 876233 | 703774 | 7369 | 165090 | 100914 |
| 山西 | Shanxi | 350458 | 284811 | 1763 | 63884 | 20340 |
| 内蒙古 | Inner Mongolia | 290221 | 234413 | 2245 | 53563 | 34948 |
| 辽宁 | Liaoning | 1822042 | 1375213 | 51477 | 395352 | 170392 |
| 吉林 | Jilin | 529843 | 428788 | 2549 | 98506 | 29143 |
| 黑龙江 | Heilongjiang | 819553 | 644784 | 20310 | 154459 | 61264 |
| 上海 | Shanghai | 5148253 | 3353832 | 203772 | 1590649 | 546000 |
| 江苏 | Jiangsu | 3305491 | 2432509 | 30928 | 842054 | 359647 |
| 浙江 | Zhejiang | 2719899 | 1803578 | 19968 | 896353 | 626487 |
| 安徽 | Anhui | 740676 | 582285 | 16838 | 141553 | 94742 |
| 福建 | Fujian | 1786171 | 1282846 | 44854 | 458471 | 250667 |
| 江西 | Jiangxi | 335876 | 251683 | 1813 | 82380 | 49618 |
| 山东 | Shandong | 1736064 | 1349226 | 21535 | 365303 | 225607 |
| 河南 | Henan | 704111 | 496652 | 30029 | 177430 | 117082 |
| 湖北 | Hubei | 1238672 | 929162 | 60328 | 249182 | 111229 |
| 湖南 | Hunan | 555014 | 409339 | 7998 | 137677 | 48464 |
| 广东 | Guangdong | 7102025 | 4874364 | 193373 | 2034288 | 1015706 |
| 广西 | Guangxi | 329735 | 204323 | 3566 | 121846 | 52226 |
| 海南 | Hainan | 61994 | 45348 | 1400 | 15246 | 3375 |
| 重庆 | Chongqing | 1125135 | 846000 | 48256 | 230879 | 91678 |
| 四川 | Sichuan | 1425003 | 1036528 | 37416 | 351059 | 250985 |
| 贵州 | Guizhou | 313980 | 235669 | 9037 | 69274 | 27150 |
| 云南 | Yunnan | 920755 | 692313 | 11970 | 216472 | 120362 |
| 西藏 | Tibet | 7919 | 6948 | — | 971 | 971 |
| 陕西 | Shaanxi | 683317 | 548312 | 16947 | 118058 | 67855 |
| 甘肃 | Gansu | 242726 | 196339 | 14146 | 32241 | 16861 |
| 青海 | Qinghai | 112039 | 94959 | 850 | 16230 | 13077 |
| 宁夏 | Ningxia | 130178 | 105663 | 2723 | 21792 | 11847 |
| 新疆 | Xinjiang | 234481 | 173532 | 8598 | 52351 | 32411 |

# 2－8 各地区按用途分的房地产开发企业(单位)完成投资额(1999年)

COMPLETED INVESTMENT VALUE BY REAL ESTATE DEVELOPMENT ENTERPRISES(UNITS) GROUPED BY PURPOSE OF PROJECTS BY REGION(1999)

单位:万元 Unit:10000 yuan

| 地 区 | Region | 本年完成投资额 Investment Value Completed This Year | 住宅 Residence | #别墅、高档公寓 Villa, High-grade Apartment | #经济适用房屋 Economic Buildings | 办公楼 Office | 商业营业用房 Commerce | 其他 Others |
|---|---|---|---|---|---|---|---|---|
| **全国总计** | **National Total** | **41032024** | **26384794** | **1786233** | **4370211** | **3385973** | **4843349** | **6417908** |
| 北 京 | Beijing | 4214591 | 2365641 | 450643 | 16993 | 525079 | 302018 | 1021853 |
| 天 津 | Tianjin | 1169569 | 868972 | 60536 | 248969 | 36045 | 46569 | 217983 |
| 河 北 | Hebei | 876233 | 638448 | 12633 | 218465 | 18710 | 90888 | 128187 |
| 山 西 | Shanxi | 350458 | 270496 | 359 | 161797 | 7771 | 30307 | 41884 |
| 内蒙古 | Inner Mongolia | 290221 | 180050 | 1590 | 125853 | 9930 | 62252 | 37989 |
| 辽 宁 | Liaoning | 1822042 | 1212776 | 87850 | 196790 | 145181 | 318029 | 146056 |
| 吉 林 | Jilin | 529843 | 326645 | 456 | 111929 | 19196 | 103114 | 80888 |
| 黑龙江 | Heilongjiang | 819553 | 532679 | 27888 | 210191 | 49827 | 145167 | 90880 |
| 上 海 | Shanghai | 5148253 | 3244909 | 345371 | 219450 | 812555 | 604177 | 486612 |
| 江 苏 | Jiangsu | 3305491 | 2415914 | 96695 | 487614 | 224501 | 374007 | 291069 |
| 浙 江 | Zhejiang | 2719899 | 1933764 | 43288 | 113619 | 192044 | 293566 | 300525 |
| 安 徽 | Anhui | 740676 | 480516 | 8079 | 125590 | 64153 | 114554 | 81453 |
| 福 建 | Fujian | 1786171 | 1050759 | 104666 | 196695 | 160782 | 227831 | 346799 |
| 江 西 | Jiangxi | 335876 | 200450 | 6936 | 46164 | 11439 | 54022 | 69965 |
| 山 东 | Shandong | 1736064 | 1080107 | 38821 | 253134 | 118681 | 200666 | 336610 |
| 河 南 | Henan | 704111 | 429350 | 9032 | 127324 | 66169 | 57633 | 150959 |
| 湖 北 | Hubei | 1238672 | 804342 | 45670 | 220864 | 130608 | 137835 | 165887 |
| 湖 南 | Hunan | 555014 | 333727 | 7468 | 130460 | 22512 | 56671 | 142104 |
| 广 东 | Guangdong | 7102025 | 4666830 | 240914 | 181947 | 391243 | 720459 | 1323493 |
| 广 西 | Guangxi | 329735 | 160586 | 6550 | 28792 | 16503 | 28902 | 123744 |
| 海 南 | Hainan | 61994 | 36190 | 8514 | 4557 | 538 | 9836 | 15430 |
| 重 庆 | Chongqing | 1125135 | 523357 | 48320 | 95999 | 97543 | 303840 | 200395 |
| 四 川 | Sichuan | 1425003 | 848700 | 60784 | 213767 | 74096 | 216632 | 285575 |
| 贵 州 | Guizhou | 313980 | 188477 | 3432 | 38896 | 17527 | 55635 | 52341 |
| 云 南 | Yunnan | 920755 | 645445 | 30030 | 134730 | 88967 | 90002 | 96341 |
| 西 藏 | Tibet | 7919 | 5630 | — | — | 864 | 454 | 971 |
| 陕 西 | Shaanxi | 683317 | 473507 | 34880 | 309479 | 39387 | 65936 | 104487 |
| 甘 肃 | Gansu | 242726 | 148990 | — | 42810 | 18131 | 53011 | 22594 |
| 青 海 | Qinghai | 112039 | 68282 | — | 38505 | 8598 | 26268 | 8891 |
| 宁 夏 | Ningxia | 130178 | 74809 | 1734 | 13483 | 8260 | 26000 | 21109 |
| 新 疆 | Xinjiang | 234481 | 174446 | 2994 | 55345 | 9133 | 27068 | 23834 |

# 2-9 各地区房地产开发企业(单位)完成的商品房建设与土地开发投资(1999年)

## INVESTMENT OF COMMODITY BUILDINGS CONSTRUCTION AND LAND DEVELOPMENT BY REAL ESTATE ENTERPRISES(UNITS) BY REGION(1999)

单位:万元 Unit:10000 yuan

| 地区 | Region | 本年完成投资额 Investment Value Completed This Year | #商品房建设投资 Investment of Commodity Buildings Construction | #土地开发投资 Investmst Of Land Development | 商品房建设投资额比重(%) Percentage of Investment Value of Commodity Buildings Construction |
|---|---|---|---|---|---|
| **全国总计** | **National Total** | **41032024** | **31125073** | **3189166** | **75.9** |
| 北京 | Beijing | 4214591 | 3094375 | 246465 | 73.4 |
| 天津 | Tianjin | 1169569 | 812359 | 130667 | 69.5 |
| 河北 | Hebei | 876233 | 637524 | 62490 | 72.8 |
| 山西 | Shanxi | 350458 | 302938 | 30247 | 86.4 |
| 内蒙古 | Inner Mongolia | 290221 | 241614 | 23062 | 83.3 |
| 辽宁 | Liaoning | 1822042 | 1467923 | 164817 | 80.6 |
| 吉林 | Jilin | 529843 | 432880 | 77386 | 81.7 |
| 黑龙江 | Heilongjiang | 819553 | 674225 | 85166 | 82.3 |
| 上海 | Shanghai | 5148253 | 4015526 | 134685 | 78.0 |
| 江苏 | Jiangsu | 3305491 | 2513032 | 316637 | 76.0 |
| 浙江 | Zhejiang | 2719899 | 2073183 | 174735 | 76.2 |
| 安徽 | Anhui | 740676 | 588282 | 73971 | 79.4 |
| 福建 | Fujian | 1786171 | 1349142 | 191625 | 75.5 |
| 江西 | Jiangxi | 335876 | 252124 | 50469 | 75.1 |
| 山东 | Shandong | 1736064 | 1366780 | 119072 | 78.7 |
| 河南 | Henan | 704111 | 457913 | 57846 | 65.0 |
| 湖北 | Hubei | 1238672 | 961018 | 114668 | 77.6 |
| 湖南 | Hunan | 555014 | 376069 | 72783 | 67.8 |
| 广东 | Guangdong | 7102025 | 5215355 | 533429 | 73.4 |
| 广西 | Guangxi | 329735 | 289310 | 27553 | 87.7 |
| 海南 | Hainan | 61994 | 47679 | 12836 | 76.9 |
| 重庆 | Chongqing | 1125135 | 893899 | 108543 | 79.4 |
| 四川 | Sichuan | 1425003 | 1137032 | 111317 | 79.8 |
| 贵州 | Guizhou | 313980 | 224957 | 19215 | 71.6 |
| 云南 | Yunnan | 920755 | 743092 | 137757 | 80.7 |
| 西藏 | Tibet | 7919 | 5131 | 1619 | 64.8 |
| 陕西 | Shaanxi | 683317 | 376917 | 72927 | 55.2 |
| 甘肃 | Gansu | 242726 | 202213 | 10851 | 83.3 |
| 青海 | Qinghai | 112039 | 65076 | 5958 | 58.1 |
| 宁夏 | Ningxia | 130178 | 101148 | 600 | 77.7 |
| 新疆 | Xinjiang | 234481 | 206357 | 19770 | 88.0 |

# 2－10 各地区按登记注册类型分的房地产开发企业(单位)住宅完成投资额(1999年)

## COMPLETED INVESTMENT VALUE IN RESIDENCE BY REAL ESTATE ENTERPRISES(UNITS) GROUPED BY REGISTERED TYPES BY REGION(1999)

单位:万元 Unit:10000 yuan

| 地区 Rigion | 总计 Total | 内资 Domestic Funded | 国有 State-owned | 集体 Collective-owned | 股份合作 Share Holding Cooperative | 国有联营 State-owned Jiont | 集体联营 Collective-owned Joint |
|---|---|---|---|---|---|---|---|
| **全国总计 National Total** | **26384794** | **21721421** | **8911566** | **2561739** | **471303** | **230487** | **66522** |
| 北京 Beijing | 2365641 | 1764936 | 715768 | 110850 | 42023 | 20391 | — |
| 天津 Tianjin | 868972 | 724928 | 294646 | 52703 | — | 4027 | — |
| 河北 Hebei | 638448 | 590340 | 324991 | 53677 | 13416 | 11130 | 680 |
| 山西 Shanxi | 270496 | 257770 | 188676 | 22846 | 1265 | — | — |
| 内蒙古 Inner Mongolia | 180050 | 176952 | 60136 | 20190 | 2101 | 350 | — |
| 辽宁 Liaoning | 1212776 | 1048419 | 434717 | 111118 | 24515 | — | — |
| 吉林 Jilin | 326645 | 305613 | 138986 | 4996 | 7470 | — | — |
| 黑龙江 Heilongjiang | 532679 | 510877 | 250141 | 12203 | 14779 | — | — |
| 上海 Shanghai | 3244909 | 2548368 | 737148 | 364087 | 51809 | 59121 | 34419 |
| 江苏 Jiangsu | 2415914 | 2132866 | 1256858 | 321859 | 66601 | 23840 | 7252 |
| 浙江 Zhejiang | 1933764 | 1818349 | 607239 | 233908 | 55666 | 25952 | 7581 |
| 安徽 Anhui | 480516 | 438608 | 186519 | 57049 | 20838 | 846 | 3287 |
| 福建 Fujian | 1050759 | 648200 | 271319 | 62319 | 30126 | 3095 | 4178 |
| 江西 Jiangxi | 200450 | 158512 | 94361 | 22570 | 4036 | 166 | — |
| 山东 Shandong | 1080107 | 991396 | 585192 | 160406 | 22423 | 6360 | — |
| 河南 Henan | 429350 | 330125 | 165502 | 28675 | 1942 | 230 | 266 |
| 湖北 Hubei | 804342 | 636873 | 326085 | 49049 | 12577 | 5187 | 240 |
| 湖南 Hunan | 333727 | 289351 | 146055 | 32209 | 3547 | — | 160 |
| 广东 Guangdong | 4666830 | 3445132 | 864905 | 586371 | 39876 | 66700 | 6518 |
| 广西 Guangxi | 160586 | 113557 | 48369 | 12246 | 2517 | 2299 | — |
| 海南 Hainan | 36190 | 26050 | 6792 | 13676 | 1500 | — | — |
| 重庆 Chongqing | 523357 | 428300 | 82963 | 41294 | 8727 | 300 | 100 |
| 四川 Sichuan | 848700 | 760934 | 308482 | 87621 | 26535 | 134 | 1261 |
| 贵州 Guizhou | 188477 | 153372 | 50783 | 20950 | 258 | 359 | 580 |
| 云南 Yunnan | 645445 | 584672 | 313805 | 5953 | 4371 | — | — |
| 西藏 Tibet | 5630 | 5630 | 4872 | — | — | — | — |
| 陕西 Shaanxi | 473507 | 449978 | 316772 | 22554 | 7081 | — | — |
| 甘肃 Gansu | 148990 | 114321 | 41498 | 24029 | 1828 | — | — |
| 青海 Qinghai | 68282 | 59009 | 20246 | 2433 | — | — | — |
| 宁夏 Ningxia | 74809 | 72434 | 21429 | 10546 | 2888 | — | — |
| 新疆 Xinjiang | 174446 | 135549 | 46311 | 13352 | 588 | — | — |

2－10 续表 1　Continued

单位：万元　Unit：10000 yuan

| 地　区 | Region | 内　资 Domestic Funded | | | | | | |
|---|---|---|---|---|---|---|---|---|
| | | 国有与集体联营 State-owned and Collective-owned Joint | 其他联营 Other Joint | 国有独资公司 State-owned Single Funded | 其他有限责任公司 Other Corporations Limited | 股份有限公司 Share Holding Corporations Limited | 私营独资 Individuals Single Funded | 私营合伙 Individuals Cooperative |
| **全国总计** | **National Total** | **122886** | **80819** | **411052** | **4679013** | **1978625** | **223827** | **55353** |
| 北　京 | Beijing | — | — | 106635 | 624027 | 131823 | — | — |
| 天　津 | Tianjin | 3400 | 403 | 6117 | 134375 | 42662 | 4550 | — |
| 河　北 | Hebei | — | — | 3451 | 44413 | 62039 | 2440 | 350 |
| 山　西 | Shanxi | — | — | — | 14007 | 17811 | 1220 | — |
| 内蒙古 | Inner Mongolia | — | 590 | — | 30538 | 12667 | 1355 | — |
| 辽　宁 | Liaoning | 580 | — | 13947 | 167678 | 169784 | 7085 | 2594 |
| 吉　林 | Jilin | — | — | 4074 | 77673 | 43662 | 900 | — |
| 黑龙江 | Heilongjiang | 2580 | — | 3224 | 90615 | 80195 | — | — |
| 上　海 | Shanghai | 41873 | 6025 | 67485 | 853131 | 163077 | 12312 | 15205 |
| 江　苏 | Jiangsu | 10413 | 1563 | 17276 | 223204 | 127689 | 2485 | — |
| 浙　江 | Zhejiang | 9133 | 40 | 11638 | 607291 | 179572 | 1400 | 630 |
| 安　徽 | Anhui | — | 2532 | 3847 | 72440 | 40532 | 900 | 927 |
| 福　建 | Fujian | 5517 | 31964 | 12015 | 61257 | 50274 | 5410 | 13404 |
| 江　西 | Jiangxi | — | 796 | — | 12827 | 11259 | 1851 | — |
| 山　东 | Shandong | 110 | 6151 | 634 | 115233 | 57177 | 2478 | 3100 |
| 河　南 | Henan | 330 | 260 | 1359 | 62324 | 23684 | 927 | 487 |
| 湖　北 | Hubei | 2849 | 350 | 1530 | 125832 | 74711 | 3644 | 410 |
| 湖　南 | Hunan | — | 1500 | 1393 | 43833 | 33056 | 5002 | — |
| 广　东 | Guangdong | 39351 | 26438 | 106577 | 859207 | 368818 | 159018 | 10024 |
| 广　西 | Guangxi | — | 251 | 4539 | 18072 | 10316 | 1426 | 850 |
| 海　南 | Hainan | — | 980 | — | — | 2243 | 500 | — |
| 重　庆 | Chongqing | 1893 | 678 | 2219 | 74762 | 45617 | 2743 | 1284 |
| 四　川 | Sichuan | 1554 | — | 2552 | 144024 | 81447 | 3411 | 980 |
| 贵　州 | Guizhou | 1270 | 250 | 490 | 21681 | 25804 | — | 4500 |
| 云　南 | Yunnan | 1555 | — | 16929 | 96398 | 49913 | — | — |
| 西　藏 | Tibet | — | — | — | — | — | — | — |
| 陕　西 | Shaanxi | — | — | 10513 | 28405 | 36782 | 1140 | 208 |
| 甘　肃 | Gansu | — | 48 | 867 | 20970 | 13965 | — | 400 |
| 青　海 | Qinghai | — | — | — | 7642 | 14638 | — | — |
| 宁　夏 | Ningxia | 478 | — | 4191 | 26317 | 246 | — | — |
| 新　疆 | Xinjiang | — | — | 7550 | 20837 | 7162 | 1630 | — |

2-10续表2 Continued

单位:万元 Unit:10000 yuan

| 地区 | Region | 内资 Domestic Funded 私营有限责任公司 Individual Corporations Limited | 私营股份有限公司 Individual Share Holding Corporations | 其他内资企业 Other Domestic Funded | 港澳台投资 Hong Kong, Mocao and Taiwan Funded | 合资经营 Joint Operations | 合作经营 Cooperated Operations | 独资 Single Funded |
|---|---|---|---|---|---|---|---|---|
| **全国总计** | **National Total** | **1602859** | **190735** | **134635** | **3355618** | **1407425** | **1057865** | **749439** |
| 北京 | Beijing | 12775 | — | 644 | 369614 | 144478 | 205661 | 7878 |
| 天津 | Tianjin | 153491 | 5000 | 23554 | 52866 | 25573 | 24293 | 2000 |
| 河北 | Hebei | 68084 | 4769 | 900 | 28504 | 25504 | — | 3000 |
| 山西 | Shanxi | 8050 | — | 3895 | 10125 | 7275 | — | 1000 |
| 内蒙古 | Inner Mongolia | 44471 | 4554 | — | 2096 | 1407 | 679 | — |
| 辽宁 | Liaoning | 99901 | 14537 | 1963 | 84778 | 76638 | 7610 | 530 |
| 吉林 | Jilin | 25317 | 1975 | 560 | 16437 | 13873 | — | 2600 |
| 黑龙江 | Heilongjiang | 47002 | 6938 | 3200 | 19276 | 13676 | 2040 | 3500 |
| 上海 | Shanghai | 99150 | 11249 | 32277 | 395379 | 207251 | 46428 | 120200 |
| 江苏 | Jiangsu | 62253 | 8699 | 2874 | 200389 | 131957 | 17886 | 42582 |
| 浙江 | Zhejiang | 56781 | 12212 | 9306 | 93369 | 66857 | 4575 | 21095 |
| 安徽 | Anhui | 46462 | 2283 | 146 | 30181 | 14468 | 4937 | 9974 |
| 福建 | Fujian | 72110 | 12968 | 12244 | 310196 | 72695 | 37463 | 175363 |
| 江西 | Jiangxi | 7648 | 1804 | 1194 | 28345 | 12105 | 1480 | 8209 |
| 山东 | Shandong | 26995 | 5137 | — | 74645 | 56320 | 5516 | 12680 |
| 河南 | Henan | 38428 | 4716 | 995 | 74472 | 33559 | 3190 | 37593 |
| 湖北 | Hubei | 29867 | 2172 | 2370 | 120808 | 49338 | 32985 | 35566 |
| 湖南 | Hunan | 15346 | 5410 | 1840 | 34164 | 17085 | 2778 | 12601 |
| 广东 | Guangdong | 278629 | 25782 | 6918 | 1092477 | 225494 | 624706 | 205983 |
| 广西 | Guangxi | 11167 | 1175 | 330 | 36463 | 26013 | 5920 | 3027 |
| 海南 | Hainan | — | — | 359 | 6384 | 2600 | — | 3172 |
| 重庆 | Chongqing | 117933 | 24831 | 22956 | 59732 | 32337 | 3195 | 6706 |
| 四川 | Sichuan | 86644 | 12849 | 3440 | 57377 | 43295 | 8344 | 3727 |
| 贵州 | Guizhou | 24159 | 2288 | — | 21715 | 7098 | 6154 | 8463 |
| 云南 | Yunnan | 83504 | 12244 | — | 51138 | 41578 | — | 9560 |
| 西藏 | Tibet | 758 | — | — | — | — | — | — |
| 陕西 | Shaanxi | 25458 | 1065 | — | 20790 | 7519 | 11989 | — |
| 甘肃 | Gansu | 5996 | 2600 | 2120 | 22872 | 11009 | — | 11863 |
| 青海 | Qinghai | 13500 | — | 550 | 2624 | 2624 | — | — |
| 宁夏 | Ningxia | 6339 | — | — | 1556 | 1556 | — | — |
| 新疆 | Xinjiang | 34641 | 3478 | — | 36810 | 36243 | — | 567 |

2－10 续表 3　Continued

单位：万元　Unit：10000 yuan

| 地　区 | Region | 港澳台投资 Hong Kong, Mocao and Taiwan Funded | 外商投资 Foreign Funded | | | | |
|---|---|---|---|---|---|---|---|
| | | 股份有限 Share Holding Corporations Limited | | 合资经营 Joint Operations | 合作经营 Cooperated Operations | 独资 Single Funded | 股份有限 Share Holding Corporations Limited |
| **全国总计** | **National Total** | **140889** | **1307755** | **714655** | **273242** | **254355** | **65503** |
| 北　京 | Beijing | 11597 | 231091 | 79446 | 107275 | — | 44370 |
| 天　津 | Tianjin | 1000 | 91178 | 78167 | 11839 | 1172 | — |
| 河　北 | Hebei | — | 19604 | 12624 | 3445 | 3145 | 390 |
| 山　西 | Shanxi | 1850 | 2601 | 1507 | — | 1094 | — |
| 内 蒙 古 | Inner Mongolia | 10 | 1002 | 972 | — | 30 | — |
| 辽　宁 | Liaoning | — | 79579 | 47099 | 22719 | 9761 | — |
| 吉　林 | Jilin | — | 4559 | 3739 | — | 555 | 265 |
| 黑 龙 江 | Heilongjiang | 60 | 2526 | 2526 | — | — | — |
| 上　海 | Shanghai | 21500 | 301162 | 174505 | 29589 | 97068 | — |
| 江　苏 | Jiangsu | 7964 | 82659 | 67694 | 1227 | 11138 | 2600 |
| 浙　江 | Zhejiang | 842 | 22046 | 18946 | 139 | 1687 | 1274 |
| 安　徽 | Anhui | 766 | 11727 | 8907 | 600 | 1900 | 320 |
| 福　建 | Fujian | 24675 | 92363 | 23799 | 2937 | 62786 | 2841 |
| 江　西 | Jiangxi | 6551 | 13593 | 9928 | 768 | 1693 | 1204 |
| 山　东 | Shandong | 129 | 14066 | 9191 | 3700 | 839 | 336 |
| 河　南 | Henan | 130 | 24753 | 18896 | — | 5567 | 290 |
| 湖　北 | Hubei | 2919 | 46661 | 19334 | 200 | 27127 | — |
| 湖　南 | Hunan | 1700 | 10212 | 3904 | 1936 | 4372 | — |
| 广　东 | Guangdong | 36294 | 129221 | 42925 | 78539 | 5900 | 1857 |
| 广　西 | Guangxi | 1503 | 10566 | 8722 | 380 | 1464 | — |
| 海　南 | Hainan | 612 | 3756 | 1317 | — | 1502 | 937 |
| 重　庆 | Chongqing | 17494 | 35325 | 22333 | — | 5486 | 7506 |
| 四　川 | Sichuan | 2011 | 30389 | 22183 | 5466 | 2539 | 201 |
| 贵　州 | Guizhou | — | 13390 | 10122 | — | 3268 | — |
| 云　南 | Yunnan | — | 9635 | 7218 | 2417 | — | — |
| 西　藏 | Tibet | — | — | — | — | — | — |
| 陕　西 | Shaanxi | 1282 | 2739 | 948 | 66 | 1100 | 625 |
| 甘　肃 | Gansu | — | 11797 | 9084 | — | 2713 | — |
| 青　海 | Qinghai | — | 6649 | 6200 | — | 449 | — |
| 宁　夏 | Ningxia | — | 819 | 819 | — | — | — |
| 新　疆 | Xinjiang | — | 2087 | 1600 | — | — | 487 |

# 2－11 各地区按资质等级分的房地产开发企业(单位)住宅完成投资额(1999 年)

## COMPLETED INVESTMENT VALUE IN RESIDENCE BY REAL ESTATE DEVELOPMENT ENTERPRISES(UNITS) GROUPED BY QUALIFICATIONS BY REGION(1999)

单位:万元 Unit:10000 yuan

| 地 区 | Region | 总计 Total | 一级 First-grade | 二级 Second-grade | 三级 Third-grade |
|---|---|---|---|---|---|
| **全国总计** | **National Total** | **26384794** | **2538368** | **6123256** | **7649841** |
| 北 京 | Beijing | 2365641 | 386268 | 356669 | 64534 |
| 天 津 | Tianjin | 868972 | 128782 | 78405 | 194944 |
| 河 北 | Hebei | 638448 | 44571 | 131642 | 223367 |
| 山 西 | Shanxi | 270496 | 12191 | 27003 | 57850 |
| 内 蒙 古 | Inner Mongolia | 180050 | 1167 | 22957 | 38360 |
| 辽 宁 | Liaoning | 1212776 | 215707 | 185023 | 523588 |
| 吉 林 | Jilin | 326645 | 22206 | 40379 | 143968 |
| 黑 龙 江 | Heilongjiang | 532679 | 47598 | 139965 | 266225 |
| 上 海 | Shanghai | 3244909 | 318296 | 604831 | 371084 |
| 江 苏 | Jiangsu | 2415914 | 264369 | 589602 | 1262174 |
| 浙 江 | Zhejiang | 1933764 | 124690 | 475372 | 759914 |
| 安 徽 | Anhui | 480516 | 27520 | 111954 | 210426 |
| 福 建 | Fujian | 1050759 | 99883 | 88157 | 496540 |
| 江 西 | Jiangxi | 200450 | 292 | 40333 | 69979 |
| 山 东 | Shandong | 1080107 | 120618 | 197390 | 233790 |
| 河 南 | Henan | 429350 | 27104 | 117549 | 203201 |
| 湖 北 | Hubei | 804342 | 91137 | 224656 | 329165 |
| 湖 南 | Hunan | 333727 | 11706 | 70488 | 181409 |
| 广 东 | Guangdong | 4666830 | 385920 | 1833617 | 950932 |
| 广 西 | Guangxi | 160586 | 10290 | 43852 | 47545 |
| 海 南 | Hainan | 36190 | 8799 | 8082 | 2962 |
| 重 庆 | Chongqing | 523357 | 28642 | 210963 | 248449 |
| 四 川 | Sichuan | 848700 | 45544 | 123842 | 273502 |
| 贵 州 | Guizhou | 188477 | 13355 | 48095 | 76727 |
| 云 南 | Yunnan | 645445 | 69419 | 154532 | 100948 |
| 西 藏 | Tibet | 5630 | — | — | 5630 |
| 陕 西 | Shaanxi | 473507 | 14474 | 53457 | 113620 |
| 甘 肃 | Gansu | 148990 | 2920 | 20486 | 100447 |
| 青 海 | Qinghai | 68282 | 2017 | 26499 | 16488 |
| 宁 夏 | Ningxia | 74809 | 4708 | 14475 | 22552 |
| 新 疆 | Xinjiang | 174446 | 8175 | 82981 | 59521 |

2-11 续表 1 Continued

单位:万元 Unit:10000 yuan

| 地 区 | Region | 四级 Forth-grade | 五级 Fifth-grade | 其他 Others | 兼营 Affiliated Operations |
|---|---|---|---|---|---|
| **全国总计** | **National Total** | **3788667** | **1687930** | **4029498** | **567234** |
| 北 京 | Beijing | — | — | 1543048 | 15122 |
| 天 津 | Tianjin | 320062 | 1370 | 145409 | — |
| 河 北 | Hebei | 188223 | 692 | 49953 | — |
| 山 西 | Shanxi | 68847 | — | 104605 | — |
| 内 蒙 古 | Inner Mongolia | 83492 | 903 | 28922 | 4249 |
| 辽 宁 | Liaoning | 122171 | 12941 | 143579 | 9767 |
| 吉 林 | Jilin | 94300 | 332 | 24680 | 780 |
| 黑 龙 江 | Heilongjiang | 22653 | — | 51218 | 5020 |
| 上 海 | Shanghai | 424720 | 1525978 | — | — |
| 江 苏 | Jiangsu | 190823 | 15620 | 88122 | 5204 |
| 浙 江 | Zhejiang | 402482 | 15504 | 135527 | 20275 |
| 安 徽 | Anhui | 101742 | 2390 | 18993 | 7491 |
| 福 建 | Fujian | 295570 | 8127 | 27566 | 34916 |
| 江 西 | Jiangxi | 79129 | 972 | 4860 | 4885 |
| 山 东 | Shandong | 287496 | 32014 | 176054 | 32745 |
| 河 南 | Henan | 72178 | 976 | 7962 | 380 |
| 湖 北 | Hubei | 69878 | 1119 | 77240 | 11147 |
| 湖 南 | Hunan | 61618 | 465 | 4864 | 3177 |
| 广 东 | Guangdong | 452246 | 44899 | 787041 | 212175 |
| 广 西 | Guangxi | 41365 | 255 | 17279 | — |
| 海 南 | Hainan | 631 | — | 15319 | 397 |
| 重 庆 | Chongqing | 19436 | — | 7785 | 8082 |
| 四 川 | Sichuan | 146129 | 1681 | 86781 | 171221 |
| 贵 州 | Guizhou | 49566 | — | 734 | — |
| 云 南 | Yunnan | 81776 | 19559 | 214271 | 4940 |
| 西 藏 | Tibet | — | — | — | — |
| 陕 西 | Shaanxi | 36772 | — | 250940 | 4244 |
| 甘 肃 | Gansu | 16501 | 2058 | 1602 | 4976 |
| 青 海 | Qinghai | 17896 | — | 5382 | — |
| 宁 夏 | Ningxia | 17644 | — | 9389 | 6041 |
| 新 疆 | Xinjiang | 23321 | 75 | 373 | — |

# 2－12 各地区房地产开发企业(单位)的资金状况(1999 年)

## FUNDS OF REAL ESTATE DEVELOPMENT ENTERPRISES(UNITS) BY REGION(1999)

单位:万元 Unit:10000 yuan

| 地 区 | Region | 本年资金合计 Total Funds of this year This Year | 上年末结余资金 Cash Surplus of Last Year | 本年资金来源小计 Total Funds of Sources This Year | 本年各项应付款合计 Total Funds Payable This Year |
|---|---|---|---|---|---|
| **全国总计** | **National Total** | **56967314** | **9008302** | **47959012** | **9667977** |
| 北 京 | Beijing | 6368009 | 1106191 | 5261818 | 274630 |
| 天 津 | Tianjin | 1439648 | 194628 | 1245020 | 280514 |
| 河 北 | Hebei | 979691 | 123145 | 856546 | 207654 |
| 山 西 | Shanxi | 431555 | 31322 | 400233 | 81756 |
| 内蒙古 | Inner Mongolia | 281463 | 21213 | 260250 | 51405 |
| 辽 宁 | Liaoning | 2077520 | 229320 | 1848200 | 530644 |
| 吉 林 | Jilin | 512509 | 39298 | 473211 | 151696 |
| 黑龙江 | Heilongjiang | 752630 | 39319 | 713311 | 181955 |
| 上 海 | Shanghai | 7736896 | 1245847 | 6491049 | 1611958 |
| 江 苏 | Jiangsu | 4000530 | 609668 | 3390862 | 818134 |
| 浙 江 | Zhejiang | 4858925 | 671323 | 4187602 | 575698 |
| 安 徽 | Anhui | 866237 | 130066 | 736171 | 176649 |
| 福 建 | Fujian | 3494709 | 784981 | 2709728 | 470343 |
| 江 西 | Jiangxi | 445272 | 71638 | 373634 | 86597 |
| 山 东 | Shandong | 1993101 | 258101 | 1735000 | 485892 |
| 河 南 | Henan | 902400 | 133984 | 768416 | 139386 |
| 湖 北 | Hubei | 1340680 | 216423 | 1124257 | 283011 |
| 湖 南 | Hunan | 639763 | 61467 | 578296 | 73524 |
| 广 东 | Guangdong | 10589026 | 1976587 | 8612439 | 1808711 |
| 广 西 | Guangxi | 506826 | 78354 | 428472 | 77883 |
| 海 南 | Hainan | 80782 | 11291 | 69491 | 6245 |
| 重 庆 | Chongqing | 1504042 | 219631 | 1284411 | 271045 |
| 四 川 | Sichuan | 1980885 | 265009 | 1715876 | 255333 |
| 贵 州 | Guizhou | 471519 | 87567 | 383952 | 116813 |
| 云 南 | Yunnan | 1156559 | 238680 | 917879 | 242174 |
| 西 藏 | Tibet | 7919 | — | 7919 | 1400 |
| 陕 西 | Shaanxi | 777323 | 92037 | 685286 | 236887 |
| 甘 肃 | Gansu | 249134 | 31946 | 217188 | 93408 |
| 青 海 | Qinghai | 116914 | 11974 | 104940 | 14467 |
| 宁 夏 | Ningxia | 141461 | 8158 | 133303 | 31561 |
| 新 疆 | Xinjiang | 263386 | 19134 | 244252 | 30604 |

# 2-13　各地区房地产开发企业(单位)的资金来源及其构成(1999年)

FUNDS SOURCES AND COMPOSITION OF REAL ESTATE DEVELOPMENT ENTERPRISES(UNITS) BY REGION(1999)

单位:万元　Unit:10000 yuan

| 地　区 | Region | 本年资金来源小计 Total Funds of Sources This Year | 国家预算内资金 State Budgetary Funds | 国内贷款 Domestic Loans | 债券 Bonds |
|---|---|---|---|---|---|
| **全国总计** | **National Total** | **47959012** | **100457** | **11115664** | **98703** |
| 北　京 | Beijing | 5261818 | 5640 | 1652220 | 14000 |
| 天　津 | Tianjin | 1245020 | — | 334994 | 14700 |
| 河　北 | Hebei | 856546 | 3579 | 147726 | — |
| 山　西 | Shanxi | 400233 | 1000 | 111083 | 1217 |
| 内蒙古 | Inner Mongolia | 260250 | — | 43545 | 80 |
| 辽　宁 | Liaoning | 1848200 | 5050 | 371931 | 2500 |
| 吉　林 | Jilin | 473211 | 3519 | 81640 | 1001 |
| 黑龙江 | Heilongjiang | 713311 | 4021 | 147930 | — |
| 上　海 | Shanghai | 6491049 | — | 1344887 | 1003 |
| 江　苏 | Jiangsu | 3390862 | 5865 | 805998 | 8334 |
| 浙　江 | Zhejiang | 4187602 | 5685 | 1173600 | 553 |
| 安　徽 | Anhui | 736171 | 8340 | 165154 | 2663 |
| 福　建 | Fujian | 2709728 | 8820 | 526556 | 10330 |
| 江　西 | Jiangxi | 373634 | 443 | 77860 | 95 |
| 山　东 | Shandong | 1735000 | 26761 | 331496 | — |
| 河　南 | Henan | 768416 | 3372 | 214587 | 11001 |
| 湖　北 | Hubei | 1124257 | 6925 | 178302 | 6839 |
| 湖　南 | Hunan | 578296 | 120 | 112068 | — |
| 广　东 | Guangdong | 8612439 | 2107 | 1708989 | 1950 |
| 广　西 | Guangxi | 428472 | — | 94154 | — |
| 海　南 | Hainan | 69491 | — | 2220 | — |
| 重　庆 | Chongqing | 1284411 | 2348 | 377303 | 9395 |
| 四　川 | Sichuan | 1715876 | 413 | 418854 | 5251 |
| 贵　州 | Guizhou | 383952 | 455 | 105838 | 5100 |
| 云　南 | Yunnan | 917879 | 600 | 279708 | — |
| 西　藏 | Tibet | 7919 | — | 1200 | — |
| 陕　西 | Shaanxi | 685286 | 3964 | 177678 | 2691 |
| 甘　肃 | Gansu | 217188 | — | 38450 | — |
| 青　海 | Qinghai | 104940 | 930 | 27320 | — |
| 宁　夏 | Ningxia | 133303 | 500 | 32708 | — |
| 新　疆 | Xinjiang | 244252 | — | 29665 | — |

2－13 续表 1 Continued

单位：万元 Unit：10000 yuan

| 地区 | Region | 利用外资 Foreign Investment | #外商直接投资 Foreign Funds | 自筹资金 Funds-raising | 其他资金来源 Other Funds Sources |
|---|---|---|---|---|---|
| **全国总计** | **National Total** | **2566022** | **1804807** | **13446210** | **20631956** |
| 北京 | Beijing | 482285 | 441802 | 1022058 | 2085615 |
| 天津 | Tianjin | 43052 | 4495 | 375953 | 476321 |
| 河北 | Hebei | 4424 | 4176 | 262938 | 437879 |
| 山西 | Shanxi | — | — | 128122 | 158811 |
| 内蒙古 | Inner Mongolia | 930 | 930 | 108439 | 107256 |
| 辽宁 | Liaoning | 66133 | 34841 | 658802 | 743784 |
| 吉林 | Jilin | 4672 | 4172 | 250744 | 131635 |
| 黑龙江 | Heilongjiang | 3010 | 3010 | 276685 | 281665 |
| 上海 | Shanghai | 951843 | 458578 | 1898805 | 2294551 |
| 江苏 | Jiangsu | 54436 | 30398 | 926799 | 1589430 |
| 浙江 | Zhejiang | 14914 | 11882 | 702084 | 2290766 |
| 安徽 | Anhui | 8333 | 8333 | 206416 | 345265 |
| 福建 | Fujian | 204185 | 164718 | 598753 | 1361084 |
| 江西 | Jiangxi | 30011 | 28569 | 112314 | 152911 |
| 山东 | Shandong | 21207 | 17896 | 557237 | 798299 |
| 河南 | Henan | 9566 | 7579 | 274979 | 254911 |
| 湖北 | Hubei | 74562 | 72835 | 441208 | 416421 |
| 湖南 | Hunan | 10207 | 8717 | 201793 | 254108 |
| 广东 | Guangdong | 454213 | 399381 | 2583138 | 3862042 |
| 广西 | Guangxi | 13711 | 11958 | 140287 | 180320 |
| 海南 | Hainan | 5031 | 2226 | 48922 | 13318 |
| 重庆 | Chongqing | 35704 | 31949 | 418689 | 440972 |
| 四川 | Sichuan | 6164 | 2314 | 593049 | 692145 |
| 贵州 | Guizhou | 12357 | 12357 | 117553 | 142649 |
| 云南 | Yunnan | 15369 | 15229 | 143800 | 478402 |
| 西藏 | Tibet | — | — | 6719 | — |
| 陕西 | Shaanxi | 25429 | 12188 | 179816 | 295708 |
| 甘肃 | Gansu | 1724 | 1724 | 58730 | 118284 |
| 青海 | Qinghai | 6680 | 6680 | 46759 | 23251 |
| 宁夏 | Ningxia | 100 | 100 | 30720 | 69275 |
| 新疆 | Xinjiang | 5770 | 5770 | 73899 | 134918 |

# 2-14 各地区按资质等级分的房地产开发企业情况(单位)利用外资情况(1999年)

## FOREIGN INVESTMENT OF REAL ESTATE DEVELOPMENT ENTERPRISES(UNITS) GROUPED BY QUALIFICATION BY REGION(1999)

单位:万元 Unit:10000 yuan

| 地区 | Region | 总计 Total | 一级 First-grade | 二级 Second-grade | 三级 Third-grade |
|---|---|---|---|---|---|
| **全国总计** | **National Total** | **2566022** | **31962** | **494929** | **427566** |
| 北京 | Beijing | 482285 | — | — | — |
| 天津 | Tianjin | 43052 | — | — | 200 |
| 河北 | Hebei | 4424 | — | 2533 | 771 |
| 山西 | Shanxi | — | — | — | — |
| 内蒙古 | Inner Mongolia | 930 | — | — | 300 |
| 辽宁 | Liaoning | 66133 | 2500 | 3400 | 18632 |
| 吉林 | Jilin | 4672 | — | — | 2680 |
| 黑龙江 | Heilongjiang | 3010 | — | — | — |
| 上海 | Shanghai | 951843 | 814 | 127821 | 44033 |
| 江苏 | Jiangsu | 54436 | 1000 | 7497 | 22241 |
| 浙江 | Zhejiang | 14914 | — | — | 8102 |
| 安徽 | Anhui | 8333 | — | 3119 | 4046 |
| 福建 | Fujian | 204185 | 20574 | — | 128588 |
| 江西 | Jiangxi | 30011 | 791 | 4348 | 11007 |
| 山东 | Shandong | 21207 | — | 2670 | 1895 |
| 河南 | Henan | 9566 | — | 1063 | 7120 |
| 湖北 | Hubei | 74562 | 2198 | 60903 | 9975 |
| 湖南 | Hunan | 10207 | — | 3751 | 4153 |
| 广东 | Guangdong | 454213 | 3335 | 228410 | 114119 |
| 广西 | Guangxi | 13711 | 250 | 6062 | 2510 |
| 海南 | Hainan | 5031 | — | 4015 | 353 |
| 重庆 | Chongqing | 35704 | 500 | 17466 | 17738 |
| 四川 | Sichuan | 6164 | — | — | 550 |
| 贵州 | Guizhou | 12357 | — | 9478 | 2519 |
| 云南 | Yunnan | 15369 | — | — | — |
| 西藏 | Tibet | — | — | — | — |
| 陕西 | Shaanxi | 25429 | — | 1849 | 23480 |
| 甘肃 | Gansu | 1724 | — | — | 1724 |
| 青海 | Qinghai | 6680 | — | 5504 | — |
| 宁夏 | Ningxia | 100 | — | — | 100 |
| 新疆 | Xinjiang | 5770 | — | 5040 | 730 |

2-14 续表 1 Continued

单位:万元 Unit:10000 yuan

| 地区 | Region | 四级 Forth-grade | 五级 Fifth-grade | 其他 Others | 兼营 Affiliated Operations |
|---|---|---|---|---|---|
| **全国总计** | **National Total** | **186748** | **682210** | **737987** | **4620** |
| 北京 | Beijing | — | — | 482285 | — |
| 天津 | Tianjin | 2487 | — | 40365 | — |
| 河北 | Hebei | 374 | — | 746 | — |
| 山西 | Shanxi | — | — | — | — |
| 内蒙古 | Inner Mongolia | 630 | — | — | — |
| 辽宁 | Liaoning | 50 | — | 41551 | — |
| 吉林 | Jilin | 1992 | — | — | — |
| 黑龙江 | Heilongjiang | — | — | 2010 | 1000 |
| 上海 | Shanghai | 107032 | 672143 | — | — |
| 江苏 | Jiangsu | 2018 | — | 21100 | 580 |
| 浙江 | Zhejiang | 528 | — | 6284 | — |
| 安徽 | Anhui | 44 | — | 1100 | 24 |
| 福建 | Fujian | 33784 | 8079 | 12231 | 929 |
| 江西 | Jiangxi | 3677 | — | 10168 | 20 |
| 山东 | Shandong | 4491 | — | 12151 | — |
| 河南 | Henan | — | — | 1383 | — |
| 湖北 | Hubei | 386 | — | 1100 | — |
| 湖南 | Hunan | 2003 | 300 | — | — |
| 广东 | Guangdong | 24499 | 1688 | 80095 | 2067 |
| 广西 | Guangxi | 764 | — | 4125 | — |
| 海南 | Hainan | 663 | — | — | — |
| 重庆 | Chongqing | — | — | — | — |
| 四川 | Sichuan | 10 | — | 5604 | — |
| 贵州 | Guizhou | — | — | 360 | — |
| 云南 | Yunnan | 140 | — | 15229 | — |
| 西藏 | Tibet | — | — | — | — |
| 陕西 | Shaanxi | — | — | 100 | — |
| 甘肃 | Gansu | — | — | — | — |
| 青海 | Qinghai | 1176 | — | — | — |
| 宁夏 | Ningxia | — | — | — | — |
| 新疆 | Xinjiang | — | — | — | — |

# 第三章 房地产开发面积及造价

# CHAPTER 3 FLOOR SPACE AND COST OF REAL ESTATE DEVELOPMENT

# 3-1 各地区按用途分的房地产开发企业(单位)的施工房屋面积(1999年)

## FLOOR SPACE UNDER CONSTRUCTION OF REAL ESTATE DEVELOPMENT(UNITS) GROUPED BY PURPOSE OF PROJECTS BY REGION(1999)

单位:平方米 Unit:sq.m

| 地区 | Region | 施工房屋面积 Floor Space under Construction | 住宅 Residence | #别墅、高档公寓 Villa, High-grade Apartment | #经济适用房屋 Economic Buildings | 办公楼 Office | 商业营业用房 Commerce | 其他 Others |
|---|---|---|---|---|---|---|---|---|
| **全国总计** | **National Total** | **568576252** | **425903397** | **19822145** | **81679748** | **43831692** | **68126873** | **30714290** |
| 北京 | Beijing | 37839569 | 24479002 | 3907447 | 203021 | 4843962 | 2813278 | 5703327 |
| 天津 | Tianjin | 15966652 | 12743220 | 968681 | 3851886 | 950847 | 995585 | 1277000 |
| 河北 | Hebei | 14893923 | 12927295 | 193249 | 3989741 | 290495 | 1524195 | 151938 |
| 山西 | Shanxi | 7624522 | 6919885 | 4980 | 4328686 | 216139 | 406971 | 81527 |
| 内蒙古 | Inner Mongolia | 4734808 | 3641663 | 5098 | 2524739 | 172039 | 831121 | 89985 |
| 辽宁 | Liaoning | 26144934 | 19296073 | 1421395 | 3505427 | 1813947 | 4218507 | 816407 |
| 吉林 | Jilin | 7513773 | 5466956 | 15209 | 1886919 | 255447 | 1487725 | 303645 |
| 黑龙江 | Heilongjiang | 11187155 | 8268285 | 208973 | 2903837 | 630728 | 2065737 | 222405 |
| 上海 | Shanghai | 50831771 | 37471711 | 2173435 | 1712759 | 6601214 | 4108410 | 2650436 |
| 江苏 | Jiangsu | 41825435 | 33390608 | 1234266 | 7850841 | 2510902 | 4550497 | 1373428 |
| 浙江 | Zhejiang | 39167179 | 30429616 | 635903 | 1978891 | 2770913 | 3807765 | 2158885 |
| 安徽 | Anhui | 13693414 | 10341371 | 148424 | 2862664 | 921890 | 2040537 | 389616 |
| 福建 | Fujian | 31669608 | 21052329 | 1896398 | 3684940 | 3944745 | 4279540 | 2392994 |
| 江西 | Jiangxi | 8079183 | 6089062 | 166093 | 1994863 | 298292 | 1525456 | 166373 |
| 山东 | Shandong | 28244097 | 21972285 | 700001 | 5235708 | 1924692 | 3766162 | 580958 |
| 河南 | Henan | 13395976 | 10455055 | 248127 | 3193718 | 956067 | 1326081 | 658773 |
| 湖北 | Hubei | 18755933 | 14237787 | 416964 | 3842749 | 1834987 | 1966459 | 716700 |
| 湖南 | Hunan | 10001835 | 8061181 | 173610 | 3073566 | 494969 | 1213407 | 232278 |
| 广东 | Guangdong | 89840924 | 66387500 | 2889425 | 1955732 | 5699064 | 11044447 | 6709913 |
| 广西 | Guangxi | 5822914 | 4364906 | 115070 | 948172 | 372828 | 804825 | 280355 |
| 海南 | Hainan | 1230812 | 982298 | 211168 | 198662 | 65456 | 157067 | 25991 |
| 重庆 | Chongqing | 21037609 | 12854122 | 671274 | 2189658 | 1880055 | 5088151 | 1215281 |
| 四川 | Sichuan | 27183637 | 21084518 | 685512 | 4417460 | 1536941 | 3672526 | 889652 |
| 贵州 | Guizhou | 6561409 | 4862835 | 88073 | 1011330 | 388158 | 1117411 | 193005 |
| 云南 | Yunnan | 10523223 | 8179706 | 302534 | 1945302 | 917095 | 905059 | 521363 |
| 西藏 | Tibet | 85319 | 62070 | — | — | 19568 | 3681 | — |
| 陕西 | Shaanxi | 13135428 | 10895451 | 300547 | 7541552 | 890789 | 639836 | 709352 |
| 甘肃 | Gansu | 4311873 | 3144847 | — | 925577 | 283168 | 769339 | 114519 |
| 青海 | Qinghai | 1743103 | 1317218 | — | 634773 | 111264 | 300124 | 14497 |
| 宁夏 | Ningxia | 2096468 | 1568370 | 28186 | 320010 | 134661 | 353664 | 39773 |
| 新疆 | Xinjiang | 3433766 | 2956172 | 12103 | 966565 | 100370 | 343310 | 33914 |

# 3－2　各地区按用途分的房地产开发企业(单位)的竣工房屋面积(1999年)

## FLOOR SPACE COMPLETED OF REAL ESTATE DEVELOPMENT ENTERPRISES (UNITS) GROUPED BY PURPOSE OF PROJECTS BY REGION(1999)

单位:平方米　Unit:sq.m

| 地区 | Region | 竣工房屋面积 Floor Space Completed | 住宅 Residence | #别墅、高档公寓 Villa, High-grade Apartment | #经济适用房屋 Economic Buildings | 办公楼 Office | 商业营业用房 Commerce | 其他 Others |
|---|---|---|---|---|---|---|---|---|
| **全国总计** | **National Total** | **214108336** | **176406738** | **6460296** | **40634827** | **9791869** | **20118439** | **7791290** |
| 北京 | Beijing | 12085468 | 9082634 | 932126 | 182172 | 1087920 | 431227 | 1483687 |
| 天津 | Tianjin | 4548086 | 4311202 | 198434 | 1633924 | 40410 | 141166 | 55308 |
| 河北 | Hebei | 6930473 | 6361617 | 53786 | 2093777 | 75970 | 416860 | 76026 |
| 山西 | Shanxi | 2594085 | 2311389 | 1300 | 1335241 | 59698 | 177617 | 45354 |
| 内蒙古 | Inner Mongolia | 2685982 | 2067269 | 500 | 1467265 | 83399 | 503598 | 31716 |
| 辽宁 | Liaoning | 12778559 | 10575624 | 482163 | 2232913 | 468883 | 1432936 | 301116 |
| 吉林 | Jilin | 3685736 | 2764769 | 4708 | 1092602 | 167542 | 626569 | 126856 |
| 黑龙江 | Heilongjiang | 5474196 | 4288778 | 81288 | 1934834 | 195416 | 889600 | 100402 |
| 上海 | Shanghai | 14686212 | 12292316 | 659261 | 909107 | 930082 | 908927 | 554887 |
| 江苏 | Jiangsu | 21649281 | 18371320 | 527588 | 4337456 | 789229 | 1841742 | 646990 |
| 浙江 | Zhejiang | 16087433 | 12741789 | 324473 | 772662 | 1110214 | 1501811 | 733619 |
| 安徽 | Anhui | 6310664 | 5031488 | 62075 | 1535453 | 295085 | 881810 | 102281 |
| 福建 | Fujian | 7888211 | 6042112 | 450538 | 1118818 | 647492 | 823325 | 375282 |
| 江西 | Jiangxi | 3613792 | 2861801 | 39393 | 930314 | 104375 | 575968 | 71648 |
| 山东 | Shandong | 14018693 | 11935624 | 186263 | 3105058 | 454750 | 1362460 | 265859 |
| 河南 | Henan | 4448713 | 3948803 | 50078 | 1341107 | 99487 | 276050 | 124373 |
| 湖北 | Hubei | 6855268 | 5802646 | 162927 | 1830558 | 411864 | 466041 | 174717 |
| 湖南 | Hunan | 4797609 | 4060222 | 65422 | 1961820 | 196418 | 443540 | 97429 |
| 广东 | Guangdong | 26415836 | 21824817 | 1372451 | 863257 | 794981 | 2434186 | 1361852 |
| 广西 | Guangxi | 2000489 | 1607856 | 57882 | 415519 | 97300 | 239380 | 55953 |
| 海南 | Hainan | 286489 | 218995 | 50000 | 59200 | 12101 | 50390 | 5003 |
| 重庆 | Chongqing | 6195580 | 4385626 | 134147 | 821195 | 406143 | 1072693 | 331118 |
| 四川 | Sichuan | 10133208 | 8059319 | 180142 | 1799283 | 496096 | 1182440 | 395353 |
| 贵州 | Guizhou | 2292765 | 1894261 | 8151 | 463898 | 73587 | 284597 | 40320 |
| 云南 | Yunnan | 4411941 | 3703716 | 161727 | 856181 | 295061 | 272479 | 140685 |
| 西藏 | Tibet | 81031 | 57782 | — | — | 19568 | 3681 | — |
| 陕西 | Shaanxi | 5808161 | 5360117 | 174844 | 3879359 | 204211 | 208909 | 34924 |
| 甘肃 | Gansu | 1721099 | 1477118 | — | 534215 | 20693 | 201950 | 21338 |
| 青海 | Qinghai | 781021 | 588238 | — | 343646 | 54049 | 132537 | 6197 |
| 宁夏 | Ningxia | 1242358 | 938238 | 26526 | 180608 | 82065 | 198709 | 23346 |
| 新疆 | Xinjiang | 1599924 | 1439252 | 12103 | 603385 | 17780 | 135241 | 7651 |

# 3-3 各地区按用途分的房地产开发企业(单位)的新开工房屋面积(1999年)

## FLOOR SPACE NEWLY STARTED OF REAL ESTATE DEVELOPMENT ENTERPRISES (UNITS) GROUPED BY PURPOSE OF PROTECTS BY REGION(1999)

单位:平方米 Unit:sq.m

| 地区 | Region | 本年新开工房屋面积 Floor Space Newly Started | 住宅 Residence | #别墅、高档公寓 Villa, High-grade Apartment | #经济适用房屋 Economic Buildings | 办公楼 Office | 商业营业用房 Commerce | 其他 Others |
|---|---|---|---|---|---|---|---|---|
| **全国总计** | **National Total** | **225794100** | **187979378** | **5940629** | **39703638** | **6902914** | **21985611** | **8926197** |
| 北京 | Beijing | 10617596 | 8506767 | 980483 | — | 450299 | 543698 | 1116832 |
| 天津 | Tianjin | 4972914 | 4460390 | 119179 | 1110742 | 85396 | 281372 | 145756 |
| 河北 | Hebei | 7257091 | 6493520 | 72062 | 2435808 | 101141 | 598021 | 64409 |
| 山西 | Shanxi | 4124663 | 3894965 | 900 | 2402795 | 18945 | 180050 | 30703 |
| 内蒙古 | Inner Mongolia | 3159022 | 2357981 | 4598 | 1664651 | 137091 | 593499 | 70451 |
| 辽宁 | Liaoning | 13279526 | 10567600 | 324686 | 1818605 | 461807 | 1816968 | 433151 |
| 吉林 | Jilin | 4035149 | 3291649 | 1201 | 1310062 | 86708 | 509517 | 147275 |
| 黑龙江 | Heilongjiang | 7273868 | 5668656 | 78042 | 2173628 | 278148 | 1209606 | 117458 |
| 上海 | Shanghai | 13086003 | 11606457 | 738370 | 437250 | 285833 | 608508 | 585205 |
| 江苏 | Jiangsu | 21656730 | 18407594 | 444374 | 4532347 | 631968 | 1924381 | 692787 |
| 浙江 | Zhejiang | 18262387 | 15455665 | 198078 | 1048265 | 614836 | 1474997 | 716889 |
| 安徽 | Anhui | 6465869 | 5380494 | 80667 | 1578887 | 277026 | 638466 | 169883 |
| 福建 | Fujian | 10097509 | 7875679 | 390871 | 1437049 | 560102 | 1230042 | 431686 |
| 江西 | Jiangxi | 3721278 | 2827418 | 92500 | 790016 | 119215 | 684506 | 90139 |
| 山东 | Shandong | 14060195 | 11579838 | 136702 | 2939674 | 353498 | 1800220 | 326639 |
| 河南 | Henan | 5744359 | 4879179 | 122481 | 1647997 | 216400 | 441568 | 207212 |
| 湖北 | Hubei | 7446222 | 6766743 | 125896 | 1815939 | 150937 | 370826 | 157716 |
| 湖南 | Hunan | 3947018 | 3438551 | 22723 | 1518869 | 124147 | 338034 | 46286 |
| 广东 | Guangdong | 27980245 | 23345311 | 956619 | 760518 | 460833 | 2311262 | 1862839 |
| 广西 | Guangxi | 2288986 | 1867540 | 39291 | 397963 | 39322 | 336944 | 45180 |
| 海南 | Hainan | 417109 | 339207 | 146800 | 43083 | 5916 | 63396 | 8590 |
| 重庆 | Chongqing | 8475062 | 6084286 | 265868 | 1147864 | 422685 | 1481908 | 486183 |
| 四川 | Sichuan | 12617408 | 10433885 | 340930 | 2161136 | 442094 | 1459143 | 282286 |
| 贵州 | Guizhou | 2045432 | 1758991 | 23514 | 504631 | 44227 | 199800 | 42414 |
| 云南 | Yunnan | 3096404 | 2554190 | 86066 | 409853 | 216102 | 188815 | 137297 |
| 西藏 | Tibet | 81031 | 57782 | — | — | 19568 | 3681 | — |
| 陕西 | Shaanxi | 4146683 | 3453328 | 122185 | 2155466 | 74290 | 169564 | 449501 |
| 甘肃 | Gansu | 1352175 | 1150747 | — | 461272 | 64110 | 117625 | 19693 |
| 青海 | Qinghai | 606029 | 471360 | — | 163325 | 24536 | 103935 | 6198 |
| 宁夏 | Ningxia | 1352841 | 1055928 | 13440 | 202584 | 87428 | 180472 | 29013 |
| 新疆 | Xinjiang | 2127296 | 1947677 | 12103 | 633359 | 48306 | 124787 | 6526 |

# 3-4　各地区按资质等级分的房地产开发企业(单位)的施工房屋面积(1999年)

## FLOOR SPACE UNDER CONSTRUCTION OF REAL ESTATE DEVELOPMENT ENTERPRISES(UNITS) GROUPED BY QUALIFICATION BY REGION(1999)

单位:平方米　Unit: sq.m

| 地区 | Region | 总计 Total | 一级 First-grade | 二级 Second-grade | 三级 Third-grade |
|---|---|---|---|---|---|
| **全国总计** | **National Total** | **568576252** | **49037131** | **122772458** | **181930472** |
| 北京 | Beijing | 37839569 | 7945670 | 5413550 | 1276117 |
| 天津 | Tianjin | 15966652 | 2325191 | 1593232 | 3761874 |
| 河北 | Hebei | 14893923 | 708143 | 3320603 | 5098301 |
| 山西 | Shanxi | 7624522 | 444281 | 696621 | 1575988 |
| 内蒙古 | Inner Mongolia | 4734808 | 32893 | 259043 | 1292061 |
| 辽宁 | Liaoning | 26144934 | 3247130 | 4229858 | 11716450 |
| 吉林 | Jilin | 7513773 | 379279 | 1034364 | 3304425 |
| 黑龙江 | Heilongjiang | 11187155 | 677233 | 2971976 | 5672344 |
| 上海 | Shanghai | 50831771 | 5122361 | 10335878 | 4793487 |
| 江苏 | Jiangsu | 41825435 | 4940984 | 9420862 | 21326208 |
| 浙江 | Zhejiang | 39167179 | 2492940 | 8973522 | 15243117 |
| 安徽 | Anhui | 13693414 | 760772 | 3254061 | 6059415 |
| 福建 | Fujian | 31669608 | 1462568 | 1956622 | 16840594 |
| 江西 | Jiangxi | 8079183 | 27610 | 1724630 | 2489962 |
| 山东 | Shandong | 28244097 | 3150081 | 4675747 | 6354714 |
| 河南 | Henan | 13395976 | 648264 | 3000026 | 6770104 |
| 湖北 | Hubei | 18755933 | 1980917 | 5243523 | 75444479 |
| 湖南 | Hunan | 10001835 | 280031 | 2295302 | 5289293 |
| 广东 | Guangdong | 89840924 | 6634720 | 30945327 | 20287612 |
| 广西 | Guangxi | 5822914 | 402348 | 1248656 | 1654466 |
| 海南 | Hainan | 1230812 | 208444 | 385884 | 179034 |
| 重庆 | Chongqing | 21037609 | 1576374 | 7432923 | 10621214 |
| 四川 | Sichuan | 27183637 | 1304838 | 4121292 | 9507616 |
| 贵州 | Guizhou | 6561409 | 391166 | 1614541 | 2601389 |
| 云南 | Yunnan | 10523223 | 1048507 | 1851194 | 2077222 |
| 西藏 | Tibet | 85319 | — | — | 85319 |
| 陕西 | Shaanxi | 13135428 | 411624 | 1549298 | 3259501 |
| 甘肃 | Gansu | 4311873 | 85250 | 556688 | 3037700 |
| 青海 | Qinghai | 1743103 | 75832 | 579135 | 349297 |
| 宁夏 | Ningxia | 2096468 | 156361 | 489296 | 597520 |
| 新疆 | Xinjiang | 3433766 | 115319 | 1498804 | 1263649 |

3-4续表1 Continued

单位:平方米 Unit:sq.m

| 地 区 | Region | 四级 Forth-grade | 五级 Fifth-grade | 其他 Others | 兼营 Affiliated Operations |
|---|---|---|---|---|---|
| **全国总计** | **National Total** | **99101088** | **27041450** | **77640066** | **11053587** |
| 北 京 | Beijing | — | — | 22882461 | 321771 |
| 天 津 | Tianjin | 6393775 | 41828 | 1850752 | — |
| 河 北 | Hebei | 4619854 | 14004 | 1133018 | — |
| 山 西 | Shanxi | 2216186 | — | 2691446 | — |
| 内蒙古 | Inner Mongolia | 2132745 | 89124 | 669951 | 158991 |
| 辽 宁 | Liaoning | 3076207 | 223903 | 3404270 | 247116 |
| 吉 林 | Jilin | 2335155 | 10000 | 427617 | 22933 |
| 黑龙江 | Heilongjiang | 711088 | — | 994058 | 160456 |
| 上 海 | Shanghai | 7186771 | 23393274 | — | — |
| 江 苏 | Jiangsu | 3970477 | 383481 | 1675468 | 107955 |
| 浙 江 | Zhejiang | 8525837 | 333735 | 3185694 | 412334 |
| 安 徽 | Anhui | 2976821 | 66534 | 464371 | 111440 |
| 福 建 | Fujian | 9202429 | 347674 | 666584 | 1193137 |
| 江 西 | Jiangxi | 3178205 | 23340 | 391261 | 244175 |
| 山 东 | Shandong | 7466751 | 719172 | 5099972 | 777660 |
| 河 南 | Henan | 2491321 | 75720 | 390741 | 19800 |
| 湖 北 | Hubei | 2350732 | 20460 | 1310773 | 305049 |
| 湖 南 | Hunan | 1714735 | 20506 | 247968 | 154000 |
| 广 东 | Guangdong | 13112388 | 679330 | 15228711 | 2952836 |
| 广 西 | Guangxi | 1579565 | 25725 | 912154 | — |
| 海 南 | Hainan | 8800 | — | 407331 | 41319 |
| 重 庆 | Chongqing | 783573 | — | 286186 | 337339 |
| 四 川 | Sichuan | 6379684 | 140990 | 2649641 | 3079576 |
| 贵 州 | Guizhou | 1935613 | — | 18700 | — |
| 云 南 | Yunnan | 1498277 | 354941 | 3607458 | 85624 |
| 西 藏 | Tibet | — | — | — | — |
| 陕 西 | Shaanxi | 1198365 | — | 6637807 | 78833 |
| 甘 肃 | Gansu | 461125 | 68325 | 26161 | 76624 |
| 青 海 | Qinghai | 639299 | 2000 | 97540 | — |
| 宁 夏 | Ningxia | 461049 | — | 227623 | 164619 |
| 新 疆 | Xinjiang | 494261 | 7384 | 54349 | — |

# 3-5 各地区按资质等级分的房地产开发企业(单位)的竣工房屋面积(1999年)

## FLOOR SPACE COMPLETED OF REAL ESTATE DEVELOPMENT ENTERPRISES GROUPED BY QUALIFICATION BY REGION(1999)

单位:平方米 Unit:sq.m

| 地区 | Region | 总计 Total | 一级 First-grade | 二级 Second-grade | 三级 Third-grade |
|---|---|---|---|---|---|
| **全国总计** | **National Total** | **214108336** | **19672744** | **47225320** | **70741371** |
| 北京 | Beijing | 12085468 | 2912303 | 2157422 | 228456 |
| 天津 | Tianjin | 4548086 | 901030 | 600263 | 1277834 |
| 河北 | Hebei | 6930473 | 517122 | 1809527 | 2141500 |
| 山西 | Shanxi | 2594058 | 132166 | 384883 | 756376 |
| 内蒙古 | Inner Mongolia | 2685982 | 14893 | 284181 | 642482 |
| 辽宁 | Liaoning | 12778559 | 1829882 | 2254461 | 5726882 |
| 吉林 | Jilin | 3685736 | 177657 | 482275 | 1596512 |
| 黑龙江 | Heilongjiang | 5474196 | 629045 | 1624883 | 2436356 |
| 上海 | Shanghai | 14686212 | 1724620 | 2970301 | 1890561 |
| 江苏 | Jiangsu | 21649281 | 2416462 | 5627959 | 10549571 |
| 浙江 | Zhejiang | 16087433 | 1107019 | 3582710 | 6369965 |
| 安徽 | Anhui | 6310664 | 335491 | 1582656 | 2744066 |
| 福建 | Fujian | 7888211 | 239737 | 790912 | 3993809 |
| 江西 | Jiangxi | 3613792 | 21050 | 687381 | 1170806 |
| 山东 | Shandong | 14018693 | 2018905 | 2274648 | 2979716 |
| 河南 | Henan | 4448713 | 205326 | 1085907 | 2119534 |
| 湖北 | Hubei | 6855268 | 748213 | 1832835 | 2659659 |
| 湖南 | Hunan | 4797609 | 165650 | 1149782 | 2418138 |
| 广东 | Guangdong | 26415836 | 1647837 | 7826348 | 6191321 |
| 广西 | Guangxi | 2000489 | 137897 | 336911 | 678579 |
| 海南 | Hainan | 286489 | 50000 | 60741 | 11000 |
| 重庆 | Chongqing | 6195580 | 143407 | 2264232 | 3164845 |
| 四川 | Sichuan | 10133208 | 616917 | 1783551 | 3615084 |
| 贵州 | Guizhou | 2292765 | 81295 | 432587 | 1087311 |
| 云南 | Yunnan | 4411941 | 488107 | 1263684 | 840071 |
| 西藏 | Tibet | 81031 | — | — | 81031 |
| 陕西 | Shaanxi | 5808161 | 182736 | 575024 | 1198124 |
| 甘肃 | Gansu | 1721099 | 53827 | 346205 | 1004701 |
| 青海 | Qinghai | 781021 | 60398 | 217132 | 234640 |
| 宁夏 | Ningxia | 1242358 | 106137 | 310122 | 338872 |
| 新疆 | Xinjiang | 1599924 | 7615 | 625797 | 593569 |

3－5续表1 Continued

单位：平方米 Unit：sq. m

| 地 区 | Region | 四级 Forth-grade | 五级 Fifth-grade | 其他 Others | 兼营 Affiliated Operations |
|---|---|---|---|---|---|
| **全国总计** | **National Total** | **40223391** | **7708120** | **24067612** | **4469778** |
| 北 京 | Beijing | — | — | 6638979 | 148308 |
| 天 津 | Tianjin | 1466630 | — | 302329 | — |
| 河 北 | Hebei | 2037605 | 3690 | 421029 | — |
| 山 西 | Shanxi | 652285 | — | 668348 | — |
| 内蒙古 | Inner Mongolia | 1271923 | 19815 | 430555 | 22133 |
| 辽 宁 | Liaoning | 1699840 | 124300 | 1003970 | 139224 |
| 吉 林 | Jilin | 1225958 | — | 180401 | 22933 |
| 黑龙江 | Heilongjiang | 222245 | — | 493011 | 68656 |
| 上 海 | Shanghai | 2003186 | 6097544 | — | — |
| 江 苏 | Jiangsu | 2259498 | 250413 | 497173 | 48205 |
| 浙 江 | Zhejiang | 3925649 | 137900 | 878843 | 85347 |
| 安 徽 | Anhui | 1366209 | 45349 | 165398 | 71495 |
| 福 建 | Fujian | 2528105 | 36038 | 160251 | 139359 |
| 江 西 | Jiangxi | 1487667 | 21010 | 114773 | 111105 |
| 山 东 | Shandong | 4012407 | 323409 | 2009251 | 400357 |
| 河 南 | Henan | 946811 | — | 72535 | 18600 |
| 湖 北 | Hubei | 911296 | 20460 | 575018 | 107787 |
| 湖 南 | Hunan | 892941 | 18500 | 79954 | 72644 |
| 广 东 | Guangdong | 5283143 | 258485 | 3914793 | 1293909 |
| 广 西 | Guangxi | 557350 | 4000 | 285752 | — |
| 海 南 | Hainan | — | — | 129661 | 35087 |
| 重 庆 | Chongqing | 355829 | — | 120227 | 147040 |
| 四 川 | Sichuan | 2206066 | 69563 | 536476 | 1305551 |
| 贵 州 | Guizhou | 691572 | — | — | — |
| 云 南 | Yunnan | 641834 | 243731 | 934514 | — |
| 西 藏 | Tibet | — | — | — | — |
| 陕 西 | Shaanxi | 601136 | — | 3175508 | 75633 |
| 甘 肃 | Gansu | 227903 | 26659 | — | 61804 |
| 青 海 | Qinghai | 213716 | 2000 | 53135 | — |
| 宁 夏 | Ningxia | 215621 | — | 177005 | 94601 |
| 新 疆 | Xinjiang | 318966 | 5254 | 48723 | — |

# 3-6 各地区按资质等级分的房地产开发企业(单位)的新开工房屋面积(1999年)

## FLOOR SPACE NEWLY STARTED OF REAL ESTATE DEVELOPMENT ENTERPRISES (UNITS) GROUPED BY QUALIFICATION BY REGION(1999)

单位:平方米 Unit:sq.m

| 地区 | Region | 总计 Total | 一级 First-grade | 二级 Second-grade | 三级 Third-grade |
|---|---|---|---|---|---|
| **全国总计** | **National Total** | **225794100** | **16265423** | **44657535** | **77900802** |
| 北京 | Beijing | 10617596 | 1408769 | 2090740 | 571328 |
| 天津 | Tianjin | 4972914 | 1033384 | 481153 | 957378 |
| 河北 | Hebei | 7257091 | 194486 | 1586019 | 2625415 |
| 山西 | Shanxi | 4124663 | 225884 | 295914 | 805205 |
| 内蒙古 | Inner Mongolia | 3159022 | 31518 | 254814 | 664517 |
| 辽宁 | Liaoning | 13279526 | 1424417 | 2085125 | 6372181 |
| 吉林 | Jilin | 4035149 | 8470 | 509156 | 1898653 |
| 黑龙江 | Heilongjiang | 7273868 | 633019 | 1812533 | 3648589 |
| 上海 | Shanghai | 13086003 | 1114572 | 2681019 | 1892397 |
| 江苏 | Jiangsu | 21656730 | 2185298 | 4335450 | 11314887 |
| 浙江 | Zhejiang | 18262387 | 1081885 | 4004470 | 6314560 |
| 安徽 | Anhui | 6465869 | 279562 | 1393566 | 2776960 |
| 福建 | Fujian | 10097509 | 607564 | 575487 | 4697702 |
| 江西 | Jiangxi | 3721278 | 6530 | 566398 | 875556 |
| 山东 | Shandong | 14060195 | 1339113 | 2502430 | 3096135 |
| 河南 | Henan | 5744359 | 188306 | 1194751 | 2926648 |
| 湖北 | Hubei | 7446222 | 805566 | 1363661 | 3353670 |
| 湖南 | Hunan | 3947018 | 113145 | 907246 | 1876150 |
| 广东 | Guangdong | 27980245 | 1745981 | 7755133 | 7076028 |
| 广西 | Guangxi | 2288986 | 165175 | 464094 | 614552 |
| 海南 | Hainan | 417109 | 44464 | 98363 | 119400 |
| 重庆 | Chongqing | 8475062 | 300227 | 3081922 | 4337698 |
| 四川 | Sichuan | 12617408 | 415337 | 1755944 | 4431631 |
| 贵州 | Guizhou | 2045432 | 292219 | 248903 | 653906 |
| 云南 | Yunnan | 3096404 | 356593 | 572193 | 829710 |
| 西藏 | Tibet | 81031 | — | — | 81031 |
| 陕西 | Shaanxi | 4146683 | 156954 | 481680 | 932868 |
| 甘肃 | Gansu | 1352175 | — | 169711 | 856103 |
| 青海 | Qinghai | 606029 | 5154 | 124397 | 156279 |
| 宁夏 | Ningxia | 1352841 | 62712 | 264982 | 405718 |
| 新疆 | Xinjiang | 2127296 | 39119 | 1000281 | 737947 |

3-6续表1 Continued

单位:平方米 Unit:sq.m

| 地 区 | Region | 四级 Forth-grade | 五级 Fifth-grade | 其他 Others | 兼营 Affiliated Operations |
|---|---|---|---|---|---|
| **全国总计** | **National Total** | **46854858** | **7876785** | **26338267** | **5900430** |
| 北 京 | Beijing | — | — | 6404292 | 142467 |
| 天 津 | Tianjin | 2081954 | — | 419045 | — |
| 河 北 | Hebei | 2332348 | 3690 | 515133 | — |
| 山 西 | Shanxi | 1253071 | — | 1544589 | — |
| 内蒙古 | Inner Mongolia | 1530457 | 89124 | 457234 | 131358 |
| 辽 宁 | Liaoning | 1689426 | 200403 | 1347462 | 160512 |
| 吉 林 | Jilin | 1243184 | 10000 | 342753 | 22933 |
| 黑龙江 | Heilongjiang | 627329 | — | 480066 | 72332 |
| 上 海 | Shanghai | 1010072 | 6387943 | — | — |
| 江 苏 | Jiangsu | 2734434 | 257571 | 743296 | 85794 |
| 浙 江 | Zhejiang | 4883622 | 184158 | 1459531 | 334161 |
| 安 徽 | Anhui | 1645826 | 34891 | 291314 | 43750 |
| 福 建 | Fujian | 3244074 | 128362 | 308117 | 536203 |
| 江 西 | Jiangxi | 1759281 | 15050 | 331488 | 166975 |
| 山 东 | Shandong | 4473353 | 304425 | 1737850 | 606889 |
| 河 南 | Henan | 1225364 | 17120 | 187370 | 4800 |
| 湖 北 | Hubei | 1302828 | 6500 | 415162 | 198835 |
| 湖 南 | Hunan | 895607 | 2006 | 69656 | 83208 |
| 广 东 | Guangdong | 5693721 | 37896 | 4285137 | 1386349 |
| 广 西 | Guangxi | 783715 | — | 261450 | — |
| 海 南 | Hainan | 8800 | — | 115470 | 30612 |
| 重 庆 | Chongqing | 435691 | — | 152506 | 167018 |
| 四 川 | Sichuan | 3159581 | 80510 | 1350309 | 1424096 |
| 贵 州 | Guizhou | 836904 | — | 13500 | — |
| 云 南 | Yunnan | 242535 | 96467 | 974806 | 24100 |
| 西 藏 | Tibet | — | — | — | — |
| 陕 西 | Shaanxi | 577200 | — | 1929155 | 68826 |
| 甘 肃 | Gansu | 248298 | 16539 | — | 61524 |
| 青 海 | Qinghai | 266542 | 2000 | 51657 | — |
| 宁 夏 | Ningxia | 333799 | — | 137942 | 147688 |
| 新 疆 | Xinjiang | 335842 | 2130 | 11977 | — |

# 3－7　各地区按资质等级分的房地产开发企业(单位)的住宅竣工面积(1999 年)

## FLOOR SPACE OF RESIDENCE COMPLETED OF REAL ESTATE DEVELOPMENT ENTERPRISES(UNITS) GROUPED BY QUALIFICATION BY REGION(1999)

单位:平方米　Unit:sq.m

| 地　区 | Region | 总计 Total | 一级 First-grade | 二级 Second-grade | 三级 Third-grade |
|---|---|---|---|---|---|
| **全国总计** | **National Total** | **176406738** | **16151127** | **38606838** | **58161439** |
| 北　京 | Beijing | 9082634 | 2236767 | 1773441 | 189731 |
| 天　津 | Tianjin | 4311202 | 872207 | 587636 | 1194232 |
| 河　北 | Hebei | 6361617 | 493591 | 1631892 | 2007063 |
| 山　西 | Shanxi | 2311389 | 120687 | 341318 | 672133 |
| 内蒙古 | Inner Mongolia | 2067269 | 10319 | 249989 | 505620 |
| 辽　宁 | Liaoning | 10575624 | 1580356 | 1895795 | 4658462 |
| 吉　林 | Jilin | 2764769 | 142463 | 255283 | 1202607 |
| 黑龙江 | Heilongjiang | 4288778 | 540750 | 1314899 | 1873777 |
| 上　海 | Shanghai | 12292316 | 1406555 | 2440833 | 1624409 |
| 江　苏 | Jiangsu | 18371320 | 2065635 | 4723534 | 8988437 |
| 浙　江 | Zhejiang | 12741789 | 795823 | 2744568 | 5035850 |
| 安　徽 | Anhui | 5031488 | 306785 | 1270414 | 2103653 |
| 福　建 | Fujian | 6042112 | 194539 | 615957 | 2968178 |
| 江　西 | Jiangxi | 2861801 | 7080 | 580135 | 926652 |
| 山　东 | Shandong | 11935624 | 1719754 | 2015435 | 2528851 |
| 河　南 | Henan | 3948803 | 180446 | 1007170 | 1836978 |
| 湖　北 | Hubei | 5802646 | 685761 | 1428496 | 2248370 |
| 湖　南 | Hunan | 4060222 | 129856 | 984160 | 2079832 |
| 广　东 | Guangdong | 21824817 | 1257016 | 6286407 | 5214624 |
| 广　西 | Guangxi | 1607856 | 119039 | 202409 | 556683 |
| 海　南 | Hainan | 218995 | 50000 | 46042 | 11000 |
| 重　庆 | Chongqing | 4385626 | 31110 | 1587759 | 2274697 |
| 四　川 | Sichuan | 8059319 | 546676 | 1337755 | 2844150 |
| 贵　州 | Guizhou | 1894261 | 53895 | 357040 | 932312 |
| 云　南 | Yunnan | 3703716 | 294147 | 1161681 | 754688 |
| 西　藏 | Tibet | 57782 | — | — | 57782 |
| 陕　西 | Shaanxi | 5360117 | 162278 | 492855 | 983090 |
| 甘　肃 | Gansu | 1477118 | 46477 | 268224 | 868299 |
| 青　海 | Qinghai | 588238 | 3700 | 206472 | 167601 |
| 宁　夏 | Ningxia | 938238 | 89800 | 211356 | 293330 |
| 新　疆 | Xinjiang | 1439252 | 7615 | 587883 | 558348 |

3－7续表 1 Continued

单位:平方米 Unit:sq.m

| 地区 | Region | 四级 Forth-grade | 五级 Fifth-grade | 其他 Others | 兼营 Affiliated Operations |
|---|---|---|---|---|---|
| **全国总计** | **National Total** | **33541327** | **6755354** | **19357679** | **3832974** |
| 北京 | Beijing | — | — | 4782090 | 100605 |
| 天津 | Tianjin | 1398623 | — | 258504 | — |
| 河北 | Hebei | 1818352 | 3690 | 407029 | — |
| 山西 | Shanxi | 543903 | — | 633348 | — |
| 内蒙古 | Inner Mongolia | 953025 | 8355 | 324309 | 15652 |
| 辽宁 | Liaoning | 1416539 | 120098 | 776108 | 128266 |
| 吉林 | Jilin | 978564 | — | 176918 | 8934 |
| 黑龙江 | Heilongjiang | 158685 | — | 345671 | 54996 |
| 上海 | Shanghai | 1487235 | 5333284 | — | — |
| 江苏 | Jiangsu | 1942693 | 202698 | 401374 | 46949 |
| 浙江 | Zhejiang | 3311430 | 120394 | 648744 | 84980 |
| 安徽 | Anhui | 1109305 | 36387 | 133449 | 71495 |
| 福建 | Fujian | 2056262 | 28738 | 70842 | 107596 |
| 江西 | Jiangxi | 1170685 | 20390 | 62944 | 93915 |
| 山东 | Shandong | 3478269 | 292123 | 1530724 | 370468 |
| 河南 | Henan | 845655 | — | 70154 | 8400 |
| 湖北 | Hubei | 785900 | 20460 | 547476 | 86183 |
| 湖南 | Hunan | 729729 | 12250 | 64874 | 59521 |
| 广东 | Guangdong | 4424650 | 234577 | 3273235 | 1134308 |
| 广西 | Guangxi | 466511 | 3000 | 260214 | — |
| 海南 | Hainan | — | — | 104790 | 7163 |
| 重庆 | Chongqing | 266098 | — | 104526 | 121436 |
| 四川 | Sichuan | 1761063 | 54854 | 399928 | 1114893 |
| 贵州 | Guizhou | 551014 | — | — | — |
| 云南 | Yunnan | 567353 | 236313 | 689534 | — |
| 西藏 | Tibet | — | — | — | — |
| 陕西 | Shaanxi | 534531 | — | 3113792 | 73571 |
| 甘肃 | Gansu | 206655 | 26659 | — | 60804 |
| 青海 | Qinghai | 158027 | — | 52438 | — |
| 宁夏 | Ningxia | 143822 | — | 117091 | 82839 |
| 新疆 | Xinjiang | 276749 | 1084 | 7573 | — |

# 3-8 各地区房地产开发企业(单位)建设的成套住宅和其它类房屋竣工面积(1999年)

## COMPLETED FLOOR SPACE OF RESIDENTIAL UNITS AND OTHER TYPES OF BUILDINGS CONSTRUCTED BY REAL ESTATE DEVELOPMENT(UNITS) BY REGIONS(1999)

| 地区 | Region | 住宅竣工套数合计(套) Total Completed Residential Units (unit) | #别墅、高档公寓 Villa, High-grade Apartment | #经济适用房屋 Economic Buildings | 其它类房屋竣工面积(平方米) Completed Floor Space of Other Types of Building (sq.m) | #拆迁还建 Destroyed and Reconstruction | #统建代建 Planned Construction and Agent Construction |
|---|---|---|---|---|---|---|---|
| **全国总计** | **National Total** | **1946358** | **44025** | **484978** | **35150720** | **18636811** | **13793008** |
| 北京 | Beijing | 92008 | 6476 | 3902 | 1835106 | 1222873 | 312157 |
| 天津 | Tianjin | 58356 | 1330 | 27340 | 605716 | 522752 | 35178 |
| 河北 | Hebei | 66633 | 165 | 23278 | 2137064 | 871233 | 1228938 |
| 山西 | Shanxi | 27437 | 12 | 15196 | 825338 | 501431 | 311158 |
| 内蒙古 | Inner Mongolia | 26711 | 2 | 19162 | 627791 | 488544 | 87330 |
| 辽宁 | Liaoning | 125621 | 2505 | 29757 | 3126803 | 2216450 | 658664 |
| 吉林 | Jilin | 33250 | 10 | 12944 | 525473 | 426874 | 78034 |
| 黑龙江 | Heilongjiang | 49191 | 648 | 23616 | 961447 | 776161 | 161116 |
| 上海 | Shanghai | 120923 | 4144 | 8800 | 174780 | 74036 | 24767 |
| 江苏 | Jiangsu | 197795 | 3025 | 48411 | 3551266 | 1854546 | 1310802 |
| 浙江 | Zhejiang | 124582 | 1872 | 7897 | 2361056 | 939713 | 1116802 |
| 安徽 | Anhui | 61153 | 525 | 17706 | 1471748 | 865807 | 530810 |
| 福建 | Fujian | 56898 | 2945 | 11473 | 1287692 | 822171 | 341501 |
| 江西 | Jiangxi | 28929 | 253 | 9505 | 774273 | 368611 | 356650 |
| 山东 | Shandong | 145973 | 1281 | 39060 | 4113429 | 2051523 | 1679963 |
| 河南 | Henan | 41374 | 267 | 15533 | 786035 | 350232 | 424034 |
| 湖北 | Hubei | 65315 | 1338 | 19563 | 1144894 | 216994 | 887333 |
| 湖南 | Hunan | 41741 | 423 | 20806 | 1146356 | 436925 | 681004 |
| 广东 | Guangdong | 256409 | 11275 | 10600 | 1238945 | 742611 | 332146 |
| 广西 | Guangxi | 17308 | 388 | 5098 | 141012 | 68522 | 71054 |
| 海南 | Hainan | 2888 | 205 | 1200 | 7200 | — | 7200 |
| 重庆 | Chongqing | 47021 | 941 | 9554 | 872985 | 578511 | 265306 |
| 四川 | Sichuan | 79113 | 960 | 19442 | 1725838 | 919960 | 710478 |
| 贵州 | Guizhou | 22736 | 100 | 6111 | 534973 | 280910 | 243116 |
| 云南 | Yunnan | 36655 | 808 | 9223 | 776382 | 195119 | 557141 |
| 西藏 | Tibet | 772 | — | — | 48000 | — | 48000 |
| 陕西 | Shaanxi | 64428 | 1897 | 48799 | 1045697 | 243523 | 736286 |
| 甘肃 | Gansu | 16957 | — | 6012 | 319520 | 169563 | 76457 |
| 青海 | Qinghai | 8093 | — | 4349 | 285675 | 159401 | 110146 |
| 宁夏 | Ningxia | 11534 | 126 | 2358 | 329467 | 135961 | 180972 |
| 新疆 | Xinjiang | 18554 | 104 | 8283 | 368759 | 135854 | 228465 |

# 3-9 各地区按用途分的房地产开发企业(单位)的竣工房屋价值(1999年)

## VALUE OF COMPLETED BUILDINGS OF REAL ESTATE DEVELOPMENT ENTERPRISES(UNITS) GROUPED BY PURPOSE OF PROJECTS BY REGION(1999)

单位:万元 Unit:10000 yuan

| 地区 | Region | 竣工房屋价值 Value of Completed Buildings | 住宅 Residence | #别墅、高档公寓 Villa, High-grade Apartment | #经济适用房屋 Economic Buildings | 办公楼 Office | 商业营业用房 Commerce | 其他 Others |
|---|---|---|---|---|---|---|---|---|
| **全国总计** | **National Total** | **24675822** | **18313466** | **1363040** | **3243105** | **2307508** | **2821830** | **1233018** |
| 北京 | Beijing | 2462194 | 1476743 | 281222 | 25609 | 520803 | 124220 | 340428 |
| 天津 | Tianjin | 482495 | 444230 | 37532 | 166255 | 10769 | 18852 | 8644 |
| 河北 | Hebei | 531639 | 475919 | 6011 | 158297 | 6828 | 42885 | 6007 |
| 山西 | Shanxi | 197232 | 164341 | 69 | 91266 | 7765 | 17681 | 7445 |
| 内蒙古 | Inner Mongolia | 232657 | 165756 | 40 | 118977 | 7983 | 55501 | 3417 |
| 辽宁 | Liaoning | 1249686 | 952592 | 102027 | 173421 | 83193 | 180045 | 33856 |
| 吉林 | Jilin | 400723 | 238928 | 1126 | 98290 | 33367 | 117028 | 11400 |
| 黑龙江 | Heilongjiang | 491183 | 351865 | 12989 | 156726 | 24062 | 105120 | 10136 |
| 上海 | Shanghai | 3277567 | 2391611 | 251434 | 224292 | 445507 | 274583 | 165866 |
| 江苏 | Jiangsu | 1971078 | 1580228 | 73616 | 320628 | 101191 | 236378 | 53281 |
| 浙江 | Zhejiang | 1957216 | 1395252 | 75267 | 59165 | 227398 | 236779 | 97787 |
| 安徽 | Anhui | 474420 | 333853 | 7937 | 97282 | 56057 | 77033 | 7477 |
| 福建 | Fujian | 1049091 | 707940 | 95924 | 106504 | 155494 | 128039 | 57618 |
| 江西 | Jiangxi | 220933 | 159244 | 2410 | 49846 | 7996 | 48690 | 5003 |
| 山东 | Shandong | 1080812 | 856101 | 20227 | 199471 | 74299 | 126798 | 23614 |
| 河南 | Henan | 340512 | 290442 | 18520 | 79656 | 9292 | 27260 | 13518 |
| 湖北 | Hubei | 633401 | 479735 | 23382 | 140036 | 70972 | 60466 | 22228 |
| 湖南 | Hunan | 392154 | 285340 | 5834 | 126779 | 37058 | 58771 | 10985 |
| 广东 | Guangdong | 3957643 | 3211458 | 225413 | 95009 | 170608 | 363817 | 211760 |
| 广西 | Guangxi | 150539 | 101920 | 4967 | 23326 | 12433 | 31204 | 4982 |
| 海南 | Hainan | 40494 | 31685 | 13150 | 5590 | 2070 | 5595 | 1144 |
| 重庆 | Chongqing | 582504 | 332973 | 21316 | 60969 | 56162 | 149104 | 44265 |
| 四川 | Sichuan | 836010 | 555570 | 30241 | 124547 | 67183 | 153632 | 59625 |
| 贵州 | Guizhou | 157784 | 116868 | 650 | 27104 | 8195 | 29489 | 3232 |
| 云南 | Yunnan | 527674 | 410919 | 25973 | 76371 | 55014 | 43521 | 18220 |
| 西藏 | Tibet | 5372 | 4150 | — | — | 985 | 237 | — |
| 陕西 | Shaanxi | 528477 | 454738 | 20876 | 319663 | 30007 | 37597 | 6135 |
| 甘肃 | Gansu | 133057 | 109579 | — | 36308 | 1489 | 20337 | 1652 |
| 青海 | Qinghai | 74554 | 44085 | — | 26220 | 10454 | 19240 | 775 |
| 宁夏 | Ningxia | 86290 | 57241 | 1893 | 9742 | 10268 | 17132 | 1649 |
| 新疆 | Xinjiang | 150431 | 132160 | 2994 | 45756 | 2606 | 14796 | 869 |

# 3-10 各地区房地产开发企业(单位)建造的房屋面积和造价(1999年)

## FLOOR SPACE AND COST OF BUILDINGS CONSTRUCTED BY REAL ESTATE DEVELOPMENT ENTERPRISES(UNITS) BY REGION(1999)

| 地区 | Region | 施工房屋面积(平方米) Floor Space under Construction (sq.m) | 竣工房屋面积(平方米) Floor Space Completed (sq.m) | 房屋建筑面积竣工率(%) Rate of Completion (%) | 竣工房屋价值(万元) Value of Completed Buildings | 竣工房屋造价(元/平方米) Cost of Completed Buildings (yuan/sq.m) |
|---|---|---|---|---|---|---|
| **全国总计** | **National Total** | **568576252** | **214108336** | **37.7** | **24675822** | **1152** |
| 北京 | Beijing | 37839569 | 12085468 | 31.9 | 2462194 | 2037 |
| 天津 | Tianjin | 15966652 | 4548086 | 28.5 | 482495 | 1061 |
| 河北 | Hebei | 14893923 | 6930473 | 46.5 | 531639 | 767 |
| 山西 | Shanxi | 7624522 | 2594058 | 34.0 | 197232 | 760 |
| 内蒙古 | Inner Mongolia | 4734808 | 2685982 | 56.7 | 232657 | 866 |
| 辽宁 | Liaoning | 26144934 | 12778559 | 48.9 | 1249686 | 978 |
| 吉林 | Jilin | 7513773 | 3685736 | 49.1 | 400723 | 1087 |
| 黑龙江 | Heilongjiang | 11187155 | 5474196 | 48.9 | 491183 | 897 |
| 上海 | Shanghai | 50831771 | 14686212 | 28.9 | 3277567 | 2232 |
| 江苏 | Jiangsu | 41825435 | 21649281 | 51.8 | 1971078 | 910 |
| 浙江 | Zhejiang | 39167179 | 16087433 | 41.1 | 1957216 | 1217 |
| 安徽 | Anhui | 13693414 | 6310664 | 46.1 | 474420 | 752 |
| 福建 | Fujian | 31669608 | 7888211 | 24.9 | 1049091 | 1330 |
| 江西 | Jiangxi | 8079183 | 3613792 | 44.7 | 220933 | 611 |
| 山东 | Shandong | 28244097 | 14018693 | 49.6 | 1080812 | 771 |
| 河南 | Henan | 13395976 | 4448713 | 33.2 | 340512 | 765 |
| 湖北 | Hubei | 18755933 | 6855268 | 36.5 | 633401 | 924 |
| 湖南 | Hunan | 10001835 | 4797609 | 48.0 | 392154 | 817 |
| 广东 | Guangdong | 89840924 | 26415836 | 29.4 | 3957643 | 1498 |
| 广西 | Guangxi | 5822914 | 2000489 | 34.4 | 150539 | 753 |
| 海南 | Hainan | 1230812 | 286489 | 23.3 | 40494 | 1413 |
| 重庆 | Chongqing | 21037609 | 6195580 | 29.5 | 582504 | 940 |
| 四川 | Sichuan | 27183637 | 10133208 | 37.3 | 836010 | 825 |
| 贵州 | Guizhou | 6561409 | 2292765 | 34.9 | 157784 | 688 |
| 云南 | Yunnan | 10523223 | 4411941 | 41.9 | 527674 | 1196 |
| 西藏 | Tibet | 85319 | 81031 | 95.0 | 5372 | 663 |
| 陕西 | Shaanxi | 13135428 | 5808161 | 44.2 | 528477 | 910 |
| 甘肃 | Gansu | 4311873 | 1721099 | 39.9 | 133057 | 773 |
| 青海 | Qinghai | 1743103 | 781021 | 44.8 | 74554 | 955 |
| 宁夏 | Ningxia | 2096468 | 1242358 | 59.3 | 86290 | 695 |
| 新疆 | Xinjiang | 3433766 | 1599924 | 46.6 | 150431 | 940 |

# 3-11 各地区房地产开发企业(单位)建造的住宅面积和造价(1999年)

## FLOOR SPACE AND COST OF RESIDENCE CONSTRUCTED BY REAL ESTATE DEVELOPMENT ENTERPRISES(UNITS) BY REGION(1999)

| 地区 | Region | 施工住宅面积(平方米) Floor Space of Residence under Construction (sq.m) | 竣工住宅面积(平方米) Floor Space of Residence Completed (sq.m) | 住宅建筑面积竣工率(%) Rate of Completion(%) | 竣工住宅价值(万元) Value of Residence Completed (10000 yuan) | 竣工住宅造价(元/平方米) Cost of Residence Completed (yuan/sq.m) |
|---|---|---|---|---|---|---|
| **全国总计** | **National Total** | **425903397** | **176406738** | **41.4** | **18313466** | **1038** |
| 北京 | Beijing | 24479002 | 9082634 | 37.1 | 1476743 | 1626 |
| 天津 | Tianjin | 12743220 | 4311202 | 33.8 | 444230 | 1030 |
| 河北 | Hebei | 12927295 | 6361617 | 49.2 | 475919 | 748 |
| 山西 | Shanxi | 6919885 | 2311389 | 33.4 | 164341 | 711 |
| 内蒙古 | Inner Mongolia | 3641663 | 2067269 | 56.8 | 165756 | 802 |
| 辽宁 | Liaoning | 19296073 | 10575624 | 54.8 | 952592 | 901 |
| 吉林 | Jilin | 5466956 | 2764769 | 50.6 | 238928 | 864 |
| 黑龙江 | Heilongjiang | 8268285 | 4288778 | 51.9 | 351865 | 820 |
| 上海 | Shanghai | 37471711 | 12292316 | 32.8 | 2391611 | 1946 |
| 江苏 | Jiangsu | 33390608 | 18371320 | 55.0 | 1580228 | 860 |
| 浙江 | Zhejiang | 30429616 | 12741789 | 41.9 | 1395252 | 1095 |
| 安徽 | Anhui | 10341371 | 5031488 | 48.7 | 333853 | 664 |
| 福建 | Fujian | 21052329 | 6042112 | 28.7 | 707940 | 1172 |
| 江西 | Jiangxi | 6089062 | 2861801 | 47.0 | 159244 | 556 |
| 山东 | Shandong | 21972285 | 11935624 | 54.3 | 856101 | 717 |
| 河南 | Henan | 10455055 | 3948803 | 37.8 | 280442 | 736 |
| 湖北 | Hubei | 14237787 | 5802646 | 40.8 | 479735 | 827 |
| 湖南 | Hunan | 8061181 | 4060222 | 50.4 | 285340 | 703 |
| 广东 | Guangdong | 66387500 | 21824817 | 32.9 | 3211458 | 1471 |
| 广西 | Guangxi | 4364906 | 1607856 | 36.8 | 101920 | 634 |
| 海南 | Hainan | 982298 | 218995 | 22.3 | 31685 | 1447 |
| 重庆 | Chongqing | 12854122 | 4385626 | 34.1 | 332973 | 759 |
| 四川 | Sichuan | 21084518 | 8059319 | 38.2 | 555570 | 689 |
| 贵州 | Guizhou | 4862835 | 1894261 | 39.0 | 116868 | 617 |
| 云南 | Yunnan | 8179706 | 3703716 | 45.3 | 410919 | 1109 |
| 西藏 | Tibet | 62070 | 57782 | 93.1 | 4150 | 718 |
| 陕西 | Shaanxi | 10895451 | 5360117 | 49.2 | 454738 | 848 |
| 甘肃 | Gansu | 3144847 | 1477118 | 47.0 | 109579 | 742 |
| 青海 | Qinghai | 1317218 | 588238 | 44.7 | 44085 | 749 |
| 宁夏 | Ningxia | 1568370 | 938238 | 59.8 | 57241 | 610 |
| 新疆 | Xinjiang | 2956172 | 1439252 | 48.7 | 132160 | 918 |

# 第四章 房地产市场

## CHAPTER 4 REAL ESTATE MARKET

# 4－1 各地区商品房屋实际销售面积(1999年)

## ACTUALLY SOLD FLOOR SPACE OF COMMODITY BUILDINGS BY REGION(1999)

单位:平方米 Unit:sq.m

| 地区 | Region | 销售面积合计 Total Sold Space | #外销(租) Rent to Foreign Customers | #个人 Individuals | 住宅 Residence | #别墅、高档公寓 Villa, High-grade Apartment | #经济适用房屋 Economic Buildings | #个人 Individuals |
|---|---|---|---|---|---|---|---|---|
| **全国总计** | **National Total** | **145565320** | **1107082** | **113534630** | **129978719** | **4357373** | **27013134** | **104085321** |
| 北京 | Beijing | 5444403 | 189355 | 2977927 | 4847144 | 550562 | 351111 | 2967640 |
| 天津 | Tianjin | 2583114 | 457 | 2376236 | 2478419 | 77884 | 1007316 | 2313865 |
| 河北 | Hebei | 3671544 | 14150 | 2315222 | 3459845 | 8240 | 1368653 | 2153512 |
| 山西 | Shanxi | 1160030 | 6475 | 878666 | 1085314 | 338 | 483068 | 844087 |
| 内蒙古 | Inner Mongolia | 1946078 | 28027 | 1735844 | 1572563 | 5350 | 792675 | 1447227 |
| 辽宁 | Liaoning | 7709590 | 21676 | 5712370 | 6718653 | 169338 | 1089121 | 5225186 |
| 吉林 | Jilin | 2121017 | 78000 | 1674824 | 1785528 | 1905 | 765988 | 1399853 |
| 黑龙江 | Heilongjiang | 3513834 | 7000 | 3034801 | 2946888 | 11621 | 1154870 | 2686901 |
| 上海 | Shanghai | 13286668 | 88047 | 10790380 | 12433312 | 394478 | 1006581 | 10092536 |
| 江苏 | Jiangsu | 15006328 | 53547 | 12649850 | 13431521 | 313539 | 3030483 | 11788088 |
| 浙江 | Zhejiang | 13244303 | — | 10931787 | 11554508 | 298007 | 606983 | 9927095 |
| 安徽 | Anhui | 4450784 | 7280 | 3324130 | 3839065 | 39981 | 1179505 | 2795771 |
| 福建 | Fujian | 5996841 | 49321 | 4686783 | 5116403 | 408720 | 812220 | 4169126 |
| 江西 | Jiangxi | 2449044 | 2190 | 2121887 | 2060263 | 33879 | 551568 | 1839336 |
| 山东 | Shandong | 8804162 | 82091 | 5767069 | 7796792 | 180558 | 1706389 | 5153496 |
| 河南 | Henan | 2971003 | 1000 | 2193516 | 2752836 | 21895 | 841770 | 1982570 |
| 湖北 | Hubei | 4381790 | 47371 | 3294508 | 4014826 | 132836 | 1173798 | 3080899 |
| 湖南 | Hunan | 2886541 | 1900 | 2641481 | 2648335 | 48610 | 847808 | 2485374 |
| 广东 | Guangdong | 18177548 | 387320 | 14946069 | 16223968 | 892517 | 502242 | 13704573 |
| 广西 | Guangxi | 1614949 | — | 1250685 | 1408771 | 17406 | 321859 | 1163443 |
| 海南 | Hainan | 349580 | — | 307303 | 333728 | 61719 | 45819 | 307303 |
| 重庆 | Chongqing | 4299824 | — | 3730932 | 3645607 | 252576 | 749786 | 3366477 |
| 四川 | Sichuan | 7256587 | 9808 | 5786717 | 6435793 | 164331 | 1533316 | 5368268 |
| 贵州 | Guizhou | 1375519 | 380 | 1118538 | 1262370 | 5241 | 237115 | 1030478 |
| 云南 | Yunnan | 3148030 | 450 | 1472487 | 2984937 | 170954 | 808799 | 1348015 |
| 西藏 | Tibet | 13862 | — | 11862 | 9682 | — | — | 9682 |
| 陕西 | Shaanxi | 4295371 | 21660 | 3427412 | 4102824 | 80755 | 3087034 | 3237800 |
| 甘肃 | Gansu | 1058046 | 9577 | 733528 | 927539 | — | 318228 | 698114 |
| 青海 | Qinghai | 307362 | — | 61556 | 257100 | — | 70579 | 51887 |
| 宁夏 | Ningxia | 766784 | — | 524121 | 639772 | 8910 | 88945 | 419871 |
| 新疆 | Xinjiang | 1274784 | — | 1056139 | 1204413 | 5223 | 479505 | 1026848 |

4－1续表1 Continued

单位:平方米 Unit:sq.m

| 地 区 | Region | 办公楼 Office | 商业营业用房 Commerce | 其他 Others |
|---|---|---|---|---|
| **全国总计** | **National Total** | **4034252** | **10031719** | **1520630** |
| 北 京 | Beijing | 479522 | 68192 | 49545 |
| 天 津 | Tianjin | 19732 | 79492 | 5471 |
| 河 北 | Hebei | 20000 | 188391 | 3308 |
| 山 西 | Shanxi | 3121 | 62207 | 9388 |
| 内蒙古 | Inner Mongolia | 29407 | 339542 | 4566 |
| 辽 宁 | Liaoning | 189184 | 710168 | 91585 |
| 吉 林 | Jilin | 65787 | 267130 | 2572 |
| 黑龙江 | Heilongjiang | 94633 | 430949 | 41364 |
| 上 海 | Shanghai | 392253 | 394440 | 66663 |
| 江 苏 | Jiangsu | 345881 | 1047365 | 181561 |
| 浙 江 | Zhejiang | 551224 | 942002 | 196569 |
| 安 徽 | Anhui | 126872 | 472895 | 11952 |
| 福 建 | Fujian | 214073 | 543008 | 123357 |
| 江 西 | Jiangxi | 56488 | 297146 | 35147 |
| 山 东 | Shandong | 229918 | 719943 | 57509 |
| 河 南 | Henan | 33104 | 158037 | 27026 |
| 湖 北 | Hubei | 89224 | 248030 | 29710 |
| 湖 南 | Hunan | 49911 | 176923 | 11372 |
| 广 东 | Guangdong | 365094 | 1227525 | 360961 |
| 广 西 | Guangxi | 95911 | 83801 | 26466 |
| 海 南 | Hainan | 15432 | 420 | — |
| 重 庆 | Chongqing | 162287 | 444950 | 46980 |
| 四 川 | Sichuan | 146909 | 609065 | 64820 |
| 贵 州 | Guizhou | 29264 | 77549 | 6336 |
| 云 南 | Yunnan | 58562 | 84582 | 19949 |
| 西 藏 | Tibet | — | 4180 | — |
| 陕 西 | Shaanxi | 96963 | 60698 | 34886 |
| 甘 肃 | Gansu | 23928 | 105963 | 616 |
| 青 海 | Qinghai | 11624 | 36827 | 1811 |
| 宁 夏 | Ningxia | 16468 | 103558 | 6986 |
| 新 疆 | Xinjiang | 21476 | 46741 | 2154 |

# 4-2 各地区商品房屋预售面积(1999年)

## FLOOR SPACE OF COMMODITY BUILDINGS PRE-SOLD BY REGION(1999)

单位:平方米 Unit:sq.m

| 地区 Region | 预售面积合计 Total Pre-sold Space | #外销(租) Rent to Foreign Customers | #个人 Individuals | 住宅 Residence | #别墅、高档公寓 Villa, High-grade Apartment | #经济适用房屋 Economic Buildings | #个人 Individuals |
|---|---|---|---|---|---|---|---|
| **全国总计 National Total** | **58349815** | **632786** | **36138197** | **52196600** | **1939968** | **7937882** | **33415794** |
| 北京 Beijing | 3050487 | 9808 | 2040465 | 2613975 | 227467 | — | 2029709 |
| 天津 Tianjin | 1407040 | 16238 | 794911 | 1349161 | 47049 | 217853 | 779172 |
| 河北 Hebei | 1856467 | — | 1021451 | 1767541 | 20853 | 843673 | 927244 |
| 山西 Shanxi | 666350 | — | 366899 | 625864 | — | 310842 | 219890 |
| 内蒙古 Inner Mongolia | 501414 | — | 330613 | 414956 | — | 152331 | 270879 |
| 辽宁 Liaoning | 1352836 | 8000 | 847393 | 1125918 | 29251 | 131164 | 687419 |
| 吉林 Jilin | 426650 | — | 284519 | 379532 | — | 164791 | 219096 |
| 黑龙江 Heilongjiang | 376386 | — | 313340 | 300436 | 20907 | 68442 | 231678 |
| 上海 Shanghai | 5186477 | 129774 | 3969802 | 4873798 | 230401 | 196012 | 3720246 |
| 江苏 Jiangsu | 5194896 | 12261 | 3249243 | 4616564 | 192300 | 1177411 | 3173072 |
| 浙江 Zhejiang | 7332963 | 45539 | 4675276 | 6476492 | 123664 | 349132 | 4456797 |
| 安徽 Anhui | 1519866 | 6667 | 759875 | 1268328 | 19259 | 289222 | 701697 |
| 福建 Fujian | 4432777 | 13151 | 2903729 | 3750768 | 173015 | 423079 | 2685831 |
| 江西 Jiangxi | 596801 | — | 294440 | 522743 | 590 | 139444 | 336209 |
| 山东 Shandong | 2704482 | 95 | 1438374 | 2378112 | 41303 | 585460 | 1185945 |
| 河南 Henan | 1330736 | 125 | 732677 | 1234766 | 32964 | 318359 | 663567 |
| 湖北 Hubei | 1178216 | 1264 | 733657 | 1114156 | 98497 | 235549 | 729810 |
| 湖南 Hunan | 776857 | 30583 | 562696 | 727967 | 8139 | 208200 | 509560 |
| 广东 Guangdong | 10530704 | 335618 | 6523108 | 9652284 | 421285 | 121716 | 6091999 |
| 广西 Guangxi | 472973 | — | 365249 | 428551 | 2800 | 119581 | 324352 |
| 海南 Hainan | 96832 | — | 87250 | 92922 | 16670 | 28433 | 87250 |
| 重庆 Chongqing | 1844342 | 1369 | 1222233 | 1540213 | 68076 | 483245 | 1072821 |
| 四川 Sichuan | 1987334 | 14694 | 1160458 | 1749203 | 119298 | 305326 | 876443 |
| 贵州 Guizhou | 861200 | — | 558002 | 774846 | 26514 | 93069 | 527194 |
| 云南 Yunnan | 1184804 | 400 | 347537 | 1080831 | 11445 | 302213 | 392132 |
| 西藏 Tibet | 2000 | — | 2000 | — | — | — | — |
| 陕西 Shaanxi | 615964 | 7200 | 336631 | 554545 | 4900 | 344179 | 325554 |
| 甘肃 Gansu | 225601 | — | 96088 | 196254 | — | 91423 | 86288 |
| 青海 Qinghai | 234802 | — | 5692 | 205324 | — | 151648 | 5692 |
| 宁夏 Ningxia | 108170 | — | 12800 | 93730 | 3341 | 9524 | 20756 |
| 新疆 Xinjiang | 293388 | — | 101789 | 286820 | — | 76561 | 77492 |

4－2续表1　Continued

单位:平方米　Unit:sq.m

| 地　区 | Region | 办公楼 Office | 商业营业用房 Commerce | 其他 Others |
|---|---|---|---|---|
| **全国总计** | **National Total** | **2035235** | **3692036** | **425944** |
| 北　京 | Beijing | 390881 | 35301 | 10330 |
| 天　津 | Tianjin | 3546 | 39756 | 14577 |
| 河　北 | Hebei | 1000 | 76862 | 11064 |
| 山　西 | Shanxi | — | 13046 | 27440 |
| 内蒙古 | Inner Mongolia | 2583 | 82995 | 880 |
| 辽　宁 | Liaoning | 37789 | 182292 | 6837 |
| 吉　林 | Jilin | 979 | 45349 | 790 |
| 黑龙江 | Heilongjiang | 2636 | 73014 | 300 |
| 上　海 | Shanghai | 186269 | 107355 | 19055 |
| 江　苏 | Jiangsu | 115574 | 451428 | 11330 |
| 浙　江 | Zhejiang | 214465 | 573692 | 68314 |
| 安　徽 | Anhui | 95647 | 145364 | 10527 |
| 福　建 | Fujian | 261704 | 362127 | 58178 |
| 江　西 | Jiangxi | 12155 | 55130 | 6773 |
| 山　东 | Shandong | 81104 | 230468 | 14798 |
| 河　南 | Henan | 25589 | 59838 | 10543 |
| 湖　北 | Hubei | 23416 | 39834 | 810 |
| 湖　南 | Hunan | 4300 | 38832 | 5758 |
| 广　东 | Guangdong | 303439 | 471539 | 103442 |
| 广　西 | Guangxi | 4669 | 35679 | 4074 |
| 海　南 | Hainan | 2228 | 1682 | — |
| 重　庆 | Chongqing | 95730 | 196222 | 12177 |
| 四　川 | Sichuan | 24977 | 205376 | 7778 |
| 贵　州 | Guizhou | 19508 | 53597 | 13249 |
| 云　南 | Yunnan | 70094 | 30679 | 3200 |
| 西　藏 | Tibet | — | 2000 | — |
| 陕　西 | Shaanxi | 38971 | 21178 | 1270 |
| 甘　肃 | Gansu | 10594 | 18753 | — |
| 青　海 | Qinghai | 2988 | 24540 | 1950 |
| 宁　夏 | Ningxia | 1480 | 12960 | — |
| 新　疆 | Xinjiang | 920 | 5148 | 500 |

# 4－3 各地区商品房屋出租面积(1999年)

## FLOOR SPACE OF COMMODITY BUILDINGS LEASED BY REGION(1999)

单位:平方米 Unit:sq.m

| 地 区 Region | 出租面积合计 Total Leased Space | #外销(租) Rent to Foreign Customers | #个人 Individuals | 住宅 Residence | #别墅、高档公寓 Villa, High-grade Apartment | #经济适用房屋 Economic Buildings | #个人 Individuals |
|---|---|---|---|---|---|---|---|
| **全国总计 National Total** | **14101975** | **549612** | **1728795** | **4078722** | **527322** | **97654** | **919657** |
| 北京 Beijing | 934763 | 71642 | 54689 | 190455 | 141759 | — | 45722 |
| 天津 Tianjin | 50852 | 2077 | 3043 | 8614 | 4917 | — | 1164 |
| 河北 Hebei | 113815 | — | 50410 | 54458 | — | — | 38911 |
| 山西 Shanxi | 36426 | 12043 | 15044 | 18534 | — | 1534 | 10534 |
| 内蒙古 Inner Mongolia | 63697 | 4900 | 10635 | 39528 | — | 3800 | 35728 |
| 辽宁 Liaoning | 269482 | 2000 | 26368 | 67098 | 52671 | 6240 | 9278 |
| 吉林 Jilin | 82927 | — | 1394 | — | — | — | — |
| 黑龙江 Heilongjiang | 60433 | — | 15300 | 2520 | — | — | 1520 |
| 上海 Shanghai | 2199892 | 212482 | 61411 | 427144 | 230155 | 655 | 44088 |
| 江苏 Jiangsu | 1030061 | 19283 | 124131 | 154746 | 40002 | 3337 | 38714 |
| 浙江 Zhejiang | 646824 | 2036 | 118276 | 67677 | 406 | — | 25905 |
| 安徽 Anhui | 146120 | — | 43296 | 29645 | — | 13248 | 20817 |
| 福建 Fujian | 722436 | 62067 | 70886 | 163167 | 17037 | 2366 | 22866 |
| 江西 Jiangxi | 269786 | 2417 | 175272 | 138857 | — | 500 | 138218 |
| 山东 Shandong | 314458 | 2366 | 28757 | 101508 | 18353 | — | 14722 |
| 河南 Henan | 95705 | 2860 | 18449 | 12194 | — | — | 8364 |
| 湖北 Hubei | 589186 | 5932 | 84276 | 224329 | 2526 | 2000 | 71489 |
| 湖南 Hunan | 84672 | 2400 | 28048 | 13512 | — | 470 | 4276 |
| 广东 Guangdong | 4010070 | 120276 | 475218 | 1364311 | 11677 | 56047 | 215869 |
| 广西 Guangxi | 324124 | 2010 | 59215 | 53690 | — | 1400 | 39098 |
| 海南 Hainan | 108326 | — | 10438 | 32940 | 2522 | — | — |
| 重庆 Chongqing | 301055 | 327 | 21225 | 32351 | 1432 | 180 | 1455 |
| 四川 Sichuan | 1041088 | 20421 | 96368 | 631986 | — | 1000 | 57931 |
| 贵州 Guizhou | 109679 | — | 18233 | 55442 | 1580 | — | 50930 |
| 云南 Yunnan | 199942 | 438 | 65704 | 78877 | 1624 | 4877 | 5700 |
| 西藏 Tibet | 487 | — | 120 | — | — | — | — |
| 陕西 Shaanxi | 61075 | — | 17678 | 16381 | 661 | — | 12480 |
| 甘肃 Gansu | 33159 | 1326 | 10704 | 18657 | — | — | 619 |
| 青海 Qinghai | 19601 | — | 1 | — | — | — | — |
| 宁夏 Ningxia | 95219 | 309 | — | 50901 | — | — | 340 |
| 新疆 Xinjiang | 86615 | — | 24206 | 29200 | — | — | 2919 |

4-3续表1 Continued

单位:平方米 Unit:sq.m

| 地 区 | Region | 办公楼 Office | 商业营业用房 Commerce | 其他 Others |
|---|---|---|---|---|
| **全国总计** | **National Total** | **2602913** | **5060591** | **2359749** |
| 北 京 | Beijing | 473345 | 208955 | 62008 |
| 天 津 | Tianjin | 6831 | 33215 | 2192 |
| 河 北 | Hebei | 3500 | 55404 | 453 |
| 山 西 | Shanxi | 3000 | 14892 | — |
| 内蒙古 | Inner Mongolia | 1900 | 22269 | — |
| 辽 宁 | Liaoning | 26864 | 162800 | 12720 |
| 吉 林 | Jilin | 15760 | 67084 | 83 |
| 黑龙江 | Heilongjiang | 18373 | 39540 | — |
| 上 海 | Shanghai | 932137 | 445046 | 395565 |
| 江 苏 | Jiangsu | 126735 | 483838 | 264742 |
| 浙 江 | Zhejiang | 73577 | 396763 | 108807 |
| 安 徽 | Anhui | 26860 | 88633 | 982 |
| 福 建 | Fujian | 49662 | 202962 | 306645 |
| 江 西 | Jiangxi | 8600 | 100155 | 22174 |
| 山 东 | Shandong | 44427 | 110943 | 57580 |
| 河 南 | Henan | 15868 | 65904 | 1739 |
| 湖 北 | Hubei | 108436 | 204152 | 52269 |
| 湖 南 | Hunan | 7578 | 50856 | 12726 |
| 广 东 | Guangdong | 441001 | 1295795 | 908963 |
| 广 西 | Guangxi | 12333 | 246443 | 11658 |
| 海 南 | Hainan | 16102 | 16410 | 42874 |
| 重 庆 | Chongqing | 53276 | 202651 | 12777 |
| 四 川 | Sichuan | 71566 | 296573 | 40963 |
| 贵 州 | Guizhou | 23831 | 29069 | 1337 |
| 云 南 | Yunnan | 8789 | 87934 | 24342 |
| 西 藏 | Tibet | — | 487 | — |
| 陕 西 | Shaanxi | 4909 | 29175 | 10610 |
| 甘 肃 | Gansu | 3242 | 10780 | 480 |
| 青 海 | Qinghai | 2000 | 17601 | — |
| 宁 夏 | Ningxia | 9112 | 32751 | 2455 |
| 新 疆 | Xinjiang | 13299 | 41511 | 2605 |

# 4－4 各地区商品房屋实际销售额(1999 年)

## ACTUAL SALES OF COMMODITY BUILDINGS BY REGION(1999)

单位:万元 Unit:10000 yuan

| 地区 Region | 实际销售额 Actual Sales | #外销(租) Rent to Foreign Customers | #个人 Individuals | 住宅 Residence | #别墅、高档公寓 Villa, High-grade Apartment | #经济适用房屋 Economic Buildings | #个人 Individuals |
|---|---|---|---|---|---|---|---|
| **全国总计 National Total** | **29878734** | **641752** | **20958637** | **24137347** | **1962261** | **2953439** | **18488791** |
| 北京 Beijing | 3074693 | 301237 | 1313137 | 2320213 | 622718 | 85498 | 1307209 |
| 天津 Tianjin | 581342 | 156 | 519216 | 534547 | 35290 | 166792 | 495290 |
| 河北 Hebei | 496307 | 1422 | 291836 | 453050 | 1458 | 156739 | 260498 |
| 山西 Shanxi | 119186 | 939 | 87000 | 106662 | 65 | 43316 | 80116 |
| 内蒙古 Inner Mongolia | 223156 | 4043 | 187597 | 153888 | 444 | 70473 | 143229 |
| 辽宁 Liaoning | 1479449 | 4459 | 985968 | 1178600 | 91718 | 155450 | 868716 |
| 吉林 Jilin | 304553 | 11700 | 224166 | 220764 | 275 | 82214 | 169815 |
| 黑龙江 Heilongjiang | 565495 | 880 | 462801 | 418443 | 3239 | 135641 | 380033 |
| 上海 Shanghai | 4546436 | 96491 | 3396677 | 3856431 | 225643 | 262277 | 3070230 |
| 江苏 Jiangsu | 2377231 | 14759 | 1819925 | 1963016 | 95677 | 324272 | 1626354 |
| 浙江 Zhejiang | 2526980 | — | 1920578 | 1970787 | 81866 | 78549 | 1628137 |
| 安徽 Anhui | 548400 | 1360 | 381909 | 408600 | 6775 | 106630 | 294658 |
| 福建 Fujian | 1237536 | 21954 | 888350 | 925413 | 147951 | 107974 | 735019 |
| 江西 Jiangxi | 200802 | 335 | 158089 | 150199 | 5308 | 31058 | 125424 |
| 山东 Shandong | 1183499 | 9289 | 722298 | 978984 | 64126 | 145652 | 614716 |
| 河南 Henan | 303687 | 120 | 220837 | 264134 | 5220 | 61686 | 193028 |
| 湖北 Hubei | 568045 | 3165 | 416114 | 496618 | 24479 | 104938 | 399239 |
| 湖南 Hunan | 306722 | 173 | 264386 | 253571 | 8305 | 62096 | 237714 |
| 广东 Guangdong | 5745283 | 164424 | 4277378 | 4723407 | 331081 | 56758 | 3796311 |
| 广西 Guangxi | 244965 | — | 165842 | 178491 | 4381 | 29589 | 149162 |
| 海南 Hainan | 62872 | — | 52299 | 56323 | 18534 | 5563 | 52299 |
| 重庆 Chongqing | 591992 | — | 480835 | 393569 | 61216 | 65228 | 365805 |
| 四川 Sichuan | 979504 | 1085 | 692646 | 748232 | 53243 | 146449 | 591695 |
| 贵州 Guizhou | 176539 | 43 | 132121 | 140198 | 1695 | 18582 | 112650 |
| 云南 Yunnan | 519687 | 146 | 239983 | 468396 | 48956 | 83807 | 200475 |
| 西藏 Tibet | 1820 | — | 853 | 725 | — | — | 725 |
| 陕西 Shaanxi | 447468 | 1967 | 352392 | 407951 | 18649 | 277601 | 328329 |
| 甘肃 Gansu | 134769 | 1605 | 79470 | 98580 | — | 22357 | 68922 |
| 青海 Qinghai | 44943 | — | 9014 | 32445 | — | 7272 | 6595 |
| 宁夏 Ningxia | 107690 | — | 72241 | 76806 | 2480 | 8529 | 49393 |
| 新疆 Xinjiang | 177683 | — | 142679 | 158304 | 1469 | 50449 | 137005 |

4-4续表1 Continued

单位:平方米 Unit:sq.m

| 地 区 | Region | 办公楼 Office | 商业营业用房 Commerce | 其他 Others |
|---|---|---|---|---|
| **全国总计** | **National Total** | **2123901** | **3343238** | **274248** |
| 北 京 | Beijing | 660768 | 76173 | 17539 |
| 天 津 | Tianjin | 11615 | 33675 | 1505 |
| 河 北 | Hebei | 3817 | 38893 | 547 |
| 山 西 | Shanxi | 470 | 11014 | 1040 |
| 内蒙古 | Inner Mongolia | 3975 | 64947 | 346 |
| 辽 宁 | Liaoning | 72216 | 208220 | 20413 |
| 吉 林 | Jilin | 14685 | 68613 | 491 |
| 黑龙江 | Heilongjiang | 22326 | 116259 | 8467 |
| 上 海 | Shanghai | 393754 | 269426 | 26825 |
| 江 苏 | Jiangsu | 98838 | 290260 | 25117 |
| 浙 江 | Zhejiang | 189538 | 339484 | 27171 |
| 安 徽 | Anhui | 24787 | 113111 | 1902 |
| 福 建 | Fujian | 79056 | 211240 | 21827 |
| 江 西 | Jiangxi | 7600 | 40096 | 2907 |
| 山 东 | Shandong | 56940 | 141524 | 6051 |
| 河 南 | Henan | 4153 | 32667 | 2733 |
| 湖 北 | Hubei | 18258 | 48742 | 4427 |
| 湖 南 | Hunan | 13946 | 38277 | 928 |
| 广 东 | Guangdong | 266487 | 687904 | 67485 |
| 广 西 | Guangxi | 35122 | 28084 | 3268 |
| 海 南 | Hainan | 6349 | 200 | — |
| 重 庆 | Chongqing | 34474 | 157970 | 5979 |
| 四 川 | Sichuan | 46530 | 171241 | 13501 |
| 贵 州 | Guizhou | 9055 | 26592 | 694 |
| 云 南 | Yunnan | 10954 | 35072 | 5265 |
| 西 藏 | Tibet | — | 1095 | — |
| 陕 西 | Shaanxi | 22361 | 11564 | 5592 |
| 甘 肃 | Gansu | 4023 | 32044 | 122 |
| 青 海 | Qinghai | 2640 | 9677 | 181 |
| 宁 夏 | Ningxia | 2773 | 26575 | 1536 |
| 新 疆 | Xinjiang | 6391 | 12599 | 389 |

# 4-5 各地区按用途分的商品房屋实际销售价格(1999年)

## ACTUAL SELLING PRICE OF COMMODITY BUILDINGS GROUPED BY PURPOSE OF PROJECTS BY REGION(1999)

单位:元/平方米 Unit:yuan/sq.m

| 地区 | Region | 房屋销售价格 Selling Price | 住宅 Residence | #别墅、高档公寓 Villa, High-grade Apartment | #经济适用房屋 Economic Buildings | 办公楼 Office | 商业营业用房 Commerce | 其他 Others |
|---|---|---|---|---|---|---|---|---|
| **全国总计** | **National Total** | **2053** | **1857** | **4503** | **1093** | **5265** | **3333** | **1804** |
| 北京 | Beijing | 5647 | 4787 | 11311 | 2435 | 13780 | 11170 | 3540 |
| 天津 | Tianjin | 2251 | 2157 | 4531 | 1656 | 5886 | 4236 | 2751 |
| 河北 | Hebei | 1352 | 1309 | 1769 | 1145 | 1908 | 2064 | 1654 |
| 山西 | Shanxi | 1027 | 983 | 1923 | 897 | 1506 | 1771 | 1108 |
| 内蒙古 | Inner Mongolia | 1147 | 979 | 830 | 889 | 1352 | 1913 | 758 |
| 辽宁 | Liaoning | 1919 | 1754 | 5416 | 1427 | 3817 | 2932 | 2229 |
| 吉林 | Jilin | 1436 | 1236 | 1444 | 1073 | 2232 | 2569 | 1909 |
| 黑龙江 | Heilongjiang | 1609 | 1420 | 2787 | 1175 | 2359 | 2698 | 2047 |
| 上海 | Shanghai | 3422 | 3102 | 5720 | 2606 | 10038 | 6831 | 4024 |
| 江苏 | Jiangsu | 1584 | 1461 | 3052 | 1070 | 2858 | 2771 | 1383 |
| 浙江 | Zhejiang | 1908 | 1706 | 2747 | 1294 | 3438 | 3604 | 1382 |
| 安徽 | Anhui | 1232 | 1064 | 1695 | 904 | 1954 | 2392 | 1591 |
| 福建 | Fujian | 2064 | 1809 | 3620 | 1329 | 3693 | 3890 | 1769 |
| 江西 | Jiangxi | 820 | 729 | 1567 | 563 | 1345 | 1349 | 827 |
| 山东 | Shandong | 1344 | 1256 | 3552 | 854 | 2477 | 1966 | 1052 |
| 河南 | Henan | 1022 | 959 | 2384 | 733 | 1255 | 2067 | 1011 |
| 湖北 | Hubei | 1296 | 1237 | 1843 | 894 | 2046 | 1965 | 1490 |
| 湖南 | Hunan | 1063 | 957 | 1708 | 732 | 2794 | 2163 | 816 |
| 广东 | Guangdong | 3161 | 2911 | 3710 | 1130 | 7299 | 5604 | 1870 |
| 广西 | Guangxi | 1517 | 1267 | 2517 | 919 | 3662 | 3351 | 1235 |
| 海南 | Hainan | 1799 | 1688 | 3003 | 1214 | 4114 | 4762 | — |
| 重庆 | Chongqing | 1377 | 1080 | 2424 | 870 | 2124 | 3550 | 1273 |
| 四川 | Sichuan | 1350 | 1163 | 3240 | 955 | 3167 | 2812 | 2083 |
| 贵州 | Guizhou | 1283 | 1111 | 3234 | 784 | 3094 | 3429 | 1095 |
| 云南 | Yunnan | 1651 | 1569 | 2864 | 1036 | 1870 | 4147 | 2639 |
| 西藏 | Tibet | 1313 | 749 | — | — | — | 2620 | — |
| 陕西 | Shaanxi | 1042 | 994 | 2309 | 899 | 2306 | 1905 | 1603 |
| 甘肃 | Gansu | 1274 | 1063 | — | 703 | 1681 | 3024 | 1981 |
| 青海 | Qinghai | 1462 | 1262 | — | 1030 | 2271 | 2628 | 999 |
| 宁夏 | Ningxia | 1404 | 1201 | 2783 | 959 | 1684 | 2566 | 2199 |
| 新疆 | Xinjiang | 1394 | 1314 | 2813 | 1052 | 2976 | 2695 | 1806 |

# 4-6 各地区商品房屋空置情况(1999年)

## VACANCY OF COMMODITY BUILDINGS BY REGION(1999)

单位:平方米 Unit:sq.m

| 地 区 | Region | 空置面积合计 Total Vacant Space | 空置一年以下 Vacant Less Than One Year | 空置一年以上 Vacant More Than One Year | 空置一年以上所占比重(%) Rate of Space Vacant More Than One Year(%) |
|---|---|---|---|---|---|
| **全国总计** | **National Total** | **101717235** | **50886222** | **50831013** | **50.0** |
| 北 京 | Beijing | 6243150 | 3568133 | 2675017 | 42.8 |
| 天 津 | Tianjin | 3010288 | 1826947 | 1183341 | 39.3 |
| 河 北 | Hebei | 1406811 | 1093453 | 313358 | 22.3 |
| 山 西 | Shanxi | 735487 | 455010 | 280477 | 38.1 |
| 内 蒙 古 | Inner Mongolia | 894081 | 703420 | 190661 | 21.3 |
| 辽 宁 | Liaoning | 5284581 | 3025839 | 2258742 | 42.7 |
| 吉 林 | Jilin | 1746937 | 1300901 | 446036 | 25.5 |
| 黑 龙 江 | Heilongjiang | 3447625 | 2216123 | 1231502 | 35.7 |
| 上 海 | Shanghai | 12971369 | 5221087 | 7750282 | 59.7 |
| 江 苏 | Jiangsu | 8845540 | 4421056 | 4424484 | 50.0 |
| 浙 江 | Zhejiang | 4729045 | 2286382 | 2442663 | 51.7 |
| 安 徽 | Anhui | 1873179 | 885770 | 987409 | 52.7 |
| 福 建 | Fujian | 4498869 | 1767362 | 2731507 | 60.7 |
| 江 西 | Jiangxi | 1075070 | 677155 | 397915 | 37.0 |
| 山 东 | Shandong | 4643522 | 2396373 | 2247149 | 48.4 |
| 河 南 | Henan | 1550654 | 1067250 | 483404 | 31.2 |
| 湖 北 | Hubei | 3110244 | 1648016 | 1462228 | 47.0 |
| 湖 南 | Hunan | 1899145 | 1205572 | 693573 | 36.5 |
| 广 东 | Guangdong | 19541899 | 6598207 | 12943692 | 66.2 |
| 广 西 | Guangxi | 1303832 | 657848 | 645984 | 49.5 |
| 海 南 | Hainan | 928898 | 95055 | 833843 | 89.8 |
| 重 庆 | Chongqing | 3530397 | 2029552 | 1500845 | 42.5 |
| 四 川 | Sichuan | 2958509 | 1702719 | 1255790 | 42.4 |
| 贵 州 | Guizhou | 594233 | 413440 | 180793 | 30.4 |
| 云 南 | Yunnan | 1476585 | 1072406 | 404179 | 27.4 |
| 西 藏 | Tibet | 7960 | 7960 | — | — |
| 陕 西 | Shaanxi | 1378898 | 1152223 | 226675 | 16.4 |
| 甘 肃 | Gansu | 805424 | 554923 | 250501 | 31.1 |
| 青 海 | Qinghai | 64557 | 59587 | 4970 | 7.7 |
| 宁 夏 | Ningxia | 530334 | 371051 | 159283 | 30.0 |
| 新 疆 | Xinjiang | 630112 | 405402 | 224710 | 35.7 |

# 4－7 各地区按用途分的各类商品房屋空置情况(1999 年)

## VACANCY OF ALL TYPES OF COMMODITY BUILDINGS GROUPED BY PURPOSE OF PROJECTS BY REGION(1999)

单位:平方米 Unit:sq.m

| 地区 | Region | 房屋空置面积合计 Total Vacant Floor Space | 住宅 Residence | #别墅、高档公寓 Villa, High-grade Apartment | #经济适用房屋 Economic Buildings | 办公楼 Office | 商业营业用房 Commerce | 其他 Others |
|---|---|---|---|---|---|---|---|---|
| **全国总计** | **National Total** | **101717235** | **72162112** | **4695509** | **6948811** | **9251561** | **15304457** | **4999105** |
| 北京 | Beijing | 6243150 | 5290553 | 1029604 | 12517 | 554404 | 208611 | 189582 |
| 天津 | Tianjin | 3010288 | 2729023 | 104422 | 791549 | 66814 | 188512 | 25939 |
| 河北 | Hebei | 1406811 | 1274200 | 13022 | 283325 | 20512 | 94782 | 17317 |
| 山西 | Shanxi | 735487 | 631556 | 1014 | 155263 | 6520 | 96891 | 520 |
| 内蒙古 | Inner Mongolia | 894081 | 611643 | 500 | 313332 | 49679 | 206169 | 26590 |
| 辽宁 | Liaoning | 5284581 | 4006465 | 158284 | 351486 | 324502 | 812205 | 141409 |
| 吉林 | Jilin | 1746937 | 1280676 | 8808 | 264515 | 54647 | 367593 | 44021 |
| 黑龙江 | Heilongjiang | 3447625 | 2423934 | 35179 | 582215 | 166581 | 773658 | 83452 |
| 上海 | Shanghai | 12971369 | 9222322 | 766113 | 375437 | 1742026 | 1142359 | 864662 |
| 江苏 | Jiangsu | 8845540 | 6561375 | 333146 | 655051 | 610538 | 1261392 | 412235 |
| 浙江 | Zhejiang | 4729045 | 2920911 | 154308 | 89335 | 647203 | 905623 | 255308 |
| 安徽 | Anhui | 1873179 | 1134200 | 19196 | 181077 | 133285 | 565861 | 39833 |
| 福建 | Fujian | 4498869 | 2391566 | 352634 | 61018 | 851131 | 716807 | 539365 |
| 江西 | Jiangxi | 1075070 | 855244 | 25088 | 193894 | 50958 | 140415 | 28453 |
| 山东 | Shandong | 4643522 | 3358783 | 267356 | 219490 | 306260 | 777939 | 200540 |
| 河南 | Henan | 1550654 | 1340034 | 82815 | 185158 | 20929 | 162996 | 26695 |
| 湖北 | Hubei | 3110244 | 2435003 | 143665 | 329679 | 324590 | 301804 | 48847 |
| 湖南 | Hunan | 1899145 | 1584633 | 11060 | 236026 | 64562 | 217803 | 32147 |
| 广东 | Guangdong | 19541899 | 12688041 | 489458 | 127358 | 1774626 | 3702209 | 1377023 |
| 广西 | Guangxi | 1303832 | 904249 | 20024 | 80171 | 58068 | 278868 | 62647 |
| 海南 | Hainan | 928898 | 610310 | 133371 | 16900 | 97491 | 120630 | 100467 |
| 重庆 | Chongqing | 3530397 | 1835970 | 264154 | 158237 | 472989 | 999524 | 221914 |
| 四川 | Sichuan | 2958509 | 1927604 | 124849 | 82297 | 330931 | 596905 | 103069 |
| 贵州 | Guizhou | 594233 | 395370 | 3875 | 64632 | 46137 | 116941 | 35785 |
| 云南 | Yunnan | 1476585 | 1002640 | 104478 | 103155 | 247068 | 192877 | 34000 |
| 西藏 | Tibet | 7960 | 1671 | — | — | 6289 | — | — |
| 陕西 | Shaanxi | 1378898 | 1183278 | 41003 | 772091 | 88785 | 63933 | 42902 |
| 甘肃 | Gansu | 805424 | 632590 | — | 129302 | 59500 | 100231 | 13103 |
| 青海 | Qinghai | 64557 | 54929 | — | 6748 | — | 9628 | — |
| 宁夏 | Ningxia | 530334 | 383326 | 8083 | 23643 | 29016 | 92170 | 25822 |
| 新疆 | Xinjiang | 630112 | 490013 | — | 103910 | 45520 | 89121 | 5458 |

# 4-8 各地区按资质等级分的空置一年以上的房屋面积(1999年)

## FLOOR SPACE VACANT FOR MORE THAN ONE YEAR GROUPED BY QUALIFICATION BY REGION(1999)

单位:平方米 Unit:sq.m

| 地 区 | Region | 总计 Total | 一级 First-grade | 二级 Second-grade | 三级 Third-grade |
|---|---|---|---|---|---|
| **全国总计** | **National Total** | **50831013** | **6408529** | **11421201** | **15390091** |
| 北 京 | Beijing | 2675017 | 834832 | 331496 | 56883 |
| 天 津 | Tianjin | 1183341 | 410256 | 108518 | 308462 |
| 河 北 | Hebei | 313358 | 21031 | 90664 | 111178 |
| 山 西 | Shanxi | 280477 | 50238 | 45430 | 97019 |
| 内蒙古 | Inner Mongolia | 190661 | 1926 | 25858 | 77985 |
| 辽 宁 | Liaoning | 2258742 | 399208 | 324815 | 1217397 |
| 吉 林 | Jilin | 446036 | 94184 | 83572 | 126330 |
| 黑龙江 | Heilongjiang | 1231502 | 92945 | 250306 | 508364 |
| 上 海 | Shanghai | 7750282 | 1325840 | 1957172 | 848010 |
| 江 苏 | Jiangsu | 4424484 | 618304 | 1245895 | 2090787 |
| 浙 江 | Zhejiang | 2442663 | 202565 | 353462 | 1111465 |
| 安 徽 | Anhui | 987409 | 90570 | 495011 | 253024 |
| 福 建 | Fujian | 2731507 | 207019 | 118294 | 1498063 |
| 江 西 | Jiangxi | 397915 | 10458 | 135179 | 144440 |
| 山 东 | Shandong | 2247149 | 367164 | 198426 | 238112 |
| 河 南 | Henan | 483404 | 77331 | 162830 | 175888 |
| 湖 北 | Hubei | 1462228 | 189922 | 418472 | 659514 |
| 湖 南 | Hunan | 693573 | 7785 | 280151 | 319313 |
| 广 东 | Guangdong | 12943692 | 921956 | 2781229 | 3709833 |
| 广 西 | Guangxi | 645984 | 56269 | 159068 | 253415 |
| 海 南 | Hainan | 833843 | 91914 | 447944 | 23680 |
| 重 庆 | Chongqing | 1500845 | 116646 | 655647 | 643818 |
| 四 川 | Sichuan | 1255790 | 98726 | 398765 | 388038 |
| 贵 州 | Guizhou | 180793 | 9305 | 44157 | 80182 |
| 云 南 | Yunnan | 404179 | 60233 | 62450 | 85419 |
| 西 藏 | Tibet | — | — | — | — |
| 陕 西 | Shaanxi | 226675 | 18928 | 51509 | 56845 |
| 甘 肃 | Gansu | 250501 | — | 55031 | 134037 |
| 青 海 | Qinghai | 4970 | — | 4970 | — |
| 宁 夏 | Ningxia | 159283 | 10439 | 51401 | 58064 |
| 新 疆 | Xinjiang | 224710 | 19535 | 83479 | 114526 |

4－8 续表 1 Continued

单位:平方米 Unit:sq.m

| 地 区 | Region | 四级 Forth-grade | 五级 Fifth-grade | 其他 Others | 兼营 Affiliated Operations |
|---|---|---|---|---|---|
| **全国总计** | **National Total** | **7523707** | **2878323** | **6505748** | **703414** |
| 北 京 | Beijing | — | — | 1443243 | 8563 |
| 天 津 | Tianjin | 227804 | — | 128301 | — |
| 河 北 | Hebei | 89491 | — | 994 | — |
| 山 西 | Shanxi | 54137 | — | 33653 | — |
| 内蒙古 | Inner Mongolia | 69726 | — | 15166 | — |
| 辽 宁 | Liaoning | 193163 | 5154 | 114761 | 4244 |
| 吉 林 | Jilin | 99284 | — | 42666 | — |
| 黑龙江 | Heilongjiang | 58699 | — | 309935 | 11253 |
| 上 海 | Shanghai | 1004421 | 2614839 | — | — |
| 江 苏 | Jiangsu | 234535 | 24122 | 187820 | 23021 |
| 浙 江 | Zhejiang | 434016 | 9109 | 289868 | 42178 |
| 安 徽 | Anhui | 123365 | 16313 | 6626 | 2500 |
| 福 建 | Fujian | 728652 | 7559 | 8235 | 163685 |
| 江 西 | Jiangxi | 102485 | 1393 | 3500 | 460 |
| 山 东 | Shandong | 737035 | 78792 | 594849 | 32771 |
| 河 南 | Henan | 58869 | — | 5660 | 2826 |
| 湖 北 | Hubei | 108235 | 913 | 76353 | 8819 |
| 湖 南 | Hunan | 85671 | 653 | — | — |
| 广 东 | Guangdong | 2599310 | 108884 | 2456557 | 365923 |
| 广 西 | Guangxi | 74535 | — | 94480 | 5217 |
| 海 南 | Hainan | — | — | 263822 | 6483 |
| 重 庆 | Chongqing | 16660 | — | 53974 | 14100 |
| 四 川 | Sichuan | 250125 | 1150 | 118986 | — |
| 贵 州 | Guizhou | 47149 | — | — | — |
| 云 南 | Yunnan | 38191 | 5063 | 146659 | 6164 |
| 西 藏 | Tibet | — | — | — | — |
| 陕 西 | Shaanxi | 9741 | — | 89652 | — |
| 甘 肃 | Gansu | 57054 | 4379 | — | — |
| 青 海 | Qinghai | — | — | — | — |
| 宁 夏 | Ningxia | 15184 | — | 18988 | 5207 |
| 新 疆 | Xinjiang | 6170 | — | 1000 | — |

# 4－9　各地区按营业状况分的空置一年以上的房屋面积(1999年)

## FLOOR SPACE VACANT FOR MORE THAN ONE YEAR GROUPED BY OPERATION CONDITION BY REGION(1999)

单位:平方米　Unit:sq.m

| 地　区 | Region | 合计 Total | 营业 Operation | 停业 Ceasing | 筹建 Preparing | 当年撤消 Canceled This Year | 其他 Others |
|---|---|---|---|---|---|---|---|
| **全国总计** | **National Total** | **50831013** | **50289401** | **257192** | **23683** | **27943** | **232794** |
| 北　京 | Beijing | 2675017 | 2675017 | — | — | — | — |
| 天　津 | Tianjin | 1183341 | 1179408 | — | 3933 | — | — |
| 河　北 | Hebei | 313358 | 313358 | — | — | — | — |
| 山　西 | Shanxi | 280477 | 270737 | 9740 | — | — | — |
| 内蒙古 | Inner Mongolia | 190661 | 186652 | 4009 | — | — | — |
| 辽　宁 | Liaoning | 2258742 | 2246505 | 553 | 2158 | — | 9526 |
| 吉　林 | Jilin | 446036 | 446036 | — | — | — | — |
| 黑龙江 | Heilongjiang | 1231502 | 1231502 | — | — | — | — |
| 上　海 | Shanghai | 7750282 | 7704584 | — | — | — | 45698 |
| 江　苏 | Jiangsu | 4424484 | 4410665 | 13819 | — | — | — |
| 浙　江 | Zhejiang | 2442663 | 2422632 | 17028 | — | — | 3003 |
| 安　徽 | Anhui | 987409 | 934756 | 42674 | 1012 | 8967 | — |
| 福　建 | Fujian | 2731507 | 2655738 | 41599 | — | 2657 | 31513 |
| 江　西 | Jiangxi | 397915 | 381627 | 11791 | — | — | 4497 |
| 山　东 | Shandong | 2247149 | 2247149 | — | — | — | — |
| 河　南 | Henan | 483404 | 479691 | 1485 | 2228 | — | — |
| 湖　北 | Hubei | 1462228 | 1369218 | 11881 | — | 340 | 80789 |
| 湖　南 | Hunan | 693573 | 693573 | — | — | — | — |
| 广　东 | Guangdong | 12943692 | 12817578 | 75654 | 7390 | 500 | 42570 |
| 广　西 | Guangxi | 645984 | 645270 | — | 544 | — | 170 |
| 海　南 | Hainan | 833843 | 831987 | — | — | — | 1856 |
| 重　庆 | Chongqing | 1500845 | 1489457 | 308 | 2218 | — | 8862 |
| 四　川 | Sichuan | 1255790 | 1210350 | 26651 | — | 15479 | 3310 |
| 贵　州 | Guizhou | 180793 | 180793 | — | — | — | — |
| 云　南 | Yunnan | 404179 | 404179 | — | — | — | — |
| 西　藏 | Tibet | — | — | — | — | — | — |
| 陕　西 | Shaanxi | 226675 | 222475 | — | 4200 | — | — |
| 甘　肃 | Gansu | 250501 | 249501 | — | — | — | 1000 |
| 青　海 | Qinghai | 4970 | 4970 | — | — | — | — |
| 宁　夏 | Ningxia | 159283 | 159283 | — | — | — | — |
| 新　疆 | Xinjiang | 224710 | 224710 | — | — | — | — |

# 第五章 土地开发与交易

# CHAPTER 5 LAND DEVELOPMENT AND TRANSACTION

# 5-1　各地区房地产开发企业(单位)的土地开发及其购置(1999年)

## LAND AREA DEVELOPED AND PURCHASED BY REAL ESTATE DEVELOPMENT ENTERPRISES BY REGION(1999)

单位:平方米　Unit:sq.m

| 地　区 | Region | 本年完成开发土地面积 Land Area Developed This Year | 正在开发的土地面积 Land Area Being Developed | 待开发土地面积 Land Area to Be Developed | 本年购置土地面积 Land Area Purchased This Year |
|---|---|---|---|---|---|
| **全国总计** | **National Total** | **93195606** | **80164316** | **135051700** | **119588996** |
| 北　京 | Beijing | 1871817 | 3172452 | 3234773 | 4460456 |
| 天　津 | Tianjin | 3355330 | 3830372 | 1524203 | 1897127 |
| 河　北 | Hebei | 3005963 | 1196567 | 1319418 | 3397675 |
| 山　西 | Shanxi | 927840 | 877565 | 373349 | 957070 |
| 内蒙古 | Inner Mongolia | 723378 | 276293 | 190808 | 1805239 |
| 辽　宁 | Liaoning | 4631433 | 3444941 | 3090565 | 4643672 |
| 吉　林 | Jilin | 1767832 | 389500 | 559861 | 1456319 |
| 黑龙江 | Heilongjiang | 1623285 | 61434 | 208100 | 1886553 |
| 上　海 | Shanghai | 1481009 | 6569719 | 10119404 | 3351338 |
| 江　苏 | Jiangsu | 10058034 | 5271216 | 8743118 | 10557984 |
| 浙　江 | Zhejiang | 6647748 | 3492264 | 5894964 | 10144200 |
| 安　徽 | Anhui | 3201514 | 1524818 | 3652771 | 5255569 |
| 福　建 | Fujian | 4832814 | 5948347 | 11231433 | 8309809 |
| 江　西 | Jiangxi | 1662968 | 1198246 | 1267994 | 2105739 |
| 山　东 | Shandong | 7464939 | 3010600 | 10035368 | 9329374 |
| 河　南 | Henan | 1915761 | 1943426 | 3458159 | 4535152 |
| 湖　北 | Hubei | 4225534 | 1866646 | 7585868 | 5581485 |
| 湖　南 | Hunan | 2318068 | 1665674 | 3977297 | 2150593 |
| 广　东 | Guangdong | 15814048 | 22592673 | 42342385 | 11472296 |
| 广　西 | Guangxi | 2059224 | 2021489 | 1894336 | 1870916 |
| 海　南 | Hainan | 769378 | 624120 | 952718 | 569205 |
| 重　庆 | Chongqing | 2111205 | 3093986 | 5311288 | 6245331 |
| 四　川 | Sichuan | 2844115 | 1774058 | 3547494 | 6435208 |
| 贵　州 | Guizhou | 390648 | 301669 | 143120 | 984455 |
| 云　南 | Yunnan | 3571113 | 1937540 | 1095252 | 4162829 |
| 西　藏 | Tibet | 97250 | — | 19000 | 116250 |
| 陕　西 | Shaanxi | 1851675 | 1741930 | 2487897 | 3232824 |
| 甘　肃 | Gansu | 610811 | 78313 | 269300 | 769588 |
| 青　海 | Qinghai | 307936 | 36302 | 21887 | 206772 |
| 宁　夏 | Ningxia | 10672 | — | 177399 | 278409 |
| 新　疆 | Xinjiang | 1042264 | 222156 | 322171 | 1419559 |

# 5-2 各地区按资质等级分的房地产开发企业(单位)本年完成土地开发面积(1999年)

## LAND AREA DEVELOPED THIS YEAR BY REAL ESTATE DEVELOPMENT ENTERPRISES(UNITS) GROUPED BY GUALIFICATION BY REGION(1999)

单位:平方米 Unit:sq.m

| 地区 | Region | 总计 Total | 一级 First-grade | 二级 Second-grade | 三级 Third-grade |
|---|---|---|---|---|---|
| **全国总计** | **National Total** | **93195606** | **5597768** | **18907540** | **31584058** |
| 北京 | Beijing | 1871817 | 72859 | 209610 | 125220 |
| 天津 | Tianjin | 3355330 | 243900 | 291334 | 972691 |
| 河北 | Hebei | 3005963 | 133610 | 521880 | 1012522 |
| 山西 | Shanxi | 927840 | 3000 | 241864 | 268332 |
| 内蒙古 | Inner Mongolia | 723378 | — | 36911 | 272263 |
| 辽宁 | Liaoning | 4631433 | 545719 | 758534 | 2057508 |
| 吉林 | Jilin | 1767832 | 200000 | 267367 | 710057 |
| 黑龙江 | Heilongjiang | 1623285 | 38400 | 264814 | 866450 |
| 上海 | Shanghai | 1481009 | 82500 | 361473 | 175930 |
| 江苏 | Jiangsu | 10058034 | 611636 | 2656155 | 5493071 |
| 浙江 | Zhejiang | 6647748 | 270800 | 1115636 | 2539303 |
| 安徽 | Anhui | 3201514 | 96400 | 679712 | 1729557 |
| 福建 | Fujian | 4832814 | 530872 | 139432 | 1624736 |
| 江西 | Jiangxi | 1662968 | 11400 | 449479 | 556287 |
| 山东 | Shandong | 7464939 | 758838 | 1878320 | 1232223 |
| 河南 | Henan | 1915761 | 228649 | 353960 | 1092420 |
| 湖北 | Hubei | 4225534 | 440570 | 1924278 | 1101961 |
| 湖南 | Hunan | 2318068 | 129125 | 592273 | 854796 |
| 广东 | Guangdong | 15814048 | 603144 | 2787566 | 3551192 |
| 广西 | Guangxi | 2059224 | 6582 | 222892 | 844927 |
| 海南 | Hainan | 769378 | — | 70787 | 593010 |
| 重庆 | Chongqing | 2111205 | 7121 | 1000286 | 733335 |
| 四川 | Sichuan | 2844115 | 166452 | 332883 | 1103978 |
| 贵州 | Guizhou | 390648 | — | 8780 | 78515 |
| 云南 | Yunnan | 3571113 | 277580 | 685677 | 433725 |
| 西藏 | Tibet | 97250 | — | — | 97250 |
| 陕西 | Shaanxi | 1851675 | 115860 | 280084 | 557342 |
| 甘肃 | Gansu | 610811 | — | 29499 | 532282 |
| 青海 | Qinghai | 307936 | 2938 | 149082 | 72166 |
| 宁夏 | Ningxia | 10672 | — | — | — |
| 新疆 | Xinjiang | 1042264 | 19813 | 596972 | 301009 |

5－2续表1　Continued

单位：平方米　Unit：sq. m

| 地　区 | Region | 四级 Forth-grade | 五级 Fifth-grade | 其他 Others | 兼营 Affiliated Operations |
|---|---|---|---|---|---|
| **全国总计** | **National Total** | **21266551** | **1861073** | **12000937** | **1977679** |
| 北　京 | Beijing | — | — | 1410554 | 53574 |
| 天　津 | Tianjin | 1566805 | — | 280600 | — |
| 河　北 | Hebei | 741326 | — | 596625 | — |
| 山　西 | Shanxi | 323629 | — | 79575 | 11440 |
| 内蒙古 | Inner Mongolia | 304461 | 14000 | 59243 | 36500 |
| 辽　宁 | Liaoning | 288652 | 37345 | 913345 | 30330 |
| 吉　林 | Jilin | 361963 | 1450 | 220795 | 6200 |
| 黑龙江 | Heilongjiang | 146149 | — | 306000 | 1472 |
| 上　海 | Shanghai | 220818 | 640288 | — | — |
| 江　苏 | Jiangsu | 794623 | 84073 | 418476 | — |
| 浙　江 | Zhejiang | 1971154 | 50913 | 638602 | 61340 |
| 安　徽 | Anhui | 464034 | 33096 | 120699 | 78016 |
| 福　建 | Fujian | 1627427 | 597676 | 213664 | 99007 |
| 江　西 | Jiangxi | 517076 | 16320 | 98423 | 13983 |
| 山　东 | Shandong | 1889553 | 214640 | 1368411 | 122954 |
| 河　南 | Henan | 215592 | — | 25140 | — |
| 湖　北 | Hubei | 438813 | 13960 | 274758 | 31194 |
| 湖　南 | Hunan | 576285 | 4500 | 69567 | 91522 |
| 广　东 | Guangdong | 5250383 | 25578 | 2614602 | 981583 |
| 广　西 | Guangxi | 810660 | 2150 | 172013 | — |
| 海　南 | Hainan | — | — | 102526 | 3055 |
| 重　庆 | Chongqing | 77106 | — | 237339 | 56018 |
| 四　川 | Sichuan | 743184 | 16986 | 479132 | 1500 |
| 贵　州 | Guizhou | 303353 | — | — | — |
| 云　南 | Yunnan | 1029351 | 103870 | 742919 | 297991 |
| 西　藏 | Tibet | — | — | — | — |
| 陕　西 | Shaanxi | 373814 | — | 524575 | — |
| 甘　肃 | Gansu | 30756 | 4228 | 14046 | — |
| 青　海 | Qinghai | 67110 | — | 16640 | — |
| 宁　夏 | Ningxia | 10672 | — | — | — |
| 新　疆 | Xinjiang | 121802 | — | 2668 | — |

# 5-3 各地区按资质等级分的房地产开发企业(单位)本年土地购置面积(1999年)

## LAND AREA PURCHASED THIS YEAR BY REAL ESTATE DEVELOPMENT ENTERPRISES(UNITS) GROUPED BY QUALIFICATION BY REGION(1999)

单位:平方米 Unit:sq.m

| 地区 | Region | 总计 Total | 一级 First-grade | 二级 Second-grade | 三级 Third-grade |
|---|---|---|---|---|---|
| **全国总计** | **National Total** | **119588996** | **8690201** | **26525167** | **39047003** |
| 北京 | Beijing | 4460456 | 1730454 | 359952 | 74377 |
| 天津 | Tianjin | 1897127 | 10000 | 179700 | 398924 |
| 河北 | Hebei | 3397675 | 195433 | 738760 | 1219448 |
| 山西 | Shanxi | 957070 | — | 198978 | 140606 |
| 内蒙古 | Inner Mongolia | 1805239 | — | 72471 | 700284 |
| 辽宁 | Liaoning | 4643672 | 661729 | 1215915 | 1833685 |
| 吉林 | Jilin | 1456319 | — | 313700 | 388323 |
| 黑龙江 | Heilongjiang | 1886553 | 298400 | 338500 | 881918 |
| 上海 | Shanghai | 3351338 | 57600 | 260711 | 438881 |
| 江苏 | Jiangsu | 10557984 | 591489 | 2773657 | 5505409 |
| 浙江 | Zhejiang | 10144200 | 587326 | 1799463 | 3619126 |
| 安徽 | Anhui | 5255569 | 672004 | 736352 | 2391480 |
| 福建 | Fujian | 8309809 | 578300 | 260231 | 2401387 |
| 江西 | Jiangxi | 2105739 | — | 285387 | 480317 |
| 山东 | Shandong | 9329374 | 480523 | 4067723 | 1503589 |
| 河南 | Henan | 4535152 | 279304 | 899969 | 2166120 |
| 湖北 | Hubei | 5581485 | 751524 | 2248544 | 1770536 |
| 湖南 | Hunan | 2150593 | 15596 | 572730 | 864628 |
| 广东 | Guangdong | 11472296 | 515486 | 2195741 | 3985614 |
| 广西 | Guangxi | 1870916 | 126146 | 384775 | 576263 |
| 海南 | Hainan | 569205 | — | 210000 | 55640 |
| 重庆 | Chongqing | 6245331 | 118000 | 3361483 | 2306862 |
| 四川 | Sichuan | 6435208 | 282100 | 638230 | 2382613 |
| 贵州 | Guizhou | 984455 | — | 58738 | 435473 |
| 云南 | Yunnan | 4162829 | 372035 | 515677 | 584740 |
| 西藏 | Tibet | 116250 | — | — | 116250 |
| 陕西 | Shaanxi | 3232824 | 294559 | 934463 | 619443 |
| 甘肃 | Gansu | 769588 | 10000 | 11093 | 633065 |
| 青海 | Qinghai | 206772 | 18267 | 75430 | 51702 |
| 宁夏 | Ningxia | 278409 | 12810 | 22019 | 109926 |
| 新疆 | Xinjiang | 1419559 | 31116 | 794775 | 410374 |

5－3续表1 Continued

单位:平方米 Unit:sq.m

| 地区 | Region | 四级 Forth-grade | 五级 Fifth-grade | 其他 Others | 兼营 Affiliated Operations |
|---|---|---|---|---|---|
| **全国总计** | **National Total** | **23530487** | **3109795** | **15694057** | **2992286** |
| 北京 | Beijing | — | — | 2295673 | — |
| 天津 | Tianjin | 1188379 | 2700 | 117424 | — |
| 河北 | Hebei | 900071 | — | 343963 | — |
| 山西 | Shanxi | 420819 | — | 196667 | — |
| 内蒙古 | Inner Mongolia | 674513 | 78840 | 234931 | 44200 |
| 辽宁 | Liaoning | 337217 | 11053 | 466644 | 117429 |
| 吉林 | Jilin | 354701 | — | 393395 | 6200 |
| 黑龙江 | Heilongjiang | 173263 | — | 193000 | 1472 |
| 上海 | Shanghai | 123935 | 2470211 | — | — |
| 江苏 | Jiangsu | 1156546 | 94059 | 410564 | 26260 |
| 浙江 | Zhejiang | 2840336 | 82635 | 834801 | 380513 |
| 安徽 | Anhui | 928765 | 36716 | 386986 | 103266 |
| 福建 | Fujian | 2277157 | 36317 | 2513623 | 242794 |
| 江西 | Jiangxi | 1048032 | 12880 | 128307 | 150816 |
| 山东 | Shandong | 1844777 | 163507 | 949875 | 319380 |
| 河南 | Henan | 1031460 | — | 158299 | — |
| 湖北 | Hubei | 572897 | 19800 | 187526 | 30658 |
| 湖南 | Hunan | 623797 | 1954 | 71400 | 488 |
| 广东 | Guangdong | 2447289 | 9000 | 1764712 | 554454 |
| 广西 | Guangxi | 698826 | 2150 | 82756 | — |
| 海南 | Hainan | — | — | 13093 | 290472 |
| 重庆 | Chongqing | 132943 | — | 323543 | 2500 |
| 四川 | Sichuan | 1317823 | 23256 | 1329541 | 461645 |
| 贵州 | Guizhou | 485444 | — | 4800 | — |
| 云南 | Yunnan | 935874 | 14717 | 1541785 | 198001 |
| 西藏 | Tibet | — | — | — | — |
| 陕西 | Shaanxi | 651269 | — | 713413 | 19677 |
| 甘肃 | Gansu | 32030 | 50000 | — | 33400 |
| 青海 | Qinghai | 61373 | — | — | — |
| 宁夏 | Ningxia | 110402 | — | 14591 | 8661 |
| 新疆 | Xinjiang | 160549 | — | 22745 | — |

# 第六章 房地产经营状况

# CHAPTER 6 REAL ESTATE OPERATION CONDITION

# 6－1　各地区房地产开发企业(单位)的经营收入及其构成(1999年)

## OPERATION REVENUE AND ITS COMPOSITION OF REAL ESTATE DEVELOPMENT ENTERPRISES(UNITS) BY REGION(1999)

单位:万元　Unit:10000 yuan

| 地　区 | Region | 经营收入总计 Total Revenue | 土地转让收入 Income of Land Transferring | 商品房屋销售收入 Sales Income of Commodity Buildings | 房屋出租收入 Income of Houses Leasing | 其它收入 Other Income |
|---|---|---|---|---|---|---|
| **全国总计** | **National Total** | **30260108** | **1032492** | **25550245** | **627408** | **3049963** |
| 北　京 | Beijing | 2522481 | 94750 | 2211846 | 97848 | 118037 |
| 天　津 | Tianjin | 723900 | 2804 | 582714 | 3711 | 134671 |
| 河　北 | Hebei | 537572 | 12778 | 480044 | 1043 | 43707 |
| 山　西 | Shanxi | 130129 | 2253 | 112799 | 1002 | 14075 |
| 内蒙古 | Inner Mongolia | 234743 | 12 | 229018 | 400 | 5313 |
| 辽　宁 | Liaoning | 1443633 | 17020 | 1353827 | 9841 | 62945 |
| 吉　林 | Jilin | 352691 | 14165 | 305393 | 1386 | 31747 |
| 黑龙江 | Heilongjiang | 567723 | 5852 | 536804 | 3218 | 21849 |
| 上　海 | Shanghai | 5836771 | 152772 | 4210557 | 231372 | 1242070 |
| 江　苏 | Jiangsu | 2363115 | 37139 | 2160405 | 32941 | 132630 |
| 浙　江 | Zhejiang | 2390623 | 31057 | 2278444 | 13441 | 67681 |
| 安　徽 | Anhui | 555309 | 7817 | 505849 | 4423 | 37220 |
| 福　建 | Fujian | 1458264 | 126308 | 1022106 | 12761 | 297089 |
| 江　西 | Jiangxi | 217443 | 8471 | 182328 | 2133 | 24511 |
| 山　东 | Shandong | 1236117 | 17094 | 1147909 | 7662 | 63452 |
| 河　南 | Henan | 372131 | 5429 | 305042 | 8766 | 52894 |
| 湖　北 | Hubei | 565276 | 22326 | 470732 | 10371 | 61847 |
| 湖　南 | Hunan | 344072 | 44188 | 286662 | 1791 | 11431 |
| 广　东 | Guangdong | 4551839 | 208369 | 3842713 | 128637 | 372120 |
| 广　西 | Guangxi | 301077 | 39919 | 248246 | 3627 | 9285 |
| 海　南 | Hainan | 115596 | 51525 | 37272 | 3796 | 23003 |
| 重　庆 | Chongqing | 788582 | 18853 | 678383 | 15751 | 75595 |
| 四　川 | Sichuan | 1152095 | 60860 | 1026641 | 12239 | 52355 |
| 贵　州 | Guizhou | 204317 | 9284 | 183635 | 3718 | 7680 |
| 云　南 | Yunnan | 546336 | 16905 | 500349 | 1819 | 27263 |
| 西　藏 | Tibet | 2097 | 130 | 1900 | 67 | — |
| 陕　西 | Shaanxi | 257427 | 21516 | 221460 | 1774 | 12677 |
| 甘　肃 | Gansu | 152248 | 2579 | 133614 | 8876 | 7179 |
| 青　海 | Qinghai | 48748 | 207 | 40396 | 395 | 7750 |
| 宁　夏 | Ningxia | 83442 | — | 78848 | 534 | 4060 |
| 新　疆 | Xinjiang | 204311 | 110 | 174309 | 2065 | 27827 |

6－1续表1 Continued

单位：万元 Unit：10000 yuan

| 地区 | Region | 商品房屋销售收入 Sales Income of Commodity Buildings | #销售给个人 Sold to Individuals | 销售给个人占比重(%) Rate of Sales from Individuals | #商品住宅销售收入 Sales of Commodity Residence | #销售给个人 Sold to Individuals | 销售给个人占比重(%) Rate of Sales from Individuals |
|---|---|---|---|---|---|---|---|
| **全国总计** | **National Total** | **25550245** | **19020995** | **74.4** | **21388676** | **16962808** | **79.3** |
| 北京 | Beijing | 2211846 | 1138240 | 51.5 | 2067242 | 1107034 | 53.6 |
| 天津 | Tianjin | 582714 | 474232 | 81.4 | 493554 | 459340 | 93.1 |
| 河北 | Hebei | 480044 | 326751 | 68.1 | 434138 | 300170 | 69.1 |
| 山西 | Shanxi | 112799 | 81078 | 71.9 | 99951 | 69776 | 69.8 |
| 内蒙古 | Inner Mongolia | 229018 | 198416 | 86.6 | 160814 | 148646 | 92.4 |
| 辽宁 | Liaoning | 1353827 | 984236 | 72.7 | 1183512 | 896679 | 75.8 |
| 吉林 | Jilin | 305393 | 225911 | 74.0 | 222925 | 174850 | 78.4 |
| 黑龙江 | Heilongjiang | 536804 | 448827 | 83.6 | 384123 | 346680 | 90.3 |
| 上海 | Shanghai | 4210557 | 3240812 | 77.0 | 3594189 | 3094858 | 86.1 |
| 江苏 | Jiangsu | 2160405 | 1655786 | 76.6 | 1812481 | 1496902 | 82.6 |
| 浙江 | Zhejiang | 2278444 | 1734178 | 76.1 | 1796233 | 1497556 | 83.4 |
| 安徽 | Anhui | 505849 | 363400 | 71.8 | 382214 | 291001 | 76.1 |
| 福建 | Fujian | 1022106 | 743829 | 72.8 | 772221 | 608611 | 78.8 |
| 江西 | Jiangxi | 182328 | 149612 | 82.1 | 135751 | 116566 | 85.9 |
| 山东 | Shandong | 1147909 | 696068 | 60.6 | 974501 | 617004 | 63.3 |
| 河南 | Henan | 305042 | 219729 | 72.0 | 275362 | 203828 | 74.0 |
| 湖北 | Hubei | 470732 | 365970 | 77.7 | 414093 | 335653 | 81.1 |
| 湖南 | Hunan | 286662 | 256324 | 89.4 | 253268 | 229869 | 90.8 |
| 广东 | Guangdong | 3842713 | 3419575 | 89.0 | 3371492 | 3044619 | 90.3 |
| 广西 | Guangxi | 248246 | 157307 | 63.4 | 177255 | 145380 | 82.0 |
| 海南 | Hainan | 37272 | 27278 | 73.2 | 30723 | 27278 | 88.8 |
| 重庆 | Chongqing | 678383 | 538072 | 79.3 | 455531 | 422727 | 92.8 |
| 四川 | Sichuan | 1026641 | 786545 | 76.6 | 779889 | 655423 | 84.0 |
| 贵州 | Guizhou | 183635 | 143050 | 77.9 | 149542 | 121756 | 81.4 |
| 云南 | Yunnan | 500349 | 220983 | 44.2 | 445931 | 181587 | 40.7 |
| 西藏 | Tibet | 1900 | 853 | 44.9 | 725 | 725 | 100.0 |
| 陕西 | Shaanxi | 221460 | 143399 | 64.8 | 177780 | 120261 | 67.6 |
| 甘肃 | Gansu | 133614 | 78328 | 58.6 | 95201 | 67432 | 70.8 |
| 青海 | Qinghai | 40396 | 9013 | 22.3 | 27342 | 6595 | 24.1 |
| 宁夏 | Ningxia | 78848 | 54684 | 69.4 | 62348 | 41354 | 66.3 |
| 新疆 | Xinjiang | 174309 | 138509 | 79.5 | 158345 | 132648 | 83.8 |

# 6-2 各地区按登记注册类型分的房地产开发企业(单位)的利润总额(1999年)

## TOTAL PROFITS OF REAL ESTATE DEVELOPMENT ENTERPRISES(UNITS) GROUPED BY REGISTERED TYPES BY REGION(1999)

单位:万元 Unit:10000 yuan

| 地区 | Rigion | 总计 Total | 内资 Domestic Funded | 国有 State-owned | 集体 Collective-owned | 股份合作 Share Holding Cooperative | 国有联营 State-owned Jiont | 集体联营 Collective-owned Joint |
|---|---|---|---|---|---|---|---|---|
| **全国总计** | **National Total** | **-151596** | **472769** | **205219** | **10572** | **23361** | **2992** | **-2330** |
| 北京 | Beijing | -344375 | 2489 | 31499 | -10593 | 5733 | 1444 | — |
| 天津 | Tianjin | -42297 | -30222 | -1789 | -1187 | — | 796 | — |
| 河北 | Hebei | 653 | 7221 | 4991 | 634 | 376 | -176 | -14 |
| 山西 | Shanxi | -5999 | -6570 | -6324 | -453 | -20 | — | — |
| 内蒙古 | Inner Mongolia | 1363 | 1457 | 30 | 84 | -92 | 5 | — |
| 辽宁 | Liaoning | -59456 | -37678 | -18423 | -3264 | -297 | -5 | -70 |
| 吉林 | Jilin | -7968 | -7168 | -14182 | -36 | -93 | — | — |
| 黑龙江 | Heilongjiang | -11603 | 9517 | 4306 | -73 | 3621 | — | — |
| 上海 | Shanghai | 134232 | 271020 | 92079 | 27560 | 5857 | 4274 | -4428 |
| 江苏 | Jiangsu | -1422 | 5253 | -3141 | 3608 | 2280 | 454 | 766 |
| 浙江 | Zhejiang | 69431 | 51508 | 20028 | 1929 | 3359 | 1147 | -973 |
| 安徽 | Anhui | 11192 | 12044 | 3906 | 4502 | -1032 | 40 | -105 |
| 福建 | Fujian | 27755 | 11317 | 12560 | -149 | -268 | 3776 | 1046 |
| 江西 | Jiangxi | -4647 | -1207 | 887 | -319 | -140 | 29 | — |
| 山东 | Shandong | -11763 | -5699 | -28589 | 5701 | 1452 | -2212 | 3653 |
| 河南 | Henan | -32030 | -23521 | -6702 | -6494 | -349 | -7 | 11 |
| 湖北 | Hubei | -30203 | -4026 | 1865 | -175 | -402 | 138 | 2 |
| 湖南 | Hunan | -13266 | -6364 | -2947 | 206 | -377 | — | 8 |
| 广东 | Guangdong | 267607 | 268905 | 110639 | -5820 | 2232 | -6815 | -2571 |
| 广西 | Guangxi | -2655 | -1656 | 446 | -2234 | -63 | 367 | — |
| 海南 | Hainan | -36079 | -19813 | -5164 | 222 | -155 | — | — |
| 重庆 | Chongqing | -48348 | -19786 | -5151 | -7362 | -785 | -89 | 595 |
| 四川 | Sichuan | 12768 | 2981 | 4480 | 7182 | 2155 | -138 | 49 |
| 贵州 | Guizhou | -17057 | -11464 | -4735 | -1163 | 5 | -36 | -299 |
| 云南 | Yunnan | 5497 | 7790 | 12435 | 391 | 165 | — | — |
| 西藏 | Tibet | 433 | 433 | -7 | — | — | — | — |
| 陕西 | Shaanxi | -13705 | -5824 | 729 | -2733 | 402 | — | — |
| 甘肃 | Gansu | 2900 | 5745 | 8315 | 804 | -238 | — | — |
| 青海 | Qinghai | -2288 | -4370 | 144 | 442 | — | — | — |
| 宁夏 | Ningxia | 4253 | 4111 | 727 | 163 | 7 | — | — |
| 新疆 | Xinjiang | -4519 | -3654 | -7693 | -801 | 28 | — | — |

6-2续表1 Continued

单位:万元 Unit:10000 yuan

| 地区 | Region | 内资 Domestic Funded | | | | | | |
|---|---|---|---|---|---|---|---|---|
| | | 国有与集体联营 State-owned and Collective-owned Joint | 其他联营 Other Joint | 国有独资公司 State-owned Single Funded | 其他有限责任公司 Other Corporations Limited | 股份有限公司 Share Holding Corporations Limited | 私营独资 Individuals Single Funded | 私营合伙 Individuals Cooperative |
| **全国总计** | **National Total** | **7158** | **2477** | **32542** | **89213** | **84855** | **28018** | **-3510** |
| 北京 | Beijing | -426 | — | 4606 | 8815 | -40228 | — | — |
| 天津 | Tianjin | 620 | -8848 | 287 | -25425 | 5888 | -51 | — |
| 河北 | Hebei | — | — | -345 | -2622 | -336 | 302 | -22 |
| 山西 | Shanxi | — | — | — | -282 | 81 | -100 | — |
| 内蒙古 | Inner Mongolia | — | 94 | — | 1957 | -1385 | 330 | — |
| 辽宁 | Liaoning | 228 | -65 | 1525 | -11650 | -5088 | -368 | -16 |
| 吉林 | Jilin | — | -1800 | -433 | 7888 | 917 | 236 | — |
| 黑龙江 | Heilongjiang | -203 | -210 | 990 | -3364 | -2921 | 1 | — |
| 上海 | Shanghai | 7124 | 8097 | 24855 | 62645 | 10584 | 8802 | 942 |
| 江苏 | Jiangsu | -3 | 150 | -252 | 6178 | -3981 | -201 | — |
| 浙江 | Zhejiang | -965 | -199 | 391 | 11715 | 11014 | -24 | -92 |
| 安徽 | Anhui | — | 59 | 59 | -1243 | -43 | -33 | -23 |
| 福建 | Fujian | 313 | 2745 | -2027 | 187 | -9862 | 1 | -1014 |
| 江西 | Jiangxi | — | -10 | — | -425 | -356 | 357 | 20 |
| 山东 | Shandong | -717 | -351 | 27 | 11353 | 2279 | 1210 | 157 |
| 河南 | Henan | -43 | 22 | 41 | -6371 | 208 | -22 | 5 |
| 湖北 | Hubei | -200 | 192 | -11 | -2823 | 293 | 18 | 46 |
| 湖南 | Hunan | — | — | -308 | -658 | -984 | 242 | — |
| 广东 | Guangdong | 856 | 3091 | 455 | 48971 | 98279 | 20943 | 498 |
| 广西 | Guangxi | -16 | -2 | 291 | -198 | 1266 | -529 | -108 |
| 海南 | Hainan | — | -357 | — | — | -5630 | -92 | — |
| 重庆 | Chongqing | 168 | -182 | 1299 | -9483 | 11919 | -197 | -636 |
| 四川 | Sichuan | -38 | — | -244 | -106 | 13551 | -236 | 22 |
| 贵州 | Guizhou | 446 | 156 | -116 | -2573 | 846 | -630 | -2878 |
| 云南 | Yunnan | 31 | — | 171 | -3239 | -1785 | — | — |
| 西藏 | Xizang | — | — | — | — | — | — | — |
| 陕西 | Shaanxi | — | — | -36 | -4071 | 501 | -1349 | -72 |
| 甘肃 | Gansu | -15 | -105 | — | -1812 | 31 | — | -339 |
| 青海 | Qinghai | — | — | — | -177 | -1000 | — | — |
| 宁夏 | Ningxia | -2 | — | -84 | 3377 | 15 | — | — |
| 新疆 | Xinjiang | — | — | 1401 | 2649 | 782 | -592 | — |

6-2续表2 Continued

单位:万元 Unit:10000 yuan

| 地区 Region | | 内资 Domestic Funded | | | | | |
|---|---|---|---|---|---|---|---|
| | 私营有限责任公司 Individual Corporations Limited | 私营股份有限公司 Indivedual Share Holding Corporations limited | 其他内资企业 Other Domestic Funded | 港澳台投资 Hong Kong, Mocao and Taiwan Funded | 合资经营 Joint Operations | 合作经营 Cooperated Operations | 独资 Single Funded |
| **全国总计 National Total** | **-2483** | **12034** | **-17349** | **-359180** | **-169665** | **-158149** | **-40824** |
| 北京 Beijing | 1777 | — | -138 | -152905 | -51064 | -103547 | -1638 |
| 天津 Tianjin | 53 | 116 | -682 | -11317 | -10240 | -300 | -800 |
| 河北 Hebei | 3371 | 1045 | 17 | -248 | -687 | — | 498 |
| 山西 Shanxi | 529 | — | -1 | 944 | 944 | — | — |
| 内蒙古 Inner Mongolia | 601 | -167 | — | -204 | -206 | 3 | — |
| 辽宁 Liaoning | -4650 | 4877 | -412 | -9639 | -4299 | -4450 | -896 |
| 吉林 Jilin | 331 | 31 | -27 | -1279 | -1115 | — | -164 |
| 黑龙江 Heilongjiang | 7529 | -118 | -41 | -21066 | -18493 | -2388 | -618 |
| 上海 Shanghai | 21186 | 1801 | -358 | -102665 | -71161 | -15472 | -16032 |
| 江苏 Jiangsu | 48 | -260 | -393 | -548 | -2106 | -1703 | 2472 |
| 浙江 Zhejiang | 4602 | -423 | -1 | 11737 | 5826 | 163 | 3347 |
| 安徽 Anhui | 6219 | -240 | -22 | -981 | 1223 | -658 | -1548 |
| 福建 Fujian | 2003 | 799 | 1207 | 9930 | 10806 | -7531 | 5572 |
| 江西 Jiangxi | -474 | 274 | -1050 | -2726 | -1561 | -77 | -1439 |
| 山东 Shandong | 247 | 201 | -110 | -6474 | 853 | -4047 | -3298 |
| 河南 Henan | -3703 | -12 | -105 | -9564 | -8401 | -125 | -1028 |
| 湖北 Hubei | -2525 | -414 | -30 | -16804 | -11000 | -431 | -4993 |
| 湖南 Hunan | 240 | -317 | -1469 | -4982 | 17 | -636 | -4265 |
| 广东 Guangdong | -6188 | 3763 | 572 | 1669 | 15992 | -2444 | -14543 |
| 广西 Guangxi | -507 | -292 | -77 | 336 | -1185 | -1850 | 3890 |
| 海南 Hainan | — | — | -8637 | -14605 | -10176 | -6937 | 1496 |
| 重庆 Chongqing | -5727 | 2028 | -6183 | -19931 | -9151 | -3089 | -6095 |
| 四川 Sichuan | -24967 | 727 | 544 | 2306 | 2872 | -3461 | 2891 |
| 贵州 Guizhou | -2014 | 1609 | -82 | -2480 | -1074 | -200 | -1206 |
| 云南 Yunnan | 12 | -391 | — | -1518 | -1026 | — | -492 |
| 西藏 Tibet | 440 | — | — | — | — | — | — |
| 陕西 Shaanxi | 1382 | -577 | — | -3420 | -4451 | 1031 | — |
| 甘肃 Gansu | -757 | -128 | -11 | -1781 | -447 | — | -2225 |
| 青海 Qinghai | -2043 | -1876 | 140 | -951 | -951 | — | — |
| 宁夏 Ningxia | -92 | — | — | -139 | -139 | — | — |
| 新疆 Xinjiang | 594 | -22 | — | 125 | -159 | — | 284 |

6－2 续表 3 Continued

单位:万元 Unit:10000 yuan

| 地区 | Region | 港澳台投资 Hong Kong, Mocao and Taiwan Funded | 外商投资 Foreign Funded | | | | |
|---|---|---|---|---|---|---|---|
| | | 股份有限 Share Holding Corporations Limited | | 合资经营 Joint Operations | 合作经营 Cooperated Operations | 独资 Single Funded | 股份有限 Share Holding Corporations Limited |
| **全国总计** | **National Total** | **9458** | **－265185** | **－186540** | **－64096** | **－18154** | **3605** |
| 北京 | Beijing | 3344 | －193959 | －132317 | －64414 | — | 2772 |
| 天津 | Tianjin | 23 | －758 | －159 | －245 | －354 | — |
| 河北 | Hebei | －59 | －6320 | －2888 | －3436 | — | 4 |
| 山西 | Shanxi | — | －373 | －373 | — | — | — |
| 内蒙古 | Inner Mongolia | －1 | 110 | 110 | — | — | — |
| 辽宁 | Liaoning | — | －12139 | －9183 | －776 | －2064 | －116 |
| 吉林 | Jilin | — | 479 | 638 | — | －149 | －10 |
| 黑龙江 | Heilongjiang | 433 | －54 | －54 | — | — | — |
| 上海 | Shanghai | — | －34123 | －29808 | 577 | －4892 | — |
| 江苏 | Jiangsu | 789 | －6127 | －3134 | －405 | －2715 | 127 |
| 浙江 | Zhejiang | 2401 | 6186 | 5722 | 52 | 194 | 218 |
| 安徽 | Anhui | 2 | 129 | 116 | －19 | 31 | 1 |
| 福建 | Fujian | 1083 | 6508 | 2689 | 194 | 3664 | －39 |
| 江西 | Jiangxi | 351 | －714 | 427 | －96 | －936 | －109 |
| 山东 | Shandong | 18 | 410 | －1518 | 2155 | －359 | 132 |
| 河南 | Henan | －10 | 1055 | 1295 | — | －60 | －180 |
| 湖北 | Hubei | －380 | －9373 | －3952 | －2927 | －2470 | －24 |
| 湖南 | Hunan | －98 | －1920 | －800 | — | －1120 | — |
| 广东 | Guangdong | 2664 | －2967 | 1289 | 1252 | －6080 | 572 |
| 广西 | Guangxi | －519 | －1335 | －947 | －208 | －180 | — |
| 海南 | Hainan | 1012 | －1661 | －1006 | — | －634 | －21 |
| 重庆 | Chongqing | －1596 | －8631 | －7727 | — | －1203 | 299 |
| 四川 | Sichuan | 4 | 7481 | 591 | 4746 | 2150 | －6 |
| 贵州 | Guizhou | — | －3113 | －2285 | — | －828 | — |
| 云南 | Yunnan | — | －775 | －775 | — | — | — |
| 西藏 | Tibet | — | — | — | — | — | — |
| 陕西 | Shaanxi | — | －4461 | －3811 | －546 | －104 | — |
| 甘肃 | Gansu | －3 | －1064 | －1096 | — | 32 | — |
| 青海 | Qinghai | — | 3033 | 3067 | — | －34 | — |
| 宁夏 | Ningxia | — | 281 | 281 | — | — | — |
| 新疆 | Xinjiang | — | －990 | －932 | — | －43 | －15 |

# 6－3　各地区按资质等级分的房地产开发企业(单位)的利润总额(1999年)

## TOTAL PROFITS OF REAL ESTATE ENTERPRISES(UNITS) GROUPED BY QUALIFICATION BY REGION(1999)

单位:万元　Unit:10000 yuan

| 地　区 | Region | 总计 Total | 一级 First-grade | 二级 Second-grade | 三级 Third-grade |
|---|---|---|---|---|---|
| **全国总计** | **National Total** | **－151596** | **263113** | **97316** | **27509** |
| 北　京 | Beijing | －344375 | 34740 | 15984 | －12597 |
| 天　津 | Tianjin | －42297 | 7000 | －8249 | 3592 |
| 河　北 | Hebei | 653 | 13345 | 7448 | －3077 |
| 山　西 | Shanxi | －5999 | 276 | －644 | －4347 |
| 内蒙古 | Inner Mongolia | 1363 | 35 | －836 | －2885 |
| 辽　宁 | Liaoning | －59456 | 4368 | －14207 | －22803 |
| 吉　林 | Jilin | －7968 | 3532 | －2386 | －121 |
| 黑龙江 | Heilongjiang | －11603 | 10356 | －13317 | －8313 |
| 上　海 | Shanghai | 134232 | 79330 | －25988 | 17380 |
| 江　苏 | Jiangsu | －1422 | 3995 | －2648 | 1179 |
| 浙　江 | Zhejiang | 69431 | 9761 | 31598 | 21138 |
| 安　徽 | Anhui | 11192 | －1589 | 8544 | 6427 |
| 福　建 | Fujian | 27755 | 8508 | 3451 | 5188 |
| 江　西 | Jiangxi | －4647 | 46 | －1673 | －2750 |
| 山　东 | Shandong | －11763 | －19392 | －6564 | 1962 |
| 河　南 | Henan | －32030 | －1602 | －5596 | －15805 |
| 湖　北 | Hubei | －30203 | 3805 | －14332 | －15183 |
| 湖　南 | Hunan | －13266 | 179 | －5596 | －6987 |
| 广　东 | Guangdong | 267607 | 112071 | 124202 | 100203 |
| 广　西 | Guangxi | －2655 | 1077 | －5160 | －893 |
| 海　南 | Hainan | －36079 | －1937 | －12728 | －127 |
| 重　庆 | Chongqing | －48348 | －7404 | －7343 | －31309 |
| 四　川 | Sichuan | 12768 | 3803 | 32883 | 8773 |
| 贵　州 | Guizhou | －17057 | 2945 | －7103 | －6416 |
| 云　南 | Yunnan | 5497 | 2856 | 6041 | 3978 |
| 西　藏 | Tibet | 433 | — | — | 433 |
| 陕　西 | Shaanxi | －13705 | －2372 | －2842 | －11713 |
| 甘　肃 | Gansu | 2900 | — | 665 | 2184 |
| 青　海 | Qinghai | －2288 | 19 | 1286 | －149 |
| 宁　夏 | Ningxia | 4253 | 1793 | 950 | 1076 |
| 新　疆 | Xinjiang | －4519 | －6431 | 1476 | －529 |

6-3续表1 Continued

单位:万元 Unit:10000 yuan

| 地 区 | Region | 四级 Forth-grade | 五级 Fifth-grade | 其他 Others | 兼营 Affiliated Operations |
|---|---|---|---|---|---|
| **全国总计** | **National Total** | **-69501** | **47670** | **-515617** | **-2086** |
| 北 京 | Beijing | — | — | -382785 | 283 |
| 天 津 | Tianjin | -30805 | -36 | -13779 | -20 |
| 河 北 | Hebei | -8201 | -3264 | -5598 | — |
| 山 西 | Shanxi | -1274 | -25 | 5 | 10 |
| 内 蒙 古 | Inner Mongolia | 4793 | 100 | 33 | 123 |
| 辽 宁 | Liaoning | -11249 | -348 | -15581 | 364 |
| 吉 林 | Jilin | -5809 | 1 | -3434 | 249 |
| 黑 龙 江 | Heilongjiang | -111 | — | -388 | 170 |
| 上 海 | Shanghai | 25489 | 38021 | — | — |
| 江 苏 | Jiangsu | 5613 | 1311 | -11259 | 387 |
| 浙 江 | Zhejiang | 8888 | 611 | -1481 | -1084 |
| 安 徽 | Anhui | -772 | -32 | -1616 | 230 |
| 福 建 | Fujian | 7611 | -1081 | -1402 | 5480 |
| 江 西 | Jiangxi | 188 | 9 | -529 | 62 |
| 山 东 | Shandong | 5432 | 918 | 2091 | 3790 |
| 河 南 | Henan | -7758 | -595 | -683 | 9 |
| 湖 北 | Hubei | -2789 | 1 | -2477 | 772 |
| 湖 南 | Hunan | -714 | -1 | -161 | 14 |
| 广 东 | Guangdong | -38850 | 11963 | -22516 | -19466 |
| 广 西 | Guangxi | -1206 | 12 | 3527 | -12 |
| 海 南 | Hainan | — | — | -22225 | 938 |
| 重 庆 | Chongqing | -1155 | — | -843 | -294 |
| 四 川 | Sichuan | -4126 | -267 | -33910 | 5612 |
| 贵 州 | Guizhou | -6466 | — | -17 | — |
| 云 南 | Yunnan | -508 | 102 | -6725 | -247 |
| 西 藏 | Tibet | — | — | — | — |
| 陕 西 | Shaanxi | -2254 | — | 5830 | -354 |
| 甘 肃 | Gansu | -714 | -14 | — | 779 |
| 青 海 | Qinghai | -4213 | 283 | 486 | — |
| 宁 夏 | Ningxia | -60 | — | 375 | 119 |
| 新 疆 | Xinjiang | 1519 | 1 | -555 | — |

# 6－4　各地区房地产开发企业(单位)的资产与负债(1999 年)

## ASSETS AND LIABILITIES OF REAL ESTATE DEVELOPMENT ENTERPRISES BY REGION(1999)

单位:万元　Unit:10000 yuan

| 地　区 | Region | 实收资本合计 Total Capital Actually Handed up | #国家资本金 State Capital Funds | 资产总计 Total Assets |
|---|---|---|---|---|
| **全国总计** | **National Total** | **46332542** | **3080977** | **192703690** |
| 北　京 | Beijing | 4120464 | 132904 | 26220363 |
| 天　津 | Tianjin | 1039028 | 110748 | 4637865 |
| 河　北 | Hebei | 291857 | 13021 | 1692159 |
| 山　西 | Shanxi | 121503 | 3829 | 925642 |
| 内蒙古 | Inner Mongolia | 90703 | 3649 | 561257 |
| 辽　宁 | Liaoning | 1533608 | 124162 | 7685581 |
| 吉　林 | Jilin | 226007 | 19334 | 1438683 |
| 黑龙江 | Heilongjiang | 396030 | 20190 | 2388349 |
| 上　海 | Shanghai | 15392648 | 1845354 | 48351720 |
| 江　苏 | Jiangsu | 2041440 | 139576 | 11433527 |
| 浙　江 | Zhejiang | 1487511 | 84194 | 10015887 |
| 安　徽 | Anhui | 521729 | 18005 | 1855129 |
| 福　建 | Fujian | 2896103 | 78778 | 9816573 |
| 江　西 | Jiangxi | 282687 | 14911 | 878186 |
| 山　东 | Shandong | 1282082 | 49391 | 6097577 |
| 河　南 | Henan | 510523 | 15301 | 2173758 |
| 湖　北 | Hubei | 1384708 | 109060 | 4931764 |
| 湖　南 | Hunan | 435236 | 29025 | 1704850 |
| 广　东 | Guangdong | 4977057 | 75512 | 18332484 |
| 广　西 | Guangxi | 3397973 | 25508 | 1941632 |
| 海　南 | Hainan | 457927 | — | 1715461 |
| 重　庆 | Chongqing | 1148744 | 56680 | 5316492 |
| 四　川 | Sichuan | 973532 | 65987 | 5498835 |
| 贵　州 | Guizhou | 279401 | 9225 | 1013921 |
| 云　南 | Yunnan | 320102 | 16681 | 2228202 |
| 西　藏 | Tibet | 2368 | — | 4076 |
| 陕　西 | Shaanxi | 254395 | 5414 | 1708868 |
| 甘　肃 | Gansu | 193022 | 2186 | 814633 |
| 青　海 | Qinghai | 92056 | 2171 | 250346 |
| 宁　夏 | Ningxia | 58022 | 6041 | 357703 |
| 新　疆 | Xinjiang | 124076 | 4140 | 712167 |

6-4续表1 Continued

单位:万元 Unit:10000 yuan

| 地 区 | Region | 累计折旧 Accumulative Depreciation | #本年折旧 Depreciation This Year | 负债总计 Total Liabilities | 所有者权益 Ownership Interest | 资产负债率(%) Ratio of Liabilities to Assets(%) |
|---|---|---|---|---|---|---|
| **全国总计** | **National Total** | **2202520** | **421700** | **146261137** | **46442553** | **75.9** |
| 北 京 | Beijing | 131653 | 33704 | 21322917 | 4897446 | 81.3 |
| 天 津 | Tianjin | 41216 | 13076 | 3412985 | 1224880 | 73.6 |
| 河 北 | Hebei | 26696 | 4951 | 1385429 | 306730 | 81.9 |
| 山 西 | Shanxi | 9966 | 2284 | 790059 | 135583 | 85.4 |
| 内蒙古 | Inner Mongolia | 5320 | 1187 | 428706 | 132551 | 76.4 |
| 辽 宁 | Liaoning | 134987 | 25480 | 6220793 | 1464788 | 80.9 |
| 吉 林 | Jilin | 22588 | 8485 | 1269899 | 168784 | 88.3 |
| 黑龙江 | Heilongjiang | 31643 | 5747 | 2042621 | 345728 | 85.5 |
| 上 海 | Shanghai | 283528 | 58391 | 34113153 | 14238567 | 70.6 |
| 江 苏 | Jiangsu | 120997 | 26481 | 9129976 | 2303551 | 79.9 |
| 浙 江 | Zhejiang | 100700 | 18991 | 8299724 | 1716163 | 82.9 |
| 安 徽 | Anhui | 25453 | 4770 | 1342884 | 512245 | 72.4 |
| 福 建 | Fujian | 126973 | 19352 | 6811489 | 3005084 | 69.4 |
| 江 西 | Jiangxi | 18943 | 5598 | 664144 | 214042 | 75.6 |
| 山 东 | Shandong | 92033 | 17581 | 4865808 | 1231769 | 79.8 |
| 河 南 | Henan | 36403 | 10014 | 1753238 | 420520 | 80.7 |
| 湖 北 | Hubei | 74771 | 11495 | 3598838 | 1332926 | 73.0 |
| 湖 南 | Hunan | 42702 | 6667 | 1305665 | 399185 | 76.6 |
| 广 东 | Guangdong | 512208 | 79561 | 21376878 | 6955606 | 75.5 |
| 广 西 | Guangxi | 23418 | 3409 | 1654813 | 286819 | 85.2 |
| 海 南 | Hainan | 31408 | 3278 | 1049011 | 666450 | 61.2 |
| 重 庆 | Chongqing | 116385 | 23924 | 3665184 | 1651308 | 68.9 |
| 四 川 | Sichuan | 81817 | 16799 | 4081619 | 1417216 | 74.2 |
| 贵 州 | Guizhou | 13799 | 2977 | 751791 | 262130 | 74.1 |
| 云 南 | Yunnan | 31895 | 4757 | 1839632 | 388570 | 82.6 |
| 西 藏 | Tibet | 64 | 14 | 3115 | 961 | 76.4 |
| 陕 西 | Shaanxi | 24657 | 6206 | 1423299 | 285569 | 83.3 |
| 甘 肃 | Gansu | 15882 | 1540 | 615394 | 199239 | 75.5 |
| 青 海 | Qinghai | 1031 | 350 | 154148 | 96198 | 61.6 |
| 宁 夏 | Ningxia | 7283 | 1893 | 286382 | 71321 | 80.1 |
| 新 疆 | Xinjiang | 16121 | 2738 | 601543 | 110624 | 84.5 |

# 6-5 按登记注册类型分的房地产开发企业(单位)的资产与负债(1999年)

## ASSETS AND LIABILITIES OF REAL ESTATE DEVELOPMENT ENTERPRISES (UNITS) GROUPED BY REGISTERED TYPES BY REGION(1999)

单位:万元 Unit:10000 yuan

| 登记注册类型 | Registered Types | 实收资本合计 Total Capital Actually Hamded up | #国家资本金 State Capital Funds | 资产总计 Total Assets |
|---|---|---|---|---|
| **全国总计** | **National Total** | **46332542** | **3080977** | **192703690** |
| **一、内资** | **Domestic Capital** | **27231057** | **2209494** | **137726098** |
| 国有 | State-owned | 9894517 | — | 60021219 |
| 集体 | Collective-owned | 2658505 | — | 14990008 |
| 股份合作 | Share Holding Cooperative | 448028 | 67793 | 2373150 |
| 国有联营 | State-owned Joint | 246065 | — | 1509902 |
| 集体联营 | Collective-owned Joint | 152241 | — | 490404 |
| 国有与集体联营 | State-owned and Collective-owned Joint | 158328 | 36978 | 938596 |
| 其他联营 | Other Joint | 117051 | 7569 | 641941 |
| 国有独资公司 | State-owned Single Funded | 821982 | — | 6455756 |
| 其他有限责任公司 | Other Corporations Limited | 4797024 | 507594 | 25102905 |
| 股份有限公司 | Share Holding Corporations Limited | 5379244 | 1567981 | 14373841 |
| 私营独资 | Individuals Single Funded | 224524 | — | 1165941 |
| 私营合伙 | Individuals Cooperative | 129264 | — | 416357 |
| 私营有限责任公司 | Individual Corporations Limited | 1751780 | — | 7506193 |
| 私营股份有限公司 | Individual Share Holding Corporations Limited | 235639 | 1285 | 912337 |
| 其他内资企业 | Other Domestic Funded | 216865 | 20294 | 827548 |
| **二、港澳台投资** | **Hong Kong, Macao and Taiwan Funded** | **14487011** | **633294** | **39070768** |
| 合资经营 | Joint Operations | 9067182 | 555207 | 19292678 |
| 合作经营 | Cooperated Operations | 2637852 | 52442 | 9662130 |
| 独资 | Single Funded | 2618282 | — | 9303002 |
| 股份有限 | Share Holding Corporations Limited | 163695 | 25645 | 812958 |
| **三、外商投资** | **Foreign Funded** | **4614474** | **238189** | **15906824** |
| 合资经营 | Joint Operations | 2217290 | 214620 | 8051707 |
| 合作经营 | Cooperated Operations | 887904 | 22329 | 3325222 |
| 独资 | Single Funded | 1312081 | — | 3766243 |
| 股份有限 | Share Holding Corporations Limited | 197199 | 1240 | 763652 |

6-5 续表 1 Continued

单位:万元 Unit:10000 yuan

| 登记注册类型 | Registered Types | 累计折旧 Accumulative Depreciation | # 本年折旧 Depreciation This Year | 负债总计 Total Liabilities | 所有者权益 Ownership Interest | 资产负债率(%) Ratio of Liabilities to Assets |
|---|---|---|---|---|---|---|
| **全国总计** | **National Total** | **2202520** | **421700** | **146261137** | **46442553** | **75.9** |
| **一、内资** | **Domestic Capital** | 1680894 | 308712 | 106326120 | 31399978 | 77.2 |
| 国有 | State-owned | 792741 | 117581 | 48204388 | 11816831 | 80.3 |
| 集体 | Collective-owned | 257339 | 47526 | 12300598 | 2689410 | 82.1 |
| 股份合作 | Share Holding Cooperative | 38437 | 19997 | 1875966 | 497184 | 79.0 |
| 国有联营 | State-owned Joint | 7167 | 1733 | 1215820 | 294082 | 80.5 |
| 集体联营 | Collective-owned Joint | 3786 | 920 | 367076 | 123328 | 74.9 |
| 国有与集体联营 | State-owned and Collective-owned Joint | 5673 | 1193 | 723935 | 214661 | 77.1 |
| 其他联营 | Other Joint | 4857 | 971 | 494526 | 147415 | 77.0 |
| 国有独资公司 | State-owned Single Funded | 45200 | 5080 | 4421749 | 2034007 | 68.5 |
| 其他有限责任公司 | Other Corporations Limited | 215833 | 45411 | 19106236 | 5996669 | 76.1 |
| 股份有限公司 | Share Holding Corporations Limited | 193969 | 36544 | 9609831 | 4764010 | 66.9 |
| 私营独资 | Individuals Single Funded | 17082 | 3858 | 869155 | 296786 | 74.5 |
| 私营合伙 | Individuals Cooperative | 2272 | 501 | 293419 | 122938 | 70.5 |
| 私营有限责任公司 | Individual Corporations Limited | 68567 | 21574 | 5567994 | 1938199 | 74.2 |
| 私营股份有限公司 | Individual Share Holding Corporations Limited | 31697 | 4479 | 633137 | 279200 | 69.4 |
| 其他内资企业 | Other Domestic Enterprises | 6274 | 1344 | 642290 | 185258 | 77.6 |
| **二、港澳台投资** | **Hong Kong, Macao and Taiwan Funded** | **352741** | **71884** | **28524408** | **10546360** | **73.0** |
| 合资经营 | Joint Operations | 179185 | 33099 | 14293941 | 4998337 | 74.1 |
| 合作经营 | Cooperated Operations | 64059 | 21507 | 7201618 | 2460512 | 74.5 |
| 独资 | Single Funded | 104869 | 16622 | 6425037 | 2877965 | 69.1 |
| 股份有限 | Share Holding Corporations Limited | 4628 | 656 | 603812 | 209146 | 74.3 |
| **三、外商投资** | **Foreign Funded** | **168885** | **41104** | **11410609** | **4496215** | **71.7** |
| 合资经营 | Joint Operatms | 89542 | 19000 | 6221234 | 1830473 | 77.3 |
| 合作经营 | Cooperated Operations | 27116 | 6951 | 2284574 | 1042648 | 68.6 |
| 独资 | Single Funded | 46989 | 14193 | 2535958 | 1230285 | 67.3 |
| 股份有限 | Share Holding Corporations Limited | 5238 | 960 | 370843 | 392809 | 48.6 |

# 6-6 各地区按资质等级分的房地产开发企业(单位)的资产(1999年)

## ASSETS OF REAL ESTATE DEVELOPMENT ENTERPRISES(UNITS) GROUPED BY QUALIFICATION BY REGION(1999)

单位:万元 Unit:10000 yuan

| 地区 | Region | 总计 Total | 一级 First-grade | 二级 Second-grade | 三级 Third-grade |
|---|---|---|---|---|---|
| **全国总计** | **National Total** | **192703690** | **28159152** | **41795970** | **41669460** |
| 北京 | Beijing | 26220363 | 6449058 | 2200971 | 809199 |
| 天津 | Tianjin | 4637865 | 993474 | 651551 | 824880 |
| 河北 | Hebei | 1692159 | 130669 | 407759 | 508505 |
| 山西 | Shanxi | 925642 | 96056 | 126714 | 254083 |
| 内蒙古 | Inner Mongolia | 561257 | 4840 | 37702 | 145845 |
| 辽宁 | Liaoning | 7685581 | 1293606 | 1152228 | 3012266 |
| 吉林 | Jilin | 1438683 | 132174 | 388568 | 483220 |
| 黑龙江 | Heilongjiang | 2388349 | 171499 | 763647 | 970663 |
| 上海 | Shanghai | 48351720 | 8434770 | 10744857 | 2399059 |
| 江苏 | Jiangsu | 11433527 | 1481057 | 3356980 | 4889014 |
| 浙江 | Zhejiang | 10015887 | 874072 | 2781836 | 4032624 |
| 安徽 | Anhui | 1855129 | 198388 | 606996 | 705649 |
| 福建 | Fujian | 9816573 | 814577 | 772716 | 5137175 |
| 江西 | Jiangxi | 878186 | 3846 | 280895 | 305589 |
| 山东 | Shandong | 6097577 | 772360 | 1125352 | 1175367 |
| 河南 | Henan | 2173758 | 220656 | 707260 | 986194 |
| 湖北 | Hubei | 4931764 | 402183 | 1968551 | 1852200 |
| 湖南 | Hunan | 1704850 | 131788 | 618223 | 758441 |
| 广东 | Guangdong | 28332484 | 3293739 | 5535050 | 5566727 |
| 广西 | Guangxi | 1941632 | 191585 | 648036 | 594913 |
| 海南 | Hainan | 1715461 | 124873 | 1010827 | 49328 |
| 重庆 | Chongqing | 5316492 | 700360 | 2601690 | 1767845 |
| 四川 | Sichuan | 5498835 | 580544 | 1323461 | 1995722 |
| 贵州 | Guizhou | 1013921 | 58874 | 380157 | 405581 |
| 云南 | Yunnan | 2228202 | 363908 | 362433 | 444969 |
| 西藏 | Tibet | 4076 | — | — | 4076 |
| 陕西 | Shaanxi | 1708868 | 120041 | 492674 | 681311 |
| 甘肃 | Gansu | 814633 | 6300 | 164921 | 546026 |
| 青海 | Qinghai | 250346 | 21303 | 92518 | 39004 |
| 宁夏 | Ningxia | 357703 | 46134 | 118094 | 84021 |
| 新疆 | Xinjiang | 712167 | 46418 | 373303 | 239964 |

6-6续表1 Continued

单位:万元 Unit:10000 yuan

| 地区 | Region | 四级 Forth-grade | 五级 Fifth-grade | 其他 Others | 兼营 Affiliated Operations |
|---|---|---|---|---|---|
| **全国总计** | **National Total** | **24105813** | **19696568** | **34170703** | **3106024** |
| 北京 | Beijing | — | — | 16605441 | 155694 |
| 天津 | Tianjin | 1305232 | 2766 | 858606 | 1356 |
| 河北 | Hebei | 498310 | 3546 | 143370 | — |
| 山西 | Shanxi | 177698 | 392 | 270549 | 150 |
| 内蒙古 | Inner Mongolia | 299636 | 3341 | 62114 | 7779 |
| 辽宁 | Liaoning | 664290 | 33712 | 1504744 | 24735 |
| 吉林 | Jilin | 381077 | 693 | 48631 | 4320 |
| 黑龙江 | Heilongjiang | 75063 | — | 385821 | 21656 |
| 上海 | Shanghai | 7901889 | 18871145 | — | — |
| 江苏 | Jiangsu | 537304 | 46914 | 845721 | 276537 |
| 浙江 | Zhejiang | 1274950 | 41336 | 968401 | 42668 |
| 安徽 | Anhui | 247586 | 8373 | 61201 | 26936 |
| 福建 | Fujian | 2060090 | 115846 | 203894 | 712275 |
| 江西 | Jiangxi | 255625 | 1430 | 25978 | 4823 |
| 山东 | Shandong | 1253640 | 183854 | 1462515 | 124489 |
| 河南 | Henan | 225033 | 4940 | 28659 | 1016 |
| 湖北 | Hubei | 254074 | 967 | 353496 | 100293 |
| 湖南 | Hunan | 176510 | 2701 | 11776 | 5411 |
| 广东 | Guangdong | 4780812 | 320867 | 7773243 | 1062046 |
| 广西 | Guangxi | 289055 | 670 | 215362 | 2011 |
| 海南 | Hainan | 1719 | — | 420281 | 108433 |
| 重庆 | Chongqing | 94280 | 85 | 66023 | 86209 |
| 四川 | Sichuan | 618532 | 11679 | 664311 | 304586 |
| 贵州 | Guizhou | 164941 | — | 4368 | — |
| 云南 | Yunnan | 159548 | 35888 | 851798 | 9658 |
| 西藏 | Tibet | — | — | — | — |
| 陕西 | Shaanxi | 117693 | — | 293282 | 3867 |
| 甘肃 | Gansu | 89760 | 4125 | 1000 | 2501 |
| 青海 | Qinghai | 79258 | 1035 | 17228 | — |
| 宁夏 | Ningxia | 73731 | — | 19148 | 16575 |
| 新疆 | Xinjiang | 48477 | 263 | 3742 | — |

# 6-7　各地区按资质等级分的房地产开发企业(单位)的负债(1999 年)

## LIABILITIES OF REAL ESTATE DEVELOPMENT ENTERPRISES(UNITS) GROUPED BY QUALIFICATION BY REGION(1999)

单位:万元　Unit:10000 yuan

| 地　区 | Region | 总计 Total | 一级 First-grade | 二级 Second-grade | 三级 Third-grade |
|---|---|---|---|---|---|
| **全国总计** | **National Total** | **146261137** | **20654854** | **32076165** | **32964483** |
| 北　京 | Beijing | 21322917 | 5549762 | 1907895 | 668911 |
| 天　津 | Tianjin | 3412985 | 638038 | 561560 | 661833 |
| 河　北 | Hebei | 1385429 | 108697 | 345083 | 425065 |
| 山　西 | Shanxi | 790059 | 82553 | 109541 | 226350 |
| 内蒙古 | Inner Mongolia | 428706 | 4626 | 33784 | 127143 |
| 辽　宁 | Liaoning | 6220793 | 850616 | 977312 | 2608225 |
| 吉　林 | Jilin | 1269899 | 119977 | 301594 | 420313 |
| 黑龙江 | Heilongjiang | 2042621 | 137964 | 635686 | 817930 |
| 上　海 | Shanghai | 34113153 | 5193251 | 7982989 | 1824320 |
| 江　苏 | Jiangsu | 9129976 | 1321163 | 2695612 | 3987563 |
| 浙　江 | Zhejiang | 8299724 | 691074 | 2341412 | 3421088 |
| 安　徽 | Anhui | 1342884 | 166546 | 427179 | 514251 |
| 福　建 | Fujian | 6811489 | 668481 | 587054 | 3630886 |
| 江　西 | Jiangxi | 664144 | 1523 | 235846 | 225974 |
| 山　东 | Shandong | 4865808 | 665964 | 892182 | 1030786 |
| 河　南 | Henan | 1753238 | 177129 | 600908 | 765089 |
| 湖　北 | Hubei | 3598838 | 285953 | 1506364 | 1304152 |
| 湖　南 | Hunan | 1305665 | 119774 | 472768 | 575844 |
| 广　东 | Guangdong | 21376878 | 2084241 | 4009540 | 4351518 |
| 广　西 | Guangxi | 1654813 | 158085 | 578184 | 505791 |
| 海　南 | Hainan | 1049011 | 51497 | 654616 | 37133 |
| 重　庆 | Chongqing | 3665184 | 552951 | 1599897 | 1343729 |
| 四　川 | Sichuan | 4081619 | 454953 | 986334 | 1538574 |
| 贵　州 | Guizhou | 751791 | 29210 | 287108 | 323749 |
| 云　南 | Yunnan | 1839632 | 313686 | 318143 | 375271 |
| 西　藏 | Tibet | 3115 | — | — | 3115 |
| 陕　西 | Shaanxi | 1423299 | 105897 | 428925 | 566325 |
| 甘　肃 | Gansu | 615394 | 5800 | 134357 | 394580 |
| 青　海 | Qinghai | 154148 | 20855 | 52910 | 23099 |
| 宁　夏 | Ningxia | 286382 | 41390 | 103953 | 66642 |
| 新　疆 | Xinjiang | 601543 | 53198 | 307429 | 199234 |

6-7续表1 Continued

单位:万元 Unit:10000 yuan

| 地 区 | Region | 四级 Forth-grade | 五级 Fifth-grade | 其他 Others | 兼营 Affiliated Operations |
|---|---|---|---|---|---|
| **全国总计** | **National Total** | **17842167** | **14404175** | **26394174** | **1925119** |
| 北 京 | Beijing | — | — | 13123908 | 72441 |
| 天 津 | Tianjin | 930447 | 1302 | 619673 | 132 |
| 河 北 | Hebei | 388769 | 1835 | 115980 | — |
| 山 西 | Shanxi | 139435 | 50 | 232100 | 30 |
| 内蒙古 | Inner Mongolia | 206088 | 1431 | 48446 | 7188 |
| 辽 宁 | Liaoning | 551755 | 30332 | 1180706 | 21847 |
| 吉 林 | Jilin | 380464 | 461 | 45799 | 1291 |
| 黑龙江 | Heilongjiang | 66023 | — | 370874 | 14144 |
| 上 海 | Shanghai | 5315123 | 13797470 | — | — |
| 江 苏 | Jiangsu | 420650 | 34297 | 607572 | 63119 |
| 浙 江 | Zhejiang | 1029393 | 27325 | 753788 | 35644 |
| 安 徽 | Anhui | 177843 | 7069 | 41675 | 8321 |
| 福 建 | Fujian | 1298163 | 55484 | 102034 | 469387 |
| 江 西 | Jiangxi | 189425 | 1239 | 7185 | 2952 |
| 山 东 | Shandong | 990484 | 150292 | 1054351 | 81749 |
| 河 南 | Henan | 187762 | 2175 | 19814 | 361 |
| 湖 北 | Hubei | 155683 | 321 | 280726 | 65639 |
| 湖 南 | Hunan | 126578 | 1758 | 4980 | 3963 |
| 广 东 | Guangdong | 3965417 | 249116 | 5861217 | 855829 |
| 广 西 | Guangxi | 240988 | 460 | 170467 | 838 |
| 海 南 | Hainan | 692 | — | 271216 | 33857 |
| 重 庆 | Chongqing | 75136 | 12 | 47459 | 46000 |
| 四 川 | Sichuan | 462861 | 7353 | 516808 | 114736 |
| 贵 州 | Guizhou | 108326 | — | 3398 | — |
| 云 南 | Yunnan | 139275 | 30437 | 654227 | 8593 |
| 西 藏 | Tibet | — | — | — | — |
| 陕 西 | Shaanxi | 86607 | — | 232878 | 2667 |
| 甘 肃 | Gansu | 75367 | 3243 | 798 | 1249 |
| 青 海 | Qinghai | 47983 | 535 | 8766 | — |
| 宁 夏 | Ningxia | 47149 | — | 14106 | 13142 |
| 新 疆 | Xinjiang | 38281 | 178 | 3223 | — |

# 6-8 各地区按资质等级分的房地产开发企业(单位)的所有者权益(1999年)

## OWNERSHIP INTEREST OF REAL ESTATE DEVELOPMENT ENTERPRISES(UNITS) GROUPED BY QUALIFICATION BY REGION(1999)

单位:万元 Unit:10000 yuan

| 地区 | Region | 总计 Total | 一级 First-grade | 二级 Second-grade | 三级 Third-grade |
|---|---|---|---|---|---|
| **全国总计** | **National Total** | **46442553** | **7504298** | **9719805** | **8704977** |
| 北京 | Beijing | 4897446 | 899296 | 293076 | 140288 |
| 天津 | Tianjin | 1224880 | 355436 | 89991 | 163047 |
| 河北 | Hebei | 306730 | 21972 | 62676 | 83440 |
| 山西 | Shanxi | 135583 | 13503 | 17173 | 27733 |
| 内蒙古 | Inner Mongolia | 132551 | 214 | 3918 | 18702 |
| 辽宁 | Liaoning | 1464788 | 442990 | 174916 | 404041 |
| 吉林 | Jilin | 168784 | 12197 | 86974 | 62907 |
| 黑龙江 | Heilongjiang | 345728 | 33535 | 127961 | 152733 |
| 上海 | Shanghai | 14238567 | 3241519 | 2761868 | 574739 |
| 江苏 | Jiangsu | 2303551 | 159894 | 661368 | 901451 |
| 浙江 | Zhejiang | 1716163 | 182998 | 440424 | 611536 |
| 安徽 | Anhui | 512245 | 31842 | 179817 | 191398 |
| 福建 | Fujian | 3005084 | 146096 | 185662 | 1506289 |
| 江西 | Jiangxi | 214042 | 2323 | 45049 | 79615 |
| 山东 | Shandong | 1231769 | 106396 | 233170 | 144581 |
| 河南 | Henan | 420520 | 43527 | 106352 | 221105 |
| 湖北 | Hubei | 1332926 | 116230 | 462187 | 548048 |
| 湖南 | Hunan | 399185 | 12014 | 145455 | 182597 |
| 广东 | Guangdong | 6955606 | 1209498 | 1525510 | 1215209 |
| 广西 | Guangxi | 286819 | 33500 | 69852 | 89122 |
| 海南 | Hainan | 666450 | 73376 | 356211 | 12195 |
| 重庆 | Chongqing | 1651308 | 147409 | 1001793 | 424116 |
| 四川 | Sichuan | 1417216 | 125591 | 337127 | 457148 |
| 贵州 | Guizhou | 262130 | 29664 | 93049 | 81832 |
| 云南 | Yunnan | 388570 | 50222 | 44290 | 69698 |
| 西藏 | Tibet | 961 | — | — | 961 |
| 陕西 | Shaanxi | 285569 | 14144 | 63749 | 114986 |
| 甘肃 | Gansu | 199239 | 500 | 30564 | 151446 |
| 青海 | Qinghai | 96198 | 448 | 39608 | 15905 |
| 宁夏 | Ningxia | 71321 | 4744 | 14141 | 17379 |
| 新疆 | Xinjiang | 110624 | -6780 | 65874 | 40730 |

6－8续表1 Continued

单位:万元 Unit:10000 yuan

| 地 区 | Region | 四级 Forth-grade | 五级 Fifth-grade | 其他 Others | 兼营 Affiliated Operations |
|---|---|---|---|---|---|
| **全国总计** | **National Total** | **6263646** | **5292393** | **7776529** | **1180905** |
| 北 京 | Beijing | — | — | 3481533 | 83253 |
| 天 津 | Tianjin | 374785 | 1464 | 238933 | 1224 |
| 河 北 | Hebei | 109541 | 1711 | 27390 | — |
| 山 西 | Shanxi | 38263 | 342 | 38449 | 120 |
| 内蒙古 | Inner Mongolia | 93548 | 1910 | 13668 | 591 |
| 辽 宁 | Liaoning | 112535 | 3380 | 324038 | 2888 |
| 吉 林 | Jilin | 613 | 232 | 2832 | 3029 |
| 黑龙江 | Heilongjiang | 9040 | — | 14947 | 7512 |
| 上 海 | Shanghai | 2586766 | 5073675 | — | — |
| 江 苏 | Jiangsu | 116654 | 12617 | 238149 | 213418 |
| 浙 江 | Zhejiang | 245557 | 14011 | 214613 | 7024 |
| 安 徽 | Anhui | 69743 | 1304 | 19526 | 18615 |
| 福 建 | Fujian | 761927 | 60362 | 101860 | 242888 |
| 江 西 | Jiangxi | 66200 | 191 | 18793 | 1871 |
| 山 东 | Shandong | 263156 | 33562 | 408164 | 42740 |
| 河 南 | Henan | 37271 | 2765 | 8845 | 655 |
| 湖 北 | Hubei | 98391 | 646 | 72770 | 34654 |
| 湖 南 | Hunan | 49932 | 943 | 6796 | 1448 |
| 广 东 | Guangdong | 815395 | 71751 | 1912026 | 206217 |
| 广 西 | Guangxi | 48067 | 210 | 44895 | 1173 |
| 海 南 | Hainan | 1027 | — | 149065 | 74576 |
| 重 庆 | Chongqing | 19144 | 73 | 18564 | 40209 |
| 四 川 | Sichuan | 155671 | 4326 | 147503 | 189850 |
| 贵 州 | Guizhou | 56615 | — | 970 | — |
| 云 南 | Yunnan | 20273 | 5451 | 197571 | 1065 |
| 西 藏 | Tibet | — | — | — | — |
| 陕 西 | Shaanxi | 31086 | — | 60404 | 1200 |
| 甘 肃 | Gansu | 14393 | 882 | 202 | 1252 |
| 青 海 | Qinghai | 31275 | 500 | 8462 | — |
| 宁 夏 | Ningxia | 26582 | — | 5042 | 3433 |
| 新 疆 | Xinjiang | 10196 | 85 | 519 | — |

# 6-9　各地区按资质等级分的房地产开发企业(单位)的资产负债率(1999年)

## RATIO OF LIABILITIES TO ASSETS OF REAL ESTATE DEVELOPMENT ENTERPRISES(UNITS) GROUPED BY QUALIFICATION BY REGION(1999)

单位:%　Unit:%

| 地区 | Region | 平均 Average | 一级 First-grade | 二级 Second-grade | 三级 Third-grade |
|---|---|---|---|---|---|
| **全国** | **National** | **75.9** | **73.4** | **76.7** | **79.1** |
| 北京 | Beijing | 81.3 | 86.1 | 86.7 | 82.7 |
| 天津 | Tianjin | 73.6 | 64.2 | 86.2 | 80.2 |
| 河北 | Hebei | 81.9 | 83.2 | 84.6 | 83.6 |
| 山西 | Shanxi | 85.4 | 85.9 | 86.4 | 89.1 |
| 内蒙古 | Inner Mongolia | 76.4 | 95.6 | 89.6 | 87.2 |
| 辽宁 | Liaoning | 80.9 | 65.8 | 84.8 | 86.6 |
| 吉林 | Jilin | 88.3 | 90.8 | 77.6 | 87.0 |
| 黑龙江 | Heilongjiang | 85.5 | 80.4 | 83.2 | 84.3 |
| 上海 | Shanghai | 70.6 | 61.6 | 74.3 | 76.0 |
| 江苏 | Jiangsu | 79.9 | 89.2 | 80.3 | 81.6 |
| 浙江 | Zhejiang | 82.9 | 79.1 | 84.2 | 84.8 |
| 安徽 | Anhui | 72.4 | 83.9 | 70.4 | 72.9 |
| 福建 | Fujian | 69.4 | 82.1 | 76.0 | 70.7 |
| 江西 | Jiangxi | 75.6 | 39.6 | 84.0 | 73.9 |
| 山东 | Shandong | 79.8 | 86.2 | 79.3 | 87.7 |
| 河南 | Henan | 80.7 | 80.3 | 85.0 | 77.6 |
| 湖北 | Hubei | 73.0 | 71.1 | 76.5 | 70.4 |
| 湖南 | Hunan | 76.6 | 90.9 | 76.5 | 75.9 |
| 广东 | Guangdong | 75.5 | 63.3 | 72.4 | 78.2 |
| 广西 | Guangxi | 85.2 | 82.5 | 89.2 | 85.0 |
| 海南 | Hainan | 61.2 | 41.2 | 64.8 | 75.3 |
| 重庆 | Chongqing | 68.9 | 79.0 | 61.5 | 76.0 |
| 四川 | Sichuan | 74.2 | 78.4 | 74.5 | 77.1 |
| 贵州 | Guizhou | 74.1 | 49.6 | 75.5 | 79.8 |
| 云南 | Yunnan | 82.6 | 86.2 | 87.8 | 84.3 |
| 西藏 | Tibet | 76.4 | — | — | 76.4 |
| 陕西 | Shaanxi | 83.3 | 88.2 | 87.1 | 83.1 |
| 甘肃 | Gansu | 75.5 | 92.1 | 81.5 | 72.3 |
| 青海 | Qinghai | 61.6 | 97.9 | 57.2 | 59.2 |
| 宁夏 | Ningxia | 80.1 | 89.7 | 88.0 | 79.3 |
| 新疆 | Xinjiang | 84.5 | 114.6 | 82.4 | 83.0 |

6-9续表1 Continued

单位:% Unit:%

| 地 区 | Region | 四级 Forth-grade | 五级 Fifth-grade | 其他 Others | 兼营 Affiliated Operations |
|---|---|---|---|---|---|
| **全 国** | **National** | **74.0** | **73.1** | **77.2** | **62.0** |
| 北 京 | Beijing | — | — | 79.0 | 46.5 |
| 天 津 | Tianjin | 71.3 | 47.1 | 72.2 | 9.7 |
| 河 北 | Hebei | 78.0 | 51.7 | 80.9 | — |
| 山 西 | Shanxi | 78.5 | 12.8 | 85.8 | 20.0 |
| 内蒙古 | Inner Mongolia | 68.8 | 42.8 | 78.0 | 92.4 |
| 辽 宁 | Liaoning | 83.1 | 90.0 | 78.5 | 88.3 |
| 吉 林 | Jilin | 99.8 | 66.5 | 94.2 | 29.9 |
| 黑龙江 | Heilongjiang | 88.0 | — | 96.1 | 65.3 |
| 上 海 | Shanghai | 67.3 | 73.1 | — | — |
| 江 苏 | Jiangsu | 78.3 | 73.1 | 71.8 | 22.8 |
| 浙 江 | Zhejiang | 80.7 | 66.1 | 77.8 | 83.5 |
| 安 徽 | Anhui | 71.8 | 84.4 | 68.1 | 30.9 |
| 福 建 | Fujian | 63.0 | 47.9 | 50.0 | 65.9 |
| 江 西 | Jiangxi | 74.1 | 86.6 | 27.7 | 61.2 |
| 山 东 | Shandong | 79.0 | 81.7 | 72.1 | 65.7 |
| 河 南 | Henan | 83.4 | 44.0 | 69.1 | 35.5 |
| 湖 北 | Hubei | 61.3 | 33.2 | 79.4 | 65.4 |
| 湖 南 | Hunan | 71.7 | 65.1 | 42.3 | 73.2 |
| 广 东 | Guangdong | 82.9 | 77.6 | 75.4 | 80.6 |
| 广 西 | Guangxi | 83.4 | 68.7 | 79.2 | 41.7 |
| 海 南 | Hainan | 40.3 | — | 64.5 | 31.2 |
| 重 庆 | Chongqing | 79.7 | 14.1 | 71.9 | 53.4 |
| 四 川 | Sichuan | 74.8 | 63.0 | 77.8 | 37.7 |
| 贵 州 | Guizhou | 65.7 | — | 77.8 | — |
| 云 南 | Yunnan | 87.3 | 84.8 | 76.8 | 89.0 |
| 西 藏 | Tibet | — | — | — | — |
| 陕 西 | Shaanxi | 73.6 | — | 79.4 | 69.0 |
| 甘 肃 | Gansu | 84.0 | 78.6 | 79.8 | 49.9 |
| 青 海 | Qinghai | 60.5 | 51.7 | 50.9 | — |
| 宁 夏 | Ningxia | 63.9 | — | 73.7 | 79.3 |
| 新 疆 | Xinjiang | 79.0 | 67.7 | 86.1 | — |

# 第七章　35个大中城市房地产综合与投资

## CHAPTER 7　COMPOSITE STATISTICS AND INVESTMENT OF 35 CITIES

# 7－1 35个大中城市主要指标完成情况(1999年)

## MAJOR INDICATRIX COMPLETED OF 35 CITIES(1999)

| 城　市 City | | 本年完成投资(万元) Investment Completed This Year (10000 yuan) | #住宅 Residence | #办公楼 Office | #商业营业用房 Commerce | 施工房屋面积(平方米) Floor Space under Construction (sq.m) | 竣工房屋面积(平方米) Floor Space Completed (sq.m) | #住宅 Residence |
|---|---|---|---|---|---|---|---|---|
| **总　计** | **Total** | **28554733** | **17820592** | **2913753** | **3140750** | **346384383** | **113175555** | **91500762** |
| 北　京 | Beijing | 4214591 | 2365641 | 525079 | 302018 | 37839569 | 12085468 | 9082634 |
| 天　津 | Tianjin | 1169569 | 868972 | 36045 | 46569 | 15966652 | 4548086 | 4311202 |
| 石家庄 | Shijiazhuang | 192610 | 145126 | 4335 | 25222 | 4145901 | 1556221 | 1429396 |
| 太　原 | Taiyuan | 117077 | 94485 | 4974 | 10417 | 1995199 | 665991 | 618479 |
| 呼和浩特 | Huhehaote | 98152 | 75045 | 3082 | 14165 | 1740968 | 888598 | 764272 |
| 沈　阳 | Shenyang | 517519 | 354915 | 57886 | 89862 | 7199307 | 3261431 | 2602198 |
| 长　春 | Changchun | 239526 | 157064 | 12512 | 21693 | 3472108 | 1480725 | 1150748 |
| 哈尔滨 | Haerbin | 441117 | 299144 | 24423 | 48135 | 6029180 | 2452950 | 1907891 |
| 上　海 | Shanghai | 5148253 | 3244909 | 812555 | 604177 | 50831771 | 14686212 | 12292316 |
| 南　京 | Nanjing | 979085 | 621912 | 135986 | 84693 | 9923806 | 3852859 | 3143306 |
| 杭　州 | Hangzhou | 849267 | 627568 | 68661 | 72323 | 10398873 | 4083355 | 3283656 |
| 合　肥 | Hefei | 230055 | 120047 | 41668 | 30117 | 3190265 | 1145020 | 844164 |
| 福　州 | Fuzhou | 593645 | 361587 | 60853 | 76572 | 10994013 | 2796213 | 2173430 |
| 南　昌 | Nanchang | 105061 | 56177 | 4943 | 9431 | 2146510 | 648671 | 580649 |
| 济　南 | Jinan | 353307 | 176232 | 26759 | 16608 | 4142617 | 1449623 | 1269698 |
| 郑　州 | Zhengzhou | 336959 | 175698 | 52358 | 24696 | 4810264 | 1180706 | 1088263 |
| 武　汉 | Wuhan | 967130 | 592962 | 122080 | 114966 | 12321109 | 4087030 | 3369389 |
| 长　沙 | Changsha | 225765 | 131260 | 14772 | 19256 | 3366846 | 1562701 | 1312655 |
| 广　州 | Guangzhou | 2959026 | 2000141 | 205899 | 313401 | 35156759 | 8583782 | 6696646 |
| 南　宁 | Nanning | 153933 | 62241 | 13793 | 7290 | 2064272 | 581365 | 453065 |
| 海　口 | Haikou | 44574 | 32814 | 223 | 5929 | 1111152 | 222920 | 198939 |
| 重　庆 | Chongqing | 1125135 | 523357 | 97543 | 303840 | 21037609 | 6195580 | 4385626 |
| 成　都 | Chengdu | 939665 | 554029 | 53085 | 115619 | 13268343 | 4766010 | 3751758 |
| 贵　阳 | Guiyang | 225549 | 137233 | 13556 | 39027 | 4496364 | 1555079 | 1323540 |
| 昆　明 | Kunming | 722081 | 478411 | 81230 | 80069 | 7318287 | 3099716 | 2512140 |
| 西　安 | Xi'an | 450416 | 309501 | 27808 | 49689 | 8075064 | 3839457 | 3584359 |
| 兰　州 | Lanzhou | 171129 | 95043 | 15913 | 47102 | 2906894 | 1008082 | 819216 |
| 西　宁 | Xining | 111149 | 68082 | 8152 | 26160 | 1727028 | 781021 | 588238 |
| 银　川 | Yinchuan | 93680 | 50311 | 6736 | 17883 | 1433736 | 895251 | 679946 |
| 乌鲁木齐 | Uramuqi | 162738 | 120797 | 8270 | 15446 | 2240645 | 820214 | 759342 |
| 大　连 | Dalian | 675750 | 408887 | 64062 | 126070 | 8154786 | 3388976 | 2843799 |
| 青　岛 | Qingdao | 629717 | 362042 | 74330 | 84655 | 9000058 | 4739525 | 3774473 |
| 宁　波 | Ningbo | 465385 | 305594 | 38109 | 56333 | 6846720 | 2925848 | 2047137 |
| 厦　门 | Xiamen | 693577 | 430259 | 60404 | 61809 | 12690437 | 2319335 | 1733597 |
| 深　圳 | Shenzhen | 2152541 | 1413106 | 135669 | 179562 | 18341271 | 5021534 | 4124595 |

7－1续表1　Continued

| 城　市 | City | 房屋销售面积(平方米) Floor Space Sold (sq.m) | #住宅 Residence | 房屋销售价格(元/平方米) Selling Price (yuan/sq.m) | #住宅 Residence | 本年购置土地面积(平方米) Land Area Purchased This Year (sq.m) | 本年土地开发面积(平方米) Land Area Developed This Year (sq.m) |
|---|---|---|---|---|---|---|---|
| **总　计** | **Total** | **73674200** | **66348026** | **2799** | **2529** | **59958181** | **43386357** |
| 北　京 | Beijing | 5444403 | 4847144 | 5647 | 4787 | 4460456 | 1871817 |
| 天　津 | Tianjin | 2583114 | 2478419 | 2251 | 2157 | 1897127 | 3355330 |
| 石家庄 | Shijiazhuang | 800846 | 786472 | 1923 | 1917 | 478452 | 369124 |
| 太　原 | Taiyuan | 275417 | 273196 | 1305 | 1302 | 295478 | 89254 |
| 呼和浩特 | Huhehaote | 472296 | 411750 | 1481 | 1188 | 646439 | 213546 |
| 沈　阳 | Shenyang | 1491007 | 1196503 | 2792 | 2437 | 747117 | 735737 |
| 长　春 | Changchun | 591335 | 522147 | 1917 | 1818 | 1199230 | 1194154 |
| 哈尔滨 | Haerbin | 1604625 | 1352961 | 1919 | 1783 | 907448 | 961518 |
| 上　海 | Shanghai | 13286668 | 12433312 | 3422 | 3102 | 3351338 | 1481009 |
| 南　京 | Nanjing | 1740015 | 1492669 | 2980 | 2808 | 1034766 | 1569034 |
| 杭　州 | Hangzhou | 2705305 | 2432762 | 2888 | 2685 | 2305063 | 1616373 |
| 合　肥 | Hefei | 960052 | 844381 | 1872 | 1667 | 2175800 | 997506 |
| 福　州 | Fuzhou | 2113098 | 1889082 | 1992 | 1773 | 3417206 | 1332347 |
| 南　昌 | Nanchang | 550875 | 491920 | 1206 | 1168 | 369781 | 521760 |
| 济　南 | Jinan | 907195 | 814062 | 1770 | 1685 | 3711400 | 1743419 |
| 郑　州 | Zhengzhou | 723515 | 692600 | 1492 | 1467 | 940972 | 424097 |
| 武　汉 | Wuhan | 2227769 | 2039220 | 1806 | 1722 | 4198869 | 3398911 |
| 长　沙 | Changsha | 799689 | 746872 | 1714 | 1567 | 289083 | 616599 |
| 广　州 | Guangzhou | 5395788 | 4756913 | 4304 | 3946 | 4302620 | 5244900 |
| 南　宁 | Nanning | 530589 | 431959 | 1976 | 1582 | 500088 | 409490 |
| 海　口 | Haikou | 348103 | 332251 | 1799 | 1688 | 535395 | 105430 |
| 重　庆 | Chongqing | 4299824 | 3645607 | 1377 | 1080 | 6245331 | 2111205 |
| 成　都 | Chengdu | 3697197 | 3361278 | 1842 | 1615 | 3573140 | 1418238 |
| 贵　阳 | Guiyang | 863586 | 792685 | 1618 | 1429 | 367902 | — |
| 昆　明 | Kunming | 2312060 | 2196319 | 1867 | 1790 | 1991651 | 2203722 |
| 西　安 | Xi'an | 2969705 | 2849545 | 1185 | 1135 | 1797564 | 941054 |
| 兰　州 | Lanzhou | 489447 | 393564 | 1835 | 1533 | 189888 | 118352 |
| 西　宁 | Xining | 306962 | 257100 | 1464 | 1262 | 197305 | 307936 |
| 银　川 | Yinchuan | 565053 | 485564 | 1578 | 1342 | 185051 | — |
| 乌鲁木齐 | Uramuqi | 668573 | 634076 | 1718 | 1609 | 892403 | 687349 |
| 大　连 | Dalian | 2409717 | 2198173 | 2329 | 2199 | 887692 | 1218393 |
| 青　岛 | Qingdao | 2395781 | 2120370 | 1795 | 1684 | 1743487 | 2458617 |
| 宁　波 | Ningbo | 2785845 | 2327653 | 1965 | 1813 | 1390129 | 1332975 |
| 厦　门 | Xiamen | 1727473 | 1418599 | 3104 | 2826 | 1357071 | 468590 |
| 深　圳 | Shenzhen | 2631273 | 2400898 | 5503 | 5004 | 1375439 | 1868571 |

# 7-2 按资质等级分35个大中城市房地产开发企业(单位)个数(1999年)

## NUMBER OF REAL ESTATE DEVELOPMENT ENTERPRISES(UNITS) GROUPED BY QUALIFICATION OF 35 CITIES(1999)

单位:个 Unit:number

| 城市 | City | 总计 Total | 一级 First-grade | 二级 Second-grade | 三级 Third-grade |
|---|---|---|---|---|---|
| **总计** | **Total** | **13355** | **307** | **2454** | **5092** |
| 北京 | Beijing | 486 | 26 | 40 | 20 |
| 天津 | Tianjin | 663 | 19 | 31 | 114 |
| 石家庄 | Shijiazhuang | 78 | 1 | 10 | 25 |
| 太原 | Taiyuan | 52 | 3 | 7 | 17 |
| 呼和浩特 | Huhehaote | 81 | — | 3 | 16 |
| 沈阳 | Shenyang | 326 | 6 | 43 | 228 |
| 长春 | Changchun | 96 | 3 | 15 | 31 |
| 哈尔滨 | Haerbin | 227 | 2 | 44 | 141 |
| 上海 | Shanghai | 2595 | 43 | 272 | 295 |
| 南京 | Nanjing | 248 | 19 | 46 | 139 |
| 杭州 | Hangzhou | 302 | 12 | 87 | 121 |
| 合肥 | Hefei | 200 | 5 | 53 | 80 |
| 福州 | Fuzhou | 644 | 6 | 16 | 525 |
| 南昌 | Nanchang | 131 | 2 | 37 | 76 |
| 济南 | Jinan | 129 | 5 | 25 | 87 |
| 郑州 | Zhengzhou | 168 | 5 | 29 | 125 |
| 武汉 | Wuhan | 620 | 8 | 122 | 444 |
| 长沙 | Changsha | 153 | 5 | 43 | 82 |
| 广州 | Guangzhou | 1426 | 12 | 833 | 458 |
| 南宁 | Nanning | 142 | 3 | 53 | 56 |
| 海口 | Haikou | 99 | 6 | 39 | 8 |
| 重庆 | Chongqing | 1073 | 17 | 270 | 651 |
| 成都 | Chengdu | 455 | 9 | 51 | 198 |
| 贵阳 | Guiyang | 254 | 1 | 52 | 133 |
| 昆明 | Kunming | 154 | 4 | 13 | 37 |
| 西安 | Xi'an | 144 | 4 | 23 | 86 |
| 兰州 | Lanzhou | 235 | — | 20 | 207 |
| 西宁 | Xining | 91 | 2 | 14 | 28 |
| 银川 | Yinchuan | 68 | 1 | 14 | 23 |
| 乌鲁木齐 | Uramuqi | 90 | 3 | 25 | 56 |
| 大连 | Dalian | 390 | 17 | 35 | 204 |
| 青岛 | Qingdao | 347 | 11 | 13 | 50 |
| 宁波 | Ningbo | 304 | 6 | 12 | 108 |
| 厦门 | Xiamen | 591 | 8 | 10 | 179 |
| 深圳 | Shenzhen | 293 | 33 | 54 | 44 |

7－2 续表 1　Continued

单位:个　Unit: number

| 城　　市　City | 四级 Forth-grade | 五级 Fifth-grade | 其他 Others | 兼营 Affiliated Operations |
|---|---|---|---|---|
| **总　　计　Total** | **2131** | **1729** | **1400** | **242** |
| 北　　京　Beijing | — | — | 396 | 4 |
| 天　　津　Tianjin | 396 | 4 | 95 | 4 |
| 石 家 庄　Shijiazhuang | 36 | — | 6 | — |
| 太　　原　Taiyuan | 13 | 1 | 11 | — |
| 呼和浩特　Huhehaote | 60 | — | 2 | — |
| 沈　　阳　Shenyang | 14 | 1 | 32 | 2 |
| 长　　春　Changchun | 40 | — | 6 | 1 |
| 哈 尔 滨　Haerbin | 2 | — | 34 | 4 |
| 上　　海　Shanghai | 368 | 1617 | — | — |
| 南　　京　Nanjing | 8 | — | 34 | 2 |
| 杭　　州　Hangzhou | 43 | 4 | 32 | 3 |
| 合　　肥　Hefei | 52 | 1 | 4 | 5 |
| 福　　州　Fuzhou | 59 | 4 | 29 | 5 |
| 南　　昌　Nanchang | 14 | — | 2 | — |
| 济　　南　Jinan | 7 | 2 | 3 | — |
| 郑　　州　Zhengzhou | 6 | 1 | 2 | — |
| 武　　汉　Wuhan | 22 | — | 16 | 8 |
| 长　　沙　Changsha | 23 | — | — | — |
| 广　　州　Guangzhou | 101 | 3 | 2 | 17 |
| 南　　宁　Nanning | 18 | — | 11 | 1 |
| 海　　口　Haikou | — | — | 40 | 6 |
| 重　　庆　Chongqing | 79 | 1 | 21 | 34 |
| 成　　都　Chengdu | 93 | — | 95 | 9 |
| 贵　　阳　Guiyang | 67 | — | 1 | — |
| 昆　　明　Kunming | 11 | 1 | 85 | 3 |
| 西　　安　Xi'an | 15 | — | 16 | — |
| 兰　　州　Lanzhou | 8 | — | — | — |
| 西　　宁　Xining | 43 | 1 | 3 | — |
| 银　　川　Yinchuan | 13 | — | 8 | 9 |
| 乌鲁木齐　Uramuqi | 6 | — | — | — |
| 大　　连　Dalian | 91 | 1 | 41 | 1 |
| 青　　岛　Qingdao | 68 | 31 | 159 | 15 |
| 宁　　波　Ningbo | 103 | 9 | 57 | 9 |
| 厦　　门　Xiamen | 242 | 31 | 35 | 86 |
| 深　　圳　Shenzhen | 10 | 16 | 122 | 14 |

# 7-3 按资质等级分35个大中城市房地产开发企业(单位)从业人数(1999年)

## EMPOLEES OF REAL ESTATE DEVELOPMENT ENTERPRISES(UNITS) GROUPED BY QUALIFICATION OF 35 CITIES(1999)

单位:人 Unit:person

| 城市 | City | 总计 Total | 一级 First-grade | 二级 Second-grade | 三级 Third-grade |
|---|---|---|---|---|---|
| **总计** | **Total** | **460235** | **38772** | **119625** | **145625** |
| 北京 | Beijing | 30720 | 6041 | 3027 | 1181 |
| 天津 | Tianjin | 18577 | 2283 | 1551 | 3759 |
| 石家庄 | Shijiazhuang | 4287 | 144 | 1263 | 1141 |
| 太原 | Taiyuan | 2071 | 507 | 319 | 724 |
| 呼和浩特 | Huhehaote | 2953 | — | 90 | 966 |
| 沈阳 | Shenyang | 8805 | 654 | 2194 | 4974 |
| 长春 | Changchun | 5859 | 179 | 2493 | 1657 |
| 哈尔滨 | Haerbin | 6647 | 191 | 1753 | 3707 |
| 上海 | Shanghai | 81536 | 6807 | 13388 | 7892 |
| 南京 | Nanjing | 12427 | 1535 | 5786 | 4241 |
| 杭州 | Hangzhou | 8537 | 905 | 3202 | 3164 |
| 合肥 | Hefei | 5807 | 408 | 1430 | 2205 |
| 福州 | Fuzhou | 14414 | 320 | 1046 | 10654 |
| 南昌 | Nanchang | 3788 | 45 | 1618 | 1798 |
| 济南 | Jinan | 6069 | 630 | 1635 | 3202 |
| 郑州 | Zhengzhou | 6145 | 495 | 1616 | 3798 |
| 武汉 | Wuhan | 16036 | 1288 | 4651 | 8361 |
| 长沙 | Changsha | 5298 | 566 | 1701 | 2510 |
| 广州 | Guangzhou | 42530 | 1650 | 28220 | 10459 |
| 南宁 | Nanning | 3692 | 240 | 1626 | 1334 |
| 海口 | Haikou | 2090 | 229 | 1036 | 74 |
| 重庆 | Chongqing | 52287 | 2602 | 17847 | 27067 |
| 成都 | Chengdu | 16558 | 1339 | 2505 | 6871 |
| 贵阳 | Guiyang | 9333 | 600 | 4068 | 3490 |
| 昆明 | Kunming | 5364 | 360 | 720 | 1411 |
| 西安 | Xi'an | 6662 | 326 | 1305 | 3781 |
| 兰州 | Lanzhou | 4804 | — | 542 | 4106 |
| 西宁 | Xining | 2697 | 150 | 524 | 772 |
| 银川 | Yinchuan | 4183 | 115 | 1243 | 932 |
| 乌鲁木齐 | Uramuqi | 7173 | 180 | 3329 | 3542 |
| 大连 | Dalian | 11072 | 2459 | 1292 | 4664 |
| 青岛 | Qingdao | 17214 | 699 | 1116 | 1980 |
| 宁波 | Ningbo | 6214 | 446 | 560 | 2583 |
| 厦门 | Xiamen | 11382 | 633 | 463 | 4400 |
| 深圳 | Shenzhen | 17004 | 3746 | 4466 | 2225 |

7－3续表1 Continued

单位：人 Unit：person

| 城市 | City | 四级 Forth-grade | 五级 Fifth-grade | 其他 Others | 兼营 Affiliated Operations |
|---|---|---|---|---|---|
| **总计** | **Total** | **52261** | **42177** | **52966** | **8809** |
| 北京 | Beijing | — | — | 20101 | 370 |
| 天津 | Tianjin | 8543 | 72 | 2334 | 35 |
| 石家庄 | Shijiazhuang | 1517 | — | 222 | — |
| 太原 | Taiyuan | 239 | 12 | 270 | — |
| 呼和浩特 | Huhehaote | 1865 | — | 32 | — |
| 沈阳 | Shenyang | 273 | 25 | 670 | 15 |
| 长春 | Changchun | 1276 | — | 180 | 74 |
| 哈尔滨 | Haerbin | 29 | — | 912 | 55 |
| 上海 | Shanghai | 13000 | 40449 | — | — |
| 南京 | Nanjing | 114 | — | 668 | 83 |
| 杭州 | Hangzhou | 643 | 19 | 584 | 20 |
| 合肥 | Hefei | 1584 | 9 | 92 | 79 |
| 福州 | Fuzhou | 994 | 15 | 344 | 1041 |
| 南昌 | Nanchang | 267 | — | 60 | — |
| 济南 | Jinan | 412 | 60 | 130 | — |
| 郑州 | Zhengzhou | 155 | 21 | 60 | — |
| 武汉 | Wuhan | 574 | — | 619 | 543 |
| 长沙 | Changsha | 521 | — | — | — |
| 广州 | Guangzhou | 1465 | 77 | 90 | 569 |
| 南宁 | Nanning | 250 | — | 223 | 19 |
| 海口 | Haikou | — | — | 674 | 77 |
| 重庆 | Chongqing | 3710 | 10 | 469 | 582 |
| 成都 | Chengdu | 2050 | — | 2113 | 1680 |
| 贵阳 | Guiyang | 1156 | — | 19 | — |
| 昆明 | Kunming | 350 | 30 | 2434 | 59 |
| 西安 | Xi'an | 315 | — | 935 | — |
| 兰州 | Lanzhou | 156 | — | — | — |
| 西宁 | Xining | 1110 | 5 | 136 | — |
| 银川 | Yinchuan | 337 | — | 686 | 870 |
| 乌鲁木齐 | Uramuqi | 122 | — | — | — |
| 大连 | Dalian | 1465 | 5 | 1147 | 40 |
| 青岛 | Qingdao | 2083 | 584 | 10313 | 439 |
| 宁波 | Ningbo | 1552 | 70 | 900 | 103 |
| 厦门 | Xiamen | 3761 | 257 | 348 | 1520 |
| 深圳 | Shenzhen | 373 | 457 | 5201 | 536 |

# 7-4 按资质等级分35个大中城市房地产开发企业(单位)完成投资(1999年)

## INVESTMENT COMPLETED BY REAL ESTATE DEVELOPMENT ENTERPRISES(UNITS) GROUPED BY QUALIFICATION OF 35 CITIES(1999)

单位:万元 Unit:10000 yuan

| 城市 | City | 总计 Total | 一级 First-grade | 二级 Second-grade | 三级 Third-grade |
|---|---|---|---|---|---|
| **总计** | **Total** | **28554733** | **3239467** | **7245091** | **6781197** |
| 北京 | Beijing | 4214591 | 784604 | 476717 | 97028 |
| 天津 | Tianjin | 1169569 | 154595 | 110147 | 260957 |
| 石家庄 | Shijiazhuang | 192610 | 4834 | 49385 | 58387 |
| 太原 | Taiyuan | 117077 | 7000 | 10065 | 15566 |
| 呼和浩特 | Huhehaote | 98152 | — | 15313 | 25629 |
| 沈阳 | Shenyang | 517519 | 30042 | 104639 | 307243 |
| 长春 | Changchun | 239526 | 24973 | 35935 | 69742 |
| 哈尔滨 | Haerbin | 441117 | 2277 | 87644 | 264991 |
| 上海 | Shanghai | 5148253 | 426521 | 945380 | 483087 |
| 南京 | Nanjing | 979085 | 216214 | 239410 | 420624 |
| 杭州 | Hangzhou | 849267 | 104280 | 346858 | 281113 |
| 合肥 | Hefei | 230055 | 22911 | 70831 | 98216 |
| 福州 | Fuzhou | 593645 | 26587 | 46817 | 431486 |
| 南昌 | Nanchang | 105061 | 791 | 42821 | 44761 |
| 济南 | Jinan | 353307 | 44832 | 165183 | 125266 |
| 郑州 | Zhengzhou | 336959 | 17294 | 122591 | 178875 |
| 武汉 | Wuhan | 967130 | 103694 | 400575 | 361810 |
| 长沙 | Changsha | 225765 | 21913 | 54535 | 125618 |
| 广州 | Guangzhou | 2959026 | 106295 | 2027328 | 661034 |
| 南宁 | Nanning | 153933 | 4420 | 89056 | 37633 |
| 海口 | Haikou | 44574 | 8799 | 10961 | 2241 |
| 重庆 | Chongqing | 1125135 | 78484 | 442710 | 526420 |
| 成都 | Chengdu | 939665 | 67376 | 112014 | 267827 |
| 贵阳 | Guiyang | 225549 | 11557 | 71177 | 99801 |
| 昆明 | Kunming | 722081 | 107739 | 156632 | 104002 |
| 西安 | Xi'an | 450416 | 13372 | 63930 | 155019 |
| 兰州 | Lanzhou | 171129 | — | 46601 | 122721 |
| 西宁 | Xining | 111149 | 5718 | 36833 | 28649 |
| 银川 | Yinchuan | 93680 | 8748 | 34483 | 24110 |
| 乌鲁木齐 | Uramuqi | 162738 | 11176 | 83649 | 60528 |
| 大连 | Dalian | 675750 | 196336 | 92500 | 172199 |
| 青岛 | Qingdao | 629717 | 61284 | 43199 | 109244 |
| 宁波 | Ningbo | 465385 | 67740 | 55657 | 181191 |
| 厦门 | Xiamen | 693577 | 81128 | 52920 | 250293 |
| 深圳 | Shenzhen | 2152541 | 415934 | 500595 | 327886 |

7-4 续表 1　Continued

单位：万元　Unit: 10000 yuan

| 城　市　City | 四级 Forth-grade | 五级 Fifth-grade | 其他 Others | 兼营 Affiliated Operations |
|---|---|---|---|---|
| **总　计　Total** | **2353348** | **2771946** | **5590553** | **573131** |
| 北　京　Beijing | — | — | 2819562 | 36680 |
| 天　津　Tianjin | 442865 | 2370 | 198636 | — |
| 石家庄　Shijiazhuang | 61088 | — | 18916 | — |
| 太　原　Taiyuan | 8656 | — | 75790 | — |
| 呼和浩特　Huhehaote | 55676 | — | 1534 | — |
| 沈　阳　Shenyang | 9148 | 2978 | 63469 | — |
| 长　春　Changchun | 84271 | — | 24205 | 400 |
| 哈尔滨　Haerbin | 1524 | — | 79871 | 4810 |
| 上　海　Shanghai | 640087 | 2653178 | — | — |
| 南　京　Nanjing | 7989 | — | 92948 | 1900 |
| 杭　州　Hangzhou | 44605 | 564 | 70024 | 1823 |
| 合　肥　Hefei | 22733 | — | 5272 | 10092 |
| 福　州　Fuzhou | 45230 | 4638 | 32938 | 5949 |
| 南　昌　Nanchang | 9838 | — | 6850 | — |
| 济　南　Jinan | 6802 | 5999 | 5225 | — |
| 郑　州　Zhengzhou | 14248 | 2264 | 1687 | — |
| 武　汉　Wuhan | 7465 | — | 86241 | 7345 |
| 长　沙　Changsha | 23699 | — | — | — |
| 广　州　Guangzhou | 56781 | 1995 | 3034 | 102559 |
| 南　宁　Nanning | 12342 | — | 10472 | 10 |
| 海　口　Haikou | — | — | 22226 | 347 |
| 重　庆　Chongqing | 38152 | — | 22251 | 17118 |
| 成　都　Chengdu | 111909 | — | 165872 | 214667 |
| 贵　阳　Guiyang | 41876 | — | 1138 | — |
| 昆　明　Kunming | 23901 | 4000 | 320573 | 5234 |
| 西　安　Xi'an | 8466 | — | 209629 | — |
| 兰　州　Lanzhou | 1807 | — | — | — |
| 西　宁　Xining | 33675 | 128 | 6146 | — |
| 银　川　Yinchuan | 14079 | — | 6871 | 5389 |
| 乌鲁木齐　Uramuqi | 7385 | — | — | — |
| 大　连　Dalian | 40139 | — | 174090 | 486 |
| 青　岛　Qingdao | 89593 | 25921 | 288814 | 11662 |
| 宁　波　Ningbo | 97078 | 3232 | 58480 | 2007 |
| 厦　门　Xiamen | 241249 | 3816 | 18788 | 45383 |
| 深　圳　Shenzhen | 48992 | 60863 | 699001 | 99270 |

# 7-5 按资质等级分35个大中城市房地产开发企业(单位)住宅完成投资(1999年)

## INVESTMENT COMPLETED FOR RESIDENCE BY REAL ESTATE DEVELOPMENT ENTERPRISES(UNITS) GROUPED BY QUALIFICATION OF 35 CITIES(1999)

单位:万元 Unit:10000 yuan

| 城市 | City | 总计 Total | 一级 First-grade | 二级 Second-grade | 三级 Third-grade |
|---|---|---|---|---|---|
| **总计** | **Total** | **17820592** | **2112069** | **4638863** | **4326164** |
| 北京 | Beijing | 2365641 | 386268 | 356669 | 64534 |
| 天津 | Tianjin | 868972 | 128782 | 78405 | 194944 |
| 石家庄 | Shijiazhuang | 145126 | 4490 | 40362 | 42035 |
| 太原 | Taiyuan | 94485 | 6650 | 6780 | 11748 |
| 呼和浩特 | Huhehaote | 75045 | — | 13348 | 19324 |
| 沈阳 | Shenyang | 354915 | 19155 | 82176 | 206525 |
| 长春 | Changchun | 157064 | 19650 | 13511 | 53566 |
| 哈尔滨 | Haerbin | 299144 | 1746 | 60728 | 180896 |
| 上海 | Shanghai | 3244909 | 318296 | 604831 | 371084 |
| 南京 | Nanjing | 621912 | 137728 | 157307 | 279283 |
| 杭州 | Hangzhou | 627568 | 72911 | 252394 | 223058 |
| 合肥 | Hefei | 120047 | 8020 | 37673 | 53340 |
| 福州 | Fuzhou | 361587 | 25114 | 40322 | 241046 |
| 南昌 | Nanchang | 56177 | — | 22810 | 25992 |
| 济南 | Jinan | 176232 | 25746 | 65244 | 71758 |
| 郑州 | Zhengzhou | 175698 | 16159 | 56648 | 94219 |
| 武汉 | Wuhan | 592962 | 79249 | 198262 | 231547 |
| 长沙 | Changsha | 131260 | 10254 | 21718 | 79036 |
| 广州 | Guangzhou | 2000141 | 81463 | 1366340 | 443460 |
| 南宁 | Nanning | 62241 | 2121 | 34148 | 18640 |
| 海口 | Haikou | 32814 | 8799 | 7569 | 1247 |
| 重庆 | Chongqing | 523357 | 28642 | 210963 | 248449 |
| 成都 | Chengdu | 554029 | 37053 | 63603 | 151482 |
| 贵阳 | Guiyang | 137233 | 9405 | 42410 | 63594 |
| 昆明 | Kunming | 478411 | 68476 | 130755 | 68809 |
| 西安 | Xi'an | 309501 | 9352 | 39765 | 80489 |
| 兰州 | Lanzhou | 95043 | — | 17014 | 76907 |
| 西宁 | Xining | 68082 | 2017 | 26499 | 16358 |
| 银川 | Yinchuan | 50311 | 4708 | 13330 | 16696 |
| 乌鲁木齐 | Uramuqi | 120797 | 8175 | 69342 | 39613 |
| 大连 | Dalian | 408887 | 152015 | 39063 | 119250 |
| 青岛 | Qingdao | 362042 | 41489 | 33135 | 65521 |
| 宁波 | Ningbo | 305594 | 32932 | 37363 | 117882 |
| 厦门 | Xiamen | 430259 | 70976 | 33164 | 149406 |
| 深圳 | Shenzhen | 1413106 | 294228 | 365212 | 204426 |

7－5续表1 Continued

单位:万元 Unit:10000 yuan

| 城市 City | 四级 Forth-grade | 五级 Fifth-grade | 其他 Others | 兼营 Affiliated Operations |
|---|---|---|---|---|
| **总计 Total** | **1539296** | **1605920** | **3211345** | **386935** |
| 北京 Beijing | — | — | 1543048 | 15122 |
| 天津 Tianjin | 320062 | 1370 | 145409 | — |
| 石家庄 Shijiazhuang | 43401 | — | 14838 | — |
| 太原 Taiyuan | 7095 | — | 62212 | — |
| 呼和浩特 Huhehaote | 41379 | — | 994 | — |
| 沈阳 Shenyang | 7145 | 2978 | 36936 | — |
| 长春 Changchun | 50357 | — | 19580 | 400 |
| 哈尔滨 Haerbin | 1524 | — | 49540 | 4710 |
| 上海 Shanghai | 424720 | 1525978 | — | — |
| 南京 Nanjing | 7651 | — | 38443 | 1500 |
| 杭州 Hangzhou | 34387 | 537 | 42625 | 1656 |
| 合肥 Hefei | 14572 | — | — | 6442 |
| 福州 Fuzhou | 34597 | 4000 | 12575 | 3933 |
| 南昌 Nanchang | 6725 | — | 650 | — |
| 济南 Jinan | 4133 | 5963 | 3388 | — |
| 郑州 Zhengzhou | 8168 | — | 504 | — |
| 武汉 Wuhan | 5616 | — | 73226 | 5062 |
| 长沙 Changsha | 20252 | — | — | — |
| 广州 Guangzhou | 34035 | 1475 | 3034 | 70334 |
| 南宁 Nanning | 6524 | — | 808 | — |
| 海口 Haikou | — | — | 15002 | 197 |
| 重庆 Chongqing | 19436 | — | 7785 | 8082 |
| 成都 Chengdu | 53533 | — | 79172 | 169186 |
| 贵阳 Guiyang | 21584 | — | 240 | — |
| 昆明 Kunming | 18945 | — | 186486 | 4940 |
| 西安 Xi'an | 4693 | — | 175202 | — |
| 兰州 Lanzhou | 1122 | — | — | — |
| 西宁 Xining | 17826 | — | 5382 | — |
| 银川 Yinchuan | 6096 | — | 5128 | 4353 |
| 乌鲁木齐 Uramuqi | 3667 | — | — | — |
| 大连 Dalian | 28238 | — | 69899 | 422 |
| 青岛 Qingdao | 53398 | 15218 | 146686 | 6595 |
| 宁波 Ningbo | 70357 | 2660 | 42663 | 1737 |
| 厦门 Xiamen | 140556 | 2317 | 6693 | 27147 |
| 深圳 Shenzhen | 27502 | 43424 | 423197 | 55117 |

# 7-6 按用途分35个大中城市房地产开发企业（单位）完成投资（1999年）

## INVESTMENT COMPLETED BY REAL ESTATE DEVELOPMENT ENTERPRISES (UNITS) GROUPED BY PURPOSE OF PROJECTS OF 35 CITIES(1999)

单位：万元　Unit: 10000 yuan

| 城市 | City | 本年完成投资 Investment Completed This Year | 住宅 Residence | #别墅、高档公寓 Villa, High-grade Apartment | #经济适用房屋 Economic Buildings | 办公楼 Office | 商业营业用房 Commerce | 其他 Others |
|---|---|---|---|---|---|---|---|---|
| **总计** | **Total** | **28554733** | **17820592** | **1512585** | **2272809** | **2913753** | **3140750** | **4679638** |
| 北京 | Beijing | 4214591 | 2365641 | 450643 | 16993 | 525079 | 302018 | 1021853 |
| 天津 | Tianjin | 1169569 | 868972 | 60536 | 248969 | 36045 | 46569 | 217983 |
| 石家庄 | Shijiazhuang | 192610 | 145126 | 3518 | 31422 | 4335 | 25222 | 17927 |
| 太原 | Taiyuan | 117077 | 94485 | — | 65537 | 4974 | 10417 | 7201 |
| 呼和浩特 | Huhehaote | 98152 | 75045 | 190 | 56650 | 3082 | 14165 | 5860 |
| 沈阳 | Shenyang | 517519 | 354915 | 50180 | 21870 | 57886 | 89862 | 14856 |
| 长春 | Changchun | 239526 | 157064 | — | 23174 | 12512 | 21693 | 48257 |
| 哈尔滨 | Haerbin | 441117 | 299144 | 23688 | 108536 | 24423 | 48135 | 69415 |
| 上海 | Shanghai | 5148253 | 3244909 | 345371 | 219450 | 812555 | 604177 | 486612 |
| 南京 | Nanjing | 979085 | 621912 | 27028 | 76051 | 135986 | 84639 | 136548 |
| 杭州 | Hangzhou | 849267 | 627568 | 26958 | 42247 | 68661 | 72323 | 80715 |
| 合肥 | Hefei | 230055 | 120047 | 6613 | 20449 | 41668 | 30117 | 38223 |
| 福州 | Fuzhou | 593645 | 361587 | 16670 | 67415 | 60853 | 76572 | 94633 |
| 南昌 | Nanchang | 105061 | 56177 | 6171 | 8687 | 4943 | 9431 | 34510 |
| 济南 | Jinan | 353307 | 176232 | 3289 | 21034 | 26759 | 16608 | 133708 |
| 郑州 | Zhengzhou | 336959 | 175698 | 6957 | 35326 | 52358 | 24696 | 84207 |
| 武汉 | Wuhan | 967130 | 592962 | 42382 | 150054 | 122080 | 114966 | 137122 |
| 长沙 | Changsha | 225765 | 131260 | 5518 | 47751 | 14772 | 19256 | 60477 |
| 广州 | Guangzhou | 2959026 | 2000141 | 86441 | 86216 | 205899 | 313401 | 439585 |
| 南宁 | Nanning | 153933 | 62241 | 4646 | 8691 | 13793 | 7290 | 70609 |
| 海口 | Haikou | 44574 | 32814 | 8514 | 2525 | 223 | 5929 | 5608 |
| 重庆 | Chongqing | 1125135 | 523357 | 48320 | 95999 | 97543 | 303840 | 200395 |
| 成都 | Chengdu | 939665 | 554029 | 57409 | 161085 | 53085 | 115619 | 216932 |
| 贵阳 | Guiyang | 225549 | 137233 | 3372 | 23358 | 13556 | 39027 | 35733 |
| 昆明 | Kunming | 722081 | 478411 | 28034 | 64555 | 81230 | 80069 | 82371 |
| 西安 | Xi'an | 450416 | 309501 | 34805 | 205819 | 27808 | 49689 | 63418 |
| 兰州 | Lanzhou | 171129 | 95043 | — | 9823 | 15913 | 47102 | 13071 |
| 西宁 | Xining | 111149 | 68082 | — | 38505 | 8152 | 26160 | 8755 |
| 银川 | Yinchuan | 93680 | 50311 | 1734 | 10895 | 6736 | 17883 | 18750 |
| 乌鲁木齐 | Uramuqi | 162738 | 120797 | 2994 | 27760 | 8270 | 15446 | 18225 |
| 大连 | Dalian | 675750 | 408887 | 34564 | 101186 | 64062 | 126070 | 76731 |
| 青岛 | Qingdao | 629717 | 362042 | 28074 | 108806 | 74330 | 84655 | 108690 |
| 宁波 | Ningbo | 465385 | 305594 | 2789 | — | 38109 | 56333 | 65349 |
| 厦门 | Xiamen | 693577 | 430259 | 82925 | 65971 | 60404 | 61809 | 141105 |
| 深圳 | Shenzhen | 2152541 | 1413106 | 12252 | — | 135669 | 179562 | 424204 |

# 7-7 35个大中城市房地产开发企业(单位)完成的商品房建设和土地开发投资(1999年)

## INVESTMENT OF COMMODITY BUILDINGS CONSTRUCTION AND LAND DEVELOPMENT COMPLETED BY REAL ESTATE DEVELOPMENT ENTERPRISES (UNITS) OF 35 CITIES(1999)

单位:万元 Unit:10000 yuan

| 城市 | City | 本年完成投资额 Investment Value Completed This Year | #商品房建设投资 Investment of Commodity Buildings Construction | #土地开发投资 Investmst Of Land Development | 商品房建设投资额比重(%) Percentage of Investment Value of Commodity Buildings Construction(%) |
|---|---|---|---|---|---|
| **总计** | **Total** | **28554733** | **21512154** | **2016900** | **75.3** |
| 北京 | Beijing | 4214591 | 3094375 | 246465 | 73.4 |
| 天津 | Tianjin | 1169569 | 812359 | 130667 | 69.5 |
| 石家庄 | Shijiazhuang | 192610 | 142588 | 4395 | 74.0 |
| 太原 | Taiyuan | 117077 | 108192 | 8255 | 92.4 |
| 呼和浩特 | Huhehaote | 98152 | 82605 | 4940 | 84.2 |
| 沈阳 | Shenyang | 517519 | 375911 | 56486 | 72.6 |
| 长春 | Changchun | 239526 | 185957 | 38340 | 77.6 |
| 哈尔滨 | Haerbin | 441117 | 365569 | 64096 | 82.9 |
| 上海 | Shanghai | 5148253 | 4015526 | 134685 | 78.0 |
| 南京 | Nanjing | 979085 | 634948 | 94333 | 64.9 |
| 杭州 | Hangzhou | 849267 | 685624 | 59729 | 80.7 |
| 合肥 | Hefei | 230055 | 150237 | 28063 | 65.3 |
| 福州 | Fuzhou | 593645 | 436088 | 70219 | 73.5 |
| 南昌 | Nanchang | 105061 | 73621 | 26156 | 70.1 |
| 济南 | Jinan | 353307 | 226746 | 35225 | 64.2 |
| 郑州 | Zhengzhou | 336959 | 190546 | 19154 | 56.5 |
| 武汉 | Wuhan | 967130 | 754466 | 91376 | 78.0 |
| 长沙 | Changsha | 225765 | 151166 | 39059 | 67.0 |
| 广州 | Guangzhou | 2959026 | 2222135 | 235466 | 75.1 |
| 南宁 | Nanning | 153933 | 140316 | 6744 | 91.2 |
| 海口 | Haikou | 44574 | 41538 | 3036 | 93.2 |
| 重庆 | Chongqing | 1125135 | 893899 | 108543 | 79.4 |
| 成都 | Chengdu | 939665 | 753782 | 69187 | 80.2 |
| 贵阳 | Guiyang | 225549 | 160453 | — | 71.1 |
| 昆明 | Kunming | 722081 | 611317 | 104544 | 84.7 |
| 西安 | Xi'an | 450416 | 195201 | 47238 | 43.3 |
| 兰州 | Lanzhou | 171129 | 143721 | 2628 | 84.0 |
| 西宁 | Xining | 111149 | 64896 | 5958 | 58.4 |
| 银川 | Yinchuan | 93680 | 71741 | — | 76.6 |
| 乌鲁木齐 | Uramuqi | 162738 | 147830 | 14908 | 90.8 |
| 大连 | Dalian | 675750 | 561156 | 63631 | 83.0 |
| 青岛 | Qingdao | 629717 | 499866 | 32118 | 79.4 |
| 宁波 | Ningbo | 465385 | 296527 | 27437 | 63.7 |
| 厦门 | Xiamen | 693577 | 541439 | 32053 | 78.1 |
| 深圳 | Shenzhen | 2152541 | 1679813 | 111766 | 78.0 |

# 7-8 35个大中城市房地产开发企业(单位)的资金状况(1999年)

## FUNDS CONDITIONS OF REAL ESTATE DEVELOPMENT ENTERPRISES (UNITS) OF 35 CITIES(1999)

单位:万元 Unit:10000 yuan

| 城市 | City | 本年资金来源合计 Total Funds of Sources This Year | 上年末结余资金 Cash Surplus of Last Year | 本年资金合计 Total Funds of This Year | 本年各项应付款合计 Total Funds Payable This Year |
|---|---|---|---|---|---|
| **总计** | **Total** | **41387646** | **6955712** | **34431934** | **6735676** |
| 北京 | Beijing | 6368009 | 1106191 | 5261818 | 274630 |
| 天津 | Tianjin | 1439648 | 194628 | 1245020 | 280514 |
| 石家庄 | Shijiazhuang | 279333 | 49338 | 229995 | 43326 |
| 太原 | Taiyuan | 179518 | 9715 | 169803 | 16443 |
| 呼和浩特 | Huhehaote | 95065 | 12422 | 82643 | 19945 |
| 沈阳 | Shenyang | 598838 | 86033 | 512805 | 176720 |
| 长春 | Changchun | 223704 | 28723 | 194981 | 111219 |
| 哈尔滨 | Haerbin | 420606 | 26037 | 394569 | 83087 |
| 上海 | Shanghai | 7736896 | 1245847 | 6491049 | 1611958 |
| 南京 | Nanjing | 1160828 | 140369 | 1020459 | 233892 |
| 杭州 | Hangzhou | 1838777 | 225636 | 1613141 | 241117 |
| 合肥 | Hefei | 298623 | 57189 | 241434 | 72275 |
| 福州 | Fuzhou | 1061863 | 258800 | 803063 | 181835 |
| 南昌 | Nanchang | 171165 | 47421 | 123744 | 33359 |
| 济南 | Jinan | 360246 | 40709 | 319537 | 100831 |
| 郑州 | Zhengzhou | 409453 | 61357 | 348096 | 72821 |
| 武汉 | Wuhan | 1054563 | 182056 | 872507 | 201796 |
| 长沙 | Changsha | 284478 | 34088 | 250390 | — |
| 广州 | Guangzhou | 4801175 | 1086619 | 3714556 | 745976 |
| 南宁 | Nanning | 208018 | 33275 | 174743 | 19503 |
| 海口 | Haikou | 63158 | 10489 | 52669 | 4526 |
| 重庆 | Chongqing | 1504042 | 219631 | 1284411 | 271045 |
| 成都 | Chengdu | 1406368 | 217792 | 1188576 | 168676 |
| 贵阳 | Guiyang | 364323 | 76499 | 287824 | 87435 |
| 昆明 | Kunming | 916736 | 194828 | 721908 | 203776 |
| 西安 | Xi'an | 506361 | 64118 | 442243 | 177703 |
| 兰州 | Lanzhou | 177359 | 25350 | 152009 | 73065 |
| 西宁 | Xining | 114889 | 11542 | 103347 | 14467 |
| 银川 | Yinchuan | 112076 | 7425 | 104651 | 19870 |
| 乌鲁木齐 | Uramuqi | 196663 | 13670 | 182993 | 14715 |
| 大连 | Dalian | 810018 | 87147 | 722871 | 176391 |
| 青岛 | Qingdao | 698471 | 92492 | 605979 | 179072 |
| 宁波 | Ningbo | 797363 | 129747 | 667616 | 107413 |
| 厦门 | Xiamen | 1734530 | 412857 | 1321673 | 173579 |
| 深圳 | Shenzhen | 2994483 | 465672 | 2528811 | 542696 |

# 7－9 按资质等级分35个大中城市房地产开发企业(单位)的资产负债率(1999年)

## RATIO OF LIABILITIES TO ASSETS OF REAL ESTATE DEVELOPMENT ENTERPRISES(UNITS) GROUPED BY QUALIFICATION OF 35 CITIES(1999)

单位:% Unit:%

| 城市 | City | 总计 Total | 一级 First-grade | 二级 Second-grade | 三级 Third-grade |
|---|---|---|---|---|---|
| **总计** | **Total** | **75.3** | **73.5** | **76.3** | **78.7** |
| 北京 | Beijing | 81.3 | 86.1 | 86.7 | 82.7 |
| 天津 | Tianjin | 73.6 | 64.2 | 86.2 | 80.2 |
| 石家庄 | Shijiazhuang | 77.1 | 92.4 | 78.6 | 84.1 |
| 太原 | Taiyuan | 87.3 | 89.3 | 82.9 | 95.1 |
| 呼和浩特 | Huhehaote | 72.2 | — | 89.4 | 90.8 |
| 沈阳 | Shenyang | 85.1 | 90.3 | 83.8 | 87.8 |
| 长春 | Changchun | 89.4 | 91.1 | 75.5 | 87.3 |
| 哈尔滨 | Haerbin | 88.0 | 84.7 | 86.2 | 85.3 |
| 上海 | Shanghai | 70.6 | 61.6 | 74.3 | 76.0 |
| 南京 | Nanjing | 85.3 | 92.2 | 85.9 | 87.0 |
| 杭州 | Hangzhou | 84.0 | 79.9 | 84.8 | 85.6 |
| 合肥 | Hefei | 67.1 | 82.2 | 64.5 | 68.2 |
| 福州 | Fuzhou | 72.2 | 74.0 | 73.8 | 72.3 |
| 南昌 | Nanchang | 74.8 | 1.8 | 81.2 | 72.9 |
| 济南 | Jinan | 78.3 | 86.0 | 72.9 | 82.0 |
| 郑州 | Zhengzhou | 79.0 | 71.8 | 83.3 | 76.5 |
| 武汉 | Wuhan | 72.9 | 68.8 | 75.5 | 70.5 |
| 长沙 | Changsha | 83.1 | 92.0 | 84.7 | 78.5 |
| 广州 | Guangzhou | 48.7 | — | 48.7 | — |
| 南宁 | Nanning | 89.0 | 80.5 | 92.1 | 89.2 |
| 海口 | Haikou | 65.0 | 41.2 | 73.6 | 73.1 |
| 重庆 | Chongqing | 68.9 | 79.0 | 61.5 | 76.0 |
| 成都 | Chengdu | 76.1 | 86.3 | 76.7 | 79.5 |
| 贵阳 | Guiyang | 76.8 | 50.4 | 80.2 | 79.3 |
| 昆明 | Kunming | 81.5 | 86.0 | 87.9 | 83.6 |
| 西安 | Xi'an | 84.5 | 93.9 | 87.6 | 84.5 |
| 兰州 | Lanzhou | 73.4 | 80.5 | 70.7 | 87.4 |
| 西宁 | Xining | 61.4 | 97.9 | 57.2 | 58.8 |
| 银川 | Yinchuan | 82.1 | 89.7 | 87.7 | 79.1 |
| 乌鲁木齐 | Uramuqi | 84.7 | 114.6 | 81.4 | 83.7 |
| 大连 | Dalian | 79.9 | 70.4 | 80.8 | 84.4 |
| 青岛 | Qingdao | 83.8 | 93.4 | 91.7 | 93.8 |
| 宁波 | Ningbo | 81.6 | 74.4 | 84.6 | 85.3 |
| 厦门 | Xiamen | 69.0 | 87.4 | 85.4 | 69.6 |
| 深圳 | Shenzhen | 70.3 | 64.0 | 67.4 | 71.6 |

7－9续表1 Continued

单位:% Unit:%

| 城市 | City | 四级 Forth-grade | 五级 Fifth-grade | 其他 Others | 兼营 Affiliated Operations |
|---|---|---|---|---|---|
| **总计** | **Total** | **69.8** | **73.1** | **77.8** | **59.4** |
| 北京 | Beijing | — | — | 79.0 | 46.5 |
| 天津 | Tianjin | 71.3 | 47.1 | 72.2 | 9.7 |
| 石家庄 | Shijiazhuang | 67.2 | — | 67.0 | — |
| 太原 | Taiyuan | 78.6 | 12.8 | 84.5 | — |
| 呼和浩特 | Huhehaote | 65.5 | — | 78.1 | — |
| 沈阳 | Shenyang | 94.6 | 93.7 | 72.0 | 86.6 |
| 长春 | Changchun | 105.5 | — | 93.8 | 17.4 |
| 哈尔滨 | Haerbin | 60.0 | — | 96.5 | 76.4 |
| 上海 | Shanghai | 67.3 | 73.1 | — | — |
| 南京 | Nanjing | 87.5 | — | 68.9 | 87.8 |
| 杭州 | Hangzhou | 82.6 | 72.0 | 83.0 | 53.6 |
| 合肥 | Hefei | 63.0 | 33.3 | 67.4 | 28.8 |
| 福州 | Fuzhou | 65.7 | 51.4 | 63.9 | 66.1 |
| 南昌 | Nanchang | 86.1 | — | — | — |
| 济南 | Jinan | 86.4 | 82.1 | 79.6 | — |
| 郑州 | Zhengzhou | 79.7 | 45.1 | 87.1 | — |
| 武汉 | Wuhan | 50.7 | — | 79.9 | 63.7 |
| 长沙 | Changsha | 81.6 | — | — | — |
| 广州 | Guangzhou | — | — | — | — |
| 南宁 | Nanning | 88.7 | — | 66.6 | 41.7 |
| 海口 | Haikou | — | — | 62.3 | 30.8 |
| 重庆 | Chongqing | 79.7 | 14.1 | 71.9 | 53.4 |
| 成都 | Chengdu | 74.4 | — | 80.0 | 36.5 |
| 贵阳 | Guiyang | 68.4 | — | 70.1 | — |
| 昆明 | Kunming | 79.0 | 46.6 | 76.3 | 85.1 |
| 西安 | Xi'an | 67.6 | — | 78.1 | — |
| 兰州 | Lanzhou | — | — | — | — |
| 西宁 | Xining | 60.2 | 51.7 | 50.9 | — |
| 银川 | Yinchuan | 60.4 | — | 78.2 | 93.5 |
| 乌鲁木齐 | Uramuqi | 72.6 | — | — | — |
| 大连 | Dalian | 80.9 | 66.3 | 81.3 | 97.4 |
| 青岛 | Qingdao | 88.1 | 82.7 | 76.0 | 84.1 |
| 宁波 | Ningbo | 76.6 | 81.3 | 77.7 | 84.9 |
| 厦门 | Xiamen | 62.9 | 45.9 | 31.6 | 66.9 |
| 深圳 | Shenzhen | 81.9 | 77.2 | 75.5 | 74.0 |

# 7-10　35 个大中城市房地产开发企业(单位)的资金来源及其构成(1999 年)

## FUNDS OF SOURCES AND ITS COMPOSITION OF REAL ESTATE DEVELOPMENT ENTERPRISES(UNITS) OF 35 CITIES(1999)

单位:万元　Unit:10000 yuan

| 城　市 | City | 本年资金来源小计 Total Funds of Sources This Year | 国家预算内资金 State Budgetary Funds | 国内贷款 Domestic Loans | 债券 Bonds |
|---|---|---|---|---|---|
| **总　计** | **Total** | **34431934** | **63255** | **8367999** | **84607** |
| 北　京 | Beijing | 5261818 | 5640 | 1652220 | 14000 |
| 天　津 | Tianjin | 1245020 | — | 334994 | 14700 |
| 石家庄 | Shijiazhuang | 229995 | — | 39643 | — |
| 太　原 | Taiyuan | 169803 | — | 55827 | — |
| 呼和浩特 | Huhehaote | 82643 | — | 10610 | 80 |
| 沈　阳 | Shenyang | 512805 | — | 89433 | — |
| 长　春 | Changchun | 194981 | 3519 | 32317 | 1 |
| 哈尔滨 | Haerbin | 394569 | 1115 | 82549 | — |
| 上　海 | Shanghai | 6491049 | — | 1344887 | 1003 |
| 南　京 | Nanjing | 1020459 | 1241 | 276651 | — |
| 杭　州 | Hangzhou | 1613141 | 3273 | 555317 | — |
| 合　肥 | Hefei | 241434 | 5690 | 38688 | 2660 |
| 福　州 | Fuzhou | 803063 | — | 150676 | 5000 |
| 南　昌 | Nanchang | 123744 | 1 | 21470 | — |
| 济　南 | Jinan | 319537 | — | 90018 | — |
| 郑　州 | Zhengzhou | 348096 | — | 84434 | 11000 |
| 武　汉 | Wuhan | 872507 | 5144 | 139249 | 6837 |
| 长　沙 | Changsha | 250390 | — | 53242 | — |
| 广　州 | Guangzhou | 3714556 | — | 758654 | — |
| 南　宁 | Nanning | 174743 | — | 44585 | — |
| 海　口 | Haikou | 52669 | — | 2220 | — |
| 重　庆 | Chongqing | 1284411 | 2348 | 377303 | 9395 |
| 成　都 | Chengdu | 1188576 | — | 271876 | 5101 |
| 贵　阳 | Guiyang | 287824 | — | 78593 | 5000 |
| 昆　明 | Kunming | 721908 | — | 220567 | — |
| 西　安 | Xi'an | 442243 | 572 | 118771 | 2000 |
| 兰　州 | Lanzhou | 152009 | — | 20620 | — |
| 西　宁 | Xining | 103347 | 930 | 26557 | — |
| 银　川 | Yinchuan | 104651 | 500 | 25984 | — |
| 乌鲁木齐 | Uramuqi | 182993 | — | 21114 | — |
| 大　连 | Dalian | 722871 | 150 | 183699 | 2500 |
| 青　岛 | Qingdao | 605979 | 25613 | 112847 | — |
| 宁　波 | Ningbo | 667616 | — | 180411 | — |
| 厦　门 | Xiamen | 1321673 | 7519 | 276098 | 5330 |
| 深　圳 | Shenzhen | 2528811 | — | 595875 | — |

7 - 10 续表 1 Continued

单位:万元 Unit:10000 yuan

| 城 市 | City | 利用外资 Foreign Investment | # 外商直接投资 Foreign Funds | 自筹资金 Funds Raising | 其他资金来源 Other Funds |
|---|---|---|---|---|---|
| **总 计** | **Total** | **2276661** | **1551192** | **9534004** | **14105408** |
| 北 京 | Beijing | 482285 | 441802 | 1022058 | 2085615 |
| 天 津 | Tianjin | 43052 | 4495 | 375953 | 476321 |
| 石家庄 | Shijiazhuang | 994 | 746 | 80703 | 108655 |
| 太 原 | Taiyuan | — | — | 51188 | 62788 |
| 呼和浩特 | Huhehaote | 300 | 300 | 36636 | 35017 |
| 沈 阳 | Shenyang | 37910 | 10621 | 179311 | 206151 |
| 长 春 | Changchun | 1760 | 1260 | 99591 | 57793 |
| 哈尔滨 | Haerbin | 2010 | 2010 | 179592 | 129303 |
| 上 海 | Shanghai | 951843 | 458578 | 1898805 | 2294511 |
| 南 京 | Nanjing | 31692 | 18438 | 370491 | 340384 |
| 杭 州 | Hangzhou | 485 | 485 | 240706 | 813360 |
| 合 肥 | Hefei | 2202 | 2202 | 69719 | 122475 |
| 福 州 | Fuzhou | 84084 | 56081 | 152222 | 411081 |
| 南 昌 | Nanchang | 15172 | 13790 | 33492 | 53609 |
| 济 南 | Jinan | 2085 | 2085 | 104634 | 122800 |
| 郑 州 | Zhengzhou | 4333 | 2705 | 158532 | 89797 |
| 武 汉 | Wuhan | 66517 | 65040 | 338596 | 316164 |
| 长 沙 | Changsha | 2197 | 2197 | 89734 | 105217 |
| 广 州 | Guangzhou | 260778 | 223181 | 885386 | 1809738 |
| 南 宁 | Nanning | 5845 | 5562 | 64577 | 59736 |
| 海 口 | Haikou | 4208 | 1403 | 33436 | 12805 |
| 重 庆 | Chongqing | 35704 | 31949 | 418689 | 440972 |
| 成 都 | Chengdu | 6164 | 2314 | 442416 | 463019 |
| 贵 阳 | Guiyang | 12182 | 12182 | 79475 | 112574 |
| 昆 明 | Kunming | 15229 | 15229 | 106260 | 379852 |
| 西 安 | Xi'an | 25209 | 11968 | 112061 | 183630 |
| 兰 州 | Lanzhou | 1724 | 1724 | 41642 | 88023 |
| 西 宁 | Xining | 6680 | 6680 | 45929 | 23251 |
| 银 川 | Yinchuan | 100 | 100 | 21922 | 56145 |
| 乌鲁木齐 | Uramuqi | 5770 | 5770 | 64283 | 91826 |
| 大 连 | Dalian | 23153 | 19850 | 284821 | 228548 |
| 青 岛 | Qingdao | 7224 | 3913 | 171448 | 288847 |
| 宁 波 | Ningbo | 4174 | 3774 | 134557 | 348474 |
| 厦 门 | Xiamen | 87189 | 76351 | 302007 | 643530 |
| 深 圳 | Shenzhen | 46407 | 46407 | 843132 | 1043397 |

# 7-11　按资质等级分35个大中城市房地产开发企业（单位）利用外资情况（1999年）

## FOREIGN INVESTMENT OF REAL ESTATE DEVELOPMENT ENTERPRISES (UNITS) GOUPED BY QUALIFICATION OF 35 CITIES(1999)

单位：万元　Unit: 10000 yuan

| 城　市 | City | 总计 Total | 一级 First-grade | 二级 Second-grade | 三级 Third-grade |
|---|---|---|---|---|---|
| **总　计** | **Total** | **2276661** | **23722** | **474612** | **335638** |
| 北　京 | Beijing | 482285 | — | — | — |
| 天　津 | Tianjin | 43052 | — | — | 200 |
| 石家庄 | Shijiazhuang | 994 | — | — | — |
| 太　原 | Taiyuan | — | — | — | — |
| 呼和浩特 | Huhehaote | 300 | — | — | 300 |
| 沈　阳 | Shenyang | 37910 | — | — | 12225 |
| 长　春 | Changchun | 1760 | — | — | 910 |
| 哈尔滨 | Haerbin | 2010 | — | — | — |
| 上　海 | Shanghai | 951843 | 814 | 127821 | 44033 |
| 南　京 | Nanjing | 31692 | 1000 | 3038 | 14485 |
| 杭　州 | Hangzhou | 485 | — | — | — |
| 合　肥 | Hefei | 2202 | — | 1778 | 400 |
| 福　州 | Fuzhou | 84084 | 15800 | — | 57121 |
| 南　昌 | Nanchang | 15172 | 791 | 2988 | 3993 |
| 济　南 | Jinan | 2085 | — | 878 | 655 |
| 郑　州 | Zhengzhou | 4333 | — | 1063 | 2087 |
| 武　汉 | Wuhan | 66517 | — | 60703 | 5814 |
| 长　沙 | Changsha | 2197 | — | 914 | 1283 |
| 广　州 | Guangzhou | 260778 | — | 215519 | 43245 |
| 南　宁 | Nanning | 5845 | — | 5384 | — |
| 海　口 | Haikou | 4208 | — | 4015 | 193 |
| 重　庆 | Chongqing | 35704 | 500 | 17466 | 17738 |
| 成　都 | Chengdu | 6164 | — | — | 550 |
| 贵　阳 | Guiyang | 12182 | — | 9478 | 2344 |
| 昆　明 | Kunming | 15229 | — | — | — |
| 西　安 | Xi'an | 25209 | — | 1629 | 23480 |
| 兰　州 | Lanzhou | 1724 | — | — | 1724 |
| 西　宁 | Xining | 6680 | — | 5504 | — |
| 银　川 | Yinchuan | 100 | — | — | 100 |
| 乌鲁木齐 | Uramuqi | 5770 | — | 5040 | 730 |
| 大　连 | Dalian | 23153 | 2500 | — | 5307 |
| 青　岛 | Qingdao | 7224 | — | — | — |
| 宁　波 | Ningbo | 4147 | — | — | 3607 |
| 厦　门 | Xiamen | 87189 | 2317 | — | 59814 |
| 深　圳 | Shenzhen | 43407 | — | 11394 | 23300 |

7－11 续表 1 Continued

单位：万元 Unit：10000 yuan

| 城 市 | City | 四级 Forth-grade | 五级 Fifth-grade | 其他 Others | 兼营 Affiliated Operations |
|---|---|---|---|---|---|
| **总 计** | **Total** | **133846** | **679229** | **627397** | **2217** |
| 北 京 | Beijing | — | — | 482285 | — |
| 天 津 | Tianjin | 2487 | — | 40365 | — |
| 石家庄 | Shijiazhuang | 248 | — | 746 | — |
| 太 原 | Taiyuan | — | — | — | — |
| 呼和浩特 | Huhehaote | — | — | — | — |
| 沈 阳 | Shenyang | 50 | — | 25635 | — |
| 长 春 | Changchun | 850 | — | — | — |
| 哈尔滨 | Haerbin | — | — | 2010 | — |
| 上 海 | Shanghai | 107032 | 672143 | — | — |
| 南 京 | Nanjing | — | — | 12589 | 580 |
| 杭 州 | Hangzhou | — | — | 485 | — |
| 合 肥 | Hefei | — | — | — | 24 |
| 福 州 | Fuzhou | 2524 | 2043 | 6596 | — |
| 南 昌 | Nanchang | — | — | 7400 | — |
| 济 南 | Jinan | — | — | 552 | — |
| 郑 州 | Zhengzhou | — | — | 1183 | — |
| 武 汉 | Wuhan | — | — | — | — |
| 长 沙 | Changsha | — | — | — | — |
| 广 州 | Guangzhou | 630 | — | — | 1384 |
| 南 宁 | Nanning | — | — | 461 | — |
| 海 口 | Haikou | — | — | — | — |
| 重 庆 | Chongqing | — | — | — | — |
| 成 都 | Chengdu | 10 | — | 5604 | — |
| 贵 阳 | Guiyang | — | — | 360 | — |
| 昆 明 | Kunming | — | — | 15229 | — |
| 西 安 | Xi'an | — | — | 100 | — |
| 兰 州 | Lanzhou | — | — | — | — |
| 西 宁 | Xining | 1176 | — | — | — |
| 银 川 | Yinchuan | — | — | — | — |
| 乌鲁木齐 | Uramuqi | — | — | — | — |
| 大 连 | Dalian | — | — | 15346 | — |
| 青 岛 | Qingdao | 260 | — | 6964 | — |
| 宁 波 | Ningbo | — | — | 567 | — |
| 厦 门 | Xiamen | 18579 | 5043 | 1207 | 229 |
| 深 圳 | Shenzhen | — | — | 1713 | — |

# 第八章　35 个大中城市房地产开发

# CHAPTER 8　REAL ESTATE DEVELOPMENT OF 35 CITIES

# 8－1 按用途分35个大中城市房地产开发企业(单位)施工房屋面积(1999年)

## FLOOR SPACE UNDER CONSTRUCTION OF REAL ESTATE DEVELOPMENT ENTERPRISES(UNITS) GROUPED BY PURPOSE OF PROJECTS OF 35 CITIES(1999)

单位:平方米 Unit:sq.m

| 城市 | City | 施工房屋面积 Floor Space under Construction | 住宅 Residence | #别墅、高档公寓 Villa, High-grade Apartment | #经济适用房屋 Economic Buildings | 办公楼 Office | 商业营业用房 Commerce | 其他 Others |
|---|---|---|---|---|---|---|---|---|
| **总计** | **Total** | **346384383** | **246158378** | **15748982** | **36163821** | **36008012** | **40372232** | **23845761** |
| 北京 | Beijing | 37839569 | 24479002 | 3907447 | 203021 | 4843962 | 2813278 | 5703327 |
| 天津 | Tianjin | 15966652 | 12743220 | 968681 | 3851886 | 950847 | 995585 | 1277000 |
| 石家庄 | Shijiazhuang | 4145901 | 3609384 | 82880 | 609582 | 69365 | 424571 | 42581 |
| 太原 | Taiyuan | 1995199 | 1709080 | — | 1144911 | 165399 | 108170 | 12550 |
| 呼和浩特 | Huhehaote | 1740968 | 1499144 | 3500 | 1099916 | 59016 | 158711 | 24097 |
| 沈阳 | Shenyang | 7199307 | 4963942 | 828193 | 646775 | 715100 | 1392036 | 128229 |
| 长春 | Changchun | 3472108 | 2630371 | — | 449257 | 174595 | 440874 | 226268 |
| 哈尔滨 | Haerbin | 6029180 | 4451463 | 168173 | 1600705 | 454811 | 955995 | 166911 |
| 上海 | Shanghai | 50831771 | 37471711 | 2173435 | 1712759 | 6601214 | 4108410 | 2650436 |
| 南京 | Nanjing | 9923806 | 6869292 | 393018 | 999798 | 1330799 | 1291123 | 432592 |
| 杭州 | Hangzhou | 10398873 | 8190550 | 181089 | 743056 | 871562 | 793892 | 542869 |
| 合肥 | Hefei | 3190265 | 2081172 | 100744 | 467503 | 482878 | 514645 | 111570 |
| 福州 | Fuzhou | 10994013 | 7509812 | 432754 | 1072291 | 1628751 | 1447954 | 407496 |
| 南昌 | Nanchang | 2146510 | 1715656 | 153721 | 523484 | 150872 | 218391 | 61591 |
| 济南 | Jinan | 4142617 | 3011897 | 41500 | 470118 | 710057 | 351628 | 69035 |
| 郑州 | Zhengzhou | 4810264 | 3125838 | 177795 | 525099 | 651176 | 658795 | 374455 |
| 武汉 | Wuhan | 12321109 | 8607521 | 369031 | 2014215 | 1623150 | 1464940 | 625498 |
| 长沙 | Changsha | 3366846 | 2577859 | 134205 | 798852 | 317387 | 332798 | 138802 |
| 广州 | Guangzhou | 35156759 | 23811348 | 612468 | 276615 | 3225376 | 4416857 | 3703178 |
| 南宁 | Nanning | 2064272 | 1406573 | 80096 | 220454 | 291057 | 227854 | 138788 |
| 海口 | Haikou | 1111152 | 912383 | 211168 | 150862 | 60540 | 113619 | 24610 |
| 重庆 | Chongqing | 21037609 | 12854122 | 671274 | 2189658 | 1880055 | 5088151 | 1215281 |
| 成都 | Chengdu | 13268343 | 10035696 | 615216 | 2816809 | 995117 | 1721984 | 515546 |
| 贵阳 | Guiyang | 4496364 | 3239626 | 86073 | 519759 | 331527 | 768457 | 156736 |
| 昆明 | Kunming | 7318287 | 5314691 | 282348 | 629698 | 820463 | 711012 | 472121 |
| 西安 | Xi'an | 8075064 | 6635807 | 299087 | 4766561 | 705862 | 427407 | 305988 |
| 兰州 | Lanzhou | 2906894 | 1953754 | — | 248492 | 233838 | 643739 | 75563 |
| 西宁 | Xining | 1727028 | 1307881 | — | 634773 | 109204 | 295646 | 14297 |
| 银川 | Yinchuan | 1433736 | 1056369 | 28186 | 261655 | 118365 | 235167 | 23835 |
| 乌鲁木齐 | Uramuqi | 2240645 | 1944716 | 12103 | 442338 | 91837 | 177929 | 26163 |
| 大连 | Dalian | 8154786 | 5582546 | 520614 | 1300816 | 706324 | 1422792 | 443124 |
| 青岛 | Qingdao | 9000058 | 6546587 | 505907 | 1655293 | 838457 | 1378603 | 236411 |
| 宁波 | Ningbo | 6846720 | 4857743 | 86330 | — | 729304 | 857977 | 401696 |
| 厦门 | Xiamen | 12690437 | 7895389 | 1379382 | 1116810 | 1693986 | 1399823 | 1701239 |
| 深圳 | Shenzhen | 18341271 | 13556233 | 242564 | — | 1375759 | 2013401 | 1395878 |

# 8-2　按用途分 35 个大中城市房地产开发企业（单位）竣工房屋面积（1999 年）

## FLOOR SPACE COMPLETED BY REAL ESTATE DEVELOPMENT ENTERPRISES(UNITS) GROUPED BY PURPOSE OF PROJECTS OF 35 CITIES(1999)

单位:平方米　Unit:sq.m

| 城市 | City | 竣工房屋面积 Floor Space Completed | 住宅 Residence | #别墅、高档公寓 Villa, High-grade Apartment | #经济适用房屋 Economic Buildings | 办公楼 Office | 商业营业用房 Commerce | 其他 Others |
|---|---|---|---|---|---|---|---|---|
| **总　计** | **Total** | **113175555** | **91500762** | **4671994** | **17545770** | **7024370** | **9153062** | **5497361** |
| 北　京 | Beijing | 12085468 | 9082634 | 932126 | 182172 | 1087920 | 431227 | 1483687 |
| 天　津 | Tianjin | 4548086 | 4311202 | 198434 | 1633924 | 40410 | 141166 | 55308 |
| 石家庄 | Shijiazhuang | 1556221 | 1429396 | — | 309386 | 13468 | 98809 | 14548 |
| 太　原 | Taiyuan | 665991 | 618479 | — | 414555 | 37320 | 7552 | 2640 |
| 呼和浩特 | Huhehaote | 888598 | 764272 | 500 | 562115 | 30784 | 86523 | 7019 |
| 沈　阳 | Shenyang | 3261431 | 2602198 | 290654 | 416410 | 200348 | 416246 | 42639 |
| 长　春 | Changchun | 1480725 | 1150748 | — | 197987 | 123935 | 140670 | 65372 |
| 哈尔滨 | Haerbin | 2452950 | 1907891 | 40488 | 846164 | 145622 | 321671 | 77766 |
| 上　海 | Shanghai | 14686212 | 12292316 | 659261 | 909107 | 930082 | 908927 | 554887 |
| 南　京 | Nanjing | 3852859 | 3143306 | 153831 | 363722 | 318625 | 264558 | 126370 |
| 杭　州 | Hangzhou | 4083355 | 3283656 | 137476 | 239649 | 341217 | 232164 | 226318 |
| 合　肥 | Hefei | 1145020 | 844164 | 29975 | 197049 | 135004 | 135375 | 30477 |
| 福　州 | Fuzhou | 2796213 | 2173430 | 113843 | 322037 | 308859 | 233851 | 80073 |
| 南　昌 | Nanchang | 648671 | 580649 | 28521 | 92692 | 18899 | 36702 | 12421 |
| 济　南 | Jinan | 1449623 | 1269698 | — | 118189 | 72045 | 65453 | 42427 |
| 郑　州 | Zhengzhou | 1180706 | 1088263 | 39768 | 246358 | 19775 | 34255 | 38413 |
| 武　汉 | Wuhan | 4087030 | 3369389 | 156563 | 1060165 | 335345 | 249303 | 132993 |
| 长　沙 | Changsha | 1562701 | 1312655 | 51224 | 530246 | 108739 | 90086 | 51221 |
| 广　州 | Guangzhou | 8583782 | 6696646 | 357515 | 163430 | 354296 | 886550 | 646290 |
| 南　宁 | Nanning | 581365 | 453065 | 32436 | 118514 | 63933 | 45222 | 19145 |
| 海　口 | Haikou | 222920 | 198939 | 50000 | 41000 | 7185 | 13174 | 3622 |
| 重　庆 | Chongqing | 6195580 | 4385626 | 134147 | 821195 | 406143 | 1072693 | 331118 |
| 成　都 | Chengdu | 4766010 | 3751758 | 180142 | 1039425 | 264785 | 497805 | 251662 |
| 贵　阳 | Guiyang | 1555079 | 1323540 | 8151 | 275678 | 59330 | 141848 | 30361 |
| 昆　明 | Kunming | 3099716 | 2512140 | 141541 | 431197 | 250178 | 212912 | 124486 |
| 西　安 | Xi'an | 3839457 | 3584359 | 174184 | 2778061 | 130366 | 94865 | 29867 |
| 兰　州 | Lanzhou | 1008082 | 819216 | — | 142921 | 7352 | 165318 | 16196 |
| 西　宁 | Xining | 781021 | 588238 | — | 343646 | 54049 | 132537 | 6197 |
| 银　川 | Yinchuan | 895251 | 679946 | 26526 | 147999 | 72269 | 120672 | 22364 |
| 乌鲁木齐 | Uramuqi | 820214 | 759342 | 12103 | 242644 | 11047 | 49573 | 252 |
| 大　连 | Dalian | 3388976 | 2843799 | 185081 | 961990 | 89705 | 332399 | 123073 |
| 青　岛 | Qingdao | 4739525 | 3774473 | 102986 | 1189195 | 273747 | 596164 | 95141 |
| 宁　波 | Ningbo | 2925848 | 2047137 | 77910 | — | 324853 | 347040 | 206818 |
| 厦　门 | Xiamen | 2319335 | 1733597 | 294548 | 206948 | 217867 | 179183 | 188688 |
| 深　圳 | Shenzhen | 5021534 | 4124595 | 62060 | — | 168868 | 370569 | 357502 |

# 8-3 按用途分35个大中城市房地产开发企业（单位）新开工房屋面积（1999年）

## FLOOR SPACE NEWLY STARTED BY REAL ESTATE DEVELOPMENT ENTERPRISES (UNITS) GROUPED BY PURPOSE OF PROJECTS OF 35 CITIES(1999)

单位：平方米 Unit: sq.m

| 城市 | City | 本年新开工房屋面积 Floor Space Newly Started This Year | 住宅 Residence | #别墅、高档公寓 Villa, High-grade Apartment | #经济适用房屋 Economic Buildings | 办公楼 Office | 商业营业用房 Commerce | 其他 Others |
|---|---|---|---|---|---|---|---|---|
| **总计** | **Total** | **111945784** | **92778985** | **4299388** | **13702894** | **4127623** | **9162778** | **5876398** |
| 北京 | Beijing | 10617596 | 8506767 | 980483 | — | 450299 | 543698 | 1116832 |
| 天津 | Tianjin | 4972914 | 4460390 | 119179 | 1110742 | 85396 | 281372 | 145756 |
| 石家庄 | Shijiazhuang | 1589443 | 1412135 | 27880 | 224500 | 12022 | 147553 | 17733 |
| 太原 | Taiyuan | 355516 | 349516 | — | 126070 | — | 6000 | — |
| 呼和浩特 | Huhehaote | 995732 | 858195 | 3000 | 613133 | 33652 | 95943 | 7942 |
| 沈阳 | Shenyang | 3129194 | 2637013 | 244808 | 351755 | 128808 | 307252 | 56121 |
| 长春 | Changchun | 1204940 | 1033140 | — | 247086 | 27640 | 63518 | 80642 |
| 哈尔滨 | Haerbin | 2936542 | 2436274 | 37242 | 1033092 | 125768 | 305247 | 69253 |
| 上海 | Shanghai | 13086003 | 11606457 | 738370 | 437250 | 285833 | 608508 | 585205 |
| 南京 | Nanjing | 4223898 | 3485389 | 39200 | 657998 | 210666 | 274395 | 253448 |
| 杭州 | Hangzhou | 4450437 | 3740637 | 41471 | 340044 | 194186 | 279395 | 236219 |
| 合肥 | Hefei | 1392394 | 1101519 | 48987 | 185374 | 121226 | 98138 | 71511 |
| 福州 | Fuzhou | 3405842 | 2819790 | 74865 | 283179 | 256217 | 244686 | 85149 |
| 南昌 | Nanchang | 657546 | 498058 | 90200 | 49035 | 79104 | 48449 | 31935 |
| 济南 | Jinan | 1666040 | 1402198 | 1500 | 362195 | 112104 | 114251 | 37487 |
| 郑州 | Zhengzhou | 1326565 | 1050731 | 110881 | 199324 | 71816 | 144041 | 59977 |
| 武汉 | Wuhan | 4172739 | 3752205 | 119600 | 894635 | 97850 | 193991 | 128693 |
| 长沙 | Changsha | 685125 | 610726 | 2286 | 272927 | 41712 | 27358 | 5329 |
| 广州 | Guangzhou | 8248928 | 6428856 | 138700 | 58000 | 225787 | 804284 | 790001 |
| 南宁 | Nanning | 756009 | 659235 | 34679 | 86861 | 32966 | 55671 | 8137 |
| 海口 | Haikou | 341268 | 302292 | 146800 | 28283 | 1000 | 30767 | 7209 |
| 重庆 | Chongqing | 8475062 | 6084286 | 265868 | 1147864 | 422685 | 1481908 | 486183 |
| 成都 | Chengdu | 5934523 | 5029675 | 328930 | 1367585 | 256287 | 517739 | 130822 |
| 贵阳 | Guiyang | 1101905 | 962980 | 23514 | 198670 | 25812 | 91486 | 21627 |
| 昆明 | Kunming | 2356685 | 1927683 | 84066 | 145969 | 183738 | 135991 | 109273 |
| 西安 | Xi'an | 1483820 | 1263189 | 121525 | 723734 | 4559 | 87210 | 128862 |
| 兰州 | Lanzhou | 659296 | 540179 | — | 127325 | 44834 | 62199 | 12084 |
| 西宁 | Xining | 606029 | 471360 | — | 163325 | 24536 | 103935 | 6198 |
| 银川 | Yinchuan | 905987 | 711484 | 13440 | 154954 | 79428 | 101342 | 13733 |
| 乌鲁木齐 | Uramuqi | 1333458 | 1244874 | 12103 | 282565 | 41906 | 43403 | 3275 |
| 大连 | Dalian | 3237287 | 2411327 | 57100 | 591919 | 124625 | 517032 | 184303 |
| 青岛 | Qingdao | 4167147 | 3413795 | 61648 | 821436 | 93611 | 530711 | 129030 |
| 宁波 | Ningbo | 2956359 | 2499113 | — | — | 56007 | 265295 | 135944 |
| 厦门 | Xiamen | 2707913 | 2139406 | 281322 | 416065 | 105745 | 230602 | 232160 |
| 深圳 | Shenzhen | 5805642 | 4928111 | 49741 | — | 69798 | 319408 | 488325 |

# 8-4 按资质等级分35个大中城市房地产开发企业(单位)施工房屋面积(1999年)

## FLOOR SPACE UNDER CONSTRUCTION OF REAL ESTATE DEVELOPMENT ENTERPRISES(UNITS) GROUPED BY QUALIFICATION OF 35 CITIES(1999)

单位:平方米 Unit:sq.m

| 城市 | City | 总计 Total | 一级 First-grade | 二级 Second-grade | 三级 Third-grade |
|---|---|---|---|---|---|
| **总计** | **Total** | **346384383** | **38791806** | **86401901** | **99522787** |
| 北京 | Beijing | 37839569 | 7945670 | 5413550 | 1276117 |
| 天津 | Tianjin | 15966652 | 2325191 | 1593232 | 3761874 |
| 石家庄 | Shijiazhuang | 4145901 | 151350 | 1318170 | 1064611 |
| 太原 | Taiyuan | 1995199 | 101000 | 205380 | 404606 |
| 呼和浩特 | Huhehaote | 1740968 | — | 216772 | 494913 |
| 沈阳 | Shenyang | 7199307 | 345018 | 1206064 | 4859129 |
| 长春 | Changchun | 3472108 | 348890 | 469092 | 1008700 |
| 哈尔滨 | Haerbin | 6029180 | 30697 | 1498895 | 3416640 |
| 上海 | Shanghai | 50831771 | 5122361 | 10335878 | 4793487 |
| 南京 | Nanjing | 9923806 | 2608301 | 2037525 | 4220015 |
| 杭州 | Hangzhou | 10398873 | 1450054 | 3380366 | 3869106 |
| 合肥 | Hefei | 3190265 | 270704 | 1081483 | 1290611 |
| 福州 | Fuzhou | 10994013 | 259745 | 928887 | 8430598 |
| 南昌 | Nanchang | 2146510 | 7900 | 934433 | 833677 |
| 济南 | Jinan | 4142617 | 641621 | 1204142 | 2015657 |
| 郑州 | Zhengzhou | 4810264 | 200110 | 1341366 | 2942059 |
| 武汉 | Wuhan | 12321109 | 1607749 | 4292210 | 4822134 |
| 长沙 | Changsha | 3366846 | 232485 | 946476 | 1879931 |
| 广州 | Guangzhou | 35156759 | 2537016 | 22517759 | 8306040 |
| 南宁 | Nanning | 2064272 | 54926 | 997897 | 686117 |
| 海口 | Haikou | 1111152 | 208444 | 369006 | 138434 |
| 重庆 | Chongqing | 21037609 | 1576374 | 7432923 | 10621214 |
| 成都 | Chengdu | 13268343 | 877067 | 1647237 | 4039269 |
| 贵阳 | Guiyang | 4496364 | 239766 | 1430302 | 2057991 |
| 昆明 | Kunming | 7318287 | 1020035 | 1500854 | 1307536 |
| 西安 | Xi'an | 8075064 | 259356 | 873180 | 2231994 |
| 兰州 | Lanzhou | 2906894 | — | 456393 | 2426701 |
| 西宁 | Xining | 1727028 | 75832 | 579135 | 343417 |
| 银川 | Yinchuan | 1433736 | 156361 | 464122 | 425395 |
| 乌鲁木齐 | Uramuqi | 2240645 | 115319 | 1160577 | 863381 |
| 大连 | Dalian | 8154786 | 2057941 | 1371760 | 2220620 |
| 青岛 | Qingdao | 9000058 | 700401 | 807453 | 1615717 |
| 宁波 | Ningbo | 6846720 | 669247 | 849272 | 2634345 |
| 厦门 | Xiamen | 12690437 | 1112578 | 745993 | 5120299 |
| 深圳 | Shenzhen | 18341271 | 3482297 | 4794117 | 3100452 |

8－4续表1 Continued

单位：平方米 Unit：sq. m

| 城市 | City | 四级 Forth-grade | 五级 Fifth-grade | 其他 Others | 兼营 Affiliated Operations |
|---|---|---|---|---|---|
| **总计** | **Total** | **34242024** | **25077162** | **55542605** | **6806098** |
| 北京 | Beijing | — | — | 22882461 | 321771 |
| 天津 | Tianjin | 6393775 | 41828 | 1850752 | — |
| 石家庄 | Shijiazhuang | 1232085 | — | 379685 | — |
| 太原 | Taiyuan | 167784 | — | 1116429 | — |
| 呼和浩特 | Huhehaote | 999037 | — | 30246 | — |
| 沈阳 | Shenyang | 150603 | 26926 | 611567 | — |
| 长春 | Changchun | 1276736 | — | 364690 | 4000 |
| 哈尔滨 | Haerbin | 15090 | — | 930162 | 137696 |
| 上海 | Shanghai | 7186771 | 23393274 | — | — |
| 南京 | Nanjing | 129268 | — | 913697 | 15000 |
| 杭州 | Hangzhou | 757063 | 12511 | 887237 | 42536 |
| 合肥 | Hefei | 443110 | — | 22662 | 81695 |
| 福州 | Fuzhou | 936132 | 23400 | 303856 | 111395 |
| 南昌 | Nanchang | 201400 | — | 169100 | — |
| 济南 | Jinan | 146469 | 60328 | 74400 | — |
| 郑州 | Zhengzhou | 154129 | 55000 | 117600 | — |
| 武汉 | Wuhan | 191748 | — | 1236011 | 171257 |
| 长沙 | Changsha | 307954 | — | — | — |
| 广州 | Guangzhou | 1027643 | 81655 | 72000 | 614646 |
| 南宁 | Nanning | 158951 | — | 166381 | — |
| 海口 | Haikou | — | — | 389961 | 5307 |
| 重庆 | Chongqing | 783573 | — | 286186 | 337339 |
| 成都 | Chengdu | 1474549 | — | 2240458 | 2989763 |
| 贵阳 | Guiyang | 763105 | — | 5200 | — |
| 昆明 | Kunming | 249857 | 37300 | 3117081 | 85624 |
| 西安 | Xi'an | 176312 | — | 4534222 | — |
| 兰州 | Lanzhou | 23800 | — | — | — |
| 西宁 | Xining | 629104 | 2000 | 97540 | — |
| 银川 | Yinchuan | 155841 | — | 118580 | 113437 |
| 乌鲁木齐 | Uramuqi | 101368 | — | — | — |
| 大连 | Dalian | 614525 | — | 1873140 | 16800 |
| 青岛 | Qingdao | 1338460 | 383784 | 3925214 | 229029 |
| 宁波 | Ningbo | 1311440 | 74997 | 1276409 | 31010 |
| 厦门 | Xiamen | 4392164 | 286484 | 64436 | 968483 |
| 深圳 | Shenzhen | 352178 | 597675 | 5485242 | 529310 |

# 8－5 按资质等级分35个大中城市房地产开发企业（单位）竣工房屋面积（1999年）

## FLOOR SPACE COMPLETED BY REAL ESTATE DEVELOPMENT ENTERPRISES (UNITS) GROUPED BY QUALIFICATION OF 35 CITIES(1999)

单位：平方米 Unit: sq.m

| 城市 | City | 总计 Total | 一级 First-grade | 二级 Second-grade | 三级 Third-grade |
|---|---|---|---|---|---|
| **总计** | **Total** | **113175555** | **14537110** | **28754500** | **32365913** |
| 北京 | Beijing | 12085468 | 2912303 | 2157422 | 228456 |
| 天津 | Tianjin | 4548086 | 901030 | 600263 | 1277834 |
| 石家庄 | Shijiazhuang | 1556221 | 141880 | 708610 | 151264 |
| 太原 | Taiyuan | 665991 | 78000 | 96980 | 146223 |
| 呼和浩特 | Huhehaote | 888598 | — | 145142 | 169989 |
| 沈阳 | Shenyang | 3261431 | 195364 | 717009 | 2036078 |
| 长春 | Changchun | 1480725 | 147268 | 209760 | 404863 |
| 哈尔滨 | Haerbin | 2452950 | 30697 | 622530 | 1267446 |
| 上海 | Shanghai | 14686212 | 1724620 | 2970301 | 1890561 |
| 南京 | Nanjing | 3852859 | 1164020 | 1061702 | 1342335 |
| 杭州 | Hangzhou | 4083355 | 675656 | 1655088 | 1251763 |
| 合肥 | Hefei | 1145020 | 126655 | 280031 | 480130 |
| 福州 | Fuzhou | 2796213 | 92700 | 311766 | 2053733 |
| 南昌 | Nanchang | 648671 | 7900 | 270368 | 277530 |
| 济南 | Jinan | 1449623 | 401792 | 404378 | 564464 |
| 郑州 | Zhengzhou | 1180706 | 81608 | 342238 | 713692 |
| 武汉 | Wuhan | 4087030 | 601067 | 1409521 | 1456791 |
| 长沙 | Changsha | 1562701 | 130226 | 393902 | 858905 |
| 广州 | Guangzhou | 8583782 | 517241 | 5367240 | 1940778 |
| 南宁 | Nanning | 581365 | 21945 | 197358 | 287446 |
| 海口 | Haikou | 222920 | 50000 | 55322 | — |
| 重庆 | Chongqing | 6195580 | 143407 | 2264232 | 3164845 |
| 成都 | Chengdu | 4766010 | 457894 | 665697 | 1480972 |
| 贵阳 | Guiyang | 1555079 | 53895 | 392909 | 878862 |
| 昆明 | Kunming | 3099716 | 480096 | 1035459 | 595764 |
| 西安 | Xi'an | 3839457 | 118992 | 321790 | 767093 |
| 兰州 | Lanzhou | 1008082 | — | 285539 | 715243 |
| 西宁 | Xining | 781021 | 60398 | 217132 | 234640 |
| 银川 | Yinchuan | 895251 | 106137 | 290878 | 247204 |
| 乌鲁木齐 | Uramuqi | 820214 | 7615 | 414340 | 339157 |
| 大连 | Dalian | 3388976 | 1187218 | 547598 | 1029403 |
| 青岛 | Qingdao | 4739525 | 566640 | 439991 | 953650 |
| 宁波 | Ningbo | 2925848 | 254756 | 294343 | 1199241 |
| 厦门 | Xiamen | 2319335 | 96412 | 368036 | 935721 |
| 深圳 | Shenzhen | 5021534 | 1001678 | 1239625 | 1023837 |

8－5续表1　Continued

单位：平方米　Unit：sq. m

| 城　　市 | City | 四级 Forth-grade | 五级 Fifth-grade | 其他 Others | 兼营 Affiliated Operations |
|---|---|---|---|---|---|
| **总　　计** | **Total** | **11427596** | **6665752** | **16921393** | **2503291** |
| 北　　京 | Beijing | — | — | 6638979 | 148308 |
| 天　　津 | Tianjin | 1466630 | — | 302329 | — |
| 石 家 庄 | Shijiazhuang | 537498 | — | 16969 | — |
| 太　　原 | Taiyuan | 33965 | — | 310823 | — |
| 呼和浩特 | Huhehaote | 555471 | — | 17996 | — |
| 沈　　阳 | Shenyang | 86977 | 26926 | 199077 | — |
| 长　　春 | Changchun | 592860 | — | 121974 | 4000 |
| 哈 尔 滨 | Haerbin | 9790 | — | 473591 | 48896 |
| 上　　海 | Shanghai | 2003186 | 6097544 | — | — |
| 南　　京 | Nanjing | 70804 | — | 198998 | 15000 |
| 杭　　州 | Hangzhou | 380608 | 8866 | 111374 | — |
| 合　　肥 | Hefei | 204209 | — | 2800 | 51195 |
| 福　　州 | Fuzhou | 257397 | — | 68117 | 12500 |
| 南　　昌 | Nanchang | 92873 | — | — | — |
| 济　　南 | Jinan | 41861 | 34528 | 2600 | — |
| 郑　　州 | Zhengzhou | 43168 | — | — | — |
| 武　　汉 | Wuhan | 66200 | — | 520614 | 32837 |
| 长　　沙 | Changsha | 179668 | — | — | — |
| 广　　州 | Guangzhou | 345693 | — | 26077 | 386753 |
| 南　　宁 | Nanning | 53107 | — | 21509 | — |
| 海　　口 | Haikou | — | — | 112291 | 5307 |
| 重　　庆 | Chongqing | 355829 | — | 120227 | 147040 |
| 成　　都 | Chengdu | 531371 | — | 382538 | 1247538 |
| 贵　　阳 | Guiyang | 229413 | — | — | — |
| 昆　　明 | Kunming | 193640 | — | 794757 | — |
| 西　　安 | Xi'an | 82925 | — | 2548657 | — |
| 兰　　州 | Lanzhou | 7300 | — | — | — |
| 西　　宁 | Xining | 213716 | 2000 | 53135 | — |
| 银　　川 | Yinchuan | 92101 | — | 88459 | 70472 |
| 乌鲁木齐 | Uramuqi | 59102 | — | — | — |
| 大　　连 | Dalian | 210410 | — | 414347 | — |
| 青　　岛 | Qingdao | 858103 | 199065 | 1595080 | 126996 |
| 宁　　波 | Ningbo | 715597 | 31950 | 416881 | 13080 |
| 厦　　门 | Xiamen | 810167 | 6388 | 12124 | 90487 |
| 深　　圳 | Shenzhen | 45957 | 258485 | 1349070 | 102882 |

# 8－6 按资质等级分35个大中城市房地产开发企业(单位)新开工房屋面积(1999年)

## FLOOR SPACE NEWLY STARTED BY REAL ESTATE DEVELOPMENT ENTERPRISES (UNITS) GROUPED BY QUALIFICATION OF 35 CITIES(1999)

单位:平方米 Unit:sq.m

| 城市 | City | 总计 Total | 一级 First-grade | 二级 Second-grade | 三级 Third-grade |
|---|---|---|---|---|---|
| **总计** | **Total** | **111945784** | **11529276** | **26930685** | **34627730** |
| 北京 | Beijing | 10617596 | 1408769 | 2090740 | 571328 |
| 天津 | Tianjin | 4972914 | 1033384 | 481153 | 957378 |
| 石家庄 | Shijiazhuang | 1589443 | — | 422922 | 452771 |
| 太原 | Taiyuan | 355516 | 6000 | 83980 | 70816 |
| 呼和浩特 | Huhehaote | 995732 | — | 128397 | 251970 |
| 沈阳 | Shenyang | 3129194 | 128275 | 633925 | 2006684 |
| 长春 | Changchun | 1204940 | 8470 | 140110 | 303460 |
| 哈尔滨 | Haerbin | 2936542 | — | 585904 | 1844062 |
| 上海 | Shanghai | 13086003 | 1114572 | 2681019 | 1892397 |
| 南京 | Nanjing | 4223898 | 1120668 | 875431 | 1961956 |
| 杭州 | Hangzhou | 4450437 | 558921 | 1502942 | 1541228 |
| 合肥 | Hefei | 1392394 | 76377 | 393289 | 693289 |
| 福州 | Fuzhou | 3405842 | 29336 | 244298 | 2388612 |
| 南昌 | Nanchang | 657546 | — | 262237 | 116957 |
| 济南 | Jinan | 1666040 | 232861 | 711921 | 606340 |
| 郑州 | Zhengzhou | 1326565 | 56425 | 301968 | 865801 |
| 武汉 | Wuhan | 4172739 | 684254 | 1016703 | 1893605 |
| 长沙 | Changsha | 685125 | 100664 | 248731 | 287803 |
| 广州 | Guangzhou | 8248928 | 176481 | 5049838 | 2202779 |
| 南宁 | Nanning | 756009 | 13131 | 389515 | 243956 |
| 海口 | Haikou | 341268 | 44464 | 86904 | 111800 |
| 重庆 | Chongqing | 8475062 | 300227 | 3081922 | 4337698 |
| 成都 | Chengdu | 5934523 | 359868 | 619481 | 1526279 |
| 贵阳 | Guiyang | 1101905 | 156819 | 190075 | 501788 |
| 昆明 | Kunming | 2356685 | 353093 | 521702 | 593741 |
| 西安 | Xi'an | 1483820 | 65800 | 189225 | 441000 |
| 兰州 | Lanzhou | 659296 | — | 103899 | 538897 |
| 西宁 | Xining | 606029 | 5154 | 124397 | 156279 |
| 银川 | Yinchuan | 905987 | 62712 | 251152 | 287429 |
| 乌鲁木齐 | Uramuqi | 1333458 | 39119 | 773769 | 489570 |
| 大连 | Dalian | 3237287 | 769809 | 441261 | 1202534 |
| 青岛 | Qingdao | 4167147 | 396807 | 373927 | 1014300 |
| 宁波 | Ningbo | 2956359 | 305480 | 258313 | 897526 |
| 厦门 | Xiamen | 2707913 | 549238 | 130340 | 540636 |
| 深圳 | Shenzhen | 5805642 | 1372098 | 1539295 | 836061 |

8-6续表1 Continued

单位:平方米 Unit:sq.m

| 城市 City | 四级 Forth-grade | 五级 Fifth-grade | 其他 Others | 兼营 Affiliated Operations |
|---|---|---|---|---|
| **总计 Total** | **12191827** | **6768891** | **16492877** | **3404498** |
| 北京 Beijing | — | — | 6404292 | 142467 |
| 天津 Tianjin | 2081954 | — | 419045 | — |
| 石家庄 Shijiazhuang | 575950 | — | 137800 | — |
| 太原 Taiyuan | 91720 | — | 103000 | — |
| 呼和浩特 Huhehaote | 615365 | — | — | — |
| 沈阳 Shenyang | 74677 | 26926 | 258707 | — |
| 长春 Changchun | 464074 | — | 284826 | 4000 |
| 哈尔滨 Haerbin | 15090 | — | 432790 | 58696 |
| 上海 Shanghai | 1010072 | 6387943 | — | — |
| 南京 Nanjing | 51833 | — | 199010 | 15000 |
| 杭州 Hangzhou | 405952 | 7082 | 391777 | 42535 |
| 合肥 Hefei | 191127 | — | 7862 | 30450 |
| 福州 Fuzhou | 486016 | 23400 | 139860 | 94320 |
| 南昌 Nanchang | 109252 | — | 169100 | — |
| 济南 Jinan | 110918 | — | 4000 | — |
| 郑州 Zhengzhou | 92771 | — | 9600 | — |
| 武汉 Wuhan | 108248 | — | 379096 | 90833 |
| 长沙 Changsha | 47927 | — | — | — |
| 广州 Guangzhou | 392197 | — | — | 427633 |
| 南宁 Nanning | 80079 | — | 29328 | — |
| 海口 Haikou | — | — | 98100 | — |
| 重庆 Chongqing | 435691 | — | 152506 | 167018 |
| 成都 Chengdu | 900797 | — | 1129906 | 1398192 |
| 贵阳 Guiyang | 253223 | — | — | — |
| 昆明 Kunming | 43803 | — | 820246 | 24100 |
| 西安 Xi'an | 61515 | — | 726280 | — |
| 兰州 Lanzhou | 16500 | — | — | — |
| 西宁 Xining | 266542 | 2000 | 50657 | — |
| 银川 Yinchuan | 138048 | — | 65140 | 101506 |
| 乌鲁木齐 Uramuqi | 31000 | — | — | — |
| 大连 Dalian | 314903 | — | 492980 | 16800 |
| 青岛 Qingdao | 781697 | 133684 | 1349666 | 117066 |
| 宁波 Ningbo | 824896 | 60148 | 584890 | 25106 |
| 厦门 Xiamen | 995455 | 89812 | 42392 | 360040 |
| 深圳 Shenzhen | 122535 | 37896 | 1609021 | 288736 |

# 8-7 按资质等级分35个大中城市房地产开发企业(单位)住宅竣工面积(1999年)

## FLOOR SPACE OF RESIDENCE COMPLETED BY REAL ESTATE DEVELOPMENT ENTERPRISES(UNITS) GROUPED BY QUALIFICATION OF 35 CITIES(1999)

单位:平方米 Unit:sq.m

| 城市 | City | 总计 Total | 一级 First-grade | 二级 Second-grade | 三级 Third-grade |
|---|---|---|---|---|---|
| **总计** | **Total** | **91500762** | **11711410** | **22966503** | **26220646** |
| 北京 | Beijing | 9082634 | 2236767 | 1773441 | 189731 |
| 天津 | Tianjin | 4311202 | 872207 | 587636 | 1194232 |
| 石家庄 | Shijiazhuang | 1429396 | 135062 | 630744 | 144540 |
| 太原 | Taiyuan | 618479 | 78000 | 96980 | 141263 |
| 呼和浩特 | Huhehaote | 764272 | — | 134601 | 164947 |
| 沈阳 | Shenyang | 2602198 | 139297 | 664374 | 1604920 |
| 长春 | Changchun | 1150748 | 112074 | 58625 | 360959 |
| 哈尔滨 | Haerbin | 1907891 | 22304 | 496293 | 997957 |
| 上海 | Shanghai | 12292316 | 1406555 | 2440833 | 1624409 |
| 南京 | Nanjing | 3143306 | 980008 | 831293 | 1108961 |
| 杭州 | Hangzhou | 3283656 | 497471 | 1240102 | 1115343 |
| 合肥 | Hefei | 844164 | 117057 | 199375 | 355902 |
| 福州 | Fuzhou | 2173430 | 86200 | 240823 | 1588174 |
| 南昌 | Nanchang | 580649 | — | 239456 | 257718 |
| 济南 | Jinan | 1269698 | 330759 | 330512 | 531038 |
| 郑州 | Zhengzhou | 1088263 | 70460 | 339601 | 636034 |
| 武汉 | Wuhan | 3369389 | 549767 | 1043947 | 1219578 |
| 长沙 | Changsha | 1312655 | 98071 | 307341 | 754547 |
| 广州 | Guangzhou | 6696646 | 346587 | 4164183 | 1577684 |
| 南宁 | Nanning | 453065 | 21611 | 139407 | 235399 |
| 海口 | Haikou | 198939 | 50000 | 46042 | — |
| 重庆 | Chongqing | 4385626 | 31110 | 1587759 | 2274697 |
| 成都 | Chengdu | 3751758 | 417030 | 430036 | 1151027 |
| 贵阳 | Guiyang | 1323540 | 53895 | 328110 | 764829 |
| 昆明 | Kunming | 2512140 | 286535 | 945201 | 538211 |
| 西安 | Xi'an | 3584359 | 118992 | 293620 | 609023 |
| 兰州 | Lanzhou | 819216 | — | 218426 | 593490 |
| 西宁 | Xining | 588238 | 3700 | 206472 | 167601 |
| 银川 | Yinchuan | 679946 | 89800 | 192820 | 211531 |
| 乌鲁木齐 | Uramuqi | 759342 | 7615 | 400553 | 314802 |
| 大连 | Dalian | 2843799 | 1060404 | 432062 | 842517 |
| 青岛 | Qingdao | 3774473 | 488410 | 401432 | 728404 |
| 宁波 | Ningbo | 2047137 | 133254 | 187463 | 752016 |
| 厦门 | Xiamen | 1733597 | 75103 | 285389 | 631028 |
| 深圳 | Shenzhen | 4124595 | 795305 | 1051551 | 838134 |

8－7续表1 Continued

单位：平方米 Unit：sq.m

| 城市 City | 四级 Forth-grade | 五级 Fifth-grade | 其他 Others | 兼营 Affiliated Operations |
|---|---|---|---|---|
| **总计 Total** | **9327700** | **5851093** | **13298760** | **2124650** |
| 北京 Beijing | — | — | 4782090 | 100605 |
| 天津 Tianjin | 1398623 | — | 258504 | — |
| 石家庄 Shijiazhuang | 502081 | — | 16969 | — |
| 太原 Taiyuan | 26413 | — | 275823 | — |
| 呼和浩特 Huhehaote | 453124 | — | 11600 | — |
| 沈阳 Shenyang | 77244 | 26926 | 89437 | — |
| 长春 Changchun | 496599 | — | 118491 | 4000 |
| 哈尔滨 Haerbin | 9790 | — | 332651 | 48896 |
| 上海 Shanghai | 1487235 | 5333284 | — | — |
| 南京 Nanjing | 69625 | — | 138419 | 15000 |
| 杭州 Hangzhou | 337106 | 8589 | 85045 | — |
| 合肥 Hefei | 120635 | — | — | 51195 |
| 福州 Fuzhou | 238318 | — | 9200 | 10715 |
| 南昌 Nanchang | 83475 | — | — | — |
| 济南 Jinan | 40261 | 34528 | 2600 | — |
| 郑州 Zhengzhou | 42168 | — | — | — |
| 武汉 Wuhan | 37056 | — | 506772 | 12269 |
| 长沙 Changsha | 152696 | — | — | — |
| 广州 Guangzhou | 242876 | — | 26077 | 339239 |
| 南宁 Nanning | 47696 | — | 8952 | — |
| 海口 Haikou | — | — | 97590 | 5307 |
| 重庆 Chongqing | 266098 | — | 104526 | 121436 |
| 成都 Chengdu | 378068 | — | 300093 | 1075504 |
| 贵阳 Guiyang | 176706 | — | — | — |
| 昆明 Kunming | 171373 | — | 570820 | — |
| 西安 Xi' an | 65436 | — | 2497288 | — |
| 兰州 Lanzhou | 7300 | — | — | — |
| 西宁 Xining | 158027 | — | 52438 | — |
| 银川 Yinchuan | 67668 | — | 52592 | 65535 |
| 乌鲁木齐 Uramuqi | 36372 | — | — | — |
| 大连 Dalian | 176094 | — | 332722 | — |
| 青岛 Qingdao | 666522 | 176079 | 1211219 | 102407 |
| 宁波 Ningbo | 594622 | 30722 | 335980 | 13080 |
| 厦门 Xiamen | 659365 | 6388 | 8845 | 67479 |
| 深圳 Shenzhen | 41028 | 234577 | 1072017 | 91983 |

# 8-8 按用途分35个大中城市房地产开发企业(单位)竣工房屋价值(1999年)

## VALUE OF BUILDINGS COMPLETED BY REAL ESTATE DEVELOPMENT ENTERPRISES(UNITS) GROUPED BY PURPOSE OF PROJECTS OF 35 CITIES(1999)

单位:万元 Unit:10000 yuan

| 城市 | City | 竣工房屋价值 Vlaue of Buildings Completed | 住宅 Residence | #别墅、高档公寓 Villa, High-grade Apartment | #经济适用房屋 Economic Buildings | 办公楼 Office | 商业营业用房 Commerce | 其他 Others |
|---|---|---|---|---|---|---|---|---|
| **总计** | **Total** | **16559154** | **11879567** | **1116015** | **1642590** | **2009333** | **1632889** | **1037365** |
| 北京 | Beijing | 2462194 | 1476743 | 281222 | 25609 | 520803 | 124220 | 340428 |
| 天津 | Tianjin | 482495 | 444230 | 37532 | 166255 | 10769 | 18852 | 8644 |
| 石家庄 | Shijiazhuang | 116355 | 97736 | — | 19440 | 1610 | 15969 | 1040 |
| 太原 | Taiyuan | 53616 | 47651 | — | 32807 | 5382 | 383 | 200 |
| 呼和浩特 | Huhehaote | 85530 | 70327 | 40 | 53057 | 4316 | 10195 | 692 |
| 沈阳 | Shenyang | 372802 | 263650 | 54018 | 27506 | 35030 | 67792 | 6330 |
| 长春 | Changchun | 157934 | 95561 | — | 16878 | 28294 | 27423 | 6656 |
| 哈尔滨 | Haerbin | 232773 | 161857 | 8019 | 69516 | 19247 | 44029 | 7640 |
| 上海 | Shanghai | 3277567 | 2391611 | 251434 | 224292 | 445507 | 274583 | 165866 |
| 南京 | Nanjing | 523145 | 406792 | 33474 | 35819 | 51108 | 53075 | 12170 |
| 杭州 | Hangzhou | 762957 | 544882 | 39566 | 18799 | 111702 | 60926 | 45447 |
| 合肥 | Hefei | 154826 | 88329 | 6046 | 19566 | 42822 | 20767 | 2908 |
| 福州 | Fuzhou | 387486 | 262253 | 18570 | 42711 | 71482 | 40679 | 13072 |
| 南昌 | Nanchang | 47226 | 39552 | 1749 | 6171 | 1235 | 5598 | 841 |
| 济南 | Jinan | 147377 | 125524 | — | 9504 | 9152 | 7327 | 5374 |
| 郑州 | Zhengzhou | 146729 | 131112 | 17700 | 20212 | 3138 | 5832 | 6647 |
| 武汉 | Wuhan | 437906 | 322731 | 22908 | 90728 | 61380 | 35564 | 18231 |
| 长沙 | Changsha | 194282 | 126448 | 4918 | 45055 | 30141 | 29616 | 8077 |
| 广州 | Guangzhou | 1151113 | 892427 | 48946 | 19387 | 52913 | 117356 | 88417 |
| 南宁 | Nanning | 49528 | 30624 | 3117 | 6564 | 10161 | 6482 | 2261 |
| 海口 | Haikou | 35104 | 30095 | 13150 | 4200 | 1755 | 2192 | 1062 |
| 重庆 | Chongqing | 582504 | 332973 | 21316 | 60969 | 56162 | 149104 | 44265 |
| 成都 | Chengdu | 530466 | 335704 | 30241 | 82442 | 52260 | 91438 | 51064 |
| 贵阳 | Guiyang | 110061 | 87747 | 650 | 17960 | 6802 | 12845 | 2667 |
| 昆明 | Kunming | 411865 | 311406 | 23862 | 43686 | 50346 | 33102 | 17011 |
| 西安 | Xi' an | 387015 | 334960 | 20796 | 243608 | 22940 | 23679 | 5436 |
| 兰州 | Lanzhou | 83227 | 64753 | — | 10529 | 496 | 16749 | 1229 |
| 西宁 | Xining | 74554 | 44085 | — | 26220 | 10454 | 19240 | 775 |
| 银川 | Yinchuan | 61536 | 40500 | 1893 | 7861 | 9343 | 10215 | 1478 |
| 乌鲁木齐 | Uramuqi | 91777 | 83046 | 2994 | 20161 | 2038 | 6630 | 63 |
| 大连 | Dalian | 370419 | 284647 | 47484 | 79926 | 24287 | 44892 | 16593 |
| 青岛 | Qingdao | 349524 | 233637 | 11276 | 73130 | 51801 | 55941 | 8145 |
| 宁波 | Ningbo | 338714 | 212796 | 22358 | — | 53978 | 50027 | 21913 |
| 厦门 | Xiamen | 414134 | 272081 | 73100 | 22022 | 70861 | 35000 | 36192 |
| 深圳 | Shenzhen | 1474413 | 1191097 | 17636 | — | 79618 | 115167 | 88531 |

# 第九章 35个大中城市房地产市场

# CHAPTER 9 REAL ESTATE MARKET OF 35 CITIES

# 9-1 35 个大中城市商品房屋实际销售面积(1999 年)

## FLOOR SPACE ACTUALLY SOLD OF COMMODITY BUILDINGS OF 35 CITIES(1999)

单位:平方米 Unit:sq.m

| 城市 City | | 房屋合计 Total Sold Space | #外销(租) Rent to Foreign Customers | #个人 Individuals | 住宅 Residence | #别墅、高档公寓 Villa, High-grade Apartment | #经济适用房屋 Economic Buildings | #个人 Individuals |
|---|---|---|---|---|---|---|---|---|
| **总计** | **Total** | **73674200** | **726570** | **54727818** | **66348026** | **3246120** | **11753099** | **51407870** |
| 北京 | Beijing | 5444403 | 189355 | 2977927 | 4847144 | 550562 | 351111 | 2967640 |
| 天津 | Tianjin | 2583114 | 457 | 2376236 | 2478419 | 77884 | 1007316 | 2313865 |
| 石家庄 | Shijiazhuang | 800846 | — | 339933 | 786472 | — | 235073 | 333685 |
| 太原 | Taiyuan | 275417 | 381 | 176805 | 273196 | — | 123046 | 174884 |
| 呼和浩特 | Huhehaote | 472296 | 28027 | 368812 | 411750 | 550 | 172008 | 341204 |
| 沈阳 | Shenyang | 1491007 | — | 988571 | 1196503 | 67950 | 85482 | 896494 |
| 长春 | Changchun | 591335 | 78000 | 341227 | 522147 | — | 75386 | 270857 |
| 哈尔滨 | Haerbin | 1604625 | — | 1383602 | 1352961 | 3200 | 374336 | 1280179 |
| 上海 | Shanghai | 13286668 | 88047 | 10790380 | 12433312 | 394478 | 1006581 | 10092536 |
| 南京 | Nanjing | 1740015 | 31928 | 879731 | 1492669 | 115740 | 96367 | 845559 |
| 杭州 | Hangzhou | 2705305 | — | 1980667 | 2432762 | 58956 | 176993 | 1907145 |
| 合肥 | Hefei | 960052 | 4480 | 693749 | 844381 | 23981 | 261012 | 640177 |
| 福州 | Fuzhou | 2113098 | 10759 | 1578887 | 1889082 | 98193 | 349379 | 1446308 |
| 南昌 | Nanchang | 550875 | 2190 | 356392 | 491920 | 23645 | 43714 | 325891 |
| 济南 | Jinan | 907195 | 20000 | 299268 | 814062 | 8812 | 77735 | 242795 |
| 郑州 | Zhengzhou | 723515 | — | 489169 | 692600 | 16895 | 229748 | 484298 |
| 武汉 | Wuhan | 2227769 | 283 | 1905651 | 2039220 | 100337 | 491983 | 1828430 |
| 长沙 | Changsha | 799689 | — | 656579 | 746872 | 39532 | 52288 | 653654 |
| 广州 | Guangzhou | 5395788 | 20426 | 3859110 | 4756913 | 320393 | — | 3591452 |
| 南宁 | Nanning | 530589 | — | 377434 | 431959 | 6612 | 115646 | 371884 |
| 海口 | Haikou | 348103 | — | 345826 | 332251 | 61719 | 44519 | 305826 |
| 重庆 | Chongqing | 4299824 | — | 3730932 | 3645607 | 252576 | 749786 | 3366477 |
| 成都 | Chengdu | 3697197 | 9484 | 2886230 | 3361278 | 156531 | 1047002 | 2788886 |
| 贵阳 | Guiyang | 863586 | — | 648335 | 792685 | 5241 | 133775 | 593721 |
| 昆明 | Kunming | 2312060 | 450 | 928944 | 2196319 | 154549 | 596432 | 836270 |
| 西安 | Xi'an | 2969705 | 13200 | 2715735 | 2849545 | 78166 | 2294918 | 2645243 |
| 兰州 | Lanzhou | 489447 | 8251 | 262052 | 393564 | — | 50486 | 246281 |
| 西宁 | Xining | 306962 | — | 61156 | 257100 | — | 70579 | 51887 |
| 银川 | Yinchuan | 565053 | — | 377415 | 485564 | 8910 | 78062 | 306610 |
| 乌鲁木齐 | Uramuqi | 668573 | — | 539998 | 634076 | 5223 | 198863 | 533364 |
| 大连 | Dalian | 2409717 | 8196 | 1824775 | 2198173 | 88565 | 547583 | 1722154 |
| 青岛 | Qingdao | 2395781 | 1127 | 1955973 | 2120370 | 124272 | 480581 | 1784435 |
| 宁波 | Ningbo | 2785845 | — | 2107041 | 2327653 | 86101 | — | 1901349 |
| 厦门 | Xiamen | 1727473 | 34862 | 1317969 | 1418599 | 274978 | 135309 | 1188150 |
| 深圳 | Shenzhen | 2631273 | 176667 | 2245297 | 2400898 | 41569 | — | 2128280 |

9-1续表1 Continued

单位:平方米 Unit:sq.m

| 城市 | City | 办公楼 Office | 商业营业用房 Commerce | 其他 Others |
|---|---|---|---|---|
| **总计** | **Total** | **2805846** | **3768172** | **752156** |
| 北京 | Beijing | 479522 | 68192 | 49545 |
| 天津 | Tianjin | 19732 | 79492 | 5471 |
| 石家庄 | Shijiazhuang | 5468 | 7233 | 1673 |
| 太原 | Taiyuan | 300 | 1921 | — |
| 呼和浩特 | Huhehaote | 2534 | 57896 | 116 |
| 沈阳 | Shenyang | 79762 | 189466 | 25276 |
| 长春 | Changchun | 24912 | 43004 | 1272 |
| 哈尔滨 | Haerbin | 80560 | 139766 | 31338 |
| 上海 | Shanghai | 392253 | 394440 | 66663 |
| 南京 | Nanjing | 142161 | 101129 | 4056 |
| 杭州 | Hangzhou | 121444 | 113640 | 37459 |
| 合肥 | Hefei | 55969 | 53393 | 6309 |
| 福州 | Fuzhou | 89033 | 108439 | 26544 |
| 南昌 | Nanchang | 23364 | 19533 | 16058 |
| 济南 | Jinan | 67481 | 24262 | 1390 |
| 郑州 | Zhengzhou | 4915 | 21418 | 4582 |
| 武汉 | Wuhan | 58526 | 116260 | 13763 |
| 长沙 | Changsha | 33154 | 19195 | 468 |
| 广州 | Guangzhou | 114275 | 366643 | 157957 |
| 南宁 | Nanning | 82027 | 9526 | 7077 |
| 海口 | Haikou | 15432 | 420 | — |
| 重庆 | Chongqing | 162287 | 444950 | 46980 |
| 成都 | Chengdu | 89776 | 222821 | 23322 |
| 贵阳 | Guiyang | 24886 | 41313 | 4702 |
| 昆明 | Kunming | 30965 | 64965 | 19811 |
| 西安 | Xi'an | 66062 | 21562 | 32536 |
| 兰州 | Lanzhou | 18688 | 76826 | 369 |
| 西宁 | Xining | 11624 | 36427 | 1811 |
| 银川 | Yinchuan | 15322 | 57181 | 6986 |
| 乌鲁木齐 | Uramuqi | 17270 | 15961 | 1266 |
| 大连 | Dalian | 41247 | 145678 | 24619 |
| 青岛 | Qingdao | 72926 | 195768 | 6717 |
| 宁波 | Ningbo | 172485 | 225259 | 60448 |
| 厦门 | Xiamen | 65001 | 181905 | 61968 |
| 深圳 | Shenzhen | 124483 | 102288 | 3604 |

# 9-2 35个大中城市商品房屋预售面积(1999年)

## FLOOR SPACE PRE-SOLD OF COMMODITY BUILDINGS OF 35 CITIES(1999)

单位:平方米 Unit:sq.m

| 城市 City | 房屋合计 Total Pre-sold Space | #外销(租) Rent to Foreign Customers | #个人 Indivi-duals | 住宅 Residence | #别墅、高档公寓 Villa, High-grade Apartment | #经济适用房屋 Economic Buildings | #个人 Indivi-duals |
|---|---|---|---|---|---|---|---|
| **总计 Total** | **33958545** | **414732** | **21481511** | **30623087** | **1501341** | **2956715** | **20112637** |
| 北京 Beijing | 3050487 | 9808 | 2040465 | 2613975 | 227467 | — | 2029709 |
| 天津 Tianjin | 1407040 | 16238 | 794911 | 1349161 | 47049 | 217853 | 779172 |
| 石家庄 Shijiazhuang | 508786 | — | 391459 | 500832 | 19853 | 196491 | 389459 |
| 太原 Taiyuan | 87548 | — | 75713 | 87548 | — | 65930 | 32713 |
| 呼和浩特 Huhehaote | 241385 | — | 160555 | 220883 | — | 95429 | 97149 |
| 沈阳 Shenyang | 293250 | — | 156508 | 236031 | 14935 | 19745 | 133492 |
| 长春 Changchun | 178357 | — | 102375 | 154833 | — | 35905 | 43046 |
| 哈尔滨 Haerbin | 114719 | — | 88419 | 101881 | 20907 | 14020 | 86136 |
| 上海 Shanghai | 5186477 | 129774 | 3969802 | 4873798 | 230401 | 196012 | 3720246 |
| 南京 Nanjing | 415724 | 332 | 140014 | 338639 | 17900 | 480 | 166523 |
| 杭州 Hangzhou | 1915801 | 786 | 1222878 | 1744215 | 56443 | 27313 | 1225187 |
| 合肥 Hefei | 217159 | — | 57526 | 155904 | 18659 | 41919 | 67608 |
| 福州 Fuzhou | 1502818 | 3120 | 759430 | 1340114 | 13683 | 63881 | 767822 |
| 南昌 Nanchang | 164997 | — | 44920 | 153889 | 490 | 52504 | 76714 |
| 济南 Jinan | 443563 | — | 76513 | 428270 | 25800 | 8934 | 34254 |
| 郑州 Zhengzhou | 370572 | 125 | 117127 | 335344 | 29264 | 14412 | 107702 |
| 武汉 Wuhan | 706748 | 1264 | 544620 | 669733 | 75614 | 155183 | 551808 |
| 长沙 Changsha | 266623 | — | 232332 | 264413 | — | 4000 | 212989 |
| 广州 Guangzhou | 5135217 | 6447 | 3308387 | 4719912 | 275298 | 45395 | 3141271 |
| 南宁 Nanning | 108471 | — | 65307 | 100919 | — | 41431 | 61107 |
| 海口 Haikou | 96832 | — | 87250 | 92922 | 16670 | 28433 | 87250 |
| 重庆 Chongqing | 1844342 | 1369 | 1222233 | 1540213 | 68076 | 483245 | 1072821 |
| 成都 Chengdu | 863457 | 6694 | 466609 | 783394 | 111798 | 99357 | 344810 |
| 贵阳 Guiyang | 585868 | — | 356802 | 531550 | 26514 | 70251 | 330627 |
| 昆明 Kunming | 755984 | — | 204785 | 666271 | 5600 | 138341 | 288177 |
| 西安 Xi'an | 302513 | — | 197530 | 273431 | 4900 | 211573 | 187973 |
| 兰州 Lanzhou | 117405 | — | 18645 | 97339 | — | 13832 | 18239 |
| 西宁 Xining | 224607 | — | 5692 | 198607 | — | 151648 | 5692 |
| 银川 Yinchuan | 59378 | — | 5394 | 52533 | 295 | 7736 | 15166 |
| 乌鲁木齐 Uramuqi | 188181 | — | 12311 | 186712 | — | 32761 | 18328 |
| 大连 Dalian | 251326 | — | 148388 | 224112 | 12787 | 6999 | 123812 |
| 青岛 Qingdao | 940599 | 95 | 582568 | 769223 | 8736 | 274133 | 475801 |
| 宁波 Ningbo | 1087957 | — | 655991 | 922874 | 1000 | — | 531400 |
| 厦门 Xiamen | 1692253 | 9041 | 1393108 | 1466450 | 139329 | 141569 | 1233732 |
| 深圳 Shenzhen | 2632101 | 229639 | 1774944 | 2427162 | 31873 | — | 1654702 |

9－2续表1 Continued

单位：平方米 Unit: sq. m

| 城市 | City | 办公楼 Office | 商业营业用房 Commerce | 其他 Others |
|---|---|---|---|---|
| **总计** | **Total** | **1502857** | **1601810** | **230791** |
| 北京 | Beijing | 390881 | 35301 | 10330 |
| 天津 | Tianjin | 3546 | 39756 | 14577 |
| 石家庄 | Shijiazhuang | — | 7954 | — |
| 太原 | Taiyuan | — | — | — |
| 呼和浩特 | Huhehaote | 1800 | 18702 | — |
| 沈阳 | Shenyang | 25123 | 29848 | 2248 |
| 长春 | Changchun | 979 | 21955 | 590 |
| 哈尔滨 | Haerbin | 136 | 12702 | — |
| 上海 | Shanghai | 186269 | 107355 | 19055 |
| 南京 | Nanjing | 41375 | 35710 | — |
| 杭州 | Hangzhou | 40440 | 121944 | 9202 |
| 合肥 | Hefei | 48456 | 12799 | — |
| 福州 | Fuzhou | 78317 | 67238 | 17149 |
| 南昌 | Nanchang | 8800 | 2308 | — |
| 济南 | Jinan | 7753 | 7540 | — |
| 郑州 | Zhengzhou | 14154 | 13208 | 7866 |
| 武汉 | Wuhan | 13211 | 23694 | 110 |
| 长沙 | Changsha | 1600 | 600 | 10 |
| 广州 | Guangzhou | 173968 | 195926 | 45411 |
| 南宁 | Nanning | — | 7139 | 413 |
| 海口 | Haikou | 2228 | 1682 | |
| 重庆 | Chongqing | 95730 | 196222 | 12177 |
| 成都 | Chengdu | 8953 | 70109 | 1001 |
| 贵阳 | Guiyang | 16648 | 30232 | 7438 |
| 昆明 | Kunming | 62012 | 24501 | 3200 |
| 西安 | Xi'an | 16305 | 11507 | 1270 |
| 兰州 | Lanzhou | 10594 | 9472 | — |
| 西宁 | Xining | 2988 | 21062 | 1950 |
| 银川 | Yinchuan | 1480 | 5365 | — |
| 乌鲁木齐 | Uramuqi | 920 | 549 | — |
| 大连 | Dalian | 5393 | 20013 | 1808 |
| 青岛 | Qingdao | 70090 | 97384 | 3902 |
| 宁波 | Ningbo | 54695 | 97689 | 12699 |
| 厦门 | Xiamen | 38416 | 161114 | 16273 |
| 深圳 | Shenzhen | 79597 | 93230 | 32112 |

# 第十章　35个大中城市土地市场

## CHAPTER 10　LAND MARKET OF 35 CITIES

# 10-1 按资质等级分35个大中城市房地产开发企业(单位)本年完成土地开发面积(1999年)

## LAND AREA DEVELOPED THIS YEAR BY REAL ESTATE DEVELOPMENT ENTERPRISES(UNITS) GROUPED BY QUALIFICATION OF 35 CITIES(1999)

单位:平方米 Unit:sq.m

| 城市 | City | 总计<br>Total | 一级<br>First-grade | 二级<br>Second-grade | 三级<br>Third-grade |
|---|---|---|---|---|---|
| **总计** | **Total** | **43386357** | **3398449** | **11777277** | **13683155** |
| 北京 | Beijing | 1871817 | 72859 | 209610 | 125220 |
| 天津 | Tianjin | 3355330 | 243900 | 291334 | 972691 |
| 石家庄 | Shijiazhuang | 369124 | — | 35000 | 161944 |
| 太原 | Taiyuan | 89254 | — | 77254 | — |
| 呼和浩特 | Huhehaote | 213546 | — | — | 46192 |
| 沈阳 | Shenyang | 735737 | — | 191085 | 438500 |
| 长春 | Changchun | 1194154 | 200000 | 184067 | 362019 |
| 哈尔滨 | Haerbin | 961518 | — | 179952 | 509066 |
| 上海 | Shanghai | 1481009 | 82500 | 361473 | 175930 |
| 南京 | Nanjing | 1569034 | 250366 | 334568 | 898482 |
| 杭州 | Hangzhou | 1616373 | 96000 | 284493 | 748953 |
| 合肥 | Hefei | 997506 | — | 121077 | 774620 |
| 福州 | Fuzhou | 1332347 | — | 86097 | 765836 |
| 南昌 | Nanchang | 521760 | 7900 | 153030 | 330457 |
| 济南 | Jinan | 1743419 | 318260 | 1110619 | 306007 |
| 郑州 | Zhengzhou | 424097 | 5666 | 88225 | 330206 |
| 武汉 | Wuhan | 3398911 | 435914 | 1863591 | 794498 |
| 长沙 | Changsha | 616599 | 129125 | 200752 | 282422 |
| 广州 | Guangzhou | 5244900 | 139304 | 2158294 | 1718457 |
| 南宁 | Nanning | 409490 | — | 203000 | 119190 |
| 海口 | Haikou | 105430 | — | 56120 | 33010 |
| 重庆 | Chongqing | 2111205 | 7121 | 1000286 | 733335 |
| 成都 | Chengdu | 1418238 | 151152 | 158789 | 570836 |
| 贵阳 | Guiyang | — | — | — | — |
| 昆明 | Kunming | 2203722 | 267472 | 684577 | 346883 |
| 西安 | Xi'an | 941054 | 39693 | 205894 | 285466 |
| 兰州 | Lanzhou | 118352 | — | 5283 | 112069 |
| 西宁 | Xining | 307936 | 2938 | 149082 | 72166 |
| 银川 | Yinchuan | — | — | — | — |
| 乌鲁木齐 | Uramuqi | 687349 | 19813 | 450192 | 176989 |
| 大连 | Dalian | 1218393 | 206745 | 313886 | 412579 |
| 青岛 | Qingdao | 2458617 | 115896 | 120699 | 392449 |
| 宁波 | Ningbo | 1332975 | 174800 | 188411 | 463991 |
| 厦门 | Xiamen | 468590 | 86857 | 32182 | 71794 |
| 深圳 | Shenzhen | 1868571 | 344168 | 278355 | 150858 |

10-1续表1 Continued

单位:平方米 Unit:sq.m

| 城市 | City | 四级 Forth-grade | 五级 Fifth-grade | 其他 Others | 兼营 Affiliated Operations |
|---|---|---|---|---|---|
| **总计** | **Total** | **5866824** | **913547** | **6869157** | **877988** |
| 北京 | Beijing | — | — | 1410554 | 53574 |
| 天津 | Tianjin | 1566805 | — | 280600 | — |
| 石家庄 | Shijiazhuang | 72880 | — | 99300 | — |
| 太原 | Taiyuan | — | — | 12000 | — |
| 呼和浩特 | Huhehaote | 167354 | — | — | — |
| 沈阳 | Shenyang | — | — | 106152 | — |
| 长春 | Changchun | 227923 | — | 220145 | — |
| 哈尔滨 | Haerbin | — | — | 272500 | — |
| 上海 | Shanghai | 220818 | 640288 | — | — |
| 南京 | Nanjing | 15008 | — | 70610 | — |
| 杭州 | Hangzhou | 226137 | 5124 | 227326 | 28340 |
| 合肥 | Hefei | 68543 | — | — | 33266 |
| 福州 | Fuzhou | 383557 | 22000 | 35218 | 39639 |
| 南昌 | Nanchang | 30373 | — | — | — |
| 济南 | Jinan | 6133 | — | 2400 | — |
| 郑州 | Zhengzhou | — | — | — | — |
| 武汉 | Wuhan | 31650 | — | 273258 | — |
| 长沙 | Changsha | 4300 | — | — | — |
| 广州 | Guangzhou | 789458 | 9000 | — | 430387 |
| 南宁 | Nanning | 87300 | — | — | — |
| 海口 | Haikou | — | — | 16300 | — |
| 重庆 | Chongqing | 77106 | — | 237339 | 56018 |
| 成都 | Chengdu | 234923 | — | 302538 | — |
| 贵阳 | Guiyang | — | — | — | — |
| 昆明 | Kunming | 352497 | — | 552293 | — |
| 西安 | Xi'an | 90433 | — | 319568 | — |
| 兰州 | Lanzhou | 1000 | — | — | — |
| 西宁 | Xining | 67110 | — | 16640 | — |
| 银川 | Yinchuan | — | — | — | — |
| 乌鲁木齐 | Uramuqi | 40335 | — | — | — |
| 大连 | Dalian | 30183 | — | 255000 | — |
| 青岛 | Qingdao | 416496 | 201463 | 1152060 | 59554 |
| 宁波 | Ningbo | 407083 | 18250 | 73540 | 6900 |
| 厦门 | Xiamen | 231628 | 7514 | 4823 | 33792 |
| 深圳 | Shenzhen | 19771 | 9908 | 928993 | 136518 |

# 10－2 按资质等级分35个大中城市房地产开发企业(单位)本年完成土地购置面积(1999年)

## LAND AREA PURCHASED THIS YEAR BY REAL ESTATE DEVELOPMENT ENTERPRISES(UNITS) GROUPED BY QUALIFICATION OF 35 CITIES(1999)

单位:平方米　Unit:sq.m

| 城市 | City | 总计 Total | 一级 First-grade | 二级 Second-grade | 三级 Third-grade |
|---|---|---|---|---|---|
| **总计** | **Total** | **59958181** | **5952455** | **17020750** | **18033020** |
| 北京 | Beijing | 4460456 | 1730454 | 359952 | 74377 |
| 天津 | Tianjin | 1897127 | 10000 | 179700 | 398924 |
| 石家庄 | Shijiazhuang | 478452 | — | 180000 | 222314 |
| 太原 | Taiyuan | 295478 | — | 70701 | — |
| 呼和浩特 | Huhehaote | 646439 | — | 5220 | 378634 |
| 沈阳 | Shenyang | 747117 | — | 225125 | 500800 |
| 长春 | Changchun | 1199230 | — | 239700 | 260028 |
| 哈尔滨 | Haerbin | 907448 | — | 218964 | 525484 |
| 上海 | Shanghai | 3351338 | 57600 | 260711 | 438881 |
| 南京 | Nanjing | 1034766 | 244931 | 173232 | 563354 |
| 杭州 | Hangzhou | 2305063 | 326020 | 754556 | 883918 |
| 合肥 | Hefei | 2175800 | 573837 | 228353 | 1170415 |
| 福州 | Fuzhou | 3417206 | 6000 | 223419 | 1263425 |
| 南昌 | Nanchang | 369781 | — | 229350 | 100571 |
| 济南 | Jinan | 3711400 | 35000 | 3067464 | 585219 |
| 郑州 | Zhengzhou | 940972 | 14456 | 303302 | 566553 |
| 武汉 | Wuhan | 4198869 | 647536 | 2185722 | 1136622 |
| 长沙 | Changsha | 289083 | 15596 | 59605 | 182420 |
| 广州 | Guangzhou | 4302620 | 105403 | 1083187 | 2628781 |
| 南宁 | Nanning | 500088 | 21347 | 322691 | 106618 |
| 海口 | Haikou | 535395 | — | 210000 | 55640 |
| 重庆 | Chongqing | 6245331 | 118000 | 3361483 | 2306862 |
| 成都 | Chengdu | 3573140 | 266800 | 430643 | 893970 |
| 贵阳 | Guiyang | 367902 | — | 32387 | 197492 |
| 昆明 | Kunming | 1991651 | 279473 | 391010 | 448751 |
| 西安 | Xi'an | 1797564 | 215853 | 694769 | 409880 |
| 兰州 | Lanzhou | 189888 | — | 9247 | 179641 |
| 西宁 | Xining | 197305 | 18267 | 75430 | 51702 |
| 银川 | Yinchuan | 185051 | 12810 | 22019 | 77336 |
| 乌鲁木齐 | Uramuqi | 892403 | 31116 | 663038 | 150383 |
| 大连 | Dalian | 887692 | 394555 | 157913 | 270177 |
| 青岛 | Qingdao | 1743487 | 255197 | 66602 | 326337 |
| 宁波 | Ningbo | 1390129 | 196654 | 165522 | 405258 |
| 厦门 | Xiamen | 1357071 | 38800 | 21922 | 86718 |
| 深圳 | Shenzhen | 1375439 | 336750 | 337811 | 185535 |

10－2续表1　Continued

单位：平方米　Unit：sq. m

| 城　市 | City | 四级 Forth-grade | 五级 Fifth-grade | 其他 Others | 兼营 Affiliated Operations |
|---|---|---|---|---|---|
| **总　计** | **Total** | **5412584** | **2655811** | **9615494** | **1268067** |
| 北　京 | Beijing | — | — | 2295673 | — |
| 天　津 | Tianjin | 1188379 | 2700 | 117424 | — |
| 石家庄 | Shijiazhuang | 68849 | — | 7289 | — |
| 太　原 | Taiyuan | 78110 | — | 146667 | — |
| 呼和浩特 | Huhehaote | 262585 | — | — | — |
| 沈　阳 | Shenyang | 9680 | — | 11512 | — |
| 长　春 | Changchun | 306107 | — | 393395 | — |
| 哈尔滨 | Haerbin | — | — | 163000 | — |
| 上　海 | Shanghai | 123935 | 2470211 | — | — |
| 南　京 | Nanjing | 7668 | — | 45581 | — |
| 杭　州 | Hangzhou | 132703 | 1463 | 154207 | 52196 |
| 合　肥 | Hefei | 105260 | — | 54669 | 33266 |
| 福　州 | Fuzhou | 97234 | 21000 | 1730428 | 75700 |
| 南　昌 | Nanchang | 20117 | — | 19743 | — |
| 济　南 | Jinan | 23717 | — | — | — |
| 郑　州 | Zhengzhou | 56661 | — | — | — |
| 武　汉 | Wuhan | 43450 | — | 185539 | — |
| 长　沙 | Changsha | 31462 | — | — | — |
| 广　州 | Guangzhou | 249627 | 9000 | — | 226622 |
| 南　宁 | Nanning | 15938 | — | 33494 | — |
| 海　口 | Haikou | — | — | 3300 | 266455 |
| 重　庆 | Chongqing | 132943 | — | 323543 | 2500 |
| 成　都 | Chengdu | 464450 | — | 1057277 | 460000 |
| 贵　阳 | Guiyang | 133223 | — | 4800 | — |
| 昆　明 | Kunming | 2001 | — | 870416 | — |
| 西　安 | Xi'an | 189137 | — | 287925 | — |
| 兰　州 | Lanzhou | 1000 | — | — | — |
| 西　宁 | Xining | 51906 | — | — | — |
| 银　川 | Yinchuan | 49634 | — | 14591 | 8661 |
| 乌鲁木齐 | Uramuqi | 47866 | — | — | — |
| 大　连 | Dalian | 56287 | — | 8760 | — |
| 青　岛 | Qingdao | 279115 | 124187 | 649295 | 42754 |
| 宁　波 | Ningbo | 491173 | 17250 | 99709 | 14563 |
| 厦　门 | Xiamen | 671654 | 10000 | 442627 | 85350 |
| 深　圳 | Shenzhen | 20713 | — | 494630 | — |

# 第十一章 全社会固定资产投资

# CHAPTER 11 INVESTMENT IN FIXED ASSETS

# 11－1 全社会固定资产投资(1998—1999年)

## TOTAL INVESTMENT IN FIXED ASSETS(1998—1999)

| 指 标 | Item | 1998 | 1999 | 1999年比上年增长(%) Increase Rate in 1999 over 1998(%) |
|---|---|---|---|---|
| **投资总额(亿元)** | **Total Investment(100 million yuan)** | **28406.17** | **29854.71** | **5.10** |
| 按经济类型分 | Grouped by Ownership | | | |
| 国有经济 | State-Owned Units | 15369.30 | 15947.76 | 3.76 |
| 集体经济 | Collective-Owned Units | 4192.24 | 4338.55 | 3.49 |
| #农 村 | Rural | 3233.31 | 3343.13 | 3.40 |
| 个体经济 | Individuals | 3744.37 | 4195.70 | 7.91 |
| #农 村 | Rural | 2681.52 | 2779.59 | 3.66 |
| 联营经济 | Joint-Ownership Economic Units | 60.49 | 97.90 | 61.84 |
| 股份制经济 | Share Holding Economic Units | 1947.01 | 2478.88 | 27.32 |
| 外商投资经济 | Foreign Funded Economic Units | 1639.61 | 1433.40 | －12.58 |
| 港澳台投资经济 | Economic Units Funded by Entrepreneurs from Hong Kong, Macao and Taiwan | 1334.20 | 1218.07 | －8.70 |
| 其他经济 | Others | 118.95 | 144.44 | 21.43 |
| 按管理渠道分 | Grouped by Channel of Management | | | |
| 基本建设 | Capital Construction | 11926.42 | 12455.28 | 4.52 |
| 更新改造 | Innovation | 4516.75 | 4485.08 | －0.70 |
| 房地产开发 | Real Estate Development | 3614.23 | 4103.20 | 13.53 |
| 其他投资 | Others | 8358.76 | 8811.15 | 5.41 |
| 按资金来源分 | Grouped by Source of Funds | | | |
| 国家预算内资金 | State Budgetary Appropriation | 1197.39 | 1852.14 | 54.68 |
| 国内贷款 | Domestic Loans | 5542.89 | 5725.93 | 3.30 |
| 利用外资 | Foreign Investment | 2617.03 | 2006.78 | －23.32 |
| 自筹资金 | Fund Raising | 14864.19 | 15885.26 | 6.87 |
| 其他资金 | Others | 4495.42 | 4284.54 | －4.69 |
| 按构成分 | Grouped by Use of Funds | | | |
| 建筑安装工程 | Construction and Installation | 17874.53 | 18795.93 | 5.15 |
| 设备工具器具购置 | Purchase of Equipment and Instruments | 6528.53 | 7053.04 | 8.03 |
| 其他费用 | Others | 4003.10 | 4005.74 | 0.07 |
| **房屋建筑面积(万平方米)** | **Floor Space of Buildings (10000 sq.m)** | | | |
| 施工面积 | Floor Space Under Construction | 245755.73 | 263294.25 | 7.14 |
| 竣工面积 | Floor Space Completed | 170904.75 | 187357.07 | 9.63 |
| #住 宅 | Residential Buildings | 127571.61 | 139305.93 | 9.20 |

注:1.按资金来源分组为财务拨款数,各项相加不等于投资总额。以下各表同。
2.增长速度未扣除价格因素,以下各表同。
3.个体经济投资增长速度按可比口径计算,以下各表同。

Note: a) Total investment grouped by sources of funds refers to financial appropriation, and the broken－down figures do not add up to the total. The sameas in the following tables.
b) The growth rates are calculated without removing the factor of price increase. It is the same as in the following tables.
c) The growth rates of individuals economy are calculated at comparable caliber. It is the same as in the following tables.

# 11-2　按经济类型分的全社会固定资产投资(1980—1999年)

## TOTAL INVESTMENT IN FIXED ASSETS GROUPED BY OWNERSHIP(1980—1999)

| 指标<br>Item | 总计<br>Total | 国有经济<br>State-owned Units | 集体经济<br>Collective-owned Units | 个体经济<br>Individuals | 其他经济<br>Other Types of Ownership |
|---|---|---|---|---|---|
| 投资额(亿元)<br>Investment Value<br>(100 million yuan) | | | | | |
| 1980 | 910.9 | 745.9 | 46.0 | 119.0 | — |
| 1981 | 961.0 | 667.5 | 115.2 | 178.3 | — |
| 1982 | 1230.4 | 845.3 | 174.3 | 210.8 | — |
| 1983 | 1430.1 | 952.0 | 156.3 | 321.8 | — |
| 1984 | 1832.9 | 1185.2 | 238.7 | 409.0 | — |
| 1985 | 2543.2 | 1680.5 | 327.5 | 535.2 | — |
| 1986 | 3120.6 | 2079.4 | 391.8 | 649.4 | — |
| 1987 | 3791.7 | 2448.8 | 547.0 | 795.9 | — |
| 1988 | 4753.8 | 3020.0 | 711.7 | 1022.1 | — |
| 1989 | 4410.4 | 2808.2 | 570.0 | 1032.2 | — |
| 1990 | 4517.0 | 2986.3 | 529.5 | 1001.2 | — |
| 1991 | 5594.5 | 3713.8 | 697.8 | 1182.9 | — |
| 1992 | 8080.1 | 5498.7 | 1359.4 | 1222.0 | — |
| 1993 | 13072.3 | 7925.9 | 2317.3 | 1476.2 | 1352.9 |
| 1994 | 17042.1 | 9615.0 | 2758.9 | 1970.6 | 2697.6 |
| 1995 | 20019.3 | 10898.2 | 3289.4 | 2560.2 | 3271.5 |
| 1996 | (22974.0) | (12056.2) | (3660.6) | (3211.2) | (4046.0) |
| | 22913.5 | 12006.2 | 3651.5 | 3211.2 | 4044.6 |
| 1997 | 24941.1 | 13091.7 | 3850.9 | 3429.4 | 4569.1 |
| 1998 | 28406.2 | 15369.3 | 4192.2 | 3744.4 | 5100.3 |
| 1999 | 29854.7 | 15947.8 | 4338.6 | 4195.7 | 5372.7 |
| 增长速度(上年=100)<br>Growth Rate<br>(previous year=100) | | | | | |
| 1981 | 5.5 | -10.5 | 150.4 | 49.8 | — |
| 1982 | 28.0 | 26.6 | 51.3 | 18.2 | — |
| 1983 | 16.2 | 12.6 | -10.3 | 52.7 | — |
| 1984 | 28.2 | 24.5 | 52.7 | 27.1 | — |
| 1985 | 38.8 | 41.8 | 37.2 | 30.9 | — |
| 1986 | 22.7 | 23.7 | 19.6 | 21.3 | — |
| 1987 | 21.5 | 17.8 | 39.6 | 22.6 | — |
| 1988 | 25.4 | 23.3 | 30.1 | 28.4 | — |
| 1989 | -7.2 | -7.0 | -19.9 | 1.0 | — |
| 1990 | 2.4 | 6.3 | -7.1 | -3.0 | — |
| 1991 | 23.9 | 24.4 | 31.7 | 18.1 | — |
| 1992 | 44.4 | 48.1 | 94.8 | 3.3 | — |
| 1993 | 61.8 | 44.1 | 70.5 | 20.8 | — |
| 1994 | 30.4 | 21.3 | 19.1 | 33.5 | 99.4 |
| 1995 | 17.5 | 13.3 | 19.2 | 29.9 | 21.3 |
| 1996 | 14.8 | 10.6 | 11.3 | 25.4 | 23.7 |
| 1997 | 8.8 | 9.0 | 5.5 | 6.8 | 13.0 |
| 1998 | 13.9 | 17.4 | 8.9 | 9.2 | 11.6 |
| 1999 | 5.1 | 3.8 | 3.5 | 7.9 | 5.3 |

注:1.其他经济类型包括联营经济、股份制经济、外商投资经济、港澳台投资经济等国有、集体和个体经济以外的经济成分。

2.根据1994年房地产快速调查结果，对1990年以来的全社会固定资产投资数据进行了调整。

Note: a) Other types of ownership refer to the types of ownership other than state-owned units, collective-owned units and individuals, including joint-ownedeconomic units, share holding economic units, foreign-funded economic units, economic units funded by the entrepreneurs from Hong Kong, Macao and Taiwan, etc.

b) The data of the total investment in fixed assets since 1990 have been adjusted in accordance with the data obtained from the fast survey on the realestates in 1994.

# 11-3 按资金来源和构成分的全社会固定资产投资（1981—1999年）

## TOTAL INVESTMENT IN FIXED ASSETS GROUPED BY SOURCE OF FINANCE AND USE OF FUNDS（1981—1999）

| 年份 Year | 按资金来源分 Grouped by Source of Funds | | | | 按构成分 Grouped by Use of Funds | | |
|---|---|---|---|---|---|---|---|
| | 国家预算内资金 State Budgetary Appropriation | 国内贷款 Domestic Loans | 利用外资 Foreign Investment | 自筹和其他资金 Fund-raising and Othes | 建筑安装工程 Construction and Installation | 设备工具器具购置 Purchase of Equipment and Instruments | 其他费用 Others |
| **投资额(亿元) Investment Value (100 million yuan)** | | | | | | | |
| 1981 | 269.76 | 122.00 | 36.36 | 532.89 | 689.83 | 223.64 | 47.54 |
| 1982 | 279.26 | 176.12 | 60.51 | 714.51 | 871.12 | 291.41 | 67.87 |
| 1983 | 339.71 | 175.50 | 66.55 | 848.30 | 993.32 | 358.31 | 78.43 |
| 1984 | 421.00 | 258.47 | 70.66 | 1082.74 | 1217.58 | 509.23 | 106.06 |
| 1985 | 407.80 | 510.27 | 91.48 | 1533.64 | 1655.46 | 718.08 | 169.65 |
| 1986 | 455.62 | 658.46 | 137.31 | 1869.19 | 2059.66 | 851.95 | 208.99 |
| 1987 | 496.64 | 871.98 | 181.97 | 2241.11 | 2475.65 | 1038.78 | 277.26 |
| 1988 | 431.96 | 977.84 | 275.31 | 2968.69 | 3099.66 | 1305.37 | 348.77 |
| 1989 | 366.05 | 762.98 | 291.08 | 2990.28 | 2994.59 | 1115.81 | 300.00 |
| 1990 | 393.03 | 885.45 | 284.61 | 2954.41 | 3008.72 | 1165.54 | 342.74 |
| 1991 | 380.43 | 1314.73 | 318.89 | 3580.44 | 3647.68 | 1460.19 | 486.63 |
| 1992 | 347.46 | 2214.03 | 468.66 | 5049.95 | 5163.37 | 2125.14 | 791.58 |
| 1993 | 483.67 | 3071.99 | 954.28 | 8562.36 | 8201.21 | 3315.92 | 1555.18 |
| 1994 | 529.57 | 3997.64 | 1768.95 | 11530.96 | 10786.52 | 4328.26 | 1928.08 |
| 1995 | 621.05 | 4198.73 | 2295.89 | 13409.19 | 13173.33 | 4262.46 | 2583.48 |
| 1996 | (629.72) | (4576.53) | (2747.41) | (15465.35) | (15153.41) | (4940.79) | (2879.83) |
| | 625.88 | 4573.69 | 2746.60 | 15412.40 | 15109.29 | 4925.98 | 2878.28 |
| 1997 | 696.74 | 4782.55 | 2683.89 | 17096.49 | 15614.03 | 6044.84 | 3282.25 |
| 1998 | 1197.39 | 5542.89 | 2617.03 | 19359.61 | 17874.53 | 6528.53 | 4003.10 |
| 1999 | 1852.14 | 5725.93 | 2006.78 | 20169.80 | 18795.93 | 7053.04 | 4005.74 |
| **构成(%) Percentage** | | | | | | | |
| 1981 | 28.1 | 12.7 | 3.8 | 55.4 | 71.8 | 23.3 | 4.9 |
| 1982 | 22.7 | 14.3 | 4.9 | 58.1 | 70.8 | 23.7 | 5.5 |
| 1983 | 23.8 | 12.3 | 4.7 | 59.2 | 69.5 | 25.1 | 5.4 |
| 1984 | 23.0 | 14.1 | 3.9 | 59.0 | 66.4 | 27.8 | 5.8 |
| 1985 | 16.0 | 20.1 | 3.6 | 60.3 | 65.1 | 28.2 | 6.7 |
| 1986 | 14.6 | 21.1 | 4.4 | 59.9 | 66.0 | 27.3 | 6.7 |
| 1987 | 13.1 | 23.0 | 4.8 | 59.1 | 65.3 | 27.4 | 7.3 |
| 1988 | 9.3 | 21.0 | 5.9 | 63.8 | 65.2 | 27.5 | 7.3 |
| 1989 | 8.3 | 17.3 | 6.6 | 67.8 | 67.9 | 25.3 | 6.8 |
| 1990 | 8.7 | 19.6 | 6.3 | 65.4 | 66.6 | 25.8 | 7.6 |
| 1991 | 6.8 | 23.5 | 5.7 | 64.0 | 65.2 | 26.1 | 8.7 |
| 1992 | 4.3 | 27.4 | 5.8 | 62.5 | 63.9 | 26.3 | 9.8 |
| 1993 | 3.7 | 23.5 | 7.3 | 65.5 | 62.7 | 25.4 | 11.9 |
| 1994 | 3.0 | 22.4 | 9.9 | 64.7 | 63.3 | 25.4 | 11.3 |
| 1995 | 3.0 | 20.5 | 11.2 | 65.3 | 65.8 | 21.3 | 12.9 |
| 1996 | 2.7 | 19.6 | 11.8 | 66.0 | 66.0 | 21.5 | 12.5 |
| 1997 | 2.8 | 18.9 | 10.6 | 67.7 | 62.6 | 24.2 | 13.2 |
| 1998 | 4.2 | 19.3 | 9.1 | 67.4 | 62.9 | 23.0 | 14.1 |
| 1999 | 6.2 | 19.2 | 6.7 | 67.8 | 63.0 | 23.6 | 13.4 |

# 11-4 按经济类型分的全社会固定资产投资（1999年）

## TOTAL INVESTMENT IN FIXED ASSETS GROUPED BY OWNERSHIP(1999)

| 指 标 | Item | 总 计 Total | 国有经济 State-owned Units | 集体经济 Collective-owned Units | #农村 Rural |
|---|---|---|---|---|---|
| **投资总额（亿元）** | **Total Investment(100 million yuan)** | **29854.71** | **15947.76** | **4338.55** | **3343.13** |
| 按资金来源分 | Grouped by Source of Funds | | | | |
| 国家预算内资金 | State Budgetary Appropriation | 1852.14 | 1555.89 | 244.23 | 238.29 |
| 国内贷款 | Domestic Loans | 5725.93 | 3737.61 | 581.52 | 401.99 |
| 利用外资 | Foreign Investment | 2006.78 | 612.24 | 194.42 | 174.57 |
| 自筹资金 | Fund-raising | 15885.26 | 7441.67 | 2789.52 | 2278.50 |
| 其他资金 | Others | 4284.54 | 2240.08 | 584.61 | 249.79 |
| 按构成分 | Grouped by Use of Funds | | | | |
| 建筑安装工程 | Construction and Installation | 18795.93 | 10477.19 | 2290.40 | 1610.22 |
| 设备、工具、器具购置 | Purchase of Equipment and Instruments | 7053.04 | 3336.31 | 1602.51 | 1427.53 |
| 其他费用 | Others | 4005.74 | 2134.26 | 445.65 | 305.37 |
| **房屋建筑面积（万平方米）** | **Floor Space of Buildings(10000 sq.m)** | | | | |
| 施工面积 | Floor Space Under Construction | 263294.25 | 72981.17 | 41391.58 | 29925.00 |
| 竣工面积 | Floor Space Completed | 187357.07 | 38058.83 | 30323.91 | 24467.00 |
| #住宅 | Residence | 139305.93 | 24518.89 | 10418.26 | 6679.00 |
| **按地区分投资总额（亿元）** | **Total Investment by Region (100 million yuan)** | | | | |
| 北 京 | Beijing | 1171.16 | 741.39 | 87.56 | 53.10 |
| 天 津 | Tianjin | 576.45 | 329.94 | 69.32 | 56.73 |
| 河 北 | Hebei | 1770.47 | 811.46 | 519.83 | 438.00 |
| 山 西 | Shanxi | 477.57 | 319.45 | 35.29 | 22.99 |
| 内蒙古 | Inner Mongolia | 348.22 | 215.51 | 25.63 | 19.28 |
| 辽 宁 | Liaoning | 1119.47 | 662.95 | 140.00 | 103.63 |
| 吉 林 | Jilin | 500.02 | 300.08 | 45.81 | 36.15 |
| 黑龙江 | Heilongjiang | 751.66 | 567.28 | 28.13 | 13.41 |
| 上 海 | Shanghai | 1855.76 | 986.82 | 208.11 | 133.58 |
| 江 苏 | Jiangsu | 2441.88 | 1052.78 | 549.66 | 423.26 |
| 浙 江 | Zhejiang | 1958.05 | 743.88 | 468.86 | 387.19 |
| 安 徽 | Anhui | 703.45 | 343.58 | 75.19 | 51.00 |
| 福 建 | Fujian | 1084.66 | 427.71 | 135.21 | 105.83 |
| 江 西 | Jiangxi | 454.44 | 250.59 | 47.09 | 39.21 |
| 山 东 | Shandong | 2220.57 | 1052.61 | 635.78 | 552.83 |
| 河 南 | Henan | 1206.83 | 659.25 | 181.69 | 146.50 |
| 湖 北 | Hubei | 1239.14 | 708.86 | 137.07 | 107.70 |
| 湖 南 | Hunan | 883.94 | 463.65 | 95.81 | 80.03 |
| 广 东 | Guangdong | 2937.02 | 1226.57 | 349.90 | 192.36 |
| 广 西 | Guangxi | 578.76 | 300.12 | 44.34 | 34.20 |
| 海 南 | Hainan | 194.78 | 83.39 | 10.05 | 7.36 |
| 重 庆 | Chongqing | 525.26 | 263.42 | 70.86 | 52.80 |
| 四 川 | Sichuan | 1224.40 | 652.62 | 169.31 | 138.01 |
| 贵 州 | Guizhou | 311.93 | 198.97 | 22.99 | 15.29 |
| 云 南 | Yunnan | 663.97 | 439.03 | 67.99 | 56.35 |
| 西 藏 | Tibet | 53.56 | 51.05 | 0.61 | — |
| 陕 西 | Shaanxi | 587.79 | 377.56 | 41.97 | 30.22 |
| 甘 肃 | Gansu | 355.51 | 246.73 | 25.72 | 16.21 |
| 青 海 | Qinghai | 117.15 | 91.53 | 7.04 | 4.95 |
| 宁 夏 | Ningxia | 128.10 | 78.48 | 12.84 | 9.86 |
| 新 疆 | Xinjiang | 526.65 | 418.57 | 28.90 | 15.07 |
| 不分地区 | Not Classified by Region | 886.10 | 881.94 | — | — |

11－4续表1 Continued

| 指标 | Item | 个体经济 Individuals | #农村 Rural | 联营经济 Joint-owned Economic Units | 股份制经济 Share Holding Economic Units |
|---|---|---|---|---|---|
| **投资总额(亿元)** | **Total Investment(100 million yuan)** | **4195.70** | **2779.59** | **97.90** | **2478.88** |
| 按资金来源分 | Grouped by Source of Funds | | | | |
| 国家预算内资金 | State Budgetary Appropriation | 0.53 | — | 3.10 | 44.94 |
| 国内贷款 | Domestic Loans | 168.47 | 74.14 | 27.51 | 676.21 |
| 利用外资 | Foreign Investment | 2.18 | 0.00 | 1.33 | 119.55 |
| 自筹资金 | Fund-raising | 3795.64 | 2646.29 | 53.41 | 1076.82 |
| 其他资金 | Others | 274.63 | 59.15 | 25.11 | 647.45 |
| 按构成分 | Grouped by Use of Funds | | | | |
| 建筑安装工程 | Construction and Installation | 3245.64 | 2009.31 | 59.55 | 1357.04 |
| 设备、工具、器具购置 | Purchase of Equipment and Instruments | 505.38 | 434.81 | 20.76 | 605.95 |
| 其他费用 | Others | 444.68 | 335.47 | 17.59 | 515.89 |
| **房屋建筑面积(万平方米)** | **Floor Space of Buildings(10000 sq.m)** | | | | |
| 施工面积 | Floor Space Under Construction | 116530.20 | 89050.00 | 730.91 | 16564.14 |
| 竣工面积 | Floor Space Completed | 107465.76 | 83244.00 | 235.16 | 6469.81 |
| #住宅 | Residence | 97521.66 | 76758.00 | 119.25 | 4360.30 |
| **按地区分投资总额(亿元)** | **Total Investment by Region (100 million yuan)** | | | | |
| 北京 | Beijing | 33.93 | 28.30 | 0.32 | 109.85 |
| 天津 | Tianjin | 40.94 | 11.53 | 1.29 | 45.18 |
| 河北 | Hebei | 263.72 | 175.60 | 6.07 | 85.64 |
| 山西 | Shanxi | 41.49 | 24.58 | 0.25 | 31.32 |
| 内蒙古 | Inner Mongolia | 64.83 | 43.01 | 0.24 | 31.16 |
| 辽宁 | Liaoning | 121.42 | 80.30 | 0.85 | 104.07 |
| 吉林 | Jilin | 54.40 | 26.03 | 1.24 | 71.31 |
| 黑龙江 | Heilongjiang | 76.23 | 36.20 | 0.58 | 64.21 |
| 上海 | Shanghai | 29.59 | 5.32 | 27.48 | 226.56 |
| 江苏 | Jiangsu | 361.75 | 287.66 | 3.67 | 124.98 |
| 浙江 | Zhejiang | 330.38 | 209.60 | 2.23 | 342.05 |
| 安徽 | Anhui | 167.77 | 114.90 | 1.67 | 57.72 |
| 福建 | Fujian | 178.56 | 87.78 | 10.79 | 83.52 |
| 江西 | Jiangxi | 124.25 | 89.01 | 0.46 | 14.35 |
| 山东 | Shandong | 310.64 | 228.43 | 5.08 | 120.08 |
| 河南 | Henan | 265.89 | 210.94 | 0.90 | 54.97 |
| 湖北 | Hubei | 203.91 | 121.97 | 3.66 | 112.99 |
| 湖南 | Hunan | 263.47 | 197.41 | 1.51 | 32.30 |
| 广东 | Guangdong | 389.27 | 242.05 | 20.75 | 316.17 |
| 广西 | Guangxi | 170.18 | 103.91 | 0.91 | 19.95 |
| 海南 | Hainan | 31.89 | 18.50 | 1.34 | 38.32 |
| 重庆 | Chongqing | 93.28 | 42.49 | 1.00 | 56.10 |
| 四川 | Sichuan | 209.14 | 142.93 | 2.34 | 139.38 |
| 贵州 | Guizhou | 67.78 | 44.91 | 1.07 | 14.27 |
| 云南 | Yunnan | 90.83 | 57.40 | 0.88 | 45.53 |
| 西藏 | Tibet | 1.77 | — | — | 0.07 |
| 陕西 | Shaanxi | 89.37 | 63.74 | 0.70 | 64.66 |
| 甘肃 | Gansu | 39.90 | 32.26 | 0.19 | 26.49 |
| 青海 | Qinghai | 8.79 | 4.04 | 0.15 | 6.80 |
| 宁夏 | Ningxia | 17.65 | 13.97 | 0.20 | 15.65 |
| 新疆 | Xinjiang | 52.69 | 34.81 | 0.09 | 19.07 |
| 不分地区 | Not Classified by Region | — | — | — | 4.16 |

11－4续表2 Continued

| 指标 | Item | 外商投资经济 Foreign Funded Economic Units | 港澳台投资经济 Economic Units Funded by Entrepreneurs From Hong Kong, Macao and Taiwan | 其他经济 Economic Units of Other Types of Ownership |
|---|---|---|---|---|
| **投资总额（亿元）** | **Total Investment(100 million yuan)** | **1433.40** | **1218.07** | **144.44** |
| 按资金来源分 | Grouped by Source of Funds | | | |
| 国家预算内资金 | State Budgetary Appropriation | 0.20 | 2.02 | 1.22 |
| 国内贷款 | Domestic Loans | 223.80 | 290.68 | 20.12 |
| 利用外资 | Foreign Investment | 656.73 | 416.08 | 4.26 |
| 自筹资金 | Fund-raising | 336.03 | 320.11 | 72.07 |
| 其他资金 | Others | 130.47 | 342.65 | 39.55 |
| 按构成分 | Grouped by Use of Funds | | | |
| 建筑安装工程 | Construction and Installation | 586.06 | 697.31 | 82.74 |
| 设备、工具、器具购置 | Purchase of Equipment and Instruments | 658.17 | 283.55 | 40.41 |
| 其他费用 | Others | 189.17 | 237.21 | 21.29 |
| **房屋建筑面积(万平方米)** | **Floor Space of Buildings(10000 sq.m)** | | | |
| 施工面积 | Floor Space Under Construction | 4312.56 | 9792.01 | 991.68 |
| 竣工面积 | Floor Space Completed | 1558.91 | 2751.85 | 492.83 |
| #住宅 | Residence | 632.92 | 1530.23 | 204.42 |
| **按地区分投资总额(亿元)** | **Total Investment by Region (100 million yuan)** | | | |
| 北京 | Beijing | 65.40 | 132.65 | 0.06 |
| 天津 | Tianjin | 57.21 | 18.12 | 14.45 |
| 河北 | Hebei | 61.33 | 17.64 | 4.78 |
| 山西 | Shanxi | 37.33 | 9.87 | 2.56 |
| 内蒙古 | Inner Mongolia | 1.04 | 1.12 | 8.69 |
| 辽宁 | Liaoning | 51.07 | 32.54 | 6.58 |
| 吉林 | Jilin | 13.34 | 12.29 | 1.55 |
| 黑龙江 | Heilongjiang | 4.04 | 8.47 | 2.73 |
| 上海 | Shanghai | 248.18 | 119.52 | 9.51 |
| 江苏 | Jiangsu | 271.40 | 75.32 | 2.33 |
| 浙江 | Zhejiang | 27.94 | 38.02 | 4.69 |
| 安徽 | Anhui | 44.68 | 9.52 | 3.31 |
| 福建 | Fujian | 101.62 | 132.28 | 14.96 |
| 江西 | Jiangxi | 9.35 | 7.23 | 1.12 |
| 山东 | Shandong | 67.96 | 24.55 | 3.87 |
| 河南 | Henan | 13.83 | 27.71 | 2.59 |
| 湖北 | Hubei | 27.08 | 34.34 | 11.23 |
| 湖南 | Hunan | 13.00 | 11.91 | 2.29 |
| 广东 | Guangdong | 214.33 | 400.40 | 19.64 |
| 广西 | Guangxi | 28.00 | 13.89 | 1.37 |
| 海南 | Hainan | 16.84 | 6.71 | 6.24 |
| 重庆 | Chongqing | 14.70 | 20.62 | 5.29 |
| 四川 | Sichuan | 21.78 | 22.20 | 7.65 |
| 贵州 | Guizhou | 2.93 | 3.46 | 0.47 |
| 云南 | Yunnan | 4.99 | 14.18 | 0.55 |
| 西藏 | Tibet | — | — | 0.06 |
| 陕西 | Shaanxi | 5.33 | 7.60 | 0.61 |
| 甘肃 | Gansu | 4.58 | 7.01 | 4.89 |
| 青海 | Qinghai | 0.82 | 1.88 | 0.14 |
| 宁夏 | Ningxia | 2.69 | 0.55 | 0.04 |
| 新疆 | Xinjiang | 0.61 | 6.49 | 0.24 |
| 不分地区 | Not Classified by Region | — | — | — |

# 11－5 国有经济按各种分组的固定资产投资(1990—1999年)

## INVESTMENT IN FIXED ASSETS OF STATE-OWNED UNITS(1990—1999)

| 指 标 | Item | 1990 | 1995 | 1997 | 1998 | 1999 |
|---|---|---|---|---|---|---|
| **投资总额(亿元)** | **Total Investment(100 million yuan)** | **2986.30** | **10898.24** | **13091.72** | **15369.30** | **15947.76** |
| 按资金来源分 | Grouped by Source of Funds | | | | | |
| 国家预算内资金 | State Budgetary Appropriation | 394.27 | 544.98 | 612.72 | 1080.62 | 1555.89 |
| 国内贷款 | Domestic Loans | 704.91 | 2578.19 | 3008.12 | 3578.07 | 3737.61 |
| 利用资金 | Foreign Investment | 271.80 | 859.38 | 663.11 | 665.89 | 612.24 |
| 自筹资金 | Fund-raising | 1289.58 | 5307.15 | 6902.89 | 7664.69 | 7441.67 |
| 其他资金 | Others | 325.74 | 1731.82 | 1865.82 | 2247.46 | 2240.08 |
| 按构成分 | Grouped by Use of Funds | | | | | |
| 建筑安装工程 | Construction and Installation | 1789.44 | 6604.61 | 8035.30 | 9594.45 | 10477.19 |
| 设备、工具、器具购置 | Purchase of Equipment and Instruments | 892.09 | 2750.51 | 3110.54 | 3315.78 | 3336.31 |
| 其他费用 | Others | 304.77 | 1543.12 | 1945.88 | 2459.07 | 2134.26 |
| 按建设性质分 | Grouped by Type of Construction | | | | | |
| #新建 | New Construction | 911.60 | 3362.17 | 4581.76 | 5507.37 | 5639.07 |
| 扩建 | Expansion | 1161.72 | 3722.60 | 4464.58 | 4984.90 | 4748.68 |
| 改建 | Reconstruction | 581.25 | 1986.23 | 2312.94 | 3058.98 | 3434.81 |
| 按产业分 | Grouped by Type of Industry | | | | | |
| 第一产业 | Primary Industry | 28.65 | 73.64 | 138.92 | 201.32 | 251.58 |
| 第二产业 | Secondary Industry | 1765.69 | 4692.72 | 5158.52 | 4874.79 | 4805.91 |
| 第三产业 | Tertiary Industry | 1191.96 | 6131.88 | 7794.28 | 10293.19 | 10890.27 |
| 按国民经济主要行业分 | Grouped by Main Sector | | | | | |
| #农业 | Agriculture | 34.09 | 93.40 | 169.69 | 237.08 | 304.03 |
| 工业 | Industry | 1747.58 | 4526.20 | 4958.10 | 4703.30 | 4591.06 |
| #能源工业 | Energy | 823.88 | 2025.28 | 2924.00 | 2862.10 | 2963.21 |
| 运输邮电业 | Transportation, Postal and Telecom-munications Services | 333.67 | 2306.54 | 3187.07 | 4695.28 | 4642.61 |
| **新增固定资产(亿元)** | **Newly Increased Fixed Assets (100 million yuan)** | **2408.45** | **7390.14** | **10420.60** | **11471.31** | **12252.69** |
| **房屋建筑面积(万平方米)** | **Floor Space of Buildings(10000 sq.m)** | | | | | |
| 施工面积 | Floor Space Under Construction | 41695 | 70420 | 66130 | 73606 | 72981 |
| 竣工面积 | Floor Space Completed | 20481 | 31829 | 31747 | 33907 | 38059 |
| #住宅 | Residentce | 10189 | 17714 | 18017 | 20288 | 24519 |

注:1.改建投资中含单纯建造生活设施投资。

2.按国民经济行业分、按建设性质分不含房地产开发投资,其他统计分组均含。

3.根据新国民经济核算标准,对第一产业投资数据进行了调整。

Note: a) The investment in reconstruction includes the investment in construction of facilities simply for the improvement of residents' life.

b) The investment in the real estate development is not included in the investment grouped by main sector and by type of construction.

c) Data on the investment in primary industry has been adjusted according to the new classification standards of national economic accounting.

# 11-6 基本建设和更新改造投资(1953—1999年)

## INVESTMENT IN CAPITAL CONSTRUCTION AND INNOVATION(1953—1999)

单位:亿元 Unit:100 million yuan

| 年份<br>Year | 基本建设投资<br>Investment in Capital Construction | #国家预算内投资<br>State Budgetary Appropriation | 更新改造投资<br>Investment in Innovation | #国家预算内投资<br>State Budgetary Appropriation |
|---|---|---|---|---|
| 1953 | 90.44 | 75.49 | 1.15 | — |
| 1957 | 143.32 | 131.48 | 7.91 | — |
| 1958 | 269.00 | 216.44 | 10.06 | — |
| 1959 | 349.72 | 272.07 | 18.30 | — |
| 1960 | 388.69 | 301.75 | 27.89 | — |
| 1961 | 127.42 | 93.87 | 28.64 | — |
| 1962 | 71.26 | 60.25 | 16.02 | — |
| 1963 | 98.16 | 84.69 | 18.50 | — |
| 1964 | 144.12 | 123.96 | 21.77 | — |
| 1965 | 179.61 | 163.09 | 37.29 | — |
| 1966 | 209.42 | 188.30 | 45.38 | — |
| 1967 | 140.17 | 124.86 | 47.55 | — |
| 1968 | 113.06 | 103.79 | 38.51 | — |
| 1969 | 200.83 | 181.60 | 46.09 | — |
| 1970 | 312.55 | 272.73 | 55.53 | — |
| 1971 | 340.84 | 282.77 | 76.47 | — |
| 1972 | 327.98 | 264.41 | 84.83 | — |
| 1973 | 338.10 | 282.20 | 100.02 | — |
| 1974 | 347.71 | 289.76 | 115.48 | — |
| 1975 | 409.32 | 335.58 | 135.62 | — |
| 1976 | 376.44 | 310.93 | 147.50 | — |
| 1977 | 382.37 | 299.23 | 165.93 | — |
| 1978 | 500.99 | 389.21 | 167.73 | — |
| 1979 | 523.48 | 396.92 | 175.88 | — |
| 1980 | 558.89 | 300.11 | 187.01 | — |
| 1981 | 442.91 | 222.62 | 195.30 | 34.88 |
| 1982 | 555.53 | 232.48 | 250.37 | 32.95 |
| 1983 | 594.13 | 295.97 | 291.13 | 36.55 |
| 1984 | 743.15 | 359.85 | 309.28 | 45.57 |
| 1985 | 1074.37 | 381.18 | 449.14 | 19.69 |
| 1986 | 1176.11 | 417.39 | 619.21 | 20.58 |
| 1987 | 1343.10 | 438.52 | 758.59 | 32.35 |
| 1988 | 1574.31 | 381.66 | 980.55 | 27.02 |
| 1989 | 1551.74 | 323.33 | 788.78 | 14.15 |
| 1990 | 1703.81 | 363.59 | 830.19 | 17.56 |
| 1991 | 2115.80 | 348.45 | 1023.23 | 17.36 |
| 1992 | 3012.65 | 307.87 | 1461.10 | 20.11 |
| 1993 | 4615.50 | 431.76 | 2195.85 | 31.31 |
| 1994 | 6436.74 | 434.57 | 2918.61 | 30.60 |
| 1995 | 7403.62 | 491.67 | 3299.35 | 38.32 |
| 1996 | (8610.84) | (524.38) | (3622.74) | (29.58) |
|  | 8570.79 | 521.11 | 3615.00 | 29.31 |
| 1997 | 9917.02 | 574.51 | 3921.94 | 36.48 |
| 1998 | 11916.42 | 1021.32 | 4516.75 | 60.96 |
| 1999 | 12455.28 | 1478.88 | 4485.08 | 107.48 |

注:1980年及以前年份更新改造投资中含国有经济其他固定资产投资。

Note: Before 1980, the data on the investment in innovation included other investments in fixed assets of state - owned economic units.

# 11－7 按资金来源和隶属关系分的基本建设投资(1999年)

## INVESTMENT IN CAPITAL CONSTRUCTION GROUPED BY SOURCE OF FUNDS AND ADMINISTRATIVE RELATIONSHIP(1999)

单位:亿元 Unit:100 million yuan

| 地区 Region | 按资金来源分 By Source of Funds | | | | | 按隶属关系分 By Administrative Relationship | |
|---|---|---|---|---|---|---|---|
| | 国家预算内资金 State Budgetary Appropriations | 国内贷款 Domestic Loans | 利用外资 Foreign Investment | 自筹资金 Fund Raising | 其他资金 Others | 中央项目 Central Government Projects | 地方项目 Local Projects |
| **总计 total** | **1478.88** | **2972.04** | **1064.15** | **4857.15** | **1647.25** | **4046.79** | **8408.49** |
| 北京 Beijing | 119.81 | 74.58 | 23.95 | 214.84 | 27.67 | 254.60 | 190.72 |
| 天津 Tianjin | 9.28 | 76.41 | 48.68 | 79.52 | 20.31 | 124.06 | 138.98 |
| 河北 Hebei | 36.49 | 128.18 | 32.05 | 254.43 | 101.26 | 129.77 | 451.59 |
| 山西 Shanxi | 15.83 | 79.79 | 54.28 | 69.59 | 44.92 | 100.87 | 164.20 |
| 内蒙古 Inner Mongolia | 29.39 | 37.40 | 12.44 | 52.86 | 35.61 | 34.97 | 137.34 |
| 辽宁 Liaoning | 63.55 | 107.09 | 32.36 | 165.51 | 39.01 | 163.45 | 258.24 |
| 吉林 Jilin | 32.12 | 42.24 | 5.65 | 92.82 | 37.31 | 63.28 | 166.92 |
| 黑龙江 Heilongjiang | 38.53 | 66.30 | 13.90 | 129.75 | 77.86 | 80.91 | 259.11 |
| 上海 Shanghai | 33.44 | 131.11 | 121.34 | 352.64 | 67.42 | 185.44 | 601.37 |
| 江苏 Jiangsu | 52.28 | 142.17 | 49.04 | 376.01 | 51.26 | 125.31 | 584.11 |
| 浙江 Zhejiang | 59.91 | 174.87 | 60.61 | 313.11 | 53.85 | 189.02 | 491.33 |
| 安徽 Anhui | 34.74 | 50.44 | 4.81 | 107.67 | 37.41 | 70.09 | 202.22 |
| 福建 Fujian | 33.34 | 66.49 | 42.29 | 126.12 | 45.78 | 53.66 | 310.00 |
| 江西 Jiangxi | 33.59 | 42.56 | 5.82 | 59.48 | 25.63 | 40.71 | 132.44 |
| 山东 Shandong | 48.74 | 193.71 | 46.69 | 299.76 | 64.58 | 174.57 | 538.43 |
| 河南 Henan | 77.34 | 120.98 | 31.58 | 190.61 | 90.27 | 195.91 | 311.96 |
| 湖北 Hubei | 90.09 | 119.13 | 16.91 | 194.80 | 97.76 | 264.73 | 293.05 |
| 湖南 Hunan | 55.73 | 61.45 | 10.81 | 133.15 | 55.55 | 96.68 | 229.88 |
| 广东 Guangdong | 39.63 | 260.53 | 167.29 | 570.33 | 78.54 | 158.38 | 1033.31 |
| 广西 Guangxi | 30.50 | 49.29 | 25.91 | 104.32 | 49.44 | 40.35 | 219.30 |
| 海南 Hainan | 12.54 | 33.60 | 20.31 | 58.59 | 16.98 | 22.00 | 115.75 |
| 重庆 Chongqing | 38.08 | 52.60 | 4.64 | 58.78 | 28.96 | 33.39 | 157.18 |
| 四川 Sichuan | 34.11 | 152.75 | 34.51 | 218.96 | 81.20 | 131.16 | 420.67 |
| 贵州 Guizhou | 21.92 | 38.89 | 8.66 | 46.13 | 15.01 | 24.65 | 105.76 |
| 云南 Yunnan | 28.32 | 89.04 | 5.57 | 131.33 | 39.79 | 60.38 | 260.54 |
| 西藏 Tibet | 24.28 | 1.84 | 0.02 | 16.45 | 5.32 | 7.25 | 38.79 |
| 陕西 Shaanxi | 47.99 | 70.94 | 6.93 | 86.81 | 53.57 | 80.94 | 198.41 |
| 甘肃 Gansu | 25.07 | 53.85 | 5.13 | 56.26 | 35.60 | 62.35 | 125.14 |
| 青海 Qinghai | 10.99 | 27.25 | 0.68 | 19.96 | 12.14 | 30.22 | 42.54 |
| 宁夏 Ningxia | 13.25 | 19.48 | 2.04 | 23.02 | 7.50 | 15.89 | 53.21 |
| 新疆 Xinjiang | 43.10 | 85.72 | 6.65 | 133.52 | 49.46 | 194.72 | 138.03 |
| 不分地区 Not Classified by Region | 244.91 | 321.39 | 162.61 | 120.03 | 20.26 | 837.08 | 37.96 |

注：1993年以后的资金来源为财务拨款数。以下各表同。
Note: Since 1993, the source of funds refers to financial appropriation. The same as in the following tables.

# 11－8　按构成和建设性质分的基本建设投资(1999年)

## INVESTMENT IN CAPITAL CONSTRUCTION GROUPED BY USE OF FUNDS AND TYPES OF CONSTRUCTION(1999)

单位:亿元　Unit:100 million yuan

| 地区 Region | 投资额 Total | 按构成分 By Use of Funds | | | 按建设性质分 By Type of Construction | | |
|---|---|---|---|---|---|---|---|
| | | 建筑安装工程 Construction and Instalation | 设备、工器具购置 Purchase of Equipment and Instruments | 其他费用 Others | #新建 New Construction | #扩建 Expansion | #改建 Reconstruction |
| **总计 Total** | **12455.28** | **8543.60** | **2132.30** | **1779.39** | **6775.46** | **3241.87** | **1250.68** |
| 北京 Beijing | 445.32 | 297.70 | 62.33 | 85.29 | 129.50 | 247.77 | 12.97 |
| 天津 Tianjin | 263.04 | 181.89 | 54.24 | 26.91 | 127.91 | 77.21 | 53.83 |
| 河北 Hebei | 581.36 | 414.12 | 93.32 | 73.92 | 346.60 | 121.07 | 49.49 |
| 山西 Shanxi | 265.06 | 191.47 | 51.48 | 22.11 | 162.50 | 46.63 | 26.79 |
| 内蒙古 Inner Mongolia | 172.30 | 140.36 | 15.92 | 16.02 | 45.40 | 68.11 | 37.89 |
| 辽宁 Liaoning | 421.70 | 307.69 | 55.44 | 58.57 | 235.77 | 112.15 | 42.42 |
| 吉林 Jilin | 230.20 | 187.34 | 28.10 | 14.77 | 86.14 | 74.71 | 49.25 |
| 黑龙江 Heilongjiang | 340.02 | 257.87 | 49.95 | 32.20 | 163.72 | 123.82 | 17.28 |
| 上海 Shanghai | 786.81 | 363.47 | 198.96 | 224.38 | 559.82 | 146.65 | 27.87 |
| 江苏 Jiangsu | 709.42 | 514.97 | 119.99 | 74.47 | 346.71 | 249.43 | 94.00 |
| 浙江 Zhejiang | 680.35 | 433.65 | 110.45 | 136.25 | 403.09 | 170.13 | 76.75 |
| 安徽 Anhui | 272.32 | 196.51 | 45.87 | 29.94 | 167.08 | 66.32 | 23.39 |
| 福建 Fujian | 363.65 | 252.37 | 63.14 | 48.14 | 252.86 | 70.09 | 23.90 |
| 江西 Jiangxi | 173.15 | 131.83 | 27.76 | 13.56 | 78.68 | 44.72 | 41.38 |
| 山东 Shandong | 713.00 | 500.62 | 132.92 | 79.46 | 319.82 | 283.32 | 46.30 |
| 河南 Henan | 507.87 | 331.36 | 100.24 | 76.27 | 307.10 | 116.57 | 46.89 |
| 湖北 Hubei | 557.78 | 369.03 | 54.58 | 134.17 | 338.34 | 137.03 | 40.31 |
| 湖南 Hunan | 326.56 | 268.18 | 26.52 | 31.86 | 153.00 | 100.84 | 35.00 |
| 广东 Guangdong | 1191.69 | 772.95 | 217.81 | 200.92 | 802.85 | 284.31 | 56.94 |
| 广西 Guangxi | 259.65 | 198.27 | 37.40 | 23.98 | 142.18 | 51.88 | 33.98 |
| 海南 Hainan | 137.76 | 83.27 | 40.99 | 13.49 | 81.95 | 41.32 | 2.23 |
| 重庆 Chongqing | 190.58 | 148.64 | 13.46 | 28.48 | 100.46 | 42.01 | 31.12 |
| 四川 Sichuan | 551.83 | 385.12 | 81.09 | 85.63 | 267.50 | 143.76 | 70.48 |
| 贵州 Guizhou | 130.42 | 101.31 | 11.01 | 18.09 | 72.58 | 30.02 | 10.67 |
| 云南 Yunnan | 320.93 | 255.91 | 19.98 | 45.04 | 207.85 | 59.46 | 19.55 |
| 西藏 Tibet | 46.04 | 42.16 | 2.31 | 1.58 | 25.25 | 2.89 | 16.27 |
| 陕西 Shaanxi | 279.35 | 219.57 | 29.57 | 30.21 | 172.43 | 45.27 | 26.65 |
| 甘肃 Gansu | 187.49 | 143.36 | 26.75 | 17.38 | 96.60 | 48.28 | 16.13 |
| 青海 Qinghai | 72.75 | 53.83 | 8.97 | 9.95 | 38.12 | 19.16 | 10.01 |
| 宁夏 Ningxia | 69.09 | 51.82 | 10.42 | 6.86 | 36.69 | 15.66 | 11.37 |
| 新疆 Xinjiang | 332.75 | 253.29 | 44.35 | 35.11 | 126.66 | 87.08 | 75.59 |
| 不分地区 Not Classified by Region | 875.05 | 493.68 | 296.98 | 84.38 | 380.29 | 114.23 | 123.99 |

# 11－9 按项目规模分的基本建设投资及项目个数(1999年)

## NUMBER AND INVESTMENT OF CAPITAL CONSTRUCTION PROJECTS GROUPED BY PROJECT SIZE(1999)

| 地 区 | Region | 项目投资 (亿元) Investment in Projects (100 million yuan) 大中型 Large and Medium Sized | 小 型 Small Sized | 施工项目(个) Number of Projects under Construction (unit) | #大中型 Large and Medium Sized | 全部建成投产项目(个) Number of Projects Completed and Put into Use (unit) | #大中型 Large and Medium Sized |
|---|---|---|---|---|---|---|---|
| **总 计** | **Total** | **3743.71** | **8332.93** | **97084** | **1135** | **57090** | **174** |
| 北 京 | Beijing | 90.02 | 354.73 | 1195 | 36 | 438 | 4 |
| 天 津 | Tianjin | 152.31 | 110.67 | 578 | 36 | 317 | 11 |
| 河 北 | Hebei | 169.50 | 402.44 | 5082 | 55 | 3327 | 13 |
| 山 西 | Shanxi | 81.97 | 183.05 | 2413 | 12 | 1259 | 1 |
| 内蒙古 | Inner Mongolia | 18.13 | 153.93 | 2537 | 19 | 1679 | 5 |
| 辽 宁 | Liaoning | 141.04 | 271.02 | 2061 | 45 | 1179 | 3 |
| 吉 林 | Jilin | 43.22 | 186.88 | 1368 | 15 | 865 | 1 |
| 黑龙江 | Heilongjiang | 74.73 | 260.73 | 2562 | 23 | 1753 | 2 |
| 上 海 | Shanghai | 231.50 | 549.06 | 1161 | 32 | 507 | 3 |
| 江 苏 | Jiangsu | 143.64 | 565.53 | 4021 | 35 | 2694 | 8 |
| 浙 江 | Zhejiang | 165.57 | 508.39 | 5046 | 45 | 2552 | 9 |
| 安 徽 | Anhui | 88.95 | 182.50 | 3155 | 30 | 1610 | |
| 福 建 | Fujian | 131.04 | 228.88 | 3335 | 56 | 1666 | 12 |
| 江 西 | Jiangxi | 43.30 | 126.96 | 2848 | 18 | 1648 | 1 |
| 山 东 | Shandong | 172.37 | 531.04 | 5419 | 40 | 3170 | 5 |
| 河 南 | Henan | 182.28 | 323.14 | 5065 | 48 | 3120 | 7 |
| 湖 北 | Hubei | 169.75 | 382.16 | 5902 | 33 | 3956 | 4 |
| 湖 南 | Hunan | 49.59 | 275.61 | 5023 | 40 | 3044 | 3 |
| 广 东 | Guangdong | 373.41 | 802.32 | 5282 | 84 | 2495 | 10 |
| 广 西 | Guangxi | 41.98 | 211.44 | 4346 | 26 | 2817 | 7 |
| 海 南 | Hainan | 34.84 | 99.09 | 1184 | 20 | 695 | 6 |
| 重 庆 | Chongqing | 27.03 | 163.35 | 1858 | 50 | 845 | 11 |
| 四 川 | Sichuan | 97.98 | 425.00 | 5986 | 68 | 3372 | 8 |
| 贵 州 | Guizhou | 53.24 | 76.98 | 2569 | 23 | 1553 | 3 |
| 云 南 | Yunnan | 39.60 | 280.87 | 5039 | 27 | 3252 | 3 |
| 西 藏 | Tibet | 22.18 | 23.71 | 919 | 44 | 680 | 14 |
| 陕 西 | Shaanxi | 69.97 | 208.76 | 2904 | 27 | 1441 | 4 |
| 甘 肃 | Gansu | 57.82 | 129.57 | 2842 | 37 | 1601 | 7 |
| 青 海 | Qinghai | 23.71 | 48.86 | 1169 | 12 | 694 | 1 |
| 宁 夏 | Ningxia | 11.92 | 56.61 | 849 | 4 | 564 | |
| 新 疆 | Xinjiang | 131.85 | 200.43 | 3295 | 26 | 2294 | 5 |
| 不分地区 | Not Classified by Region | 609.28 | 9.23 | 71 | 69 | 3 | 3 |

# 11－10　基本建设房屋建筑面积(1999年)

## FLOOR SPACE OF BUILDINGS THROUGH CAPITAL CONSTRUCTION(1999)

单位:万平方米　Unit:10000 sq.m

| 地　区 | Region | 施工面积 Floor Space of Buildings Under Construction | #住　宅 Residence | 竣工面积 Floor Space of Buildence | #住　宅 Residence |
|---|---|---|---|---|---|
| **总　计** | **Total** | **52833.80** | **25642.02** | **28620.79** | **16033.23** |
| 北　京 | Beijing | 2252.93 | 1062.00 | 865.14 | 481.65 |
| 天　津 | Tianjin | 474.69 | 149.88 | 227.04 | 60.73 |
| 河　北 | Hebei | 2780.87 | 1476.00 | 1628.06 | 937.53 |
| 山　西 | Shanxi | 1382.94 | 897.14 | 691.25 | 501.78 |
| 内蒙古 | Inner Mongolia | 986.50 | 534.42 | 638.98 | 386.00 |
| 辽　宁 | Liaoning | 1562.06 | 699.71 | 828.94 | 460.36 |
| 吉　林 | Jilin | 889.25 | 390.38 | 531.60 | 298.56 |
| 黑龙江 | Heilongjiang | 1646.31 | 993.20 | 1126.38 | 756.95 |
| 上　海 | Shanghai | 1823.65 | 399.43 | 786.98 | 148.84 |
| 江　苏 | Jiangsu | 2381.04 | 745.13 | 1362.13 | 501.81 |
| 浙　江 | Zhejiang | 2222.10 | 475.25 | 1041.97 | 297.98 |
| 安　徽 | Anhui | 1396.74 | 703.90 | 825.73 | 437.95 |
| 福　建 | Fujian | 1447.81 | 475.20 | 722.21 | 271.59 |
| 江　西 | Jiangxi | 1203.32 | 570.15 | 636.99 | 359.47 |
| 山　东 | Shandong | 3010.00 | 1521.50 | 1673.64 | 1005.54 |
| 河　南 | Henan | 2797.34 | 1434.66 | 1489.10 | 860.10 |
| 湖　北 | Hubei | 2608.42 | 1417.91 | 1681.67 | 988.15 |
| 湖　南 | Hunan | 2373.87 | 1315.84 | 1373.12 | 865.16 |
| 广　东 | Guangdong | 4206.93 | 1501.43 | 1922.24 | 786.47 |
| 广　西 | Guangxi | 1493.22 | 811.44 | 926.81 | 598.67 |
| 海　南 | Hainan | 564.07 | 222.86 | 294.45 | 138.84 |
| 重　庆 | Chongqing | 1451.56 | 733.96 | 707.35 | 433.30 |
| 四　川 | Sichuan | 3313.53 | 1968.67 | 1824.21 | 1196.22 |
| 贵　州 | Guizhou | 925.95 | 553.05 | 518.69 | 355.58 |
| 云　南 | Yunnan | 1859.95 | 1083.20 | 1031.85 | 651.22 |
| 西　藏 | Tibet | 123.72 | 49.72 | 99.92 | 35.63 |
| 陕　西 | Shaanxi | 1817.12 | 1046.45 | 777.10 | 524.48 |
| 甘　肃 | Gansu | 1385.05 | 871.49 | 701.48 | 499.29 |
| 青　海 | Qinghai | 297.15 | 185.95 | 180.03 | 121.91 |
| 宁　夏 | Ningxia | 292.44 | 140.20 | 202.72 | 111.25 |
| 新　疆 | Xinjiang | 1717.61 | 1170.97 | 1213.68 | 927.53 |
| 不分地区 | Not Classified by Region | 145.67 | 40.92 | 89.33 | 32.70 |

# 11－11 各地区基本建设施工、投产项目个数和新增固定资产(1999年)

## NUMBER OF CAPITAL CONSTRUCTION PROJECTS UNDER CONSTRUCTION AND PUT INTO USE AND NEWLY INCREASED FIXED ASSETS BY REGION(1999)

| 地区 | Region | 施工项目(个) Number of Projects under Construction (unit) | 全部建成投产项目(个) Number of Projects Completed and Put into Use (unit) | 项目建成投产率(%) Rate of Projects Completed and Put into Use(%) | 新增固定资产(亿元) Newly Increased Fixed Assets (100 million yuan) | 固定资产交付使用率(%) Rate of Fixed Assets Put into Use(%) |
|---|---|---|---|---|---|---|
| **总计** | **Total** | **97084** | **57090** | **58.8** | **9519.30** | **76.4** |
| 北京 | Beijing | 1195 | 438 | 36.7 | 368.87 | 82.8 |
| 天津 | Tianjin | 578 | 317 | 54.8 | 204.19 | 77.6 |
| 河北 | Hebei | 5082 | 3327 | 65.5 | 475.39 | 81.8 |
| 山西 | Shanxi | 2413 | 1259 | 52.2 | 166.97 | 63.0 |
| 内蒙古 | Inner Mongolia | 2537 | 1679 | 66.2 | 242.49 | 140.7 |
| 辽宁 | Liaoning | 2061 | 1179 | 57.2 | 246.89 | 58.5 |
| 吉林 | Jilin | 1368 | 865 | 63.2 | 163.94 | 71.2 |
| 黑龙江 | Heilongjiang | 2562 | 1753 | 68.4 | 279.53 | 82.2 |
| 上海 | Shanghai | 1161 | 507 | 43.7 | 1012.72 | 128.7 |
| 江苏 | Jiangsu | 4021 | 2694 | 67.0 | 616.48 | 86.9 |
| 浙江 | Zhejiang | 5046 | 2552 | 50.6 | 446.64 | 65.6 |
| 安徽 | Anhui | 3155 | 1610 | 51.0 | 165.38 | 60.7 |
| 福建 | Fujian | 3335 | 1666 | 50.0 | 262.67 | 72.2 |
| 江西 | Jiangxi | 2848 | 1648 | 57.9 | 110.71 | 63.9 |
| 山东 | Shandong | 5419 | 3170 | 58.5 | 513.57 | 72.0 |
| 河南 | Henan | 5065 | 3120 | 61.6 | 310.02 | 61.0 |
| 湖北 | Hubei | 5902 | 3956 | 67.0 | 373.19 | 66.9 |
| 湖南 | Hunan | 5023 | 3044 | 60.6 | 237.84 | 72.8 |
| 广东 | Guangdong | 5282 | 2495 | 47.2 | 851.87 | 71.5 |
| 广西 | Guangxi | 4346 | 2817 | 64.8 | 169.35 | 65.2 |
| 海南 | Hainan | 1184 | 695 | 58.7 | 129.39 | 93.9 |
| 重庆 | Chongqing | 1858 | 845 | 45.5 | 110.11 | 57.8 |
| 四川 | Sichuan | 5986 | 3372 | 56.3 | 493.40 | 89.4 |
| 贵州 | Guizhou | 2569 | 1553 | 60.5 | 126.94 | 97.3 |
| 云南 | Yunnan | 5039 | 3252 | 64.5 | 258.80 | 80.6 |
| 西藏 | Tibet | 919 | 680 | 74.0 | 37.05 | 80.5 |
| 陕西 | Shaanxi | 2904 | 1441 | 49.6 | 216.89 | 77.6 |
| 甘肃 | Gansu | 2842 | 1601 | 56.3 | 143.50 | 76.5 |
| 青海 | Qinghai | 1169 | 694 | 59.4 | 59.18 | 81.3 |
| 宁夏 | Ningxia | 849 | 564 | 66.4 | 35.31 | 51.1 |
| 新疆 | Xinjiang | 3295 | 2294 | 69.6 | 269.34 | 80.9 |
| 不分地区 | Not Classified by Region | 71 | 3 | 4.2 | 420.67 | 48.1 |

# 11－12　按资金来源和隶属关系分的更新改造投资(1999年)

## INVESTMENT IN INNOVATION GROUPED BY SOURCE OF FUNDS AND ADMINISTRATIVE RELATIONSHIP(1999)

单位：亿元　Unit:100 million yuan

| 地区 | Region | 按资金来源分 By Source of Funds | | | | | 按隶属关系分 By Administrative Relationship | |
|---|---|---|---|---|---|---|---|---|
| | | 国家预算内资金 State Budgetary Appropriations | 国内贷款 Domestic Loans | 利用外资 Foreign Investment | 自筹资金 Fund-Raising | 其他资金 Others | 中央项目 Central Government Projects | 地方项目 Local Projects |
| **总　计** | **Total** | **107.48** | **933.06** | **237.11** | **2883.76** | **214.55** | **1581.91** | **2903.18** |
| 北　京 | Beijing | 17.09 | 16.10 | 10.53 | 124.81 | 2.76 | 64.65 | 110.56 |
| 天　津 | Tianjin | 1.42 | 12.35 | 15.20 | 65.81 | 5.65 | 23.92 | 79.68 |
| 河　北 | Hebei | 7.17 | 69.15 | 7.47 | 212.22 | 12.17 | 65.77 | 258.45 |
| 山　西 | Shanxi | 0.31 | 10.07 | 2.93 | 66.90 | 6.63 | 25.62 | 60.14 |
| 内蒙古 | Inner Mongolia | 1.35 | 7.38 | 0.66 | 41.29 | 3.62 | 24.14 | 31.76 |
| 辽　宁 | Liaoning | 5.87 | 64.17 | 26.01 | 164.12 | 5.33 | 132.07 | 128.88 |
| 吉　林 | Jilin | 1.43 | 24.59 | 7.48 | 58.51 | 5.07 | 31.19 | 68.23 |
| 黑龙江 | Heilongjiang | 0.46 | 21.53 | 2.50 | 112.56 | 1.95 | 106.88 | 34.36 |
| 上　海 | Shanghai | 3.20 | 57.60 | 69.17 | 232.84 | 6.26 | 63.03 | 330.56 |
| 江　苏 | Jiangsu | 3.72 | 57.29 | 23.61 | 185.65 | 20.50 | 77.50 | 220.36 |
| 浙　江 | Zhejiang | 6.35 | 63.43 | 4.80 | 125.15 | 4.01 | 101.98 | 107.64 |
| 安　徽 | Anhui | 2.43 | 35.38 | 2.51 | 72.47 | 5.53 | 32.24 | 90.61 |
| 福　建 | Fujian | 3.45 | 38.53 | 5.83 | 110.18 | 7.08 | 29.56 | 142.99 |
| 江　西 | Jiangxi | 2.40 | 11.63 | 1.98 | 49.67 | 3.32 | 16.11 | 53.34 |
| 山　东 | Shandong | 6.65 | 76.33 | 6.35 | 203.83 | 13.50 | 95.82 | 217.08 |
| 河　南 | Henan | 6.06 | 37.70 | 1.65 | 104.80 | 7.29 | 58.63 | 100.85 |
| 湖　北 | Hubei | 7.33 | 47.07 | 5.75 | 130.80 | 23.61 | 83.05 | 138.74 |
| 湖　南 | Hunan | 5.02 | 49.45 | 7.49 | 76.99 | 5.31 | 96.05 | — |
| 广　东 | Guangdong | 6.04 | 46.87 | 15.01 | 262.53 | 33.26 | 100.26 | 268.33 |
| 广　西 | Guangxi | 1.11 | 12.55 | 1.50 | 52.88 | 1.87 | 24.87 | 45.23 |
| 海　南 | Hainan | 0.29 | 0.53 | 0.51 | 5.00 | 0.33 | 1.85 | 5.75 |
| 重　庆 | Chongqing | 6.87 | 37.26 | 2.48 | 42.77 | 4.48 | 58.51 | 33.62 |
| 四　川 | Sichuan | 1.69 | 50.56 | 8.82 | 100.85 | 7.69 | 67.54 | 100.19 |
| 贵　州 | Guizhou | 1.51 | 19.23 | 2.21 | 40.23 | 1.82 | 22.14 | 43.05 |
| 云　南 | Yunnan | 0.85 | 12.73 | 0.06 | 67.00 | 5.38 | 36.59 | 53.17 |
| 西　藏 | Tibet | 1.07 | 0.01 | 0.01 | 1.96 | 0.03 | 1.58 | 1.86 |
| 陕　西 | Shaanxi | 2.75 | 20.91 | 0.78 | 58.53 | 3.50 | 40.61 | 48.17 |
| 甘　肃 | Gansu | 1.32 | 16.06 | 1.41 | 45.07 | 9.96 | 42.65 | 36.61 |
| 青　海 | Qinghai | 0.42 | 1.88 | 0.28 | 11.37 | 0.35 | 5.99 | 9.27 |
| 宁　夏 | Ningxia | 0.35 | 4.19 | 0.56 | 10.52 | 1.81 | 8.00 | 10.44 |
| 新　疆 | Xinjiang | 1.49 | 10.53 | 1.54 | 38.42 | 4.48 | 35.09 | 26.00 |
| 不分地区 | Not Classified by Region | — | — | — | 8.04 | — | 8.04 | — |

# 11－13 按构成和建设性质分的更新改造投资(1999年)

## INVESTMENT IN INNOVATION GROUPED BY USE OF FUNDS AND TYPES OF CONSTRUCTION(1999)

单位:亿元 Unit:100 million yuan

| 地区 | Region | 总计 Total | 按构成分 By Use of Funds | | | 按建设性质分 By Types of Construction | | |
|---|---|---|---|---|---|---|---|---|
| | | | 建筑安装工程 Construction and Instalation | 设备、工器具购置 Purchase of Equipment and Instruments | 其他费用 Others | #新建 New Construction | #扩建 Expansion | #改建 Recon-struction |
| **总计** | **Total** | **4485.08** | **1667.61** | **2465.70** | **351.77** | **364.83** | **2206.87** | **1531.27** |
| 北京 | Beijing | 175.21 | 76.19 | 70.57 | 28.45 | 1.06 | 83.35 | 70.27 |
| 天津 | Tianjin | 103.61 | 38.39 | 58.49 | 6.72 | 7.75 | 50.58 | 33.31 |
| 河北 | Hebei | 324.22 | 120.16 | 177.38 | 26.68 | 49.13 | 95.17 | 154.28 |
| 山西 | Shanxi | 85.76 | 42.48 | 33.89 | 9.40 | 2.92 | 45.25 | 35.34 |
| 内蒙古 | Inner Mongolia | 55.90 | 24.59 | 29.32 | 2.00 | 2.40 | 36.61 | 14.87 |
| 辽宁 | Liaoning | 260.94 | 110.37 | 130.94 | 19.63 | 18.65 | 149.31 | 85.85 |
| 吉林 | Jilin | 99.42 | 34.25 | 56.91 | 8.26 | 2.96 | 53.72 | 40.21 |
| 黑龙江 | Heilongjiang | 141.24 | 56.99 | 71.32 | 12.93 | 1.96 | 105.51 | 19.51 |
| 上海 | Shanghai | 393.59 | 123.34 | 220.72 | 49.54 | 75.86 | 95.38 | 150.21 |
| 江苏 | Jiangsu | 297.86 | 115.90 | 164.77 | 17.20 | 19.09 | 152.57 | 111.52 |
| 浙江 | Zhejiang | 209.62 | 61.49 | 137.22 | 10.92 | 6.78 | 137.47 | 56.18 |
| 安徽 | Anhui | 122.85 | 42.24 | 73.78 | 6.82 | 12.95 | 58.93 | 48.74 |
| 福建 | Fujian | 172.55 | 51.40 | 114.40 | 6.76 | 24.20 | 106.76 | 28.99 |
| 江西 | Jiangxi | 69.45 | 23.07 | 43.08 | 3.30 | 1.34 | 26.13 | 39.61 |
| 山东 | Shandong | 312.90 | 133.00 | 162.03 | 17.88 | 11.70 | 168.60 | 104.26 |
| 河南 | Henan | 159.47 | 67.66 | 82.45 | 9.36 | 11.62 | 74.79 | 67.73 |
| 湖北 | Hubei | 221.79 | 74.37 | 124.96 | 22.46 | 11.96 | 94.52 | 91.09 |
| 湖南 | Hunan | 143.30 | 59.49 | 72.69 | 11.12 | 4.28 | 84.79 | 49.07 |
| 广东 | Guangdong | 368.60 | 125.61 | 206.61 | 36.37 | 18.77 | 208.21 | 74.21 |
| 广西 | Guangxi | 70.10 | 16.90 | 50.48 | 2.71 | 7.34 | 32.59 | 12.59 |
| 海南 | Hainan | 7.59 | 2.48 | 4.48 | 0.64 | 0.27 | 4.15 | 1.91 |
| 重庆 | Chongqing | 92.13 | 25.19 | 62.45 | 4.48 | 24.48 | 40.65 | 18.85 |
| 四川 | Sichuan | 167.73 | 51.98 | 107.52 | 8.22 | 23.46 | 98.71 | 39.84 |
| 贵州 | Guizhou | 65.19 | 24.65 | 37.48 | 3.06 | 4.30 | 39.00 | 18.32 |
| 云南 | Yunnan | 89.77 | 42.51 | 39.64 | 7.61 | 3.15 | 46.15 | 37.26 |
| 西藏 | Tibet | 3.44 | 1.91 | 1.34 | 0.20 | 0.31 | 0.88 | 1.63 |
| 陕西 | Shaanxi | 88.77 | 38.83 | 42.41 | 7.53 | 5.04 | 47.38 | 32.98 |
| 甘肃 | Gansu | 79.26 | 35.11 | 37.79 | 6.35 | 3.88 | 26.05 | 48.36 |
| 青海 | Qinghai | 15.26 | 7.58 | 7.53 | 0.15 | 1.19 | 8.08 | 4.96 |
| 宁夏 | Ningxia | 18.44 | 8.00 | 8.93 | 1.51 | 2.81 | 8.38 | 6.77 |
| 新疆 | Xinjiang | 61.09 | 26.08 | 31.91 | 3.10 | 3.19 | 25.41 | 26.32 |
| 不分地区 | Not Classified by Region | 8.04 | 5.40 | 2.22 | 0.42 | | 1.81 | 6.23 |

# 11－14　各地区更新改造施工、投产项目个数和新增固定资产(1999年)

## NUMBER OF INNOVATION PROJECTS UNDER CONSTRUCTION AND PUT INTO USE AND NEWLY INCREASED FIXED ASSETS BY REGION(1999)

| 地　区 | Region | 施工项目(个) Number of Projects under Construction (unit) | 全部建成投产项目(个) Number of Projects Completed and Put into Use (unit) | 项目建成投产率(%) Rate of Projects Completed and Put into Use(%) | 新增固定资产(亿元) Newly Increased Fixed Assets (100 million yuan) | 固定资产交付使用率(%) Rate of Fixed Assets Put into Use(%) |
|---|---|---|---|---|---|---|
| **总　计** | **Total** | **52484** | **34319** | **65.4** | **3644.67** | **81.3** |
| 北　京 | Beijing | 1558 | 965 | 61.9 | 199.04 | 113.6 |
| 天　津 | Tianjin | 1630 | 1348 | 82.7 | 105.69 | 102.0 |
| 河　北 | Hebei | 3638 | 2502 | 68.8 | 289.08 | 89.2 |
| 山　西 | Shanxi | 1251 | 728 | 58.2 | 56.95 | 66.4 |
| 内蒙古 | Inner Mongolia | 774 | 561 | 72.5 | 43.61 | 78.0 |
| 辽　宁 | Liaoning | 2461 | 1823 | 74.1 | 151.22 | 58.0 |
| 吉　林 | Jilin | 1419 | 1003 | 70.7 | 76.73 | 77.2 |
| 黑龙江 | Heilongjiang | 866 | 653 | 75.4 | 129.34 | 91.6 |
| 上　海 | Shanghai | 2125 | 1247 | 58.7 | 287.94 | 73.2 |
| 江　苏 | Jiangsu | 3321 | 2397 | 72.2 | 265.66 | 89.2 |
| 浙　江 | Zhejiang | 2712 | 1688 | 62.2 | 160.66 | 76.6 |
| 安　徽 | Anhui | 2070 | 1396 | 67.4 | 102.09 | 83.1 |
| 福　建 | Fujian | 2403 | 1479 | 61.5 | 143.39 | 83.1 |
| 江　西 | Jiangxi | 910 | 575 | 63.2 | 53.56 | 77.1 |
| 山　东 | Shandong | 3137 | 2169 | 69.1 | 269.15 | 86.0 |
| 河　南 | Henan | 1974 | 1194 | 60.5 | 122.71 | 76.9 |
| 湖　北 | Hubei | 2765 | 1874 | 67.8 | 198.21 | 89.4 |
| 湖　南 | Hunan | 2397 | 1451 | 60.5 | 97.03 | 67.7 |
| 广　东 | Guangdong | 3267 | 1946 | 59.6 | 275.23 | 74.7 |
| 广　西 | Guangxi | 1585 | 1062 | 67.0 | 55.04 | 78.5 |
| 海　南 | Hainan | 165 | 127 | 77.0 | 6.42 | 84.5 |
| 重　庆 | Chongqing | 1321 | 633 | 47.9 | 62.96 | 68.3 |
| 四　川 | Sichuan | 2316 | 1391 | 60.1 | 130.52 | 77.8 |
| 贵　州 | Guizhou | 781 | 486 | 62.2 | 60.58 | 92.9 |
| 云　南 | Yunnan | 1488 | 769 | 51.7 | 86.67 | 96.6 |
| 西　藏 | Tibet | 81 | 38 | 46.9 | 3.59 | 104.1 |
| 陕　西 | Shaanxi | 997 | 591 | 59.3 | 77.27 | 87.0 |
| 甘　肃 | Gansu | 1258 | 802 | 63.8 | 40.47 | 51.1 |
| 青　海 | Qinghai | 210 | 139 | 66.2 | 11.87 | 77.8 |
| 宁　夏 | Ningxia | 266 | 166 | 62.4 | 13.19 | 71.5 |
| 新　疆 | Xinjiang | 1327 | 1110 | 83.6 | 59.74 | 97.8 |
| 不分地区 | Not Classified by Region | 11 | 6 | 54.5 | 9.05 | 112.6 |

# 11 - 15 各地区限额以上更新改造项目个数、投资和新增固定资产（1999 年）

## NUMBER OF ABOVE QUOTA INNOVATION PROJECTS, INVESTMENT AND NEWLY INCREASED FIXED ASSETS BY REGION(1999)

| 地区 | Region | 施工项目（个）Number of Projects under Construction (unit) | 全部建成投产项目（个）Number of Projects Completed and Put into Use (unit) | 项目建成投产率（%）Rate of Projects Completed and Put into Use (%) | 投资完成额 Investment Completed | | 新增固定资产（亿元）Newly Increased Fixed Assets (100 million yuan) | 固定资产交付使用率（%）Rate of Fixed Assets Put into Use(%) |
|---|---|---|---|---|---|---|---|---|
| | | | | | 绝对数（亿元）Value (100 million yuan) | 比重（%）Percentage (%) | | |
| **全 国** | **National Total** | **1746** | **587** | **33.6** | **1109.65** | **100.0** | **973.36** | **87.7** |
| 北 京 | Beijing | 121 | 40 | 33.1 | 74.47 | 6.7 | 100.58 | 135.1 |
| 天 津 | Tianjin | 49 | 24 | 49.0 | 22.87 | 2.1 | 36.71 | 160.5 |
| 河 北 | Hebei | 88 | 39 | 44.3 | 83.86 | 7.6 | 88.93 | 106.0 |
| 山 西 | Shanxi | 10 | 3 | 30.0 | 10.44 | 0.9 | 1.98 | 19.0 |
| 内蒙古 | Inner Mongolia | 48 | 13 | 27.1 | 19.42 | 1.8 | 10.80 | 55.6 |
| 辽 宁 | Liaoning | 100 | 16 | 16.0 | 110.74 | 10.0 | 59.79 | 54.0 |
| 吉 林 | Jilin | 50 | 9 | 18.0 | 22.33 | 2.0 | 14.06 | 63.0 |
| 黑龙江 | Heilongjiang | 43 | 21 | 48.8 | 58.86 | 5.3 | 52.68 | 89.5 |
| 上 海 | Shanghai | 340 | 140 | 41.2 | 211.72 | 19.1 | 129.59 | 61.2 |
| 江 苏 | Jiangsu | 56 | 28 | 50.0 | 27.12 | 2.4 | 46.06 | 169.8 |
| 浙 江 | Zhejiang | 48 | 19 | 39.6 | 19.21 | 1.7 | 25.36 | 132.0 |
| 安 徽 | Anhui | 71 | 26 | 36.6 | 30.07 | 2.7 | 31.58 | 105.0 |
| 福 建 | Fujian | 52 | 13 | 25.0 | 26.51 | 2.4 | 27.96 | 105.5 |
| 江 西 | Jiangxi | 12 | 3 | 25.0 | 5.35 | 0.5 | 5.25 | 98.3 |
| 山 东 | Shandong | 66 | 23 | 34.8 | 48.02 | 4.3 | 38.09 | 79.3 |
| 河 南 | Henan | 22 | 8 | 36.4 | 18.43 | 1.7 | 18.15 | 98.5 |
| 湖 北 | Hubei | 48 | 19 | 39.6 | 35.59 | 3.2 | 46.17 | 129.7 |
| 湖 南 | Hunan | 40 | 5 | 12.5 | 13.23 | 1.2 | 8.95 | 67.6 |
| 广 东 | Guangdong | 181 | 53 | 29.3 | 105.75 | 9.5 | 97.25 | 92.0 |
| 广 西 | Guangxi | 34 | 6 | 17.6 | 12.07 | 1.1 | 7.33 | 60.7 |
| 海 南 | Hainan | 2 | 1 | 50.0 | 1.18 | 0.1 | 0.84 | 71.2 |
| 重 庆 | Chongqing | 13 | 1 | 7.7 | 3.35 | 0.3 | 2.17 | 64.8 |
| 四 川 | Sichuan | 68 | 12 | 17.6 | 45.55 | 4.1 | 26.91 | 59.1 |
| 贵 州 | Guizhou | 40 | 18 | 45.0 | 27.58 | 2.5 | 24.38 | 88.4 |
| 云 南 | Yunnan | 51 | 20 | 39.2 | 20.53 | 1.8 | 28.38 | 138.2 |
| 西 藏 | Tibet | 3 | | | 0.98 | 0.1 | 0.66 | 67.5 |
| 陕 西 | Shaanxi | 46 | 13 | 28.3 | 23.31 | 2.1 | 18.76 | 80.5 |
| 甘 肃 | Gansu | 6 | | | 4.42 | 0.4 | 0.02 | 0.4 |
| 青 海 | Qinghai | 9 | 2 | 22.2 | 6.34 | 0.6 | 3.82 | 60.3 |
| 宁 夏 | Ningxia | 3 | | | 1.79 | 0.2 | 0.59 | 33.2 |
| 新 疆 | Xinjiang | 15 | 6 | 40.0 | 10.53 | 0.9 | 10.52 | 99.8 |
| 不分地区 | Not Classified by Region | 11 | 6 | 54.5 | 8.04 | 0.7 | 9.05 | 112.6 |

# 11－16　各地区城镇集体单位按构成分的固定资产投资和房屋建筑面积(1999年)

## INVESTMENT IN FIXED ASSETS OF URBAN COLLECTIVE-OWNED UNITS GROUPED BY USE OF FUNDS AND FLOOR SPACE OF BUILDINGS BY REGION(1999)

| 地区 | Region | 合计(亿元) Total Investment (100 million yuan) | 建筑安装工程 Construction and Installation | 设备工具器具购置 Purchase of Equipment and Instruments | 其他费用 Others | 房屋建筑面积(万平方米) Floor Space of Buildings(10000 sq.m) 施工面积 Under Construction | #住宅 Residence | 竣工面积 Completed | #住宅 Residence |
|---|---|---|---|---|---|---|---|---|---|
| **总　计** | **Total** | **995.42** | **680.17** | **174.97** | **140.28** | **11466.58** | **7487.48** | **5856.91** | **3739.26** |
| 北　京 | Beijing | 34.46 | 24.98 | 3.02 | 6.45 | 341.39 | 246.44 | 180.40 | 150.38 |
| 天　津 | Tianjin | 12.59 | 7.58 | 2.90 | 2.12 | 125.13 | 88.96 | 48.99 | 32.50 |
| 河　北 | Hebei | 81.83 | 47.68 | 25.79 | 8.37 | 550.97 | 273.02 | 337.27 | 138.56 |
| 山　西 | Shanxi | 12.30 | 10.04 | 1.17 | 1.09 | 147.58 | 97.96 | 81.19 | 57.90 |
| 内蒙古 | Inner Mongolia | 6.35 | 4.98 | 0.77 | 0.60 | 73.10 | 52.84 | 47.76 | 35.11 |
| 辽　宁 | Liaoning | 36.37 | 26.95 | 5.16 | 4.27 | 437.90 | 279.61 | 238.45 | 158.05 |
| 吉　林 | Jilin | 9.65 | 5.56 | 3.16 | 0.94 | 62.35 | 27.41 | 48.59 | 24.94 |
| 黑龙江 | Heilongjiang | 14.72 | 10.46 | 2.44 | 1.83 | 163.37 | 103.36 | 103.76 | 65.34 |
| 上　海 | Shanghai | 74.53 | 49.49 | 8.57 | 16.47 | 956.13 | 789.46 | 350.13 | 298.99 |
| 江　苏 | Jiangsu | 126.40 | 81.15 | 30.76 | 14.50 | 1120.48 | 719.93 | 710.44 | 442.92 |
| 浙　江 | Zhejiang | 81.67 | 48.23 | 14.73 | 18.71 | 829.74 | 512.58 | 417.55 | 256.50 |
| 安　徽 | Anhui | 24.18 | 17.66 | 4.73 | 1.79 | 338.82 | 230.08 | 203.66 | 132.32 |
| 福　建 | Fujian | 29.38 | 19.59 | 5.31 | 4.48 | 385.66 | 248.63 | 140.46 | 83.89 |
| 江　西 | Jiangxi | 7.88 | 5.71 | 1.33 | 0.84 | 132.44 | 98.68 | 73.18 | 56.01 |
| 山　东 | Shandong | 82.95 | 55.16 | 20.98 | 6.81 | 886.97 | 516.70 | 536.15 | 313.19 |
| 河　南 | Henan | 35.19 | 21.04 | 10.52 | 3.63 | 360.06 | 167.12 | 208.31 | 82.25 |
| 湖　北 | Hubei | 29.36 | 19.80 | 6.66 | 2.90 | 308.95 | 193.54 | 194.34 | 112.82 |
| 湖　南 | Hunan | 15.78 | 11.96 | 2.09 | 1.73 | 259.17 | 161.32 | 146.49 | 92.17 |
| 广　东 | Guangdong | 157.54 | 120.58 | 9.78 | 27.19 | 2179.92 | 1543.74 | 908.58 | 649.04 |
| 广　西 | Guangxi | 10.14 | 6.39 | 2.35 | 1.40 | 125.03 | 66.11 | 67.51 | 38.34 |
| 海　南 | Hainan | 2.69 | 2.38 | 0.25 | 0.06 | 27.73 | 24.65 | 18.57 | 15.80 |
| 重　庆 | Chongqing | 18.06 | 14.36 | 1.20 | 2.49 | 307.39 | 195.36 | 106.85 | 71.36 |
| 四　川 | Sichuan | 31.29 | 24.00 | 2.54 | 4.75 | 581.55 | 410.37 | 268.78 | 193.03 |
| 贵　州 | Guizhou | 7.70 | 4.98 | 1.38 | 1.35 | 133.68 | 87.19 | 53.71 | 39.74 |
| 云　南 | Yunnan | 11.64 | 9.06 | 1.34 | 1.24 | 158.15 | 71.75 | 108.54 | 45.47 |
| 西　藏 | Tibet | 0.61 | 0.61 | — | — | 8.87 | — | 8.73 | — |
| 陕　西 | Shaanxi | 11.74 | 8.70 | 1.29 | 1.76 | 176.61 | 101.80 | 80.42 | 41.30 |
| 甘　肃 | Gansu | 9.51 | 7.54 | 1.21 | 0.77 | 123.40 | 75.50 | 66.94 | 44.60 |
| 青　海 | Qinghai | 2.09 | 1.88 | 0.15 | 0.07 | 20.60 | 8.71 | 11.45 | 4.21 |
| 宁　夏 | Ningxia | 2.98 | 2.46 | 0.15 | 0.37 | 45.60 | 34.11 | 34.50 | 26.09 |
| 新　疆 | Xinjiang | 13.82 | 9.26 | 3.24 | 1.32 | 97.84 | 60.53 | 55.22 | 36.44 |

# 11-17 城镇和工矿区个人建房(1999年)

## BUILDING CONSTRUCTION BY INDIVIDUALS IN CITIES AND TOWNS AND IN INDUSTRIAL AND MINING AREAS(1999)

| 地区 | Region | 城镇工矿区个数(个) Number of Cities, Towns, Industrial and Mining Areas | 建房户数(户) Number of Households with Building Construction | 竣工房屋建筑面积(万平方米) Floor Space of Buildings Completed (10000 sq.m) | #住宅 Residence | 竣工房屋价值(万元) Value of Buildings Completed (10000 yuan) | #住宅 Residence |
|---|---|---|---|---|---|---|---|
| **总 计** | **Total** | **15262** | **1490469** | **21830.37** | **19246.43** | **9175357** | **7818281** |
| 北 京 | Beijing | 15 | 8577 | 35.60 | 31.58 | 22898 | 18877 |
| 天 津 | Tianjin | 86 | 10369 | 104.62 | 99.31 | 55050 | 53132 |
| 河 北 | Hebei | 793 | 106521 | 1471.84 | 1188.37 | 719984 | 579073 |
| 山 西 | Shanxi | 452 | 24404 | 308.61 | 251.46 | 125658 | 105450 |
| 内蒙古 | Inner Mongolia | 331 | 30793 | 299.96 | 254.74 | 120477 | 103251 |
| 辽 宁 | Liaoning | 277 | 27539 | 279.88 | 228.31 | 156838 | 120412 |
| 吉 林 | Jilin | 495 | 35275 | 330.67 | 265.20 | 162692 | 130480 |
| 黑龙江 | Heilongjiang | 252 | 55373 | 510.74 | 494.94 | 228214 | 209008 |
| 上 海 | Shanghai | 20 | 3748 | 33.56 | 31.87 | 12371 | 11419 |
| 江 苏 | Jiangsu | 721 | 100472 | 1263.96 | 1133.55 | 550544 | 455061 |
| 浙 江 | Zhejiang | 811 | 96763 | 2110.16 | 1917.50 | 1022992 | 891113 |
| 安 徽 | Anhui | 886 | 89002 | 1060.40 | 849.20 | 412944 | 317375 |
| 福 建 | Fujian | 504 | 63759 | 1279.85 | 1196.68 | 693682 | 608163 |
| 江 西 | Jiangxi | 615 | 55039 | 1039.05 | 926.75 | 304062 | 267938 |
| 山 东 | Shandong | 1264 | 108701 | 1252.08 | 994.07 | 567807 | 423158 |
| 河 南 | Henan | 283 | 68463 | 1047.54 | 922.27 | 451033 | 391235 |
| 湖 北 | Hubei | 841 | 72581 | 1275.80 | 1172.70 | 487266 | 428972 |
| 湖 南 | Hunan | 1067 | 82755 | 1678.25 | 1541.24 | 590944 | 535996 |
| 广 东 | Guangdong | 326 | 47903 | 1100.99 | 1002.36 | 567577 | 514057 |
| 广 西 | Guangxi | 765 | 116574 | 1764.61 | 1680.15 | 604182 | 573390 |
| 海 南 | Hainan | 183 | 6904 | 149.10 | 133.55 | 97808 | 83840 |
| 重 庆 | Chongqing | 621 | 34814 | 489.52 | 387.95 | 180214 | 126727 |
| 四 川 | Sichuan | 1603 | 113098 | 1195.13 | 1001.97 | 406537 | 333810 |
| 贵 州 | Guizhou | 629 | 31608 | 481.38 | 438.73 | 135237 | 118825 |
| 云 南 | Yunnan | 229 | 20049 | 340.45 | 304.65 | 159683 | 140481 |
| 西 藏 | Tibet | 83 | 2418 | 71.76 | 68.84 | 13457 | 12565 |
| 陕 西 | Shaanxi | 723 | 39740 | 500.56 | 441.13 | 188101 | 160349 |
| 甘 肃 | Gansu | 188 | 19049 | 137.62 | 117.47 | 47101 | 39415 |
| 青 海 | Qinghai | 45 | 4206 | 28.53 | 23.72 | 11637 | 7918 |
| 宁 夏 | Ningxia | 24 | 1493 | 21.66 | 16.03 | 10801 | 6951 |
| 新 疆 | Xinjiang | 130 | 12479 | 166.49 | 130.15 | 67566 | 49840 |

# 11－18　农村个人固定资产投资和建房(1999年)

## INDIVIDUAL INVESTMENT IN FIXED ASSETS AND BUILDING CONSTRUCTION IN RURAL AREAS(1999)

| 地区 Region | 投资总额(亿元) Total Investment (100 million yuan) | #竣工房屋投资 Investment in Buildings Completed | | 施工房屋建筑面积(万平方米) Floor Space of Buildings Under Construction (10000 sq.m) | 竣工房屋建筑面积(万平方米) Floor Space of Buildings Completed (10000 sq.m) | | 竣工房屋造价(元/平方米) Cost of Buildings Completed (yuan/sq.m) | |
|---|---|---|---|---|---|---|---|---|
| | | 总计 Total | #住宅 Residence | | 总计 Total | #住宅 Residence | 总计 Total | #住宅 Residence |
| **总　计 Total** | **2779.59** | **1908.20** | **1799.10** | **89050** | **83244** | **76758** | **229** | **234** |
| 北　京 Beijing | 28.30 | 15.80 | 14.70 | 371 | 342 | 309 | 462 | 476 |
| 天　津 Tianjin | 11.53 | 8.50 | 7.20 | 205 | 200 | 179 | 425 | 402 |
| 河　北 Hebei | 175.60 | 123.90 | 117.90 | 4311 | 3946 | 3613 | 314 | 326 |
| 山　西 Shanxi | 24.58 | 18.80 | 17.90 | 628 | 616 | 609 | 305 | 294 |
| 内蒙古 Inner Mongolia | 43.01 | 23.20 | 19.70 | 1173 | 1051 | 863 | 221 | 228 |
| 辽　宁 Liaoning | 80.30 | 62.10 | 51.30 | 1877 | 1828 | 1808 | 340 | 284 |
| 吉　林 Jilin | 26.03 | 11.70 | 11.20 | 425 | 401 | 381 | 292 | 294 |
| 黑龙江 Heilongjiang | 36.20 | 26.80 | 23.90 | 710 | 661 | 633 | 405 | 378 |
| 上　海 Shanghai | 5.32 | 4.30 | 4.10 | 179 | 169 | 151 | 254 | 272 |
| 江　苏 Jiangsu | 287.66 | 230.70 | 229.60 | 6557 | 6489 | 6115 | 356 | 375 |
| 浙　江 Zhejiang | 209.60 | 176.10 | 166.60 | 5157 | 4654 | 4282 | 378 | 389 |
| 安　徽 Anhui | 114.90 | 70.90 | 66.30 | 4582 | 4485 | 4330 | 158 | 153 |
| 福　建 Fujian | 87.78 | 53.60 | 52.90 | 2177 | 1542 | 1508 | 348 | 351 |
| 江　西 Jiangxi | 89.01 | 65.10 | 61.80 | 5800 | 5211 | 4944 | 125 | 125 |
| 山　东 Shandong | 228.43 | 143.60 | 135.70 | 7635 | 6577 | 5998 | 218 | 226 |
| 河　南 Henan | 210.94 | 150.10 | 141.30 | 7439 | 7138 | 6818 | 210 | 207 |
| 湖　北 Hubei | 121.97 | 60.80 | 57.90 | 4170 | 4103 | 3271 | 148 | 177 |
| 湖　南 Hunan | 197.41 | 155.00 | 148.20 | 6656 | 6450 | 6060 | 240 | 245 |
| 广　东 Guangdong | 242.05 | 167.50 | 162.70 | 6773 | 6187 | 5890 | 271 | 276 |
| 广　西 Guangxi | 103.91 | 53.30 | 52.20 | 4203 | 3986 | 3932 | 134 | 133 |
| 海　南 Hainan | 18.50 | 6.60 | 6.20 | 201 | 200 | 198 | 330 | 313 |
| 重　庆 Chongqing | 42.49 | 36.30 | 33.90 | 2271 | 2226 | 2077 | 163 | 163 |
| 四　川 Sichuan | 142.93 | 114.30 | 97.80 | 6644 | 6330 | 5550 | 181 | 176 |
| 贵　州 Guizhou | 44.91 | 19.40 | 18.50 | 1231 | 1057 | 993 | 184 | 186 |
| 云　南 Yunnan | 57.40 | 32.20 | 28.80 | 1376 | 1276 | 1117 | 252 | 258 |
| 西　藏 Tibet | — | — | — | — | — | — | — | — |
| 陕　西 Shaanxi | 63.74 | 38.70 | 35.40 | 3779 | 3679 | 3389 | 105 | 104 |
| 甘　肃 Gansu | 32.26 | 15.90 | 14.60 | 776 | 762 | 613 | 209 | 238 |
| 青　海 Qinghai | 4.04 | 1.90 | 1.80 | 142 | 137 | 129 | 139 | 140 |
| 宁　夏 Ningxia | 13.97 | 8.20 | 7.60 | 353 | 343 | 316 | 239 | 241 |
| 新　疆 Xinjiang | 34.81 | 12.90 | 11.40 | 1249 | 1198 | 682 | 108 | 167 |

# 11-19 各地区按三次产业分的全社会固定资产投资(1999年)

## INVESTMENT IN FIXED ASSETS GROUPED BY INDUSTRY BY REGION(1999)

单位:亿元 Unit:100 million yuan

| 地区 | Region | 合计 Total | 第一产业 Primary Industry | 第二产业 Secondary Industry | 第三产业 Tertiary Industry |
|---|---|---|---|---|---|
| **全国总计** | **National Total** | **29854.71** | **719.49** | **9830.45** | **19304.77** |
| 北京 | Beijing | 1171.16 | 6.72 | 217.48 | 946.95 |
| 天津 | Tianjin | 576.45 | 1.91 | 277.56 | 296.98 |
| 河北 | Hebei | 1770.47 | 55.18 | 713.79 | 1001.49 |
| 山西 | Shanxi | 477.57 | 6.17 | 204.72 | 266.67 |
| 内蒙古 | Inner Mongolia | 348.22 | 21.57 | 91.76 | 234.88 |
| 辽宁 | Liaoning | 1119.47 | 23.09 | 417.85 | 678.53 |
| 吉林 | Jilin | 500.02 | 11.84 | 220.75 | 267.42 |
| 黑龙江 | Heilongjiang | 751.66 | 26.28 | 311.32 | 414.07 |
| 上海 | Shanghai | 1855.76 | 5.97 | 628.58 | 1221.21 |
| 江苏 | Jiangsu | 2441.88 | 28.12 | 993.84 | 1419.92 |
| 浙江 | Zhejiang | 1958.05 | 17.89 | 670.20 | 1269.96 |
| 安徽 | Anhui | 703.45 | 27.39 | 217.68 | 458.38 |
| 福建 | Fujian | 1084.66 | 13.55 | 386.88 | 684.23 |
| 江西 | Jiangxi | 454.44 | 10.71 | 124.84 | 318.89 |
| 山东 | Shandong | 2220.57 | 68.09 | 996.34 | 1156.14 |
| 河南 | Henan | 1206.83 | 53.29 | 402.92 | 750.61 |
| 湖北 | Hubei | 1239.44 | 37.10 | 427.86 | 774.18 |
| 湖南 | Hunan | 883.94 | 23.56 | 191.80 | 668.58 |
| 广东 | Guangdong | 2937.02 | 26.64 | 662.53 | 2247.86 |
| 广西 | Guangxi | 578.76 | 13.91 | 129.96 | 434.89 |
| 海南 | Hainan | 194.78 | 19.55 | 47.50 | 127.43 |
| 重庆 | Chongqing | 525.26 | 11.17 | 117.61 | 396.48 |
| 四川 | Sichuan | 1224.40 | 21.64 | 339.48 | 863.28 |
| 贵州 | Guizhou | 311.93 | 7.06 | 92.83 | 212.03 |
| 云南 | Yunnan | 663.97 | 12.88 | 144.36 | 506.73 |
| 西藏 | Tibet | 53.56 | 1.55 | 28.11 | 23.90 |
| 陕西 | Shaanxi | 587.79 | 13.28 | 189.90 | 384.61 |
| 甘肃 | Gansu | 355.51 | 16.98 | 128.37 | 210.16 |
| 青海 | Qinghai | 117.15 | 3.60 | 52.88 | 60.67 |
| 宁夏 | Ningxia | 128.10 | 4.73 | 42.85 | 80.51 |
| 新疆 | Xinjiang | 526.65 | 58.03 | 227.87 | 240.76 |
| 不分地区 | Not Classified by Region | 886.10 | 70.06 | 130.00 | 686.05 |

# 11－20　各地区全社会新增固定资产(1999年)

## NEWLY INCREASED FIXED ASSETS BY REGION(1999)

单位:亿元　Unit:100 million yuan

| 地　区 | Region | 合计 Total | 国有经济 State-owned | 集体经济 Collective-owned | 农村 Rural | 个体经济 Individual | 农村 Rural |
|---|---|---|---|---|---|---|---|
| **全国总计** | **National Total** | **24634.09** | **12252.69** | **3931.23** | **3100.52** | **4135.38** | **2850.86** |
| 北　京 | Beijing | 1041.75 | 618.22 | 76.84 | 47.84 | 34.33 | 28.30 |
| 天　津 | Tianjin | 460.52 | 259.48 | 66.24 | 55.33 | 27.61 | 11.53 |
| 河　北 | Hebei | 1610.32 | 693.25 | 502.69 | 432.46 | 278.46 | 194.58 |
| 山　西 | Shanxi | 333.49 | 225.17 | 33.07 | 22.99 | 40.38 | 24.58 |
| 内蒙古 | Inner Mongolia | 408.69 | 193.66 | 25.00 | 18.84 | 69.69 | 49.38 |
| 辽　宁 | Liaoning | 788.01 | 394.28 | 128.81 | 100.65 | 117.96 | 80.31 |
| 吉　林 | Jilin | 384.89 | 208.43 | 44.64 | 36.21 | 51.34 | 26.03 |
| 黑龙江 | Heilongjiang | 667.72 | 502.08 | 28.09 | 13.78 | 79.03 | 38.74 |
| 上　海 | Shanghai | 1872.85 | 1096.79 | 176.78 | 117.84 | 24.95 | 5.32 |
| 江　苏 | Jiangsu | 2126.59 | 826.29 | 499.75 | 389.00 | 357.92 | 287.66 |
| 浙　江 | Zhejiang | 1592.72 | 559.81 | 426.58 | 355.40 | 324.66 | 209.60 |
| 安　徽 | Anhui | 551.14 | 221.43 | 69.56 | 49.53 | 165.27 | 116.11 |
| 福　建 | Fujian | 887.34 | 333.92 | 121.46 | 100.60 | 172.06 | 87.78 |
| 江　西 | Jiangxi | 353.41 | 177.20 | 33.17 | 26.99 | 123.34 | 89.01 |
| 山　东 | Shandong | 1881.36 | 752.88 | 611.39 | 540.25 | 302.57 | 228.43 |
| 河　南 | Henan | 903.01 | 400.42 | 160.95 | 130.18 | 261.83 | 210.94 |
| 湖　北 | Hubei | 962.22 | 482.37 | 113.86 | 90.52 | 199.56 | 121.97 |
| 湖　南 | Hunan | 698.04 | 341.68 | 58.78 | 45.91 | 262.09 | 197.41 |
| 广　东 | Guangdong | 2292.47 | 946.97 | 303.60 | 175.47 | 367.84 | 244.11 |
| 广　西 | Guangxi | 471.96 | 209.85 | 39.98 | 31.89 | 185.37 | 121.59 |
| 海　南 | Hainan | 182.71 | 69.94 | 10.36 | 7.24 | 31.25 | 18.50 |
| 重　庆 | Chongqing | 362.72 | 166.58 | 63.06 | 52.47 | 81.38 | 42.49 |
| 四　川 | Sichuan | 1090.85 | 577.79 | 150.76 | 124.77 | 223.07 | 165.35 |
| 贵　州 | Guizhou | 289.47 | 189.28 | 17.82 | 12.50 | 64.71 | 44.91 |
| 云　南 | Yunnan | 557.86 | 362.74 | 61.81 | 46.79 | 85.85 | 57.40 |
| 西　藏 | Tibet | 44.26 | 41.71 | 0.72 | — | 1.50 | — |
| 陕　西 | Shaanxi | 509.40 | 331.05 | 38.83 | 30.35 | 87.00 | 63.74 |
| 甘　肃 | Gansu | 262.08 | 180.90 | 24.01 | 16.15 | 38.48 | 32.26 |
| 青　海 | Qinghai | 96.10 | 77.76 | 6.09 | 4.39 | 7.77 | 4.04 |
| 宁　夏 | Ningxia | 86.17 | 44.61 | 11.83 | 9.09 | 17.00 | 13.97 |
| 新　疆 | Xinjiang | 433.16 | 339.47 | 24.70 | 15.10 | 51.09 | 34.81 |
| 不分地区 | Not Classified by Region | 430.83 | 426.67 | — | — | — | — |

11-20 续表 1 Continued

单位:亿元 Unit:100 million yuan

| 地区 | Region | 联营经济 Toint Economy | 股份制经济 Share-holding | 外商投资经济 Foreign Investment | 港澳台投资经济 Hong Kong, Macao and Taiwan Investment | 其他经济 Others |
|---|---|---|---|---|---|---|
| **全国总计** | **National Total** | **62.83** | **1872.42** | **1216.86** | **1057.44** | **105.23** |
| 北京 | Beijing | — | 70.20 | 85.29 | 156.87 | — |
| 天津 | Tianjin | 1.53 | 27.80 | 57.59 | 12.61 | 7.68 |
| 河北 | Hebei | 3.53 | 98.98 | 17.53 | 13.18 | 2.71 |
| 山西 | Shanxi | 0.18 | 25.28 | 0.54 | 6.34 | 2.52 |
| 内蒙古 | Inner Mongolia | 0.16 | 109.99 | 0.96 | 0.94 | 8.29 |
| 辽宁 | Liaoning | 1.98 | 63.02 | 46.56 | 28.97 | 6.43 |
| 吉林 | Jilin | 0.75 | 50.40 | 11.32 | 16.19 | 1.81 |
| 黑龙江 | Heilongjiang | 0.52 | 39.17 | 4.67 | 10.81 | 3.36 |
| 上海 | Shanghai | 19.29 | 141.95 | 281.98 | 128.72 | 2.38 |
| 江苏 | Jiangsu | 2.74 | 107.11 | 257.12 | 73.61 | 2.05 |
| 浙江 | Zhejiang | 0.54 | 211.15 | 23.17 | 42.70 | 4.12 |
| 安徽 | Anhui | 1.53 | 74.63 | 7.82 | 7.70 | 3.21 |
| 福建 | Fujian | 3.99 | 82.73 | 44.01 | 119.42 | 9.74 |
| 江西 | Jiangxi | 0.38 | 9.78 | 1.89 | 5.88 | 1.77 |
| 山东 | Shandong | 5.72 | 82.44 | 102.69 | 20.64 | 3.03 |
| 河南 | Henan | 0.64 | 34.57 | 22.22 | 21.01 | 1.37 |
| 湖北 | Hubei | 3.48 | 108.64 | 17.87 | 27.14 | 9.30 |
| 湖南 | Hunan | 0.77 | 16.87 | 4.91 | 9.84 | 3.10 |
| 广东 | Guangdong | 8.53 | 195.33 | 159.24 | 298.85 | 12.10 |
| 广西 | Guangxi | 0.79 | 17.80 | 10.31 | 6.45 | 1.41 |
| 海南 | Hainan | 0.58 | 49.30 | 13.52 | 3.91 | 3.84 |
| 重庆 | Chongqing | 0.61 | 31.29 | 7.18 | 8.20 | 4.42 |
| 四川 | Sichuan | 1.64 | 99.73 | 19.74 | 13.39 | 4.73 |
| 贵州 | Guizhou | 1.62 | 9.22 | 3.90 | 2.60 | 0.32 |
| 云南 | Yunnan | 0.70 | 32.98 | 6.25 | 7.09 | 0.44 |
| 西藏 | Tibet | — | 0.07 | — | — | 0.26 |
| 陕西 | Shaanxi | 0.34 | 40.33 | 4.48 | 6.51 | 0.85 |
| 甘肃 | Gansu | 0.12 | 10.15 | 0.92 | 3.90 | 3.60 |
| 青海 | Qinghai | 0.08 | 3.59 | 0.41 | 0.16 | 0.23 |
| 宁夏 | Ningxia | — | 9.72 | 2.24 | 0.74 | 0.04 |
| 新疆 | Xinjiang | 0.09 | 14.05 | 0.54 | 3.07 | 0.14 |
| 不分地区 | Not Classified by Region | — | 4.16 | — | — | — |

# 11-21 各地区全社会住宅建设投资(1999年)

## INVESTMENT IN RESIDENTIAL CONSTRUCTION BY REGION(1999)

单位:亿元 Unit:100 million yuan

| 地区 | Region | 合计 Total | 国有经济 State-owned | 集体经济 Collective-owned | 农村 Rural | 个体经济 Individual | 农村 Rural |
|---|---|---|---|---|---|---|---|
| **全国总计** | **National Total** | **7058.78** | **2400.44** | **598.97** | **208.80** | **2795.81** | **1799.10** |
| 北京 | Beijing | 378.12 | 192.64 | 30.45 | 7.60 | 17.94 | 14.70 |
| 天津 | Tianjin | 126.66 | 54.63 | 7.55 | 2.00 | 29.09 | 7.20 |
| 河北 | Hebei | 340.47 | 116.64 | 19.25 | 5.80 | 183.46 | 117.90 |
| 山西 | Shanxi | 101.69 | 60.50 | 4.52 | 0.70 | 29.42 | 17.90 |
| 内蒙古 | Inner Mongolia | 87.08 | 36.70 | 3.72 | 0.70 | 35.25 | 19.70 |
| 辽宁 | Liaoning | 245.13 | 93.82 | 20.93 | 5.50 | 75.92 | 51.30 |
| 吉林 | Jilin | 89.73 | 41.48 | 2.99 | 1.00 | 28.84 | 11.20 |
| 黑龙江 | Heilongjiang | 171.02 | 90.68 | 6.53 | 0.50 | 50.27 | 23.90 |
| 上海 | Shanghai | 377.44 | 121.33 | 52.98 | 7.40 | 19.03 | 4.10 |
| 江苏 | Jiangsu | 591.05 | 175.64 | 64.61 | 20.70 | 282.95 | 229.60 |
| 浙江 | Zhejiang | 485.06 | 87.47 | 36.85 | 5.70 | 262.86 | 166.60 |
| 安徽 | Anhui | 194.39 | 52.07 | 21.28 | 10.20 | 103.19 | 66.30 |
| 福建 | Fujian | 258.49 | 53.52 | 18.60 | 7.50 | 124.22 | 52.90 |
| 江西 | Jiangxi | 134.64 | 31.67 | 5.49 | 2.10 | 89.74 | 61.80 |
| 山东 | Shandong | 413.47 | 149.59 | 50.56 | 24.90 | 182.39 | 135.70 |
| 河南 | Henan | 301.13 | 81.15 | 12.61 | 6.30 | 184.92 | 141.30 |
| 湖北 | Hubei | 267.69 | 102.80 | 18.92 | 9.10 | 104.67 | 57.90 |
| 湖南 | Hunan | 303.21 | 71.77 | 12.72 | 5.80 | 204.67 | 148.20 |
| 广东 | Guangdong | 846.72 | 213.65 | 102.77 | 27.50 | 262.49 | 162.70 |
| 广西 | Guangxi | 172.85 | 44.08 | 8.14 | 5.60 | 111.11 | 52.20 |
| 海南 | Hainan | 32.35 | 13.11 | 2.21 | 0.30 | 14.72 | 6.20 |
| 重庆 | Chongqing | 141.83 | 36.73 | 16.31 | 9.40 | 61.33 | 33.90 |
| 四川 | Sichuan | 333.02 | 107.51 | 45.19 | 30.30 | 141.87 | 97.80 |
| 贵州 | Guizhou | 72.55 | 27.04 | 3.26 | 0.50 | 33.56 | 18.50 |
| 云南 | Yunnan | 187.64 | 102.25 | 9.83 | 5.90 | 52.49 | 28.80 |
| 西藏 | Tibet | 5.95 | 4.60 | — | — | 1.33 | — |
| 陕西 | Shaanxi | 150.04 | 79.55 | 6.08 | 1.90 | 54.35 | 35.40 |
| 甘肃 | Gansu | 86.20 | 51.95 | 6.13 | 2.10 | 19.51 | 14.60 |
| 青海 | Qinghai | 21.33 | 12.91 | 1.02 | 0.60 | 3.99 | 1.80 |
| 宁夏 | Ningxia | 24.61 | 10.09 | 2.28 | 0.50 | 8.96 | 7.60 |
| 新疆 | Xinjiang | 112.78 | 78.44 | 5.18 | 0.70 | 21.28 | 11.40 |
| 不分地区 | Not Classified by Region | 4.42 | 4.42 | — | — | — | — |

11－21续表1 Continued

单位:亿元 Unit:100 million yuan

| 地 区 | Region | 联营经济 Toint Economy | 股份制经济 Share-holding | 外商投资经济 Foreign Investment | 港澳台投资经济 Hong Kong, Macao and Taiwan Investment | 其他经济 Others |
|---|---|---|---|---|---|---|
| **全国总计** | **National Total** | **23.01** | **725.57** | **139.71** | **346.28** | **28.98** |
| 北 京 | Beijing | 0.08 | 75.92 | 23.46 | 37.56 | 0.06 |
| 天 津 | Tianjin | 0.38 | 18.10 | 9.12 | 5.29 | 2.50 |
| 河 北 | Hebei | 0.05 | 14.48 | 2.06 | 3.99 | 0.55 |
| 山 西 | Shanxi | 0.01 | 5.18 | 0.44 | 1.17 | 0.46 |
| 内蒙古 | Inner Mongolia | 0.08 | 5.30 | 0.10 | 0.33 | 5.60 |
| 辽 宁 | Liaoning | 0.08 | 36.20 | 8.06 | 8.77 | 1.35 |
| 吉 林 | Jilin | 0.04 | 14.14 | 0.48 | 1.67 | 0.08 |
| 黑龙江 | Heilongjiang | 0.26 | 19.66 | 0.38 | 2.09 | 1.15 |
| 上 海 | Shanghai | 5.69 | 104.90 | 30.73 | 39.55 | 3.23 |
| 江 苏 | Jiangsu | 1.25 | 37.13 | 8.57 | 20.36 | 0.55 |
| 浙 江 | Zhejiang | 0.92 | 83.32 | 2.47 | 9.65 | 1.52 |
| 安 徽 | Anhui | 0.44 | 12.28 | 1.31 | 3.08 | 0.75 |
| 福 建 | Fujian | 3.81 | 12.20 | 11.17 | 33.02 | 1.94 |
| 江 西 | Jiangxi | 0.08 | 3.02 | 1.41 | 3.04 | 0.18 |
| 山 东 | Shandong | 0.95 | 20.12 | 1.92 | 7.78 | 0.15 |
| 河 南 | Henan | 0.08 | 11.63 | 2.66 | 7.70 | 0.37 |
| 湖 北 | Hubei | 0.35 | 22.43 | 5.32 | 12.44 | 0.76 |
| 湖 南 | Hunan | 0.27 | 8.75 | 1.17 | 3.51 | 0.39 |
| 广 东 | Guangdong | 6.76 | 130.62 | 15.40 | 112.91 | 2.12 |
| 广 西 | Guangxi | 0.11 | 4.11 | 1.21 | 3.73 | 0.38 |
| 海 南 | Hainan | 0.11 | 0.73 | 0.50 | 0.70 | 0.29 |
| 重 庆 | Chongqing | 0.36 | 14.60 | 3.75 | 5.99 | 2.76 |
| 四 川 | Sichuan | 0.39 | 28.11 | 3.04 | 5.95 | 0.95 |
| 贵 州 | Guizhou | 0.18 | 4.87 | 1.41 | 2.17 | 0.05 |
| 云 南 | Yunnan | 0.16 | 16.60 | 1.05 | 5.17 | 0.09 |
| 西 藏 | Tibet | — | 0.02 | — | — | — |
| 陕 西 | Shaanxi | 0.06 | 7.34 | 0.27 | 2.22 | 0.16 |
| 甘 肃 | Gansu | 0.02 | 4.51 | 1.24 | 2.36 | 0.47 |
| 青 海 | Qinghai | — | 2.42 | 0.66 | 0.26 | 0.06 |
| 宁 夏 | Ningxia | 0.05 | 2.99 | 0.08 | 0.17 | — |
| 新 疆 | Xinjiang | — | 3.88 | 0.25 | 3.68 | 0.06 |
| 不分地区 | Not Classified by Region | — | — | — | — | — |

# 11－22　各地区全社会按国民经济行业分的固定资产投资(1999年)

## INVESTMENT IN FIXED ASSETS GROUPED BY SECTOR BY REGION(1999)

单位:亿元　Unit:100 million yuan

| 地　区 | Region | 合计 Total | 农、林、牧、渔业 Farming, Forestry, Animal Husbandry and Fishery | 采掘业 Mining and Quarrying | 制造业 Manufacturing | 电力、煤气及水的生产和供应业 Production and Supply of Electric Power, Gas and Water |
|---|---|---|---|---|---|---|
| **全国总计** | **National Total** | **29854.71** | **1085.73** | **1122.24** | **5274.96** | **2798.47** |
| 北　京 | Beijing | 1171.16 | 10.63 | 2.57 | 84.13 | 107.32 |
| 天　津 | Tianjin | 576.45 | 3.52 | 58.14 | 150.89 | 57.96 |
| 河　北 | Hebei | 1770.47 | 101.57 | 63.38 | 463.93 | 156.16 |
| 山　西 | Shanxi | 477.57 | 10.02 | 44.67 | 61.48 | 93.30 |
| 内蒙古 | Inner Mongolia | 348.22 | 28.85 | 18.80 | 37.20 | 26.68 |
| 辽　宁 | Liaoning | 1119.47 | 36.61 | 94.61 | 211.53 | 71.00 |
| 吉　林 | Jilin | 500.02 | 19.48 | 32.97 | 125.20 | 40.10 |
| 黑龙江 | Heilongjiang | 751.66 | 29.66 | 150.10 | 83.87 | 56.86 |
| 上　海 | Shanghai | 1855.76 | 8.87 | 6.08 | 441.43 | 161.70 |
| 江　苏 | Jiangsu | 2441.88 | 51.11 | 22.13 | 748.73 | 165.47 |
| 浙　江 | Zhejiang | 1958.05 | 35.80 | 1.59 | 461.66 | 181.89 |
| 安　徽 | Anhui | 703.45 | 40.38 | 22.42 | 98.80 | 81.71 |
| 福　建 | Fujian | 1084.66 | 30.24 | 4.55 | 224.47 | 107.75 |
| 江　西 | Jiangxi | 454.44 | 18.48 | 16.12 | 55.70 | 43.85 |
| 山　东 | Shandong | 2220.57 | 118.69 | 176.62 | 622.38 | 153.15 |
| 河　南 | Henan | 1206.83 | 80.31 | 59.51 | 180.62 | 137.59 |
| 湖　北 | Hubei | 1239.14 | 60.39 | 16.01 | 175.45 | 210.91 |
| 湖　南 | Hunan | 883.94 | 45.83 | 6.28 | 83.54 | 76.61 |
| 广　东 | Guangdong | 2937.02 | 43.48 | 17.45 | 400.51 | 221.65 |
| 广　西 | Guangxi | 578.76 | 18.52 | 5.60 | 54.02 | 65.69 |
| 海　南 | Hainan | 194.78 | 24.11 | 0.78 | 21.05 | 14.36 |
| 重　庆 | Chongqing | 525.26 | 16.34 | 13.95 | 52.16 | 36.83 |
| 四　川 | Sichuan | 1224.40 | 32.12 | 41.65 | 139.50 | 131.03 |
| 贵　州 | Guizhou | 311.93 | 9.25 | 8.88 | 42.72 | 38.49 |
| 云　南 | Yunnan | 663.97 | 21.97 | 6.77 | 63.68 | 58.98 |
| 西　藏 | Tibet | 53.56 | 1.91 | 0.15 | 0.87 | 7.05 |
| 陕　西 | Shaanxi | 587.79 | 18.00 | 25.86 | 58.35 | 72.90 |
| 甘　肃 | Gansu | 355.51 | 21.94 | 13.65 | 50.49 | 54.94 |
| 青　海 | Qinghai | 117.15 | 6.31 | 17.97 | 11.65 | 21.74 |
| 宁　夏 | Ningxia | 128.10 | 6.80 | 2.77 | 29.01 | 10.43 |
| 新　疆 | Xinjiang | 526.65 | 64.45 | 125.35 | 39.92 | 49.26 |
| 不分地区 | Not Classified by Region | 886.10 | 70.06 | 44.85 | — | 85.14 |

11－22 续表 1 Continued

单位:亿元 Unit:100 million yuan

| 地区 Region | | 建筑业 Construction | 地质勘查业水利管理业 Geological Prospecting and Water Conservancy | 交通运输、仓储和邮电通信业 Transportation Storage, Telecommunications Services | 批发零售贸易和餐饮业 Wholesale & Retail Trade and Gatering Services | 金融、保险业 Banking and Insurance | 房地产业 Real Estate |
|---|---|---|---|---|---|---|---|
| **全国总计** | **National Total** | **634.77** | **593.13** | **5587.56** | **559.23** | **155.50** | **4342.08** |
| 北京 | Beijing | 23.46 | 13.35 | 119.09 | 12.67 | 8.94 | 423.73 |
| 天津 | Tianjin | 10.58 | 10.95 | 75.92 | 8.52 | 1.66 | 122.67 |
| 河北 | Hebei | 30.32 | 30.80 | 300.20 | 77.39 | 9.13 | 99.44 |
| 山西 | Shanxi | 5.28 | 12.35 | 110.13 | 6.05 | 4.00 | 36.36 |
| 内蒙古 | Inner Mongolia | 9.08 | 9.99 | 85.79 | 5.24 | 3.60 | 31.15 |
| 辽宁 | Liaoning | 40.70 | 11.41 | 238.88 | 36.84 | 4.40 | 190.24 |
| 吉林 | Jilin | 22.48 | 7.23 | 86.97 | 17.80 | 1.57 | 53.99 |
| 黑龙江 | Heilongjiang | 20.49 | 13.57 | 130.13 | 17.44 | 7.62 | 84.35 |
| 上海 | Shanghai | 19.37 | 8.08 | 172.64 | 21.39 | 5.30 | 620.16 |
| 江苏 | Jiangsu | 57.51 | 43.88 | 343.70 | 43.14 | 6.82 | 335.30 |
| 浙江 | Zhejiang | 25.05 | 50.28 | 314.80 | 24.71 | 8.41 | 275.43 |
| 安徽 | Anhui | 14.74 | 13.71 | 129.15 | 10.02 | 4.27 | 82.18 |
| 福建 | Fujian | 50.12 | 14.58 | 203.32 | 14.22 | 4.39 | 183.91 |
| 江西 | Jiangxi | 9.17 | 17.00 | 100.70 | 7.54 | 2.54 | 34.08 |
| 山东 | Shandong | 44.19 | 14.71 | 341.58 | 46.56 | 10.29 | 182.54 |
| 河南 | Henan | 25.21 | 72.42 | 173.69 | 28.05 | 8.90 | 72.79 |
| 湖北 | Hubei | 25.48 | 26.99 | 193.05 | 35.51 | 10.95 | 127.99 |
| 湖南 | Hunan | 25.37 | 38.93 | 188.38 | 20.33 | 5.02 | 57.67 |
| 广东 | Guangdong | 22.91 | 42.69 | 499.48 | 29.62 | 9.13 | 730.49 |
| 广西 | Guangxi | 4.64 | 16.39 | 137.78 | 9.64 | 5.05 | 35.52 |
| 海南 | Hainan | 11.31 | 1.65 | 47.83 | 4.10 | 2.01 | 8.39 |
| 重庆 | Chongqing | 14.67 | 4.00 | 110.96 | 6.38 | 2.66 | 121.89 |
| 四川 | Sichuan | 27.29 | 19.53 | 276.66 | 17.49 | 6.75 | 152.91 |
| 贵州 | Guizhou | 2.76 | 3.51 | 68.56 | 4.55 | 1.34 | 32.40 |
| 云南 | Yunnan | 14.93 | 11.02 | 149.65 | 13.93 | 6.18 | 93.84 |
| 西藏 | Tibet | 20.05 | 1.33 | 5.00 | 1.27 | 0.36 | 1.71 |
| 陕西 | Shaanxi | 32.80 | 7.11 | 127.75 | 12.76 | 3.42 | 69.36 |
| 甘肃 | Gansu | 9.28 | 11.95 | 78.19 | 8.48 | 3.58 | 27.57 |
| 青海 | Qinghai | 1.53 | 2.89 | 16.19 | 2.74 | 1.45 | 11.61 |
| 宁夏 | Ningxia | 0.64 | 5.71 | 33.10 | 2.31 | 0.50 | 13.93 |
| 新疆 | Xinjiang | 13.33 | 24.08 | 77.11 | 12.55 | 5.27 | 28.48 |
| 不分地区 | Not Classified by Region | — | 31.02 | 651.20 | — | — | — |

11－22续表2 Continued

单位:亿元 Unit:100 million yuan

| 地区 | Region | 社会服务业 Social Services | 卫生体育和社会福利业 Health Care, Sports and Social Welfare | 教育、文化艺术和广播电影电视业 Education, Culture, Arts, Radio, Film and Television | 科学研究和综合技术服务业 Scientific Research and Polytechnical Services | 国家机关、政党机关和社会团体 Governments, Parties and Social Organizations | 其他行业 Others |
|---|---|---|---|---|---|---|---|
| **全国总计** | **National Total** | **1763.91** | **301.24** | **1003.52** | **109.30** | **1101.97** | **3421.11** |
| 北京 | Beijing | 132.61 | 15.73 | 64.90 | 35.18 | 77.40 | 39.43 |
| 天津 | Tianjin | 29.16 | 1.98 | 10.02 | 2.00 | 9.65 | 22.83 |
| 河北 | Hebei | 80.39 | 19.60 | 69.71 | 3.31 | 44.27 | 220.87 |
| 山西 | Shanxi | 17.81 | 3.43 | 15.67 | 1.78 | 16.16 | 39.07 |
| 内蒙古 | Inner Mongolia | 14.89 | 2.64 | 13.23 | 0.64 | 18.41 | 42.03 |
| 辽宁 | Liaoning | 47.00 | 5.19 | 26.51 | 5.94 | 28.67 | 69.92 |
| 吉林 | Jilin | 18.36 | 2.73 | 16.52 | 1.26 | 26.54 | 26.81 |
| 黑龙江 | Heilongjiang | 31.93 | 7.95 | 17.89 | 1.61 | 51.53 | 46.65 |
| 上海 | Shanghai | 253.03 | 16.06 | 64.22 | 4.80 | 26.78 | 25.85 |
| 江苏 | Jiangsu | 76.30 | 19.17 | 87.89 | 5.55 | 83.03 | 352.15 |
| 浙江 | Zhejiang | 124.32 | 32.80 | 67.43 | 2.63 | 38.74 | 312.49 |
| 安徽 | Anhui | 26.44 | 7.04 | 23.68 | 1.66 | 29.76 | 117.48 |
| 福建 | Fujian | 52.77 | 8.36 | 31.90 | 1.51 | 33.97 | 118.61 |
| 江西 | Jiangxi | 14.09 | 4.56 | 15.43 | 0.86 | 17.60 | 96.72 |
| 山东 | Shandong | 89.79 | 24.05 | 57.57 | 3.78 | 70.47 | 264.21 |
| 河南 | Henan | 46.73 | 11.04 | 48.33 | 3.44 | 64.45 | 193.75 |
| 湖北 | Hubei | 44.75 | 12.29 | 45.26 | 3.68 | 69.50 | 180.93 |
| 湖南 | Hunan | 38.11 | 8.60 | 35.25 | 2.90 | 31.69 | 219.42 |
| 广东 | Guangdong | 316.89 | 38.31 | 97.02 | 5.07 | 119.43 | 342.88 |
| 广西 | Guangxi | 28.57 | 6.01 | 24.34 | 2.01 | 17.73 | 147.24 |
| 海南 | Hainan | 16.35 | 2.25 | 5.56 | 0.54 | 7.97 | 26.53 |
| 重庆 | Chongqing | 38.48 | 3.36 | 21.07 | 1.47 | 18.29 | 62.75 |
| 四川 | Sichuan | 77.72 | 13.02 | 49.63 | 5.72 | 50.45 | 182.92 |
| 贵州 | Guizhou | 22.08 | 2.67 | 8.57 | 0.43 | 11.71 | 54.03 |
| 云南 | Yunnan | 61.92 | 9.21 | 23.15 | 2.67 | 48.82 | 77.24 |
| 西藏 | Tibet | 1.07 | 0.39 | 2.47 | 0.50 | 7.92 | 1.53 |
| 陕西 | Shaanxi | 25.51 | 11.93 | 24.56 | 2.75 | 23.93 | 70.80 |
| 甘肃 | Gansu | 7.91 | 3.07 | 13.79 | 2.14 | 23.93 | 24.60 |
| 青海 | Qinghai | 7.60 | 0.58 | 3.63 | 0.13 | 7.12 | 4.02 |
| 宁夏 | Ningxia | 3.64 | 1.17 | 3.25 | 0.17 | 3.45 | 11.24 |
| 新疆 | Xinjiang | 17.72 | 6.06 | 15.08 | 1.29 | 22.57 | 24.13 |
| 不分地区 | Not Classified by Region | — | — | — | 1.85 | — | 1.99 |

# 11－23 各地区全社会竣工房屋面积(1999年)

## FLOOR SPACE OF HOUSES COMPLETED BY REGION(1999)

单位:万平方米 Unit:10000 sq.m

| 地区 | Region | 合计 Total | 国有经济 State-owned | 集体经济 Collective-owned | 农村 Rural | 个体经济 Individual | 农村 Rural |
|---|---|---|---|---|---|---|---|
| **全国总计** | **National Total** | **187357.07** | **38058.83** | **30323.91** | **24467.00** | **107465.76** | **83244.00** |
| 北京 | Beijing | 2995.97 | 1458.26 | 545.40 | 365.00 | 393.71 | 342.00 |
| 天津 | Tianjin | 1366.56 | 528.60 | 239.99 | 191.00 | 381.87 | 200.00 |
| 河北 | Hebei | 9648.65 | 2056.25 | 1714.27 | 1377.00 | 5518.70 | 3946.00 |
| 山西 | Shanxi | 2217.83 | 892.75 | 263.19 | 182.00 | 946.29 | 616.00 |
| 内蒙古 | Inner Mongolia | 2553.29 | 765.74 | 203.76 | 156.00 | 1429.27 | 1051.00 |
| 辽宁 | Liaoning | 4878.87 | 1301.90 | 666.45 | 428.00 | 2279.81 | 1828.00 |
| 吉林 | Jilin | 1927.67 | 663.39 | 149.59 | 101.00 | 827.46 | 401.00 |
| 黑龙江 | Heilongjiang | 3150.15 | 1451.10 | 165.76 | 62.00 | 1275.61 | 661.00 |
| 上海 | Shanghai | 11012.49 | 1341.49 | 8543.13 | 8193.00 | 274.14 | 169.00 |
| 江苏 | Jiangsu | 13687.46 | 2530.73 | 2570.44 | 1860.00 | 7865.69 | 6489.00 |
| 浙江 | Zhejiang | 10801.52 | 1501.20 | 1492.55 | 1075.00 | 6866.61 | 4654.00 |
| 安徽 | Anhui | 7637.91 | 1077.67 | 635.66 | 432.00 | 5617.42 | 4485.00 |
| 福建 | Fujian | 5271.83 | 894.68 | 744.46 | 604.00 | 2892.09 | 1542.00 |
| 江西 | Jiangxi | 7638.22 | 854.70 | 352.18 | 279.00 | 6280.26 | 5211.00 |
| 山东 | Shandong | 13393.08 | 2603.98 | 2292.15 | 1756.00 | 7937.60 | 6577.00 |
| 河南 | Henan | 11492.40 | 1743.72 | 1199.31 | 991.00 | 8233.04 | 7138.00 |
| 湖北 | Hubei | 9176.14 | 1983.30 | 1320.34 | 1126.00 | 5425.43 | 4103.00 |
| 湖南 | Hunan | 10777.26 | 1622.06 | 736.49 | 590.00 | 8194.81 | 6450.00 |
| 广东 | Guangdong | 13786.48 | 2388.52 | 2098.58 | 1190.00 | 7610.26 | 6187.00 |
| 广西 | Guangxi | 7471.01 | 1026.24 | 520.51 | 453.00 | 5776.34 | 3986.00 |
| 海南 | Hainan | 722.50 | 250.70 | 33.57 | 15.00 | 374.65 | 200.00 |
| 重庆 | Chongqing | 4656.95 | 842.45 | 553.85 | 447.00 | 2910.10 | 2226.00 |
| 四川 | Sichuan | 11908.31 | 2084.97 | 1533.78 | 1265.00 | 7684.93 | 6330.00 |
| 贵州 | Guizhou | 2511.82 | 643.41 | 177.71 | 124.00 | 1581.14 | 1057.00 |
| 云南 | Yunnan | 3909.69 | 1459.49 | 578.54 | 470.00 | 1683.48 | 1276.00 |
| 西藏 | Tibet | 192.83 | 110.02 | 8.73 | — | 72.71 | — |
| 陕西 | Shaanxi | 5980.20 | 1207.32 | 392.42 | 312.00 | 4216.07 | 3679.00 |
| 甘肃 | Gansu | 2123.92 | 830.60 | 258.94 | 192.00 | 909.86 | 762.00 |
| 青海 | Qinghai | 520.44 | 217.30 | 86.45 | 75.00 | 186.03 | 137.00 |
| 宁夏 | Ningxia | 776.69 | 250.40 | 77.50 | 43.00 | 376.60 | 343.00 |
| 新疆 | Xinjiang | 3058.26 | 1365.23 | 168.22 | 113.00 | 1443.80 | 1198.00 |
| 不分地区 | Not Classified by Region | 110.68 | 110.68 | — | — | — | — |

11－23 续表 1 Continued

单位:万平方米 Unit:10000 sq.m

| 地 区 | Region | 联营经济 Toint Economy | 股份制经济 Share-holding | 外商投资经济 Foreign Investment | 港澳台投资经济 Hong Kong, Macao and Taiwan Investment | 其他经济 Others |
|---|---|---|---|---|---|---|
| **全国总计** | **National Total** | **235.16** | **6469.81** | **1558.91** | **2751.85** | **492.83** |
| 北 京 | Beijing | — | 292.31 | 109.90 | 196.40 | — |
| 天 津 | Tianjin | 9.82 | 121.34 | 34.71 | 32.32 | 17.91 |
| 河 北 | Hebei | 6.28 | 256.87 | 44.19 | 38.95 | 13.15 |
| 山 西 | Shanxi | 0.19 | 89.66 | 1.01 | 16.40 | 8.34 |
| 内蒙古 | Inner Mongolia | — | 98.93 | 3.78 | 4.67 | 47.14 |
| 辽 宁 | Liaoning | 2.28 | 393.25 | 108.85 | 79.81 | 46.53 |
| 吉 林 | Jilin | 2.94 | 208.95 | 7.74 | 56.16 | 11.45 |
| 黑龙江 | Heilongjiang | 3.57 | 195.72 | 13.23 | 26.69 | 18.48 |
| 上 海 | Shanghai | 72.76 | 452.17 | 170.02 | 145.04 | 13.74 |
| 江 苏 | Jiangsu | 8.53 | 331.98 | 152.12 | 215.16 | 12.80 |
| 浙 江 | Zhejiang | 4.53 | 734.22 | 54.87 | 119.83 | 27.71 |
| 安 徽 | Anhui | 14.31 | 197.59 | 37.59 | 37.71 | 19.97 |
| 福 建 | Fujian | 17.44 | 160.72 | 164.99 | 354.81 | 42.64 |
| 江 西 | Jiangxi | 1.26 | 70.23 | 16.33 | 59.58 | 3.67 |
| 山 东 | Shandong | 8.32 | 336.06 | 75.97 | 120.26 | 18.74 |
| 河 南 | Henan | 4.74 | 176.90 | 45.94 | 73.88 | 14.87 |
| 湖 北 | Hubei | 10.98 | 277.66 | 24.52 | 115.40 | 18.50 |
| 湖 南 | Hunan | 12.84 | 120.75 | 14.17 | 54.55 | 21.58 |
| 广 东 | Guangdong | 20.10 | 644.75 | 266.97 | 710.25 | 47.05 |
| 广 西 | Guangxi | 2.60 | 79.51 | 18.96 | 39.55 | 7.31 |
| 海 南 | Hainan | 2.39 | 19.13 | 31.06 | 5.73 | 5.27 |
| 重 庆 | Chongqing | 9.07 | 219.08 | 42.13 | 53.77 | 26.51 |
| 四 川 | Sichuan | 4.24 | 474.72 | 46.81 | 53.33 | 25.55 |
| 贵 州 | Guizhou | 9.76 | 59.57 | 16.46 | 21.80 | 1.98 |
| 云 南 | Yunnan | 3.90 | 136.45 | 16.62 | 29.17 | 2.03 |
| 西 藏 | Tibet | — | 0.55 | — | — | 0.82 |
| 陕 西 | Shaanxi | 0.56 | 105.41 | 19.16 | 33.26 | 5.99 |
| 甘 肃 | Gansu | 0.69 | 73.27 | 7.29 | 35.27 | 7.99 |
| 青 海 | Qinghai | 0.48 | 21.68 | 5.71 | — | 2.79 |
| 宁 夏 | Ningxia | | 62.32 | 3.37 | 5.92 | 0.58 |
| 新 疆 | Xinjiang | 0.55 | 58.06 | 4.45 | 16.19 | 1.76 |
| 不分地区 | Not Classified by Region | — | — | — | — | — |

# 11－24 各地区全社会竣工住宅面积(1999 年)

## FLOOR SPACE OF RESIDENCE COMPLETED BY REGION(1999)

单位:万平方米 Unit:10000 sq.m

| 地区 | Region | 合计<br>Total | 国有经济<br>State-owned | 集体经济<br>Collective-owned | 农村<br>Rural | 个体经济<br>Individual | 农村<br>Rural |
|---|---|---|---|---|---|---|---|
| **全国总计** | **National Total** | **139305.93** | **24518.89** | **10418.26** | **6679.00** | **97521.66** | **76758.00** |
| 北京 | Beijing | 1948.35 | 953.56 | 281.38 | 131.00 | 351.80 | 309.00 |
| 天津 | Tianjin | 947.68 | 344.35 | 107.50 | 75.00 | 350.67 | 179.00 |
| 河北 | Hebei | 6726.75 | 1307.80 | 352.56 | 214.00 | 4872.61 | 3613.00 |
| 山西 | Shanxi | 1708.88 | 683.61 | 84.90 | 27.00 | 867.99 | 609.00 |
| 内蒙古 | Inner Mongolia | 1823.90 | 502.28 | 53.11 | 18.00 | 1171.41 | 863.00 |
| 辽宁 | Liaoning | 3735.17 | 922.73 | 249.05 | 91.00 | 2155.63 | 1808.00 |
| 吉林 | Jilin | 1299.47 | 429.74 | 41.94 | 17.00 | 698.77 | 381.00 |
| 黑龙江 | Heilongjiang | 2449.59 | 1046.75 | 71.34 | 6.00 | 1175.79 | 633.00 |
| 上海 | Shanghai | 2761.68 | 637.18 | 1344.99 | 1046.00 | 238.58 | 151.00 |
| 江苏 | Jiangsu | 10269.65 | 1469.60 | 1029.92 | 587.00 | 7321.81 | 6115.00 |
| 浙江 | Zhejiang | 7984.32 | 711.49 | 432.50 | 176.00 | 6251.68 | 4282.00 |
| 安徽 | Anhui | 6551.34 | 659.30 | 492.32 | 360.00 | 5221.29 | 4330.00 |
| 福建 | Fujian | 3861.98 | 459.19 | 304.89 | 221.00 | 2748.41 | 1508.00 |
| 江西 | Jiangxi | 6633.00 | 538.65 | 119.01 | 63.00 | 5882.88 | 4944.00 |
| 山东 | Shandong | 10510.42 | 1814.80 | 1352.19 | 1039.00 | 7034.07 | 5998.00 |
| 河南 | Henan | 9327.44 | 1074.30 | 288.25 | 206.00 | 7771.43 | 6818.00 |
| 湖北 | Hubei | 6444.05 | 1282.57 | 426.82 | 314.00 | 4470.99 | 3271.00 |
| 湖南 | Hunan | 9194.64 | 1096.20 | 310.17 | 218.00 | 7647.20 | 6060.00 |
| 广东 | Guangdong | 10558.92 | 1318.52 | 1082.04 | 433.0 | 7126.85 | 5890.00 |
| 广西 | Guangxi | 6582.97 | 683.12 | 185.34 | 147.00 | 5627.69 | 3932.00 |
| 海南 | Hainan | 510.97 | 139.60 | 26.80 | 11.00 | 332.03 | 198.00 |
| 重庆 | Chongqing | 3658.37 | 531.57 | 316.36 | 245.00 | 2602.38 | 2077.00 |
| 四川 | Sichuan | 9443.36 | 1468.36 | 955.03 | 762.00 | 6657.76 | 5550.00 |
| 贵州 | Guizhou | 2040.26 | 456.54 | 59.74 | 20.00 | 1453.32 | 993.00 |
| 云南 | Yunnan | 2678.37 | 979.39 | 134.47 | 89.00 | 1460.70 | 1117.00 |
| 西藏 | Tibet | 110.63 | 40.82 | — | — | 69.61 | — |
| 陕西 | Shaanxi | 4985.76 | 956.77 | 82.30 | 41.00 | 3854.98 | 3389.00 |
| 甘肃 | Gansu | 1562.14 | 612.97 | 125.60 | 81.00 | 735.27 | 613.00 |
| 青海 | Qinghai | 351.61 | 149.44 | 14.21 | 10.00 | 164.63 | 129.00 |
| 宁夏 | Ningxia | 569.45 | 158.93 | 33.09 | 7.00 | 337.22 | 316.00 |
| 新疆 | Xinjiang | 2021.90 | 1035.84 | 60.44 | 24.00 | 866.21 | 682.00 |
| 不分地区 | Not Classified by Region | 52.92 | 52.92 | — | — | — | — |

11－24续表1 Continued

单位:万平方米 Unit:10000 sq.m

| 地　区 | Region | 联营经济 Joint Economy | 股份制经济 Share-holding | 外商投资经济 Foreign Investment | 港澳台投资经济 Hong Kong, Macao and Taiwan Investment | 其他经济 Others |
|---|---|---|---|---|---|---|
| **全国总计** | **National Total** | **119.25** | **4360.30** | **632.92** | **1530.23** | **204.42** |
| 北　京 | Beijing | — | 235.62 | 59.24 | 66.75 | — |
| 天　津 | Tianjin | 9.28 | 108.91 | 7.66 | 17.51 | 1.80 |
| 河　北 | Hebei | 0.88 | 150.17 | 16.61 | 21.99 | 4.14 |
| 山　西 | Shanxi | 0.16 | 60.30 | 0.09 | 4.73 | 7.10 |
| 内蒙古 | Inner Mongolia | — | 58.24 | 1.15 | 2.46 | 35.24 |
| 辽　宁 | Liaoning | 1.57 | 297.64 | 52.82 | 35.57 | 20.17 |
| 吉　林 | Jilin | — | 102.16 | 0.69 | 25.73 | 0.45 |
| 黑龙江 | Heilongjiang | 2.49 | 137.04 | 3.29 | 5.83 | 7.06 |
| 上　海 | Shanghai | 35.20 | 378.64 | 54.60 | 66.04 | 6.47 |
| 江　苏 | Jiangsu | 5.90 | 237.76 | 56.76 | 140.15 | 7.75 |
| 浙　江 | Zhejiang | 2.74 | 493.87 | 23.31 | 55.53 | 13.21 |
| 安　徽 | Anhui | 3.43 | 122.18 | 15.44 | 20.22 | 17.16 |
| 福　建 | Fujian | 10.83 | 82.45 | 76.95 | 169.94 | 9.33 |
| 江　西 | Jiangxi | — | 48.28 | 11.78 | 30.86 | 1.53 |
| 山　东 | Shandong | 8.02 | 200.81 | 16.37 | 82.67 | 1.48 |
| 河　南 | Henan | 0.40 | 104.71 | 31.21 | 54.21 | 2.93 |
| 湖　北 | Hubei | 2.93 | 165.51 | 15.39 | 71.94 | 7.90 |
| 湖　南 | Hunan | 2.49 | 86.49 | 5.62 | 35.80 | 10.67 |
| 广　东 | Guangdong | 16.03 | 464.28 | 103.44 | 436.16 | 11.59 |
| 广　西 | Guangxi | 1.15 | 45.08 | 4.61 | 31.49 | 4.49 |
| 海　南 | Hainan | 1.95 | 6.28 | 0.98 | 1.66 | 1.68 |
| 重　庆 | Chongqing | 6.68 | 130.51 | 23.98 | 34.27 | 12.63 |
| 四　川 | Sichuan | 1.34 | 308.65 | 13.12 | 28.55 | 10.54 |
| 贵　州 | Guizhou | 4.58 | 37.87 | 12.12 | 14.79 | 1.30 |
| 云　南 | Yunnan | 0.97 | 87.44 | 0.30 | 14.99 | 0.12 |
| 西　藏 | Tibet | — | 0.20 | — | — | — |
| 陕　西 | Shaanxi | | 64.69 | 8.87 | 14.48 | 3.67 |
| 甘　肃 | Gansu | 0.23 | 51.88 | 5.91 | 28.44 | 1.84 |
| 青　海 | Qinghai | — | 16.47 | 5.64 | — | 1.21 |
| 宁　夏 | Ningxia | — | 37.21 | 0.55 | 2.44 | — |
| 新　疆 | Xinjiang | — | 38.96 | 4.45 | 15.03 | 0.97 |
| 不分地区 | Not Classified by Region | — | — | — | — | — |

# 第十二章 建筑业简况

# CHAPTER 12 MAJOR INFORMATION OF CONSTRUCTION

# 12－1 建筑业企业概况(1980—1999年)

## MAIN INDICATORS OF CONSTRUCTION ENTERPRISES(1980—1999)

| 年份<br>Year | 总计<br>Total | #国有<br>State-owned | #城镇集体<br>Urban Collective-owned | #农村建筑队<br>Rural Construction Teams |
|---|---|---|---|---|
| 企业单位数(个)<br>Number of Enterprises | | | | |
| 1980 | 57404 | 1996 | 4608 | 50800 |
| 1985 | 93750 | 3385 | 7765 | 82600 |
| 1986 | 88771 | 3608 | 8977 | 76186 |
| 1987 | 87474 | 3788 | 9837 | 73849 |
| 1988 | 87224 | 3798 | 10336 | 73090 |
| 1989 | 80106 | 3927 | 9179 | 67000 |
| 1990 | 74145 | 4275 | 9052 | 60818 |
| 1991 | 73094 | 4638 | 9187 | 59269 |
| 1992 | 77857 | 4985 | 9551 | 63321 |
| 1993 | 94582 | 6363 | 14130 | 70486 |
| 1994 | 94942 | 7251 | 15196 | 69842 |
| 1995 | 96935 | 7531 | 15348 | 71017 |
| 1996 | 108555 | 9109 | 29044 | 67191 |
| 1997 | 95956 | 9650 | 29872 | 51939 |
| 1998 | 90926 | 9458 | 26970 | 45292 |
| 1999 | 96648 | 9394 | 25443 | 49414 |
| 从业人员(万人)<br>Number of Persons Engaged<br>(10000 persons) | | | | |
| 1980 | 982.7 | 481.8 | 166.2 | 334.7 |
| 1985 | 1701.4 | 576.7 | 334.8 | 789.9 |
| 1986 | 1800.6 | 617.3 | 376.4 | 806.9 |
| 1987 | 1852.5 | 618.2 | 405.9 | 828.8 |
| 1988 | 1899.4 | 623.5 | 421.3 | 854.6 |
| 1989 | 1773.4 | 614.7 | 390.1 | 768.6 |
| 1990 | 1716.7 | 621.0 | 389.7 | 706.0 |
| 1991 | 1783.3 | 638.9 | 419.4 | 725.0 |
| 1992 | 1961.2 | 681.2 | 476.3 | 803.6 |
| 1993 | 2156.7 | 657.1 | 455.7 | 926.8 |
| 1994 | 2448.8 | 818.2 | 601.9 | 969.3 |
| 1995 | 2511.9 | 824.3 | 631.9 | 980.4 |
| 1996 | 2992.3 | 855.9 | 1171.4 | 870.4 |
| 1997 | 2804.6 | 828.6 | 1148.2 | 703.1 |
| 1998 | 2778.9 | 738.4 | 1008.5 | 748.9 |
| 1999 | 2765.7 | 690.6 | 934.6 | 739.9 |

12-1续表 Continued

| 年 份<br>Year | 总 计<br>Total | #国有<br>State-owned | # 城镇集体<br>Urban Collective-owned | # 农村建筑队<br>Rural Construction Teams |
|---|---|---|---|---|
| 建筑业总产值(亿元)<br>Gross Output Value<br>(100 million yuan) | | | | |
| 1980 | 346.98 | 220.90 | 66.03 | 60.05 |
| 1985 | 985.10 | 474.51 | 200.59 | 310.00 |
| 1986 | 1330.80 | 566.83 | 241.24 | 522.73 |
| 1987 | 1603.61 | 660.11 | 292.54 | 650.96 |
| 1988 | 1959.42 | 776.96 | 354.69 | 827.77 |
| 1989 | 2169.48 | 878.57 | 404.41 | 886.50 |
| 1990 | 1947.58 | 935.19 | 409.82 | 602.56 |
| 1991 | 2284.78 | 1062.48 | 501.85 | 720.45 |
| 1992 | 3298.70 | 1432.13 | 742.31 | 1124.26 |
| 1993 | 5498.35 | 2054.83 | 1163.85 | 2060.28 |
| 1994 | 7684.36 | 3033.66 | 1519.45 | 2952.34 |
| 1995 | 9505.00 | 3670.25 | 1899.47 | 3632.60 |
| 1996 | 11579.15 | 4160.21 | 3695.67 | 3296.90 |
| 1997 | 12462.57 | 4526.52 | 3925.81 | 3336.09 |
| 1998 | 13740.69 | 4571.44 | 3793.17 | 3678.70 |
| 1999 | 15151.46 | 4861.38 | 3786.35 | 3998.60 |

注：1.1996年起，国有、城镇集体栏内的建筑业企业的统计范围是资质等级四级及四级以上建筑业企业；农村建筑队是指资质等级四级以下的乡、村集体建筑队，因此数据存在着与以前年度不可比因素。

2.从业人员1993年以前是年末数，1993年起为年平均人数。

Note: a) The statistical coverage of the state-owned and the urban collective-owned construction enterprises since 1996 included the fourth and higher gradeconstruction enterprises. The statistical coverage of the rural construction teams in 1996 included the township and village construction teams lower than the fourth grade. Therefore the data were not entirely comparable with the data of the previous years.

b) The number of persons engaged prior to 1993 refers to the yearend number. Since 1993, it refers to the annual average number.

## 12－2 建筑业企业主要经济指标（1999年）

### MAIN ECONOMIC INDICATORS ON CONSTRUCTION ENTERPRISES(1999)

| 指 标 | Item | 合 计 Total |
|---|---|---|
| 建筑业企业个数(个) | Number of Construction Enterprises (unit) | 47234 |
| 从业人员(万人) | Number of Persons Engaged(10000 persons) | 2020.13 |
| 自有固定资产原价(亿元) | Fixed Assets Owned (original value)(100 million yuan) | 3752.66 |
| 自有固定资产净价(亿元) | Fixed Assets Owned (net value)(100 million yuan) | 2541.85 |
| 自有机械设备台数(万台) | Number of Machinery and Equipment Owned (10000 set) | 611.02 |
| 自有机械设备净值(亿元) | Net Value of Machinery and Equipment Owned(100 million yuan) | 1162.83 |
| 自有机械设备总功率(万千瓦) | Total Power of Machinery and Equipment Owned (10000 kw) | 9077.77 |
| 建筑业总产值(亿元) | Gross Output Value of Construction(100 million yuan) | 11152.86 |
| 建筑业增加值(亿元) | Value Added of Construction(100 million yuan) | 3022.26 |
| #固定资产折旧(亿元) | Depreciation of Fixed Assets(100 million yuan) | 203.70 |
| 应付工资(亿元) | Wages Payable(100 million yuan) | 1382.13 |
| 应付福利费(亿元) | Welfare Expenses Payable(100 million yuan) | 139.17 |
| 工程结算税金及附加(亿元) | Taxes and Extra Charges on Project Settle Accounts (100 million yuan) | 317.03 |
| 管理费用中的税金(亿元) | Taxes in Management Expenses(100 million yuan) | 22.58 |
| 工程结算利润(亿元) | Profits of Project Settle Accounts(100 million yuan) | 853.04 |
| 施工面积(万平方米) | Floor Space of Buildings Under Construction(10000 sq.m) | 147262.47 |
| 竣工面积(万平方米) | Floor Space of Buildings Completed (10000 sq.m) | 73924.94 |
| 利润总额(亿元) | Total Profits (100 million yuan) | 154.80 |
| 税金总额(亿元) | Total Tax (100 million yuan) | 339.61 |
| 劳动生产率 | Overall Labor Productivity | |
| 按总产值计算(元/人) | In Terms of Gross Output Value(yuan/person) | 53328 |
| 按增加值计算(元/人) | In Terms of Value-added(yuan/person) | 14451 |
| 技术装备率(元/人) | Value of Machines per Laborer (yuan/person) | 5756 |
| 动力装备率(千瓦/人) | Power of Machines per Laborer(kw/person) | 4.5 |
| 房屋建筑面积竣工率(%) | Rat of Floor Space of Buildings Completed(%) | 50.2 |
| 工程质量优良品率(%) | Rate of High Quality Projects(%) | 31.9 |
| 产值利润率(%) | Ratio of Profit to Gross Output Value(%) | 1.4 |
| 产值利税率(%) | Ratio of Pre-tax Profit to Gross Output Value(%) | 4.4 |

12-2续表 Continued

| 内资企业 Domestic Funded | #国有 State-owned | #集体 Collective-owned | 港澳台商投资企业 Funded by Entrepreneurs from Hong Kong, Macao and Taiwan | #独资 Solely owned | 外商投资企业 Foreign Funded | #独资 Solely Owned |
|---|---|---|---|---|---|---|
| 46229 | 9394 | 25443 | 664 | 79 | 341 | 31 |
| 2002.61 | 690.55 | 934.56 | 11.48 | 0.79 | 6.05 | 0.30 |
| 3707.94 | 2055.19 | 1043.07 | 24.84 | 2.02 | 19.88 | 0.99 |
| 2512.38 | 1329.31 | 747.14 | 15.87 | 1.41 | 13.60 | 0.61 |
| 605.04 | 187.63 | 308.16 | 3.70 | 0.21 | 2.28 | 0.09 |
| 1149.88 | 554.84 | 376.56 | 6.92 | 0.66 | 6.03 | 0.43 |
| 9024.75 | 4404.96 | 3177.44 | 33.07 | 3.10 | 19.94 | 1.38 |
| 10996.46 | 4861.38 | 3786.35 | 91.97 | 5.93 | 64.43 | 2.54 |
| 2984.42 | 1357.13 | 1017.15 | 22.54 | 1.66 | 15.30 | 0.70 |
| 200.77 | 116.98 | 49.09 | 1.64 | 0.15 | 1.28 | 0.08 |
| 1368.84 | 544.56 | 533.82 | 8.15 | 0.45 | 5.15 | 0.26 |
| 137.87 | 63.70 | 46.31 | 0.82 | 0.04 | 0.48 | 0.01 |
| 313.00 | 134.68 | 112.00 | 2.52 | 0.17 | 1.51 | 0.07 |
| 22.18 | 9.05 | 9.29 | 0.20 | 0.02 | 0.21 | 0.05 |
| 837.76 | 405.94 | 255.13 | 8.83 | 0.81 | 6.46 | 0.21 |
| 146481.15 | 47055.73 | 65984.45 | 413.41 | 42.09 | 367.91 | 6.62 |
| 73575.79 | 19868.62 | 37399.86 | 202.89 | 10.78 | 146.25 | 2.12 |
| 156.37 | 24.08 | 73.34 | -3.00 | 0.21 | 1.43 | -0.03 |
| 335.18 | 143.72 | 121.29 | 2.71 | 0.18 | 1.72 | 0.12 |
| | | | | | | |
| 53066 | 66052 | 40662 | 82176 | 67254 | 80988 | 71245 |
| 14402 | 18440 | 10923 | 20138 | 18764 | 19230 | 19607 |
| 5742 | 8035 | 4029 | 6030 | 8419 | 9976 | 14534 |
| 4.5 | 6.4 | 3.4 | 2.9 | 3.9 | 3.3 | 4.6 |
| 50.2 | 42.2 | 56.7 | 49.1 | 25.6 | 39.8 | 32.0 |
| 32.0 | 42.7 | 25.6 | 21.3 | 2.1 | 24.2 | 24.2 |
| 1.4 | 0.5 | 1.9 | -3.3 | 3.5 | 2.2 | -1.1 |
| 4.5 | 3.5 | 5.1 | -0.3 | 6.6 | 4.9 | 3.5 |

# 12－3 各地区历年建筑业总产值（1995—1999年）

## TOTAL OUTPUT VALUE OF CONSTRUCTION OVER THE YEARS BY REGION（1995—1999）

单位：万元 Unit：10000 yuan

| 地区 | Region | 1995 | 1996 | 1997 | 1998 | 1999 |
|---|---|---|---|---|---|---|
| **全 国** | **National Total** | **57937454** | **82822497** | **91264777** | **100619922** | **111528640** |
| 北 京 | Beijing | 3706600 | 4680761 | 5192363 | 6230089 | 6814102 |
| 天 津 | Tianjin | 1583452 | 1685191 | 1909999 | 2111208 | 2227406 |
| 河 北 | Hebei | 2612875 | 3363064 | 3760962 | 3935044 | 4321432 |
| 山 西 | Shanxi | 1468445 | 1568405 | 1920095 | 2178150 | 2397739 |
| 内蒙古 | Inner Mongolia | 826458 | 876393 | 963852 | 1017600 | 1168732 |
| 辽 宁 | Liaoning | 4072948 | 3976734 | 4291256 | 4189831 | 4893444 |
| 吉 林 | Jilin | 1279957 | 1358990 | 1369882 | 1460359 | 1713517 |
| 黑龙江 | Heilongjiang | 2055718 | 2229620 | 2435310 | 2739532 | 2996115 |
| 上 海 | Shanghai | 3914166 | 4406801 | 5524161 | 5859020 | 5683036 |
| 江 苏 | Jiangsu | 5372145 | 10140598 | 10716094 | 11962007 | 13299853 |
| 浙 江 | Zhejiang | 3536617 | 8362780 | 8773546 | 9425292 | 11282810 |
| 安 徽 | Anhui | 1400973 | 2399465 | 2359972 | 2356154 | 2773364 |
| 福 建 | Fujian | 1661711 | 2083515 | 2268855 | 2446658 | 2511292 |
| 江 西 | Jiangxi | 759825 | 972574 | 856436 | 893804 | 1022296 |
| 山 东 | Shandong | 2579473 | 5780205 | 6479717 | 7001115 | 7672600 |
| 河 南 | Henan | 1820659 | 2715574 | 2946903 | 3049638 | 3169845 |
| 湖 北 | Hubei | 2274060 | 2844273 | 3059698 | 3436527 | 3990201 |
| 湖 南 | Hunan | 1487927 | 2783849 | 2965005 | 3273222 | 3338963 |
| 广 东 | Guangdong | 6358305 | 6240552 | 6747406 | 7886723 | 8719500 |
| 广 西 | Guangxi | 928668 | 1233093 | 1275627 | 1344209 | 1491385 |
| 海 南 | Hainan | 175922 | 151799 | 279923 | 308507 | 333933 |
| 重 庆 | Chongqing |  | 2440552 | 2896198 | 3175927 |  |
| 四 川 | Sichuan | 3582520 | 6715859 | 5206436 | 5977644 | 6495237 |
| 贵 州 | Guizhou | 538861 | 660970 | 767046 | 831976 | 966508 |
| 云 南 | Yunnan | 946891 | 1733649 | 2189844 | 2517439 | 3114900 |
| 西 藏 | Tibet | 35846 | 66122 | 79519 | 94455 | 134958 |
| 陕 西 | Shaanxi | 1065612 | 1294163 | 1642493 | 1879804 | 2183009 |
| 甘 肃 | Gansu | 608068 | 1037164 | 1056249 | 1133752 | 1187695 |
| 青 海 | Qinghai | 204865 | 277727 | 309340 | 355576 | 396528 |
| 宁 夏 | Ningxia | 202162 | 253697 | 334919 | 393603 | 482827 |
| 新 疆 | Xinjiang | 875728 | 928911 | 1141318 | 1434787 | 1569486 |

# 12-4　各地区历年建筑业增加值(1995—1999年)

## VALUE-ADDED OF CONSTRUCTION OVER THE YEARS BY REGION(1995—1999)

单位：万元　Unit:10000 yuan

| 地区 | Region | 1995 | 1996 | 1997 | 1998 | 1999 |
|---|---|---|---|---|---|---|
| **全　国** | **National Total** | **16726359** | **24056186** | **25405426** | **27837909** | **30222586** |
| 北　京 | Beijing | 1071808 | 1348018 | 1424872 | 1787588 | 1809631 |
| 天　津 | Tianjin | 463342 | 510525 | 508102 | 580644 | 599298 |
| 河　北 | Hebei | 753626 | 1004433 | 1058799 | 1026622 | 1176002 |
| 山　西 | Shanxi | 457235 | 533155 | 571361 | 619820 | 623871 |
| 内蒙古 | Inner Mongolia | 274225 | 321049 | 309691 | 352602 | 387728 |
| 辽　宁 | Liaoning | 1257086 | 1352915 | 1331824 | 1271822 | 1458714 |
| 吉　林 | Jilin | 390506 | 451124 | 428432 | 410049 | 477403 |
| 黑龙江 | Heilongjiang | 642264 | 675666 | 720763 | 796891 | 838384 |
| 上　海 | Shanghai | 874100 | 995145 | 1209914 | 1311338 | 1224694 |
| 江　苏 | Jiangsu | 1275984 | 2540378 | 2620881 | 2915897 | 3212848 |
| 浙　江 | Zhejiang | 843427 | 2099332 | 2212090 | 2431151 | 2861430 |
| 安　徽 | Anhui | 441310 | 731606 | 680801 | 703797 | 783765 |
| 福　建 | Fujian | 422848 | 561023 | 618988 | 738348 | 662526 |
| 江　西 | Jiangxi | 216570 | 260372 | 256353 | 262760 | 303880 |
| 山　东 | Shandong | 783397 | 1770885 | 1894007 | 2020712 | 2162466 |
| 河　南 | Henan | 585294 | 849905 | 795700 | 875188 | 915452 |
| 湖　北 | Hubei | 736716 | 941654 | 951010 | 1063379 | 1208960 |
| 湖　南 | Hunan | 430640 | 804491 | 836320 | 876333 | 909667 |
| 广　东 | Guangdong | 1853664 | 1854934 | 1964243 | 2230076 | 2492533 |
| 广　西 | Guangxi | 283733 | 365971 | 378210 | 436240 | 463926 |
| 海　南 | Hainan | 47202 | 35148 | 73788 | 67747 | 77185 |
| 重　庆 | Chongqing | | | 677742 | 783224 | 870648 |
| 四　川 | Sichuan | 1117663 | 1985461 | 1593421 | 1776678 | 1855648 |
| 贵　州 | Guizhou | 170791 | 207235 | 230913 | 244071 | 276657 |
| 云　南 | Yunnan | 295731 | 496463 | 613405 | 678146 | 857556 |
| 西　藏 | Tibet | 13947 | 31016 | 33468 | 41089 | 40991 |
| 陕　西 | Shaanxi | 339780 | 440665 | 508819 | 509819 | 557333 |
| 甘　肃 | Gansu | 219400 | 382693 | 347624 | 380112 | 388427 |
| 青　海 | Qinghai | 75236 | 92589 | 97950 | 117884 | 137154 |
| 宁　夏 | Ningxia | 64952 | 89034 | 110707 | 120438 | 145697 |
| 新　疆 | Xinjiang | 283882 | 323300 | 345229 | 407445 | 442113 |

# 12－5 各地区历年建筑业企业利税总额(1995—1999年)

## TOTAL PRE－TAX PROFITS OF CONSTRUCTION ENTERPRISES OVER THE YEARS BY REGION(1995—1999)

单位：万元 Unit:10000 yuan

| 地 区 | Region | 1995 | 1996 | 1997 | 1998 | 1999 |
|---|---|---|---|---|---|---|
| **全 国** | **National Total** | **1680417** | **2479508** | **2716661** | **3019269** | **4944082** |
| 北 京 | Beijing | 109524 | 133026 | 149558 | 181706 | 341341 |
| 天 津 | Tianjin | 43858 | 44817 | 49575 | 53204 | 80172 |
| 河 北 | Hebei | 77152 | 106402 | 117092 | 124915 | 207616 |
| 山 西 | Shanxi | 41266 | 49022 | 55488 | 69685 | 72317 |
| 内蒙古 | Inner Mongolia | 26112 | 27891 | 35567 | 35960 | 51242 |
| 辽 宁 | Liaoning | 121984 | 122621 | 135564 | 132028 | 183582 |
| 吉 林 | Jilin | 38772 | 42521 | 43660 | 46878 | 54198 |
| 黑龙江 | Heilongjiang | 57034 | 65909 | 68615 | 79214 | 109410 |
| 上 海 | Shanghai | 109877 | 124981 | 138251 | 142681 | 278825 |
| 江 苏 | Jiangsu | 127916 | 256054 | 255623 | 278305 | 443934 |
| 浙 江 | Zhejiang | 89401 | 232144 | 254643 | 281932 | 571252 |
| 安 徽 | Anhui | 41827 | 74303 | 71736 | 79262 | 105523 |
| 福 建 | Fujian | 54273 | 73709 | 81560 | 103386 | 120981 |
| 江 西 | Jiangxi | 23408 | 28814 | 31303 | 33135 | 37586 |
| 山 东 | Shandong | 73787 | 187394 | 197489 | 217180 | 416839 |
| 河 南 | Henan | 51805 | 83210 | 86335 | 92265 | 132961 |
| 湖 北 | Hubei | 69205 | 89060 | 107238 | 113959 | 190966 |
| 湖 南 | Hunan | 46851 | 84155 | 92669 | 96355 | 121018 |
| 广 东 | Guangdong | 204101 | 209670 | 218956 | 270277 | 522531 |
| 广 西 | Guangxi | 29753 | 39107 | 45010 | 49408 | 63830 |
| 海 南 | Hainan | 8938 | 4507 | 11267 | 9391 | 17655 |
| 重 庆 | Chongqing | — | — | 73410 | 84544 | 133598 |
| 四 川 | Sichuan | 102828 | 193794 | 158437 | 171098 | 268304 |
| 贵 州 | Guizhou | 15491 | 19910 | 24822 | 25871 | 32956 |
| 云 南 | Yunnan | 25775 | 57730 | 72166 | 84000 | 154874 |
| 西 藏 | Tibet | 1211 | 2257 | 1367 | 2353 | 8358 |
| 陕 西 | Shaanxi | 29648 | 38311 | 45563 | 54032 | 67403 |
| 甘 肃 | Gansu | 18754 | 41448 | 38004 | 40692 | 61 |
| 青 海 | Qinghai | 6461 | 8847 | 9646 | 11387 | 89307 |
| 宁 夏 | Ningxia | 6225 | 8518 | 9729 | 10696 | 19804 |
| 新 疆 | Xinjiang | 27181 | 29377 | 36317 | 43472 | 64778 |

# 12-6 各地区历年建筑业企业利润总额(1995—1999年)

## TOTAL PROFITS OF CONSTRUCTION ENTERPRISES OVER THE YEARS BY REGION(1995—1999)

单位:万元 Unit:10000 yuan

| 地区 | Region | 1995 | 1996 | 1997 | 1998 | 1999 |
|---|---|---|---|---|---|---|
| **全 国** | **National Total** | **741983** | **1093504** | **1099170** | **1173285** | **1547982** |
| 北 京 | Beijing | 77857 | 88896 | 104320 | 123744 | 135595 |
| 天 津 | Tianjin | 10286 | 13731 | 21445 | 29350 | 21991 |
| 河 北 | Hebei | 26402 | 40251 | 48968 | 40479 | 62006 |
| 山 西 | Shanxi | -54 | -2263 | -828 | -10161 | -882 |
| 内蒙古 | Inner Mongolia | 1730 | -2282 | -5999 | 3241 | 13076 |
| 辽 宁 | Liaoning | 18513 | 28388 | -8711 | -42535 | 30962 |
| 吉 林 | Jilin | 6165 | -12983 | -15110 | -16523 | 790 |
| 黑龙江 | Heilongjiang | 30573 | 4700 | 3122 | 10870 | 23741 |
| 上 海 | Shanghai | 85316 | 81808 | 126383 | 130723 | 141889 |
| 江 苏 | Jiangsu | 80113 | 142671 | 113507 | 138139 | 121082 |
| 浙 江 | Zhejiang | 59357 | 165803 | 170603 | 194607 | 235308 |
| 安 徽 | Anhui | 943 | 29130 | 10221 | 774 | 15904 |
| 福 建 | Fujian | 24957 | 23532 | 28436 | 26052 | 25773 |
| 江 西 | Jiangxi | -4437 | 2569 | -1710 | -2548 | 3395 |
| 山 东 | Shandong | 40985 | 150203 | 161762 | 162328 | 176337 |
| 河 南 | Henan | 20707 | 40204 | 26029 | 21442 | 37901 |
| 湖 北 | Hubei | 21700 | 27263 | 16076 | 38036 | 51890 |
| 湖 南 | Hunan | 10494 | 35440 | 29655 | 19488 | 17230 |
| 广 东 | Guangdong | 190605 | 143255 | 131085 | 153969 | 199092 |
| 广 西 | Guangxi | 7983 | 11299 | 8418 | 16059 | 13227 |
| 海 南 | Hainan | 1127 | 841 | 4868 | 295 | 6439 |
| 重 庆 | Chongqing | — | — | 27203 | 33093 | 41582 |
| 四 川 | Sichuan | 19470 | 60582 | 51222 | 58555 | 76014 |
| 贵 州 | Guizhou | -1497 | -2880 | -286 | 638 | 1775 |
| 云 南 | Yunnan | 12004 | 18013 | 34195 | 35929 | 53070 |
| 西 藏 | Tibet | 329 | 1564 | 4858 | 4392 | 5033 |
| 陕 西 | Shaanxi | 3256 | 1528 | 3517 | -3552 | 5799 |
| 甘 肃 | Gansu | -5403 | 12741 | 10906 | 14455 | 16917 |
| 青 海 | Qinghai | -830 | -658 | -797 | -1555 | -3873 |
| 宁 夏 | Ningxia | 358 | -1217 | 157 | -622 | 5559 |
| 新 疆 | Xinjiang | 2975 | -8625 | -4347 | -5875 | 13359 |

# 12-7 各地区历年建筑业劳动生产率(1995—1999年)

## LABOR PRODUCTIVITY OF CONSTRUCTION ENTERPRISES OVER THE YEARS BY REGION(1995—1999)

单位:元 Unit: yuan

| 地 区 Region | 1995 | 1996 | 1997 | 1998 | 1999 |
|---|---|---|---|---|---|
| 全 国 **National Total** | 11140 | 11337 | 12089 | 13350 | 14451 |
| 北 京 Beijing | 12969 | 16344 | 17736 | 21203 | 21900 |
| 天 津 Tianjin | 16177 | 18077 | 17364 | 19791 | 20875 |
| 河 北 Hebei | 9885 | 9816 | 10785 | 10807 | 12360 |
| 山 西 Shanxi | 11486 | 12142 | 12101 | 14249 | 15071 |
| 内蒙古 Inner Mongolia | 9436 | 9252 | 9529 | 11716 | 11753 |
| 辽 宁 Liaoning | 10658 | 11661 | 11883 | 12163 | 13948 |
| 吉 林 Jilin | 9997 | 11780 | 12059 | 11988 | 13355 |
| 黑龙江 Heilongjiang | 10153 | 10365 | 11220 | 12917 | 13462 |
| 上 海 Shanghai | 14967 | 18331 | 20666 | 23038 | 21488 |
| 江 苏 Jiangsu | 12808 | 12045 | 12683 | 12904 | 14540 |
| 浙 江 Zhejiang | 13386 | 14748 | 15863 | 17059 | 19013 |
| 安 徽 Anhui | 11367 | 9875 | 10080 | 10902 | 11195 |
| 福 建 Fujian | 12354 | 12754 | 12835 | 17159 | 16826 |
| 江 西 Jiangxi | 8140 | 8049 | 7566 | 8749 | 10455 |
| 山 东 Shandong | 11720 | 9725 | 10889 | 12026 | 12615 |
| 河 南 Henan | 8686 | 8735 | 8501 | 10228 | 11656 |
| 湖 北 Hubei | 12862 | 12308 | 12499 | 12869 | 14105 |
| 湖 南 Hunan | 10633 | 10593 | 10297 | 10594 | 11787 |
| 广 东 Guangdong | 10455 | 12868 | 14396 | 16332 | 17523 |
| 广 西 Guangxi | 11129 | 9468 | 10578 | 12537 | 13273 |
| 海 南 Hainan | 7374 | 7663 | 8198 | 9463 | 12660 |
| 重 庆 Chongqing | — | — | 9826 | 10245 | 11656 |
| 四 川 Sichuan | 9636 | 8849 | 10331 | 11163 | 11589 |
| 贵 州 Guizhou | 8024 | 9454 | 9780 | 11386 | 12296 |
| 云 南 Yunnan | 10582 | 10842 | 11432 | 12717 | 14653 |
| 西 藏 Tibet | 13471 | 19311 | 19937 | 23931 | 16375 |
| 陕 西 Shaanxi | 11309 | 10531 | 10644 | 11827 | 13599 |
| 甘 肃 Gansu | 10421 | 8202 | 8207 | 10728 | 11203 |
| 青 海 Qinghai | 10520 | 6952 | 10241 | 12030 | 13505 |
| 宁 夏 Ningxia | 6771 | 9354 | 10486 | 10448 | 11699 |
| 新 疆 Xinjiang | 11236 | 11348 | 11739 | 13545 | 15660 |

注:按建筑业增加值计算

Note: Calculated in terms of value-added of construction.

# 12－8　各地区按登记注册类型分的建筑业企业单位数(1999年)

## NUMBER OF CONSTRUCTION ENTERPRISES GROUPED BY REGISTRATION TYPES BY REGION (1999)

单位:个　Unit:number

| 地区 Region | 合计 Total | 内资企业 Domestic Funded | #国有 State-owned | #集体 Collective-owned | 港澳台商投资企业 Funded by Entrepreneurs from Hong Kong, Macao and Taiwan | #港澳台商独资企业 Solely Owned | 外商投资企业 Foreign Funded | #外商独资企业 Solely Owned |
|---|---|---|---|---|---|---|---|---|
| **全　国 National Total** | **47234** | **46229** | **9394** | **25443** | **664** | **79** | **341** | **31** |
| 北　京 Beijing | 1588 | 1458 | 394 | 677 | 80 | — | 50 | — |
| 天　津 Tianjin | 488 | 468 | 154 | 256 | 12 | — | 8 | — |
| 河　北 Hebei | 1718 | 1710 | 458 | 980 | 5 | — | 3 | 1 |
| 山　西 Shanxi | 828 | 819 | 224 | 467 | 8 | 3 | 1 | — |
| 内蒙古 Inner Mongolia | 893 | 890 | 159 | 240 | 2 | — | 1 | 1 |
| 辽　宁 Liaoning | 2409 | 2340 | 550 | 1330 | 35 | — | 34 | 1 |
| 吉　林 Jilin | 742 | 736 | 347 | 293 | 5 | 1 | 1 | — |
| 黑龙江 Heilongjiang | 1667 | 1653 | 503 | 701 | 7 | 4 | 7 | 1 |
| 上　海 Shanghai | 1514 | 1331 | 255 | 426 | 114 | — | 69 | 2 |
| 江　苏 Jiangsu | 3946 | 3853 | 554 | 2325 | 60 | — | 33 | 1 |
| 浙　江 Zhejiang | 3613 | 3561 | 342 | 1326 | 35 | 5 | 17 | 1 |
| 安　徽 Anhui | 1520 | 1508 | 257 | 966 | 9 | 1 | 3 | — |
| 福　建 Fujian | 1688 | 1602 | 270 | 838 | 61 | 25 | 25 | 8 |
| 江　西 Jiangxi | 1028 | 1026 | 226 | 743 | — | — | 2 | — |
| 山　东 Shandong | 4286 | 4193 | 680 | 2576 | 68 | 15 | 25 | 12 |
| 河　南 Henan | 1893 | 1875 | 439 | 1180 | 10 | — | 8 | 1 |
| 湖　北 Hubei | 2055 | 2017 | 475 | 1235 | 28 | 4 | 10 | — |
| 湖　南 Hunan | 1797 | 1794 | 313 | 1328 | 3 | 1 | — | — |
| 广　东 Guangdong | 2680 | 2597 | 677 | 1478 | 63 | 2 | 20 | — |
| 广　西 Guangxi | 1021 | 1013 | 264 | 625 | 5 | 1 | 3 | — |
| 海　南 Hainan | 238 | 232 | 135 | 79 | 4 | — | 2 | 1 |
| 重　庆 Chongqing | 1721 | 1696 | 175 | 873 | 15 | 3 | 10 | 1 |
| 四　川 Sichuan | 3017 | 3003 | 408 | 1829 | 12 | 5 | 2 | — |
| 贵　州 Guizhou | 586 | 584 | 153 | 370 | 2 | 2 | — | — |
| 云　南 Yunnan | 1365 | 1357 | 203 | 798 | 7 | 1 | 1 | — |
| 西　藏 Tibet | 134 | 134 | 26 | 85 | — | — | — | — |
| 陕　西 Shaanxi | 869 | 866 | 164 | 512 | 2 | — | 1 | — |
| 甘　肃 Gansu | 533 | 527 | 102 | 314 | 4 | 3 | 2 | 1 |
| 青　海 Qinghai | 211 | 210 | 75 | 88 | 1 | — | — | — |
| 宁　夏 Ningxia | 478 | 474 | 156 | 165 | 2 | 1 | 2 | — |
| 新　疆 Xinjiang | 708 | 702 | 256 | 341 | 5 | 1 | 1 | — |

# 12－9 各地区建筑业总产值（1999 年）

## TOTAL OUTPUT VALUE OF CONSTRUCTION BY REGION (1999)

单位：万元 Unit: 10000 yuan

| 地区 Region | | 建筑业总产值 Total Output Value | 建筑工程产值 Output Value of Construction | 安装工程产值 Output Value of Installation | 房屋、构筑物修理产值 Output Value of Building Repair and Maintenance | 非标准设备制造产值 Output Value of Non-Standard Equipment Manufactured |
|---|---|---|---|---|---|---|
| **全 国** | **National Total** | **111528640** | **96392237** | **12887509** | **1677290** | **571604** |
| 北 京 | Beijing | 6814102 | 6106389 | 544206 | 157570 | 5938 |
| 天 津 | Tianjin | 2227406 | 1826371 | 352700 | 25508 | 22826 |
| 河 北 | Hebei | 4321432 | 3705994 | 534558 | 39650 | 41230 |
| 山 西 | Shanxi | 2397739 | 2070968 | 312648 | 9817 | 4307 |
| 内蒙古 | Inner Mongolia | 1168732 | 1018188 | 116399 | 31622 | 2523 |
| 辽 宁 | Liaoning | 4893444 | 3919111 | 824864 | 114722 | 34747 |
| 吉 林 | Jilin | 1713517 | 1432126 | 267106 | 12294 | 1991 |
| 黑龙江 | Heilongjiang | 2996115 | 2325487 | 584873 | 53368 | 32386 |
| 上 海 | Shanghai | 5683036 | 4590939 | 913266 | 159037 | 19794 |
| 江 苏 | Jiangsu | 13299853 | 11782684 | 1300814 | 156193 | 60161 |
| 浙 江 | Zhejiang | 11282810 | 9881613 | 1221722 | 134918 | 44557 |
| 安 徽 | Anhui | 2773364 | 2432524 | 282712 | 40373 | 17755 |
| 福 建 | Fujian | 2511292 | 2185723 | 294141 | 22630 | 8798 |
| 江 西 | Jiangxi | 1022296 | 921061 | 85662 | 12617 | 2957 |
| 山 东 | Shandong | 7672600 | 6268921 | 1215997 | 124746 | 62936 |
| 河 南 | Henan | 3169845 | 2614419 | 492172 | 39462 | 23793 |
| 湖 北 | Hubei | 3990201 | 3543330 | 355879 | 66655 | 24338 |
| 湖 南 | Hunan | 3338963 | 2957917 | 262299 | 83287 | 35460 |
| 广 东 | Guangdong | 8719500 | 7588670 | 963995 | 146755 | 20080 |
| 广 西 | Guangxi | 1491385 | 1317665 | 144593 | 16205 | 12922 |
| 海 南 | Hainan | 333933 | 311076 | 21700 | 1141 | 16 |
| 重 庆 | Chongqing | 3175927 | 2900068 | 224905 | 42406 | 8548 |
| 四 川 | Sichuan | 6495237 | 5766189 | 599470 | 99911 | 29667 |
| 贵 州 | Guizhou | 966508 | 842262 | 114908 | 5809 | 3528 |
| 云 南 | Yunnan | 3114900 | 2869880 | 201594 | 34155 | 9270 |
| 西 藏 | Tibet | 134958 | 123421 | 6901 | 3122 | 1514 |
| 陕 西 | Shaanxi | 2183009 | 1993235 | 164861 | 6842 | 18071 |
| 甘 肃 | Gansu | 1187695 | 960108 | 206588 | 13584 | 7415 |
| 青 海 | Qinghai | 396528 | 337966 | 53263 | 1775 | 3524 |
| 宁 夏 | Ningxia | 482827 | 399753 | 76562 | 5591 | 921 |
| 新 疆 | Xinjiang | 1569486 | 1398179 | 146154 | 15524 | 9629 |

# 12－10 各地区按登记注册类型分的建筑业总产值（1999 年）

## TOTAL OUTPUT VALUE OF CONSTRUCTION GROUPED BY REGISTRATION TYPES BY REGION (1999)

单位：万元 Unit:10000 yuan

| 地区 Region | 合计 Total | 内资企业 Domestic Funded | # 国有 State-owned | # 集体 Collective-owned | 港澳台商投资企业 Funded by Entrepreneurs from Hong Kong, Macao and Taiwan | # 港澳台商独资企业 Solely Owned | 外商投资企业 Foreign Funded | # 外商独资企业 Solely Owned |
|---|---|---|---|---|---|---|---|---|
| **全 国 National Total** | **111528640** | **109964618** | **48613815** | **37863468** | **919674** | **59331** | **644349** | **25399** |
| 北 京 Beijing | 6814102 | 6581812 | 3618938 | 1539793 | 100675 | — | 131616 | — |
| 天 津 Tianjin | 2227406 | 2197890 | 1611660 | 356148 | 6873 | — | 22642 | — |
| 河 北 Hebei | 4321432 | 4313994 | 2496941 | 1428144 | 4827 | — | 2612 | 280 |
| 山 西 Shanxi | 2397739 | 2387397 | 1964502 | 277326 | 10105 | 2719 | 237 | — |
| 内蒙古 Inner Mongolia | 1168732 | 1165826 | 469357 | 248565 | 1929 | 300 | 978 | — |
| 辽 宁 Liaoning | 4893444 | 4767840 | 2400895 | 1605449 | 71603 | — | 54001 | 665 |
| 吉 林 Jilin | 1713517 | 1703908 | 1268475 | 288851 | 5183 | 100 | 4425 | — |
| 黑龙江 Heilongjiang | 2996115 | 2985662 | 1690260 | 651305 | 6393 | 1071 | 4060 | 256 |
| 上 海 Shanghai | 5683036 | 5352166 | 1899780 | 757857 | 176734 | — | 154136 | 8914 |
| 江 苏 Jiangsu | 13299853 | 13107003 | 3436808 | 6870090 | 117887 | — | 74963 | 54 |
| 浙 江 Zhejiang | 11282810 | 11150954 | 1899702 | 4484426 | 81796 | 4562 | 50061 | 30 |
| 安 徽 Anhui | 2773364 | 2764569 | 1372594 | 1081407 | 2554 | 317 | 6241 | — |
| 福 建 Fujian | 2511292 | 2437935 | 1237338 | 690134 | 54113 | 25078 | 19244 | 6711 |
| 江 西 Jiangxi | 1022296 | 1021963 | 590155 | 396347 | — | — | 333 | — |
| 山 东 Shandong | 7672600 | 7575854 | 2577989 | 3252508 | 63495 | 10901 | 33251 | 8176 |
| 河 南 Henan | 3169845 | 3145156 | 1866809 | 987608 | 19990 | — | 4700 | 286 |
| 湖 北 Hubei | 3990201 | 3964393 | 2465770 | 1052366 | 18241 | 699 | 7567 | — |
| 湖 南 Hunan | 3338963 | 3332515 | 1465266 | 1632352 | 6448 | 137 | — | — |
| 广 东 Guangdong | 8719500 | 8543615 | 3779028 | 3283173 | 118407 | 2443 | 57478 | — |
| 广 西 Guangxi | 1491385 | 1488283 | 919932 | 471013 | 1976 | 96 | 1126 | — |
| 海 南 Hainan | 333933 | 332944 | 251103 | 64225 | 684 | — | 306 | 6 |
| 重 庆 Chongqing | 3175927 | 3144707 | 762035 | 1329188 | 21667 | 231 | 9554 | — |
| 四 川 Sichuan | 6495237 | 6476388 | 2664430 | 2367126 | 15627 | 7784 | 3222 | — |
| 贵 州 Guizhou | 966508 | 966229 | 708426 | 205825 | 279 | 279 | — | — |
| 云 南 Yunnan | 3114900 | 3105873 | 1387043 | 1192910 | 8506 | 742 | 520 | — |
| 西 藏 Tibet | 134958 | 134958 | 79158 | 30650 | — | — | — | — |
| 陕 西 Shaanxi | 2183009 | 2182099 | 1566958 | 432628 | 529 | — | 382 | — |
| 甘 肃 Gansu | 1187695 | 1186298 | 560857 | 364946 | 1299 | 1184 | 98 | 21 |
| 青 海 Qinghai | 396528 | 396329 | 300155 | 55189 | 199 | — | — | — |
| 宁 夏 Ningxia | 482827 | 482424 | 254582 | 100333 | 88 | — | — | — |
| 新 疆 Xinjiang | 1569486 | 1567636 | 1046871 | 365588 | 1569 | 672 | 281 | — |

# 12-11 各地区按行业分的建筑业总产值(1999年)

## TOTAL OUTPUT VALUE OF CONSTRUCTION GROUPED BY SECTOR BY REGION (1999)

单位:万元 Unit:10000 yuan

| 地区 | Region | 建筑业总产值 Total | 土木工程建筑业产值 Output Value of Civil Engineering | #房屋建筑业 Building | #矿山建筑业 Mines | #铁路、隧道公路、桥梁建筑业 Raiways, Tunnes, Highways, and Bridges | 线路、管道和设备安装业 Output Value of Pipes, Lines and Equipment Installation | #设备安装业 Equipment Installation | 建筑物装修装饰业 Output Value of Building Decoration |
|---|---|---|---|---|---|---|---|---|---|
| **全国** | **National Total** | **111528640** | **97778694** | **74867131** | **687253** | **14818116** | **9950131** | **5039790** | **3799815** |
| 北京 | Beijing | 6814102 | 5575647 | 4726143 | 6537 | 584555 | 896373 | 389857 | 342082 |
| 天津 | Tianjin | 2227406 | 1852588 | 987920 | 4456 | 578497 | 336064 | 127708 | 38754 |
| 河北 | Hebei | 4321432 | 3909253 | 3019476 | 53928 | 551107 | 325843 | 84526 | 86336 |
| 山西 | Shanxi | 2397739 | 2201188 | 830224 | 59516 | 1053713 | 186525 | 94957 | 10025 |
| 内蒙古 | Inner Mongolia | 1168732 | 1069657 | 881694 | 20291 | 84628 | 93033 | 31930 | 6043 |
| 辽宁 | Liaoning | 4893444 | 3999300 | 2728534 | 44890 | 838772 | 722305 | 453222 | 171839 |
| 吉林 | Jilin | 1713517 | 1542326 | 964162 | 5158 | 448776 | 171190 | 63378 | — |
| 黑龙江 | Heilongjiang | 2996115 | 2262450 | 1550981 | 31511 | 516362 | 677069 | 516446 | 56595 |
| 上海 | Shanghai | 5683036 | 4442059 | 3264089 | — | 637857 | 528816 | 316454 | 712161 |
| 江苏 | Jiangsu | 13299853 | 11975821 | 10587774 | 41191 | 689359 | 894197 | 616498 | 429836 |
| 浙江 | Zhejiang | 11282810 | 10050001 | 7924478 | 59792 | 1260649 | 730024 | 353834 | 502785 |
| 安徽 | Anhui | 2773364 | 2546394 | 1743341 | 88500 | 526623 | 217407 | 23337 | 9563 |
| 福建 | Fujian | 2511292 | 2181288 | 1589929 | 8425 | 333529 | 238621 | 112104 | 91384 |
| 江西 | Jiangxi | 1022296 | 996352 | 804944 | 512 | 86827 | 17718 | 13614 | 8226 |
| 山东 | Shandong | 7672600 | 6627112 | 5524522 | 111185 | 641224 | 816361 | 419164 | 229127 |
| 河南 | Henan | 3169845 | 2697574 | 2011027 | 9310 | 530818 | 427455 | 225601 | 44816 |
| 湖北 | Hubei | 3990201 | 3637262 | 2627925 | 18483 | 521806 | 244206 | 128240 | 108733 |
| 湖南 | Hunan | 3338963 | 3090705 | 2458636 | 12520 | 446919 | 231881 | 165258 | 16377 |
| 广东 | Guangdong | 8719500 | 7577933 | 6172848 | 30 | 833432 | 509669 | 223351 | 631898 |
| 广西 | Guangxi | 1491385 | 1339258 | 887371 | 4134 | 276613 | 139593 | 73897 | 12534 |
| 海南 | Hainan | 333933 | 314648 | 202358 | 3180 | 88406 | 10188 | 8178 | 9097 |
| 重庆 | Chongqing | 3175927 | 2946499 | 2585529 | 32892 | 244568 | 190383 | 77801 | 39046 |
| 四川 | Sichuan | 6495237 | 5897966 | 4606851 | 4472 | 974242 | 514112 | 164834 | 83159 |
| 贵州 | Guizhou | 966508 | 824089 | 503049 | 16430 | 215282 | 131731 | 59964 | 10688 |
| 云南 | Yunnan | 3114900 | 2907574 | 2240308 | 3148 | 496598 | 126369 | 42182 | 80957 |
| 西藏 | Tibet | 134958 | 134224 | 97757 | — | 23986 | — | — | 734 |
| 陕西 | Shaanxi | 2183009 | 2027935 | 942614 | 16992 | 891209 | 137476 | 83879 | 17598 |
| 甘肃 | Gansu | 1187695 | 1008694 | 866147 | 20336 | 58675 | 173182 | 69705 | 5819 |
| 青海 | Qinghai | 396528 | 340046 | 177136 | 1158 | 54508 | 51338 | 19477 | 5144 |
| 宁夏 | Ningxia | 482827 | 397712 | 270428 | 3602 | 86984 | 67504 | 14831 | 17612 |
| 新疆 | Xinjiang | 1569486 | 1405139 | 1088933 | 4677 | 241593 | 143499 | 65562 | 20848 |

# 12－12 各地区建筑业增加值（1999年）

## VALUE-ADDED OF CONSTRUCTION BY REGION (1999)

单位：万元 Unit: 10000 yuan

| 地区 | Region | 合计 Total | 本年提取的固定资产折旧 Depreciation of Fixed Assets of the Year | 主营业务应付工资 Wages Payable in Major Business | 主营业务应付福利费 Welfare Expenses Payable in Major Business | 管理费用中的劳动、待业保险费 Labor and Unemployment Insurance in Management Expenses | 工程结算税金及附加 Taxes and Extra Charges on Project Settlement Accounts | 工程结算利润 Profits of Project Settlement Accounts | 管理费用中的税金 Taxes in Management Enpenses |
|---|---|---|---|---|---|---|---|---|---|
| **全国** | **National Total** | **30222586** | **2036986** | **13821262** | **1391719** | **1046072** | **3170276** | **8530447** | **225824** |
| 北京 | Beijing | 1809631 | 106388 | 660669 | 77700 | 75438 | 197296 | 683690 | 8449 |
| 天津 | Tianjin | 599298 | 57459 | 226005 | 29391 | 40252 | 54552 | 188010 | 3628 |
| 河北 | Hebei | 1176002 | 117249 | 477486 | 49818 | 41277 | 136155 | 344561 | 9456 |
| 山西 | Shanxi | 623871 | 56845 | 232142 | 25785 | 33744 | 68277 | 202155 | 4923 |
| 内蒙古 | Inner Mongolia | 387728 | 22076 | 173078 | 15789 | 17179 | 33818 | 121440 | 4348 |
| 辽宁 | Liaoning | 1458714 | 123872 | 637585 | 70760 | 54219 | 143607 | 419658 | 9013 |
| 吉林 | Jilin | 477403 | 29753 | 207699 | 24776 | 18921 | 50999 | 142846 | 2408 |
| 黑龙江 | Heilongjiang | 838384 | 60377 | 376589 | 42050 | 21470 | 81492 | 252230 | 4177 |
| 上海 | Shanghai | 1224694 | 77033 | 462466 | 47614 | 40350 | 131398 | — | — |
| 江苏 | Jiangsu | 3212848 | 175144 | 1769482 | 153999 | 58616 | 303406 | 732754 | 19446 |
| 浙江 | Zhejiang | 2861430 | 141882 | 1523163 | 135153 | 46910 | 322332 | 678378 | 13612 |
| 安徽 | Anhui | 783765 | 50466 | 364707 | 37346 | 35935 | 81404 | 205693 | 8214 |
| 福建 | Fujian | 662526 | 49356 | 292361 | 28438 | 19948 | 90992 | 177214 | 4217 |
| 江西 | Jiangxi | 303880 | 19008 | 147552 | 13898 | 11468 | 31440 | 77763 | 2751 |
| 山东 | Shandong | 2162466 | 136545 | 921811 | 109390 | 104369 | 208705 | 649849 | 31798 |
| 河南 | Henan | 915452 | 60266 | 409323 | 35626 | 43901 | 88392 | 271275 | 6668 |
| 湖北 | Hubei | 1208960 | 98166 | 477074 | 48742 | 58312 | 126833 | — | — |
| 湖南 | Hunan | 909667 | 70738 | 448832 | 42857 | 24452 | 96048 | 218999 | 7740 |
| 广东 | Guangdong | 2492533 | 159588 | 1133157 | 102505 | 58574 | 307049 | 715270 | 16390 |
| 广西 | Guangxi | 463926 | 33112 | 224342 | 18542 | 23743 | 46624 | 113584 | 3979 |
| 海南 | Hainan | 77185 | 5822 | 33773 | 1976 | 825 | 10520 | 23573 | 696 |
| 重庆 | Chongqing | 870648 | 44571 | 461712 | 51019 | 14396 | 86809 | 206935 | 5206 |
| 四川 | Sichuan | 1855648 | 129044 | 908279 | 98941 | 66218 | 178536 | 460877 | 13754 |
| 贵州 | Guizhou | 276657 | 17815 | 136286 | 12651 | 11373 | 29012 | 67351 | 2170 |
| 云南 | Yunnan | 857556 | 64699 | 381613 | 36618 | 38391 | 90945 | 234432 | 10858 |
| 西藏 | Tibet | 40991 | 3492 | 15255 | 286 | 438 | 2785 | 18194 | 541 |
| 陕西 | Shaanxi | 557333 | 48633 | 226262 | 24702 | 31300 | 56888 | 164832 | 4716 |
| 甘肃 | Gansu | 388427 | 20832 | 186274 | 16969 | 13402 | 40247 | 106560 | 4143 |
| 青海 | Qinghai | 137154 | 14285 | 57197 | 12391 | 5814 | 12103 | 34672 | 690 |
| 宁夏 | Ningxia | 145697 | 10055 | 70259 | 7211 | 5086 | 12615 | 38842 | 1629 |
| 新疆 | Xinjiang | 442113 | 32416 | 178827 | 18775 | 29751 | 48995 | 130925 | 2423 |

# 12－13 各地区按登记注册类型分的建筑业增加值(1999 年)

## VALUE-ADDED OF CONSTRUCTION GROUPED BY REGISTRATION TYPES BY REGION (1999)

单位:万元 Unit:10000 yuan

| 地区 | Region | 合计 Total | 内资企业 Domestic Funded | # 国有 State-owned | # 集体 Collective-owned | 港澳台商投资企业 Funded by Entrepreneurs from Hong Kong, Macao and Taiwan | # 港澳台商独资企业 Solely Owned | 外商投资企业 Foreign Funded | # 外商独资企业 Solely Owned |
|---|---|---|---|---|---|---|---|---|---|
| **全　国** | **National Total** | **30222586** | **29844219** | **13571348** | **10171506** | **225376** | **16554** | **152992** | **6990** |
| 北　京 | Beijing | 1809631 | 1756838 | 1035511 | 384177 | 21157 | — | 31636 | — |
| 天　津 | Tianjin | 599298 | 595820 | 452694 | 91496 | 1541 | — | 1937 | — |
| 河　北 | Hebei | 1176002 | 1173684 | 669423 | 397358 | 1594 | — | 723 | 143 |
| 山　西 | Shanxi | 623871 | 621221 | 506452 | 77161 | 2621 | 617 | 29 | — |
| 内蒙古 | Inner Mongolia | 387728 | 387053 | 172439 | 81518 | 451 | 153 | 225 | — |
| 辽　宁 | Liaoning | 1458714 | 1428019 | 724572 | 507369 | 16535 |  | 14160 | 248 |
| 吉　林 | Jilin | 477403 | 474297 | 338548 | 92383 | 1933 | 64 | — | — |
| 黑龙江 | Heilongjiang | 838384 | 835873 | 467522 | 183892 | 1478 | 150 | 1033 | 28 |
| 上　海 | Shanghai | 1224694 | 1156557 | 484826 | 175355 | 37827 | — | 30310 | 969 |
| 江　苏 | Jiangsu | 3212848 | 3166704 | 878749 | 1596700 | 28981 | — | 17163 | 24 |
| 浙　江 | Zhejiang | 2861430 | 2831448 | 454714 | 1158802 | 18519 | 1294 | 11463 | 23 |
| 安　徽 | Anhui | 783765 | 780835 | 384481 | 308252 | 742 | 155 | 2188 | — |
| 福　建 | Fujian | 662526 | 644269 | 298852 | 194848 | 12507 | 4724 | 5750 | 2517 |
| 江　西 | Jiangxi | 303880 | 303806 | 180605 | 113967 | — | — | 75 | — |
| 山　东 | Shandong | 2162466 | 2136200 | 752296 | 892156 | 18152 | 2688 | 8114 | 2896 |
| 河　南 | Henan | 915452 | 905452 | 537700 | 274593 | 7965 | — | 2035 | 90 |
| 湖　北 | Hubei | 1208960 | 1201007 | 748492 | 323289 | 5397 | 324 | 2555 | — |
| 湖　南 | Hunan | 909667 | 907391 | 398730 | 443932 | 2276 | 104 | — | — |
| 广　东 | Guangdong | 2492533 | 2443973 | 1087699 | 921978 | 30577 | 2269 | 17982 | — |
| 广　西 | Guangxi | 463926 | 463050 | 296292 | 138342 | 637 | 24 | 240 | — |
| 海　南 | Hainan | 77185 | 76812 | 56578 | 17280 | 234 | — | 138 | 8 |
| 重　庆 | Chongqing | 870648 | 863246 | 224864 | 345528 | 4618 | 73 | 2784 | 7 |
| 四　川 | Sichuan | 1855648 | 1850015 | 779881 | 670610 | 4965 | 2453 | 668 | — |
| 贵　州 | Guizhou | 276657 | 276564 | 200865 | 59791 | 93 | 93 | — | — |
| 云　南 | Yunnan | 857556 | 854280 | 389903 | 316978 | 3161 | 839 | 116 | — |
| 西　藏 | Tibet | 40991 | 40991 | 22394 | 11417 | — | — | — | — |
| 陕　西 | Shaanxi | 557333 | 557027 | 369281 | 126148 | 152 | — | 154 | — |
| 甘　肃 | Gansu | 388427 | 388023 | 191467 | 106318 | 298 | 245 | 107 | 37 |
| 青　海 | Qinghai | 137154 | 137102 | 104262 | 19436 | 51 | — | — | — |
| 宁　夏 | Ningxia | 145697 | 145338 | 70754 | 32708 | 261 | 56 | 98 | — |
| 新　疆 | Xinjiang | 442113 | 441326 | 290502 | 107724 | 653 | 229 | 135 | — |

# 12－14　各地区按登记注册类型分的建筑业企业实收资本(1999 年)

## CAPITALS HOLD OF CONSTRUCTION ENTERPRISES GROUPED BY REGISTRATION TYPES BY REGION (1999)

单位:万元　Unit:10000 yuan

| 地区 Region | 合计 Total | 内资企业 Domestic Funded | #国有 State-owned | #集体 Collective-owned | 港澳台商投资企业 Funded by Entrepreneurs from Hong Kong, Macao and Taiwan | #港澳台商独资企业 Solely Owned | 外商投资企业 Foreign Funded | #外商独资企业 Solely Owned |
|---|---|---|---|---|---|---|---|---|
| **全　国 National Total** | **26754785** | **26062304** | **10720557** | **9235611** | **416637** | **41509** | **275844** | **12063** |
| 北　京 Beijing | 1377914 | 1263271 | 715234 | 282943 | 62587 | 52056 | — | — |
| 天　津 Tianjin | 606439 | 599213 | 463530 | 86993 | 4165 | — | 3061 | — |
| 河　北 Hebei | 1075657 | 1072467 | 516317 | 402962 | 1842 | — | 1348 | 500 |
| 山　西 Shanxi | 455378 | 450421 | 348614 | 67299 | 4892 | 476 | 65 | — |
| 内蒙古 Inner Mongolia | 338051 | 337051 | 140197 | 66564 | 519 | 418 | 481 | — |
| 辽　宁 Liaoning | 1450196 | 1408885 | 675349 | 496933 | 14508 | — | 26804 | 16 |
| 吉　林 Jilin | 334216 | 330762 | 228118 | 63971 | 2402 | 203 | 1052 | — |
| 黑龙江 Heilongjiang | 899306 | 890399 | 459788 | 208401 | 4726 | 914 | 4181 | 500 |
| 上　海 Shanghai | 1564297 | 1412838 | 579681 | 222436 | 84471 | — | 66988 | 1156 |
| 江　苏 Jiangsu | 2522539 | 2463895 | 701111 | 1226666 | 40200 | — | 18444 | 10 |
| 浙　江 Zhejiang | 2276898 | 2240114 | 325271 | 910741 | 17927 | 1112 | 18857 | 501 |
| 安　徽 Anhui | 728093 | 724404 | 345227 | 270197 | 2080 | 404 | 1610 | — |
| 福　建 Fujian | 872595 | 829808 | 278103 | 274250 | 27986 | 9659 | 14801 | 4294 |
| 江　西 Jiangxi | 297528 | 297302 | 150155 | 133071 | — | — | 226 | — |
| 山　东 Shandong | 1573037 | 1535344 | 528196 | 656080 | 30195 | 6969 | 7498 | 3955 |
| 河　南 Henan | 778824 | 771352 | 395758 | 253277 | 4727 | — | 2745 | 117 |
| 湖　北 Hubei | 1045727 | 1020292 | 501466 | 346216 | 15952 | 2465 | 9483 | |
| 湖　南 Hunan | 883208 | 880829 | 305101 | 494225 | 2380 | 100 | — | — |
| 广　东 Guangdong | 2257653 | 2166526 | 916741 | 882806 | 55602 | 8518 | 35524 | — |
| 广　西 Guangxi | 494644 | 490861 | 255217 | 175946 | 3009 | 368 | 775 | — |
| 海　南 Hainan | 77221 | 74972 | 44838 | 18289 | 889 | — | 1360 | 800 |
| 重　庆 Chongqing | 824712 | 806996 | 159337 | 318298 | 14586 | 144 | 3131 | 70 |
| 四　川 Sichuan | 1675777 | 1661239 | 510237 | 640735 | 12892 | 5434 | 1646 | — |
| 贵　州 Guizhou | 215081 | 213554 | 130210 | 63427 | 1527 | 1527 | — | — |
| 云　南 Yunnan | 761236 | 758306 | 284292 | 307234 | 2685 | 1206 | 245 | — |
| 西　藏 Tibet | 50085 | 50085 | 25292 | 13134 | — | — | — | |
| 陕　西 Shaanxi | 449442 | 448342 | 260090 | 133724 | 915 | — | 186 | — |
| 甘　肃 Gansu | 240190 | 237484 | 99062 | 84760 | 1537 | 1344 | 1169 | 144 |
| 青　海 Qinghai | 102464 | 102419 | 74322 | 15992 | 45 | — | — | — |
| 宁　夏 Ningxia | 179769 | 179106 | 82000 | 36707 | 496 | 116 | 167 | — |
| 新　疆 Xinjiang | 346605 | 343767 | 221703 | 81336 | 897 | 130 | 1941 | — |

# 12-15 各地区建筑业企业资产(1999年)

## ASSETS OF CONSTRUCTION ENTERPRISES BY REGION (1999)

单位:万元 Unit:10000 yuan

| 地区 | Region | 资产合计 Total Assets | # 流动资产 Circulating Funds | # 固定资产 Fixed Assets | # 专项工程 Special Projects | # 无形及递延 Intangible and Deferred Assets |
|---|---|---|---|---|---|---|
| **全国** | **National Total** | **131442930** | **96747267** | **26595202** | **1818489** | **1647532** |
| 北京 | Beijing | 10329718 | 8351692 | 1129944 | 193527 | 75261 |
| 天津 | Tianjin | 2886000 | 2122047 | 533708 | 22672 | 26514 |
| 河北 | Hebei | 4454001 | 3098633 | 1163058 | 49825 | 58490 |
| 山西 | Shanxi | 3123602 | 2203293 | 769219 | 74393 | 15788 |
| 内蒙古 | Inner Mongolia | 1382836 | 941979 | 377773 | 8804 | 25525 |
| 辽宁 | Liaoning | 6295462 | 4480429 | 1495898 | 53594 | 134257 |
| 吉林 | Jilin | 2018680 | 1443288 | 504302 | 16244 | 21267 |
| 黑龙江 | Heilongjiang | 3624193 | 2640654 | 882298 | 12358 | 30084 |
| 上海 | Shanghai | 7776524 | 5924823 | 822001 | 92418 | 126593 |
| 江苏 | Jiangsu | 13646082 | 10869799 | 2241795 | 100535 | 134628 |
| 浙江 | Zhejiang | 9122808 | 6712597 | 1917065 | 79186 | 94537 |
| 安徽 | Anhui | 2890871 | 2060210 | 689641 | 54298 | 25981 |
| 福建 | Fujian | 4235032 | 3345214 | 664567 | 57772 | 51066 |
| 江西 | Jiangxi | 1577542 | 1142318 | 355057 | 13258 | 17760 |
| 山东 | Shandong | 8207592 | 6062623 | 1694234 | 98961 | 170271 |
| 河南 | Henan | 3222768 | 2157024 | 874743 | 62439 | 64195 |
| 湖北 | Hubei | 5024404 | 3298996 | 1361808 | 99046 | 86201 |
| 湖南 | Hunan | 3350006 | 2157091 | 985520 | 59815 | 41677 |
| 广东 | Guangdong | 15883468 | 12539986 | 2209932 | 279740 | 202576 |
| 广西 | Guangxi | 2546515 | 1908751 | 502437 | 46468 | 25824 |
| 海南 | Hainan | 430207 | 298211 | 99070 | 10074 | 11850 |
| 重庆 | Chongqing | 2471390 | 1678316 | 688640 | 24283 | 25390 |
| 四川 | Sichuan | 5954771 | 3952321 | 1602818 | 104408 | 91413 |
| 贵州 | Guizhou | 1283788 | 939152 | 277164 | 30063 | 8046 |
| 云南 | Yunnan | 2943113 | 1877232 | 896523 | 37952 | 27982 |
| 西藏 | Tibet | 171701 | 81784 | 72659 | 1061 | 823 |
| 陕西 | Shaanxi | 2383085 | 1623076 | 631141 | 59613 | 18381 |
| 甘肃 | Gansu | 1308547 | 895929 | 352867 | 20521 | 13924 |
| 青海 | Qinghai | 512269 | 329251 | 141909 | 10675 | 5065 |
| 宁夏 | Ningxia | 645104 | 424112 | 185654 | 13563 | 5403 |
| 新疆 | Xinjiang | 1740851 | 1186433 | 471759 | 30923 | 10762 |

# 12－16　各地区按登记注册类型分的建筑业企业资产(1999年)

## ASSETS OF CONSTRUCTION ENTERPRISES GROUPED BY REGISTRATION TYPES BY REGION (1999)

单位:万元　Unit:10000 yuan

| 地区 Region | 合计 Total | 内资企业 Domestic Funded | #国有 State-owned | #集体 Collective-Owned | 港澳台商投资企业 Funded by Entrepreneurs from Hong Kong, Macao and Taiwan | #港澳台商独资企业 Solely Owned | 外商投资企业 Foreign Funded | #外商独资企业 Solely Owned |
|---|---|---|---|---|---|---|---|---|
| **全　国 National Total** | **131442930** | **129273357** | **67859933** | **36074977** | **1327399** | **159546** | **842175** | **39557** |
| 北　京 Beijing | 10329718 | 10050269 | 6957222 | 1460122 | 133736 | — | 145713 | — |
| 天　津 Tianjin | 2886000 | 2856851 | 2236982 | 359820 | 21290 | — | 7860 | — |
| 河　北 Hebei | 4454001 | 4447846 | 3043751 | 1018276 | 3937 | — | 2217 | 826 |
| 山　西 Shanxi | 3123602 | 3104342 | 2556944 | 346635 | 19155 | 7206 | 105 | |
| 内蒙古 Inner Mongolia | 1382836 | 1380246 | 664559 | 306220 | 1749 | 656 | 841 | — |
| 辽　宁 Liaoning | 6295462 | 6177711 | 3371000 | 1851120 | 41608 | | 76144 | 499 |
| 吉　林 Jilin | 2018680 | 2008754 | 1528940 | 285938 | 5801 | 379 | 4125 | — |
| 黑龙江 Heilongjiang | 3624193 | 3606266 | 2252193 | 678595 | 8813 | 1669 | 9114 | 656 |
| 上　海 Shanghai | 7776524 | 7378146 | 3368996 | 983716 | 226578 | — | 171800 | 4920 |
| 江　苏 Jiangsu | 13646082 | 13406548 | 4816441 | 5789701 | 124200 | — | 115334 | 508 |
| 浙　江 Zhejiang | 9122808 | 8985501 | 1990999 | 3432970 | 87384 | 1972 | 49923 | 1903 |
| 安　徽 Anhui | 2890871 | 2878131 | 1675944 | 879606 | 5223 | 894 | 7517 | — |
| 福　建 Fujian | 4235032 | 4109079 | 1658448 | 1513938 | 79061 | 35618 | 46893 | 14452 |
| 江　西 Jiangxi | 1577542 | 1576956 | 1020521 | 514336 | — | — | 586 | — |
| 山　东 Shandong | 8207592 | 8064173 | 3065469 | 3245867 | 100208 | 10950 | 43210 | 13396 |
| 河　南 Henan | 3222768 | 3174227 | 2062731 | 791766 | 38507 | — | 10033 | 1226 |
| 湖　北 Hubei | 5024404 | 4947692 | 3517170 | 843023 | 58600 | 36446 | 18112 | — |
| 湖　南 Hunan | 3350006 | 3344416 | 1807280 | 1332519 | 5590 | 432 | — | — |
| 广　东 Guangdong | 15883468 | 15524870 | 7574017 | 4928632 | 258808 | 25453 | 99791 | — |
| 广　西 Guangxi | 2546515 | 2539024 | 1701446 | 535973 | 4264 | 405 | 3227 | — |
| 海　南 Hainan | 430207 | 425330 | 316101 | 80036 | 3181 | — | 1696 | 920 |
| 重　庆 Chongqing | 2471390 | 2420824 | 784058 | 862303 | 37134 | 1306 | 13433 | 106 |
| 四　川 Sichuan | 5954771 | 5907055 | 2693463 | 1810612 | 38300 | 23327 | 9416 | — |
| 贵　州 Guizhou | 1283788 | 1279710 | 989753 | 224847 | 4078 | 4078 | — | — |
| 云　南 Yunnan | 2943113 | 2933380 | 1478404 | 833588 | 9302 | 2749 | 432 | — |
| 西　藏 Tibet | 171701 | 171701 | 130291 | 18497 | — | — | — | — |
| 陕　西 Shaanxi | 2383085 | 2381388 | 1773072 | 381882 | 1176 | — | 520 | — |
| 甘　肃 Gansu | 1308547 | 1302619 | 769331 | 284074 | 4132 | 3897 | 1796 | 146 |
| 青　海 Qinghai | 512269 | 512187 | 427600 | 49601 | 82 | — | — | — |
| 宁　夏 Ningxia | 645104 | 642701 | 334566 | 128869 | 2029 | 291 | 374 | — |
| 新　疆 Xinjiang | 1740851 | 1735416 | 1292239 | 301895 | 3473 | 1818 | 1962 | — |

# 12－17 各地区建筑业企业负债及所有者权益(1999 年)

## LIABILITIES AND CREDITORS' EQUITY OF CONSTRUCTION ENTERPRISES BY REGION (1999)

单位:万元 Unit:10000 yuan

| 地区 | Region | 负债合计 Total Liabilities | # 流动负债 Liquid Liabilities | # 长期负债 Long-term Liabilities | 所有者权益 Creditors' Equity | # 实收资本 Capitals Hold |
|---|---|---|---|---|---|---|
| **全国** | **National Total** | **95808294** | **90794977** | **5013317** | **35634636** | **26754785** |
| 北京 | Beijing | 8182804 | 7859340 | 323464 | 2146914 | 1377914 |
| 天津 | Tianjin | 2134029 | 2050871 | 83158 | 751971 | 606439 |
| 河北 | Hebei | 3015017 | 2871054 | 143964 | 1438984 | 1075657 |
| 山西 | Shanxi | 2493751 | 2352594 | 141157 | 629852 | 455378 |
| 内蒙古 | Inner Mongolia | 959889 | 893800 | 66090 | 422947 | 338051 |
| 辽宁 | Liaoning | 4504568 | 4333077 | 171491 | 1790894 | 1450196 |
| 吉林 | Jilin | 1529548 | 1502089 | 27459 | 489131 | 334216 |
| 黑龙江 | Heilongjiang | 2594947 | 2488553 | 106394 | 1029246 | 899306 |
| 上海 | Shanghai | 5615682 | 5378745 | 236937 | 2160842 | 1564297 |
| 江苏 | Jiangsu | 10403888 | 10088630 | 315258 | 3242194 | 2522539 |
| 浙江 | Zhejiang | 6181026 | 5990754 | 190272 | 2941783 | 2276898 |
| 安徽 | Anhui | 2081521 | 1928283 | 153238 | 809350 | 728093 |
| 福建 | Fujian | 3146958 | 3026560 | 120398 | 1088074 | 872595 |
| 江西 | Jiangxi | 1181782 | 1101470 | 80312 | 395760 | 297528 |
| 山东 | Shandong | 6064591 | 5638181 | 426410 | 2143001 | 1573037 |
| 河南 | Henan | 2159999 | 2030298 | 129701 | 1062769 | 778824 |
| 湖北 | Hubei | 3413977 | 3049539 | 364438 | 1610427 | 1045727 |
| 湖南 | Hunan | 2228080 | 1995373 | 232707 | 1121926 | 883208 |
| 广东 | Guangdong | 12438887 | 11875916 | 562971 | 3444581 | 2257653 |
| 广西 | Guangxi | 1855662 | 1719204 | 136458 | 690853 | 494644 |
| 海南 | Hainan | 294461 | 278850 | 15612 | 135745 | 77221 |
| 重庆 | Chongqing | 1499649 | 1387432 | 112218 | 971741 | 824712 |
| 四川 | Sichuan | 3837894 | 3634532 | 203361 | 2116877 | 1675777 |
| 贵州 | Guizhou | 1012476 | 936645 | 75831 | 271312 | 215081 |
| 云南 | Yunnan | 1979327 | 1783089 | 196238 | 963786 | 761236 |
| 西藏 | Tibet | 68894 | 59825 | 9069 | 102806 | 50085 |
| 陕西 | Shaanxi | 1819546 | 1650637 | 168908 | 563539 | 449442 |
| 甘肃 | Gansu | 944704 | 888465 | 56238 | 363844 | 240190 |
| 青海 | Qinghai | 388888 | 377856 | 11032 | 123381 | 102464 |
| 宁夏 | Ningxia | 450023 | 417437 | 32586 | 195082 | 179769 |
| 新疆 | Xinjiang | 1325825 | 1205881 | 119945 | 415026 | 346605 |

# 12-18 各地区按登记注册类型分的建筑业企业所有者权益(1999年)

## CREDITORS' EQUITY OF CONSTRUCTION ENTERPRISES GROUPED BY REGISTRATION TYPES BY REGION (1999)

单位：万元 Unit:10000 yuan

| 地区 Region | 合计 Total | 内资企业 Domestic Funded | #国有 State-owned | #集体 Collective-owned | 港澳台商投资企业 Fundedby Entrepreneurs from Hong Kong, Macao and Taiwan | #港澳台商独资企业 Solely Owned | 外商投资企业 Foreign Funded | #外商独资企业 Solely Owned |
|---|---|---|---|---|---|---|---|---|
| **全 国 National Total** | **35634636** | **34867508** | **15422300** | **11684976** | **467283** | **48801** | **299846** | **14611** |
| 北 京 Beijing | 2146914 | 2034563 | 1231333 | 469203 | 63278 | — | 49073 | — |
| 天 津 Tianjin | 751971 | 745316 | 558876 | 120408 | 2980 | — | 3675 | — |
| 河 北 Hebei | 1438984 | 1435588 | 731897 | 522387 | 1994 | — | 1402 | 543 |
| 山 西 Shanxi | 629852 | 623760 | 491135 | 95079 | 6018 | 613 | 73 | — |
| 内蒙古 Inner Mongolia | 422947 | 422014 | 184557 | 85611 | 452 | 345 | 481 | — |
| 辽 宁 Liaoning | 1790894 | 1742270 | 811872 | 617773 | 17856 | — | 30768 | 16 |
| 吉 林 Jilin | 489131 | 484485 | 344562 | 86554 | 2759 | 241 | 1887 | — |
| 黑龙江 Heilongjiang | 1029246 | 1021721 | 547706 | 250859 | 4786 | 1035 | 2738 | 191 |
| 上 海 Shanghai | 2160842 | 2003159 | 869170 | 269824 | 85948 | — | 71735 | 1247 |
| 江 苏 Jiangsu | 3242194 | 3176161 | 988791 | 1528618 | 45158 | — | 20875 | 14 |
| 浙 江 Zhejiang | 2941783 | 2901548 | 492996 | 1126380 | 22910 | 1149 | 17325 | 593 |
| 安 徽 Anhui | 809350 | 804813 | 367282 | 306696 | 2314 | 404 | 2222 | — |
| 福 建 Fujian | 1088074 | 1033664 | 390597 | 336456 | 32624 | 12155 | 21787 | 7283 |
| 江 西 Jiangxi | 395760 | 395519 | 217928 | 160387 | — | — | 241 | — |
| 山 东 Shandong | 2143001 | 2098646 | 742832 | 878918 | 36077 | 7104 | 8278 | 3775 |
| 河 南 Henan | 1062769 | 1056544 | 585198 | 323599 | 3847 |  | 2378 | -165 |
| 湖 北 Hubei | 1610427 | 1587004 | 930057 | 436254 | 14727 | 2273 | 8696 | — |
| 湖 南 Hunan | 1121926 | 1119336 | 421973 | 604080 | 2590 | 249 | — | — |
| 广 东 Guangdong | 3444581 | 3332966 | 1522726 | 1179580 | 67634 | 9796 | 43981 | — |
| 广 西 Guangxi | 690853 | 686343 | 379505 | 233437 | 3057 | 368 | 1453 | — |
| 海 南 Hainan | 135745 | 132616 | 83825 | 34389 | 1674 | — | 1455 | 894 |
| 重 庆 Chongqing | 971741 | 943972 | 203758 | 365244 | 24898 | 801 | 2871 | 76 |
| 四 川 Sichuan | 2116877 | 2098605 | 759129 | 766922 | 15697 | 8260 | 2575 | — |
| 贵 州 Guizhou | 271312 | 269766 | 172714 | 73654 | 1546 | 1546 | — | — |
| 云 南 Yunnan | 963786 | 959649 | 366617 | 378894 | 3892 | 2110 | 245 | — |
| 西 藏 Tibet | 102806 | 102806 | 73000 | 14709 | — | — | — | — |
| 陕 西 Shaanxi | 563539 | 562359 | 347510 | 143187 | 790 | — | 390 | — |
| 甘 肃 Gansu | 363844 | 362732 | 174012 | 107797 | -58 | -261 | 1169 | 144 |
| 青 海 Qinghai | 123381 | 123336 | 93121 | 16679 | 45 | — | — | — |
| 宁 夏 Ningxia | 195082 | 194592 | 89196 | 41893 | 356 | 58 | 133 | — |
| 新 疆 Xinjiang | 415026 | 411653 | 248423 | 109506 | 1432 | 554 | 1941 | — |

# 12-19 各地区按登记注册类型分的建筑业企业负债(1999年)

## LIABILITIES OF CONSTRUCTION ENTERPRISES GROUPED BY REGISTRATION TYPES BY REGION (1999)

单位：万元 Unit:10000 yuan

| 地区 Region | 合计 Total | 内资企业 Domestic Funded | #国有 State-owned | #集体 Collective-owned | 港澳台商投资企业 Funded by Entrepreneurs from Hong Kong, Macao and Taiwan | #港澳台商独资企业 Solely Owned | 外商投资企业 Foreign Funded | #外商独资企业 Solely Owned |
|---|---|---|---|---|---|---|---|---|
| **全 国 National Total** | **95808294** | **94405850** | **52437634** | **24390000** | **860116** | **110745** | **542329** | **24946** |
| 北 京 Beijing | 8182804 | 8015707 | 5725889 | 990919 | 70457 | - | 96640 | — |
| 天 津 Tianjin | 2134029 | 2111534 | 1678106 | 239412 | 18310 | — | 4184 | — |
| 河 北 Hebei | 3015017 | 3012259 | 2311854 | 495890 | 1943 | — | 815 | 283 |
| 山 西 Shanxi | 2493751 | 2480581 | 2065809 | 251556 | 13137 | 6593 | 32 | — |
| 内蒙古 Inner Mongolia | 959889 | 958233 | 480002 | 220609 | 1297 | 312 | 360 | — |
| 辽 宁 Liaoning | 4504568 | 4435441 | 2559129 | 1233347 | 23752 | — | 45375 | 483 |
| 吉 林 Jilin | 1529548 | 1524269 | 1184379 | 199384 | 3042 | 138 | 2238 | — |
| 黑龙江 Heilongjiang | 2594947 | 2584544 | 1704487 | 427736 | 4026 | 634 | 6376 | 464 |
| 上 海 Shanghai | 5615682 | 5374987 | 2499826 | 713892 | 140630 | — | 100065 | 3673 |
| 江 苏 Jiangsu | 10403888 | 10230387 | 3827650 | 4261083 | 79042 | — | 94459 | 494 |
| 浙 江 Zhejiang | 6181026 | 6083954 | 1498003 | 2306590 | 64474 | 823 | 32598 | 1310 |
| 安 徽 Anhui | 2081521 | 2073318 | 1308661 | 572910 | 2909 | 489 | 5294 | — |
| 福 建 Fujian | 3146958 | 3075414 | 1267851 | 1177482 | 46437 | 23463 | 25106 | 7168 |
| 江 西 Jiangxi | 1181782 | 1181437 | 802592 | 353948 | — | — | 345 | — |
| 山 东 Shandong | 6064591 | 5965527 | 2322637 | 2366949 | 64132 | 3845 | 34932 | 9622 |
| 河 南 Henan | 2159999 | 2117683 | 1477532 | 468167 | 34660 | — | 7656 | 1391 |
| 湖 北 Hubei | 3413977 | 3360688 | 2587114 | 406769 | 43873 | 34173 | 9416 | — |
| 湖 南 Hunan | 2228080 | 2225080 | 1385307 | 728439 | 3000 | 183 | — | — |
| 广 东 Guangdong | 12438887 | 12191903 | 6051290 | 3749052 | 191174 | 15657 | 55810 | — |
| 广 西 Guangxi | 1855662 | 1852681 | 1321940 | 302536 | 1207 | 37 | 1774 | — |
| 海 南 Hainan | 294461 | 292713 | 232276 | 45647 | 1507 | — | 241 | 26 |
| 重 庆 Chongqing | 1499649 | 1476852 | 580300 | 497059 | 12235 | 505 | 10562 | 30 |
| 四 川 Sichuan | 3837894 | 3808450 | 1934334 | 1043689 | 22603 | 15067 | 6841 | — |
| 贵 州 Guizhou | 1012476 | 1009944 | 817040 | 151193 | 2532 | 2532 | — | — |
| 云 南 Yunnan | 1979327 | 1973730 | 1111787 | 454694 | 5410 | 639 | 187 | — |
| 西 藏 Tibet | 68894 | 68894 | 57291 | 3787 | — | — | — | — |
| 陕 西 Shaanxi | 1819546 | 1819029 | 1425562 | 238695 | 387 | — | 130 | — |
| 甘 肃 Gansu | 944704 | 939887 | 595320 | 176277 | 4190 | 4158 | 627 | 2 |
| 青 海 Qinghai | 388888 | 388852 | 334479 | 32922 | 37 | — | — | — |
| 宁 夏 Ningxia | 450023 | 448109 | 245370 | 86976 | 1673 | 232 | 240 | — |
| 新 疆 Xinjiang | 1325825 | 1323763 | 1043816 | 192390 | 2041 | 1264 | 21 | — |

# 12-20　各地区建筑业企业总收入（1999年）

## TOTAL INCOME OF CONSTRUCTION ENTERPRISES BY REGION (1999)

单位：万元　Unit: 10000 yuan

| 地区 | Region | 企业总收入 Total Income of Enterprises | 工程结算收入 Revenue of Project Settlement Accounts | #工程结算成本 Costs of Project Settlement Accounts | #工程结算利润 Profits of Project Settlement Acccounts | 其他业务收入 Other Revenue from Business | #其他业务利润 Other Profit from Business |
|---|---|---|---|---|---|---|---|
| **全　国** | **National Total** | **101476012** | **97141729** | **85441006** | **8530447** | **4334283** | **627385** |
| 北　京 | Beijing | 6891291 | 6457642 | 5576656 | 683690 | 433650 | 72913.1 |
| 天　津 | Tianjin | 2237404 | 2146275 | 1903712 | 188010 | 91129 | 10901.4 |
| 河　北 | Hebei | 4072744 | 3946191 | 3465475 | 344561 | 126553 | 12115.3 |
| 山　西 | Shanxi | 2411928 | 2286176 | 2015744 | 202155 | 125752 | 17472.3 |
| 内蒙古 | Inner Mongolia | 1143581 | 1104427 | 949168 | 121440 | 39154 | 6974.9 |
| 辽　宁 | Liaoning | 4992597 | 4586290 | 4023026 | 419658 | 406306 | 33772.5 |
| 吉　林 | Jilin | 1753333 | 1659992 | 1466147 | 142846 | 93341 | 9866.6 |
| 黑龙江 | Heilongjiang | 2963721 | 2876434 | 2542712 | 252230 | 87286 | 14119.3 |
| 上　海 | Shanghai | 5294450 | 5071259 | 4479566 | 460295 | 223191 | 35757 |
| 江　苏 | Jiangsu | 9325438 | 8945210 | 7909050 | 732754 | 380229 | 58259.1 |
| 浙　江 | Zhejiang | 9170391 | 8934704 | 7933994 | 678378 | 235687 | 41566.1 |
| 安　徽 | Anhui | 2574576 | 2451053 | 2163956 | 205693 | 123523 | 6930.2 |
| 福　建 | Fujian | 2532302 | 2478337 | 2210131 | 177214 | 53965 | 9543.9 |
| 江　西 | Jiangxi | 911009 | 889333 | 780130 | 77763 | 21676 | 3802.5 |
| 山　东 | Shandong | 6753945 | 6437966 | 5579412 | 649849 | 315979 | 32811.8 |
| 河　南 | Henan | 2962410 | 2854592 | 2494924 | 271275 | 107818 | 14178.7 |
| 湖　北 | Hubei | 3905278 | 3689013 | 3174591 | 387589 | 216264 | 29621.4 |
| 湖　南 | Hunan | 3034615 | 2917896 | 2602849 | 218999 | 116718 | 19898.8 |
| 广　东 | Guangdong | 9100279 | 8654984 | 7632665 | 715270 | 445294 | 87499 |
| 广　西 | Guangxi | 1409463 | 1325075 | 1164867 | 113584 | 84388 | 13714.9 |
| 海　南 | Hainan | 306408 | 304810 | 270717 | 23573 | 1598 | 945.6 |
| 重　庆 | Chongqing | 2578670 | 2509082 | 2215339 | 206935 | 69588 | 10354.4 |
| 四　川 | Sichuan | 5563907 | 5405875 | 4766462 | 460877 | 158032 | 27460.4 |
| 贵　州 | Guizhou | 929147 | 883208 | 786845 | 67351 | 45939 | 5924.4 |
| 云　南 | Yunnan | 2935591 | 2851499 | 2526122 | 234432 | 84092 | 13019.8 |
| 西　藏 | Tibet | 118014 | 117458 | 96480 | 18194 | 556 | 133.7 |
| 陕　西 | Shaanxi | 2060416 | 1974065 | 1752345 | 164832 | 86351 | 13766.1 |
| 甘　肃 | Gansu | 1114112 | 1097006 | 950198 | 106560 | 17107 | 3008.8 |
| 青　海 | Qinghai | 378835 | 363331 | 316556 | 34672 | 15504 | 2754.9 |
| 宁　夏 | Ningxia | 454170 | 421727 | 370270 | 38842 | 32443 | 3416.2 |
| 新　疆 | Xinjiang | 1595986 | 1500818 | 1320898 | 130925 | 95167 | 14881.9 |

# 12－21 各地区按登记注册类型分的建筑业企业总收入(1999 年)

## TOTAL INCOME OF CONSTRUCTION ENTERPRISES GROUPED BY REGISTRATION TYPES BY REGION (1999)

单位：万元 Unit:10000 yuan

| 地区 Region | 合计 Total | 内资企业 Domestic Funded | #国有 State-owned | #集体 Collective-owned | 港澳台商投资企业 Funded by Entrepreneurs from Hong Kong, Macao and Taiwan | #港澳台商独资企业 Solely Owned | 外商投资企业 Foreign Funded | #外商独资企业 Solely Owned |
|---|---|---|---|---|---|---|---|---|
| 全　国 National Total | 101476012 | 100047912 | 48745331 | 31011646 | 866847 | 51978 | 561254 | 23250 |
| 北　京 Beijing | 6891291 | 6657747 | | 4066674 | 1288834 | 103994 | — | 129551 |
| 天　津 Tianjin | 2237404 | 2226864 | 1682501 | 325396 | 5748 | | 4792 | — |
| 河　北 Hebei | 4072744 | 4066352 | 2487809 | 1249051 | 4733 | — | 1659 | 280 |
| 山　西 Shanxi | 2411928 | 2401264 | 2003628 | 260715 | 10427 | 3256 | 237 | — |
| 内蒙古 Inner Mongolia | 1143581 | 1141744 | 488738 | 251066 | 860 | 261 | 978 | — |
| 辽　宁 Liaoning | 4992597 | 4898672 | 2482801 | 1722123 | 52403 | — | 41521 | 665 |
| 吉　林 Jilin | 1753333 | 1743717 | 1295512 | 284971 | 5192 | 109 | 4424 | — |
| 黑龙江 Heilongjiang | 2963721 | 2953565 | 1747529 | 592532 | 5644 | 871 | 4512 | 498 |
| 上　海 Shanghai | 5294450 | 4987512 | 1810462 | 702811 | 172604 | — | 134334 | 8914 |
| 江　苏 Jiangsu | 9325438 | 9177136 | 3001946 | 4184990 | 85364 | — | 62939 | 54 |
| 浙　江 Zhejiang | 9170391 | 9058112 | 1798666 | 3591194 | 68769 | 3407 | 43510 | 30 |
| 安　徽 Anhui | 2574576 | 2566987 | 1332177 | 939590 | 2049 | 317 | 5540 | — |
| 福　建 Fujian | 2532302 | 2456394 | 1271203 | 674282 | 57238 | 20657 | 18670 | 4821 |
| 江　西 Jiangxi | 911009 | 910783 | 526210 | 353975 | — | — | — | — |
| 山　东 Shandong | 6753945 | 6673126 | 2513193 | 2563424 | 61619 | 9000 | 19199 | 7737 |
| 河　南 Henan | 2962410 | 2925425 | 1806242 | 840992 | 32630 | — | 4355 | 223 |
| 湖　北 Hubei | 3905278 | 3880447 | 2502727 | 936199 | 17523 | 894 | 7307 | — |
| 湖　南 Hunan | 3034615 | 3028167 | 1426996 | 1399273 | 6447 | 137 | — | — |
| 广　东 Guangdong | 9100279 | 8906618 | 4287259 | 3065098 | 126308 | 2343 | 67353 | — |
| 广　西 Guangxi | 1409463 | 1408079 | 933916 | 386333 | 929 | 116 | 455 | — |
| 海　南 Hainan | 306408 | 305450 | 232402 | 55252 | 653 | — | 306 | 6 |
| 重　庆 Chongqing | 2578670 | 2556056 | 731145 | 1005856 | 15523 | 231 | 7091 | — |
| 四　川 Sichuan | 5563907 | 5546263 | 2471633 | 1909148 | 16750 | 6233 | 894 | — |
| 贵　州 Guizhou | 929147 | 928889 | 705616 | 177964 | 258 | 258 | — | — |
| 云　南 Yunnan | 2935591 | 2925935 | 1409115 | 1048712 | 9199 | 2337 | 456 | — |
| 西　藏 Tibet | 118014 | 118014 | 68752 | 26003 | — | — | — | — |
| 陕　西 Shaanxi | 2060416 | 2059637 | 1499059 | 366961 | 529 | — | 250 | — |
| 甘　肃 Gansu | 1114112 | 1113035 | 536286 | 311600 | 979 | 864 | 98 | 21 |
| 青　海 Qinghai | 378835 | 378637 | 293109 | 51108 | 199 | — | — | — |
| 宁　夏 Ningxia | 454170 | 453093 | 241365 | 93314 | 761 | 16 | — | — |
| 新　疆 Xinjiang | 1595986 | 1594192 | 1090661 | 352884 | 1513 | 672 | 281 | — |

# 12－22　各地区建筑业企业利税总额(1999年)

## TOTAL PRE-TAX PROFITS OF CONSTRUCTION ENTERPRISES BY REGION (1999)

| 地区 | Region | 利税总额合计(万元) Total Pre-tax Profits (10000 yuan) | 利润总额 Total Profits | 工程结算税金及附加 Taxes and Extra Charges on Project Settlement Accounts | 管理费用中的税金 Taxes in Management Expenses | 产值利税率(%) Ratio of Pre-tax Profits to Output Value (%) | 资产利税率(%) Ratio of Pre-tax Profits to Assets (%) |
|---|---|---|---|---|---|---|---|
| **全　国** | **National Total** | **4944082** | **1547982** | **3170276** | **225824** | **4.4** | **3.8** |
| 北　京 | Beijing | 341341 | 135595 | 197296 | 8449 | 5.0 | 3.3 |
| 天　津 | Tianjin | 80172 | 21991 | 54552 | 3628 | 3.6 | 2.8 |
| 河　北 | Hebei | 207616 | 62006 | 136155 | 9456 | 4.8 | 4.7 |
| 山　西 | Shanxi | 72317 | －882 | 68277 | 4923 | 3.0 | 2.3 |
| 内蒙古 | Inner Mongolia | 51242 | 13076 | 33818 | 4348 | 4.4 | 3.7 |
| 辽　宁 | Liaoning | 183582 | 30962 | 143607 | 9013 | 3.8 | 2.9 |
| 吉　林 | Jilin | 54198 | 790 | 50999 | 2408 | 3.2 | 2.7 |
| 黑龙江 | Heilongjiang | 109410 | 23741 | 81492 | 4177 | 3.7 | 3.0 |
| 上　海 | Shanghai | 278825 | 141889 | 131398 | 5538 | 4.9 | 3.6 |
| 江　苏 | Jiangsu | 443934 | 121082 | 303406 | 19446 | 3.3 | 3.3 |
| 浙　江 | Zhejiang | 571252 | 235308 | 322332 | 13612 | 5.1 | 6.3 |
| 安　徽 | Anhui | 105523 | 15904 | 81404 | 8214 | 3.8 | 3.7 |
| 福　建 | Fujian | 120981 | 25773 | 90992 | 4217 | 4.8 | 2.9 |
| 江　西 | Jiangxi | 37586 | 3395 | 31440 | 2751 | 3.7 | 2.4 |
| 山　东 | Shandong | 416839 | 176337 | 208705 | 31798 | 5.4 | 5.1 |
| 河　南 | Henan | 132961 | 37901 | 88392 | 6668 | 4.2 | 4.1 |
| 湖　北 | Hubei | 190966 | 51890 | 126833 | 12242 | 4.8 | 3.8 |
| 湖　南 | Hunan | 121018 | 17230 | 96048 | 7740 | 3.6 | 3.6 |
| 广　东 | Guangdong | 522531 | 199092 | 307049 | 16390 | 6.0 | 3.3 |
| 广　西 | Guangxi | 63830 | 13227 | 46624 | 3979 | 4.3 | 2.5 |
| 海　南 | Hainan | 17655 | 6439 | 10520 | 696 | 5.3 | 4.1 |
| 重　庆 | Chongqing | 133598 | 41582 | 86809 | 5206 | 4.2 | 5.4 |
| 四　川 | Sichuan | 268304 | 76014 | 178536 | 13754 | 4.1 | 4.5 |
| 贵　州 | Guizhou | 32956 | 1775 | 29012 | 2170 | 3.4 | 2.6 |
| 云　南 | Yunnan | 154874 | 53070 | 90945 | 10858 | 5.0 | 5.3 |
| 西　藏 | Tibet | 8358 | 5033 | 2785 | 541 | 6.2 | 4.9 |
| 陕　西 | Shaanxi | 67403 | 5799 | 56888 | 4716 | 3.1 | 2.8 |
| 甘　肃 | Gansu | 61307 | 16917 | 40247 | 4143 | 5.2 | 4.7 |
| 青　海 | Qinghai | 8921 | －3873 | 12103 | 690 | 2.2 | 1.7 |
| 宁　夏 | Ningxia | 19804 | 5559 | 12615 | 1629 | 4.1 | 3.1 |
| 新　疆 | Xinjiang | 64778 | 13359 | 48995 | 2423 | 4.1 | 3.7 |

# 12－23 各地区按登记注册类型分的建筑业企业税金总额(1999 年)

## TAX OF CONSTRUCTION ENTERPRISES GROUPED BY REGISTRATION TYPES BY REGION (1999)

单位：万元 Unit:10000 yuan

| 地区 Region | 合计 Total | 内资企业 Domestic Funded | # 国有 State-owned | # 集体 Collective-owned | 港澳台商投资企业 Funded by Entrepreneurs from Hong Kong, Macao and Taiwan | # 港澳台商独资企业 Solely Owned | 外商投资企业 Foreign Funded | # 外商独资企业 Solely Owned |
|---|---|---|---|---|---|---|---|---|
| **全 国 National Total** | **3396101** | **3351790** | **1437233** | **1212863** | **27137** | **1850** | **17174** | **1168** |
| 北 京 Beijing | 205745 | 199222 | 116726 | 44362 | 2919 | — | 3604 | — |
| 天 津 Tianjin | 58180 | 57890 | 38358 | 14163 | 154 | — | 136 | — |
| 河 北 Hebei | 145610 | 145373 | 86184 | 47228 | 170 | — | 67 | 8 |
| 山 西 Shanxi | 73200 | 72941 | 56790 | 11187 | 251 | 77 | 7 | — |
| 内蒙古 Inner Mongolia | 38166 | 38120 | 14122 | 8221 | 26 | 8 | 20 | — |
| 辽 宁 Liaoning | 152620 | 149220 | 70141 | 57235 | 2073 | — | 1327 | 42 |
| 吉 林 Jilin | 53408 | 53062 | 37786 | 10415 | 208 | 3 | 138 | — |
| 黑龙江 Heilongjiang | 85669 | 85333 | 43367 | 21225 | 203 | 37 | 133 | 16 |
| 上 海 Shanghai | 136936 | 128419 | 46145 | 20840 | 4893 | — | 3624 | 100 |
| 江 苏 Jiangsu | 322852 | 318574 | 83564 | 161747 | 2746 | — | 1532 | 4 |
| 浙 江 Zhejiang | 335944 | 332597 | 53856 | 140540 | 2280 | 94 | — | — |
| 安 徽 Anhui | 89618 | 89189 | 44154 | 35008 | 55 | 9 | 375 | — |
| 福 建 Fujian | 95208 | 92458 | 45233 | 26475 | 2003 | 724 | 747 | 190 |
| 江 西 Jiangxi | 34191 | 34181 | 17319 | 15454 | — | — | 10 | — |
| 山 东 Shandong | 240502 | 235950 | 81211 | 97476 | 2996 | 420 | 1556 | 799 |
| 河 南 Henan | 95060 | 94410 | 53022 | 31226 | 516 | — | 134 | 8 |
| 湖 北 Hubei | 139076 | 138252 | 77597 | 43097 | 570 | 32 | 254 | — |
| 湖 南 Hunan | 103788 | 103584 | 37787 | 57202 | 204 | 4 | — | — |
| 广 东 Guangdong | 323439 | 317851 | 130768 | 134313 | 3457 | 86 | 2131 | — |
| 广 西 Guangxi | 50603 | 50562 | 27165 | 20422 | 29 | 3 | 12 | — |
| 海 南 Hainan | 11216 | 11180 | 8028 | 2642 | 27 | — | 10 | — |
| 重 庆 Chongqing | 92015 | 91410 | 23004 | 37930 | 375 | 7 | 230 | — |
| 四 川 Sichuan | 192290 | 191703 | 73047 | 76035 | 567 | 220 | 20 | — |
| 贵 州 Guizhou | 31182 | 31173 | 20262 | 8614 | 9 | 9 | — | — |
| 云 南 Yunnan | 101804 | 101511 | 47098 | 39482 | 278 | 71 | 14 | — |
| 西 藏 Tibet | 3326 | 3326 | 842 | 1720 | — | — | — | — |
| 陕 西 Shaanxi | 61604 | 61577 | 39682 | 14811 | 17 | — | 10 | — |
| 甘 肃 Gansu | 44390 | 44358 | 16660 | 14479 | 30 | 27 | 3 | 1 |
| 青 海 Qinghai | 12794 | 12788 | 9375 | 2038 | 6 | — | — | — |
| 宁 夏 Ningxia | 14245 | 14202 | 7019 | 3183 | 30 | 1 | 12 | — |
| 新 疆 Xinjiang | 51418 | 51374 | 30924 | 14093 | 44 | 18 | — | — |

# 12－24　各地区按登记注册类型分的建筑业企业利润总额(1999 年)

## TOTAL PROFITS OF CONSTRUCTION ENTERPRISES GROUPED BY REGISTRATION TYPES BY REGION (1999)

单位：万元　Unit:10000 yuan

| 地区 Region | 合计 Total | 内资企业 Domestic Funded | #国有 State-owned | #集体 Collective-owned | 港澳台商投资企业 Funded by Entrepreneurs from Hong Kong, Macao and Taiwan | #港澳台商独资企业 Solely Owned | 外商投资企业 Foreign Funded | #外商独资企业 Solely Owned |
|---|---|---|---|---|---|---|---|---|
| **全　国 National Total** | 1547982 | 1563676 | 240822 | 733398 | －29962 | 2084 | 14268 | －274 |
| 北　京 Beijing | 135595 | 131950 | 44640 | 51659 | －1314 | — | 4959 | — |
| 天　津 Tianjin | 21991 | 22175 | 5381 | 10304 | －526 | — | 342 | — |
| 河　北 Hebei | 62006 | 61920 | 12834 | 38470 | 53 | — | 32 | 28 |
| 山　西 Shanxi | －882 | －1369 | －5719 | 4169 | 486 | 42 | — | — |
| 内蒙古 Inner Mongolia | 13076 | 13086 | 5282 | 1004 | －12 | －14 | 2 | — |
| 辽　宁 Liaoning | 30962 | 26680 | －7748 | 23707 | 1734 | — | 2548 | －53 |
| 吉　林 Jilin | 790 | 867 | －4167 | 1312 | －105 | －64 | 28 | — |
| 黑龙江 Heilongjiang | 23741 | 24441 | 11956 | 5829 | －152 | －296 | －548 | －216 |
| 上　海 Shanghai | 141889 | 141205 | 31305 | 14028 | －462 | — | 1146 | 59 |
| 江　苏 Jiangsu | 121082 | 153140 | 33074 | 75117 | －33193 | — | 1135 | －23 |
| 浙　江 Zhejiang | 235308 | 233841 | 29769 | 82224 | 966 | －5 | 501 | －10 |
| 安　徽 Anhui | 15904 | 15863 | －11333 | 21294 | －3 | 1 | 44 | — |
| 福　建 Fujian | 25773 | 25617 | 5237 | 9629 | 193 | －32 | －37 | 219 |
| 江　西 Jiangxi | 3395 | 3411 | －2237 | 5293 | — | — | －16 | |
| 山　东 Shandong | 176337 | 175569 | 33599 | 87419 | 1060 | 460 | －292 | －249 |
| 河　南 Henan | 37901 | 37885 | 3811 | 29207 | 67 | — | －51 | 9 |
| 湖　北 Hubei | 51890 | 51802 | 6764 | 32319 | 404 | 272 | －316 | — |
| 湖　南 Hunan | 17230 | 16858 | －20093 | 32225 | 372 | 2 | — | — |
| 广　东 Guangdong | 199092 | 192914 | 52974 | 79106 | 1341 | 1187 | 4838 | — |
| 广　西 Guangxi | 13227 | 13299 | 5664 | 12170 | －75 | 5 | 3 | — |
| 海　南 Hainan | 6439 | 6425 | 5145 | 1438 | 9 | — | 5 | — |
| 重　庆 Chongqing | 41582 | 43040 | 3932 | 17715 | －1512 | －46 | 55 | －8 |
| 四　川 Sichuan | 76014 | 75479 | 10178 | 38625 | 513 | 368 | 22 | — |
| 贵　州 Guizhou | 1775 | 1876 | －4399 | 3256 | －101 | －101 | — | — |
| 云　南 Yunnan | 53070 | 52563 | 10024 | 28434 | 542 | 503 | －35 | — |
| 西　藏 Tibet | 5033 | 5033 | 858 | 2195 | — | — | — | — |
| 陕　西 Shaanxi | 5799 | 5827 | －2644 | 5771 | －66 | — | 39 | — |
| 甘　肃 Gansu | 16917 | 17186 | －6193 | 9218 | －149 | －152 | －120 | －30 |
| 青　海 Qinghai | －3873 | －3874 | －3412 | 7 | — | — | — | — |
| 宁　夏 Ningxia | 5559 | 5637 | －1974 | 1392 | －77 | －28 | －1 | — |
| 新　疆 Xinjiang | 13359 | 13330 | －1683 | 8862 | 44 | －17 | －14 | — |

# 12-25 各地区按登记注册类型分的建筑业企业工程结算利润(1999年)

## PROFITS OF PROJECT SETTLEMENT ACCOUNTS OF CONSTRUCTION ENTERPRISES GROUPED BY REGISTRATION TYPES BY REGION (1999)

单位:万元 Unit:10000 yuan

| 地区 Region | 合计 Total | 内资企业 Domestic Funded | #国有 State-owned | #集体 Collective-owned | 港澳台商投资企业 Funded by Entrepreneurs from Hong Kong, Macao and Taiwan | #港澳台商独资企业 Solely Owned | 外商投资企业 Foreign Funded | #外商独资企业 Solely Owned |
|---|---|---|---|---|---|---|---|---|
| **全　国 National Total** | **8530446** | **8377576** | **4059384** | **2551265** | **88285** | **8096** | **64585** | **2139** |
| 北　京 Beijing | 683690 | 656072 | 365296 | 134672 | 9774 | — | 17845 | — |
| 天　津 Tianjin | 188010 | 186061 | 134842 | 31568 | 724 | — | — | — |
| 河　北 Hebei | 344561 | 343232 | 203891 | 109436 | 1062 | — | 267 | 104 |
| 山　西 Shanxi | 202155 | 200796 | 170246 | 20019 | 1343 | 349 | 16 | — |
| 内蒙古 Inner Mongolia | 121440 | 121220 | 65223 | 23494 | 183 | 39 | 37 | — |
| 辽　宁 Liaoning | 419658 | 403303 | 202135 | 145790 | 9296 | — | 7058 | 138 |
| 吉　林 Jilin | 142846 | 142086 | 108321 | 22264 | 517 | 50 | — | — |
| 黑龙江 Heilongjiang | 252230 | 251984 | 147838 | 50458 | 281 | -162 | -35 | -63 |
| 上　海 Shanghai | 460295 | 432666 | 175536 | 56624 | 15313 | — | 12316 | 645 |
| 江　苏 Jiangsu | 732754 | 717394 | 253266 | 321824 | 9166 | — | 6195 | 12 |
| 浙　江 Zhejiang | 678378 | 670393 | 135020 | 246223 | 5492 | 388 | 2493 | 3 |
| 安　徽 Anhui | 205693 | 204906 | 106857 | 74971 | 242 | 76 | — | — |
| 福　建 Fujian | 177214 | 171322 | 85029 | 47030 | 4451 | 2055 | 1442 | 391 |
| 江　西 Jiangxi | 77763 | 77744 | 49512 | 26291 | — | — | 19 | |
| 山　东 Shandong | 649849 | 640161 | 230450 | 261419 | 7136 | 1216 | 2551 | 893 |
| 河　南 Henan | 271275 | 267159 | 159874 | 81409 | 3089 | — | 1027 | 9 |
| 湖　北 Hubei | 387589 | 384366 | 238635 | 96047 | 2550 | 180 | 673 | — |
| 湖　南 Hunan | 218999 | 218335 | 97278 | 106482 | 665 | 29 | — | — |
| 广　东 Guangdong | 715270 | 694394 | 292910 | 256295 | 11530 | 1754 | 9346 | — |
| 广　西 Guangxi | 113584 | 113438 | 75502 | 31556 | 120 | 13 | 26 | — |
| 海　南 Hainan | 23573 | 23387 | 18658 | 3871 | 136 | — | 50 | 1 |
| 重　庆 Chongqing | 206935 | 204982 | 67188 | 69870 | 1060 | 27 | 893 | — |
| 四　川 Sichuan | 460877 | 458486 | 202362 | 140586 | 2213 | 1219 | 177 | — |
| 贵　州 Guizhou | 67351 | 67350 | 49891 | 12791 | 2 | 2 | — | — |
| 云　南 Yunnan | 234432 | 233004 | 112198 | 79560 | 1380 | 67947 | — | — |
| 西　藏 Tibet | 18194 | 18194 | 9272 | 4391 | — | — | — | — |
| 陕　西 Shaanxi | 164832 | 164643 | 116124 | 31261 | 90 | — | 98 | — |
| 甘　肃 Gansu | 106560 | 106481 | 52806 | 25075 | 68 | 43 | 12 | — |
| 青　海 Qinghai | 34672 | 34661 | 28820 | 3319 | 11 | — | — | — |
| 宁　夏 Ningxia | 38842 | 38783 | 17102 | 7476 | 35 | -2 | 24 | — |
| 新　疆 Xinjiang | 130925 | 130573 | 87305 | 29193 | 357 | 140 | -5 | — |

# 12－26　各地区房屋建筑面积(1999 年)

## FLOOR SPACE OF BUILDING CONSTRUCTION BY REGION(1999)

单位:万平方米　Unit:10000 sq.m

| 地区 Region | 房屋建筑面积 Floor Space of Building Construction | | 国有 State-owned | | 集体 Collective-owned | |
|---|---|---|---|---|---|---|
| | 施工面积 Floor Space Under Construction | 竣工面积 Floor Space Completed | 施工面积 Floor Space Under Construction | 竣工面积 Floor Space Completed | 施工面积 Floor Space Under Construction | 竣工面积 Floor Space Completed |
| **总　计 Total** | **147262.5** | **73924.9** | **47055.7** | **19868.6** | **65984.5** | **37399.9** |
| 北　京 Beijing | 6824.3 | 2632.2 | 3441.4 | 1323.0 | 1770.4 | 871.1 |
| 天　津 Tianjin | 2087.0 | 901.9 | 1483.1 | 577.9 | 445.6 | 270.0 |
| 河　北 Hebei | 5950.3 | 3524.8 | 2565.4 | 1380.4 | 2576.1 | 1696.1 |
| 山　西 Shanxi | 1908.6 | 847.3 | 1058.6 | 386.1 | 568.6 | 344.2 |
| 内蒙古 Inner Mongolia | 1561.7 | 933.2 | 407.0 | 185.8 | 363.3 | 244.9 |
| 辽　宁 Liaoning | 5046.3 | 2693.9 | 1704.0 | 732.9 | 2146.2 | 1324.3 |
| 吉　林 Jilin | 1447.3 | 928.9 | 867.1 | 531.6 | 368.0 | 270.4 |
| 黑龙江 Heilongjiang | 2598.2 | 1588.0 | 956.3 | 530.4 | 866.9 | 571.0 |
| 上　海 Shanghai | 4693.5 | 1707.2 | 912.3 | 313.3 | 867.9 | 438.4 |
| 江　苏 Jiangsu | 18638.5 | 10449.1 | 3841.2 | 1696.8 | 10025.1 | 6198.9 |
| 浙　江 Zhejiang | 13326.6 | 6044.6 | 1317.1 | 653.4 | 6001.1 | 2797.6 |
| 安　徽 Anhui | 4243.6 | 2249.7 | 1226.9 | 500.8 | 2425.4 | 1428.2 |
| 福　建 Fujian | 3990.0 | 1824.1 | 1568.6 | 605.1 | 1437.6 | 734.1 |
| 江　西 Jiangxi | 2447.7 | 1218.6 | 937.6 | 405.9 | 1420.6 | 761.3 |
| 山　东 Shandong | 10121.0 | 5551.7 | 2293.3 | 998.8 | 5445.1 | 3148.0 |
| 河　南 Henan | 5016.5 | 2584.8 | 1980.0 | 872.6 | 2441.8 | 1412.4 |
| 湖　北 Hubei | 5797.4 | 2872.8 | 2703.4 | 1023.1 | 2292.4 | 1460.4 |
| 湖　南 Hunan | 5180.9 | 2681.8 | 1341.1 | 565.3 | 3418.5 | 1901.4 |
| 广　东 Guangdong | 15534.3 | 6236.2 | 5297.8 | 1795.6 | 7675.0 | 3405.2 |
| 广　西 Guangxi | 2428.8 | 1212.5 | 1118.7 | 501.3 | 1112.9 | 614.5 |
| 海　南 Hainan | 412.4 | 172.1 | 293.2 | 102.1 | 105.1 | 66.2 |
| 重　庆 Chongqing | 5481.9 | 2974.8 | 968.7 | 360.9 | 2503.1 | 1492.0 |
| 四　川 Sichuan | 9817.1 | 5429.3 | 2911.6 | 1284.5 | 4769.7 | 2909.6 |
| 贵　州 Guizhou | 1670.8 | 694.4 | 977.1 | 321.4 | 591.2 | 321.1 |
| 云　南 Yunnan | 3726.9 | 2217.6 | 1319.7 | 587.5 | 1795.9 | 1226.0 |
| 西　藏 Tibet | 69.6 | 60.0 | 30.2 | 24.1 | 28.3 | 26.2 |
| 陕　西 Shaanxi | 2335.2 | 1042.8 | 1008.6 | 387.0 | 1010.2 | 513.2 |
| 甘　肃 Gansu | 2107.5 | 1033.0 | 892.9 | 334.1 | 700.0 | 430.3 |
| 青　海 Qinghai | 386.9 | 223.8 | 226.1 | 134.1 | 102.8 | 57.4 |
| 宁　夏 Ningxia | 568.3 | 351.7 | 253.0 | 134.3 | 181.7 | 130.9 |
| 新　疆 Xinjiang | 1843.1 | 1042.5 | 1153.8 | 618.6 | 528.0 | 334.3 |

# 12-27 各地区建筑业企业主要建筑材料消耗（1999年）

## CONSUMPTION OF MAIN CONSTRUCTION MATERIALS OF CONSTRUCTION ENTERPRISES BY REGION (1999)

| 地 区 Region | 材料费用合计（万元）Value of Materials (10000 yuan) | #钢材 Steel | #木材 Timber | #水泥 Cement | 实物量 Consumption in Quantity 钢材(万吨) Steel (10000 tons) | 木材(万立方米) Timber (10000 cu.m) | 水泥(万吨) Cement (10000 tons) |
|---|---|---|---|---|---|---|---|
| **全 国 National Total** | **49560493** | **13333744** | **3140106** | **8311992** | **528960.1** | **317161.0** | **27603.9** |
| 北 京 Beijing | 2068097 | 660002 | 86987 | 235717 | 24052.3 | 7861.9 | 763.4 |
| 天 津 Tianjin | 584686 | 213787 | 35381 | 107350 | 7778.6 | 3103.4 | 355.7 |
| 河 北 Hebei | 1695139 | 479363 | 102918 | 276332 | 21101.7 | 10148.4 | 1064.7 |
| 山 西 Shanxi | 986418 | 285410 | 31421 | 144329 | 10130.8 | 3237.5 | 500.9 |
| 内蒙古 Inner Mongolia | 549346 | 125308 | 28231 | 78512 | 5033.4 | 2970.1 | 248.1 |
| 辽 宁 Liaoning | 1892085 | 524361 | 116425 | 262974 | 20258.4 | 11235.5 | 897.5 |
| 吉 林 Jilin | 670822 | 170134 | 54206 | 114146 | 6377.6 | 4801.2 | 334.8 |
| 黑龙江 Heilongjiang | 1540166 | 297785 | 67931 | 212116 | 10442.0 | 7917.5 | 550.1 |
| 上 海 Shanghai | 1702857 | 463119 | 89411 | 217004 | 18563.6 | 6112.1 | 663.0 |
| 江 苏 Jiangsu | 5140388 | 1535481 | 382029 | 982755 | 63676.8 | 30084.0 | 3504.6 |
| 浙 江 Zhejiang | 5422251 | 1519855 | 357385 | 1137424 | 59460.8 | 32661.1 | 3677.7 |
| 安 徽 Anhui | 1467583 | 354463 | 95830 | 235260 | 13809.4 | 8711.7 | 788.8 |
| 福 建 Fujian | 1051192 | 339793 | 91630 | 232795 | 13373.1 | 10628.9 | 661.9 |
| 江 西 Jiangxi | 414328 | 139142 | 39955 | 89695 | 5449.6 | 5702.4 | 282.1 |
| 山 东 Shandong | 3183484 | 847835 | 240363 | 428754 | 36365.5 | 21483.5 | 1788.0 |
| 河 南 Henan | 1383985 | 412338 | 100622 | 254678 | 16897.4 | 8894.0 | 943.8 |
| 湖 北 Hubei | 2202288 | 527431 | 116415 | 296210 | 20967.5 | 12309.2 | 1018.7 |
| 湖 南 Hunan | 1403636 | 407859 | 111608 | 281154 | 15583.8 | 17220.3 | 993.6 |
| 广 东 Guangdong | 4002995 | 1227207 | 321372 | 734919 | 49919.2 | 38000.5 | 2205.3 |
| 广 西 Guangxi | 946697 | 236303 | 60122 | 147813 | 9921.3 | 9959.4 | 533.3 |
| 海 南 Hainan | 87539 | 33723 | 8233 | 30969 | 1408.0 | 938.3 | 86.2 |
| 重 庆 Chongqing | 2562745 | 386977 | 91952 | 289779 | 15300.5 | 9239.4 | 1035.4 |
| 四 川 Sichuan | 3727354 | 893415 | 281129 | 691824 | 35146.9 | 29464.3 | 2113.1 |
| 贵 州 Guizhou | 336253 | 117126 | 24406 | 81900 | 4571.0 | 2404.9 | 249.9 |
| 云 南 Yunnan | 1569196 | 445585 | 66469 | 326638 | 16952.8 | 8465.6 | 1050.0 |
| 西 藏 Tibet | 37689 | 8698 | 5605 | 19003 | 282.9 | 963.7 | 22.5 |
| 陕 西 Shaanxi | 871184 | 245429 | 48383 | 143989 | 9392.5 | 4717.4 | 459.5 |
| 甘 肃 Gansu | 770536 | 189101 | 39732 | 94306 | 7160.6 | 3416.0 | 300.2 |
| 青 海 Qinghai | 319480 | 31961 | 11894 | 21111 | 1235.8 | 909.2 | 65.2 |
| 宁 夏 Ningxia | 218661 | 44011 | 8741 | 32195 | 2078.3 | 826.7 | 117.0 |
| 新 疆 Xinjiang | 751411 | 170742 | 23321 | 110342 | 6268.1 | 2721.11 | 328.9 |

# 第二部分　城市篇

# THE SECOND PART
# CITIES

# 第十三章 北京市房地产统计

# CHAPTER 13 REAL ESTATE STATISTICS OF BEIJING

# 13－1－1　北京市房地产开发综合统计(1999年)

COMPOSITE STATISTICS OF REAL ESTATE DEVELOPMENT OF BEIJING(1999)

| 项目 | Item | 合计 Total |
|---|---|---|
| 一、房地产开发投资额(亿元) | **Investment Value of Real Estate Development (100 million yuan)** | — |
| 住宅 | Residence | 236.56 |
| 办公楼 | Office | 52.21 |
| 商业营业用房 | Commerce | 30.20 |
| 二、商品房销售额(亿元) | **Sale of Commercial Buildings(100 million yuan)** | 307.47 |
| 住宅 | Residence | 232.02 |
| 办公楼 | Office | 66.08 |
| 商业营业用房 | Commerce | 7.62 |
| 销售给个人 | Sold to Individuals | — |
| 住宅 | Residence | 130.72 |
| 办公楼 | Office | — |
| 商业营业用房 | Commerce | — |
| 三、房地产开发资金来源(亿元) | **Funds Sources of Real Estate Development (100 million yuan)** | |
| 国家预算内资金 | State Budgetary Funds | 80.56 |
| 国内贷款 | Domestic Loans | 165.22 |
| 债券 | Bonds | 1.4 |
| 利用外资 | Foreign Investment | 48.23 |
| 自筹资金 | Fund Raising | 102.21 |
| 定金及预收款 | Deposits and Pre-charges | — |

13－1－1 续表(Continued)

| 项目 | Item | 合计 Total |
|---|---|---|
| 其他资金 | Others | 208.56 |
| **四、房地产开发面积(万平方米)** | **Floor Space of Real Estate Development** (10000 **sq.m**) | — |
| 商品房施工面积 | Floor Space of Commercial Buildings under Construction | 3783.96 |
| 住宅 | Residence | 2447.90 |
| 办公楼 | Office | 484.40 |
| 商业营业用房 | Commerce | 281.32 |
| 商品房新开工面积 | FLoor Space of Commercial Buildings Newly Starting | 1061.76 |
| 住宅 | Residence | 850.68 |
| 办公楼 | Office | 45.03 |
| 商业营业用房 | Commerce | 54.37 |
| 商品房竣工面积 | Floor Space of Commercial Buildings Completed | 1208.55 |
| 住宅 | Residence | 908.26 |
| 办公楼 | Office | 108.79 |
| 商业营业用房 | Commerce | 43.12 |
| 商品房销售面积 | Floor Space of Commercial Buildings Sold | 544.44 |
| 住宅 | Residence | 484.71 |
| 办公楼 | Office | 47.95 |
| 商业营业用房 | Commerce | 6.82 |

# 13-1-2 北京市商品房开发综合统计(1993—1999年)

## COMPOSITE STATISTICS OF COMMODITY BUILDINGS OF BEIJING(1993—1999)

| 项目 Item | 1993 | 1994 | 1995 | 1996 | 1997 | 1999 |
|---|---|---|---|---|---|---|
| 1. 房地产开发投资额(万元) Investment Value(10000 yuan) | 581093 | 972370 | 3558008 | 3274765 | 3233730 | 4214591 |
| 2. 施工面积(万平方米) Floor Space of Buildings under Construction (10000 sq.m) | 1263.43 | 1577.35 | 2831.9 | 2824.55 | 2832.12 | 3783.96 |
| 住宅 Residence | — | 1040.35 | 1663.59 | 1539.85 | 1569.98 | 2447.90 |
| 办公楼 Office | — | 201.24 | 450.73 | 630.24 | 616.54 | 484.40 |
| 商业营业用房 Commerce | — | 124.56 | 258.54 | 298.43 | 240.58 | 281.32 |
| 其他 Others | — | 211.2 | 459.05 | 356.03 | 405.02 | 570.34 |
| 3. 新开工面积(万平方米) Floor Space of Commodity Buildings Newly Starting(10000 sq.m) | 524.82 | 659.44 | 992.87 | 381.62 | 665.7 | 1061.76 |
| 住宅 Residence | — | 404.72 | 588.99 | 289.82 | 522.99 | 850.68 |
| 办公楼 Office | — | 121.24 | 146.54 | 44.96 | 45.79 | 45.03 |
| 商业营业用房 Commerce | — | 46.99 | 88.01 | 9.43 | 28.61 | 54.37 |
| 其他 Others | — | 86.49 | 169.33 | 37.42 | 68.31 | 111.68 |
| 4. 竣工面积(万平方米) Floor Space of Buildings Completed(10000 sq.m) | 356.51 | 445.69 | 664.18 | 613.05 | 673.84 | 1208.55 |
| 住宅 Residence | 397.76 | 383.53 | 503.56 | 441.86 | 483.31 | 908.26 |
| 办公楼 Office | — | 10.68 | 26.36 | 45.92 | 76.92 | 108.79 |
| 商业营业用房 Commerce | 20.89 | 8.56 | 45.99 | 38.11 | 39.87 | 43.12 |
| 其他 Others | — | 42.92 | 88.28 | 87.15 | 73.74 | 148.38 |
| 5. 空置面积(万平方米) Floor Space Vacant (10000 sq.m) | — | 19.56 | 101.84 | 172.69 | 286.8 | 624.31 |
| 住宅 Residence | — | 16.32 | 92.97 | 151.24 | 242.3 | 529.06 |
| 办公楼 Office | — | 2.2 | 4.36 | 7.36 | 11.98 | 55.44 |
| 商业营业用房 Commerce | — | 0.55 | 1.84 | 7.6 | 7.49 | 20.86 |
| 其他 Others | — | 0.49 | 2.68 | 6.5 | 5.77 | 18.95 |
| 6. 实际销售面积(万平方米) Floor Space Actually Sold (10000 sq.m) | 182.04 | 168.57 | 198.26 | 225.39 | 270.32 | 544.44 |

13-1-2 续表(Continued)

| 项目 Item | 1993 | 1994 | 1995 | 1996 | 1997 | 1999 |
|---|---|---|---|---|---|---|
| 住宅 Residence | 172.94 | 149.03 | 186.28 | 188.13 | 241.91 | 484.71 |
| 办公楼 Office | — | 17.17 | 4.75 | 19.28 | 13.97 | 47.95 |
| 商业营业用房 Commerce | — | 1.1 | 4.692 | 12.65 | 6.49 | 6.82 |
| 其他 Others | — | 1.27 | 1.61 | 5.53 | 7.95 | 4.96 |
| 7. 销售额(万元) Sales(10000 yuan) | 410490 | 603792 | 666953 | 1011280 | 1451910 | 3074253 |
| 住宅 Residence | 410490 | 408387 | 601103 | 763191 | 1295918 | 2320259 |
| 办公楼 Office | — | — | 26695 | 152537 | 91144 | — |
| 商业营业用房 Commerce | — | — | 25180 | 73862 | 32760 | — |
| 其他 Others | — | — | 14042 | 21690 | 32079 | — |
| 8. 销售价格(元/平方米) Selling Price (yuan/sq.m) | 2255 | 3582 | 3364 | 4487 | 5371 | 5647 |
| 住宅 Residence | 2255 | 2740 | 3227 | 4057 | 5357 | 4787 |
| 办公楼 Office | — | — | 5620 | 7912 | 6524 | — |
| 商业营业用房 Commerce | — | — | 5450 | 5829 | 5049 | — |
| 其他 Others | — | — | 5380 | 3922 | 4035 | — |
| 9. 资金来源(万元) Funds Sources(10000 yuan) | 719675 | 1923582 | 4529307 | 4263327 | 4108904 | 5261818 |
| 国家预算内资金 State Budgetary Funds | — | 23776 | 23776 | 29280 | 34124 | 5640 |
| 国内贷款 Domestic Loans | 94969 | 308175 | 599070 | 816505 | 979802 | 1652220 |
| 债券 Bonds | — | — | 16927 | 3026 | 3043 | 14000 |
| 利用外资 Foreign Investment | — | — | 1402389 | 1080382 | 815959 | 482285 |
| 自筹资金 Funds Raising | — | — | 801330 | 670783 | 570805 | 1022058 |
| 定金及预收款 Deposit and Pre-charges | 421738 | 879783 | 1284212 | 1342224 | 1473724 | — |
| 其他资金 Other Funds | — | — | 1699716 | 321110 | 234490 | 2085615 |

# 13－1－3 北京市房地产企业开发情况(1998年)

## DEVELOPMENT OF REAL ESTATE ENTERPRISES OF BEIJING(1998)

单位:万元 Unit:10000 yuan

| 项目 Item | 全市 合计 Total | # 国有经济 State-owned | # 三资企业 Foreign Funded | 按隶属关系分 Grouped by Administrative Relationship 中央单位 Central Unit | 地方单位 Local Unit |
|---|---|---|---|---|---|
| 计划总投资 Total Planned Investment | 29796113 | 9495701 | 11868640 | 1964420 | 27831693 |
| 自开始建设至本年度累计完成投资 Accumulative Investment up to the End of This Year | 14185961 | 3517836 | 7341067 | 1129763 | 13056198 |
| 本年完成投资合计 Investment in This Year | 3773996 | 996642 | 1858831 | 295669 | 3478327 |
| # 商品房建设投资 # Commercial House | 2814395 | 643676 | 1521786 | 193468 | 2620927 |
| 土地开发投资 Land Development | 227038 | 83384 | 42577 | 1240 | 225798 |
| 土地购置费 Purchase of Land | 283768 | 58417 | 151701 | 35655 | 248113 |
| 本年完成投资按用途分 Grouped by Purpose of Investment in This Year | | | | | |
| 住宅 Residence | 1679818 | 528428 | 603744 | 140231 | 1539587 |
| 办公楼 Office | 785201 | 76629 | 643900 | 93467 | 691732 |
| 商业营业用房 Commerce | 360755 | 71120 | 233342 | 19119 | 341636 |
| 其他 Others | 948222 | 320465 | 377845 | 42850 | 905372 |
| 本年土地开发 Land Development This Year | | | | | |
| 完成开发土地面积 Area of Development Completed | 1949882 | 1121282 | 310199 | 71888 | 1877994 |
| 开发土地面积 Area of Land Development | 4018074 | 1173061 | 290177 | 59020 | 3959054 |
| 购置土地面积 Area of Land Purchasing | 1975387 | 699500 | 372687 | 250354 | 1725033 |
| 房屋建筑施工和竣工面积 Floor Space of Buildings under Construction and Completed | | | | | |
| 施工面积 Floor Space of Buildings under Construction | 34990608 | 11973588 | 12135086 | 2568073 | 32422535 |
| # 住宅 # Residence | 21071849 | 8084932 | 4459727 | 1415952 | 19055897 |
| 竣工面积 Floor Space of Buildings Completed | 8428074 | 3525685 | 1887126 | 686861 | 7741213 |
| # 住宅 # Residence | 5887122 | 2655227 | 882770 | 386922 | 5500200 |
| 销售面积 Floor Space of Buildings | 4091953 | 1875173 | 701098 | 152905 | 3939048 |
| # 住宅 # Residence | 3769896 | 1788720 | 228793 | 129817 | 3640079 |

# 13-1-4 北京市房屋建筑施工及竣工面积(1997—1998年)

## FLOOR SPACE OF BUILDINGS UNDER CONSTRUCTION AND COMPLETED OF BEIJING (1997—1998)

单位:万平方米 Unit:10000 sq.m

| 项目 | Item | 1998 | 1997 | 占竣工面积(%) Proportion in Floor Space Completed(%) 1998 | 1997 |
|---|---|---|---|---|---|
| **施工总面积** | **FLoor Space of Buildings under Construction** | 6496.1 | 5819.4 | 100 | — |
| **竣工总面积** | **Floor Space of Buildings Completed** | 1821.5 | 1625.7 | 100 | — |
| 在竣工总面积中 | Of the Floor Space Completed | | | | |
| 按用途分 | Grouped by Purpose | | | | |
| #厂房 | Plant | 97.0 | 68.0 | 5.3 | 4.2 |
| 仓库 | Storehouse | 17.4 | 25.6 | 1.0 | 1.6 |
| 办公室 | Office | 103.2 | 57.9 | 5.7 | 4.9 |
| 家属住宅 | Families Residence | 974.7 | 817.4 | 53.5 | 50.39 |
| 单身宿舍 | Barchelor Dormitory | 27.0 | 25.4 | 1.5 | 1.6 |
| 教育用房 | Education | 71.4 | 58.0 | 3.9 | 3.6 |
| 科研用房 | Scientific Research | 25.7 | 29.6 | 1.4 | 1.8 |
| 医疗用房 | Medical | 17.4 | 10.9 | 1.0 | 0.7 |
| 商业营业用房 | Commerce | 122.7 | 80.3 | 6.7 | 4.9 |
| 礼堂、俱乐部 | Assembly Hall and Club | 3.0 | 3.5 | 0.2 | 0.2 |
| 影剧院 | Theatre and Cinema | 1.2 | 0.0 | 0.1 | 0.0 |
| 托儿所、幼儿园 | Nursery and Kindergarten | 4.0 | 4.5 | 0.2 | 0.3 |
| 旅馆、俱乐部 | Hotel | 5.5 | 6.6 | 0.3 | 0.4 |
| 按隶属关系分 | Grouped by Administrative Relationship | | | | |
| 中央 | Central | 439.7 | 462.6 | 24.1 | 28.4 |
| 地方 | Local | 539.0 | 480.8 | 29.6 | 29.6 |
| #国有 | State-Owned | 412.0 | 346.3 | 22.6 | 21.3 |
| 集体 | Collective Owned | 59.1 | 90.2 | 3.2 | 5.5 |
| 房地产开发企业 | Reat Estate Development | 842.8 | 682.3 | 46.3 | 42.0 |
| 按地区分 | Grouped by Region | | | | |
| 城区 | City Propers | 367.3 | 285.1 | 20.2 | 17.5 |
| 近郊区 | Near Suburbs | 1087.6 | 1035.4 | 9.7 | 63.7 |
| 远郊区 | Outer Siburbs | 366.6 | 305.2 | 20.1 | 18.8 |

## 13-1-5 北京市各类房屋建筑造价情况(1997—1998年)

COST OF DIFFERENT BUILDINGS CONSTRUCTION OF BEIJING(1997—1998)

单位:元 Unit:yuan

| 项目 | Item | 1998年 | 1997年 | 1998年比1997年增减(±) Increase or Decrease |
|---|---|---|---|---|
| **平均造价** | **Average Cost** | 2126 | 1857 | 269 |
| 厂房 | Plant | 2292 | 2094 | 198 |
| 仓库 | Storehouse | 1353 | 1174 | 179 |
| 办公室 | Office | 5071 | 2613 | 2458 |
| 家属住宅 | Families Residence | 1443 | 1347 | 96 |
| 单身宿舍 | Barchelor Dormitory | 1392 | 1479 | -87 |
| 教育用房 | Education | 1955 | 1911 | 44 |
| 科研用房 | Scientific Research | 1977 | 2654 | -657 |
| 医疗用房 | Medical | 2157 | 1725 | 432 |
| 商业营业用房 | Commerce | 3182 | 2473 | 709 |
| 礼堂、俱乐部 | Assembly Hall and Club | 2578 | 3907 | -1329 |
| 影剧院 | Theatre and Cinema | 2792 | — | — |
| 托儿所、幼儿园 | Nursery and Kindergarten | 1634 | 1291 | 343 |
| 旅馆、招待所 | Hotel | 3593 | 2347 | — |

# 13－2－1 北京市房地产交易情况(1998 年)

## TRANSACTION OF REAL ESTATE OF BEIJING(1998)

| 项目 | Item | 合 计 Total | | | 建筑面积 (万平方米) Floor Space (10000 sq.m) | 立契价 (万元) Contracted Price (10000 yuan) |
|---|---|---|---|---|---|---|
| | | 起 Case | 间 Room | 楼 房 Storied Building | | |
| **合 计** | **Total** | **112196** | **483148** | **474781** | **1177.21** | **2478679.04** |
| 市房屋交易所 | Municipal Transaction Department of Houses | 3009 | 43086 | 42193 | 65.81 | 589810.87 |
| 区县交易所 | Transaction Department of Districts and Counties | 109187 | 440062 | 432588 | 1122.40 | 1888868.17 |
| 东城区 | Dongcheng | 2853 | 18100 | 16908 | 25.77 | 62165.81 |
| 西城区 | Xicheng | 4752 | 10945 | 10701 | 34.19 | 19326.62 |
| 崇文区 | Chongwen | 2817 | 10050 | 9483 | 31.43 | 132063.79 |
| 宣武区 | Xuanwu | 2962 | 13015 | 12825 | 31.52 | 86625.36 |
| 朝阳区 | Chaoyang | 20045 | 121065 | 121065 | 270.86 | 730518.53 |
| 丰台区 | Fengtai | 6381 | 38255 | 38128 | 85.49 | 199884.88 |
| 石景山区 | Shijingshan | 11607 | 43381 | 43374 | 92.38 | 76834.59 |
| 海淀区 | Haidian | 19103 | 65417 | 63476 | 184.06 | 231257.99 |
| 门头沟区 | Mentougou | 2137 | 8737 | 7816 | 18.68 | 17366.64 |
| 房山区 | Fangshan | 5151 | 14940 | 14649 | 42.53 | 33536.70 |
| 顺义区 | Shunyi | 8270 | 21528 | 21371 | 68.84 | 66570.57 |
| 通州区 | Tongzhou | 4205 | 9786 | 9713 | 26.31 | 17891.18 |
| 昌平县 | Changping | 4587 | 13738 | 13738 | 44.95 | 55746.64 |
| 大兴县 | Daxing | 5540 | 22050 | 21735 | 66.71 | 92620.95 |
| 平谷县 | Pinggu | 1597 | 4587 | 4378 | 13.80 | 7973.79 |
| 怀柔县 | Huairou | 2528 | 7307 | 7191 | 21.20 | 24515.82 |
| 密云县 | Miyun | 1281 | 4966 | 4381 | 29.04 | 13891.83 |
| 延庆县 | Yanqing | 3367 | 12194 | 11657 | 34.63 | 20056.50 |

# 13－2－2 北京市全社会固定资产投资情况(1985—1999年)

## INVESTMENT IN FIXED ASSETS OF BEIJING(1985—1999)

单位:亿元 Unit:100 million yuan

| 年份 Year | 固定资产投资总额 Total Investment Value in Fixed Assets | 国有经济单位 State-owned | # 基本建设 Capital Construction | # 更新改造 Innovation | 集体经济单位 Collective-owned | # 农村 Rural | 其他经济单位 Others | 个体经济 Individuals | # 农村 Rural |
|---|---|---|---|---|---|---|---|---|---|
| 1985 | 94.0 | 73.6 | 50.7 | 21.7 | 16.2 | 10.8 | — | 4.2 | 3.8 |
| 1986 | 106.2 | 88.7 | 54.2 | 33.4 | 13.3 | 6.4 | — | 4.2 | 4.0 |
| 1987 | 136.2 | 115.8 | 71.7 | 43.1 | 15.2 | 8.3 | — | 5.2 | 4.5 |
| 1988 | 163.0 | 133.2 | 87.7 | 43.6 | 21.4 | 13.7 | — | 8.4 | 7.6 |
| 1989 | 139.5 | 117.7 | 79.8 | 36.5 | 15.1 | 9.0 | — | 6.7 | 5.7 |
| 1990 | 179.2 | 154.2 | 84.8 | 44.7 | 18.1 | 11.7 | — | 6.9 | 5.7 |
| 1991 | 192.0 | 165.0 | 86.8 | 52.4 | 20.2 | 14.6 | — | 6.8 | 6.4 |
| 1992 | 266.0 | 230.1 | 114.9 | 79.2 | 27.3 | 19.8 | — | 8.6 | 7.4 |
| 1993 | 410.4 | 340.1 | 157.1 | 116.1 | 37.4 | 28.8 | 30.9 | 2.0 | 1.2 |
| 1994 | 648.8 | 514.8 | 229.2 | 179.2 | 44.6 | 33.6 | 86.3 | 3.1 | 2.0 |
| 1995 | 657.8 | 498.7 | 220.7 | 141.0 | 56.7 | 37.9 | 98.1 | 4.3 | 2.3 |
| 1996 | 876.9 | 545.7 | 241.8 | 156.4 | 57.6 | 41.1 | 268.8 | 4.8 | 2.5 |
| 1997 | 961.2 | 605.7 | 294.1 | 174.4 | 54.7 | 38.5 | 296.8 | 4.0 | 2.1 |
| 1998* | 772.7 | — | 306.0 | 190.7 | — | — | — | — | — |
| 1999 | 115.3 | 698.4 | 415.5 | 252.4 | 66.5 | 42.4 | 400.2 | 4.8 | 2.5 |

注:1999年数据截止11月底。

Note: Date of 1999 are up to the end of November.

# 13－2－3 北京市部分物业标价(2000 年 10 月)

PRICES OF PART OF PROPERTIES OF BEIJING(Oct. 2000)

| 物业名称<br>Project Name | 位 置<br>Location | 价格(元/平米)<br>Price(yuan/sq.m) | 入伙时间<br>Completion Time | 联系电话<br>Telephone |
|---|---|---|---|---|
| 安和家园 | 和平西街小黄庄路 | 5680 元起 | 现房 | 84287046 |
| 安圣苑 | 安定门外大街 | 6800 元起 | 现房 | 64449308 |
| 宝鼎中心写字楼 | 台基厂南口 | 4.2 元起/天·平米 | 现房 | 67083199 |
| 宝盛里小区 | 京昌高速公路清河桥东侧 | 3800 元 | 现房 | 62908894 |
| 北奥大厦 | 北四环小营路口 | 2.5 元起/天·平米 | 现房 | 64915808 |
| 博世庄园住宅 | 京密路 | 1750 元起 | 现房 | 89090344 |
| 长安家园 | 石景山古城 | 3720 元起 | 期房 | 68813583 |
| 朝阳园 | 甘露园南里 25 号 | 7320 元起 | 现房 | 85780750 |
| 翠屏南里 | 通州果园环岛正南 | 1700 元起 | 现房 | 69534203 |
| 大雄城市花园 | 大路园 23 号 | 3600 元起 | 现房 | 67885037 |
| 东关南里小区 | 昌平区城区镇 | 1500 元起 | 现房 | 69746005 |
| 都会华庭 | 东四环路十里堡 | 面议 | 期房 | 65561296 |
| 都市网景写字楼商用房 | 清华南路北三环西路 | 7800 元起 | 期房 | 82623766 |
| 都市网景住宅 | 清华南路北三环西路 | 6180 元起 | 期房 | 82623766 |
| 恩济庄园 | 西三环航天桥西 1 公里 | 6700 元 | 期房 | 88128476 |
| 方宝苑 | 方庄地区 | 3510 元起 | 期房 | 67081522 |
| 方华苑 | 东三环南路 | 4888 元起 | 现房 | 87311556 |
| 方庄芳古园 | 方庄 | 5978 元起 | 现房 | 67620161 |
| 福星花园 | 玉泉营环岛南 4 公里 | 3180 元起 | 现房 | 60265901 |
| 福怡苑 | 定福庄北街 | 3280 元 | 现房 | 65768811 |
| 富成花园别墅 | 北四环路东路 69 号 | 2300 美元 | 现房 | 64967050 |
| 富成花园公寓 | 北四环路东路 69 号 | 面议 | 现房 | 64967050 |
| 富河园小区 | 通县城关镇马丁村北 | 2380 元起 | 现房 | 69550840 |
| 高梁桥北里小区 | 西直门北大街 | 6880 元起 | 现房 | 62279547 |
| 冠雅苑 | 京汤高速路 | 2130 元起 | 期房 | 64911595 |
| 广源大厦 | 西三环路紫竹桥 | 3 元/天·平米 | 现房 | 68720116 |
| 海泰大厦 | 健翔桥西 | 7678 元 | 2000.10 | 62348515 |
| 海晖公寓 | 石景山杨庄东口 | 3580 元起 | 现房 | 88915605 |
| 汉华苑住宅 | 东三环华威桥东侧 | 6188 元起 | 现房 | 87311086 |
| 和义南里小区 | 南苑镇北 | 2250 元起 | 2000.3 | 67977925 |
| 华龙小区 | 通县北关环岛东侧 | 1790 元起 | 现房 | 65686995 |
| 华盛乐章 | 健翔桥东北侧 | 5300 元起 | 期房 | 82082081 |
| 华兴园 | 新华大街杨庄路 | 2600 元起 | 现房 | 60532063 |
| 华滕园 | 东三环劲松地区 | 4380 元起 | 2000.06 | 67790005 |
| 慧龙居 | 昌平回龙观东边 | 2450 元起 | 现房 | 64887878 |
| 惠东大厦 | 东三环 | 2.9 元起/天·平米 | 现房 | 64639696 |
| 惠能大厦 | 西单灵境胡同 42 号 | 3.18 元/天·平米 | 现房 | 66034526 |
| 吉利家园 | 芍药居路 | 4580 元起 | 期房 | 84618607 |
| 集达家园 | 永定门桥东 500 米 | 4850 元起 | 期房 | 87271255 |
| 蓟宁居 | 花园路甲 3 号 | 5218 元起 | 期房 | 88370058 |
| 嘉禾园 | 潘家园南里 | 5200 元起 | 2000.03 | 67705088 |
| 嘉和丽园 | 霄云路 | 8200 元起 | 2000.12 | 64673221 |
| 建予苑 | 永外管村路 12 号 | 3976 元起 | 现房 | 67223497 |
| 杰宝公寓 | 安定门外大街蒋宅口 | 7688 元起 | 2000.10 | 64044008 |
| 金嘉苑 | 卢沟桥乡靛厂 | 5500 元 | 现房 | 68247689 |
| 今典花园 | 西直门北大街 | 7500 元起 | 现房 | 62238844 |
| 京华苑 | 丰台马家堡路 | 4600 元起 | 2000.03 | 87256669 |
| 京香福苑 | 安定门内大街 | 8188 元起 | 现房 | 64048055 |
| 九龙花园 | 东三环双井 | 4880 元起 | 期房 | 67794765 |
| 康泽园 | 南三环木樨园 | 3280 元 | 现房 | 87259552 |
| 劳动大厦 | 朝阳区北沙滩 | 98 元起/天·间 | 现房 | 64873563 |
| 梨花园 | 通州果园环岛东南侧 | 2030 元起 | 现房 | 65684279 |
| 林达大厦写字楼 | 东土城路 | 2.2 元/天·平米 | 现房 | 64281588 |

13－2－3 续表(Continued)

| 物业名称<br>Project Name | 位　置<br>Location | 价格(元/平米)<br>Price(yuan/sq.m) | 入伙时间<br>Completion Time | 联系电话<br>Telephone |
|---|---|---|---|---|
| 绿景苑 | 夕照寺街 | 6800 元起 | 现房 | 67117783 |
| 绿雅阁 | 北四环路亚运村地区 | 4700 元起 | 期房 | 84610371 |
| 美丽园 | 西三环航天桥西北 | 5800 元 | 期房 | 88460606 |
| 美林花园 | 香格里拉饭店西侧 | 7300 元 | 期房 | 68728677 |
| 明春苑 | 马连道东二区 | 2050 元起 | 现房 | 63745691 |
| 名佳花园 | 北四环路以北 | 2180 元起 | 现房 | 64411456 |
| 南新园 | 东三环 | 面议 | 现房 | 64249991 |
| 蓬莱苑别墅 | 亚运村正北 | 6500 元起 | 现房 | 81761749 |
| 蓬莱苑公寓 | 亚运村正北 | 2980 元起 | 现房 | 87167149 |
| 清缘里小区 | 京昌高速公路清河桥东侧 | 3920 元起 | 现房 | 62352632 |
| 日月东华 | 石佛营东里 | 3650 元起 | 现房 | 85816789 |
| 上地西里小区 | 上地信息产业基地 | 4450 元起 | 现房 | 62983285 |
| 上龙嘉园 | 安定门外大街 | 8460 元起 | 现房 | 64264202 |
| 盛华公寓 | 西直门内大街 138 号 | 9188 元起 | 现房 | 66189741 |
| 盛世嘉园 | 建国路 | 7600 元起 | 2000.06 | 65675888 |
| 圣馨大地 | 望京 K7 区 | 3480 元起 | 期房 | 64329991 |
| 世纪宝鼎 | 亚运村地区 | 6450 元起 | 期房 | 64969990 |
| 世纪嘉园 | 小关北里 45 号 | 7120 元起 | 现房 | 64920009 |
| 双裕花园 | 京顺路火神营站 | 3280 元起 | 现房 | 64662299 |
| 双紫园 | 西三环紫竹桥 | 5880 元起 | 现房 | 88413203 |
| 天秀花园 | 圆明园西路 | 4016 元起 | 期房 | 62898686 |
| 天涯名流别墅 | 上庄翠湖水乡度假区 | 2880 元起 | 期房 | 82078011 |
| 天缘公寓 | 白纸坊东路 | 5766 元起 | 现房 | 63581928 |
| 同仁园 | 南三环刘家窑南侧 | 4180 元起 | 现房 | 67605179 |
| 万博苑住宅 | 右安门内大街南二环路 | 7300 元起 | 现房 | 63587529 |
| 万榴园小区 | 赵公桥东南 | 3800 元志 | 现房 | 87268253 |
| 万柳苑景阁 | 海淀中关村地区 | 面议 | 2000.08 | 62620499 |
| 万兴苑 | 亚运村地区 | 5428 元起 | 现期房 | 64915831 |
| 望京方舟苑 | 北四环东路甲 6 号 | 5000 元 | 现房 | 64345741 |
| 武夷花园 | 通州区北运河东 1 公里 | 2100 元起 | 现期房 | 69556699 |
| 西景佳园 | 阜石路杨庄 | 3240 元起 | 期房 | 68815925 |
| 西潞园小区住宅 | 良乡卫星城西侧 | 1800 元 | 现房 | 65872409 |
| 西马庄园 | 通县管庄环岛 | 2250 元起 | 现房 | 65850597 |
| 西上园 | 通州卫星城内 | 2380 元起 | 现房 | 69545517 |
| 晓月苑 | 京石路四环路 | 2800 元起 | 现房 | 68298274 |
| 信荷城 | 望京新兴产业区 | 3886 元起 | 现房 | 64380580 |
| 星瑞家园 | 黄村兴业大街 | 2118 元起 | 现期房 | 69208769 |
| 兴源轩 | 东土城路 | 6588 元起 | 现房 | 84258014 |
| 亚运豪庭 | 亚运村小营路 | 5080 元起 | 2000.05 | 64928833 |
| 阳春光华家园 | 小南庄万泉河西路 | 5400 元起 | 期房 | 82619888 |
| 颐源居 | 玉渊潭南路西三环路 | 5480 元起 | 现期房 | 68259112 |
| 银枫家园 | 彩虹路机场辅路 | 6000 元起 | 2000.09 | 64106357 |
| 玉安园 | 玉泉营环岛东侧 | 4180 元起 | 期房房 | 63575284 |
| 玉桥园 | 玉桥中路 | 2100 元起 | 现房 | 65686995 |
| 育龙家园 | 旧宫地区 | 2480 元起 | 期房 | 67974108 |
| 知春大厦写字楼 | 海淀区知春路 | 5 元/天·平米 | 现房 | 62078952 |
| 中国第一商城纽约豪园 | 朝阳门外小庄 6 号 | 9500 元 | 期房 | 65031888 |
| 中和家园 | 北四环北沙滩 | 4280 元起 | 现房 | 64851306 |
| 中江酒店写字楼 | 三元桥国展中心对面 | 3.0 元起/天·平米 | 现房 | 64644833 |
| 中水大厦 | 西单 | 3.2 元起/天·平米 | 现房 | 88067309 |
| 庄维花园 | 七里庄丰北路 | 4400 元起 | 期房 | 63890877 |
| 玺荫苑 | 玉泉营环岛东南侧 | 3350 元起 | 期房 | 67621906 |
| 鑫雅苑 | 北三环内皂君庙附近 | 4880 元起 | 2000.06 | 62223980 |

# 13－3－1 中房北京指数历史值(1996—1999 年)

## CHINA REAL ESTATE INDEX SYSTEM BEIJING INDEX(1996—1999)

| 年份 Year | 季度 Quarter | 住宅 Residence | 办公用房 Office | 商业用房 Commerce | 工业用房 Factory House | 城市指数 Composite Index |
|---|---|---|---|---|---|---|
| 1996 | 1 | 828 | 1560 | 2197 | 301 | 1084 |
| 1996 | 2 | 833 | 1569 | 2197 | 301 | 1090 |
| 1996 | 3 | 835 | 1559 | 2195 | 301 | 1091 |
| 1996 | 4 | 838 | 1544 | 2191 | 301 | 1092 |
| 1997 | 1 | 839 | 1531 | 2189 | 301 | 1090 |
| 1997 | 2 | 847 | 1552 | 2187 | 301 | 1098 |
| 1997 | 3 | 847 | 1548 | 2187 | 301 | 1098 |
| 1997 | 4 | 853 | 1504 | 2185 | 298 | 1098 |
| 1998 | 1 | 859 | 1497 | 2179 | 296 | 1103 |
| 1998 | 2 | 883 | 1486 | 2179 | 297 | 1113 |
| 1998 | 3 | 882 | 1484 | 2176 | 296 | 1111 |
| 1998 | 4 | 879 | 1479 | 2170 | 296 | 1106 |
| 1999 | 1 | 874 | 1477 | 2169 | 296 | 1101 |
| 1999 | 2 | 872 | 1466 | 2168 | 296 | 1099 |
| 1999 | 3 | 869 | 1457 | 2168 | — | 1069 |
| 1999 | 4 | 869 | 1448 | 2168 | — | 1095 |

# 13－4－1 北京市城市房屋建筑和住房情况(1998年)

## URBAN BUILDINGS CONSTRUCTION AND HOUSING OF BEIJING(1998)

单位:万平方米 Unit:10000 sq.m

| 项目 | Item | 合计 Total | 市区 City Proper and Near Suburbs |
|---|---|---|---|
| 年末实有房屋建筑面积 | Floor Space of Houses (year-end) | 31019.3 | 25686.3 |
| 年末实有住宅建筑面积 | Floor Space of Residential Buildings(year-end) | 15794.0 | 13184.5 |
| 年末实有住宅居住面积 | Living Space of Residential Buildings(year-end) | 7428.5 | 6226.7 |
| 平均每人居住面积(平方米) | Per Capita Living Space (sq.m) | 10.03 | 9.879 |
| 年末实有住宅使用面积 | Using Space of Residential Buildings (year-end) | 11083.2 | 9356.1 |
| 平均每人使用面积(平方米) | Per Capita Using Space (sq.m) | 14.96 | 14.83 |

# 13-4-2 北京市房地产开发企业情况(1998年)

## BASIC INFORMATION OF REAL ESTATE DEVELOPMENT ENTERPRISES OF BEIJING(1998)

| 项 目 | Item | 企业单位个数(个) Number of Companies (unit) | 资本金合计(万元) Total Capital (10000 yuan) | 资产总计(万元) Total Assets (10000 yuan) | 年末职工人数(人) Staff and Workers (year-end) (person) |
|---|---|---|---|---|---|
| **总 计** | **Total** | **585** | **4653220** | **23317511** | **34629** |
| 按经济类型分 | Grouped by Types of Ownership | | | | |
| 国有经济 | State-owned | 226 | 779804 | 7583449 | 14660 |
| 集体经济 | Collective-owned | 18 | 29049 | 368304 | 1160 |
| 联营经济 | Joint Owned | 5 | 16115 | 241011 | 188 |
| 股份有限公司 | Stock Limited Company | 27 | 632704 | 856425 | 2252 |
| 有限责任公司 | Limited-liability Company | 81 | 250675 | 3714924 | 4351 |
| 中外合资经营 | Joint Venture | 30 | 405785 | 1412389 | 2029 |
| 中外合作经营 | Cooperative | 81 | 459741 | 11266023 | 1976 |
| 按隶属关系分 | Grouped by Administrative Relationship | | | | |
| 中央单位 | Central | 73 | 460285 | 2357278 | 4076 |
| 地方单位 | Local | 512 | 4192935 | 20960233 | 30553 |
| 按资质等级分 | Grouped by Grade | | | | |
| 一级 | First-grade | 33 | 463219 | 6157636 | 7317 |
| 二级 | Second-grade | 51 | 278884 | 1738223 | 3008 |
| 三级 | Third-grade | 31 | 148788 | 1182011 | 2118 |
| 四级 | Fourth-grade | | | | |
| 五级 | Fifth-grade | 14 | 125485 | 757194 | 1761 |
| 无级 | No-grade | 435 | 3367893 | 12319975 | 18969 |
| 兼营 | Part-time Operating | 21 | 274951 | 1171472 | 1456 |
| 按营业状况分 | Grouped by Business Condition | | | | |
| 营业 | Going on | 527 | 4197736 | 21552953 | 33444 |
| 停业 | Closed down | 11 | 70280 | 57753 | 81 |
| 其他 | Others | 17 | 61639 | 384608 | 424 |

# 13－5－1 北京市各区县土地面积

LAND AREA OF DISTRICTS AND COUNTIES OF BEIJING

| 项 目<br>Item | | 面积(平方公里)<br>Area(sq.km) | 比率(%)<br>Rate(%) |
|---|---|---|---|
| 全 市<br>Total | | 16807.8 | 100 |
| 城区<br>Districts | 东城区 Dongcheng | 24.7 | 0.147 |
| | 西城区 Xicheng | 30.0 | 0.178 |
| | 崇文区 Chongwen | 15.9 | 0.095 |
| | 宣武区 Xuanwu | 16.5 | 0.098 |
| 近郊<br>Near Suburbs | 朝阳区 Chaoyang | 470.8 | 2.801 |
| | 海淀区 Haidian | 426.0 | 2.535 |
| | 丰台区 Fengtai | 3042 | 1.809 |
| | 石景山区 Shijingshan | 81.8 | 0.487 |
| 远郊<br>Outer Suburbs | 门头沟区 Mentougou | 1331.3 | 7.920 |
| | 房山区 Fangshan | 1866.7 | 11.106 |
| | 通州区 Tongzhou | 870.0 | 5.176 |
| | 顺义区 Shunyi | 980.0 | 5.830 |
| | 大兴县 Daxing | 1012.0 | 6.021 |
| | 昌平区 Changping | 1430.0 | 8.507 |
| | 平谷县 Pinggu | 107.0 | 6.395 |
| | 密云县 Miyun | 2335.6 | 13.895 |
| | 怀柔县 Huairou | 2557.3 | 15.214 |
| | 延庆县 Yanqing | 1980.0 | 11.780 |

# 13-5-2 北京市城镇建设用地情况(1998 年)

## LAND FOR URBAN CONSTRUCTION OF BEIJING(1998)

单位:公顷 Unit:hectare

| 项 目 | Item | 全市 Total | 城近郊区 City Proper and Near Suburbs | 远郊区 Outer Suburbs | 各 县 Counties |
|---|---|---|---|---|---|
| **合计** | **Total** | **267** | — | **151** | **116** |
| 商业服务业用地 | Commerce and Services | 35 | — | 33 | 2 |
| 工业用地 | Industry | 91 | — | 72 | 19 |
| 仓储用地 | Stock | 7 | — | 1 | 6 |
| 交通用地 | Transportation | 26 | — | 23 | 3 |
| 市政公用设施及绿化用地 | Municipal Public Facilities and Green Areas | 6 | — | — | 6 |
| 公共建筑用地 | Public Construction | 18 | — | 8 | 10 |
| 住宅用地 | Residential Buildings | 60 | — | 9 | 51 |
| 特殊用地 | Special Purposes | — | — | — | — |
| 其他用地 | Others | 24 | — | 5 | 19 |

注:本表数据截止 1998 年末。

Note:Data of this table was up to the end of 1998.

# 13－5－3　北京市历年房地产土地开发情况(1987—1999年)

## LAND DEVELOPMENT IN REAL ESTATE OVER THE YEARS OF BEJING(1987—1999)

| 年　份<br>Year | 土地开发面积<br>(万平方米)<br>Area of Land Development<br>(10000 sq.m) | 土地使用权购置费<br>(万元)<br>Purchase of Land Use Rights<br>(10000 yuan) | 土地开发投资额<br>(万元)<br>Investment Value in Land Development<br>(10000 yuan) | 房地产开发投资额<br>(万元)<br>Investment Value in Real Estate Development<br>(10000 yuan) | 土地开发占房地产开发的比重(%)<br>Rate of Land Development to Real Estate Development<br>(%) |
|---|---|---|---|---|---|
| 1987 | 369 | — | — | 182044 | — |
| 1988 | 26.25 | — | — | 209716 | — |
| 1989 | 183.07 | — | — | 240795.5 | — |
| 1990 | 199.4 | — | — | 225394 | — |
| 1991 | 305.85 | — | — | 238181 | — |
| 1992 | 590 | — | — | 356407 | — |
| 1993 | 182.52 | — | — | 581093 | — |
| 1994 | 382.51 | 102641 | 132337 | 972370 | 13.61 |
| 1995 | 855.51 | 547528 | 635951 | 3558008 | 17.87 |
| 1996 | 277.05 | — | 331393 | 3274765 | 10.12 |
| 1997 | 164.90 | 482199.34 | 222618 | 3233730 | 6.88 |
| 1998 | 194.99 | — | 226800 | 3774000 | 6.01 |
| 1999 | 187.18 | — | 246465 | 4214591 | 5.86 |

# 13-6-1 北京市建筑业企业基本情况(1979—1999年)

## BASIC INFORMATION OF ENTERPRISES IN CONSTRUCTION TRADE OF BEIJING (1979—1999)

| 年份 Year | 建筑施工企业数量(个) Construction Enterprises (unit) | 建筑施工企业从业人数(万人) Employees (10000 persons) | 建筑施工企业总产值(亿元) Gross Output Value (100 million yuan) | 建筑施工企业全员劳动生产率(元/人) Overall Labor Productivity (yuan/person) | 建筑施工企业工程优良品率(%) Rate of High Quality Projects(%) | 建筑施工企业利润总额(万元) Total Profits (10000 yuan) |
|---|---|---|---|---|---|---|
| 1979 | 70 | 26.4 | 12.7 | 4680 | 67.9 | 9256 |
| 1980 | 71 | 27.8 | 14.7 | 5249 | 65.5 | 14543 |
| 1981 | 71 | 27.0 | 14.5 | 5264 | 65.9 | 15778 |
| 1982 | 91 | 30.7 | 17.3 | 5404 | 81.2 | 17169 |
| 1983 | 116 | 37.2 | 22.6 | 6128 | 68.3 | 25489 |
| 1984 | 2765 | 53.0 | 33.4 | 6345 | 45.3 | 32342 |
| 1985 | 2549 | 62.8 | 43.9 | 7197 | 31.8 | 39277 |
| 1986 | 2361 | 61.3 | 51.3 | 8702 | 56.3 | 33084 |
| 1987 | 2292 | 64.4 | 67.0 | 10832 | 61.3 | 41202 |
| 1988 | 1659 | 64.2 | 81.6 | 12992 | 58.2 | 38679 |
| 1989 | 1545 | 60.0 | 89.0 | 14539 | 53.8 | 38189 |
| 1990 | 994 | 60.2 | 94.7 | 16340 | 54.5 | 33762 |
| 1991 | 922 | 60.3 | 99.6 | 17031 | 47.7 | 27690 |
| 1992 | 976 | 62.7 | 122.6 | 19786 | 25.0 | 30984 |
| 1993 | 1191 | 73.7 | 212.6 | 27673 | 21.9 | 61432 |
| 1994 | 1544 | 79.6 | 326.9 | 41069 | 26.7 | 94385 |
| 1995 | 1587 | 89.4 | 409.3 | 45520 | 23.3 | 77857 |
| 1996 | 1364 | 83.3 | 472.1 | 56705 | 17.5 | 88896 |
| 1997 | 1358 | 81.1 | 523.8 | 64376 | 19.8 | 104320 |
| 1998 | — | — | 176.8 | 75000 | 45.0 | 12000 |
| 1999 | 1482 | 75.6 | 674.7 | 73644 | — | — |

注:1994年以后期末职工人数为年平均人数;1996年以后全部指标不包括建筑业单位及四级以下施工企业。

Note: Data of number of staff and workers after 1994 refers to annual average number; indicators after 1996 exclude construction units and enterprises below fourth grade。

# 13－6－2　北京市建筑施工企业主要经济指标(1998年)

## MAJOR ECONOMIC INDICATORS OF CONSTRUCTION ENTERPRISES OF BEIJING (1998)

| 项　目 | Item | 合计 Total |
|---|---|---|
| **本市企业** | **Enterprise of Beijing** | |
| 企业数量(个) | Number of Enterprises(unit) | 1511 |
| 建筑业总产值(万元) | Gross Output Value of Construction(10000 yuan) | 6268097 |
| 自有机械设备年末总台数(台) | Number of Machinery and Equipment Owned (year-end)(unit) | 150113 |
| 自有机械设备年末总功率(千瓦) | Total Power of Machinery and Equipment Owned (year-end)(kw) | 3155449 |
| 年末从业人数(人) | Number of Employment(year-end)(person) | 758438 |
| 劳动生产率(元/人) | Overall Labor Productivity(yuan/person) | 73620 |
| **外埠进京企业** | **Enterprises of other Provinces Based in Beijing** | |
| 企业数量(个) | Number of Enterprises(unit) | 187 |
| 职工人数(万人) | Number of Staff and Workers(10000 person) | 5.1 |
| 施工产值(亿元) | Output Value of Construction(100 million yuan) | 25.9 |
| 施工面积(万平方米) | Floor Space of Buildings under Construction(10000 sq.m) | 349.1 |
| 竣工面积(万平方米) | Floor Space of Buildings Completed(10000 sq.m) | 120.8 |

# 13-7-1 北京市开发区基本情况(1998年)

BASIC INFORMATION OF DEVELOPMENT ZONES OF BEIJING(1998)

| 项 目 | Item | 合计 Total | 市属 Of City | 区县属 Of Districts and Counties |
|---|---|---|---|---|
| 开发区个数(个) | Number of Development Zones(unit) | 29 | 2 | 27 |
| 累计完成土地规划面积(平方公里) | Accumulative Programmed Area (sq.km) | 257.41 | 21.13 | 236.28 |
| #工业用地(平方公里) | # For Industrial Use (sq.m) | 104.48 | 8.23 | 96.25 |
| 累计完成征用土地面积(平方公里) | Accumulative Area of Requisitions Realized (sq.km) | 46.94 | 8.64 | 38.48 |
| 累计"七通一平"土地开发面积(平方公里) | Accumulative Area of Began Seven-through-One-Flat(sq.km) | 35.56 | 7.95 | 27.61 |
| 累计完成"七通一平"土地开发面积(平方公里) | Accumulative Area of Seven-through-One-Flat Realized(sq.km) | 29.99 | 7.95 | 22.04 |
| 累计招商占用土地面积(平方公里) | Accumulative Area Spared for Business (sq.km) | 18.58 | 2.19 | 16.39 |
| #三资企业占用(平方公里) | Foreign Funded Enterprises(sq.km) | 6.65 | 1.46 | 5.19 |
| 累计招商个数(个) | Accumulative Number of Hirer Leaseholder(unit) | 4621 | 314 | 4307 |
| 累计项目总投资(万元) | Accumulative Investment(10000 yuan) | — | — | — |
| 累计注册资本(万元) | Accumulative Registered Capital (10000 yuan) | — | — | — |
| #外方(万元) | # Foreign Partner(10000 yuan) | — | — | — |
| 累计协议外资金额(万美元) | Accumulative Contracted Foreign Capital(US$ 10000) | — | — | — |
| 外商累计入资(万美元) | Accumulative Foreign Capital Inflow (US$ 10000) | — | — | — |

说明:1. 累计完成征用土地面积中包括原建成区面积。

2. 表内"七通"指:上水、下水、煤气、热力、电力、通讯和道路通;"一平"指:场地自然平整。

3. 表内"累计"指自开始至1998年末的累计数。

Note: a) Accumultaive requisition area is included original completed area.

b) Seven-through refers to water, drainage, gas, heat, electricity, communications and transportation, and one-flat refers to flat ground.

c) Accumulative data of this table refers to that from the beginning to the end of 1998.

# 13－7－2　北京市各类开发区主要经济指标(1998年)

## MAJOR ECONOMIC INDICATORS OF ALL KINDS OF DEVELOPMENT ZONES OF BEIJING (1998)

| 项　　目 | Item | 合计 Total |
|---|---|---|
| 自年初累计完成固定资产投资(万元) | Accumulative Investment in Fixed Assets from Year-beginnig(10000 yuan) | 656909 |
| 自年初累计新增固定资产(万元) | Accumulative Incremental Fixed Assets from Year-beginning(10000 yuan) | 282610 |
| 自年初累计房屋建筑施工面积(万平方米) | Accumulative Floor Space of Buildings under Construction from Year-beginning(10000 sq.m) | 390.3 |
| 自年初累计房屋建筑竣工面积(万平方米) | Accumulative Floor Space of Buildings Completed from Year-beginning(10000 sq.m) | 108.2 |
| 自年初累计完成总产值(万元) | Accumulative Gross Output Value Completed from Year-beginning(10000 yuan) | 1069366 |
| 自年初累计实现销售收入(万元) | Accumulative Sales Revenue Completed from Year-beginning(10000 yuan) | 1943114 |
| 自年初累计实现利润总额(万元) | Accumulative Total Profits Completed from Year-beginning(10000 yuan) | 18226 |
| 自年初累计上缴税金总额(万元) | Accumulative Total Taxes Turned Over from Year-beginning(10000 yuan) | 91199 |

# 13-7-3 北京市各类开发区招商情况(1998年)

## STATISTICS ON HIRER LEASEHOLDER AND CAPITAL INFLOW OF DEVELOPMENT ZONES OF BEIJING(1998)

| 名称 Name | 自开始至报告期累计 Accumulative Number from Beginning | | | | | |
|---|---|---|---|---|---|---|
| | 招商个数(个) Number of Hirer Leaseholder (unit) | 项目总投资(万元) Total Investment (10000 yuan) | 注册资本(万元) Registered Capital (10000 yuan) | # 外方 Foreign Partner | 协议外资金额(万美元) Contracted Foreign Capital (US $ 10000) | 外商实际投资(万美元) Foreign Actual Investment (US $ 10000) |
| 北京经济技术开发区 | 294 | 1373168 | 915815 | 765837 | 77559 | 62971 |
| 北京市王府井地区开发建设办公室 | 25 | 135167 | 354779 | 554779 | 142430 | 95080 |
| 北京西三旗高新建材城 | 20 | 135167 | 89634 | 83374 | 9004 | 8610 |
| 北京市朝阳望京工业区 | 22 | 231087 | 46505 | 17381 | 1715 | 1527 |
| 朝阳东部旅游经济开发区 | 6 | 210903 | 75032 | 75032 | 6191 | 4121 |
| 北京市新技术产业开发试验区(上地) | — | — | — | — | — | — |
| 北京市新技术产业开发试验区丰台园区 | 1001 | 215586 | 208705 | 80538 | 4686 | 4251 |
| 北京八大处高科技园区 | 525 | 175223 | 163931 | 41130 | 4503 | 3184 |
| 北京市门头沟区石龙工业区 | 825 | 393391 | 335770 | 11999 | 7868 | 7649 |
| 北京良乡卫星城工业城开发区 | 61 | 110974 | 15901 | 2413 | 317 | 322 |
| 北京市燕山东流水工业区 | 14 | 2456 | 1533 | 764 | 100 | 99 |
| 北京大兴工业开发区 | 120 | 154284 | 80847 | 35886 | 2132 | 2104 |
| 北京埝坛工业区 | — | — | — | — | — | — |
| 通州张家湾工业开发区 | 28 | 75228 | 52027 | 31012 | 3905 | 3256 |
| 北京永乐工业经济区 | 4 | 29056 | 12613 | 9843 | 2895 | 588 |
| 北京次渠工业区 | 7 | 95200 | 67113 | 4382 | 644 | 193 |
| 北京市新技术产业开发试验区昌平园区 | 532 | 560000 | 286332 | 147573 | 12339 | 8406 |
| 北京雁栖工业开发区 | 75 | 129000 | 116000 | 109000 | 3462 | 3642 |
| 北京凤翔科技开发区 | 161 | 58000 | 26524 | 13380 | 2930 | 2350 |
| 北京怀柔农业经济开发区 | 26 | 12997 | 11022 | 4532 | 498 | 498 |
| 北京中国乡镇企业城 | 25 | 70954 | 46518 | 24600 | 5290 | 3500 |
| 怀柔民营经济开发区 | 40 | 86275 | 86275 | — | — | — |
| 平谷县滨河工业开发区 | 187 | 102717 | 67299 | 20678 | 1724 | 1724 |
| 平谷县兴谷经济开发区 | 122 | 201646 | 90176 | 81104 | 14713 | 12443 |
| 北京市密云县工业开发区 | 37 | 281122 | 30911 | 214521 | 3454 | 3129 |
| 北京林河工业开发区 | 30 | 89254 | 35090 | 23428 | 2134 | 1529 |
| 北京天竺空港工业区 | 74 | 678708 | 354618 | 306013 | 49063 | 20795 |
| 北京市延庆县经济技术开发区 | 75 | 48365 | 43314 | 21784 | 1536 | 1536 |
| 北京八达岭经济开发区 | 185 | 56505 | 34992 | 6382 | 778 | 778 |

# 13-7-4　北京市各类开发区投资及生产情况(1998年)

INVESTMENT AND PRODUCTION CONDITIONS OF ALL KINDS OF DEVELOPMENT ZONES OF BEIJING(1998)

| 名称　Name | 自年初累计　Accumulative Number from Year-beginning | | | | | |
|---|---|---|---|---|---|---|
| | 完成固定资产投资(万元) Investment in Fixed Assets (10000 yuan) | 新增固定资产(万元) Incremental Fixed Assets (10000 yuan) | 房屋建筑施工面积(平方米) Floor Space of Buildings under Construction (sq.m) | 房屋建筑竣工面积(平方米) Floor Space of Buildings Completed (sq.m) | 完成产值(万元) Gross Output Value Completed (10000 yuan) | 完成销售收入(万元) Sales Revenue Completed (10000 yuan) |
| 北京经济技术开发区 | 111066 | 60012 | 616977 | 309493 | 315000 | 360000 |
| 北京市王府井地区开发建设办公室 | 245970 | 130 | 432403 | — | — | 55396 |
| 北京西三旗高新建材城 | 1920 | — | 85537 | — | 18467 | 20855 |
| 北京市朝阳望京工业区 | 77981 | 8048 | 1044634 | 76486 | 4084 | 4477 |
| 朝阳东部旅游经济开发区 | 302 | 40 | 3150 | 121 | — | 310 |
| 北京市新技术产业开发试验区(上地) | 103285 | 92671 | 641204 | 194287 | 3240200 | 4516600 |
| 北京市新技术产业开发试验区丰台园区 | 11209 | 21457 | 168993 | 86881 | 146618 | 281540 |
| 北京八大处高科技园区 | 13122 | 10899 | 150840 | 54188 | 23524 | 105212 |
| 北京市门头沟区石龙工业区 | 2933 | — | 34966 | 1086 | 149212 | 342700 |
| 北京良乡卫星城工业城开发区 | 7086 | 4629 | 36378 | 26188 | 79657 | 85000 |
| 北京市燕山东流水工业区 | 2258 | 5 | 748 | 748 | 2256 | 1562 |
| 北京大兴工业开发区 | 12877 | 17759 | 157221 | 83228 | 29725 | 4282 |
| 北京埝坛工业区 | — | — | — | — | — | — |
| 通州张家湾工业开发区 | 1600 | — | 16200 | — | 6132 | 7012 |

13-7-4 续表(Continued)

| 名称 Name | 自年初累计 Accumulative Number from Year-beginning | | | | | |
|---|---|---|---|---|---|---|
| | 完成固定资产投资(万元) Investment in Fixed Assets (10000 yuan) | 新增固定资产(万元) Incremental Fixed Assets (10000 yuan) | 房屋建筑施工面积(平方米) Floor Space of Buildings under Construction (sq.m) | 房屋建筑竣工面积(平方米) Floor Space of Buildings Completed (sq.m) | 完成产值(万元) Gross Output Value Completed (10000 yuan) | 完成销售收入(万元) Sales Revenue Completed (10000 yuan) |
| 北京永乐经济开发区 | 350 | 250 | 3000 | 3000 | — | — |
| 北京次渠工业区 | 2233 | 27 | 3550 | 3500 | 15498 | 12224 |
| 北京市新技术产业开发试验区昌平园区 | 7382 | 5408 | 11378 | 27120 | 10800 | 140000 |
| 北京雁栖工业开发区 | — | — | — | — | 56800 | 46400 |
| 北京凤翔科技开发区 | 15000 | 1000 | 36000 | 51000 | 51000 | 78000 |
| 北京怀柔农业经济开发区 | 1140 | — | — | — | 1641 | 530 |
| 北京中国乡镇企业城 | 839 | 839 | — | — | 30244 | 25242 |
| 怀柔民营经济开发区 | — | — | — | — | 3950 | 750 |
| 平谷县滨河工业开发区 | 758 | 758 | 4201 | 4201 | 22463 | 22418 |
| 平谷县兴谷经济开发区 | 3000 | 3000 | 2000 | 2000 | 50401 | 53894 |
| 北京市密云县工业开发区 | 10540 | 2620 | 73527 | 56830 | 3478 | 3305 |
| 北京林河工业开发区 | 1826 | 947 | 11350 | 3550 | 7157 | 8064 |
| 北京天竺空港工业区 | 17160 | 29260 | 19300 | 81800 | 263573 | 244279 |
| 北京市延庆县经济技术开发区 | 3548 | — | 31965 | 27000 | 47743 | 59881 |
| 北京八达岭经济开发区 | 3719 | 3368 | 43831 | 4600 | 53786 | 37000 |

# 13－7－附录　北京市开发区一览表

## ATTACHMENT: LIST OF DEVELOPMENT ZONES OF BEIJING

| 名称　Name | 通讯地址　Address | 主要负责人 Chairman | 邮编 Post Code | 电话 Telephone |
|---|---|---|---|---|
| 北京经济技术开发区 | 北京经济技术开发区万源街4号 | 依锡群 | 100076 | 67681207 |
| 北京市王府井地区开发建设办公室 | 王府井大街99号世纪大厦A608 | 刘晓晨 | 100006 | 65129999 |
| 北京西三旗高新建材城 | 海淀区德外西三旗东 | 蒋卫平 | 100085 | 82910873 |
| 北京市朝阳望京工业区 | 朝阳区南湖渠东湖大队甲3号 | 佟克克 | 100015 | 64374723 |
| 朝阳东部旅游经济开发区 | 朝阳区农展南路9号 | 张云翔 | 100026 | 65940942 |
| 北京市新技术产业开发试验区（上地） | 海淀大街1号 | 马　林 | 100080 | 62569636 |
| 北京市新技术产业开发试验区丰台园区 | 丰台科学城离丰路4号 | 汪　洪 | 100070 | 63725608 |
| 北京八大处高科技园区 | 石景山苹果园北路海特花无实兴大厦 | 马鸿俊 | 100043 | 68863653 |
| 北京市门头沟区石龙工业区 | 门头沟区石龙工业区 | 韩立宝 | 102300 | 69843664 |
| 北京良乡卫星城工业城开发区 | 房山凯旋大街含光路2号 | 李建民 | 102401 | 39351867 |
| 北京市燕山东流水工业区 | 北京市燕山东流水工业区管委会 | 康振有 | 102500 | 69347332 |
| 北京大兴工业开发区 | 大兴县黄村康庄路口东 | 蔡连军 | 102600 | 69244179 |
| 北京埝坛工业区 | 大兴县黄村镇念坛村 | 刘中铁 | 102600 | 69245165 |
| 通州张家湾工业开发区 | 通州区张家湾镇 | 唐　钰 | 101113 | 69541700 |
| 北京永乐工业经济区 | 通州区永乐店小甸屯村南 | 赵桂栋 | 101105 | 69544479 |
| 北京次渠工业区 | 通州区次渠镇 | 杨　顺 | 101111 | 69502049 |
| 北京市新技术产业开发试验区昌平园区 | 昌平县科技园区超前路9号 | 洪起忠 | 102200 | 69709140 |
| 北京雁栖工业开发区 | 怀柔县雁栖工业开发区 | 崔玉明 | 101407 | 61668124 |
| 北京凤翔科技开发区 | 怀柔县杨宋镇 | 钱继文 | 101400 | 61679488 |
| 北京怀柔农业经济开发区 | 怀柔县富乐小区北里26号 | 唐爱民 | 101400 | 69643427 |
| 北京中国乡镇企业城 | 海淀复兴路甲23号城乡华懋商厦14层 | 曹　林 | 101400 | 68298317 |
| 怀柔民营经济开发区 | 怀柔龙山宾馆北二楼万通公司 | 许　立 | 100027 | 60693701 |
| 平谷县滨河工业开发区 | 平谷县府前西大街22号 | 王新野 | 101200 | 69963791 |
| 平谷县兴谷经济开发区 | 平谷县城关镇府前街7号 | 李宝峰 | 101200 | 69964071 |
| 北京市密云县工业开发区 | 密云县鼓楼西大街21号 | 李永军 | 101500 | 69041550 |
| 北京林河工业开发区 | 顺义县林河工业区 | 张东生 | 101300 | 89493610 |
| 北京天竺空港工业区 | 顺义县天竺镇 | 李友生 | 101312 | 64565745 |
| 北京市延庆县经济技术开发区 | 延庆县城东外大街15号 | 张德福 | 102100 | 69142562 |
| 北京八达岭经济开发区 | 延庆县城西大街2号 | 李志民 | 102100 | 69141563 |

注：本表仅供参考，如有变化，请具体核实。
Note: This Table is only for reference. If changed, please check relatively.

# 第十四章 天津市房地产统计

# CHAPTER 14 REAL ESTATE STATISTICS OF TIANJIN

# 14－1－1　天津市房地产开发综合统计(1999 年)

## COMPOSITE STATISTICS OF REAL ESTATE DEVELOPMENT OF TIANJIN(1999)

| 项目 | Item | 合计 Total |
|---|---|---|
| **一、房地产开发投资额(亿元)** | **Investment Value of Real Estate Development (100 million yuan)** | |
| 住宅 | Residence | 86.90 |
| 办公楼 | Office | 3.60 |
| 商业营业用房 | Commerce | 4.66 |
| **二、商品房销售额(亿元)** | **Sale of Commercial Buildings(100 million yuan)** | 58.13 |
| 住宅 | Residence | 53.45 |
| 办公楼 | Office | 1.16 |
| 商业营业用房 | Commerce | 3.37 |
| 销售给个人 | Sold to Individuals | |
| 住宅 | Residence | 49.53 |
| 办公楼 | Office | — |
| 商业营业用房 | Commerce | — |
| **三、房地产开发资金来源(亿元)** | **Funds Sources of Real Estate Development (100 million yuan)** | |
| 国家预算内资金 | State Budgetary Funds | — |
| 国内贷款 | Domestic Loans | 33.50 |
| 债券 | Bonds | 1.47 |
| 利用外资 | Foreign Investment | 4.31 |
| 自筹资金 | Fund Raising | 37.60 |
| 定金及预收款 | Deposits and Pre-charges | — |
| 其他资金 | Others | 47.63 |

14－1－1续表(Continued)

| 项目 | Item | 合计 Total |
|---|---|---|
| **四、房地产开发面积(万平方米)** | **Floor Space of Real Estate Development** (10000 sq.m) | |
| 商品房施工面积 | Floor Space of Commercial Buildings under Construction | 1596.7 |
| 住宅 | Residence | 1274.32 |
| 办公楼 | Office | 95.08 |
| 商业营业用房 | Commerce | 99.56 |
| 商品房新开工面积 | FLoor Space of Commercial Buildings Newly Starting | 497.3 |
| 住宅 | Residence | 446.0 |
| 办公楼 | Office | 8.5 |
| 商业营业用房 | Commerce | 28.1 |
| 商品房竣工面积 | Floor Space of Commercial Buildings Completed | 454.81 |
| 住宅 | Residence | 431.12 |
| 办公楼 | Office | 4.04 |
| 商业营业用房 | Commerce | 14.12 |
| 商品房销售面积 | Floor Space of Commercial Buildings Sold | 258.3 |
| 住宅 | Residence | 247.8 |
| 办公楼 | Office | 2.0 |
| 商业营业用房 | Commerce | 7.9 |

# 14－1－2　天津市施工和竣工房屋建筑面积(1997—1998年)

## FLOOR SPACE OF BUILDINGS UNDER CONSTRUCTION AND COMPLETED OF TIANJIN(1997—1998)

单位:万平方米　Unit:10000sq.m

| 项　目 | Item | 施工面积 Under Construction | | 竣工面积 Completed | |
|---|---|---|---|---|---|
| | | 1997 | 1998 | 1997 | 1998 |
| **一、房屋建筑面积** | **Floor Space of Buildings** | **1858.70** | **2229.34** | **655.23** | **790.35** |
| 基本建设 | Capital Construction | 370.60 | 530.60 | 174.68 | 220.06 |
| 更新改造 | Innovation | 342.81 | 304.26 | 157.50 | 126.61 |
| 其他 | Others | 28.56 | 17.71 | 23.42 | 14.94 |
| 房地产开发 | Real Estate Development | 1116.73 | 1379.77 | 299.63 | 428.74 |
| #国有经济 | # State－owned | 1107.65 | 1322.91 | 498.46 | 510.96 |
| 基本建设 | Capital Construction | 303.52 | 432.92 | 159.11 | 178.26 |
| 更新改造 | Innovation | 300.26 | 267.93 | 142.44 | 108.98 |
| 其他 | Others | — | — | — | — |
| 房地产开发 | Real Estate Development | 503.87 | 622.06 | 196.91 | 223.72 |
| 集体经济 | Collective－owned | 135.78 | 158.60 | 44.53 | 63.49 |
| #房地产开发 | # Real Estate Development | 107.22 | 140.89 | 21.11 | 48.55 |
| **二、住宅建筑面积** | **Floor Space of Residential Buildings** | 1095.21 | 1486.83 | 411.97 | 516.52 |
| 基本建设 | Capital Construction | 99.29 | 184.11 | 48.48 | 67.69 |
| 更新改造 | Innovation | 215.22 | 208.05 | 102.32 | 90.68 |
| 其他 | Others | 6.78 | 0.98 | 6.78 | 0.98 |
| 房地产开发 | Real Estate Development | 773.92 | 1093.69 | 254.39 | 357.17 |
| #国有经济 | # State－owned | 726.74 | 899.01 | 321.31 | 331.82 |
| 基本建设 | Capital Construction | 99.29 | 180.77 | 48.48 | 64.35 |
| 更新改造 | Innovation | 215.22 | 207.95 | 102.32 | 90.68 |
| 房地产开发 | Real Estate Development | 412.33 | 510.29 | 170.51 | 176.78 |
| 集体经济 | Collective－owned | 88.48 | 95.80 | 21.08 | 41.20 |
| 房地产开发 | # Real Estate Development | 81.70 | 94.82 | 14.30 | 40.22 |

注:本表中数据不含农村集体和个人投资。

Note:Data of this table does not include investment of rural collective－owned units and individuals.

# 14－1－3 中房天津指数历史值(1996—1999年)

## CHINA REAL ESTATE INDEX SYSTEM TIANJIN INDEX(1996—1999)

| 年份 Year | 季度 Quarter | 住宅 Residence | 办公用房 Office | 商业用房 Commerce | 工业用房 Factory House | 城市指数 Composite Index |
|---|---|---|---|---|---|---|
| 1996 | 1 | 416 | 1376 | 780 | 290 | 565 |
| 1996 | 2 | 411 | 1376 | 780 | 290 | 561 |
| 1996 | 3 | 414 | 1326 | 776 | 290 | 558 |
| 1996 | 4 | 415 | 1316 | 783 | 290 | 559 |
| 1997 | 1 | 417 | 1296 | 783 | 290 | 561 |
| 1997 | 2 | 415 | 1296 | 783 | 290 | 559 |
| 1997 | 3 | 414 | — | 783 | 290 | 558 |
| 1997 | 4 | 416 | — | 784 | 290 | 560 |
| 1998 | 1 | 422 | — | 787 | 290 | 566 |
| 1998 | 2 | 427 | — | 789 | 290 | 572 |
| 1998 | 3 | 429 | — | 789 | 290 | 574 |
| 1998 | 4 | 432 | — | 787 | 290 | 577 |
| 1999 | 1 | 433 | — | 787 | 291 | 578 |
| 1999 | 2 | 431 | — | 791 | 293 | 576 |
| 1999 | 3 | 428 | — | 796 | — | 573 |
| 1999 | 4 | 430 | — | 793 | — | 575 |

# 14－2－1 天津市部分房地产中介服务机构

## SOME REAL ESTATE MEDIUM SERVICE INSTITUTIONS OF TIANJIN

| 单位<br>Unit | 地址<br>Address | 电话<br>Telephone | 邮编<br>Post Code |
|---|---|---|---|
| 天津土地交易中心 | 天津市和平区西康路54号 | 23358394 | 300070 |
| 天津市房地产交易市场 | 天津市河西区围堤道55号 | 28223002 | 300201 |
| 天津市地价评估事务所 | 天津市和平区西康路60号 | 23347680 | 300070 |
| 天津市房地产评估事务所 | 天津市河西区围堤道55号 | 28222510 | 300201 |
| 天津市津港房地产咨询评估有限公司 | 天津市和平区重庆道6号 | 23191964 | 300050 |
| 天津市天元房地产咨询评估中心 | 天津市和平区鞍山道129号 | 23533687 | 300070 |
| 天津市博雅会计师事务所 | 天津市和平区重庆道世界里19号 | 23399180 | 300050 |
| 天津市房地产经营信息咨询公司 | 天津市河西区围堤道55号 | 28222630 | 300201 |
| 天津顺驰置业有限公司 | 天津市和平区大理道46号 | 23125776 | 300050 |

## 14-2-2 天津市部分物业标价(2000年10月)

PRICES OF PART OF PROPERTIES OF TIANJIN (Oct.2000)

| 物业名称<br>Project Name | 位 置<br>Location | 价格(元/平米)<br>Price<br>(yuan/sq.m) | 入伙时间<br>Completion Time | 联系电话<br>Telephone |
|---|---|---|---|---|
| 宝利园小区 | 南口路榆关道 | 1600元起 | 期房 | 26623558 |
| 北斗田园小区 | 新宜白大道 | 1368元起 | 期房 | 26711111 |
| 本溪花园 | 竹山路 | 1498元起 | 期房 | 26642667 |
| 碧波园 | 大直沽五号路刘庄桥口 | 3080元起 | 现房 | 24380183 |
| 翠芳园 | 志成路津围公路18号 | 1198元起 | 期房 | 86312222 |
| 东兴园 | 中环线 | 1900元起 | 现房 | 24158083 |
| 福泉新苑 | 解放南路415号 | 2680元起 | 现房 | 28264688 |
| 福盛花园 | 大沽南路 | 3080元起 | 2000.07 | 83831598 |
| 汉中里小区 | 延安路南泥湾路 | 1760元起 | 期房 | 27517556 |
| 浩达公寓住宅 | 丁双公路南仓道 | 1300元起 | 现房 | 26371560 |
| 鸿阳里小区 | 冶金道 | 2030元起 | 现房 | 27630065 |
| 红顶花园公寓 | 卫国道 | 2208元起 | 期房 | 24348216 |
| 华胜小区 | 红旗南路 | 2300元起 | 现房 | 23948558 |
| 华义温泉公寓(住宅) | 琼州道河西体育馆附近 | 3118元起 | 2000.05 | 83817112 |
| 双颜东里小区 | 京津公路马庄 | 1100元起 | 期房 | 26822956 |
| 佳安里小区 | 南仓道 | 1457元起 | 现房 | 26648889 |
| 佳丽园小区 | 一号路北 | 1259元起 | 期房 | 26661108 |
| 佳园东里住宅 | 佳庆道 | 1298元起 | 现房 | 26642224 |
| 金潭花园 | 三潭路 | 2530元起 | 现房 | 27479087 |
| 金淼园 | 红旗南路 | 2028元起 | 期房 | 23928500 |
| 利海小区 | 明清道珠江道 | 1445元起 | 期房 | 23388623 |
| 龙新公寓 | 围堤路大沽南路 | 2460元起 | 期房 | 28236868 |
| 梅江东园 | 解放南路 | 2360元起 | 现房 | 88242378 |
| 美景公寓 | 三马路324号 | 2998元起 | 现房 | 24322878 |
| 南楼公寓 | 尖山路围堤道 | 2980元起 | 期房 | 28324652 |
| 秋水苑 | 纪念馆路 | 1975元起 | 现房 | 26371818 |
| 蓉福公寓 | 建物大街 | 3200元起 | 现房 | 23129278 |
| 瑞达里小区 | 南仓道 | 1298元起 | 期房 | 26660981 |
| 润园小区 | 金钟河大街 | 1798元起 | 2000.08 | 26455556 |
| 顺驰名都新园 | 解放南路442号 | 2780元起 | 现房 | 88232165 |
| 顺治碧云轩 | 红旗路 | 2548元起 | 2000.09 | 23692166 |
| 天水福祥公寓 | 苏堤路11号 | 2520元起 | 期房 | 27428278 |
| 通达园 | 湖北路31号 | 面议 | 现房 | 23119878 |
| 万达新城 | 新宜白大道 | 1398元起 | 期房 | 26716666 |
| 万顺小区 | 红旗路 | 1288元起 | 2000.05 | 26721231 |
| 万松花园底商 | 万松花园 | 3900元起 | 期房 | 26221166 |
| 万松花园住宅 | 金钟路 | 2100元起 | 期房 | 26221166 |
| 祥泰小区 | 真理道 | 1580元起 | 现房 | 24580606 |
| 新文化花园底商 | 福安大街荣业大街 | 4800元起 | 期房 | 27219915 |
| 新文化花园新丽居 | 福安大街荣业大街 | 3880元起 | 期房 | 27219915 |
| 新文化花园新秀居 | 福安大街荣业大街 | 3960元起 | 期房 | 27219955 |
| 新义信里小区 | 八经路2号 | 面议 | 期房 | 24308848 |
| 杨楼温泉公寓 | 李七庄 | 1598元起 | 现房 | 23915013 |
| 银泰公寓 | 湘潭道中环线 | 1980元起 | 现房 | 27720404 |
| 英超公寓底商 | 新开路华昌大街 | 4500元起 | 期房 | 24415005 |
| 英超公寓住宅 | 新开路华时大街 | 1960元起 | 期房 | 24415005 |
| 远翠中里 | 程林庄路 | 1530元起 | 期房 | 24789958 |
| 越秀大厦 | 河西区4号路 | 3800元起 | 期房 | 28368968 |
| 跃进里小区 | 红桥区西青道 | 1785元起 | 现房 | 27736059 |
| 正东公寓 | 白酒厂大道 | 1728元起 | 现房 | 26544061 |
| 桦林园 | 广开五马路28号 | 2198元起 | 现房 | 27561532 |
| 滕达翠园 | 张兴庄大道马庄北街 | 1480元起 | 现房 | 86321205 |
| 鑫苑花园小区 | 南口路中环线 | 1198元起 | 现房 | 26340658 |

# 14－2－3　天津市主要年份城市拥有房屋建筑面积情况

## FLOOR SPACE OF BUILDINGS OF MAJOR YEARS OF TIANJIN

单位:万平方米　Unit:10000 sq.m

| 年　份<br>Year | 年末实有房屋建筑面积<br>Actual Floor Space(Year-end) | #本年新建<br># Newly Starting This Year | 年末实有住宅建筑面积<br>Actual Residential Floor Space (Year-end) | #本年新建<br># Newly Starting This Year | 人均住宅居住面积(平方米)<br>Residence Space Per Capita (sq.m) |
|---|---|---|---|---|---|
| 1952 | 2202.6 | — | 1226.1 | — | 3.7 |
| 1957 | 2631.5 | 137.9 | 1407.0 | 65.4 | 3.3 |
| 1962 | 3050.0 | 43.5 | 1572.3 | 13.3 | 3.1 |
| 1965 | 3299.0 | 86.9 | 1652.0 | 26.6 | 3.0 |
| 1970 | 3566.4 | 89.9 | 1750.0 | 21.4 | 3.7 |
| 1975 | 4135.0 | 156.8 | 1989.0 | 55.7 | 4.2 |
| 1980 | 4509.0 | 265.6 | 2049.0 | 176.1 | 3.6 |
| 1985 | 8914.0 | 579.0 | 4166.9 | 323.0 | 5.6 |
| 1986 | 9541.0 | 660.0 | 4524.0 | 369.0 | 6.0 |
| 1987 | 9881.0 | 424.0 | 4699.0 | 213.3 | 6.1 |
| 1988 | 10437.3 | 528.6 | 5085.0 | 322.0 | 6.4 |
| 1989 | 10875.6 | 485.9 | 5368.6 | 309.3 | 6.6 |
| 1990 | 11189.8 | 363.2 | 5553.3 | 203.1 | 6.7 |
| 1991 | 11476.0 | 344.5 | 5722.9 | 194.5 | 6.8 |
| 1992 | 11768.4 | 395.7 | 5872.0 | 214.7 | 6.9 |
| 1993 | 12056.1 | 492.0 | 6021.0 | 302.2 | 6.9 |
| 1994 | 12509.5 | 614.6 | 6349.1 | 448.4 | 7.1 |
| 1995 | 13085.3 | 688.3 | 6404.4 | 487.7 | 7.5 |
| 1996 | 13608.0 | 657.2 | 6803.6 | 483.4 | 7.7 |
| 1997 | 14019.0 | 599.9 | 7096.0 | 401.0 | 7.9 |
| 1998 | 14434.0 | — | 7412.0 | — | — |

# 14-3-1 天津市建筑企业主要经济指标(1997—1998年)

## MAJOR ECONOMIC INDICATORS OF CONSTRUCTION ENTERPRISES OF TIANJIN (1997—1998)

| 指标 | Item | 单位 | Unit | 全市 Total 1997 | 1998 |
|---|---|---|---|---|---|
| 企业个数 | Number of Enterprises | 个 | number | 477 | 500 |
| 全部职工人数 | Number of All of the staff | 万人 | 10000 persons | 29.26 | 29.34 |
| 从业人员报酬总额 | Wage of all Employed Persons | 万元 | 10000 yuan | 232186 | 237090 |
| 增加值 | Value-added | 万元 | 10000 yuan | 549912 | — |
| 自行完成的施工产值 | Output Value of Construction | 万元 | 10000 yuan | 1909999 | 2111208 |
| 竣工产值 | Output Value of Completion | 万元 | 10000 yuan | 1351976 | 1518248 |
| 房屋建筑施工面积 | FLoor Space of Buildings under Construction | 万平方米 | 10000 sq.m | 1752.13 | 2059.23 |
| 房屋建筑竣工面积 | Floor Space of Buildings Completed | 万平方米 | 10000 sq.m | 727.61 | 868.00 |
| #住宅 | # Residence | 万平方米 | 10000 sq.m | 398.82 | 527.98 |
| **机械设备情况** | **Machinery and Equipment** | | | | |
| 自有机械设备年末总台数 | Total Number of Machinery and Equipment Owned (Year-end) | 台 | unit | 62462 | 67589 |
| 自有机械设备年末总功率 | Total Power of Machinery and Equipment Owned(Year-end) | 万千瓦 | 10000 kw | 151.18 | 173.03 |
| #施工机械功率 | # Power of Constructing Machinery | 万千瓦 | 10000 kw | 113.24 | 121.32 |
| 自有机械设备净值 | Net Value of Machinery and Equipment | 万元 | 10000 yuan | 207571 | 206033 |
| 技术装备率 | Machinery Per Labourer | 元/人 | yuan/person | 7094 | 7022 |
| 动力装备率 | Power of Machine Per Labourer | 千瓦/人 | kw/person | 5.17 | 5.90 |
| **经济效益情况** | **Economic Efficiency** | | | | |
| 全员劳动生产率 | Overall Labor Productivity | 元/人 | yuan/person | 65274 | 71958 |
| 平均每一职工竣工面积 | Floor Space Completed Per Staff | 平方米 | sq.m | 24.87 | 29.6 |
| 每百元产值实现利税率 | Rate of Pre-tax Profit Per 100 yuan of Output Value | % | % | 3.7 | 3.9 |
| 每百元产值占用流动资产 | Rate of Flowing Asset Per 100 yuan of Output Value | % | % | 89.3 | 99.7 |
| 每百元工资实现利税 | Rate of Pre-tax Profit Per 100 yuan of Wages Capital Per Lobourer | % | % | 34.2 | 38.8 |
| 全员资金占有率 | Overall Funds Per Labourer | 元/人 | yuan/person | 74992 | 90172 |

# 14－4－1　天津经济技术开发区基础设施情况(1998 年)

## INFRASTRUCTURE OF TIANJIN ECONOMIC AND TECHNICAL DEVELOPMENT ZONE(1998)

| 项目 | Item | 单位 | Unit | 形成能力 Capacity |
|---|---|---|---|---|
| 道路面积 | Roads Area | 万平方米 | 10000 sq.m | 287.5 |
| 给水管网 | Pipeline Network of Water Supply | 公里 | km | 218.2 |
| 排水管网 | Pipeline Network of Water Drainage | 公里 | km | 396.8 |
| 供自来水 | Tap Water Supply | 万吨/日 | 10000 tons/day | 10.5 |
| 供热 | Central Heating Supply | 吨/小时 | ton/hour | 445.0 |
| 发电厂 | Power Plant | 千瓦 | kw | 26500.0 |
| 供电 | Power Supply | 兆伏安 | MVA | 4×50 |
| 供燃气 | Gas Supply | 万立方米/日 | 10000 cu.m/day | 14 |
| 供气管网 | Pipeline Network of Gas Supply | 公里 | km | 37 |
| 程控电话 | Programme Control Telephone | 门 | number | 42000 |
| 通信管道 | Pipeline of Telecommunication | 公里 | km | 1010.6 |
| 有线电视网线 | Network of Satellite Television | 公里 | km | 50 |
| 铁路专用线 | Railway Line | 公里 | km | 8.2 |

# 14－4－2 天津市历年全社会固定资产投资情况

## INVESTMENT VALUE IN FIXED ASSETS OVER THE YEARS OF TIANJIN

| 年 份<br>Year | 全社会<br>Total | 国有经济<br>State-owned | 集体经济<br>Collective-owned | #农 村<br>Rural | 个体经济<br>Individuals | #农 村<br>Rural |
|---|---|---|---|---|---|---|
| 投资额(亿元)<br>Investment Value<br>(100 million yuan) | | | | | | |
| 1985 | 65.90 | 54.16 | 7.39 | 3.04 | 4.35 | 3.93 |
| 1986 | 71.91 | 61.03 | 5.93 | 2.73 | 4.95 | 4.24 |
| 1987 | 76.44 | 61.32 | 9.53 | 6.59 | 5.59 | 4.31 |
| 1988 | 82.61 | 66.11 | 9.01 | 6.53 | 7.49 | 7.12 |
| 1989 | 83.88 | 68.39 | 7.68 | 5.75 | 7.81 | 6.61 |
| 1990 | 87.69 | 72.18 | 10.56 | 9.48 | 4.95 | 4.36 |
| 1991 | 128.95 | 109.69 | 12.18 | 10.84 | 7.08 | 6.68 |
| 1992 | 169.88 | 137.81 | 25.21 | 23.59 | 6.86 | 6.08 |
| 1993 | 226.56 | 187.83 | 30.51 | 27.34 | 8.22 | 6.36 |
| 1994 | 315.97 | 265.32 | 40.14 | 36.98 | 10.51 | 8.51 |
| 1995 | 393.18 | 324.20 | 58.65 | 46.52 | 10.33 | 9.36 |
| 1996 | 435.82 | 351.60 | 66.67 | 57.35 | 17.55 | 15.28 |
| 1997 | 498.66 | 422.84 | 61.77 | 52.39 | 14.05 | 10.63 |
| 1998 | 575.96 | 491.87 | 68.39 | 56.70 | 15.60 | 12.45 |
| 新增固定资产(亿元)<br>Newly Increased Fixed Assets<br>(100 million yuan) | | | | | | |
| 1985 | 42.62 | 32.26 | 6.01 | 3.04 | 4.35 | 3.93 |
| 1986 | 56.39 | 46.12 | 5.32 | 2.73 | 4.95 | 4.24 |
| 1987 | 61.04 | 46.02 | 9.43 | 6.59 | 5.59 | 4.31 |
| 1988 | 63.28 | 47.06 | 8.73 | 6.82 | 7.49 | 7.12 |
| 1989 | 69.55 | 50.40 | 11.34 | 8.78 | 7.81 | 6.61 |
| 1990 | 65.16 | 49.66 | 10.55 | 9.55 | 4.95 | 4.36 |
| 1991 | 74.11 | 54.99 | 12.03 | 10.85 | 7.09 | 6.68 |
| 1992 | 102.27 | 73.24 | 22.17 | 21.26 | 6.86 | 6.08 |
| 1993 | 140.00 | 105.82 | 25.96 | 24.11 | 8.22 | 6.36 |
| 1994 | 261.12 | 216.98 | 33.63 | 32.36 | 10.51 | 8.51 |
| 1995 | 300.86 | 247.08 | 43.45 | 40.19 | 10.33 | 9.36 |
| 1996 | 313.12 | 246.63 | 48.94 | 41.61 | 17.55 | 15.28 |
| 1997 | 320.46 | 259.08 | 47.33 | 41.76 | 14.05 | 10.63 |
| 1998 | 439.58 | 379.21 | 44.77 | 42.54 | 15.60 | 12.45 |

# 14－4－3　天津市城市基础设施固定资产投资额(1998年)

## INVESTMENT VALUE IN FIXED ASSETS OF MUNICIPAL INFRASTRUCTURE OF TIANJIN(1998)

单位:万元　Unit:10000 yuan

| 部　门 | Department | 固定资产投资 Fixed Assets Investment | #基本建设 Capital Construction | 更新改造 Innovation |
|---|---|---|---|---|
| 总　计 | **Total** | **1622068** | **1198224** | **422663** |
| 交通运输、仓储及邮电通信业 | Transportation Warehouse, Post and Telecommunication | 821861 | 549614 | 271546 |
| #铁　路 | # Railway | 17216 | 9890 | 7326 |
| 公　路 | Road | 4075 | 877 | 2497 |
| 水　运 | Waterway | — | — | — |
| 航　空 | Airline | 4558 | 3930 | 628 |
| 仓储业 | Warehouse | 25662 | 25612 | 50 |
| 邮电通信 | Post and Telecommunication | 324893 | 91891 | 233002 |
| 电力蒸汽、热水生产和供应业 | Electricity Steam, Hotwater Production and Supply | 393074 | 329811 | 63263 |
| 煤气生产和供应业 | Coal Gas Production and Supply | 72391 | 68300 | 3611 |
| 自来水生产和供应业 | Tap Water Production and Supply | 38451 | 19735 | 18716 |
| 公共服务业 | Public Service | 296291 | 230764 | 65527 |
| 城市基础设施占全市固定资产投资比重(%) | Ratio of Infrastructure to Fixed Assets Investment | 33.1 | 45.6 | 35.0 |

注:本表数据不含农村集体和个人投资。

Note: Data of this table doesn't include investment of rural collective - owned units and individuals.

# 第十五章 上海市房地产统计

# CHPATER 15 REAL ESTATE STATISTICS OF SHANGHAI

# 15－1－1 上海市房地产开发综合统计(1999年)

## COMPOSITE STATISTICS OF REAL ESTATE DEVELOPMENT OF SHANGHAI(1999)

| 项目 | Item | 合计 Total |
|---|---|---|
| **一、房地产开发投资额(亿元)** | **Investment Value of Real Estate Development (100 million yuan)** | |
| 住宅 | Residence | 324.49 |
| 办公楼 | Office | 81.26 |
| 商业营业用房 | Commerce | 60.42 |
| **二、商品房销售额(亿元)** | **Sale of Commercial Buildings(100 million yuan)** | 454.64 |
| 住宅 | Residence | 385.64 |
| 办公楼 | Office | 39.38 |
| 商业营业用房 | Commerce | 26.94 |
| 销售给个人 | Sold to Individuals | — |
| 住宅 | Residence | 307.02 |
| 办公楼 | Office | — |
| 商业营业用房 | Commerce | — |
| **三、房地产开发资金来源(亿元)** | **Funds Sources of Real Estate Development (100 million yuan)** | |
| 国家预算内资金 | State Budgetary Funds | — |
| 国内贷款 | Domestic Loans | 134.49 |
| 债券 | Bonds | 0.10 |
| 利用外资 | Foreign Investment | 95.18 |
| 自筹资金 | Fund Raising | 189.88 |
| 定金及预收款 | Deposits and Pre-charges | — |

15－1－1 续表(Continued)

| 项目 | Item | 合计 Total |
|---|---|---|
| 其他资金 | Others | 229.45 |
| 四、房地产开发面积(万平方米) | **Floor Space of Real Estate Development** (10000 sq. m) | |
| 商品房施工面积 | Floor Space of Commercial Buildings under Construction | 5083.18 |
| 住宅 | Residence | 3747.17 |
| 办公楼 | Office | 660.12 |
| 商业营业用房 | Commerce | 410.84 |
| 商品房新开工面积 | FLoor Space of Commercial Buildings Newly Starting | 1308.60 |
| 住宅 | Residence | 1160.65 |
| 办公楼 | Office | 28.58 |
| 商业营业用房 | Commerce | 60.85 |
| 其他 | Others | 58.52 |
| 商品房竣工面积 | Floor Space of Commercial Buildings Completed | 1468.62 |
| 住宅 | Residence | 1229.23 |
| 办公楼 | Office | 93.01 |
| 商业营业用房 | Commerce | 90.89 |
| 商品房销售面积 | Floor Space of Commercial Buildings Sold | 1328.67 |
| 住宅 | Residence | 1243.33 |
| 办公楼 | Office | 39.23 |
| 商业营业用房 | Commerce | 39.44 |

# 15-1-2 上海市商品房开发综合统计(1995—1999年)

## COMPOSITE STATISTICS OF COMMODITY BUILDINGS DEVELOPMENT OF SHANGHAI(1995—1999)

| 项目 | Item | 1995 | 1996 | 1997 | 1999 |
|---|---|---|---|---|---|
| 一、面积(万平方米) | **Floor Space(10000sq.m)** | | | | |
| 施工面积 | Floor Space under Construction | 5071.36 | 2832.55 | 5625.39 | 5083.18 |
| 住宅 | Residence | 3839.78 | 1547.85 | 3567.17 | 3747.17 |
| 办公楼 | Office | 634.46 | 630.24 | 1239 | 660.12 |
| 商业营业用房 | Commerce | 274.68 | 298.43 | 459.59 | 410.84 |
| 其他 | Others | 322.44 | 356.03 | 359.63 | 265.05 |
| 新开工面积 | Floor Space Newly Starting | 1749.55 | 381.63 | 1085.62 | 1308.60 |
| 住宅 | Residence | 1432.26 | 289.82 | 883.31 | 1160.65 |
| 办公楼 | Office | 164.39 | 44.96 | 91.81 | 28.58 |
| 商业营业用房 | Commerce | 89.31 | 9.43 | 52.22 | 60.85 |
| 其他 | Others | 63.59 | 37.42 | 58.28 | 58.52 |
| 竣工面积 | Floor Space Completed | 699.71 | 613.04 | 1185.21 | 1468.62 |
| 住宅 | Residence | 529.08 | 441.86 | 994.63 | 1229.23 |
| 办公楼 | Office | 30.82 | 45.92 | 104.26 | 93.01 |
| 商业营业用房 | Commerce | 50.84 | 38.11 | 38.86 | 90.89 |
| 其他 | Others | 89.06 | 87.15 | 47.46 | 55.49 |
| 二、销售 | **Sales** | | | | |
| 实际销售面积(万平方米) | Floor Space Actually Sold(10000sq.m) | 566.86 | 225.39 | 616.23 | 1328.67 |
| 住宅 | Residence | 535.51 | 188.13 | 550.31 | 1243.33 |
| #销售给个人 | # Sold to Individuals | 184.56 | — | — | 1009.25 |
| 办公楼 | Office | 4.03 | 19.28 | 30.08 | 39.23 |
| 商业营业用房 | Commerce | 6.89 | 12.65 | 11.25 | 39.44 |
| 其他 | Others | 20.43 | 5.33 | 24.59 | 6.67 |
| 销售额(万元) | Value of Sales(10000yuan) | 1459106 | 1011280 | 1993458 | — |

15-1-2 续表(Continued)

| 项目 | Item | 1995 | 1996 | 1997 | 1999 |
|---|---|---|---|---|---|
| 住宅 | Residence | 1327276 | 763191 | 1571802 | — |
| #销售给个人 | # Soald to Indlividuals | 387376 | — | — | — |
| 办公楼 | Office | 22796 | 152537 | 290558 | — |
| 商业营业用房 | Commerce | 28520 | 73862 | 53297 | — |
| 其他 | Others | 80514 | 21690 | 77801 | — |
| 销售价格(元/平方米) | Selling Price(yuan/sq.m) | 2574.01 | 4487 | 3235 | 3422 |
| 住宅 | Residence | 2478.53 | 4057 | 2856 | 3102 |
| 办公楼 | Office | 5656.58 | 7912 | 9660 | — |
| 商业营业用房 | Commerce | 4139.33 | 5839 | 4738 | — |
| 其他 | Others | 3940.97 | 4069 | 3164 | — |
| **三、资金来源(万元)** | **Fund Sources(10000yuan)** | | | | |
| 合计 | Total | 5586610 | 4278927 | 7764043 | 6491049 |
| 国家预算内资金 | State Budgetary Funds | 125507 | 29280 | 12878 | — |
| 国内贷款 | Domestic Loans | 1226281 | 816505 | 1763041 | 1344887 |
| 债券 | Bonds | 11111 | 3043 | 4499 | 1003 |
| 利用外资 | Foreign Funds | 518095 | 1095982 | 1260339 | 951843 |
| 自筹资金 | Funds Raising | 2144644 | 670783 | 2528517 | 1898805 |
| 定金及预收款 | Deposit and Pre-charges | 897431 | 1342224 | 1577210 | — |
| 其他 | Others | 321110 | 617559 | — | 2294511 |
| **四、空置面积(万平方米)** | **Floor Space Vacant(10000sq.m)** | | | | |
| 合计 | Total | 411.03 | — | — | 1297.14 |
| 住宅 | Residence | 343.22 | — | — | 922.23 |
| 办公楼 | Office | 14.9 | — | — | 174.20 |
| 商业营业用房 | Commerce | 7.74 | — | — | 114.24 |
| 其他 | Others | 45.16 | — | — | 86.47 |

# 15－1－3 上海市房地产投资情况(1996—1998 年)

## INVESTMENT IN REAL ESTATE OF SHANGHAI(1996—1998)

单位:亿元 Unit:100 million yuan

| 指　标 | Indicators | 1996 | 1997 | 1998 |
|---|---|---|---|---|
| 投资总额 | Total Investment Value | 657.79 | 614.23 | 577.12 |
| 土地开发投资 | Investment in Land Development | 67.60 | 41.50 | 18.19 |
| 商品房屋建设投资 | Investment in Commercial Houses | 454.79 | 515.78 | 440.47 |
| 按工程用途分 | Grouped by Purpose of Projects | | | |
| 住宅 | Residence | 356.01 | 334.07 | 320.66 |
| # 别墅、高档公寓 | # Villas and High-grade Apartments | 40.64 | 26.17 | 28.69 |
| # 安居工程 | # Welfare Projects | 16.12 | 7.74 | 18.21 |
| 写字楼 | Office Buildings | 150.83 | 140.03 | 121.91 |
| 商业营业用房 | Commerce | 62.71 | 54.20 | 61.10 |
| 其他 | Others | 88.24 | 85.93 | 73.45 |
| 新增固定资产 | Newly Increased Fixed Assets | 318.58 | 427.19 | 508.32 |
| 房屋建筑面积(万平方米) | Floor Space of Buildings (10000 sq.m) | | | |
| 施工面积 | Floor Space under Construction | 6005.46 | 5341.79 | 5416.10 |
| # 住宅 | # Residence | 4154.16 | 3647.47 | 3704.29 |
| 竣工面积 | Floor Space Completed | 1207.86 | 1464.96 | 1565.34 |
| # 住宅 | # Residence | 992.30 | 1176.14 | 1242.00 |

# 15－1－4　上海市商品房开发投资情况(1992—1997年)

## INVESTMENT IN DEVELOPMENT OF COMMODITY BUILDINGS OF SHANGHAI(1992—1997)

| 项目 | Item | 1992 | 1993 | 1994 | 1995 | 1996 | 1997 |
|---|---|---|---|---|---|---|---|
| 一、内销 | **Selling to Domestic Customers** | | | | | | |
| 1. 完成投资额(亿元人民币) | Investment Value Made (100million yuan) | 12.55 | 18.70 | 117.43 | 286.45 | 454.79 | 515.78 |
| 中央 | Central | 2.12 | 2.70 | 1.47 | 67.59 | 17.62 | 52.03 |
| 地方 | Local | 10.43 | 81.0 | 115.96 | 218.86 | 437.17 | 463.75 |
| 2. 施工面积(万平方米) | Floor Space under Construction (10000sq.m) | 432.27 | 15210 | 1305.82 | 5074.80 | 6005.46 | 5341.79 |
| #新开工 | # Newly Starting | 214.13 | 1018.00 | 391.75 | 1749.55 | 1469.08 | 1431.88 |
| 3. 竣工面积(万平方米) | Floor Space Completed (10000sq.m) | 116.73 | 320.00 | 341.21 | 700.39 | 1207.86 | 1464.96 |
| #住宅 | Residence | 112.25 | 307.30 | 319.87 | 529.77 | 992.30 | 1176.14 |
| 二、外销 | **Selling to Foreign Customers** | | | | | | |
| 1. 完成投资额(亿美元) | Investment Value Made (100million US$) | 1.60 | 51.30 | 80.60 | 71.48 | 103.15 | 26.09 |
| 2. 施工面积(万平方米) | Floor Space under Construction (10000sq.m) | 61.80 | 302.50 | 879.00 | 1048.00 | 1010.00 | 1078.96 |
| #新开工 | # Newly Starting | 57.60 | 244.90 | 533.80 | 702.30 | 33.0 | 158.70 |
| 3. 竣工面积(万平方米) | Floor Space Completed (10000sq.m) | 4.20 | 5.20 | 33.30 | 70.98 | 56.00 | 180.64 |

# 15-1-5 上海市主要年份固定资产投资情况(1995—1998年)

## INVESTMENT IN FIXED ASSETS OF MAIN YEARS OF SHANGHAI(1995—1998)

| 指 标 | Indicators | 1995 | 1996 | 1997 | 1998 |
|---|---|---|---|---|---|
| **总额** | **Total Investment Value** | **1601.79** | **1952.05** | **1977.59** | **1964.83** |
| 按隶属关系分 | Grouped by Administrative Relationship | | | | |
| 中央项目 | Central Government Projects | 254.73 | 314.77 | 367.24 | 316.50 |
| 地方项目 | Local Projects | 1347.06 | 1637.28 | 1610.35 | 1648.33 |
| 按构成分 | Grouped by Use of Funds | | | | |
| 建筑安装工程 | Construction and Installation | 916.34 | 1043.24 | 1050.66 | 982.69 |
| 设备、工具、器具购置 | Purchase of Equipment and Instruments | 355.47 | 473.59 | 424.90 | 489.54 |
| 其他费用 | Others | 329.98 | 435.22 | 502.03 | 492.60 |
| 按建设性质分 | Grouped by Types of Construction | | | | |
| 新建 | New Construction | 516.75 | 617.92 | 763.00 | 826.39 |
| 改建 | Reconstruction | 215.14 | 173.95 | 174.52 | 186.64 |
| 扩建 | Expansion | 323.98 | 411.99 | 327.35 | 272.13 |
| 单纯建造生活设施 | Construction of Living Facilities | 45.22 | 55.41 | 54.14 | 55.67 |
| 按产业分 | Grouped by Industry | | | | |
| 第一产业 | Primary Industry | 9.77 | 20.46 | 6.97 | 6.10 |
| 第二产业 | Secondary Industry | 517.12 | 647.50 | 663.65 | 655.06 |
| 第三产业 | Tertiary Industry | 1074.90 | 1284.09 | 1306.97 | 1303.67 |
| 住宅 | Residence | 433.76 | 466.99 | 458.22 | 404.96 |
| 新增固定资产 | Newly Increased Fixed Assets | 826.76 | 1199.10 | 1316.43 | 1534.90 |
| 固定资产交付使用率(%) | Rate of Fixed Assets Transfered and Put in Use(%) | 51.6 | 61.4 | 66.6 | 78.1 |
| **房屋建筑面积(万平方米)** | **Floor Space of Buildings (10000 sq. m)** | | | | |
| 施工面积 | Floor Space under Construction | 10566.42 | 10732.85 | 9955.21 | 9364.36 |
| 住宅 | Residence | 6195.12 | 5874.26 | 5450.13 | 5113.52 |
| 竣工面积 | Floor Space Completed | 3093.93 | 3254.57 | 3614.19 | 3364.43 |
| 住宅 | Residence | 1746.82 | 1872.65 | 2179.68 | 1963.51 |

# 15-1-6 上海市全社会固定资产投资总额(1982—1998年)

TOTAL INVESTMENT VALUE IN FIXED ASSETS OF SHANGHAI(1982—1998)

单位:亿元 Unit:100 million yuan

| 年份 Year | 固定资产投资总额 Total Investt-ment Value | 基本建设 Capital Construction | 更新改造 Innovation | 其他经济单位投资 Investment by Units of Other Ownership | 集体经济单位 Collective-owned Units | 房地产投资 Investment in Real Estate | 城乡私人建房 Buildings Constructed by Individuals |
|---|---|---|---|---|---|---|---|
| 1952 | 1.98 | 1.41 | 0.23 | — | 0.02 | — | 0.32 |
| 1955 | 3.43 | 2.43 | 0.41 | — | 0.03 | — | 0.56 |
| 1960 | 17.65 | 12.23 | 4.43 | — | 0.69 | — | 0.30 |
| 1965 | 7.75 | 5.12 | 1.70 | — | 0.57 | — | 0.37 |
| 1970 | 10.90 | 7.75 | 1.85 | — | 0.86 | — | 0.44 |
| 1975 | 32.53 | 21.18 | 8.28 | — | 2.35 | — | 0.71 |
| 1978 | 27.91 | 14.46 | 5.60 | 3.77 | — | 3.20 | 0.89 |
| 1979 | 35.58 | 21.13 | 7.69 | 3.77 | 2.42 | — | 1.08 |
| 1980 | 45.43 | 25.74 | 11.30 | 3.24 | 3.58 | — | 1.58 |
| 1981 | 54.60 | 30.80 | 11.18 | 3.02 | 5.43 | — | 4.17 |
| 1982 | 71.34 | 43.63 | 14.41 | 3.58 | 5.11 | — | 4.60 |
| 1983 | 75.95 | 43.01 | 17.4 | 4.56 | 6.20 | — | 4.73 |
| 1984 | 91.72 | 47.42 | 22.56 | 5.23 | 8.98 | — | 7.52 |
| 1985 | 118.56 | 57.05 | 35.61 | 3.26 | 10.44 | — | 12.20 |
| 1986 | 146.93 | 71.37 | 46.83 | 4.26 | 13.99 | — | 10.48 |
| 1987 | 186.30 | 92.62 | 57.79 | 4.04 | 18.65 | — | 13.20 |
| 1988 | 245.27 | 116.06 | 78.04 | 4.58 | 29.03 | — | 17.56 |
| 1989 | 214.76 | 112.45 | 62.93 | 3.43 | 21.00 | — | 14.96 |
| 1990 | 227.08 | 108.53 | 71.77 | 3.77 | 18.29 | 8.16 | 16.55 |
| 1991 | 258.30 | 108.90 | 95.21 | 3.91 | 27.82 | 7.59 | 14.87 |
| 1992 | 357.38 | 129.60 | 126.84 | 6.52 | 64.16 | 12.71 | 17.55 |
| 1993 | 653.91 | 273.64 | 220.30 | 9.91 | 120.56 | 22.03 | 7.46 |
| 1994 | 1123.29 | 511.24 | 304.01 | 13.99 | 165.01 | 117.43 | 11.61 |
| 1995 | 1601.79 | 551.86 | 389.20 | 16.33 | 164.38 | 466.20 | 13.82 |
| 1996 | 1952.05 | 651.28 | 415.73 | 12.43 | 193.74 | 657.79 | 21.08 |
| 1997 | 1977.59 | 762.00 | 386.24 | 7.43 | 189.80 | 614.23 | 17.89 |
| 1998 | 1964.83 | 844.15 | 365.01 | 13.44 | 150.94 | 577.12 | 14.17 |

注:从1998年起,固定资产投资统计起点为50万元以上(含50万元)项目(下同)。

Note: Since 1998, the starting level of calculating fixed asset investment has been projects with an investment of more than 500000 yuan(including 500000 yuan), the same below.

# 15-2-1 上海市房屋竣工建筑面积(1998 年)

## FLOOR SPACE OF BUILDINGS COMPLETED OF SHANGHAI(1998)

单位:万平方米 Unit:10000 cu.m

| 项目 | Item | 房屋竣工建筑面积 Floor Space of Buildings | # 基本建设 # Capital Construction | # 更新改造 # Innovation | # 城镇经济 # Collective owned | # 房地产开发 # Real Estate Develop-ment |
|---|---|---|---|---|---|---|
| 总计 | **Total** | 2569.35 | 599.30 | 366.20 | 38.51 | |
| 厂房 | Plant Building | 176.57 | 78.36 | 91.59 | 6.62 | — |
| 仓库 | Storehouse | 39.85 | 28.53 | 10.76 | 0.56 | — |
| 商业营业用房 | Commerce | 187.25 | 46.26 | 25.23 | 4.67 | 59.32 |
| 服务业用房 | Service | 12.62 | 4.75 | 7.23 | 0.64 | — |
| 办公室 | Office | 227.67 | 42.24 | 16.52 | 1.97 | 170.70 |
| 住宅 | Residence | 1624.03 | 196.55 | 168.27 | 17.21 | 1176.14 |
| 教育用房 | Education | 96.51 | 79.02 | 15.20 | 2.29 | — |
| 文化体育用房 | Culture and Physical Training | 13.08 | 11.33 | 1.02 | 0.73 | — |
| 医疗用房 | Health Care | 21.74 | 19.47 | 2.02 | 0.25 | — |
| 科学实验研究用房 | Scientific Research | 15.75 | 11.68 | 3.96 | 0.11 | — |
| 其他 | Others | 154.28 | 81.11 | 24.40 | 3.46 | 58.80 |

## 15-2-2 上海市历年住宅投资和竣工面积(1979—1998年)

INVESTMENT IN RESIDENTIAL BUILDINGS AND FLOOR SPACE COMPLETED OVER THE YEARS OF SHANGHAI(1979—1998)

| 年份 Year | 住宅投资额(万元) Investment Value in Residential Housing (10000yuan) | 住宅竣工建筑面积(万平方米) Floor Space of Residential Housing Completed (10000sq.m) | #基本建设 # Capital Construction | #更新改造 # Innovation | #城镇集体 Collective-owned | #房地产开发 # Real Estate Development | 人均居住面积(平方米) Dwelling Area Per Capita (sq.m) |
|---|---|---|---|---|---|---|---|
| 1979 | 27269 | 215.99 | — | — | — | — | 4.3 |
| 1980 | 43407 | 304.32 | — | — | — | — | 4.4 |
| 1981 | 56106 | 297.57 | — | — | — | — | 4.5 |
| 1982 | 62055 | 394.60 | 333.92 | 36.46 | 24.22 | — | 4.7 |
| 1983 | 64253 | 405.89 | 311.47 | 63.76 | 30.66 | — | 4.9 |
| 1984 | 81986 | 438.24 | 362.56 | 36.90 | 38.78 | — | 5.0 |
| 1985 | 129468 | 488.55 | 426.64 | 28.24 | 33.67 | — | 5.4 |
| 1986 | 175572 | 490.95 | 411.35 | 48.28 | 31.32 | — | 6.0 |
| 1987 | 224626 | 486.24 | 288.52 | 172.50 | 25.22 | — | 6.2 |
| 1988 | 270265 | 474.88 | 254.44 | 195.36 | 25.08 | — | 6.3 |
| 1989 | 189379 | 371.01 | 170.71 | 177.81 | 22.49 | — | 6.4 |
| 1990 | 262557 | 421.94 | 153.66 | 181.54 | 12.84 | 73.90 | 6.6 |
| 1991 | 356695 | 477.69 | 157.78 | 213.29 | 9.60 | 97.02 | 6.7 |
| 1992 | 447051 | 543.48 | 223.84 | 195.01 | 11.20 | 113.43 | 6.9 |
| 1993 | 666984 | 616.50 | 220.13 | 233.19 | 27.15 | 136.03 | 7.3 |
| 1994 | 2890633 | 873.57 | 225.77 | 305.76 | 22.17 | 319.87 | 7.5 |
| 1995 | 4078202 | 1268.90 | 317.51 | 384.71 | 36.91 | 529.77 | 8.0 |
| 1996 | 4338524 | 1509.48 | 200.19 | 279.48 | 37.51 | 992.30 | 8.7 |
| 1997 | 4330490 | 1684.20 | 247.56 | 220.80 | 39.70 | 1176.14 | 9.3 |
| 1998 | 3832727 | 1624.03 | 599.30 | 366.20 | 38.51 | 1565.34 | 9.7 |

## 15－2－3 上海市各类房屋造价参考标准

REFERENTIAL STANDARD OF COSTS OF DIFFERENT HOUSES OF SHANGHAI

| 序号<br>Sequence Number | 工程类别<br>Projects Type | | | 平均造价<br>（元/$m^2$）<br>Average Cost<br>（yuan/$m^2$） | 工程概况描述<br>Discription on Projects |
|---|---|---|---|---|---|
| 1 | 住宅 | 普通商品房<br>（含动迁房） | 多层<br>高层 | 700～750<br>1600～1650 | 外立面钢门窗、涂料外立面钢门窗、涂料、国产电梯，公共部位一般装修 |
| 2 | 住宅 | 中档商品房 | 多层<br>高层 | 800～1200<br>1750～2000 | 外立面铝合金门窗，公共部位一般装修，设半地下室，国产电梯，其余同上 |
| 3 | 住宅 | 高档商品房<br>（外销标准） | 多层<br>高层 | 1400～1500<br>2400～2700 | 设一层地下车库、单位空调、较好内装修，铝合金门窗设一层地下车库、2～3层附中央空调的商业裙房，20～30层设单位空调商住塔楼，含较好内装修 |
| 4 | 住宅 | 内销别墅 | 2～3层 | 900以上 | 不含室内二次装修和室外小花园 |
| 5 | 住宅 | 高级别墅<br>（外销标准） | 2～3层 | 3500～4200 | 设热泵型空调，高档装修，<br>进口洁具及厨具、室外小花园，不含游泳池 |
| 6 | 商办楼 | 高层中低档水准<br>（内销标准） | | 3000～3500 | 地下一层，上部20～30层设中央空调，中外合资电梯及设备主机，仅公共部位精装修，外立面铝合金窗，局部幕墙，合资产品面砖饰面 |
| 7 | 商办楼 | 高层、中高档水准<br>（外销标准） | | 4500～4800 | 地下二层（或以上），上部25～35层，主要机电设备及电梯采用全进口产品，外立面幕墙/铝板/铝窗 |
| 8 | 商办楼 | 超高层，高档水准 | | 8300～10800 | 建筑高度在80米以上的钢结构建筑 |
| 9 | 商办楼 | 综合商业建筑 | | 4000～5000 | 地下2～3层，上部4～5层商业裙房，20～30层办公塔楼 |
| 10 | 医院 | 市区级综合医院 | 高层 | 3500～4000<br>4500或以上 | 地下一层，地上15～20层，设中央空调、电梯。地下二层，地上20层以上，设中央空调、电梯，均不包括医疗设备 |
| 11 | 医院 | 涉外医院 | | 5000或以上 | |
| 12 | 医院 | 地段医院 | 多层 | 2200～2500 | 铝合金门窗，外墙贴面砖或涂料 |
| 13 | 旅馆酒店 | 国际三星级酒店 | 高层 | 7000或以上 | 包括精装修及家具 |
| 14 | 旅馆酒店 | 国际四星级酒店 | 高层 | 8000或以上 | 包括精装修及家具 |
| 15 | 旅馆酒店 | 国际五星级酒店 | 超高层 | 9000或以上 | 包括精装修及家具 |
| 16 | 体育建筑 | 大型多功能体育场<br>（6万～8万座观众席） | | 1.1万～2.3万元/座 | 观众席上设遮阳顶棚，大型电子显示屏幕，含比赛及场外训练场 |
| 17 | 体育建筑 | 小型专业体育场<br>（2万～3万座观众席） | | 1.4万～1.6万元/座 | 仅主席台上设顶棚，其余同上 |
| 18 | 体育建筑 | 简易运动场 | | 130万～150万元/片 | 普通中学风雨操场标准，设400米跑道及足场场 |
| 19 | 体育建筑 | 专业运动/训练场 | | 650万～700万元/片 | 400米进口塑胶跑道及足球场 |
| 20 | 体育建筑 | 室外网球场 | | 30万元/片 | 包括球场照明、围栅等 |
| 21 | 体育建筑 | 保龄球馆 | | 70万～80万元/道 | 包括保龄球设备（4.5万～5万美元/道）及室内装修 |
| 22 | 体育建筑 | 游泳馆 | | 6500或以上 | 内设国际奥林匹克标准游泳池及训练池，附中央空调 |
| 23 | 体育建筑 | 体育健身俱乐部 | | 5300或以上 | 社区高级康乐会所 |
| 24 | 教育 | 中小学教学楼 | 多层 | 1000～1200 | 按教育规范建造，不包括室外操场等设施。 |
| 25 | 教育 | 幼儿园托儿所 | | 1500 | 按教育规范标准建造 |
| 26 | 教育 | 高级教学楼 | | 2100以上 | 涉外标准，设中央空调 |
| 27 | 工业建筑 | 标准厂房 | | 1300～1500 | |
| 28 | 工业建筑 | 食品加工厂 | | 3700～4000 | 中外合资高洁净要求封闭式厂房 |
| 29 | 工业建筑 | 轻钢结构厂房 | | 1500或以上 | 设6米高厂房车间、二层写字楼 |

# 15-3-1　上海市房地产市场情况(1997—1998年)

REAL ESTATE MARKET CONDITIONS OF SHANGHAI(1997—1998)

| 项　目 | Item | 1998 | 1997 | 1998年与1997年相比(±%) Comparison of 1998 to 1997 |
|---|---|---|---|---|
| 房地产开发投资额(万元) | Investment Value in Real Estate Development(10000yuan) | 5989313 | 6142885 | 5148253 |
| 完成土地开发面积(平方米) | Area of Land Development Completed(sq.m) | 984820 | 2992700 | 1481009 |
| 完成拆迁面积(平方米) | Area of Pulling down and Moving Completed(sq.m) | 4495305 | 6796765 | — |
| #居民 | Residents | 3439403 | 3631583 | — |
| 单位 | Units | 1055902 | 1165182 | — |
| 商品房施工竣工面积 | Floor Space of Commodity Buildings under Construction and Completed | | | |
| 新开工面积(平方米) | Floor Space Newly Starting(sq.m) | 10992132 | 14318300 | 13086003 |
| 竣工面积(平方米) | Floor Space Completed(sq.m) | 14035804 | 14649600 | 14686212 |
| 商品房销售 | Selling of Commodity Buildings | | | |
| 批准预售面积(平方米) | Floor Space Permitted to Pre-selling(sq.m) | 15598700 | 18990175 | — |
| 内销 | Selling to Domestic Customers | 14626300 | 17375175 | — |
| 外销 | Selling to Foreign Customers | 972400 | 1615000 | — |
| 已登记预售面积(平方米) | Floor Space for Pre-selling Registered(sq.m) | 8177422 | 4455717 | — |
| 内销 | Selling to Domestic Customers | 8079090 | 4133719 | — |
| 外销 | Selling to Foreign Customers | 98332 | 321998 | — |
| 批准销售面积(平方米) | Floor Space Permittted for Selling(sq.m) | 14757341 | 11295708 | — |
| 内销 | Selling to Domestic Customers | 12501525 | 9253186 | — |
| 外销 | Selling to Foreign Customers | 2255816 | 2042522 | — |
| 已登记销售面积(平方米) | Floor Space for Selling Registered(sq.m) | 7366703 | 440188 | — |
| 内销 | Selling to Domestic Customers | 6707174 | 3886229 | — |
| 外销 | Selling to Foreign Customers | 659529 | 515655 | — |
| 外销房抵押面积(平方米) | Mortgaged Floor Space Selling to Foreign Customers(sq.m) | 5007394 | — | — |
| 外销房抵押贷款额(万元) | Mortgage Loans for Buildings Selling to Foreign Customers | 2212677 | — | — |
| 已登记的存量房交易过户面积(平方米) | Floor Space Traded and Turned over to Users of Stock Buildings Registered(sq.m) | 3152266 | 1624045 | — |
| 存量房交易成交额(万元) | Traded Value of Stock Buildings(10000 yuan) | 633156 | — | — |
| 房屋租赁面积 | Space of Houses For Leasing and Renting | 1985561 | — | — |

# 15－3－2 中房上海指数历史值(1995—1999 年)

## CHINA REAL ESTATE INDEX SYSTEM SHANGHAI INDEX(1995—1999)

| 年 份<br>Year | 季 度<br>Quarter | 住 宅<br>Residence | 办公用房<br>Office | 城市指数<br>Composite Index |
|---|---|---|---|---|
| 1995 | 1 | 835 | 1463 | 942 |
| 1995 | 2 | 832 | 1461 | 941 |
| 1995 | 3 | 836 | 1454 | 937 |
| 1995 | 4 | 829 | 1408 | 922 |
| 1996 | 1 | 817 | 1401 | 911 |
| 1996 | 2 | 808 | 1380 | 900 |
| 1996 | 3 | 807 | 1345 | 892 |
| 1996 | 4 | 810 | 1332 | 893 |
| 1997 | 1 | 808 | 1308 | 889 |
| 1997 | 2 | 800 | 1270 | 876 |
| 1997 | 3 | 769 | 1209 | 842 |
| 1997 | 4 | 754 | 1185 | 825 |
| 1998 | 1 | 738 | 1173 | 809 |
| 1998 | 2 | 704 | 1134 | 772 |
| 1998 | 3 | 683 | 1089 | 749 |
| 1998 | 4 | 669 | 1038 | 730 |
| 1999 | 1 | 653 | 1007 | 713 |
| 1999 | 2 | 646 | 978 | 703 |
| 1999 | 3 | 643 | 938 | 696 |
| 1999 | 4 | 641 | 918 | 692 |

# 15－3－3　上海市部分物业标价(2000年10月)

PRICES OF PART OF PROPERTIES OF SHANGHAI(Oct.2000)

| 物业名称<br>Project Name | 位　置<br>Location | 价格(元/平米)<br>Price(yuan/sq.m) | 入伙时间<br>Completion Time | 联系电话<br>Telephone |
|---|---|---|---|---|
| 长宏新苑 | 淞南路211弄 | 2120元起 | 期房 | 56825351 |
| 长寿苑.锦海大厦 | 长寿路433号 | 4680元起 | 期房 | 62776701 |
| 春申城四季苑 | 都市路4633号 | 2727元起 | 期房 | 64585555 |
| 达安花园 | 长寿路 | 面议 | 期房 | 62305999 |
| 大上海国际花园 | 漕宝路1555号 | 3200元起 | 现房 | 64782888 |
| 大闻丽都苑 | 海防路377号 | 面议 | 期房 | 62981177 |
| 地方天园 | 东新路 | 4888元起 | 期房 | 52911616 |
| 东湖华庭 | 新乐路196号 | 6560元起 | 现房 | 64377117 |
| 芳华公寓 | 长寿路650弄 | 4800元起 | 现房 | 62779303 |
| 福泰公寓 | 柳营路717弄1号 | 3700元起 | 期房 | 66521004 |
| 富丽花苑 | 江宁路1286号 | 3888元 | 现房 | 62772107 |
| 国贸花园 | 海伦路溧阳路 | 3980元起 | 现房 | 56964123 |
| 海联花苑世外桃源 | 一路135弄 | 3200元 | 现房 | 64013220 |
| 海欣城 | 莘砖公路 | 1658元起 | 期房 | 62802480 |
| 虹康花苑 | 仙霞西路 | 面议 | 现房 | 62381052 |
| 虹梅家人 | 春申路1581弄 | 1790元起 | 现房 | 64971991 |
| 虹桥丽园 | 虹桥路591弄 | 4988元起 | 期房 | 64470051 |
| 虹桥新城 | 长宁路1661号 | 面议 | 期房 | 52530828 |
| 鸿安公寓云台雅阁 | 浦东南路云台路 | 2880元起 | 期房 | 58833567 |
| 鸿锦苑 | 虹进口睡482号 | 3880元起 | 期房 | 64011570 |
| 宏润公寓 | 浦东南路2179弄 | 面议 | 期房 | 58750318 |
| 红明新村 | 漕宝路6号桥 | 1800元起 | 期房 | 64797323 |
| 惠浦大厦 | 平凉路540号 | 3000元起 | 现房 | 65455857 |
| 嘉汇广场公寓 | 天钥桥路斜土路 | 4820元起 | 现房 | 64877826 |
| 嘉年城市新苑 | 诸翟镇金丰路121弄 | 1234元起 | 现房 | 62346622 |
| 嘉园 | 万航渡路458号 | 4338元起 | 期房 | 62266060 |
| 江南山水 | 五莲路401号 | 2580元起 | 期房 | 58500080 |
| 金桂苑小区 | 虹漕南路123号 | 3450元起 | 现房 | 64701856 |
| 金俊苑 | 虹井路368弄 | 4228元起 | 期房 | 64067380 |
| 金杨金台苑 | 金台路165号 | 3050元起 | 期房 | 50700865 |
| 金樟花园 | 浦东大道居家桥路 | 3350元起 | 现房 | 58710758 |
| 锦绣家园 | 斜土东路317号 | 4560元起 | 期房 | 63778408 |
| 静安花苑 | 漕宝路1467弄 | 2680元起 | 期房 | 64789689 |
| 凯虹家园艺树林 | 梧州路299号 | 4080元起 | 期房 | 65024000 |
| 莲花苑 | 罗阳路261弄 | 2900元起 | 现房 | 64368732 |
| 龙滕浦江阳光公寓 | 南仓街陆家浜路 | 4114元 | 期房 | 63771699 |
| 绿川新苑 | 浦东北蔡 | 1970元起 | 期房 | 58913606 |
| 绿康公寓 | 天山路176号 | 3850元起 | 期房 | 62334690 |
| 罗阳二村 | 金陵中路 | 2300元起 | 现房 | 64531599 |

15-3-3 续表(Continued)

| 物业名称<br>Project Name | 位 置<br>Location | 价格(元/平米)<br>Price(yuan/sq.m) | 入伙时间<br>Completion Time | 联系电话<br>Telephone |
|---|---|---|---|---|
| 年平花苑 | 嘉善路 258 弄 | 5700 元起 | 现房 | 64455609 |
| 强生花苑 | 龙华西路 398 号 | 4080 元起 | 期房 | 64581188 |
| 曲阳人家 | 中山北一路 658 号 | 4100 元起 | 期房 | 65610692 |
| 三琳花园 | 莘松路 | 2478 元起 | 期房 | 64929408 |
| 上南心愿 | 上南路 4185 号 | 2138 元起 | 期房 | 58410870 |
| 上南心愿兰庭苑 | 上南路 4185 号 | 2138 元起 | 期房 | 58410870 |
| 上青佳园 | 长寿路 | 3900 元起 | 期房 | 62985050 |
| 申江名园 | 瑞金路 | 5080 元起 | 期房 | 64173068 |
| 世家公寓 | 建国东路 37 号 | 4683 元起 | 现房 | 63110602 |
| 四季园 | 东安路 149 号 | 6200 元起 | 期房 | 64184949 |
| 天赐苑 | 岗皋路石泉路 | 3500 元起 | 期房 | 62055656 |
| 天鼎花园 | 昌平路 8 号 | 5000 元起 | 期房 | 62761288 |
| 天合金桂家园 | 罗山路 1700 弄 8 号 | 2580 元起 | 现房 | 68560805 |
| 天仁苑 | 莘庄田园都市银都路 | 2250 元起 | 期房 | 64587664 |
| 田园都市贵都苑 | 沪闵路贵都路 | 2088 元起 | 现房 | 64589973 |
| 西班牙名园 | 莲花路 | 面议 | 期房 | 64553111 |
| 香港丽园 | 通州路周家嘴路 | 3918 元起 | 期房 | 65014987 |
| 欣宏嘉园 | 武宁南路 199 号 | 4338 元起 | 期房 | 62312066 |
| 新海城住宅 | 逸仙路 | 2998 元起 | 期房 | 65421406 |
| 雅阁心墅 | 莘松路场东路 | 2840 元起 | 期房 | 67644638 |
| 雅致公寓 | 沪闵路 | 2980 元起 | 期房 | 64129031 |
| 阳光苑 | 申江路 | 1980 元起 | 现房 | 50811225 |
| 宇泰公寓 | 东汉阳路 338 号 | 4380 元起 | 期房 | 65865111 |
| 源梦苑 | 锦梅路 | 2080 元起 | 现房 | 64533492 |
| 悦达花苑 | 武夷路 555 号 | 4988 元 | 现房 | 62110421 |
| 樟树苑 | 龙吴路 988 号 | 2750 元起 | 期房 | 64518103 |
| 兆丰虹桥公寓 | 中山西路 1790 号 | 4880 元起 | 期房 | 64380560 |
| 真新新村嘉德坊 | 铜川路 2225 弄 | 2758 元起 | 现房 | 59188565 |
| 中远两湾城 | 中山北路 1878 号 | 3400 元起 | 期房 | 52909000 |
| 芙蓉花苑 | 光复西路 197 号 | 3880 元起 | 期房 | 52901632 |
| 怡峰园 | 长宁路 | 面议 | 期房 | 62116365 |

# 15－4－1　上海市新评等级的房地产开发企业

## REAL ESTATE DEVELOPMENT ENTERPRISES GRADED OF SHANGHAI

| 等级<br>Grade | 企业名称<br>Name of Enterprises | 法人代表<br>Legal Representative | 企业住所<br>Location | 联系电话<br>Telephone |
|---|---|---|---|---|
| 二级 | 奉贤县城乡建设投资开发公司 | 倪仁贤 | 南桥镇城乡路10号 | 57412570 |
| | 有色金属总公司房地产经营公司 | 朱琦衡 | 万航渡路767弄20号 | 62187242 |
| | 上海振城房地产实业公司 | 吴国瑾 | 浦东南路4778号 | 58831927 |
| | 上海金桥出口加工区房地产发展有限公司 | 尹明华 | 上川路1208号 | 58992918 |
| | 上海巴士房地产开发经营公司 | 王华泳 | 广东路376号202室 | 63841786 |
| | 上海市锦绿发展总公司 | 张玉良 | 愚园路753号 | 62407579 |
| | 上海汇鑫房地产公司 | 曹贻德 | 闵行区颛建路61号 | 56489347 |
| | 华能房地产开发公司 | 郭维平 | 双阳路40号4层 | 65390321 |
| | 万科房地产有限公司 | 林汉彬 | 国贸中心2501室 | 62702700 |
| | 上海海联房地产开发经营公司 | 王海明 | 天山路1881号4楼 | 62331392 |
| | 上海黄浦基础市政公司 | 查顺福 | 九江路219号206室 | 63215150 |
| | 上海黄浦投资发展总公司 | 周亚勤 | 延安东路274号6楼 | 63501668 |
| | 上海黄浦地产发展公司 | 汪瑞祥 | 成都北路288号 | 63592523 |
| | 上海市华隆房地产发展公司 | 吴渭凉 | 圆明园路43号 | 63296400 |
| | 上海新岳房地产公司 | 郁庭羽 | 浦东潍坊路2号1103室沪办岳阳路110号 | 64747112 |
| | 上海南方(集团)有限公司 | 刘　芳 | 普育东路35号 | 63771406 |
| | 上海景瑞房地产发展公司 | 陈新戈 | 吴淞路373号 | 63061428 |
| | 上海申马房地产实业公司 | 陈耀初 | 闵行区马桥镇叶松路1711号 | 64090987 |
| | 上海恒达房地产公司 | 史顺成 | 延安东路110号 | 63230010 |
| | 上海新海房地开发公司 | 吴元纲 | 逸仙路214号 | 65420205 |
| | 上海海鑫房地产发展公司 | 冯士明 | 青浦路50号4楼 | 63565019 |
| | 上海万千投资开发(集团)有限公司 | 范俊华 | 东新路98号 | 62440254 |
| | 上海华升房地产开发公司 | 蒋家艳 | 江浦路1500号 | 65107029 |
| | 上海和田城市建设开发公司 | 施贵宝 | 天目西路571号3楼 | 63170849 |
| | 奉贤县住宅建设总公司 | 方银楼 | 南桥镇立新南路9号 | 57412332 |
| | 上海巨龙房产经营公司 | 顾木良 | 南桥镇南中路14号 | 57420166 |
| | 上海市公房发展实业总公司 | 吴嘉禄 | 东平路15号东平大楼五楼 | 64674015 |
| | 祁连房地产开发总公司 | 朱惠祥 | 陈太路285号 | 56041826 |
| | 上海闵行房地(集团)有限公司 | 沈金荣 | 闵行区华渣路384号 | 64802517 |

15－4－1 续表 1(Continued 1)

| 等级<br>Grade | 企业名称<br>Name of Enterprises | 法人代表<br>Legal Representative | 企业住所<br>Location | 联系电话<br>Telephone |
|---|---|---|---|---|
| 二级 | 上海市仪表电子系统房产公司 | 林富臣 | 华山路 285 弄 42 号 | 62472326 |
| | 上海枫围房地产开发经营公司 | 林静源 | 金山县朱枫公路 398 号 | 57353777 |
| | 上海瑞舟房地产发展有限公司 | 陈小津 | 浦东即墨路 97 号 603 室 | 58876363 |
| | 上海徐汇商建房地产有限公司 | 朱　瑾 | 乐山路 35 号 | 64396642 |
| | 上海华鹰(集团)有限公司 | 张解弟 | 西渡镇西渡口 | 65715251 |
| | 上海华夏房地产开发经营有限公司 | 倪新一 | 南市区中山南路北施家弄 47 号 | 63668921 |
| | 城投房地产开发公司 | 顾建平 | 高安路 63 号 | 64335481 |
| | 上海九州房地产开发公司 | 刘　松 | 抚顺路 378 号 | 65027926 |
| | 地铁房地产经营开发公司 | 石礼安 | 衡山路 12 号 | 63189052 |
| | 中房上海房地产开发总公司奉贤分公司 | 陈自力 | 南桥镇南奉公司 39 号 | 57427925 |
| | 上海五角场房地产开发有限公司 | 朱林法 | 政德东路 115 号 | 65489079 |
| | 上海市普陀区房地产开发经营公司 | 袁福海 | 普雄路 30 号 | 62442925 |
| | 通海房地产实业公司 | 陈洪阳 | 剑川路 121 弄 20 号 | 64505488 |
| | 上海兴泰房地产开发有限公司 | 金寿南 | 延安东路 588 号 | 63511118 |
| | 上海富都世界发展有限公司 | 江　荣 | 浦东新区东方路 1369 号 | 58862888 |
| | 上海新世界——建设发展有限公司 | 沈言正 | 滩海中路 918 号(陕西南路口)久事复兴大厦 21 楼 | 64155852 |
| | 上海福龙公寓有限公司 | 张汝佩 | 上海市沪闵路 7888 号 | 64800053 |
| | 上海仁恒房地产有限公司 | 钟声坚 | 浦东茂兴路 98 号仁恒广场 1 座 1 楼 C 室 | 58898888 |
| | 上海洲际房地产发展有限公司 | 潘开先 | 延安西路 1234 号 M 楼 | 62801149 |
| | 上海安富房地产开发有限公司 | 高天国 | 仙霞路 318—322 号 | 62095092 |
| 三级 | 上海东南对外房产发展公司 | 顾元模 | 上海市吴兴路 278 号 14 楼 B 室 | 64726986 |
| | 上海睦雁房地产有限公司 | 潘纪明 | 浦东南路 1399 号 1307 室 | 62330175 |
| | 闵行区虹桥房地产公司 | 周文元 | 虹梅路 2909 号 | 64061184 |
| | 工汇房地 产开发经营有限公司 | 俞开琪 | 浦东新区巨野路 3 号 | 63271696 |
| | 上海南市商业发展房地产公司 | 胡世伟 | 上海市西藏南路 1068 号 | 63684546 |
| | 文华房地产开发经营公司 | 王柏泉 | 高安路 19 号 918 室 | 64378164 |
| | 上海华联房地产公司 | 张仰高 | 康桥工业区、西藏中路 656 号 6 楼 | 63521951 |
| | 五钢房地产开发公司 | 孟连生 | 同济路 251 号 | 56174377 |
| | 上海久安房产经营开发公司 | 宋亦飞 | 四川中路 480 号 | 63253144 |

15－4－1 续表 2(Continued 2)

| 等级<br>Grade | 企业名称<br>Name of Enterprises | 法人代表<br>Legal Representative | 企业住所<br>Location | 联系电话<br>Telephone |
|---|---|---|---|---|
| 三级 | 上海南兴房地产实业公司 | 季振兴 | 江西中路 443 号 | 63299508 |
| | 黄浦区职工住宅开发公司 | 胡洪兴 | 福州路 653 号 | 63216771 |
| | 通德房地产经营公司 | 蔡承德 | 东大名路 470 号 502 室 | 65453513 |
| | 上海宏声房地产经营公司 | 邓祥官 | 浦东新区东方路 428 号 320 室 | 58882648 |
| | 上海仁达房地产开发公司 | 王心文 | 汾阳路 20 号专家楼 | 64310301 |
| | 上海天一房地产开发公司 | 王祖马 | 江苏路 744 弄 4 号 | 62515685 |
| | 上海市黄浦区教育房产开发经营公司 | 王连基 | 南苏州路 100 号 | 63234423 |
| | 上海新地房地产开发公司 | 孙立民 | 陆家浜路 258 号 | 63784697 |
| | 上海华丰房地产开发有限公司 | 沈祖方 | 新港路 78 号 | 65374377 |
| | 徐汇区公房资产经营公司 | 黄亚屏 | 衡山路 598 号 | 64740368 |
| | 上海申达房地产开发经营公司 | 张惠民 | 静安区余姚路 55 号 | 62553418 |
| | 松江县华阳桥房地 产开发经营公司 | 候建国 | 松江镇中山东路 86 弄 2 号 | 57839228 |
| | 上海仓桥房产经营公司 | 唐菊芳 | 松燕路 6 号 | 57715552 |
| | 上海逸仙房地产开发公司 | 丁文亮 | 浦东历城路 20 弄 1 号 101 室 | 58727844 |
| | 上海凌翼房地产开发公司 | 杨文龙 | 东方路 135 弄 12 楼 | 58824696 |
| | 上海三川房地产开发经营公司 | 崔云桂 | 淮海西路 570 号 | 62805838 |
| | 上海南国房地产开发有限公司 | 张少侠 | 延安西路 2200 号 7004 室 | 64592545 |
| | 上海奉浦房地产开发公司 | 王志发 | 奉贤西渡镇沪杭公路 88 号 | 57181930 |
| | 乾溪置业总公司 | 钱菊兴 | 沪太路 2518 号 | 56683806 |
| | 上海东厦房地产开发公司 | 陆建冲 | 翟溪路 987 号 | 63784423 |
| | 上海宇星房地产发展公司 | 李少波 | 马陆希望城沪宜公路 2585 号 | 64034053 |
| | 上海新望房地产经营有限公司 | 金卫国 | 嘉定区迎园新村十二坊 20 号 | 59528916 |
| | 上海嘉乐安居地产开发经营有限公司 | 羌金华 | 嘉定镇南下街 45 号 | 59524144 |
| | 上海天宝房地产开发经营有限公司 | 张　平 | 谷阳北路 30 号 | 57820766 |
| | 静安区公房资产经营公司 | 许维铮 | 茂名北路 376 弄 22 号 | 62560070 |
| | 冶建房产经营开发公司 | 叶祖攸 | 西江湾路 500 号 | 65409475 |
| | 上海青浦四兴房产发展实业公司 | 金荣林 | 青浦县城中路西兴大楼 7 楼 | 59726781 |
| | 上海梅龙镇集团置业有限公司 | 汪　健 | 新华路 730 号 9 号楼 11 层 C 座 | 62825199 |
| | 上海集成房地产经营公司 | 童昌达 | 金陵东路 368 号－378 号 508 室 | 63551775 |
| | 上海广源房地产开发公司 | 陈龙军 | 松江县邱家湾 19 号 | 57820084 |

## 15－4－2 上海市主要年份市区各类房屋构成情况(1996—1998 年)

### COMPOSITION OF DIFFERENT HOUSES IN URBAN AREA OF MAIN YEARSOF SHANGHAI (1996—1998)

单位:万平方米 Unit:10000 sq.m

| 项目 | Items | 1996 | 1997 | 1998 |
|---|---|---|---|---|
| **总计** | **Total** | 23593 | 26148 | 29211 |
| **居住房屋** | **Dwellings** | 13135 | 15116 | 17416 |
| 花园住宅 | Villas | 188 | 185 | 197 |
| 公寓 | Apartments | 119 | 151 | 191 |
| 职工住宅 | Staff Dwellings | 9420 | 11622 | 13925 |
| 新式里弄 | Improved Residential Block | 447 | 448 | 443 |
| 旧式里弄 | Old Residential Block | 2823 | 2582 | 2438 |
| 简屋 | Simple Housing | 63 | 57 | 160 |
| 非居住房屋改用 | Non-dwelling Buildings Turned Housing | 75 | 71 | 62 |
| **非居住房屋** | **Non-dwelling Buildings** | 10458 | 11032 | 11795 |
| 工厂 | Plant | 5513 | 5566 | 5639 |
| 学校 | School | 1164 | 1133 | 1249 |
| 仓库堆栈 | Storehouse | 585 | 591 | 631 |
| 办公建筑 | Office | 1127 | 1491 | 1725 |
| 商场店铺 | Shop | 656 | 755 | 937 |
| 医院 | Hospital | 227 | 270 | 303 |
| 旅馆 | Hotel | 288 | 296 | 336 |
| 影剧院 | Theatre and Cinema | 40 | 40 | 42 |
| 其他 | Others | 858 | 890 | 933 |

注:本表按建筑面积计算。

Note: This table is calculated by floor space of buildings。

# 15-5-1 上海市建筑施工企业主要指标(1998年)

## MAJOR INDICATORS OF CONSTRUCTION ENTERPRISES OF SHANGHAI(1998)

| 指 标 | Indicators | 合计 Total |
|---|---|---|
| 施工企业单位个数(个) | Numbers of Construction Enterprises(unit) | 1618 |
| 年平均人数(万人) | Annual Persons Engaged (10000 Persons) | 57.8471 |
| 自有固定资产原价(亿元) | Original Value of Fixed Assets (100 million yuan) | 131.7523 |
| 自有固定资产净值(亿元) | Net Value of Fixed Assets(100 million yuan) | 78.3311 |
| 自有机械设备台数(万台) | Number of Machinery and Equipment Owned (10000 sets) | 13.0224 |
| 自有机械设备净值(亿元) | Net Value of Machinery and Equipment Owned(100 million yuan) | 39.6406 |
| 自有机械设备总功率(万千瓦) | Total Power of Machinery and Equipment Owned(10000 kw) | 206.3084 |
| 施工产值(亿元) | Gross Output Value(100 million yuan) | 593.1140 |
| 资本金合计(亿元) | Total Capital Funds(100 million yuan) | |
| 资产合计(亿元) | Total Assets(100 million yuan) | 707.5004 |
| 负债合计(亿元) | Total Liabilities(100 million yuan) | 526.6965 |
| # 流动负债 | Circulating Liabilities | 504.2192 |
| 长期负债 | Long-term Liabilities | 22.4773 |
| 所有者权益(亿元) | Total Owners Rights and Interests(100 million yuan) | 180.8039 |
| 企业总收入(亿元) | Total Revenue of Enterprises(100 million yuan) | 567.1958 |
| 施工面积(万平方米) | Floor Space of Buildings under Construction (10000 sq.m) | 4719.16 |
| 竣工面积(万平方米) | Floor Space of Buildings Completed (10000 sq.m) | 1913.55 |
| 利润总额(亿元) | Total Profits(100 million yuan) | 13.2201 |
| 全员劳动生产率 | Overall Labor Productivity | |
| 按施工产值计算(元/人) | In Terms of Gross Output Value (yuan/person) | 102531 |
| 按增加值计算(元/人) | In Terms of Construction Value Added (yuan/person) | 32688 |
| 技术装备率(元/人) | Per Capita Machinery Value (yuan/person) | 9698 |
| 动力装备率(千瓦/人) | Per Capita Machinery Power (kw/person) | 5.0 |
| 房屋建筑面积竣工率(%) | Rate of Buildings Completed(%) | 40.5 |
| 工程质量优良品率(%) | Rate of High Quality Projects(%) | 35.0 |
| 产值利润率(%) | Rate of Profit(%) | 2.2 |
| 产值利税率(%) | Rate of Profit and Taxes(%) | 4.7 |

# 第十六章　重庆市房地产统计

# CHAPTER 16 REAL ESTATE STATISTICS OF CHONGQING

# 16－1－1　重庆市房地产开发综合统计(1999年)

## COMPOSITE STATISTICS OF REAL ESTATE DEVELOPMENT OF CHONGQING(1999)

| 项目 | Item | 合计 Total |
|---|---|---|
| 一、房地产开发投资额(亿元) | **Investment Value of Real Estate Development (100 million yuan)** | |
| 住宅 | Residence | 52.34 |
| 办公楼 | Office | 9.75 |
| 商业营业用房 | Commerce | 30.38 |
| 二、商品房销售额(亿元) | **Sale of Commercial Buildings(100 million yuan)** | 59.20 |
| 住宅 | Residence | 39.36 |
| 办公楼 | Office | 3.48 |
| 商业营业用房 | Commerce | 15.80 |
| 销售给个人 | Sold to Individuals | |
| 住宅 | Residence | 36.58 |
| 办公楼 | Office | — |
| 商业营业用房 | Commerce | — |
| 三、房地产开发资金来源(亿元) | **Funds Sources of Real Estate Development (100 million yuan)** | |
| 国家预算内资金 | State Budgetary Funds | 0.23 |
| 国内贷款 | Domestic Loans | 37.73 |
| 债券 | Bonds | 0.94 |
| 利用外资 | Foreign Investment | 3.57 |
| 自筹资金 | Funds Raising | 41.87 |
| 定金及预收款 | Deposits and Pre-charges | — |

16－1－1 续表(Continued)

| 项目 | Item | 合计 Total |
|---|---|---|
| 其他资金 | Others | 44.10 |
| **四、房地产开发面积(万平方米)** | **Floor Space of Real Estate Development (10000 sq.m)** | |
| 商品房施工面积 | Floor Space of Commercial Buildings under Construction | 2103.8 |
| 住宅 | Residence | 1285.41 |
| 办公楼 | Office | 188.01 |
| 商业营业用房 | Commerce | 508.82 |
| 商品房新开工面积 | FLoor Space of Commercial Buildings Newly Starting | 8475 |
| 住宅 | Residence | 608.4 |
| 办公楼 | Office | 42.3 |
| 商业营业用房 | Commerce | 148.2 |
| 商品房竣工面积 | Floor Space of Commercial Buildings Completed | 619.6 |
| 住宅 | Residence | 438.56 |
| 办公楼 | Office | 40.61 |
| 商业营业用房 | Commerce | 107.27 |
| 商品房销售面积 | Floor Space of Commercial Buildings Sold | 430.0 |
| 住宅 | Residence | 364.6 |
| 办公楼 | Office | 16.2 |
| 商业营业用房 | Commerce | 44.5 |
| **五、空置面积(万平方米)** | **FLoor Space Vacant (10000 sq.m)** | 353.04 |
| 住宅 | Residence | 183.60 |
| 办公楼 | Office | 47.30 |
| 商业营业用房 | Commerce | 99.95 |

# 16-1-2　重庆市房地产业投资情况(1997—1998年)

## INVESTMENT IN REAL ESTATE TRADE OF CHONGQING(1997—1998)

单位:万元　Unit:10000 yuan

| 指　标 | Item | 1998 | 1997 | 指数 Index 1997=100 |
|---|---|---|---|---|
| 投资总额 | Total Investment Value | 973014 | 675022 | 144.1 |
| #土地开发投资 | Land Development Investment | 68462 | 27266 | 251.1 |
| 商品房屋建设投资 | Investment in Commerical Buildings Construction | 781839 | 477218 | 163.8 |
| 按工程用途分 | By Purpose of Projects | | | |
| 住宅 | Residence | 770889 | 282592 | 156.0 |
| #别墅、高档公寓 | Villas and Senior Apartments | 33237 | 11679 | 284.6 |
| 安居工程 | Welfare Projects | 76145 | 46670 | 163.2 |
| 写字楼 | Office | 105632 | 73375 | 144.0 |
| 商业营业用房 | Commerce | 255712 | 204346 | 125.1 |
| 其他 | Others | 170781 | 114709 | 148.9 |
| 新增固定资产投资 | Newly Increased Fixed Assets | 635729 | 534456 | 118.9 |
| 固定资产交付使用率(%) | Rate of Fixed Assets Put into Use | 65.3 | 79.2 | 82.4 |
| 房屋建筑面积(万平方米) | **Floor Space of Buildings** (10000 **sq.m**) | | | |
| 施工面积 | Floor Space under Construction | 2058.34 | 1652.32 | 124.6 |
| #住宅 | Residence | 1223.66 | 904.18 | 135.3 |
| 竣工面积 | Floor Space Completed | 600.04 | 459.92 | 130.5 |
| #住宅 | Residence | 422.61 | 358.36 | 117.9 |

# 16－1－3 重庆市城乡私人建房情况(1998年)

## BUILDINGS CONSTRUCTION BY PRIVATES IN URBAN AND RURAL AREAS OF CHONGQING(1998)

| 指 标 Item | 合 计 Total | 城镇私人 Urban Indivduals | 农村私人 Rural Individuals |
|---|---|---|---|
| 建房户数(户) Households with Buildings Construction(household) | 443648 | 32576 | 411072 |
| 竣工房屋价值(万元) Value of Buildings Completed(10000 yuan) | 590895 | 127740 | 463155 |
| #住宅 Residence | 533923 | 105632 | 4282.91 |
| 竣工房屋建筑面积(万平方米) Floor Space of Buildings Completed(10000 sq.m) | 2593.79 | 390.71 | 2203.08 |
| #住宅 Residence | 2356.92 | 333.15 | 2023.77 |
| 竣工住宅面积造价(元/平方米) Cost of Buildings Completed(yuan/sq.m) | [illegible]228 | 327 | 2104 |

# 16－1－4　重庆市全社会固定资产投资情况(1997—1998年)

## TOTAL INVESTMENT IN FIXED ASSETS OF CHONGQING(1997—1998)

| 指　　标 | Item | 1997 | | 1998 | |
|---|---|---|---|---|---|
| | | 投资额 Investment Value | 构成(%) Composition | 投资额 Investment Value | 构成(%) Composition |
| **一、投资总额(万元)** | **Total Investment Value**(10000 **yuan**) | 3709485 | — | 4981452 | — |
| 1.按隶属关系分 | By Administrative Relationship | | | | |
| 中央项目 | Central | 581294 | 15.7 | 986044 | 19.8 |
| 地方项目 | Local | 3128191 | 84.3 | 3995408 | 80.2 |
| (包括无隶属关系的) | (Including Non-relationship) | | | | |
| 2.按经济类型分 | By ownership | | | | |
| 国有经济 | State-owned | 1763147 | 47.5 | 2598535 | 52.2 |
| 集体经济 | Collective-owned | 550970 | 14.9 | 599304 | 12.0 |
| #农村集体 | Rural Collective | 443828 | 12.0 | 459707 | 9.2 |
| 个体经济 | Individuals | 669117 | 18.1 | 637275 | 12.8 |
| #农村私人 | Rural Individuals | 518255 | 14.0 | 509535 | 10.2 |
| 联营经济 | Joint Owned Economics | 11428 | 0.3 | 7963 | 0.2 |
| 股份制经济 | Share Holding Economics | 354040 | 9.5 | 691371 | 13.9 |
| 外商投资经济 | Foreign Funded Economics | 154602 | 4.2 | 156609 | 3.1 |
| 港澳台投资经济 | Funded by Entrepreneurs from Hong Kong ,Macao and Taiwan | 175033 | 4.7 | 245475 | 4.9 |
| 其他经济 | Others | 31148 | 0.8 | 44920 | 0.9 |
| 3.按管理渠道分 | By Channel of Management | | | | |
| 基本建设 | Capital Construction | 1208667 | 32.6 | 1864898 | 37.4 |
| 更新改造 | Innovation | 654264 | 17.6 | 892886 | 17.9 |
| 房地产开发 | Real Estate Development | 675022 | 18.2 | 973014 | 19.5 |
| 其他投资 | Others | 1171532 | 31.6 | 1250654 | 25.1 |
| 4.按构成分 | By Use of Funds | | | | |
| 建筑安装工程 | Construction and Installation | 2418273 | 65.2 | 3248271 | 65.2 |
| 设备工具器具购置 | Purchase of Equipment and Instruments | 879477 | 23.7 | 1083808 | 21.8 |
| 其他费用 | Others | 411735 | 11.1 | 649373 | 13.0 |
| 5.按建设性质分 | By Type of Construction | | | | |
| #新建 | New Construction | 712869 | 19.2 | 1229643 | 24.7 |
| 扩建 | Expansion | 868037 | 23.4 | 1327701 | 26.7 |
| 改建 | Reconstruction | 1693266 | 45.7 | 2143999 | 43.0 |
| **二、新增固定资产(万元)** | **Newly Increased Fixed Assets** (10000 **yuan**) | 3143528 | — | 3693019 | — |
| 固定资产交付使用率(%) | Rate of Fixed Assets Put into Use | 84.74 | — | 74.1 | — |
| **三、房屋建筑面积(万平方米)** | **Floor Space of Buildings** (10000 **sq.m**) | | | | |
| 施工面积 | Floor Space under Construction | 6145.25 | — | 6587.09 | — |
| #住宅 | Residence | 4197.97 | — | 4474.14 | — |
| 竣工面积 | Floor Space Completed | 4301.95 | — | 4284.85 | — |
| #住宅 | Residence | 3363.04 | — | 3267.26 | — |

# 16－1－5 重庆市全社会房屋竣工面积及造价情况(1998年)

FLOOR SPACE AND COST OF BUILDINGS COMPLETED OF CHONGQING(1998)

| 指　标 | Item | 房屋竣工面积 Floor Space of Buildings Completed (万平方米) (1000 sq.m) | #住宅 Residence | 房屋每平方米造价(元) Per sq.m Cost of Buildings Completed (yuan) | #住宅 Residence |
|---|---|---|---|---|---|
| 全市总计 | Total | 4284.85 | 3267.26 | 429.43 | 328.44 |
| 基本建设 | Capital Construction | 594.12 | 324.30 | 608.61 | 500.61 |
| 更新改造 | Innovation | 92.72 | 40.99 | 827.44 | 654.42 |
| 房地产开发 | Real Estate Development | 600.04 | 422.60 | 852.72 | 682.18 |
| 农村集体 | Rural Collective | 329.38 | 77.21 | 774.97 | 488.74 |
| 城镇私人 | Urban Individuals | 390.71 | 333.15 | 326.94 | 317.08 |
| 农村私人 | Rural Individuals | 2203.08 | 2023.77 | 210.00 | 212.00 |
| 其　他 | Others | 74.8 | 4524 | 587.45 | 530.39 |
| #国有其他 | Others of State-owned | 21.59 | 14.82 | 481.29 | 409.189 |

# 16－2－1　重庆市城市房地产市场交易情况(1997—1998年)

REAL ESTATE TRANSACTION OF CHONGQING(1997—1998)

| 指　标 | Item | 1997 | 1998 |
|---|---|---|---|
| 一、房产买卖 | **Transaction of Real Estate** | | |
| 房产买卖成交面积(万平方米) | Floor Space of Transactions(10000 sq.m) | 279.58 | 1318.48 |
| #住宅 | Residence | 237.50 | 1121.26 |
| 办公用房 | Office | 9.30 | 41.01 |
| 商业用房 | Commerce | 21.90 | 155.81 |
| 房产交易金额(万元) | Sales of Real Estate Transactions (10000 yuan) | 254064 | 1282485 |
| #住宅 | Residence | 157540 | 664037 |
| 办公用房 | Office | 17871 | 100335 |
| 商业用房 | Commerce | 67523 | 509739 |
| 二、房产租赁 | **Leasing of Real Estate** | | |
| 出租面积(万平方米) | Leased Floor Space(10000 sq.m) | 59.61 | 86.52 |
| #住宅 | Residence | 29.14 | 32.45 |
| 办公用房 | Office | 2.79 | 4.37 |
| 商业用房 | Commerce | 26.86 | 40.00 |
| 租金收入(万元) | Revenue of Buildings Leased(10000 yuan) | 5493 | 8740 |
| #住宅 | Residence | 724 | 1867 |
| 办公用房 | Office | 554 | 1433 |
| 商业用房 | Commerce | 4052 | 5320 |
| 三、向个人出售住宅 | **Houses Purchased by Individuals** | | |
| 出售住宅面积(万平方米) | Floor Space Sold(10000 sq.m) | 79.42 | 299.14 |
| 收回资金(万元) | Revenue(10000 yuan) | 66305 | 275106 |
| 出售旧住房面积(万平方米) | Second Hand Floor Space Sold(10000 sq.m) | 201.05 | 655.20 |
| 收回资金(万元) | Revenue(10000 yuan) | 64086 | 143640 |

# 16-2-2 重庆市物业信息(2000年11月)

## PROPERTY INFORMATION OF CHONGQING(Nov.2000)

| 物业名称<br>Project Name | 位置<br>Locatiton | 价格(元/平米)<br>Price(yuan/sp.m) | 入伙时间<br>Completion Time | 联系电话<br>Tetephone |
|---|---|---|---|---|
| 爱丁堡住宅小区 | 华新分流道 | 2000元起 | 现房 | 67615856 |
| 巴蜀大厦 | 黄花园 | 2180元起 | 期房 | 63860896 |
| 大帝花园 | 黄泥土旁 | 1800元起 | 期房 | 67732973 |
| 芳草地小区 | 天星桥凤天路 | 1980元起 | 期房 | 65351518 |
| 华庭嘉园 | 临江门 | 2320元起 | 期房 | 63811858 |
| 华宇花园 | 陈家坪转盘西北 | 1450元起 | 现房 | 68636599 |
| 黄金堡城市花园 | 龙溪镇花卉东路18号 | 2230元起 | 现房 | 67615856 |
| 皇冠东和花园 | 江北区红黄路 | 2000元起 | 期房 | 67502776 |
| 嘉福西苑 | 小龙坎 | 1680元起 | 现房 | 65335578 |
| 江山多娇绿色广场 | 南坪丹和 | 1800元起 | 期房 | 62915111 |
| 金岛 E-HOUSE | 龙溪镇 | 2100元起 | 期房 | 67605901 |
| 金科花园 | 五黄路 | 1850元起 | 期房 | 67726399 |
| 晋愉城市彩园 | 杨家坪转盘 | 2020元起 | 期房 | 68423378 |
| 竞地城市花园 | 大坪大黄路6号 | 2800元 | 现房 | 68891098 |
| 联芳花园住宅 | 显丰大道8号 | 1100元起 | 现房 | 68628729 |
| 龙湖西苑 | 龙溪镇 | 2200元起 | 期房 | 67632688 |
| 龙泉大厦 | 小龙坎 | 1410元起 | 期房 | 65420292 |
| 南滨大厦 | 南纪门 | 2460元起 | 期房 | 63903111 |
| 南方花园C区 | 科园二街 | 1680元起 | 现房 | 68600100 |
| 南坪大厦 | 南坪西路3号 | 1880元 | 现房 | 62816793 |
| 畔江楼写字楼 | 李子坝 | 1480元起 | 现房 | 63617984 |
| 畔江楼住宅 | 李子坝 | 1550元起 | 期房 | 63617984 |
| 时代天骄 | 小什字 | 3800元起 | 期房 | 63732999 |
| 水天花园 | 212国道附近 | 1400元起 | 2001.06 | 65408228 |
| 顺通花园 | 毛线沟车站 | 1350元起 | 期房 | 68428881 |
| 四海花园 | 港天酒店旁 | 1400元起 | 期房 | 62908825 |
| 泰正花园 | 南坪金紫街 | 2020元起 | 期房 | 62909999 |
| 天骄俊园 | 北部新城红黄路 | 1978元起 | 现期房 | 67517001 |
| 欣阳广场 | 沙正街 | 2600元起 | 期房 | 65403448 |
| 新东福花园 | 菜袁路 | 2100元起 | 现房 | 68716355 |
| 星宇花园 | 南坪东路11号 | 1800元起 | 期房 | 62910048 |
| 扬子江花园 | 南岸区七小区大石路 | 1600元起 | 现房 | 62808800 |
| 洋河花园 | 江北尼磅 | 2000元起 | 现房 | 67706726 |
| 渝高广场写字楼 | 石铺桥高新区科园一路5号 | 2500元起 | 期房 | 68614664 |
| 渝珠花苑 | 洋河体育馆旁 | 1850元起 | 现房 | 67746692 |
| 知联大厦 | 沙正街 | 2020元起 | 期房 | 65304048 |
| 中富大厦 | 南坪南路 | 1600元起 | 现房 | 63876540 |
| 珠江花园 | 九龙坡杨家坪直港大道 | 1710元起 | 现房 | 68436618 |

# 16-2-3 中房重庆指数历史值(1995—1999年)

CHINA REAL ESTATE INDEX SYSTEM CHONGQING INDEX(1995—1999)

| 年份<br>Year | 季节<br>Quarter | 住宅<br>Residence | 办公用房<br>Office | 商业用房<br>Commerce | 工业用房<br>Factory House | 城市指数<br>Composite Index |
|---|---|---|---|---|---|---|
| 1995 | 4 | 247 | 666 | 826 | 269 | 402 |
| 1996 | 1 | 247 | 688 | 857 | 279 | 414 |
| 1996 | 2 | 22 | 688 | 848 | 278 | 407 |
| 1996 | 3 | 249 | 730 | 901 | 287 | 431 |
| 1996 | 4 | 256 | 748 | 907 | 283 | 439 |
| 1997 | 1 | 266 | 770 | 949 | 307 | 455 |
| 1997 | 2 | 272 | 764 | 952 | 318 | 460 |
| 1997 | 3 | 272 | 761 | 955 | 317 | 461 |
| 1997 | 4 | 278 | 774 | 968 | 317 | 470 |
| 1998 | 1 | 281 | 775 | 969 | 317 | 473 |
| 1998 | 2 | 282 | 779 | 976 | 317 | 475 |
| 1998 | 3 | 283 | 782 | 977 | 314 | 476 |
| 1998 | 4 | 279 | 784 | 977 | 314 | 473 |
| 1999 | 1 | 277 | 779 | 974 | 312 | 471 |
| 1999 | 2 | 277 | 779 | 974 | 312 | 471 |
| 1999 | 3 | 273 | 782 | 970 | — | 467 |
| 1999 | 4 | 275 | 777 | 967 | — | 468 |

# 16－3－1 重庆市建筑施工企业主要经济指标

## MAJOR ECONOMIC INDICATORS OF CONSTRUCTION ENTERPRISES OF CHONGQING

| 指 标 | Item | 合 计 Total | # 国有经济 State-owned | 集体经济 Collective-owned |
|---|---|---|---|---|
| 施工企业单位个数(个) | Construction Enterprises(unit) | 1655 | 155 | 946 |
| 年平均人数(万人) | Annual Persons Engaged(10000 persons) | 76.45 | 12.16 | 28.14 |
| 自有固定资产原值(万元) | Original Value of Fixed Assets Owned(10000 yuan) | 852803 | 279424 | 353551 |
| 自有固定资产净值(万元) | Net Value of Fixed Assets Owned(10000 yuan) | 682843 | 153189 | 263776 |
| 自有机械设备台数(万台) | Number of Machinery and Equipment Owned(10000 set) | 16.74 | 2.22 | 9.07 |
| 自有机械设备净值(万元) | Net Value of Machinery and Equipment Owned (10000 yuan) | 137200 | 74123 | 135079 |
| 自有机械设备总功率(万千瓦) | Total Power of Machinery and Equipment Owned (10000 kw) | 227.26 | 50.03 | 114.44 |
| 总产值(万元) | Gross Output Value (10000 yuan) | 2896189 | 540804 | 1327513 |
| 增加值(万元) | Value Added(10000 yuan) | 633273 | 117839 | 280809 |
| 资本金合计(万元) | Total Capital(10000 yuan) | 699446 | 123796 | 307499 |
| 资产(万元) | Total Assets(10000 yuan) | 2199814 | 566681 | 832893 |
| 负债(万元) | Total Liabilities(10000 yuan) | 1399348 | 417543 | 477061 |
| 所有者权益(万元) | Creditors' Equity(10000 yuan) | 800466 | 149138 | 355832 |
| 利税总额(万元) | Total Pre-tax Profits(10000 yuan) | 117636 | 19667 | 54596 |
| #利润总额(万元) | Total Profits(10000 yuan) | 33093 | 4820 | 14891 |
| 企业总收入(万元) | Total Income of Enterprises(10000 yuan) | 2311719 | 505819 | 998735 |
| 施工面积(万平方米) | Floor Space of Buildings under Construction (10000 sq.m) | 5275.08 | 505.69 | 998735 |
| 竣工面积(万平方米) | Floor Space of Buildings Completed (10000 sq.m) | — | — | — |
| 全员劳动生产率 | Overall Labor Productivity | 2837.02 | 219.30 | 1538.69 |
| 按总产值计算(元/人) | In Terms of Gross Output Value (yuan/person) | — | — | — |
| 按增加值计算(元/人) | In Tems of Value-added(yuan/person) | 37884 | 44474 | 34806 |
| 技术装备率(元/人) | Value of Machines Per Labourer (yuan/person) | 8283 | 9691 | 7520 |
| 动力装备率(千瓦/人) | Power of Machines Per Labourer(kw/person) | 4149 | 6096 | 3542 |
| 房屋建筑面积竣工率(%) | Rate of Floor Space of Buildings Completed | 2.97 | 4.11 | 3.00 |
| 工程质量优良品率(%) | Rate of High Quality Projects | 53.78 | 43.37 | 59.81 |
| 销售收入利润率(%) | Ratio of Profit to Business Revenue | — | — | — |
| 销售收入利税率(%) | Ratio of Pre-tax Profit to Business Revenue | — | — | — |
| 资产负债率(%) | Ratio of Liabilities to Assets | — | — | — |
| 净资产收益率(%) | Ratio of Profit to Net Assets | — | — | — |

# 第十七章　深圳市房地产统计

# CHAPTER 17　REAL ESTATE STATISTICS OF SHENZHEN

## 17－1　房地产综合
## COMPOSITE INFORMATION OF REAL ESTATE



## 17－2　房地产市场
## REAL ESTATE MARKET

## 17－1－1 深圳市房地产开发综合统计(1999年)

COMPOSITE STATISTIC OF REAL ESTATE DEVELOPMENT OF SHENZHEN(1999)

| 项目 | Item | 合计 Total |
|---|---|---|
| 一、房地产开发投资额(亿元) | **Investment Value of Real Estate Development (10000 million yuan)** | 215.25 |
| 住宅 | Residence | 141.31 |
| 办公楼 | Office | 13.57 |
| 商业营业用房 | Commerce | 17.96 |
| 二、商品房销售额(亿元) | **Sale of Commercial Buildings(10000 million yuan)** | 223.53 |
| 住宅 | Residence | 173.87 |
| 办公楼 | Office | — |
| 商业营业用房 | Commerce | — |
| 三、房地产开发企业利润总额(亿元) | **Total Profit of Real Estate Development Enterprises(100 million yuan)** | 26.13 |
| 营业税金及附加 | Buisiness Taxes and Extra Charges | 13.15 |
| 四、土地出让面积(万平方米) | **Coveyance Area of Land (10000 sq.m)** | 969.66 |
| 工业用地 | Industry Land | 394.94 |
| 交通用地 | Traffic land | 6.37 |
| 房地产用地 | Real Estate land | 294.29 |
| 市政用地 | Municipality land | 40.26 |
| 能源水利用地 | Energy and Water land | 1.81 |
| 其他用地 | Others | 231.98 |
| 四、房地产开发面积(万平方米) | **Floor Space of Real Estate Development (10000 sq.m)** | |
| 商品房施工面积 | Floor Space of Commercial Buildings under Construction | 1834.13 |
| 住宅 | Residence | 1355.62 |
| 办公楼 | Office | 137.58 |
| 商业营业用房 | Commerce | 201.34 |
| 商品房新开工面积 | FLoor Space of Commercial Buildings Newly Starting | 580.56 |

17－1－1 续表(Continued)

| 项目 | Item | 合计 Total |
|---|---|---|
| 住宅 | Residence | 492.81 |
| 办公楼 | Office | 6.98 |
| 商业营业用房 | Commerce | 31.94 |
| 商品房竣工面积 | Floor Space of Commercial Buildings Completed | 502.15 |
| 住宅 | Residence | 412.46 |
| 办公楼 | Office | 16.89 |
| 商业营业用房 | Commerce | 37.06 |
| 商品房销售面积 | Floor Space of Commercial Buildings Sold | 263.13 |
| 住宅 | Residence | 240.09 |
| 办公楼 | Office | 12.45 |
| 商业营业用房 | Commerce | 10.23 |
| 商品房预售面积 | Floor Space of Commercial Buildings Pre-sold | 263.21 |
| 住宅 | Residence | 242.72 |
| 办公楼 | Office | 7.96 |
| 商业营业用房 | Commerce | 9.32 |
| **五、空置面积(万平方米)** | **FLoor Space Vacant(10000 sq.m)** | 249.60 |
| 住宅 | Residence | 139.67 |
| 办公楼 | Office | 42.49 |
| 商业营业用房 | Commerce | 52.90 |

# 17－1－2 深圳市重要年份房地产开发情况(1990—1999年)

## REAL ESTATE DEVELOPMENT OF MAJOR YEARS OF SHENZHEN(1990—1999)

单位:万元 Unit:10000 yuan

| 年 份<br>Year | 合计<br>Total | #住宅<br>Residence | 按投资构成分 Grouped by Use of Funds<br>建筑安装工程<br>Construction and Installation | 设备、工器具购置<br>Purchases of Equipment and Instruments | 其他费用<br>Others | 新增固定资产<br>Newly Increased Fixed Assets |
|---|---|---|---|---|---|---|
| 1990 | 67842 | 50554 | 61822 | 3515 | 2505 | 68252 |
| 1991 | 136896 | 100094 | 118855 | 4116 | 13925 | 83594 |
| 1992 | 342706 | 268007 | 248303 | 14136 | 80267 | 126174 |
| 1993 | 500332 | 337090 | 453047 | 23207 | 24078 | 212568 |
| 1994 | 794754 | 359373 | 634953 | 53323 | 106478 | 342361 |
| 1995 | 1030368 | 487022 | 793170 | 67516 | 169682 | 652570 |
| 1996 | 1248251 | 544541 | 922172 | 123803 | 202276 | 1246877 |
| 1997 | 1366545 | 855049 | 984052 | 63593 | 318900 | 1044707 |
| 1998 | 1810100 | 1254000 | 547800 | 28400 | 186800 | 1703500 |
| 1999 | 2614500 | 1989500 | 585700 | 39300 | 161100 | 2672100 |

# 17-1-3 深圳市全社会固定资产投资情况(1979—1999年)

## INVESTMENT IN FIXED ASSETS OF SHENZHEN(1979—1999)

单位:万元 Unit:10000 yuan

| 年 份<br>Year | 全社会固定资产投资额<br>Total Investment Value in Fixed Assets | 基本建设<br>Capital Construction | 更新改造<br>Innovation | 房地产开发<br>Investment in Real Estate | 集体经济单位<br>Collective-owned Units | 城乡私人建房<br>Buildings Constructed by Individuals |
|---|---|---|---|---|---|---|
| 1979 | 5938 | 4988 | 90 | — | 860 | — |
| 1980 | 13801 | 12487 | 390 | — | 924 | — |
| 1981 | 29684 | 27039 | — | — | 1137 | 1508 |
| 1982 | 73750 | 63265 | 515 | — | 2709 | 7261 |
| 1983 | 108320 | 88593 | 2450 | — | 8474 | 8803 |
| 1984 | 194572 | 155466 | 700 | — | 23696 | 14710 |
| 1985 | 333235 | 276125 | 2105 | — | 39015 | 15990 |
| 1986 | 248551 | 191490 | 10140 | — | 32840 | 12311 |
| 1987 | 285193 | 215701 | 3009 | — | 47277 | 15078 |
| 1988 | 436191 | 347307 | 2572 | — | 49678 | 32840 |
| 1989 | 499919 | 435438 | 9140 | — | 30465 | 15405 |
| 1990 | 579222 | 427134 | 24661 | 67842 | 25914 | 20943 |
| 1991 | 793620 | 528725 | 36949 | 136896 | 59741 | 31309 |
| 1992 | 1410128 | 741573 | 44678 | 342706 | 223405 | 57766 |
| 1993 | 1950507 | 1222146 | 20794 | 500332 | 151916 | 55319 |
| 1994 | 2309567 | 1281065 | 66191 | 794754 | 119369 | 48188 |
| 1995 | 2758243 | 1401235 | 70484 | 1030368 | 185967 | 70189 |
| 1996 | 3275270 | 1569208 | 113836 | 1248251 | 262762 | 81213 |
| 1997 | 3930657 | 2015620 | 167033 | 1366545 | 279365 | 98459 |
| 1998 | 4746300 | — | — | 1616100 | — | — |
| 1999 | 5678800 | 2747400 | 273300 | 2152500 | 398800 | 106800 |

# 17－1－4 深圳市历年房屋施工建筑面积(1979—1999 年)

## FLOOR SPACE OF BUILDINGS UNDER CONSTRUCTION OVER THE YEARS OF SHENZHEN(1979—1999)

单位:万平方米 Unit:10000 sq.m

| 年份 Year | 合计 Total | 基本建设 Capital Construction | 更新改造 Innovation | 房地产开发 Investment in Real Estate | 集体经济单位 Collective-owned Units | 城乡私人建房 Buildings Construction by Individuals |
|---|---|---|---|---|---|---|
| 1979 | — | 29.26 | — | — | — | — |
| 1980 | — | 52.36 | — | — | — | — |
| 1981 | — | 96.88 | — | — | — | — |
| 1982 | — | 250.71 | — | — | — | — |
| 1983 | — | 368.40 | — | — | — | — |
| 1984 | — | 644.59 | — | — | — | — |
| 1985 | — | 1030.94 | — | — | — | — |
| 1986 | 940.39 | 771.29 | 7.00 | — | 93.21 | 68.89 |
| 1987 | 887.21 | 642.48 | 2.10 | — | 152.09 | 90.54 |
| 1988 | 1161.77 | 888.29 | 1.51 | — | 174.69 | 97.28 |
| 1989 | 1088.02 | 926.36 | 9.83 | — | 103.68 | 48.15 |
| 1990 | 772.42 | 408.71 | 22.29 | 228.39 | 57.20 | 58.83 |
| 1991 | 1128.70 | 533.66 | 14.96 | 339.33 | 139.96 | 100.79 |
| 1992 | 1494.09 | 532.45 | 0.93 | 630.35 | 183.91 | 146.45 |
| 1993 | 1848.31 | 566.70 | 0.34 | 925.35 | 248.91 | 107.01 |
| 1994 | 1998.73 | 704.15 | 0.93 | 932.71 | 267.84 | 93.1 |
| 1995 | 2733.57 | 951.68 | 47.07 | 1371.04 | 260.04 | 103.74 |
| 1996 | 2878.53 | 965.41 | 9.66 | 1495.27 | 301.92 | 106.27 |
| 1997 | 2775.82 | 847.14 | 9.25 | 1454.17 | 336.10 | 128.91 |
| 1998 | 3218.81 | 862.96 | 6.64 | 1656.65 | 508.69 | 170.47 |
| 1999 | 3369.43 | 829.19 | 2.05 | 1834.13 | 530.03 | 149.03 |

# 17－1－5 深圳市历年住宅施工建筑面积(1979—1999年)

FLOOR SPACE OF RESIDENCE UNDER CONSTRUCTION OVER THE YEARS OF SHENZHEN(1979—1999)

单位:万平方米 Unit:10000 sq.m

| 年份 Year | 合计 Total | 基本建设 Capital Construction | 更新改造 Innovation | 房地产开发 Investment in Real Estate | 集体经济单位 Collective-owned Units | 城乡私人建房 Buildings Construction by Individuals |
|---|---|---|---|---|---|---|
| 1979 | — | 13.41 | — | — | — | — |
| 1980 | — | 27.81 | — | — | — | — |
| 1981 | — | 43.34 | — | — | — | — |
| 1982 | — | 128.30 | — | — | — | — |
| 1983 | — | 155.68 | — | — | — | — |
| 1984 | — | 258.52 | — | — | — | — |
| 1985 | — | 362.70 | — | — | — | — |
| 1986 | 366.59 | 284.92 | 0.37 | — | 12.46 | 68.84 |
| 1987 | 339.69 | 228.10 | 0.15 | — | 24.30 | 87.14 |
| 1988 | 447.03 | 342.03 | — | — | 18.04 | 86.96 |
| 1989 | 434.43 | 364.58 | 0.99 | — | 23.78 | 45.08 |
| 1990 | 359.73 | 133.49 | 0.03 | 158.86 | 10.13 | 57.22 |
| 1991 | 604.58 | 190.63 | 8.77 | 252.61 | 54.70 | 97.87 |
| 1992 | 920.04 | 200.16 | 0.79 | 480.23 | 105.72 | 133.14 |
| 1993 | 1032.92 | 231.73 | 0.20 | 640.19 | 65.82 | 94.98 |
| 1994 | 1090.32 | 324.46 | — | 614.40 | 64.72 | 86.74 |
| 1995 | 1443.72 | 406.46 | 8.33 | 844.17 | 86.94 | 97.82 |
| 1996 | 1474.14 | 325.21 | 2.33 | 940.61 | 107.50 | 98.49 |
| 1997 | 1465.45 | 285.19 | 1.29 | 966.19 | 102.35 | 110.43 |
| 1998 | 1866.76 | 400.22 | 0.65 | 1146.97 | 149.25 | 159.73 |
| 1999 | 1944.88 | 274.59 | 0.10 | 1355.62 | 157.23 | 143.95 |

# 17-1-6 深圳市历年房屋竣工建筑面积(1979—1999年)

## FLOOR SPACE OF BUILDINGS COMPLETED OVER THE YEARS OF SHENZHEN(1979—1999)

单位:万平方米 Unit:10000 sq.m

| 年份 Year | 合计 Total | 基本建设 Capital Construction | 更新改造 Innovation | 房地产开发 Investment in Real Estate | 集体经济单位 Collective-owned Units | 城乡私人建房 Buildings Construction by Individuals |
|---|---|---|---|---|---|---|
| 1979 | — | 13.01 | — | — | — | — |
| 1980 | — | 34.63 | — | — | — | — |
| 1981 | — | 54.59 | — | — | — | — |
| 1982 | — | 92.67 | — | — | — | — |
| 1983 | — | 146.86 | — | — | — | — |
| 1984 | — | 266.63 | — | — | — | — |
| 1985 | — | 320.94 | — | — | — | — |
| 1986 | 453.07 | 297.27 | 4.17 | — | 82.74 | 68.89 |
| 1987 | 464.69 | 240.58 | 0.63 | — | 132.94 | 90.54 |
| 1988 | 567.38 | 321.99 | — | — | 1488.11 | 97.28 |
| 1989 | 563.01 | 419.52 | 3.32 | — | 92.02 | 48.15 |
| 1990 | 347.33 | 142.90 | 2.99 | 97.32 | 45.29 | 58.83 |
| 1991 | 504.81 | 166.58 | 4.60 | 116.05 | 116.79 | 100.79 |
| 1992 | 635.21 | 189.92 | 0.53 | 151.32 | 146.99 | 146.45 |
| 1993 | 672.89 | 212.91 | 0.34 | 173.28 | 179.35 | 107.01 |
| 1994 | 676.84 | 222.06 | 0.16 | 204.32 | 157.20 | 93.10 |
| 1995 | 838.46 | 262.02 | 19.55 | 311.55 | 141.60 | 103.74 |
| 1996 | 964.52 | 294.65 | 3.77 | 394.32 | 165.51 | 106.27 |
| 1997 | 942.91 | 303.29 | 1.89 | 327.04 | 181.53 | 128.91 |
| 1998 | 1211.89 | 266.63 | 4.96 | 463.31 | 302.02 | 170.47 |
| 1999 | 1267.00 | 307.22 | 1.28 | 502.15 | 302.16 | 149.03 |

# 17－1－7　深圳市历年住宅竣工建筑面积(1979—1999年)

## FLOOR SPACE OF RESIDENCE COMPLETED OVER THE YEARS OF SHENZHEN(1979—1999)

单位:万平方米　Unit:10000 sq.m

| 年　份 Year | 合计 Total | 基本建设 Capital Construction | 更新改造 Innovation | 房地产开发 Investment in Real Estate | 集体经济单位 Collcctive-owned Units | 城乡私人建房 Buildings Construction by Individuals |
|---|---|---|---|---|---|---|
| 1979 | — | 5.26 | — | — | — | — |
| 1980 | — | 17.85 | — | — | — | — |
| 1981 | — | 23.41 | — | — | — | — |
| 1982 | — | 45.57 | — | — | — | — |
| 1983 | — | 62.42 | — | — | — | — |
| 1984 | — | 123.76 | — | — | — | — |
| 1985 | — | 139.31 | — | — | — | — |
| 1986 | 197.15 | 116.73 | 0.21 | — | 11.37 | 68.84 |
| 1987 | 199.09 | 89.58 | 0.15 | — | 22.22 | 87.14 |
| 1988 | 245.10 | 143.83 | — | — | 14.31 | 86.96 |
| 1989 | 236.98 | 169.86 | 0.99 | — | 21.05 | 45.08 |
| 1990 | 183.24 | 55.77 | 0.03 | 62.87 | 7.35 | 57.22 |
| 1991 | 301.08 | 64.25 | 4.60 | 87.13 | 47.23 | 97.87 |
| 1992 | 405.75 | 65.27 | 0.39 | 120.34 | 86.61 | 133.14 |
| 1993 | 371.75 | 110.50 | 0.20 | 128.14 | 37.93 | 94.98 |
| 1994 | 373.77 | 112.48 | — | 141.44 | 33.11 | 86.74 |
| 1995 | 485.23 | 116.87 | 4.43 | 216.38 | 49.73 | 97.82 |
| 1996 | 565.86 | 156.14 | 2.33 | 250.51 | 58.39 | 98.49 |
| 1997 | 512.14 | 102.00 | 0.40 | 243.19 | 56.22 | 110.43 |
| 1998 | 729.48 | 120.01 | 0.65 | 356.30 | 89.09 | 159.73 |
| 1999 | 800.60 | 140.18 | 0.00 | 412.46 | 103.64 | 143.95 |

## 17-2-1 深圳市部分物业标价(2000年10月)

PRICES OF PART OF PROPERTIES OF SHENZHEN (Oct.2000)

| 物业名称 Project Name | 位置 Location | 价格(元/平米) Price(yuan/sp.m) | 入伙时间 Completion Time | 联系电话 Telephone |
|---|---|---|---|---|
| 宝珠花园 | 龙珠二路 | 2988 元起 | 期房 | 6626791 |
| 碧华庭居 | 梅华路 | 面议 | 期房 | 3111108 |
| 长丰苑 | 春风路 2021 号 | 6650 元起 | 期房 | 2193989 |
| 长怡花园 | 百花四路 | 5600 元起 | 2000.05 | 3205828 |
| 德福花园 | 布吉宝丽西路 | 3388 元起 | 现房 | 8282899 |
| 都市花园御庭轩 | 新洲南路滨河路 | 40 万元起/套 | 现房 | 3404999 |
| 共和世家 | 益田路福民路 | 5600 元起 | 期房 | 3838888 |
| 国展苑 | 布吉镇 | 3200 元 | 现房 | 2286777 |
| 和平广场 | 和平路解放路 | 7800 元起 | 现房 | 5573322 |
| 河畔明居 | 滨河大道 | 5330 元起 | 现房 | 2061098 |
| 华清园 | 罗沙路 | 面议 | 期房 | 5115116 |
| 华天苑 | 泥岗路 | 11957 元起 | 期房 | 2442611 |
| 皇御苑 | 滨河路 | 4600 元起 | 期房 | 3374111 |
| 嘉汇新城 | 深南大道 | 面议 | 期房 | 3751333 |
| 金海湾花园 | 福荣路 | 6188 元起 | 期房 | 3303333 |
| 金海燕花园 | 侨城东路 | 4910 元起 | 期房 | 6906224 |
| 金园 | 宝安南路 | 5380 元起 | 期房 | 5578333 |
| 鸣翠谷 | 银湖半山 | 面议 | 期房 | 2427555 |
| 名文阁 | 文锦中路 | 6250 元起 | 期房 | 5156993 |
| 荣超花园 | 布吉镇荣超路 | 2880 元起 | 现房 | 8213888 |
| 笋岗大厦 | 笋岗宝岗路 | 5500 元起 | 期房 | 2405333 |
| 桃源居住宅 | 广深公路 | 2480 元起 | 现房 | 7497275 |
| 天安高尔夫海景无 | 车公庙天安开发区 | 5500 元起 | 期房 | 3300451 |
| 天健名苑 | 新洲路 | 4980 元起 | 期房 | 3941776 |
| 天泽花园 | 福强路 | 5288 元起 | 现房 | 3598555 |
| 蔚蓝海岸 | 后海大道 | 面议 | 期房 | 6052222 |
| 祥韵苑 | 福民路 | 面议 | 期房 | 3825920 |
| 新居时尚 | 宝岗路 | 面议 | 现房 | 2425333 |
| 阳光翠园 | 布吉镇南岭 | 2200 元起 | 期房 | 8711236 |
| 英麒苑 | 深南大道麒麟路 | 3680 元起 | 期房 | 6502183 |
| 中海华庭 | 新洲路 | 6491 元起 | 期房 | 2717000 |
| 中海丽苑 | 南山大道登良路 | 4000 元 | 期房 | 6409788 |
| 中兆花园 | 布吉镇深南东路 | 2270 元起 | 现房 | 8709966 |
| 馨庭苑 | 景田北路 22 号 | 5800 元起 | 期房 | 3393500 |

# 17-2-2 深圳市各类物业市场价格指数(1998—1999年)

PRICE INDEX OF ALL KINDS OF PROPERTIES OF SHENZHEN(1998—1999)

| 区域 | 类别 | 1998 | | | 1999 | | |
|---|---|---|---|---|---|---|---|
| | | 一季 | 二季 | 三季 | 一季 | 二季 | 三季 |
| 罗湖区 | 八层以下住宅 | 170.29 | 166.84 | 166.05 | 332.43 | 329.73 | 327.03 |
| | 高层住宅 | 110.94 | 109.83 | 109.41 | 356.74 | 348.84 | 345.12 |
| | 综合楼宇 | 129.32 | 127.17 | 124.38 | 561.30 | 558.58 | 535.87 |
| | 别墅 | 116.01 | 115.22 | 112.83 | 336.87 | 336.87 | 336.14 |
| | 商场 | 151.71 | 150.45 | 149.82 | 950.80 | 948.00 | 924.00 |
| | 标准厂房 | 137.70 | 137.10 | 136.50 | — | — | — |
| 福田区 | 八层以下住宅 | 182.79 | 179.83 | 178.35 | 321.62 | 321.62 | 319.46 |
| | 高层住宅 | 123.25 | 122.91 | 121.91 | 335.81 | 335.81 | 333.95 |
| | 综合楼宇 | 129.51 | 133.17 | 130.73 | 507.50 | 506.21 | 480.47 |
| | 别墅 | 168.71 | 166.23 | 164.99 | 318.80 | 318.80 | 318.07 |
| | 商场 | 218.57 | 216.40 | 210.99 | 780.80 | 780.80 | 780.00 |
| | 标准厂房 | 136.39 | 136.39 | 135.79 | — | — | — |
| 南山区 | 八层以下住宅 | 148.92 | 145.66 | 146.31 | 236.76 | 236.76 | 236.76 |
| | 高层住宅 | 141.45 | 138.76 | 137.87 | 277.21 | 269.76 | 264.19 |
| | 综合楼宇 | 158.97 | 155.14 | 153.23 | 394.40 | 394.40 | 391.41 |
| | 别墅 | 177.78 | 171.65 | 170.88 | 251.08 | 251.08 | 250.60 |
| | 商场 | 140.09 | 137.97 | 133.99 | 395.20 | 380.00 | 372.00 |
| | 标准厂房 | 126.97 | 126.97 | 126.97 | — | — | — |
| 宝安、龙岗区 | 八层以下住宅 | 128.13 | 129.83 | 130.67 | 128.98 | 127.28 | 127.28 |
| | 高层住宅 | 125.37 | 124.78 | 125.37 | 125.66 | 123.89 | 122.71 |
| | 综合楼宇 | 180.10 | 178.50 | 164.01 | 149.40 | 149.40 | 148.37 |
| | 别墅 | 102.44 | 105.69 | 107.32 | 106.18 | 105.69 | 105.04 |
| | 商场 | 147.55 | 147.22 | 146.42 | 143.50 | 136.74 | 135.46 |
| | 标准厂房 | 146.75 | 145.87 | 145.87 | — | — | — |

# 17-2-3 中房深圳指数历史值(1995—1998年)

## CHINA REAL ESTATE INDEX SYSTEM SHENZHEN INDEX(1995—1998)

| 年 份<br>Year | 季 度<br>Quarter | 住 宅<br>Residence | 办公用房<br>Office | 商业用房<br>Commerce | 工业用房<br>Factory House | 城市指数<br>Composite Index |
|---|---|---|---|---|---|---|
| 1995 | 4 | 908 | 1933 | 2078 | 276 | 1223 |
| 1996 | 1 | 894 | 1916 | 2066 | 250 | 1207 |
| 1996 | 2 | 895 | 1918 | 2068 | 250 | 1208 |
| 1996 | 3 | 898 | 1908 | 2068 | 250 | 1209 |
| 1996 | 4 | 896 | 1902 | 2060 | 256 | 1207 |
| 1997 | 1 | 902 | 1890 | 2058 | 256 | 1222 |
| 1997 | 2 | 913 | 1890 | 2058 | 256 | 1222 |
| 1997 | 3 | 915 | 1890 | 2055 | 256 | 1223 |
| 1997 | 4 | 915 | 1890 | 2055 | 256 | 1223 |
| 1998 | 1 | 919 | 1896 | 3613 | 258 | 1263 |
| 1998 | 2 | 915 | 1887 | 3602 | 257 | 1258 |
| 1998 | 3 | 898 | 1881 | 3596 | 253 | 1246 |
| 1998 | 4 | 874 | 1834 | 3571 | 249 | 1222 |
| 1999 | 1 | 877 | 1792 | 3557 | 253 | 1220 |
| 1999 | 2 | 874 | 1769 | 3530 | 245 | 1211 |
| 1999 | 3 | 868 | 1758 | 3533 | — | 1204 |
| 1999 | 4 | 861 | 1739 | 3517 | — | 1195 |

# 第十八章 广州市房地产统计

# CHAPTER 18 REAL ESTATE STATISTICS OF GUANGZHOU

# 18-1-1　广州市房地产开发综合统计(1999年)

## COMPOSITE STATISTICS OF REAL ESTATE DEVELOPMENT OF GUANGZHOU(1999)

| 项目 | Item | 合计 Total |
|---|---|---|
| 一、房地产开发投资额(亿元) | **Investment Value of Real Estate Development (100 million yuan)** | 295.9 |
| 住宅 | Residence | 200.01 |
| 办公楼 | Office | 20.59 |
| 商业营业用房 | Commerce | 31.34 |
| 二、商品房销售额(亿元) | **Sale of Commercial Buildings(100 million yuan)** | — |
| 住宅 | Residence | — |
| 办公楼 | Office | — |
| 商业营业用房 | Commerce | — |
| 销售给个人 | Sold to Individuals | |
| 住宅 | Residence | — |
| 办公楼 | Office | — |
| 商业营业用房 | Commerce | — |
| 三、房地产开发资金来源(亿元) | **Funds Sources of Real Estate Development (100 million yuan)** | 3714556 |
| 国家预算内资金 | State Budgetary Funds | — |
| 国内贷款 | Domestic Loans | 758654 |
| 债券 | Bonds | — |
| 利用外资 | Foreign Investment | 260778 |
| 自筹资金 | Fund Raising | 885386 |
| 定金及预收款 | Deposits and Pre-charges | — |
| 其他资金 | Others | 1809738 |

18-1-1 续表(Continued)

| 项目 | Item | 合计 Total |
|---|---|---|
| **四、房地产开发面积(万平方米)** | **Floor Space of Real Estate Development (10000 sq.m)** | |
| 商品房施工面积 | Floor Space of Commercial Buildings under Construction | 3515.68 |
| 住宅 | Residence | 2381.13 |
| 办公楼 | Office | 322.54 |
| 商业营业用房 | Commerce | 441.69 |
| 商品房新开工面积 | FLoor Space of Commercial Buildings Newly Starting | 824.89 |
| 住宅 | Residence | 642.89 |
| 办公楼 | Office | 22.58 |
| 商业营业用房 | Commerce | 80.43 |
| 商品房竣工面积 | Floor Space of Commercial Buildings Completed | 858.38 |
| 住宅 | Residence | 669.66 |
| 办公楼 | Office | 35.43 |
| 商业营业用房 | Commerce | 88.66 |
| 商品房销售面积 | Floor Space of Commercial Buildings Sold | 539.58 |
| 住宅 | Residence | 475.69 |
| 办公楼 | Office | 11.43 |
| 商业营业用房 | Commerce | 36.66 |
| **五、空置面积(万平方米)** | **Floor Space Vacant(10000sq.m)** | 485.15 |
| 住宅 | Residence | 283.13 |
| 办公楼 | Office | 48.93 |
| 商业营业用房 | Commerce | 108.76 |

# 18－1－2 广州市房地产开发情况(1998年)

## REAL ESTATE DEVELOPMENT OF GUANGZHOU(1998)

| 项目 | Item | 单位 | Unit | 全市 City in Total | # 市区 # Urban |
|---|---|---|---|---|---|
| **年末房地产开发** | **Year-end Real Estate Development** | | | | |
| 公司个数 | Number of Enterprises | 个 | number | 1212 | 968 |
| 年末从业人数 | Year-end Employed Persons | 人 | person | 42786 | 34117 |
| 年平均从业人数 | Annual Average Employed Persons | 人 | person | 41394 | 32624 |
| 本年开发投资额 | Real Estate Development Investment Value This Year | 万元 | 10000yuan | 2693689 | 2402237 |
| 中央、省属公司 | Central and Provincial Enterprises | 万元 | 10000yuan | 434617 | 434617 |
| 市属各公司 | Enterprises under City Administration | 万元 | 10000yuan | 2259072 | 1967620 |
| 本年已开发土地 | Land Area Developed This Year | 万米$^2$ | 10000sq.m | 398.17 | 224.70 |
| **本年房屋建设** | **Houses Construction This Year** | | | | |
| 房屋建筑施工面积 | Floor Space of Buildings under Construction | 万米$^2$ | 10000sq.m | 3269.46 | 2775.71 |
| #新开工 | # Newly Started This Year | 万米$^2$ | 10000sq.m | 935.65 | 777.80 |
| 在施工面积中 | Floor Space of Buildings Being Constructed | | | | |
| #住宅 | # Residence | 万米$^2$ | 10000sq.m | 2171.22 | 1761.76 |
| 商业用房 | Commerce | 万米$^2$ | 10000sq.m | 442.13 | 384.63 |
| 办公用房 | Office | 万米$^2$ | 10000sq.m | 338.73 | 333.13 |
| 房屋建筑竣工面积 | Floor Space Completed | 万米$^2$ | 10000sq.m | 758.62 | 557.67 |
| #住宅 | # Residence | 万米$^2$ | 10000sq.m | 571.27 | 393.10 |
| 商业用房 | Commerce | 万米$^2$ | 10000sq.m | 80.07 | 67.64 |
| 办公用房 | Office | 万米$^2$ | 10000sq.m | 42.97 | 41.30 |
| 竣工住宅造价 | Cost of Completed Residence | 万米$^2$ | 10000sq.m | 1279 | 1382 |
| 竣工住宅套数 | Sets of Completed Residence | 套 | set | 75517 | 56291 |
| **本年房屋销售** | **Houses Selling This Year** | | | | |
| 本年实际销售房屋面积 | Floor Space Actually Sold This Year | 万米$^2$ | 10000sq.m | 405.05 | 262.81 |
| #住宅 | # Residence | 万米$^2$ | 10000sq.m | 349.30 | 219.24 |
| 向个人出售 | Sold to Individuals | 万米$^2$ | 10000sq.m | 200.30 | 136.66 |
| 向单位出售 | Sold to Units | 万米$^2$ | 10000sq.m | 149.00 | 82.58 |
| 本年实际销售住宅套数 | Sets of Residence Actually Sold | 套 | set | — | — |
| 本年销售房屋合同金额 | Contracted Sales of Houses This Year | 万元 | 10000yuan | 2074683 | 1690195 |

# 18-1-3 广州市房地产外资合作公司开发情况(1996—1998年)

## DEVELOPMENT OF FOREIGN FUNDED COOPERATION ENTERPRISES OF GUANGZHOU(1996—1998)

| 项目 | Item | 单位 Unit | 1996 | 1997 | 1998 |
|---|---|---|---|---|---|
| **年末房地产开发** | **Year-end Real Estate Development** | | | | |
| 公司个数 | Number of Enterprises | 个 number | 327 | 284 | 352 |
| 本年完成开发投资额 | Real Estate Development Value Completed This Year | 万元 10000yuan | 1152184 | 1016786 | 1162063 |
| **本年房屋建设** | **Buildings Construction This Year** | | | | |
| 房屋建筑施工面积 | Floor Space of Buildings under Construction | 万米$^2$ 10000sq.m | 933.73 | 939.13 | 1183.45 |
| #新开工 | # Newly Started This Year | 万米$^2$ 10000sq.m | 141.06 | 154.51 | 301.92 |
| 在施工面积中 | Floor Space of Buildings under Construction | | | | |
| #住宅 | # Residence | 万米$^2$ 10000sq.m | 153.01 | 495.00 | 681.27 |
| 商业用房 | Commerce | 万米$^2$ 10000sq.m | 189.76 | 182.53 | 196.84 |
| 办公用房 | Office | 万米$^2$ 10000sq.m | 225.71 | 176.72 | 179.32 |
| 房屋建筑竣工面积 | Floor Space of Buildings Completed | 万米$^2$ 10000sq.m | 223.46 | 160.77 | 257.39 |
| #住宅 | # Residence | 万米$^2$ 10000sq.m | 114.58 | 110.07 | 183.42 |
| 商业用房 | Commerce | 万米$^2$ 10000sq.m | 57.53 | 16.86 | 28.04 |
| 办公用房 | Office | 万米$^2$ 10000sq.m | 12.61 | 16.77 | 26.26 |
| 竣工住宅造价 | Cost of Residence Completed | 元/米$^2$ yuan/sq.m | 1179 | 1214 | 1369 |
| 竣工住宅套数 | Sets of Residence Completed | 套 set | 13779 | 11925 | 24014 |
| **本年房屋销售** | **Houses Selling This Year** | | | | |
| 本年预售房屋面积 | Floor Space of Buildngs Pre-sold | 万米$^2$ 10000sq.m | 72.55 | 127.39 | 137.37 |
| 本年实际销售房屋面积 | Floor Space of Buildings Actually Sold | 万米$^2$ 10000sq.m | 80.16 | 79.00 | 134.66 |

注:本表包括外商投资经济和港澳台投资经济。

Note: This sheet includes foreign funded economic and Hong Kong, Macao and Taiwan invested economic.

# 18-1-4 广州市房地产开发投资情况(1998年)

## INVESTMENT VALUE IN REAL ESTATE DEVELOPMENT OF GUANGZHOU(1998)

单位:万元 Unit:10000 yuan

| 项目 Item | 合计 Total | 住宅 Residence | 办公楼 Office | 商业用房 Commerce | 其他用房 Others | 新增固定资产 Newly Added Fixed Assets |
|---|---|---|---|---|---|---|
| **全 市 Total** | **2693689** | **1637220** | **329018** | **337862** | **389589** | **2099938** |
| 按经济类型分 Grouped by Ownership | | | | | | |
| # 国有经济 # State-owned Economic | 744278 | 497649 | 672239 | 85351 | 94039 | 520485 |
| # 集体经济 # Collective-owned Economic | 276294 | 183468 | 24555 | 25447 | 42824 | 197844 |
| 按资质分 Grouped by Qualification | | | | | | |
| 一级资质 First Grade | 266390 | 136711 | 21041 | 23134 | 25504 | 104261 |
| 二级资质 Second Grade | 1861579 | 1122179 | 212516 | 255429 | 271455 | 1171416 |
| 三级资质 Third Grade | 401178 | 238340 | 49670 | 48098 | 65070 | 319286 |
| 四级以下(含四级) Fourth Grade and Less | 224542 | 139990 | 45791 | 11201 | 27560 | 504975 |
| 按隶属关系分 Grouped by Administration | | | | | | |
| 中央项目 Central Projects | 165023 | 101296 | 19170 | 28901 | 15656 | 93535 |
| 省属项目 Provincial Projects | 269594 | 198584 | 26215 | 19776 | 25019 | 139320 |
| 市属项目 Municipal Projects | 2259072 | 1337340 | 283633 | 289185 | 348914 | 1867083 |
| **市 区 Urban in Total** | **2402237** | **1414230** | **326561** | **316723** | **344723** | **1771709** |
| 按经济类型分 Grouped by Ownership | | | | | | |
| # 国有经济 # State-owned Economic | 711639 | 472513 | 67199 | 82306 | 89621 | 492201 |
| # 集体经济 # Collective - owned Economic | 185655 | 116471 | 22578 | 16470 | 30136 | 105295 |

18－1－4 续表 (Continued)

| 项目<br>Item | 合计<br>Total | 住宅<br>Residence | 办公楼<br>Office | 商业用房<br>Commerce | 其他用房<br>Others | 新增固定资产<br>Newly Added Fixed Assets |
|---|---|---|---|---|---|---|
| 按资质分<br>Grouped by Qualification | | | | | | |
| 一级资质<br>First Grade | 190143 | 121485 | 21041 | 23134 | 24483 | 91829 |
| 二级资质<br>Second Grade | 1742815 | 1025343 | 211438 | 250311 | 255723 | 1024826 |
| 三级资质<br>Third Grade | 334421 | 195869 | 49208 | 38318 | 51026 | 253611 |
| 四级以下(含四级)<br>Fourth Grade and Less | 134858 | 71533 | 44874 | 4960 | 13491 | 401443 |
| 按隶属关系分<br>Grouped by Administrative Relationship | | | | | | |
| 中央项目<br>Central Projects | 165023 | 101296 | 19170 | 28901 | 15656 | 93535 |
| 省属项目<br>Provincial Projects | 269594 | 198584 | 26215 | 19776 | 25019 | 139320 |
| 市属项目<br>Municipal Projects | 1967620 | 1114350 | 281176 | 268046 | 304048 | 1538854 |

# 18－1－5　广州市房地产开发资金来源(1998年)

## FUNDS SOURCES OF REAL ESTATE DEVELOPMENT OF GUANGZHOU(1998)

单位:万元　Unit:10000 yuan

| 项　目 | Item | 合计 Total | # 国内贷款 # Domestic Loans | # 利用外资 # Foreign Investment | # 自筹资金 # Funds-raising |
|---|---|---|---|---|---|
| **全　市** | **Total** | **3609380** | **574852** | **461525** | **863799** |
| 按经济类型分 | Grouped by Ownership | | | | |
| #国有经济 | # State-owned Economic | 890815 | 186954 | 17413 | 229259 |
| #集体经济 | Collective-owned Economic | 563798 | 80384 | 2935 | 262140 |
| 按资质分 | Grouped by Qualification | | | | |
| 一级资质 | First Grade | 210801 | 25026 | — | 57827 |
| 二级资质 | Second Grade | 2469685 | 435347 | 308728 | 499236 |
| 三级资质 | Third Grade | 458978 | 79297 | 62973 | 103853 |
| 四级以下(含四级) | Fourth Grade and Less | 469916 | 35182 | 89824 | 202883 |
| 按隶属关系分 | Grouped by Administration | | | | |
| 中央项目 | Central Projects | 168246 | 41934 | 9246 | 55791 |
| 省属项目 | Provincial Projects | 287948 | 57245 | 5677 | 46312 |
| 市属项目 | Municipal Projects | 3153186 | 475673 | 446602 | 761696 |
| **市　区** | **Urban in Total** | **3035989** | **502402** | **447909** | **605765** |
| 按经济类型分 | Grouped by Ownership | | | | |
| #国有经济 | # State-owned Economic | 845691 | 174052 | 17413 | 221408 |
| #集体经济 | # Collective-owned Economic | 220840 | 52232 | 2900 | 71237 |
| 按资质分 | Grouped by Qualification | | | | |
| 一级资质 | First Grade | 174378 | 25026 | — | 21404 |
| 二级资质 | Second Grade | 2340791 | 411417 | 306278 | 480417 |
| 三级资质 | Third Grade | 375848 | 61664 | 56814 | 96326 |
| 四级以下(含四级) | Fourth Grade and Less | 144972 | 4295 | 84817 | 7619 |
| 按隶属关系分 | Grouped by Administration | | | | |
| 中央项目 | Central Projects | 168246 | 41934 | 9246 | 55791 |
| 省属项目 | Provincial Projects | 287948 | 57245 | 5677 | 46312 |
| 市属项目 | Municipal Projects | 2579795 | 298034 | 432986 | 503663 |

# 18－1－6 广州市主要年份固定资产投资情况(1952—1998 年)

## INVESTMENT IN FIXED ASSETS OF MAJOR YEARS OF GUANGZHOU(1952—1998)

单位:万元 Unit:10000 yuan

| 年份<br>Year | 合计<br>Total | 城镇集体<br>Urban Collective-owned Units | 城镇私人<br>Urban Individual Economic | 农村集体<br>Rural Collective-owned Units | 农村私人<br>Rural Individual Economic |
|---|---|---|---|---|---|
| 全市 Total | 3931 | — | — | — | — |
| 1952 | 16560 | — | — | — | — |
| 1957 | 7456 | 30 | — | — | — |
| 1962 | 20658 | 898 | — | — | — |
| 1965 | 20668 | 700 | — | — | — |
| 1970 | 56180 | 2624 | — | — | — |
| 1975 | 72641 | 1325 | 637 | 430 | 1665 |
| 1978 | 99565 | 2709 | 1131 | 225 | 5677 |
| 1980 | 436197 | 17308 | 8832 | 27480 | 36577 |
| 1985 | 905937 | 29884 | 6677 | 43288 | 64350 |
| 1990 | 6182515 | 64312 | 49855 | 448439 | 273486 |
| 1995 | 6389360 | 65056 | 21980 | 387283 | 296060 |
| 1996 | 6565767 | 50702 | 20127 | 321523 | 284865 |
| 1997 | 6565767 | 50702 | 20127 | 321523 | 284865 |
| 1998 | 7588283 | 50525 | 16138 | 358124 | 295150 |
| 市区 Urban | — | — | — | — | — |
| 1952 | 3255 | — | — | — | — |
| 1957 | 15264 | — | — | — | — |
| 1962 | 6841 | 30 | — | — | — |
| 1965 | 19609 | 891 | — | — | — |
| 1970 | 19205 | 630 | — | — | — |
| 1975 | 51934 | 2362 | — | — | — |
| 1978 | 67021 | 1148 | 480 | 71 | 497 |
| 1980 | 88684 | 2300 | 818 | 39 | 1696 |
| 1985 | 362215 | 13321 | 4692 | 18498 | 12711 |
| 1990 | 688267 | 19816 | 1527 | 27518 | 62941 |
| 1995 | 4735978 | 43165 | 27818 | 262144 | 128368 |
| 1996 | 4961794 | 34277 | 3232 | 220292 | 168366 |
| 1997 | 5415077 | 25820 | 9584 | 166975 | 153556 |
| 1998 | 6402341 | 34207 | 3861 | 153992 | 154096 |

注:1. 房地产开发含集体部分。

2."全民所有制"是按 1992 年以前的口径计算,包括:国有经济、联营经济、股份制经济、外商投资经济、港澳台投资经济。

Note:1. Real estate development includes data of collective-owned economic.

2. People-owned Ownership was calculated according to the data before 1992, include state-owned economic, joint economic, share holding, foreign investment, Hong Kong, Macao and Taiwan investment.

# 18－1－7　广州市全社会固定资产投资情况(1998 年)

## INVESTMENT IN OVERALL FIXED ASSETS OF GUANGZHOU(1998)

| 项目 | Item | 全市 City | # 市区 # Urban |
|---|---|---|---|
| **全　市** | **City in Total** | **7588283** | **6402341** |
| 按经济类型分 | Grouped by Ownership | | |
| 国有经济 | State-owned Units | 3803451 | 3443918 |
| 联营经济 | Joint Owned Economic Units | 35596 | 34706 |
| 股份制经济 | Share Holding Economic Units | 444474 | 427521 |
| 外商投资经济 | Foreign Funded Economic Units | 333020 | 193290 |
| 港澳台投资经济 | Hong Kong, Macao and Taiwan Funded Economic Units | 1877923 | 1681583 |
| 集体经济 | Collective-owned Economic | 685243 | 373854 |
| 私人经济 | Individual Economic | 408576 | 247469 |
| 按投资类别分 | Grouped by Types of Investments | | |
| 基本建设 | Capital Construction | 2927028 | 2592443 |
| 更新改造 | Innovation | 1231700 | 1052502 |
| 其他投资 | Other Investments | 735866 | 355159 |
| 房地产开发 | Real Estate Development | 2693689 | 2402237 |
| **市　　属** | **Total of Those under City Administration** | **5727077** | **4702335** |
| 按经济类型分 | Grouped by Ownership | | |
| 国有经济 | State-owned Units | 2198147 | 1925243 |
| 联营经济 | Joint Owned Economic Units | 35026 | 34136 |
| 股份制经济 | Share Holding Economic Units | 375316 | 358363 |
| 外商投资经济 | Foreign Funded Economic Units | 258365 | 193206 |
| 港澳台投资经济 | Hong Kong, Macao and Taiwan Funded Economic Units | 1796213 | 1599873 |
| 集体经济 | Collective-owned Economic | 664070 | 352681 |
| 私人经济 | Individual Economic | 399940 | 238833 |
| 按投资类别分 | Grouped by Types of Investments | | |
| 基本建设 | Capital Construction | 2212755 | 1958332 |
| 更新改造 | Innovation | 519736 | 421576 |
| 其他投资 | Other Investments | 735514 | 354807 |
| 房地产开发 | Real Estate Development | 2259072 | 1967620 |

# 18-1-8 广州市房地产开发房屋面积(1998年)

## FLOOR SPACE OF BUILDINGS IN REAL ESTATE DEVELOPMENT OF GUANGZHOU(1998)

单位:平方米 Unit:sq.m

| 项目<br>Item | 施工面积<br>Floor Space under Construction | #住宅<br># Residence | 竣工面积<br>Floor Space Completed | #住宅<br># Residence | 销售面积<br>Floor Space Sold | #住宅<br># Residence |
|---|---|---|---|---|---|---|
| **全 市<br>Total** | **32694575** | **21712245** | **7586238** | **5712713** | **4050499** | **3493016** |
| 按经济类型分<br>Grouped by Ownership | | | | | | |
| #国有经济<br># State-owned Economic | 11029574 | 7668981 | 2285206 | 1704812 | 1186139 | 1015160 |
| #集体经济<br># Collective-owned Economic | 4225974 | 3013849 | 1389341 | 1149614 | 820089 | 741501 |
| 按资质分<br>Grouped by Qualification | | | | | | |
| 一级资质<br>First Grade | 3809603 | 2686803 | 491707 | 364459 | 413596 | 372917 |
| 二级资质<br>Second Grade | 21291968 | 13663809 | 4426002 | 3350040 | 2379744 | 2033534 |
| 三级资质<br>Third Grade | 5330878 | 3588630 | 1606981 | 1198820 | 664032 | 573289 |
| 四级以下(含四级)<br>Fourth Grade and Less | 2262126 | 1773003 | 1061548 | 799394 | 593127 | 513276 |
| 按隶属关系分<br>Grouped by Administration | | | | | | |
| 中央项目<br>Central Projects | 1831706 | 980573 | 366518 | 247965 | 135600 | 109562 |
| 省属项目<br>Provincial Projects | 3921782 | 2840094 | 565678 | 485622 | 284109 | 235806 |
| 市属项目<br>Municipal Projects | 26941087 | 17891578 | 6654042 | 4979126 | 3630790 | 3147648 |
| **市 区<br>Urban in Total** | **27757093** | **17617627** | **5576690** | **3931036** | **2628122** | **2192355** |
| 按经济类型分<br>Grouped by Ownership | | | | | | |
| #国有经济<br># State-owned Economic | 10363053 | 7148007 | 2050259 | 1508865 | 1057609 | 896308 |
| #集体经济<br># Collective-owned Economic | 2307437 | 1392493 | 564632 | 440903 | 203909 | 184291 |

18－1－8 续表(Continued)

| 项目<br>Item | 施工面积<br>Floor Space under Construction | # 住宅<br># Residence | 竣工面积<br>Floor Space Completed | # 住宅<br># Residence | 销售面积<br>Floor Space Sold | # 住宅<br># Residence |
|---|---|---|---|---|---|---|
| 按资质分<br>Grouped by Qualification | | | | | | |
| 一级资质<br>First Grade | 3514080 | 2398362 | 334264 | 214098 | 319176 | 278497 |
| 二级资质<br>Second Grade | 19679442 | 12258148 | 3708234 | 2692239 | 1854734 | 1570557 |
| 三级资质<br>Third Grade | 3849536 | 2481373 | 1130764 | 792513 | 361046 | 292309 |
| 四级以下(含四级)<br>Fourth Grade and Less | 714035 | 479744 | 403428 | 232186 | 93166 | 50992 |
| 按隶属关系分<br>Grouped by Administration | | | | | | |
| 中央项目<br>Central Projects | 1831706 | 980573 | 366518 | 247965 | 135600 | 109562 |
| 省属项目<br>Provincial Projects | 3921782 | 2840094 | 565678 | 485622 | 284109 | 235806 |
| 市属项目<br>Municipal Projects | 22003605 | 13796960 | 4644494 | 3197449 | 2208413 | 1846987 |

# 18-1-9 广州市房地产开发主要财务指标(1998年)

## MAJOR FINANCIAL INDICATORS OF REAL ESTATE DEVELOPMENT OF GUANGZHOU(1998)

单位:万元 Unit:10000 yuan

| 项目 Item | 资产总计 Total Assets | 所有者权益 Proprietary Rights | 经营总收入 Total Operation Income | 经营成本 Operation Cost | 经营税金及附加 Business Tax and Extra Charges | 利润总额 Total Profits |
|---|---|---|---|---|---|---|
| **全市 Total** | **17700884** | **4308495** | **2501825** | **1786979** | **129986** | **207415** |
| 按经济类型分 Grouped by Ownership | | | | | | |
| #国有经济 # State-owned Economic | 6314035 | 882869 | 677833 | 477987 | 35318 | 40169 |
| #集体经济 Collective-owned Economic | 1863223 | 315338 | 328536 | 246238 | 18646 | 19537 |
| 按资质分 Grouped by Qualification | | | | | | |
| 一级资质 First Grade | 2406567 | 389946 | 174215 | 99339 | 9312 | 17908 |
| 二级资质 Second Grade | 11440940 | 3024089 | 1648667 | 1179503 | 85523 | 133777 |
| 三级资质 Third Grade | 2734796 | 701179 | 481978 | 368578 | 25547 | 18113 |
| 四级以下(含四级) Fourth Grade and Less | 1118581 | 193281 | 196965 | 139559 | 9604 | 7617 |
| 按隶属关系分 Grouped by Administration | | | | | | |
| 中央项目 Central Projects | 586542 | 152787 | 86867 | 60359 | 4654 | 528 |
| 省属项目 Provincial Projects | 1795344 | 257928 | 196907 | 196907 | 14604 | 6875 |
| 市属项目 Municipal Projects | 15318998 | 2157030 | 1529713 | 1529713 | 110728 | 194912 |
| **市区 Urban in Total** | **15235174** | **2009413** | **1494175** | **1494175** | **107133** | **113145** |
| 按经济类型分 Grouped by Ownership | | | | | | |
| #国有经济 # State-owned Economic | 5870193 | 867736 | 628005 | 442498 | 32835 | 37640 |
| #集体经济 # Collective - owned Economic | 863528 | 193295 | 177523 | 147902 | 10414 | -832 |

18－1－9 续表(Continued)

| 项目<br>Item | 资产总计<br>Total Assets | 所有者权益<br>Proprietary Rights | 经营总收入<br>Total Operation Income | 经营成本<br>Operation Cost | 经营税金及附加<br>Business Tax and Extra Charges | 利润总额<br>Total Profits |
|---|---|---|---|---|---|---|
| 按资质分<br>Grouped by Qualification | | | | | | |
| 一级资质<br>First Grade | 2188001 | 332229 | 130989 | 80434 | 6943 | 32991 |
| 二级资质<br>Second Grade | 10686740 | 2800065 | 1398383 | 1051416 | 75177 | 59883 |
| 三级资质<br>Third Grade | 2022384 | 594371 | 404843 | 315298 | 21839 | 17944 |
| 四级以下(含四级)<br>Fourth Grade and Less | 338049 | 75335 | 75198 | 61027 | 3174 | 2327 |
| 按隶属关系分<br>Grouped by Administration | | | | | | |
| 中央项目<br>Central Projects | 586542 | 152787 | 86867 | 60359 | 4654 | 5628 |
| 省属项目<br>Provincial Projects | 1795344 | 268199 | 257928 | 196907 | 14604 | 6875 |
| 市属项目<br>Municipal Projects | 12853288 | 3381018 | 1664618 | 1236909 | 87875 | 100642 |

# 18－1－10 广州市私人建房情况(1998年)

## BUILDINGS CONSTRUCTION BY PRIVATES OF GUANGZHOU(1998)

| 项目 | Item | 建房户数(户) Number of Households Constructing Buildings | 竣工房屋面积(平方米) Floor Space Completed (sq.m) | # 住宅 # Residence | 竣工房屋价值(万元) Value of Buildings Completed (10000 yuan) | # 住宅 # Residence |
|---|---|---|---|---|---|---|
| **城镇** | **City and Town** | | | | | |
| 全市 | Overall The City | 1442 | 287625 | 261774 | 16138 | 14853 |
| 市区 | Urban | 349 | 47871 | 43800 | 3861 | 3576 |
| 县级市所在镇 | Towns Residing in County City | 734 | 180680 | 169250 | 9438 | 8904 |
| 番禺市 | Panyu City | 433 | 1023707 | 102307 | 5115 | 5115 |
| 花都市 | Huadu City | 14 | 13043 | 13043 | 1115 | 1115 |
| 增城市 | Zengcheng City | 201 | 38100 | 26670 | 1834 | 1300 |
| 从化市 | Conghua City | 86 | 27230 | 27230 | 1374 | 1374 |
| 镇 | Towns | 359 | 59074 | 48724 | 2839 | 2373 |
| **农村** | **Rural** | | | | | |
| 全市 | Total of Overall The City | 28990 | 4492743 | 4371363 | 268554 | 263400 |
| 市区 | Urban | 13683 | 2347361 | 2325031 | 145684 | 144745 |
| 县级市 | Towns Residing in County City | 15301 | 2145382 | 2046332 | 122870 | 118655 |
| 番禺市 | Panyu City | 5710 | 1019295 | 993729 | 62876 | 61646 |
| 花都市 | Huadu City | 2884 | 383183 | 375989 | 20290 | 11968 |
| 增城市 | Zengcheng City | 4022 | 495435 | 441808 | 28752 | 26457 |
| 从化市 | Conghua City | 2691 | 247469 | 234806 | 10952 | 10584 |

## 18－1－11　广州市房地产物业信息(2000年11月)

PROPERTY INFORMATION OF GUANGZHOU(Nov.2000)

| 物业名称<br>Project Name | 位置<br>Location | 价格(元/平米)<br>Price(yuan/sq.m) | 入伙时间<br>Completion Time | 联系电话<br>Telephone |
|---|---|---|---|---|
| 白云高尔夫花园 | 黄石东路 | 3880元 | 期房 | 86303698 |
| 半山翠庭 | 五山鸡笼岗地段 | 3800元起 | 现房 | 87508639 |
| 保利白云山庄 | 新广从公路 | 5300元 | 现房 | 86330366 |
| 保利红棉花园 | 江燕路353号 | 4288元起 | 现房 | 84363188 |
| 保利花园 | 工业大道中南侧 | 4000元起 | 期房 | 84308898 |
| 城建大厦 | 体育西路 | 18000元起 | 现房 | 38799888 |
| 翠城花园 | 昌岗路宝岗大道交界处 | 面议 | 期房 | 84128111 |
| 帝景苑 | 龙口西路338号 | 6800元起 | 期房 | 87546888 |
| 丰兴广场 | 天河南二路 | 5800元起 | 期房 | 87542003 |
| 富力广场住宅 | 中山八路 | 4617元起 | 现房 | 81356762 |
| 富泽园 | 人民桥革新路116号 | 3800元起 | 现房 | 84362265 |
| 观湖雅轩 | 东风西路 | 4500元起 | 现房 | 81960258 |
| 广地花园 | 迎宾大道塘西路 | 3480元起 | 现房 | 84789869 |
| 国龙大厦 | 环市中路 | 6335元起 | 期房 | 83548466 |
| 恒仕大厦 | 东华西路永胜街 | 4980元 | 现房 | 83837886 |
| 鸿瑞大厦 | 中山二路29号 | 5800元起 | 期房 | 87606558 |
| 厚福苑 | 华贵路15号 | 6006元起 | 现房 | 81729676 |
| 花果山庄 | 环市中路 | 8207元起 | 期房 | 86663980 |
| 华景新城 | 中山大道105号 | 4600元起 | 现房 | 85562070 |
| 华南碧桂园 | 大石南浦岛 | 面议 | 现房 | 34760828 |
| 黄金广场 | 黄沙大道11－13号 | 6136元起 | 现房 | 81382928 |
| 惠雅阁 | 建设六马路 | 5700元起 | 期房 | 83811521 |
| 汇侨新城汇港苑 | 机场路西侧 | 3400元起 | 期房 | 86680638 |
| 汇侨新城商铺 | 机场路商业街 | 6500元起 | 现房 | 38783768 |
| 嘉仕花园 | 滨江东路 | 4296元起 | 现房 | 34290321 |
| 建雅台 | 东华西路13号 | 4880元起 | 现房 | 83835150 |
| 江南苑 | 荔福路33号 | 3800元起 | 现房 | 84368697 |
| 金碧花园 | 工业大道南 | 2717元起 | 期房 | 84366888 |
| 金桂园 | 解放北路1000号 | 6270元 | 期房 | 86663511 |
| 金花苑 | 光复北路781号 | 4272元起 | 现房 | 81092119 |
| 金羊花园 | 中山一路49号 | 5188元起 | 现房 | 87766063 |
| 锦城花园 | 东风东路 | 11030元起 | 期房 | 87628466 |
| 骏景花园 | 中山大道190号 | 5200元 | 现房 | 85552729 |
| 康盈雅园 | 西湾路 | 2900元起 | 现房 | 86491901 |
| 兰庭颖园 | 前进路 | 面议 | 期房 | 84488818 |
| 荔港南湾 | 南岸路67号 | 3528元起 | 现房 | 81830269 |
| 丽江花园 | 大石镇南浦岛 | 2500元起 | 现房 | 84583030 |
| 麓湖阁 | 淘金北路77号 | 8650元 | 现房 | 83508088 |
| 绿茵翠庭 | 赤岗路卷烟一厂旁 | 2900元起 | 现房 | 83316168 |

18－1－11 续表(Continued)

| 物业名称<br>Project Name | 位置<br>Location | 价格(元/平米)<br>Price(yuan/sq.m) | 入伙时间<br>Completion Time | 联系电话<br>Telephone |
|---|---|---|---|---|
| 洛溪新城 | 洛溪新城吉祥道 | 2566元起 | 现房 | 84582818 |
| 名雅花园 | 北村大道 | 2055元起 | 期房 | 83560280 |
| 名雅苑 | 体育东路 | 9000元 | 现房 | 38800380 |
| 南国花园 | 珠江新城 | 6508元 | 2000.12 | 85265888 |
| 南景园 | 江燕路236号 | 4092元起 | 现房 | 84322733 |
| 南源花园 | 南岸路富力路 | 2800元 | 期房 | 81943112 |
| 跑马地花园 | 黄埔大道华南大道 | 5200元起 | 现房 | 87582698 |
| 祈乐苑 | 怡乐路70号 | 3333元起 | 期房 | 84460168 |
| 润泰大厦 | 江泰路 | 2980元 | 期房 | 84071025 |
| 桃花园 | 桃园街沙河路 | 4688元起 | 期房 | 87647177 |
| 天成居 | 黄埔大道2－8号 | 2900元起 | 期房 | 82326181 |
| 天力居 | 中山大道东圃大睡 | 2680元起 | 现房 | 82315637 |
| 天誉花园 | 林和中路162号 | 7941元起 | 现期房 | 38800930 |
| 同德花园 | 西槎路同雅北街 | 2380元起 | 现房 | 86283495 |
| 同逸苑B区 | 西湾路 | 2900元起 | 期房 | 86461286 |
| 万丰花园 | 前进路南侧,万松路东侧,<br>南园大街西侧 | 3980元起 | 2000.12 | 84483638 |
| 万华花园五福阁 | 广州大道 | 3900元 | 期房 | 34235688 |
| 新大厦国际公寓 | 珠江新城广州大道 | 9078元起 | 现房 | 87360098 |
| 信和广场 | 江南大道中211－213号 | 5200元起 | 现房 | 84236688 |
| 一德大厦德兴苑 | 一德路 | 5380元起 | 现房 | 81600288 |
| 颐和山庄 | 华南北路新广从公路 | 4880元 | 期房 | 87611988 |

# 18－2－1 广州市建筑安装企业主要经济指标(1998年)

MAJOR ECONOMIC INDICATORS OF CONSTRUCTION AND INSTALLATION ENTERPRISES OF GUANGZHOU(1998)

| 项目 | Item | 单位 Unit | | 合计 Total | # 国有经济 # State-owned Economic | # 集体经济 # Collective-owned Economic |
|---|---|---|---|---|---|---|
| 企业单位数 | Number of Enterprises | 个 | number | 497 | 159 | 248 |
| 自行完成施工产值 | Gross Output Value of Construction | 万元 | 10000yuan | 2287004 | 1329730 | 687139 |
| 建筑工程 | Construction Projects | 万元 | 10000yuan | 2011326 | 1134918 | 644725 |
| 安装工程 | Installation Projects | 万元 | 10000yuan | 208096 | 162509 | 17319 |
| 房屋构筑物修理 | Output Value of Buildings Repair and Maintenance | 万元 | 10000yuan | 60368 | 25176 | 25020 |
| 非标准设备制造 | Output Value of Non－Standard Equipment Manufacturing | 万元 | 10000yuan | 7214 | 7214 | 75 |
| 竣工产值 | Output Value of Completion | 万元 | 10000yuan | 1596755 | 972520 | 525918 |
| 单位工程施工个数 | Number of Projects under Construction | 个 | number | 8402 | 4512 | 3133 |
| #新开工 | # Newly Started This Year | 个 | number | 4915 | 2687 | 1746 |
| 房屋建筑施工面积 | Floor Space of Buildings under Construction | 米² | sq.m | 30869460 | 13254670 | 15107511 |
| #新开工 | # Floor Space Newly Started This Year | 米² | sq.m | 11511314 | 4873423 | 5725544 |
| 房屋竣工面积 | Floor Space of Buildings Completed | 米² | sq.m | 10547135 | 4164978 | 5766739 |
| #住宅 | # Residence | 米² | sq.m | 6207907 | 2351180 | 3440296 |
| 工程质量 | Project Quality | | | | | |
| 单位工程竣工个数 | Number of Projects Completed | 个 | number | 4986 | 2581 | 1923 |
| #优良工程个数 | # Number of High Quality Projects | 个 | number | 1650 | 1179 | 380 |
| 优良品率 | Rate of High Quality Projects | % | | 33.09 | 45.68 | 19.76 |
| 劳动生产率 | Labor Productivity | 元/人 | yuan/person | 21854 | 27928 | 14263 |
| 财务状况 | Finance Condition | 万元 | 10000yuan | | | |
| 工程结算成本 | Projects Settling Account Income | 万元 | 10000yuan | 2473038 | 1534646 | 713053 |
| 工程结算收入 | Projects Settling Account Cost | 万元 | 10000yuan | 2216957 | 1373904 | 646080 |
| 利润总额 | Total Profits | 万元 | 10000yuan | 21313 | 10846 | 5367 |
| 年平均人数 | Annual Average Staff | 人 | person | 324621 | 159770 | 128789 |

注:劳动生产率按建筑业增加值计算。

Note: Labor Productivity was calculated by added value in construction trade.

# 18-2-2 广州市建筑业一级资质企业一览(1998 年)

## LIST OF GRADE ONE ENTERPRISES OF CONSTRUCTION TRADE OF GUANGZHOU(1998)

| 企业名称<br>Enterprise Name | 施工产值(万元)<br>Output Value under Construction (10000yuan) | 建筑业增加值(万元)<br>Value Added of Construction Trade (10000yuan) | 固定资产原价(万元)<br>\ = Original Value of Fixed Assets (10000yuan) | 从业平均人数(人)<br>Average Number of Employed (Persons) (person) | 劳动生产率(元/人)<br>Labor Productivity (yuan/person) (yuan/person) | 技术装备率(元/人)<br>Value of Machinery Per Laborer (yuan/person) | 优良品率(%)<br>Rate of High Quality Projects (%) |
|---|---|---|---|---|---|---|---|
| 广东省公路工程总公司 | 95825 | 38192 | 36866 | 6398 | 149773 | 13643 | — |
| 广东省电力工业局第一工程局 | 70529 | 32641 | 29172 | 7902 | 89254 | 13813 | 98.51 |
| 广州市市政工程总公司 | 42484 | 25761 | 46512 | 4764 | 89178 | 14895 | 17.65 |
| 广东省第三建筑工程公司 | 37865 | 9361 | 8635 | 5095 | 74317 | 561 | 70.00 |
| 广东省水利水电第二工程局 | 36646 | 22878 | 33206 | 4644 | 78910 | 32974 | 84.62 |
| 广东省工业设备安装公司 | 43538 | 14770 | 19995 | 4650 | 93629 | 965 | 33.33 |
| 广州市机电安装公司 | 35498 | 7085 | 4739 | 2671 | 119482 | 1958 | 100.00 |
| 广州市第一建筑工程公司 | 37865 | 9361 | 8635 | 5095 | 74317 | 567 | 70.00 |
| 广东省第一建筑工程公司 | 30578 | 10248 | 4874 | 4475 | 68330 | 7570 | 25.00 |
| 广州市建筑置业公司 | 28398 | 11081 | 5582 | 2750 | 103267 | 4047 | 16.67 |
| 广东省第四建筑工程公司 | 29364 | 9214 | 10621 | 3777 | 77743 | 5050 | 83.33 |
| 广州市第二建筑工程公司 | 25427 | 10822 | 7524 | 3768 | 67480 | 7808 | 90.0 |
| 广州市第三建筑工程有限公司 | 26513 | 7747 | 8151 | 4054 | 65401 | 5939 | 70.00 |
| 广州市住宅建设发展公司 | 27488 | 7253 | 11650 | 2442 | 112564 | 11224 | 88.24 |
| 广州市建筑机械施工公司 | 23479 | 7334 | 12879 | 3966 | 59200 | 7828 | — |
| 番禺市建筑安装工程公司 | 17038 | 6245 | 7675 | 3192 | 53377 | 6753 | 65.12 |
| 交通部第四航务工程局第二工程公司 | 32152 | 10447 | 20985 | 1667 | 192874 | 16992 | 55.00 |
| 广东省电力工业局输变电工程公司 | 22698 | 10576 | 5187 | 2292 | 99031 | 10925 | 100.00 |
| 交通部第四航务工程局第一工程公司 | 34946 | 10532 | 23376 | 1416 | 246792 | 29504 | 25.00 |
| 广东省基础工程公司 | 22000 | 8245 | 9992 | 2362 | 93141 | 9949 | 56.10 |
| 番禺市桥梁开发建设工程公司 | 21106 | 1051 | 19859 | 2400 | 87943 | 20686 | — |
| 广州市第四建筑工程公司 | 21021 | 8977 | 8668 | 4013 | 52383 | 7944 | 52.94 |
| 广东省邮电工程公司 | 34917 | 2826 | 7834 | 1560 | 223827 | 11395 | 21.35 |
| 铁道部大桥工程局第三桥梁工程处 | 30035 | 8255 | 7468 | 2701 | 111198 | 10879 | 100.00 |
| 广东火电工程总公司 | 38888 | 8822 | 39186 | 3815 | 101934 | 27767 | 86.36 |
| 广州市自来水工程公司 | 17420 | 9014 | 5362 | 1897 | 91827 | 13532 | 97.37 |
| 广州航道第二疏浚工程公司 | 14215 | 5716 | 59771 | 1279 | 111142 | 173311 | — |
| 中建三局一公司广州分公司 | 13401 | 4836 | 1988 | 805 | 166470 | 12041 | 85.71 |

18-2-2续表（Continued）

| 企业名称<br>Enterprise Name<br>Name | 施工产值<br>(万元)<br>Output<br>Value under<br>Construction<br>(10000yuan) | 建筑业增<br>加值<br>(万元)<br>Value Added<br>of Construction<br>Trade<br>(10000yuan) | 固定资产<br>原价(万元)<br>Original<br>Value of<br>Fixed Assets<br>(10000yuan) | 从业平均<br>人数(人)<br>Average<br>Number of<br>Employed<br>(Persons)<br>(person) | 劳动生产率<br>(元/人)<br>Labor<br>Productivity<br>(yuan/person)<br>(yuan/<br>person) | 技术装备<br>率(元/人)<br>Value of<br>Machinery<br>Per Laborer<br>(yuan/person) | 优良品率<br>(%)<br>Rate of<br>High<br>Quality<br>Projects<br>(%) |
|---|---|---|---|---|---|---|---|
| 广州市市政工程维修处 | 15508 | 9140 | 10880 | 2158 | 71861 | 12311 | 40.00 |
| 广东海外建设总公司 | 13500 | 2705 | 405 | 1710 | 78947 | 1140 | 40.00 |
| 广州市房屋经营建设公司 | 17359 | 5590 | 2964 | 1650 | 105204 | 7558 | 18.75 |
| 花都市建筑工程公司 | 17894 | 3972 | 3016 | 3200 | 55919 | 502 | 39.13 |

注：劳动生产率系依据施工产值计算得出。

Note: Labor Productivity was calculated by output value under construction.

# 第十九章 武汉市房地产统计

# CHAPTER 19 REAL ESTATE STATISTICS OF WUHAN

## 19-1 房地产综合
## COMPOSITE INFORMATION OF REAL ESTATE



## 19-2 建筑业简况
## BASIC INFORMATION OF CONSTRUCTION TRADE

# 19-1-1　武汉市房地产开发综合统计(1999年)

## COMPOSITE STATISTICS OF REAL ESTATE DEVELOPMENT OF WUHAN(1999)

| 项目 | Item | 合计 Total |
|---|---|---|
| **一、房地产开发投资额(亿元)** | **Investment Value of Real Estate Development (100 million yuan)** | 96.71 |
| 住宅 | Residence | 59.30 |
| 办公楼 | Office | 12.21 |
| 商业营业用房 | Commerce | 11.50 |
| **二、商品房销售额(亿元)** | **Sale of Commercial Buildings(100 million yuan)** | |
| 住宅 | Residence | — |
| 办公楼 | Office | — |
| 商业营业用房 | Commerce | — |
| 销售给个人 | Sold to Individuals | — |
| 住宅 | Residence | — |
| 办公楼 | Office | — |
| 商业营业用房 | Commerce | — |
| **三、房地产开发资金来源(亿元)** | **Funds Sources of Real Estate Development (100 million yuan)** | |
| 国家预算内资金 | State Budgetary Funds | 5144 |
| 国内贷款 | Domestic Loans | 139249 |
| 债券 | Bonds | 6837 |
| 利用外资 | Foreign Investment | 66517 |
| 自筹资金 | Fund Raising | 338596 |
| 定金及预收款 | Deposits and Pre-charges | — |
| 其他资金 | Others | 316164 |
| **四、房地产开发面积(万平方米)** | **Floor Space of Real Estate Development (10000 sq.m)** | |
| 商品房施工面积 | Floor Space of Commercial Buildings under Construction | 1232.11 |
| 住宅 | Residence | 860.75 |

19－1－1 续表(Continued)

| 项目 | Item | 合计 Total |
|---|---|---|
| 办公楼 | Office | 162.32 |
| 商业营业用房 | Commerce | 146.49 |
| 商品房新开工面积 | FLoor Space of Commercial Buildings Newly Starting | 417.27 |
| 住宅 | Residence | 375.22 |
| 办公楼 | Office | 9.79 |
| 商业营业用房 | Commerce | 19.40 |
| 商品房竣工面积 | Floor Space of Commercial Buildings Completed | 408.70 |
| 住宅 | Residence | 336.94 |
| 办公楼 | Office | 33.53 |
| 商业营业用房 | Commerce | 24.93 |
| 商品房销售面积 | Floor Space of Commercial Buildings Sold | 222.78 |
| 住宅 | Residence | 203.92 |
| 办公楼 | Office | 585 |
| 商业营业用房 | Commerce | 11.63 |
| **五、空置面积(万平方米)** | **FLoor Space Vacant(10000 sq.m)** | 215.66 |

# 19-1-2　武汉市房地产开发投资情况(1997—1998年)

## INVESTMENT IN REAL ESTATE DEVELOPMENT OF WUHAN(1997—1998)

单位:万元　Unit:10000 yuan

| 指　标 | Item | 1997 | 1998 |
|---|---|---|---|
| **开发投资总额** | **Total Investment Value of Real Estate Development** | **1065729** | **1067997** |
| #商品房建设投资额 | Investment Value of Commodity Buildings Construction | 787270 | 866067 |
| 土地开发投资额 | Investment Value of Land Development | 89029 | 86119 |
| **按经济类型分** | **Grouped by Ownership** | | |
| 国有经济 | State-owned Units | 27646 | 25703 |
| 集体经济 | Collective-owned Units | 59770 | 39490 |
| 私营经济 | Individuals | 7710 | 39708 |
| 联营经济 | Joint Owned Economic Units | 23680 | 17111 |
| 股份制经济 | Share Holding Economic Units | 85021 | 114606 |
| 有限责任公司 | Corporations Limited | 32396 | 94163 |
| 中外合资经营 | China and Foreign Joint Funded Operations | 135848 | 70065 |
| 中外合作经营 | China and Foreign Cooperated Operations | 19490 | 2710 |
| 外资企业 | Foreign Funded Economic Units | 62787 | 92701 |
| 与大陆合资经营 | Join Funded Operations with Mainland | 136900 | 133580 |
| 与大陆合作经营 | Cooperated Operations with Mainland | 42592 | 40913 |
| 港澳台独资企业 | Hong Kong, Macao and Taiwan Funded Economic Units | 167253 | 165897 |
| 其他经济 | Economic Units of Other Types of Ownership | 15636 | — |
| **按构成分** | **Grouped by Use of Funds** | | |
| 建筑工程 | Construction Projects | 649937 | 636275 |
| 安装工程 | Installation Projects | 86255 | 107103 |
| 设备工器具购置 | Purchase of Equipment and Instruments | 47609 | 59020 |
| 其他费用 | Others | 282928 | 265599 |
| **按工程用途分** | **Grouped by Purpose of Projects** | | |
| 住宅 | Residence | 424296 | 480664 |
| #别墅、高档公寓 | Villa, High-grade Apartment | 29871 | 54841 |
| 安居工程 | Welfare Projects | 62030 | 46441 |
| 办公楼 | Office | 121727 | 204058 |
| 商业营业用房 | Commerce | 251815 | 201434 |
| 其他 | Others | 267891 | 181841 |
| **本年完成开发土地面积(平方米)** | **Land Development Area Completed This Year(sq.m)** | **2128854** | **1874223** |
| **本年购置土地面积(平方米)** | **Land Area Purchased This Year(sq.m)** | **2070250** | **3647983** |

# 19－1－3 武汉市房地产开发投资经济效益情况(1997—1998年)

## ECONOMIC EFFICIENCY OF INVESTMENT IN REAL ESTATE DEVELOPMENT OF WUHAN (1997—1998)

| 指标 | Item | 单位 Unit | 1997 | 1998 |
|---|---|---|---|---|
| **一、固定资产交付使用率** | **Rate of Fixed Assets Put into Use** | **%** | **50.32** | **84.26** |
| 新增固定资产 | Newly Increased Fixed Assets | 万元 10000yuan | 536254 | 899876 |
| 投资额 | Investment Value | 万元 10000yuan | 1065729 | 1067997 |
| **二、年末未完工程占用率** | **Rate of Uncompleted Projects at Year-end** | **%** | **191.21** | **136.40** |
| 年末未完工程累计完成投资 | Total Investment of Uncompleted Projects at Year-end | 万元 10000yuan | 2037744 | 1456769 |
| 投资额 | Investment Value | 万元 10000yuan | 1065729 | 10679979 |
| **三、房屋建筑面积竣工率** | **Completion Rate of Floor Space** | **%** | **25.41** | **35.85** |
| 房屋竣工面积 | Floor Space of Buildings Completed | 平方米 sq.m | 3498132 | 4644776 |
| 房屋施工面积 | Floor Space of Buildings under Construction | 平方米 sq.m | 13768432 | 12956986 |
| #住宅建筑面积竣工率 | # Completion Rate of Residential Floor Space | % | 36.18 | 43.49 |
| 住宅竣工面积 | Floor Space of Completed Residential Buildings | 平方米 sq.m | 2778485 | 3345273 |
| 住宅施工面积 | Residential Floor Space under Construction | 平方米 sq.m | 7680357 | 7692359 |
| **四、建设周期** | **Construction Period** | **年 year** | **7.71** | **5.63** |
| 计划总投资 | Planned Total Investment | 万元 10000yuan | 8216854 | 6013995 |
| 投资额 | Investment Value | 万元 10000yuan | 1065729 | 1067997 |

# 19－1－4 武汉市房屋建筑及住房情况(1993—1998年)

## HOUSES CONSTRUCTION AND HOUSING OF WUHAN(1993—1998)

单位:万平方米 Unit:10000 sq.m

| 指标 Item | 1993 | 1994 | 1995 | 1996 | 1997 | 1998 |
|---|---|---|---|---|---|---|
| 实有房屋建筑面积<br>Floor Space of Actual Houses | 9154 | 9492 | 9872 | 10292 | 10565 | 10851 |
| # 房管部门直管<br># Space of Houses under Administrative Departments | 952 | 959 | 989 | 970 | 868 | 889 |
| # 私人自管<br># Space by Individuals | 1257 | 1236 | 1234 | 1239 | 1319 | 1324 |
| 新建房屋竣工建筑面积<br>Completed Floor Space of Newly Constructed Houses | 354 | 522 | 517 | 843 | 354 | 337 |
| # 住宅<br># Residence | 220 | 304 | 317 | 534 | 271 | 282 |
| 房屋减少建筑面积<br>Floor Space Reduced | 209 | 184 | 136 | 138 | 80 | 50 |
| # 住宅<br># Residence | 128 | 83 | 61 | 59 | 32 | 19 |
| 实有住宅建筑面积<br>Floor Space of Actual Residential Buildings | 4608 | 4829 | 5085 | 5328 | 5568 | 5830 |
| # 房管部门直管<br># Space of Houses under Administrative Departments | 725 | 730 | 760 | 759 | 690 | 707 |
| # 私人自管<br># Space by Individuals | 1250 | 1229 | 1227 | 1232 | 1312 | 1317 |
| 危险住宅建筑面积<br>Floor Space of Danger Residential Buildings | 80 | 81 | 85 | 68 | 76 | 74 |
| 实有住宅使用面积<br>Usage Floor Space of Actual Residential Buildings | 3227 | 3441 | 3725 | 3930 | 4142 | 4364 |
| 实有住宅居住面积<br>Residential Space of Actual Residential Buildings | 2168 | 2330 | 2484 | 2620 | 2762 | 2907 |
| 居住人口(万人)<br>Residential Population (10000 persons) | 335 | 340 | 346 | 351 | 356 | 359 |

# 19-1-5 武汉市主要年份全社会住宅投资及竣工面积情况（1992—1998 年）

## TOTAL INVESTMENT IN RESIDENTIAL BUILDINGS AND FLOOR SPACE COMPLETED OF MAJOR YEARS OF WUHAN (1992—1998)

| 指标 Item | 单位 Unit | 1992 | 1993 | 1994 | 1995 | 1996 | 1997 | 1998 |
|---|---|---|---|---|---|---|---|---|
| **住宅投资 Residential Investment** | | | | | | | | |
| **总 计 Total** | **万元 10000 yuan** | **112277** | **245672** | **470843** | **630835** | **678365** | **693015** | **814564** |
| 基本建设 Capital Construction | 万元 10000 yuan | 32313 | 50509 | 66432 | 82028 | 89871 | 118141 | 142234 |
| 更新改造 Innovation | 万元 10000 yuan | 6695 | 7646 | 7951 | 10162 | 12771 | 8300 | 19721 |
| 其他投资 Other Investments | 万元 10000 yuan | 141 | 1725 | 1733 | 1629 | 676 | 912 | 8223 |
| 房地产开发 Real Estate Development | 万元 10000 yuan | 40161 | 149294 | 337774 | 448535 | 461601 | 424296 | 480664 |
| 城镇集体 Urban Collective-owned | 万元 10000 yuan | 679 | — | — | — | 1141 | 257 | 1644 |
| 农村集体 Rural Collective-owned | 万元 10000 yuan | 1316 | 575 | 4513 | 5067 | 8350 | 9348 | 7777 |
| 城镇私人建房 Urban Individuals | 万元 10000 yuan | 12554 | 15047 | 17381 | 27656 | 36607 | 44582 | 58863 |
| 农村私人建房 Rural Individuals | 万元 10000 yuan | 18418 | 20876 | 35059 | 55758 | 67348 | 87179 | 95438 |
| **住宅竣工面积 Residential Completed Space** | | | | | | | | |
| **总 计 Total** | **万平方米 10000 sq.m** | **329.2** | **352.9** | **494.6** | **605.5** | **680.0** | **716.7** | **836.1** |
| 基本建设 Capital Construction | 万平方米 10000 sq.m | 59.4 | 62.2 | 85.9 | 96.2 | 107.1 | 102.2 | 110.7 |
| 更新改造 Innovation | 万平方米 10000 sq.m | 21.7 | 15.2 | 11.4 | 5.9 | 9.0 | 7.2 | 12.3 |
| 其他投资 Other Investments | 万平方米 10000 sq.m | 0.5 | 2.9 | 4.1 | 2.7 | 0.4 | 1.3 | 15.9 |
| 房地产开发 Real Estate Development | 万平方米 10000 sq.m | 78.7 | 110.7 | 158.3 | 232.3 | 265.9 | 277.8 | 334.5 |
| 城镇集体 Urban Collective - owned | 万平方米 10000 sq.m | 2.7 | — | — | — | 0.5 | 0.5 | 2.3 |
| 农村集体 Rural Collevtive-owned | 万平方米 10000 sq.m | 2.7 | 2.3 | 3.6 | 5.0 | 12.5 | 14.7 | 18.7 |
| 城镇私人建房 Urban Individuals | 万平方米 10000 sq.m | 60.3 | 54.1 | 59.2 | 82.4 | 101.3 | 112.1 | 136.2 |
| 农村私人建房 Rural Individuals | 万平方米 10000 sq.m | 103.2 | 105.5 | 172.1 | 181.0 | 183.3 | 200.9 | 205.5 |

# 19-1-6 武汉市主要年份市属住宅投资及竣工面积情况 (1992—1998年)

## INVESTMENT IN RESIDENTIAL BUILDINGS AND FLOOR SPACE COMPLETED BY WUHAN CITY OF MAJOR YEARS OF WUHAN(1992—1998)

| 指标 Item | 单位 Unit | 1992 | 1993 | 1994 | 1995 | 1996 | 1997 | 1998 |
|---|---|---|---|---|---|---|---|---|
| **住宅投资 Residential Investment** | | | | | | | | |
| **总计 Total** | **万元 10000 yuan** | **90100** | **196536** | **290115** | **525747** | **588553** | **579281** | **692781** |
| 基本建设 Capital Construction | 万元 10000 yuan | 12842 | 19456 | 30070 | 30181 | 47304 | 37252 | 54070 |
| 更新改造 Innovation | 万元 10000 yuan | 5019 | 5181 | 4095 | 5569 | 4745 | 2434 | 3606 |
| 其他投资 Other Investments | 万元 10000 yuan | 117 | 934 | 1567 | 1331 | 676 | 448 | 7153 |
| 房地产开发 Real Estate Development | 万元 10000 yuan | 39187 | 134467 | 197430 | 400185 | 422674 | 397781 | 464230 |
| 城镇集体 Urban Collective-owned | 万元 10000 yuan | 647 | — | — | — | 851 | 257 | 1644 |
| 农村集体 Rural Collective-owned | 万元 10000 yuan | 1316 | 575 | 4513 | 5067 | 8350 | 9348 | 7777 |
| 城镇私人建房 Urban Individuals | 万元 10000 yuan | 12554 | 15047 | 17381 | 27656 | 36607 | 44582 | 58863 |
| 农村私人建房 Rural Individuals | 万元 10000 yuan | 18418 | 20876 | 35059 | 55758 | 67348 | 87179 | 95438 |
| **住宅竣工面积 Residential Completed Space** | | | | | | | | |
| **总计 Total** | **万平方米 10000 sq.m** | **283.7** | **283.0** | **432.6** | **527.2** | **580.2** | **649.5** | **747.1** |
| 基本建设 Capital Construction | 万平方米 10000 sq.m | 23.7 | 23.3 | 47.4 | 42.0 | 37.5 | 44.3 | 41.2 |
| 更新改造 Innovation | 万平方米 10000 sq.m | 13.1 | 8.8 | 6.3 | 2.5 | 5.6 | 4.5 | 3.6 |
| 其他投资 Other Investments | 万平方米 10000 sq.m | 0.5 | 2.1 | 4.1 | 2.3 | 0.4 | 0.7 | 14.4 |
| 房地产开发 Real Estate Development | 万平方米 10000 sq.m | 77.7 | 86.9 | 139.9 | 212.0 | 239.1 | 271.8 | 325.2 |
| 城镇集体 Urban Collective-owned | 万平方米 10000 sq.m | 2.5 | — | — | — | 0.5 | 0.5 | 2.3 |
| 农村集体 Rural Collective-owned | 万平方米 10000 sq.m | 2.7 | 2.3 | 3.6 | 5.0 | 12.5 | 14.7 | 18.7 |
| 城镇私人建房 Urban Individuals | 万平方米 10000 sq.m | 60.3 | 54.1 | 59.2 | 82.4 | 101.3 | 112.1 | 136.2 |
| 农村私人建房 Rural Individuals | 万平方米 10000 sq.m | 103.2 | 105.5 | 172.1 | 181.0 | 183.3 | 200.9 | 265.5 |

# 19-1-7 武汉市商品房售租情况(1997—1998年)

## SELLING AND LEASING OF COMMODITY BUILDINGS OF WUHAN(1997—1998)

单位:平方米 Unit: sq. m

| 项目 Item | 年份 Year | 总计 Total | 住宅 Residence | # 个人 Individuals | 办公楼 Office | 商业营业用房 Commerce | 其他 Others |
|---|---|---|---|---|---|---|---|
| 预售 Pre-sold | 1997 | 850055 | 655689 | 262094 | 88858 | 98196 | 7312 |
| | 1998 | 514328 | 450817 | 243600 | 33972 | 29539 | — |
| 实际销售 Actual Sold | 1997 | 1661650 | 1248338 | 630266 | 112548 | 217080 | 83684 |
| | 1998 | 3498148 | 2126774 | 1380929 | 169307 | 182748 | 19319 |
| 实际销售额 Actual Sales | 1997 | 374564 | 219314 | 97632 | 51526 | 82587 | 21137 |
| | 1998 | 550273 | 337657 | 212123 | 94596 | 114439 | 3581 |
| 出租 Leasing | 1997 | 122796 | 2685 | 1520 | 58240 | 51535 | 10336 |
| | 1998 | 170271 | 26345 | 4540 | 50053 | 39834 | 54039 |
| 空置 Vacant | 1997 | 1310296 | 937089 | — | 142425 | 212896 | 17886 |
| | 1998 | 1916551 | 1207564 | — | 299150 | 283976 | 125861 |

# 19－1－8　武汉市私人建房情况(1998年)

## BUILDINGS CONSTRUCTION BY PRIVATES OF WUHAN(1998)

| 指标 | Item | 建房户数(户) Households Constructing Houses | 竣工房屋建筑面积(平方米) Floor Space of Completed Buildings (sq.m) | #住宅 Residence | 竣工房屋价值(万元) Value of Completed Buildings (10000 yuan) | #住宅 Residence |
|---|---|---|---|---|---|---|
| **城镇和工矿区** | **Urban, Towns and Industrial and Mining Areas** | | | | | |
| **合计** | **Total** | **9823** | **1385012** | **1361677** | **58863** | **57952** |
| #农业户 | # Agricultural Households | 2386 | 364384 | 346612 | 15735 | 15049 |
| 1. 市 | Urban | 2166 | 298947 | 292354 | 12640 | 12395 |
| #农业户 | # Agricultural Households | 402 | 58802 | 57038 | 2598 | 2527 |
| 2. 县城 | Counties | 1318 | 189772 | 182491 | 7973 | 7685 |
| #农业户 | # Agricultural Households | 162 | 21365 | 20937 | 916 | 899 |
| 3. 镇 | Towns | 6231 | 882441 | 872980 | 37664 | 37286 |
| #农业户 | # Agricultural Households | 1822 | 284217 | 268637 | 12221 | 11623 |
| 4. 工矿区 | Industrial and Mining Areas | 108 | 13852 | 13852 | 586 | 586 |
| **农　村** | **Rural** | | | | | |
| **合　计** | **Total** | **—** | **2086935** | **2054649** | **95438** | **94102** |

# 19-1-9 武汉市主要年份城市房产交易情况(1995—1998年)

## TRANSACTION OF URBAN ESTATE OF MAIN YEARS OF WUHAN(1995—1998)

| 指 标 | Item | 单位 Unit | 1995 | 1997 | 1998 |
|---|---|---|---|---|---|
| 一、房产买卖 | **Real Estate Sales** | | | | |
| 成交面积 | Bargained Space | 万平方米 10000sq.m | 285 | 286 | 876 |
| #住宅 | # Residence | 万平方米 10000sq.m | 180 | 194 | 569 |
| 成交金额 | Bargained Sales | 万元 10000yuan | 158145 | 255678 | 675331 |
| #住宅 | # Residence | 万元 10000yuan | 103332 | 154889 | 423991 |
| 二、房产租赁 | **Houses Leasing and Renting** | | | | |
| 出租面积 | Leasing Space | 万平方米 10000sq.m | 40 | 53.4 | 70 |
| #住宅 | # Residence | 万平方米 10000sq.m | 9 | 0.1 | 32 |
| 租金收入 | Rental Income | 万元 10000yuan | 14500 | 18476 | 11427 |
| #住宅 | # Residence | 万元 10000yuan | 1748 | 7.2 | 613 |
| 三、向个人出售住宅 | **Houses Sold to Individuals** | | | | |
| 新建住宅出售面积 | Sold Space of Newly Constructed Residential Buildings | 平方米 sq.m | 193500 | 760000 | 770000 |
| 新建住宅出售收回资金 | Retrieved Funds of Sold Newly Constructed Residential Buildings | 万元 10000yuan | 46300 | 118685 | 137830 |
| 旧住宅出售面积 | Sold Space of Old Residential Buildings | 平方米 sq.m | 120000 | 610000 | 5360000 |
| 旧住宅出售收回资金 | Retrieved Funds of Sold Old Residential Buildings | 万元 10000yuan | 3602 | 18273 | 107000 |

# 19－1－10　武汉市主要年份全社会固定资产投资情况（1995—1998年）

## INVESTMENT IN OVERALL FIXED ASSETS OF MAIN YEARS OF WUHAN(1995—1998)

单位：万元　Unit: 10000 yuan

| 指　标 | Item | 1995 | 1997 | 1998 |
|---|---|---|---|---|
| **总　计** | **Total** | **3222274** | **4081797** | **4204250** |
| **一、按经济类型分** | **Grouped by Ownership** | | | |
| 国有经济 | State-owned Units | 1901338 | 1869988 | 1919271 |
| 集体经济 | Collective-owned Units | 144879 | 226777 | 226809 |
| 私营经济 | Individuals | 5880 | 7710 | 39708 |
| 联营经济 | Joint Owned Economic Units | 26489 | 90710 | 39268 |
| 股份制经济 | Share Holding Economic Units | 134216 | 131546 | 233247 |
| 有限责任公司 | Corporations Limited | 34611 | 80119 | 214079 |
| 中外合资经营 | China and Foreign Joint Funded Operations | 404923 | 403137 | 385033 |
| 中外合作经营 | China and Foreign Cooperated Operations | 30991 | 40476 | 20901 |
| 外资企业 | Foreign Funded Economic Units | 22573 | 67812 | 108006 |
| 与大陆合资经营 | Join Funded Operations with Mainland | 130077 | 157232 | 230595 |
| 与大陆合作经营 | Cooperated Operations with Mainland | 2149 | 52882 | 52165 |
| 港澳台独资企业 | Hong Kong, Macao and Taiwan Funded Economic Units | 126868 | 220401 | 166537 |
| 其他经济 | Economic Units of Other Types of Ownership | 257280 | 733007 | 568631 |
| **二、按构成分** | **Grouped by Use of Funds** | | | |
| 建筑安装 | Construction and Installation | 1641321 | 2079861 | 2260810 |
| 设备工器具购置 | Purchase of Equipment and Instruments | 1074315 | 1357550 | 1262049 |
| 其他费用 | Others | 506638 | 644386 | 681391 |
| **三、按用途分** | **Grouped by Purpose** | | | |
| 生产性建设 | Productive Construction | 2030904 | 2733447 | 2849634 |
| 非生产性建设 | Non-productive Construction | 1191370 | 1348350 | 1354616 |
| #住宅 | # Residence | 630835 | 693015 | 814564 |

# 19－1－11 武汉市属固定资产投资情况(1974—1999年)

## INVESTMENT IN FIXED ASSETS BY MUNICIPALITY OF WUHAN(1974—1999)

单位:万元 Unit:10000 yuan

| 年份 Year | 总计 Total | 基本建设 Capital Construction | 更新改造 Innovation | 其他投资 Other Investment | 房地产开发 Real Estate Development | 城镇集体 Urban Collective Owned | 农村集体 Rural Collective owned | 城镇私人建房 Houses Construction by Urban Individuals | 农村私人建房 Rural Houses Construction by Individuals |
|---|---|---|---|---|---|---|---|---|---|
| 1974 | 11013 | 11013 | — | — | — | — | — | — | — |
| 1975 | 15252 | 15252 | — | — | — | — | — | — | — |
| 1976 | 14310 | 12734 | 890 | — | — | 686 | — | — | — |
| 1977 | 15746 | 12123 | 2808 | — | — | 815 | — | — | — |
| 1978 | 19092 | 15838 | 2462 | — | — | 792 | — | — | — |
| 1979 | 31833 | 24494 | 7213 | — | — | 1126 | — | — | — |
| 1980 | 38111 | 25292 | 9574 | — | — | 3245 | — | — | — |
| 1981 | 37866 | 19181 | 13036 | — | — | 5649 | — | — | — |
| 1982 | 51043 | 23685 | 13585 | — | — | 7011 | 2556 | 2081 | 2125 |
| 1983 | 48018 | 21314 | 18750 | — | — | 4604 | — | 3350 | — |
| 1984 | 89129 | 19864 | 26262 | 5230 | — | 6382 | 7421 | 8463 | 15507 |
| 1985 | 160496 | 57466 | 50239 | 3397 | — | 7711 | 15487 | 7158 | 19038 |
| 1986 | 193770 | 59651 | 68143 | 825 | — | 10873 | 11798 | 14298 | 28182 |
| 1987 | 235270 | 66534 | 93937 | 5552 | — | 10085 | 12802 | 23679 | 22681 |
| 1988 | 275647 | 81246 | 125984 | 4532 | — | 11816 | 16434 | 15259 | 20376 |
| 1989 | 233637 | 58290 | 112330 | 6916 | — | 6968 | 10221 | 15328 | 23584 |
| 1990 | 262756 | 56978 | 124323 | 6531 | 22693 | 6760 | 10285 | 7112 | 28074 |
| 1991 | 289378 | 70954 | 123359 | 5873 | 32756 | 8042 | 11314 | 7634 | 29446 |
| 1992 | 466466 | 162540 | 176707 | 3809 | 54742 | 10331 | 19750 | 12554 | 26033 |
| 1993 | 792671 | 247827 | 224080 | 28810 | 223453 | — | 22535 | 17379 | 28587 |
| 1994 | 1114743 | 371826 | 301826 | 28590 | 301007 | — | 47974 | 20855 | 42665 |
| 1995 | 1935616 | 700354 | 393200 | 41494 | 457972 | — | 94461 | 155871 | 92264 |
| 1996 | 2728071 | 729257 | 496333 | 167149 | 897083 | 16371 | 116981 | 182344 | 122553 |
| 1997 | 2902211 | 558825 | 5625654 | 187313 | 992219 | 25527 | 141097 | 267996 | 166680 |
| 1998 | 2991033 | 606509 | 563224 | 222902 | 952056 | 34910 | 152384 | 295845 | 163203 |

# 19-1-12　中房武汉指数历史值(1995—1999年)

CHINA REAL ESTATE INDEX SYSTEM WUHAN INDEX(1995—1999)

| 年份 Year | 季度 Quarter | 住宅 Residence | 办公用房 Office | 商业用房 Commerce | 工业用房 Factory House | 城市指数 Composite Index |
|---|---|---|---|---|---|---|
| 1995 | 1 | 318 | 1077 | 890 | 273 | 618 |
| 1995 | 2 | 310 | 1132 | 907 | 257 | 612 |
| 1995 | 3 | 301 | 1130 | 892 | 246 | 590 |
| 1995 | 4 | 302 | 1124 | 887 | 242 | 587 |
| 1996 | 1 | 293 | 1135 | 901 | 252 | 579 |
| 1996 | 2 | 293 | 1133 | 901 | 252 | 578 |
| 1996 | 3 | 290 | 1131 | 901 | 252 | 575 |
| 1996 | 4 | 289 | 1126 | 897 | 252 | 573 |
| 1997 | 1 | 287 | 1120 | 899 | 252 | 571 |
| 1997 | 2 | 285 | 1120 | 902 | 252 | 569 |
| 1997 | 3 | 283 | 1121 | 902 | 252 | 568 |
| 1997 | 4 | 284 | 1121 | 907 | 252 | 569 |
| 1998 | 1 | 286 | 1121 | 907 | 252 | 571 |
| 1998 | 2 | 291 | 1121 | 907 | 252 | 575 |
| 1998 | 3 | 286 | 1121 | 898 | 252 | 570 |
| 1998 | 4 | 287 | 1115 | 896 | 252 | 569 |
| 1999 | 1 | 290 | 1111 | 891 | — | 571 |
| 1999 | 2 | 293 | 1109 | 891 | — | 574 |
| 1999 | 3 | 291 | 1109 | 890 | — | 572 |
| 1999 | 4 | 295 | 1103 | 887 | — | 575 |

## 19－2－1 武汉市建筑业企业主要经济指标(1998年)

MAJOR ECONOMIC INDICATORS OF CONSTRUCTION ENTERPRISES OF WUHAN(1998)

| 指标<br>Item | 单位<br>Units | 总计<br>Total | 国有经济<br>State-owned Units | 集体经济<br>Collective-owned Units |
|---|---|---|---|---|
| **一、全员劳动生产率(按建筑业总产值计算)<br>Overall Labor Productivity (In Terms of Gross Output Value)** | 元/人<br>yuan/person | **59605** | **67546** | **30239** |
| **二、工程质量<br>Project Quality** | | | | |
| 单位工程竣工个数<br>Number of Completed Projects | 个<br>number | 3441 | 2377 | 705 |
| #优良个数<br># Number of High Quality Projects | 个<br>number | 1799 | 1616 | 58 |
| 优良品率<br>Rate of High Quality Projects | % | 52.28 | 67.98 | 8.23 |
| 房屋建筑竣工面积<br>Floor Space of Buildings Completed | 平方米<br>sq.m | 5442112 | 3057518 | 1325542 |
| #优良工程面积<br># Floor Space of High Quality Projects | 平方米<br>sq.m | 1900411 | 1148317 | 176338 |
| 优良品率<br>Rate of High Quality Projects | % | 34.92 | 37.56 | 13.30 |
| **三、技术装备<br>Machinery And Equipment** | | | | |
| 年末自有机械设备台数<br>Number of Machinery and Equipment Owned at Year-end | 台<br>set | 56450 | 32534 | 17458 |
| 年末自有机械设备总功率<br>Total Power of Machinery and Equipment Owned at Year-end | 千瓦<br>kw | 861438 | 58674 | 150109 |
| #施工机械功率<br># Power of Machinery and Equipment on Construction | 千瓦<br>kw | 653060 | 430807 | 130769 |
| 自有机械设备净值<br>Net Value of Machinery and Equipment Owned | 万元<br>10000yuan | 124389 | 90717 | 17040 |
| **四、资产负债率<br>Balance of Assets and Liabilities** | % | **73.82** | **73.38** | **57.05** |
| **五、产值利润率<br>Rate of Profit to Output Value** | % | **0.35** | **－0.03** | **2.55** |
| **六、竣工率<br>Rate of Completion** | | | | |
| 按竣工面积计算<br>In Terms of Floor Space Completed | % | 32.88 | 28.90 | 49.38 |
| 按竣工产值计算<br>In Terms of Completion Output | % | 70.69 | 73.77 | 62.36 |

# 第二十章　西安市房地产统计

# CHAPTER 20　REAL ESTATE STATISTICS OF XI'AN

## 20－1　房地产综合

## COMPOSITE INFORMATION OF REAL ESTATE



## 20－2　城市基础设施

## MUNICIPAL INFRASTRUCTURE

# 20-1-1 西安市房地产开发综合统计(1998—1999年)

## COMPOSITE STATISTICS OF REAL ESTATE DEVELOPMENT OF XI'AN(1998—1999)

| 项目 | Item | 1999 | 1998 |
|---|---|---|---|
| **一、房地产开发投资额(亿元)** | **Investment Value of Real Estate Development (100 million yuan)** | 450416 | 392638 |
| 住宅 | Residence | 309501 | 265724 |
| 办公楼 | Office | 27808 | 20450 |
| 商业营业用房 | Commerce | 49689 | 40411 |
| 其他 | Others | 63418 | 66053 |
| **二、商品房销售额(亿元)** | **Sale of Commercial Buildings(100 million yuan)** | — | **188109** |
| 住宅 | Residence | — | 165727 |
| 办公楼 | Office | — | 9632 |
| 商业营业用房 | Commerce | — | 6167 |
| 其他 | Others | — | 6583 |
| 商品房销售价格(元/米²) | Selling Price of Commodity Buildings (yuan/sq. m) | | |
| 住宅 | Residence | — | 1512.38 |
| 办公楼 | Office | — | 3200 |
| 商业营业用房 | Commerce | — | 3830 |
| 其他 | Others | — | 1662 |
| **三、房地产开发资金来源(亿元)** | **Funds Sources of Real Estate Development (100 million yuan)** | 442243 | 556239 |
| 国家预算内资金 | State Budgetary Funds | 572 | 2890 |
| 国内贷款 | Domestic Loans | 118771 | 113191 |
| 债券 | Bonds | 2000 | |
| 利用外资 | Foreign Investment | 25209 | 14398 |
| 自筹资金 | Fund Raising | 112061 | 94304 |
| 定金及预收款 | Deposits and Pre-charges | — | 157102 |
| 其他资金 | Others | 18363 | 174354 |
| **四、房地产开发面积(万平方米)** | **Floor Space of Real Estate Development (10000 sq. m)** | | |
| 商品房施工面积 | Floor Space of Commercial Buildings under Construction | 807.51 | — |
| #住宅 | # Residence | 663.58 | — |
| 办公楼 | Office | 70.59 | — |
| 商业营业用房 | Commerce | 42.74 | — |

20－1－1 续表(Continued)

| 项目 | Item | 1999 | 1998 |
|---|---|---|---|
| 其他 | Others | 30.60 | — |
| 商品房新开发面积 | Newly Developed Floor Space of Commercial Buildings | 148.38 | 392.07 |
| #住宅 | # Residence | 126.32 | 365.83 |
| 办公楼 | Office | 0.46 | 8.20 |
| 商业营业用房 | Commerce | 8.72 | 11.45 |
| 其他 | Others | 12.89 | 6.59 |
| 商品房竣工面积 | Completed Floor Space of Commercial Buildings | 383.95 | 143.42 |
| #住宅 | # Residence | 358.44 | 124.97 |
| 办公楼 | Office | 13.04 | 4.85 |
| 商业营业用房 | Commerce | 9.49 | 8.45 |
| 其他 | Others | 2.99 | 5.15 |
| 商品房销售面积 | Sold Floor Space of Commercial Buildings | 296.97 | 118.16 |
| #住宅 | # Residence | 284.95 | 109.58 |
| 办公楼 | Office | 6.61 | 3.01 |
| 商业营业用房 | Commerce | 2.16 | 1.61 |
| 其他 | Others | 3.25 | 3.96 |
| **五、空置面积(万平方米)** | **Vacant Floor Space (10000 sq.m)** | 103.47 | 28.31 |
| #住宅 | # Residence | 87.22 | 19.16 |
| 办公楼 | Office | 6.92 | 3.40 |
| 商业营业用房 | Commerce | 5.04 | 3.94 |
| 其他 | Others | 4.29 | 1.81 |

# 20－1－2 西安市主要年份新增固定资产及房屋竣工面积（1978—1998年）

## NEWLY INCREASED FIXED ASSETS AND COMPLETED HOUSES SPACE OF MAJOR YEARS OF XI'AN(1978—1998)

| 年份 Year | 新增固定资产投资（万元）Newly Increased Fixed Assets Investment(10000 yuan) | 房屋竣工面积（平方米）FLoor Space of Houses Completed (sq.m) | #住宅 # Residence |
|---|---|---|---|
| 1978 | 7529 | 249793 | 103060 |
| 1980 | 10664 | 497472 | 284022 |
| 1984 | 24111 | 689316 | 347634 |
| 1985 | 27872 | 986197 | 451128 |
| 1986 | 47827 | 1077660 | 690965 |
| 1987 | 56953 | 937402 | 417050 |
| 1988 | 50175 | 717169 | 351330 |
| 1989 | 69817 | 713432 | 315937 |
| 1990 | 69434 | 950215 | 501234 |
| 1991 | 67392 | 788184 | 377550 |
| 1992 | 108469 | 981637 | 417800 |
| 1993 | 181449 | 1384411 | 689602 |
| 1994 | 314996 | 1351075 | 894704 |
| 1995 | 273324 | 2025223 | 1433005 |
| 1996 | 296898 | 1984330 | 1487837 |
| 1997 | 374318 | 2264862 | 1666509 |
| 1998 | 521350 | 2383041 | 1691699 |

# 20-1-3 西安市城镇和工矿区私人建房状况(1985—1998年)

HOUSES CONSTRUCTION BY INDIVIDUALS IN CITIES TOWNS AND INDUSTRIAL AND MINING AREAS OF XI'AN(1985—1998)

| 年份 Year | 城镇工矿区个数(个) Number of Cities, Towns and Industrial and Mining Areas(number) | 建房户数(户) Households Constructing Buildings (household) | 竣工房屋面积(平方米) Floor Space of Buildings Completed (sq.m) | #住宅 # Residence | 竣工房屋价值(万元) Value of Buildings Completed (10000 yuan) | #住宅 # Residnece |
|---|---|---|---|---|---|---|
| 1985 | 10 | 13441 | 486000 | 464000 | 4112 | 3879 |
| 1986 | 17 | 5595 | 420639 | 365840 | 3647 | 3200 |
| 1987 | 12 | 7481 | 583509 | 507240 | 6014 | 5407 |
| 1988 | 12 | 5561 | 423903 | 398549 | 6290 | 6064 |
| 1989 | 11 | 3171 | 241964 | 205640 | 3939 | 3298 |
| 1990 | 18 | 5217 | 382754 | 335624 | 7435 | 6278 |
| 1991 | 14 | 3220 | 293044 | 254921 | 6134 | 5336 |
| 1992 | 12 | 4084 | 463409 | 401304 | 10278 | 9131 |
| 1993 | 18 | 9734 | 775128 | 743816 | 18445 | 17143 |
| 1994 | 32 | 6210 | 655474 | 602437 | 22411 | 18636 |
| 1995 | 21 | 6742 | 835881 | 695441 | 33737 | 28948 |
| 1996 | 21 | 4997 | 849734 | 101774 | 44864 | 36753 |
| 1997 | 26 | 5706 | 986114 | 402893 | 47596 | 42534 |
| 1998 | 18 | 6603 | 781293 | 699092 | 40620 | 30520 |

# 20－1－4 西安市农村私人建房状况(1985—1998年)

## HOUSES CONSTRUCTION BY RURAL PRIVATES OF XI'AN(1985—1998)

| 年 份<br>Year | 竣工房屋投资<br>(万元)<br>Investment in Buildings Completed<br>(10000 yuan) | 竣工房屋面积<br>(万平方米)<br>Floor Space of Buildings Completed<br>(10000 sq.m) | 竣工房屋造价<br>(元/平方米)<br>Cost of Buildings Completed(yuan/sq.m) |
|---|---|---|---|
| 1985 | 27174 | 505.66 | 53.74 |
| 1986 | 27751 | 421.75 | 65.80 |
| 1987 | 27591 | 382.52 | 72.13 |
| 1988 | 29361 | 360.90 | 81.35 |
| 1989 | 32257 | 313.34 | 102.95 |
| 1990 | 19924 | 243.96 | 81.67 |
| 1991 | 34607 | 278.38 | 124.32 |
| 1992 | 39689 | 283.79 | 139.85 |
| 1993 | 47104 | 297.96 | 158.09 |
| 1994 | 78451 | 332.76 | 235.76 |
| 1995 | 77561 | 315.03 | 246.23 |
| 1996 | 80176 | 303.97 | 264.00 |
| 1997 | 103468 | 356.88 | 289.92 |
| 1998 | 98114 | 316.03 | 310.46 |

# 20-1-5　西安全市固定资产投资(1978—1998年)

INVESTMENT IN FIXED ASSETS OF XI'AN(1978—1998)

单位:万元　Unit:10000 yuan

| 年份<br>Year | 合计<br>Total | # 国有经济<br># State-owned Units | 基本建设<br>Capital Construction | 更新改造<br>Innovation | 国有其他<br>Other State-owned Units | 商品房屋<br>Commercial Buildings | # 城镇集体<br># Urban Collective owned Units |
|---|---|---|---|---|---|---|---|
| 1978 | 33179 | 32505 | 32505 | — | — | — | 674 |
| 1980 | 61164 | 59423 | 50357 | 9066 | — | — | 1741 |
| 1984 | 106020 | 103544 | 70621 | 32391 | 532 | — | 2476 |
| 1985 | 144522 | 139678 | 95716 | 43851 | — | — | 4985 |
| 1986 | 185380 | 180451 | 114279 | 65393 | 779 | — | 4929 |
| 1987 | 231496 | 221845 | 142648 | 78439 | 758 | — | 9651 |
| 1988 | 244325 | 237179 | 151077 | 82681 | 3421 | — | 7146 |
| 1989 | 238514 | 232230 | 135899 | 90889 | 5442 | — | 6284 |
| 1990 | 230964 | 222084 | 108358 | 90848 | 13802 | 9076 | 8880 |
| 1991 | 255506 | 244228 | 121780 | 96887 | 5502 | 20059 | 11278 |
| 1992 | 328547 | 320390 | 147499 | 137468 | 2226 | 33197 | 8157 |
| 1993 | 666505 | 596635 | 254876 | 280837 | 7944 | 52978 | 11668 |
| 1994 | 734663 | 647126 | 326629 | 241402 | 3368 | 75727 | 21232 |
| 1995 | 884994 | 690806 | 296897 | 286297 | 12361 | 95251 | 59886 |
| 1996 | — | — | — | — | — | — | — |
| 1997 | 951681 | — | 450223 | 232944 | — | — | — |
| 1998 | 1386839 | — | 653478 | 310600 | 40619 | — | — |

# 20-1-6　中房西安指数历史值(1995—1999年)

## CHINA REAL ESTATE INDEX SYSTEM XI'AN INDEX(1995—1999)

| 年份 Year | 季节 Quarter | 住宅 Residence | 办公用房 Office | 商业用房 Commerce | 城市指数 Composite Index |
|---|---|---|---|---|---|
| 1995 | 4 | 419 | 881 | 893 | 498 |
| 1996 | 1 | 413 | 879 | 893 | 492 |
| 1996 | 2 | 410 | 875 | 890 | 489 |
| 1996 | 3 | 406 | 870 | 882 | 484 |
| 1996 | 4 | 411 | 868 | 907 | 489 |
| 1997 | 1 | 416 | 861 | 909 | 492 |
| 1997 | 2 | 422 | 875 | 912 | 499 |
| 1997 | 3 | 420 | 871 | 912 | 497 |
| 1997 | 4 | 422 | 860 | 912 | 498 |
| 1998 | 1 | 421 | 855 | 912 | 496 |
| 1998 | 2 | 426 | 853 | 912 | 500 |
| 1998 | 3 | 432 | 845 | 910 | 505 |
| 1998 | 4 | 433 | 847 | 910 | 506 |
| 1998 | 1 | 429 | 845 | 907 | 502 |
| 1998 | 2 | 433 | 841 | 905 | 505 |
| 1998 | 3 | 435 | 835 | 902 | 506 |
| 1998 | 4 | 432 | 839 | 898 | 503 |
| 1999 | 1 | 429 | 845 | 907 | 502 |
| 1999 | 2 | 433 | 841 | 905 | 505 |
| 1999 | 3 | 435 | 835 | 902 | 506 |
| 1999 | 4 | 432 | 839 | 898 | 503 |

# 20-1-7　西安市房地产物业信息(2000年11月)

PROPERTY INFORMATION OF XI'AN(Nou.2000)

| 物业名称<br>Project Name | 位置<br>Location | 价格(元/平米)<br>Price(yuan/sp.m) | 入伙时间<br>Completion Time | 联系电话<br>Telephone |
|---|---|---|---|---|
| 长信世纪花园 | 韩森路西段9号 | 面议 | 期房 | 3216606 |
| 城运花园开元村 | 西北地区城运村 | 面议 | 现房 | 6516939 |
| 电子花园 | 电子二路 | 2380元起 | 期房 | 8210310 |
| 东兴科技大厦 | 东开发区内 | 2880元起 | 现房 | 2245028 |
| 丰禾住宅小区 | 丰禾路6号 | 1273元起 | 期房 | 6252363 |
| 枫叶苑小区 | 高新开发区 | 2588元起 | 现房 | 8315886 |
| 海联大厦 | 南门广场以西300米 | 6000元 | 期房 | 8406850 |
| 鸿景花园 | 毗邻高新国际公园 | 面议 | 期房 | 8317880 |
| 红叶大厦 | 科技一路 | 面议 | 期房 | 8315155 |
| 皇冠公寓 | 和平路西巷东仓门 | 2900元起 | 现房 | 7454380 |
| 汇鑫都市家园 | 西大街儿童公园东侧 | 面议 | 现房 | 7210024 |
| 金桥花园 | 莲湖路 | 2650元 | 现房 | 7331842 |
| 金桥美丽园 | 西北一二路间 | 面议 | 期房 | 7331842 |
| 金裕花园 | 西影路63号 | 2580元 | 期房 | 5510352 |
| 开元北方大厦 | 北门外迎宾大道自强路 | 面议 | 期房 | 6269708 |
| 立丰公寓 | 和平门外建东街安东街 | 2900元起 | 现房 | 7427679 |
| 糜家桥小区世纪公寓 | 西开发区高新路 | 2800元起 | 现房 | 8225459 |
| 明苑花园 | 建国饭店西侧 | 2488元起 | 现房 | 3213311 |
| 欧风园 | 长安南路 | 面议 | 期房 | 5257136 |
| 欧锦园 | 西高新区 | 面议 | 期房 | 8316042 |
| 鹏豪园 | 含光路南段一号 | 面议 | 期房 | 8247239 |
| 秦骊大厦 | 西高新区 | 面议 | 期房 | 8316042 |
| 融鑫园小区 | 太白南路西侧 | 2588元起 | 现房 | 8250070 |
| 瑞欣大厦 | 高新路 | 2880元起 | 期房 | 8226661 |
| 世贸大厦写字楼 | 东关正街 | 4080元 | 期房 | 2489164 |
| 世贸大厦住宅 | 东关正街 | 3400元 | 期房 | 2489164 |
| 天乙大厦 | 北稍门什字向东30米 | 2608元起 | 期房 | 6247341 |
| 文化艺术大厦 | 长安中路小寨什字 | 2980元起 | 现房 | 5216803 |
| 西安锦园 | 原西北机场北端 | 3100元 | 期房 | 4289308 |
| 新一大厦住宅 | 尚勤路东一路 | 2650元起 | 现房 | 7416745 |
| 招商局广场写字楼 | 东关正街78号 | 4500元 | 现房 | 2493289 |
| 招商局广场住宅 | 东关正街78号 | 2958元 | 现房 | 2493289 |

# 20-2-1 西安市城市规模及房屋拥有水平(1994—1998年)

## CITY SCALE AND HOUSES CONDITION OF XI'AN(1994—1998)

| 项目<br>Item | 单位<br>Unit | 1994 | 1995 | 1996 | 1997 | 1998 |
|---|---|---|---|---|---|---|
| 市区面积<br>Urban Area | 平方公里<br>sq.km | 1066.0 | 1066.0 | 1066.0 | 1946 | 1946 |
| #城建区面积<br>Constructed Urban Area | 平方公里<br>sq.km | 148.0 | 148.0 | 148.0 | 162.0 | 162.0 |
| 城市建设用地<br>Urban Area for Construction | 平方公里<br>sq.km | 138.3 | 141.3 | 144.67 | 10.47 | 6.25 |
| #工业用地<br>For Industry | 平方公里<br>sq.km | 33.2 | 33.8 | 34.10 | 0.40 | 0.24 |
| 仓库用地<br>For Storehouse | 平方公里<br>sq.km | 5.8 | 6.2 | 6.70 | 1.28 | 0.36 |
| 对外交通用地<br>For Traffic | 平方公里<br>sq.km | 8.8 | 9.1 | 9.40 | 0.38 | 0.17 |
| 生活居住用地<br>For Living and Residence | 平方公里<br>sq.km | 61.3 | 61.8 | 63.10 | 2.72 | 2.21 |
| 其它用地<br>Others | 平方公里<br>sq.km | 29.2 | 30.4 | 31.39 | 5.69 | 3.27 |
| 年末实有房屋建筑面积<br>Actual Floor Space of Buildings at Year-end | 万米$^2$<br>10000 sq.m | 5958 | 6184 | 6378.0 | 6580.0 | 6761.0 |
| 年末实有住宅建筑面积<br>Actual Floor Space of Residential Buildings at Year-end | 万米$^2$<br>10000 sq.m | 2886 | 3042 | 3181.0 | 3356.0 | 3490.0 |
| 年内新建房屋竣工面积<br>Floor Space of Newly Completed Buildings of this Year | 万米$^2$<br>10000 sq.m | 200 | 252.6 | 210.0 | 225.70 | 268.7 |
| #住宅竣工面积<br># Completed Residential Buildings | 万米$^2$<br>10000 sq.m | 145 | 172.8 | 150.0 | 191.9 | 185.55 |
| 年末全市住房居住面积<br>Total Residential Space of All Houses at Year-end | 万米$^2$<br>10000 sq.m | 1529 | 1612 | 1692.4 | 1778.7 | 1844.4 |
| 全市平均居住面积<br>Average Residential Space of All of The City | 米$^2$/人<br>sq.m/person | 7.36 | 7.7 | 7.95 | 8.27 | 8.42 |
| 年末缺房户<br>Number of Households Lack of Houses at Year-end | 户<br>unit | 106413 | 98052 | 92642.0 | 82699.0 | 89780 |
| 拥挤户<br>Number of Crowded Households | 户<br>unit | 11008 | 8918 | 57642.0 | 53665.0 | 51356 |
| 年末危险住宅<br>Danger Houses at Year-end | 万米$^2$<br>10000 sq.m | 21.3 | 45.0 | 12.20 | 18.00 | 6.30 |

# 第三部分　省区篇

# THE THIRD PART
# PROVINCES AND REGIONS

# 第二十一章 河北省房地产统计

# CHAPTER 22 REAL ESTATE STATISTICS OF HEBEI PROVINCE

## 21－1 房地产综合

## COMPOSTIE INFORMATION OF REAL ESTATE



## 21－2 房地产开发面积、造价及销售

## FLOOR SPACE, COST AND SELLING OF REAL ESTATE DEVELOPMENT

# 21-1-1 河北全省房地产开发综合统计(1999年)

## COMPOSITE STATISTICS OF REAL ESTATE DEVELOPMENT OF HEBEI PROVINCE(1999)

| 项目 | Item | 合计 Total |
|---|---|---|
| 一、房地产开发投资额(亿元) | **Investment Value of Real Estate Development** (**100 million yuan**) | |
| 住宅 | Residence | 63.84 |
| 办公楼 | Office | 1.87 |
| 商业营业用房 | Commerce | 9.09 |
| 二、商品房销售额(亿元) | **Sale of Commercial Buildings**(**100 million yuan**) | 49.63 |
| 住宅 | Residence | 45.31 |
| 办公楼 | Office | 0.38 |
| 商业营业用房 | Commerce | 3.89 |
| 销售给个人 | Sold to Individuals | |
| 住宅 | Residence | 26.05 |
| 办公楼 | Office | 0.00 |
| 商业营业用房 | Commerce | 1.59 |
| 三、房地产开发资金来源(亿元) | **Funds Sources of Real Estate Development** (**100 million yuan**) | |
| 国家预算内资金 | State Budgetary Funds | 0.36 |
| 国内贷款 | Domestic Loans | 14.77 |
| 债券 | Bonds | — |
| 利用外资 | Foreign Investment | 0.44 |
| 自筹资金 | Fund Raising | 26.29 |
| 定金及预收款 | Deposits and Pre-charges | — |

21－1－1 续表(Continued)

| 项目 | Item | 合计 Total |
|---|---|---|
| 其他资金 | Others | 43.79 |
| **四、房地产开发面积(万平方米)** | **Floor Space of Real Estate Development (10000 sq.m)** | |
| 商品房施工面积 | Floor Space of Commercial Buildings under Construction | 1489.4 |
| 住宅 | Residence | 1292.73 |
| 办公楼 | Office | 29.05 |
| 商业营业用房 | Commerce | 152.42 |
| 商品房新开工面积 | FLoor Space of Commercial Buildings Newly Starting | 725.7 |
| 住宅 | Residence | 649.4 |
| 办公楼 | Office | 10.1 |
| 商业营业用房 | Commerce | 59.8 |
| 商品房竣工面积 | Floor Space of Commercial Buildings Completed | 693.05 |
| 住宅 | Residence | 636.16 |
| 办公楼 | Office | 7.60 |
| 商业营业用房 | Commerce | 41.69 |
| 商品房销售面积 | Floor Space of Commercial Buildings Sold | 367.2 |
| 住宅 | Residence | 346.0 |
| 办公楼 | Office | 2.0 |
| 商业营业用房 | Commerce | 18.8 |

# 21－1－2 河北全省房地产开发完成投资情况(1998年)

INVESTMENT IN REAL ESTATE DEVELOPMENT OF HEBEI PROVINCE(1998)

单位:万元 Unit:10000 yuan

| 项目<br>Item | 完成投资额<br>Investment Value Completed | #商品房投资<br># Investment in Commercial Buildings | 土地开发投资<br>Land Development Investment | 按工程用途分 Grouped by Purpose of Projects<br>住宅<br>Residence | <br>办公楼<br>Office | <br>商业营业用房<br>Commerce | <br>其他<br>Others |
|---|---|---|---|---|---|---|---|
| **全省总计<br>Provincial Total** | **612685** | **374352** | **68637** | **406322** | **20653** | **79428** | **106282** |
| **按登记注册类型分<br>Grouped by Registration Type** | | | | | | | |
| 内资<br>Domestic Capital | 530729 | 313579 | 63248 | 361392 | 17845 | 54958 | 96534 |
| 国有<br>State-owned | 351135 | 193590 | 45596 | 240760 | 5060 | 32367 | 72948 |
| 集体<br>Collective-owned | 64246 | 43886 | 4215 | 40912 | 1937 | 14316 | 7081 |
| 股份合作<br>Share Holding Cooperative | 102 | 100 | — | — | — | — | 102 |
| 国有联营<br>State-owned Joint | 1170 | 980 | — | 980 | — | — | 190 |
| 集体联营<br>Collective-owned Joint | 310 | 310 | — | — | — | 208 | 102 |
| 国有独资公司<br>State-owned Single Funded Companies | 4466 | 1326 | 458 | 3557 | 307 | 70 | 532 |
| 其他有限责任公司<br>Other Corporations Limited | 23814 | 16699 | 4081 | 16860 | 10 | 1004 | 5940 |
| 股份有限公司<br>Share Holding Corporations Limited | 57253 | 38187 | 4100 | 43358 | 5605 | 2936 | 5354 |
| 私营独资<br>Individuals Single Funded | 2358 | 333 | 2025 | 290 | — | — | 2068 |
| 私营有限责任公司<br>Individual Corporation Limited | 20181 | 16046 | 2773 | 10032 | 4646 | 3887 | 1616 |

21－1－2 续表(Continued)

| 项目 Item | 完成投资额 Investment Value Completed | # 商品房投资 # Investment in Commercial Buildings | 土地开发投资 Land Development Investment | 按工程用途分 Grouped by Purpose of Projects | | | |
|---|---|---|---|---|---|---|---|
| | | | | 住宅 Residence | 办公楼 Office | 商业营业用房 Commerce | 其他 Others |
| 私营股份有限公司 Individuals Share Holding Corporation Limited | 3414 | 342 | — | 3033 | 280 | — | 101 |
| 其他内资企业 Other Domestic Funded Enterprises | 2280 | 1780 | — | 1610 | — | 170 | 500 |
| 港澳台商投资 Hong Kong, Macao and Taiwan Funded | 43650 | 27830 | 3370 | 22505 | 1306 | 13265 | 6574 |
| 合资经营 Joint Funded Operations | 43545 | 27725 | 3370 | 22400 | 1306 | 13265 | 6574 |
| 股份有限 Share Holding Corporation Limited | 105 | 105 | — | 105 | — | — | — |
| 外商独资 Foreign Funded | 38306 | 32943 | 2019 | 22425 | 1502 | 11205 | 3174 |
| 合资经营 Joint Funded Economic Units | 30745 | 28572 | 1151 | 18925 | 1502 | 8466 | 1852 |
| 合作经营 Cooperated Operations | 7561 | 5371 | 868 | 3500 | — | 2739 | 1322 |
| **按隶属关系分 Grouped by Administrative Relationship** | | | | | | | |
| 中央 Central | 39442 | 29094 | 500 | 30814 | 8208 | 291 | 6123 |
| 省 Province | 33254 | 18450 | 3633 | 15976 | 5488 | 9710 | 2080 |
| 市、地 City, Prefecture | 316196 | 199064 | 49006 | 209237 | 5829 | 35144 | 65986 |
| 县 County | 141251 | 70972 | 8021 | 89651 | 5701 | 24400 | 21499 |
| 乡镇 Township, Town | 293349 | 16268 | 2430 | 23553 | 921 | 1305 | 3570 |
| 其他 Others | 53193 | 45504 | 5047 | 37091 | 506 | 8572 | 7024 |
| **按资质等级分 Grouped by Qualification** | | | | | | | |
| 一级 First-grade | 31682 | 15047 | 3152 | 25720 | 54 | 799 | 5109 |
| 二级 Second-grade | 139268 | 89891 | 14840 | 99193 | 8135 | 12182 | 19758 |
| 三级 Third-grade | 183359 | 117599 | 21150 | 124399 | 4168 | 22411 | 32381 |
| 四级 Fourth-grade | 187063 | 111020 | 13763 | 125861 | 8296 | 23611 | 29295 |

# 21－1－3　河北全省房地产开发经营情况(1998年)

## OPERATION OF REAL ESTATE DEVELOPMENT OF HEBEI PROVINCE(1998)

单位:万元　Unit:10000 yuan

| 项目<br>Item | 经营总收入<br>Total Operational Revenue | 土地转让收入<br>Land Transferring Income | 商品房屋销售收入<br>Sales Income of Commercial Buildings | #商品住宅<br>#Commercial Residence | 房屋出租收入<br>Leasing Income | 其他经营收入<br>Other Operational Income | 经营税金及附加<br>Operational Tax and Extra Charges | 利润总额<br>Total Profits |
|---|---|---|---|---|---|---|---|---|
| **全省总计**<br>**Provincial Total** | 406763 | 8353 | 344318 | 305509 | 2960 | 51132 | 17252 | －26615 |
| **按登记注册类型分**<br>**Grouped by Registration Type** | | | | | | | | |
| 内资企业<br>Domestic Capital | 353055 | 8353 | 294174 | 266793 | 2526 | 48002 | 14632 | －14374 |
| 国有<br>State-owned | 209658 | 6773 | 173657 | 155389 | 1276 | 27952 | 8572 | －13784 |
| 集体<br>Collective-owned | 38334 | 500 | 28261 | 25873 | 1087 | 8486 | 1643 | －101 |
| 股份合作<br>Share Holding Cooperative | 883 | — | 823 | 823 | 60 | — | 55 | －64 |
| 国有联营<br>State-owned Joint | 590 | | 590 | 590 | — | — | 5 | －16 |
| 集体联营<br>Collective-owned Joint | | | | | | | | －47 |
| 国有与集体联营<br>State-owned and Collective -owned Joint | 5139 | — | 5139 | 5139 | — | — | 234 | 22 |
| 国有独资公司<br>State-owned Single Funded Companies | 11124 | 360 | 2011 | 1936 | — | 8753 | 159 | －42 |
| 其他有限责任公司<br>Other Corporations Limited | 12332 | — | 12301 | 12162 | — | 31 | 348 | －3080 |
| 股份有限公司<br>Share Holding Corporations Limited | 53640 | 720 | 50335 | 46595 | 100 | 2485 | 2180 | 2363 |
| 私营独资<br>Individuals Single Funded | — | — | — | — | — | — | — | －157 |
| 私营有限责任公司<br>Individual Corporation Limited | 19107 | | 18809 | 16038 | 3 | 295 | 1333 | 541 |

21－1－3 续表(Continued)

| 项目<br>Item | 经营总收入<br>Total Operational Revenue | 土地转让收入<br>Land Transferring Income | 商品房屋销售收入<br>Sales Income of Commercial Buildings | #商品住宅<br># Commercial Residence | 房屋出租收入<br>Leasing Income | 其他经营收入<br>Other Operational Income | 经营税金及附加<br>Operational Tax and Extra Charges | 利润总额<br>Total Profits |
|---|---|---|---|---|---|---|---|---|
| 私营股份有限公司<br>Individuals Share Holding Corporation Limited | 1289 | — | 289 | 289 | — | — | 16 | －33 |
| 其他内资企业<br>Other Domestic Funded Enterprises | 1959 | — | 1959 | 1959 | — | — | 87 | 24 |
| 港澳台商投资<br>Hong Kong, Macao and Taiwan Funded | 36717 | — | 33811 | 29393 | 434 | 2472 | 1454 | －2496 |
| 合资经营<br>Joint Funded Operations | 36199 | — | 33293 | 28875 | 434 | 2472 | 1427 | －2431 |
| 股份有限<br>Share Holding Corporation Limited | 518 | — | 518 | 518 | — | — | 27 | －65 |
| 外商投资经济<br>Foreign Funded | 16991 | 16333 | 9323 | — | — | 658 | 1166 | －9745 |
| 合资经营<br>Joint Funded Economic Units | 16991 | — | 16333 | 9323 | — | 658 | 1166 | －9733 |
| 合作经营<br>Cooperated Operations | — | — | — | — | — | — | — | －12 |
| **按隶属关系分<br>Grouped by Administrative Relationship** | | | | | | | | |
| 中央<br>Central | 36487 | — | 36160 | 33209 | — | 327 | 1416 | －359 |
| 省<br>Province | 21386 | — | 12024 | 11959 | 3 | 9359 | 1053 | －152 |
| 市、地<br>City, Prefecture | 206677 | 1888 | 186755 | 164377 | 1959 | 16075 | 7385 | －11011 |
| 县<br>County | 82085 | 6465 | 53250 | 42724 | 595 | 21775 | 4431 | －7581 |
| 乡镇<br>Township, Town | 19457 | — | 17567 | 17083 | — | 1890 | 1027 | 26.2 |
| 其他<br>Others | 40671 | — | 38562 | 36157 | 403 | 1706 | 1940 | －7774 |
| **按资质等级分<br>Grouped by Qualification** | | | | | | | | |
| 一级<br>First-grade | 25059 | 720 | 18108 | 16903 | 505 | 5726 | 923 | 1288 |
| 二级<br>Second-grade | 104980 | 3023 | 92508 | 84494 | 157 | 9292 | 4738 | 3007 |
| 三级<br>Third-grade | 133556 | 2986 | 110756 | 103723 | 773 | 19041 | 6235 | －5851 |
| 四级<br>Fourth-grade | 103589 | 1624 | 84300 | 72733 | 1491 | 16174 | 4402 | －11150 |

# 21－1－4　河北全省房地产开发企业基本情况(1998 年)

BASIC INFORMATION OF REAL ESTATE DEVELOPMENT ENTERPRISES OF HEBEI PROVINCE(1998)

| 项目<br>Item | 企业个数(个)<br>Number of Enterprises | 年平均职工人数(人)<br>Annual Average Staff (person) | 资本金(万元)<br>Capital Funds (10000 yuan) | 资产总计(万元)<br>Total Assets (10000 yuan) | 净资产(所有者权益)(万元)<br>Net Assets (Ownership Interest) (10000 yuan) |
|---|---|---|---|---|---|
| **全省总计 Provincial Total** | **376** | **15224** | **363471** | **1427607** | **217729** |
| **按登记注册类型分 Grouped by Registration Type** | | | | | |
| 内资企业 Domestic Capital | 332 | 14216 | 282615 | 1213519 | 169790 |
| 国有 State-owned | 201 | 9447 | 185628 | 751406 | 113396 |
| 集体 Collective-owned | 52 | 2024 | 28911 | 120267 | 15102 |
| 股份合作 Share Holding Cooperative | 2 | 48 | 1083 | 7225 | 1025 |
| 国有联营 State-owned Joint | 5 | 32 | 1220 | 1432 | 411 |
| 集体联营 Collective-owned Joint | 5 | 28 | 1000 | 12730 | 110 |
| 国有与集体联营 State-owned and Collective-owned Joint | 5 | 55 | 3101 | 18335 | 1243 |
| 国有独资公司 State-owned Single Funded Companies | 6 | 122 | 1266 | 11572 | 1037 |
| 其他有限责任公司 Other Corporations Limited | 19 | 372 | 9091 | 27991 | 7305 |
| 股份有限公司 Share Holding Corporations Limited | 27 | 1327 | 33291 | 119624 | 19639 |
| 私营独资 Individuals Single Funded | 18 | 35 | 575 | 4700 | 219 |
| 私营有限责任公司 Individual Corporation Limited | 18 | 642 | 15949 | 127203 | 9817 |
| 私营股份有限公司 Individuals Share Holding Corporation Limited | 18 | 63 | 1000 | 10214 | 296 |
| 其他内资企业 Other Domestic Funded Enterprises | 2 | 21 | 500 | 820 | 460 |
| 港澳台商投资 Hong Kong, Macao and Taiwan Funded | 27 | — | 35479 | 148275 | 24824 |
| 合资经营 Joint Funded Operations | 26 | 579 | 34279 | 144439 | 23937 |
| 股份有限 Share Holding Corporation Limited | — | — | — | — | — |
| 外商投资经济 Foreign Funded Units | 17 | 407 | 45377 | 65813 | 23115 |
| 合资经营 Joint Funded Economic | 15 | 378 | 25638 | 60474 | 20416 |
| 合作经营 Cooperated Operations | 2 | 29 | 19739 | 5339 | 2699 |

21-1-4续表(Continued)

| 项目<br>Item | 企业个数(个)<br>Number of Enterprises | 年平均职工人数(人)<br>Annual Average Staff (person) | 资本金(万元)<br>Capital Funds (10000 yuan) | 资产总计(万元)<br>Total Assets (10000 yuan) | 净资产(所有者权益)(万元)<br>Net Assets (Ownership Interest) (10000 yuan) |
|---|---|---|---|---|---|
| **按隶属关系分<br>Grouped by Administrative Relationship** | | | | | |
| 中央<br>Central | 11 | 633 | 15128 | 87891 | 10176 |
| 省<br>Province | 18 | 846 | 24352 | 92606 | 21717 |
| 市、地<br>City, Prefecture | 177 | 8088 | 227219 | 722547 | 107531 |
| 县<br>County | 116 | 4146 | 45979 | 260367 | 45022 |
| 乡<br>Township, Town | 13 | 481 | 6227 | 45030 | 6282 |
| 其他<br>Others | 41 | 1015 | 44566 | 219166 | 27001 |
| **按资质等级分<br>Grouped by Qualification** | | | | | |
| 一级<br>First-grade | 7 | 1051 | 18379 | 119712 | 22927 |
| 二级<br>Second-grade | 44 | 2787 | 65199 | 264836 | 49739 |
| 三级<br>Third-grade | 127 | 5055 | 139439 | 497050 | 68280 |
| 四级<br>Fourth-grade | 172 | 5700 | 115620 | 344399 | 58255 |

# 21－1－5　河北省城镇和工矿区个人建房情况(1982—1998年)

BUILDINGS CONSTRUCTION BY INDIVIDUALS IN CITIES, TOWNS AND INDUSTRIAL AND MINING AREAS OF HEBEI PROVINCE(1982—1998)

| 年份<br>Year | 城镇工矿区个数(个)<br>Number of Cities, Towns and Industrial and Mining Areas(unit) | 建房户数(户)<br>Households Constructing Buildings (unit) | 竣工房屋建筑面积(万平方米)<br>Floor Space of Buildings Completed (10000 sq.m) | #住宅<br># Residence | 竣工房屋价值(万元)<br>Value of Buildings Completed (10000 yuan) | #住宅<br># Residence |
|---|---|---|---|---|---|---|
| 1982 | 163 | 11768 | 31.77 | 28.46 | 1232 | 1111 |
| 1984 | 414 | 9830 | 45.12 | 36.57 | 2697 | 2204 |
| 1985 | 530 | 13505 | 61.45 | 54.30 | 5055 | 4384 |
| 1986 | 531 | 11567 | 71.13 | 60.37 | 6383 | 5309 |
| 1987 | 516 | 15176 | 132.54 | 114.25 | 12818 | 10152 |
| 1988 | 617 | 22330 | 171.10 | 143.69 | 23763 | 20009 |
| 1989 | 631 | 17820 | 128.80 | 120.20 | 20398 | 18398 |
| 1990 | 653 | 13814 | 108.70 | 94.79 | 21215 | 17710 |
| 1991 | 647 | 14702 | 117.71 | 100.53 | 26566 | 21277 |
| 1992 | 711 | 16003 | 165.05 | 127.30 | 43962 | 32956 |
| 1993 | 714 | 74507 | 749.14 | 613.49 | 203007 | 157152 |
| 1994 | 763 | 74988 | 809.09 | 677.27 | 249124 | 196059 |
| 1995 | 834 | 79032 | 953.50 | 814.70 | 301863 | 260031 |
| 1996 | 813 | 89803 | 963.05 | 826.23 | 394854 | 316012 |
| 1997 | 800 | 85283 | 966.97 | 820.80 | 423528 | 351385 |
| 1998 | 808 | 98452 | 1390.47 | 1146.62 | 636139 | 514786 |

# 21-1-6 河北省农村个人建房情况(1982—1998年)

BUILDINGS CONSTRUCION BY INDIVIDUALS IN RURAL AREAS OF HEBEI PROVINCE(1982—1998)

| 年份<br>Year | 竣工房屋建筑面积<br>(万平方米)<br>Floor Space of Buildings Completed(10000sq.m) | #住宅<br># Residence | 竣工房屋造价<br>(元/平方米)<br>Cost of Buildings Completed(yuan/sq.m) | #住宅<br># Residence |
|---|---|---|---|---|
| 1982 | 4016 | 3736 | 36 | 36 |
| 1983 | 4603 | 3572 | 32 | 36 |
| 1984 | 3324 | 3034 | 40 | 40 |
| 1985 | 4501 | 4180 | 44 | 44 |
| 1986 | 5210 | 4920 | 50 | 50 |
| 1987 | 4814 | 4519 | 61 | 61 |
| 1988 | 4556 | 3962 | 81 | 81 |
| 1989 | 4172 | 3569 | 98 | 98 |
| 1990 | 2657 | 2605 | 113 | 113 |
| 1991 | 5206 | 4996 | 112 | 110 |
| 1992 | 3599 | 3493 | 112 | 107 |
| 1993 | 3087 | 2898 | 154 | 148 |
| 1994 | 2357 | 1915 | 190 | 182 |
| 1995 | 2742 | 2301 | 278 | 275 |
| 1996 | 2690 | 1959 | 299 | 332 |
| 1997 | 3210 | 2716 | 343 | 342 |
| 1998 | 3475 | 3475 | 391 | 391 |

# 21－1－7　河北省主要年份全社会固定资产投资情况(1990—1998年)

INVESTMENT IN OVERALL FIXED ASSETS OF MAIN YEARS OF HEBEI PROVINCE(1990—1998)

| 指标 Item | 1990 | 1994 | 1995 | 1996 | 1997 | 1998 |
|---|---|---|---|---|---|---|
| **投资总额(亿元) Total Investment Value(100million yuan)** | **177.21** | **709.19** | **939.32** | **1 187.70** | **1 469.99** | **1651.15** |
| **按经济类型分 Grouped by Ownership** | | | | | | |
| 国有经济 State-owned | 110.98 | 336.16 | 415.61 | 506.07 | 640.71 | 725.85 |
| 基本建设 Capital Construction | 62.08 | 188.48 | 230.84 | 296.99 | 383.35 | 452.91 |
| 更新改造 Innovation | 41.85 | 118.36 | 145.88 | 172.19 | 214.98 | 221.82 |
| 其他固定资产投资 Other Fixed Assets Investment | 3.17 | 5.94 | 13.47 | 12.32 | 15.29 | 15.44 |
| 房地产开发 Real Estate Development | 3.88 | 23.38 | 25.42 | 24.57 | 26.91 | 35.68 |
| 集体经济 Collective-owned | 21.18 | 181.00 | 252.51 | 359.57 | 439.52 | 482.39 |
| 城镇 Urban | 5.80 | 27.68 | 34.36 | 33.15 | 40.76 | 65.10 |
| 农村 Rural | 15.38 | 153.32 | 218.15 | 326.42 | 398.76 | 417.29 |
| 城乡个人 Urban and Rural Individuals | 45.05 | 118.91 | 162.96 | 183.04 | 232.93 | 256.04 |
| 城镇 Urban | 2.12 | 24.91 | 30.19 | 39.49 | 42.35 | 63.61 |
| 农村 Rural | 42.93 | 94.00 | 132.77 | 143.55 | 190.58 | 192.43 |
| 其他经济类型 Other Economic Ownership | — | 73.12 | 108.24 | 139.02 | 156.83 | 186.87 |
| #外商投资经济 # Foreign Invested Economic | — | 31.50 | 46.84 | 57.80 | 78.13 | 58.61 |
| **按资金来源分 Grouped by Funds Sources** | | | | | | |
| 国家预算内投资 State Budgetary Investment | 13.47 | 15.74 | 19.91 | 20.69 | 26.65 | 37.96 |
| 国内贷款 Domestic Loans | 34.96 | 138.97 | 146.54 | 168.12 | 203.28 | 258.08 |

21-1-7 续表(Continued)

| 指标 Item | 1990 | 1994 | 1995 | 1996 | 1997 | 1998 |
|---|---|---|---|---|---|---|
| 利用外资 Foreign Investment | 7.88 | 40.42 | 56.82 | 87.67 | 88.46 | 75.16 |
| 自筹投资 Fund-raising | 94.51 | 436.73 | 557.87 | 726.97 | 923.75 | 1029.92 |
| 其他投资 Others | 26.39 | 77.33 | 158.18 | 184.25 | 227.85 | 250.03 |
| **按构成分 Grouped by Use of Funds** | | | | | | |
| 建筑安装工程 Construction and Installation Projects | 99.76 | 401.93 | 542.84 | 658.66 | 850.06 | 977.87 |
| 设备、工器具购置 Purchase of Equipment and Instruments | 62.05 | 256.10 | 318.18 | 429.64 | 485.18 | 508.50 |
| 其他费用 Others | 15.40 | 51.16 | 78.30 | 99.39 | 134.75 | 164.78 |
| **按用途分 Grouped by Purpose** | | | | | | |
| 生产性建设 Productive Construction | 120.08 | 485.86 | 631.35 | 826.85 | 991.52 | — |
| 非生产性建设 Non-productive Construction | 57.13 | 223.33 | 307.97 | 360.85 | 478.47 | — |
| # 住宅 # Residence | 42.40 | 133.83 | 168.77 | 177.41 | 227.10 | — |
| **房屋建筑面积(万平方米) Floor Space of Buidings(10000sq.m)** | | | | | | |
| 施工面积 Floor Space under Construction | 4662.40 | 8411.17 | 9858.77 | 9214.77 | 9890.75 | 11160.80 |
| 竣工面积 Floor Space Completed | 3924.42 | 6298.54 | 7762.93 | 7380.53 | 7995.22 | 8871.56 |
| # 住宅 # Residence | 3045.15 | 3603.72 | 4215.38 | 3952.54 | 4643.06 | 6124.52 |

注:1.1990年投资总额中包括2万-5万元零星固定资产投资。

2.1990—1992年房地产开发投资只包括商品房投资,不包括土地开发投资。

Note:a) Investment of 1990 includes kinds of small fixed assets investments of 20000-50000 yuan.

b) Real estate investment from 1990 to 1992 only include commercial buildings investment, don't include land development investment.

# 21－1－8　河北省部分城市房地产开发投资情况(1998年)

## INVESTMENT IN REAL ESTATE DEVELOPMENT OF SOME CITIES OF HEBEI PROVINCE(1998)

单位:万元　Unit:10000 yuan

| 地　区<br>Region | 完成投资额<br>Investment Completed | #商品房投资<br># Commercial Buildings Investment | #土地开发投资<br># Land Development Investment | 按工程用途分 Grouped by Purpose of Projects<br>住宅<br>Residence | 办公楼<br>Office | 商业营业用房<br>Commerce | 其他<br>Others |
|---|---|---|---|---|---|---|---|
| **全省总计<br>Provincial Total** | **612685** | **374352** | **68637** | **406322** | **20653** | **79428** | **106282** |
| 石家庄市<br>Shijiazhuang City | 176376 | 117745 | 5188 | 113821 | 11287 | 43541 | 7727 |
| 唐山市<br>Tangshan City | 65655 | 36056 | 1629 | 56986 | 508 | 824 | 7337 |
| 秦皇岛市<br>Qinhuangdao City | 81933 | 45512 | 8523 | 46700 | 2441 | 8934 | 23858 |
| 邯郸市<br>Handan City | 56076 | 31128 | 19441 | 37357 | 357 | 800 | 17562 |
| 邢台市<br>Xingtai City | 24758 | 16247 | 1691 | 13567 | 789 | 5946 | 4456 |
| 保定市<br>Baoding City | 65620 | 31178 | 12889 | 39712 | 1264 | 5687 | 18957 |
| 张家口市<br>Zhangjiakou City | 26929 | 10585 | 2273 | 18367 | 1178 | 1177 | 6207 |
| 承德市<br>Chengde City | 23458 | 21166 | — | 20796 | 288 | 1671 | 703 |
| 沧州市<br>Cangzhou City | 32920 | 22589 | 6495 | 19654 | — | 3987 | 9279 |
| 廊坊市<br>Langfang City | 43395 | 34755 | 6980 | 32797 | 2171 | 5467 | 2960 |
| 衡水市<br>Hengshui City | 15565 | 7391 | 3528 | 6565 | 370 | 1394 | 7236 |

# 21-1-9 河北省部分城市房地产开发经营情况(1998年)

## OPERATION OF REAL ESTATE OF SOME CITIES OF HEBEI PROVINCE(1998)

单位:万元 Unit:10000 yuan

| 地区 Region | 经营总收入 Total Operational Revenue | 土地转让收入 Land Transferring Income | 商品房屋销售收入 Sales Income of Commercial Buildings | #商品住宅 # Commercial Residence | 房屋出租收入 Leasing Income of Houses | 其他经营收入 Other Operational Income | 经营税金及附加 Operational Tax and Extra Charges | 利润总额 Total Profits |
|---|---|---|---|---|---|---|---|---|
| **全 省 Provincial Total** | **406763** | **8353** | **344318** | **305509** | **2960** | **51132** | **17252** | **-26615** |
| 石家庄市 Shijiazhuan City | 133875 | 4559 | 106352 | 91406 | 1637 | 21327 | 7270 | -16862 |
| 唐山市 Tangshang City | 28068 | 139 | 27353 | 26377 | 2 | 574 | 1232 | -1704 |
| 秦皇岛市 Qinhuangdao City | 63933 | 460 | 59890 | 53079 | 511 | 3132 | 2967 | -4333 |
| 邯郸市 Handan City | 50976 | 1145 | 39369 | 38183 | 161 | 10301 | 1099 | 1265 |
| 邢台市 Xingtai City | 11281 | 1098 | 7441 | 5612 | 351 | 2391 | 490 | 140 |
| 保定市 Baoding City | 35915 | 10 | 35527 | 30564 | 100 | 278 | 772 | -2655 |
| 张家口市 Zhangjiakou City | 13903 | 254 | 7930 | 6880 | 41 | 5678 | 498 | -347 |
| 承德市 Chengde City | 22380 | — | 15914 | 11702 | 2 | 6464 | 843 | -3238 |
| 沧州市 Cangzhou City | 12260 | 452 | 11473 | 11046 | 42 | 293 | 433 | 337 |
| 廊坊市 Langfang City | 27362 | — | 27195 | 25716 | 99 | 68 | 1276 | 958 |
| 衡水市 Hengshui City | 6750 | 236 | 5874 | 4944 | 14 | 626 | 372 | -176 |

# 21－2－1 河北全省房屋建筑面积和造价(1998年)

FLOOR SPACE AND THEIR COST OF BUILDINGS OF HEBEI PROVINCE(1998)

| 项 目<br>Item | 施工房屋面积(万平方米)<br>Floor Space under Construction (10000sq.m) | 竣工房屋面积(万平方米)<br>Floor Space Completed (10000sq.m) | #住宅<br>#Residence | 房屋面积竣工率(%)<br>Completion Rate of Floor Space (%) | 竣工房屋价值(万元)<br>Value of Buildings Completed (10000yuan) | 竣工房屋造价(元/平方米)<br>Cost of Buildings Completed (yuan/sq.m) | 竣工房屋住宅套数(套)<br>Number of Units of Completed Residential Houses (Unit) |
|---|---|---|---|---|---|---|---|
| **全省总计<br>Provincial Total** | **1169.47** | **480.78** | **432.54** | **41.1** | **397587** | **827** | **46567** |
| **按登记注册类型分<br>Grouped by Registration Type** | | | | | | | |
| 内资<br>Domestic Capital | 1034.16 | 444.97 | 405.08 | 43.0 | 348843 | 784 | 43797 |
| 国有<br>State-owned | 705.90 | 309.87 | 284.63 | 43.9 | 227396 | 734 | 30448 |
| 集体<br>Collective-owned | 112.45 | 37.43 | 30.44 | 32.3 | 34760 | 929 | 3255 |
| 股份合作<br>Share Holding Cooperative | 0.04 | 0.04 | — | 100.0 | — | — | — |
| 国有联营<br>State-owned Joint | 2.06 | 0.96 | 0.96 | 46.6 | 540 | 563 | 83 |
| 集体联营<br>Collective-owned Joint | 1.91 | — | — | — | — | — | — |
| 国有独资公司<br>State-owned Single Funded Companies | 7.01 | 5.51 | 5.12 | 78.6 | 3608 | 655 | 690 |
| 其他有限责任公司<br>Other Corporations Limited | 42.60 | 15.04 | 14.22 | 35.3 | 19615 | 1304 | 1642 |
| 股份有限公司<br>Share Holding Corporations Limited | 116.31 | 53.90 | 50.76 | 46.3 | 45447 | 843 | 5037 |
| 私营独资<br>Individuals Single Funded | 4.23 | — | — | — | — | — | — |
| 私营有限责任公司<br>Individual Corporation Limited | 32.72 | 14.82 | 11.54 | 45.3 | 12333 | 832 | 1807 |

21－2－1 续表 1(Continued 1)

| 项　目 Item | 施工房屋面积(万平方米) Floor Space under Construction (10000sq.m) | 竣工房屋面积(万平方米) Floor Space Completed (10000sq.m) | #住宅 # Residence | 房屋面积竣工率(%) Completion Rate of Floor Space (%) | 竣工房屋价值(万元) Value of Buildings Completed (10000yuan) | 竣工房屋造价(元/平方米) Cost of Buildings Completed (yuan/sq.m) | 竣工房屋住宅套数(套) Number of Units of Completed Residential Houses (Unit) |
|---|---|---|---|---|---|---|---|
| 私营股份有限公司 Individuals Share Holding Corporation Limited | 6.09 | 5.46 | 5.46 | 89.7 | 3134 | 574 | 637 |
| 其他内资企业 Other Domestic Funded Enterprises | 2.84 | 1.94 | 1.94 | 68.3 | 2010 | 1036 | 198 |
| 港澳台商投资 Hong Kong, Macao and Taiwan Funded | 76.23 | 19.59 | 18.39 | 25.7 | 25911 | 1323 | 1713 |
| 合资经营 Joint Funded Operations | 67.43 | 14.99 | 13.79 | 22.2 | 20396 | 1361 | 1339 |
| 股份有限 Share Holding Corporation | 8.80 | 4.60 | 4.60 | 52.3 | 5515 | 1198 | 374 |
| 外商独资 Foreign Funded | 59.09 | 16.22 | 9.07 | 27.4 | 22830 | 1408 | 1057 |
| 合资经营 Joint Funded Economic Units | 53.52 | 16.22 | 9.07 | 30.3 | 22830 | 1408 | 1057 |
| 合作经营 Cooperated Operations | 5.57 | — | — | — | — | — | — |
| **按隶属关系分 Grouped by Administrative Relationship** | | | | | | | |
| 中央 Central | 59.55 | 34.09 | 32.40 | 57.2 | 24560 | 720 | 2829 |
| 省 Province | 68.97 | 26.23 | 22.25 | 38.0 | 20061 | 765 | 3200 |
| 市、地 City, Prefecture | 662.37 | 252.39 | 230.91 | 38.1 | 204590 | 811 | 26478 |
| 县 County | 268.73 | 124.37 | 106.07 | 46.3 | 97226 | 782 | 10205 |
| 乡镇 Township, Town | 39.10 | 18.99 | 18.01 | 48.6 | 19053 | 1003 | 1917 |
| 其他 Others | 70.74 | 24.71 | 22.90 | 34.9 | 32094 | 1299 | 1938 |
| **按资质等级分 Grouped by Qualification** | | | | | | | |
| 一级 First-grade | 84.35 | 33.45 | 31.37 | 39.7 | 22969 | 687 | 3635 |
| 二级 Second-grade | 292.71 | 113.25 | 104.66 | 38.7 | 82997 | 732 | 11047 |

21－2－1 续表 2(Continued 2)

| 项　目<br>Item | 施工房屋面积(万平方米)<br>Floor Space under Construction (10000sq.m) | 竣工房屋面积(万平方米)<br>Floor Space Completed (10000sq.m) | #住宅<br># Residence | 房屋面积竣工率(%)<br>Completion Rate of Floor Space (%) | 竣工房屋价值(万元)<br>Value of Buildings Completed (10000 yuan) | 竣工房屋造价(元/平方米)<br>Cost of Buildings Completed (yuan/sq.m) | 竣工房屋住宅套数(套)<br>Number of Units of Completed Residential Houses (Unit) |
|---|---|---|---|---|---|---|---|
| 三级<br>Third-grade | 367.59 | 143.24 | 130.22 | 39.0 | 123691 | 863 | 14685 |
| 四级<br>Fourth-grade | 340.83 | 148.88 | 131.80 | 43.7 | 117905 | 804 | 12814 |
| 五级<br>Fifth-grade | 2.94 | 0.91 | 0.91 | 31.0 | 507 | 557 | 88 |
| 无级<br>Non-grade | 76.06 | 38.21 | 30.91 | 50.2 | 47049 | 1231 | 3926 |
| 兼营<br>Part-time Operating | 5.00 | 2.84 | 2.66 | 56.8 | 2466 | 868 | 372 |
| **按营业状况分<br>Grouped by Business Conditions** | | | | | | | |
| 营业<br>Going-on | 1165.16 | 480.44 | 432.20 | 41.2 | 397404 | 827 | 46507 |
| 其他<br>Others | 4.31 | — | — | — | — | — | — |

# 21-2-2 河北全省商品房销售情况(1998年)

## SELLING OF COMMODITY BUILDINGS OF HEBEI PROVINCE(1998)

| 项目<br>Item | 实际销售商品房屋面积(万平方米)<br>Floor Space of Buildings Actually Sold (10000sq.m) | #住宅<br># Residence | 个人购买商品住宅(万平方米)<br>Space of Residence Purchased by Individuals (10000sq.m) | 商品房销售额(万元)<br>Sales of Commercial Buildings (10000yuan) | #住宅<br># Residence | 商品房平均销售价(元/平方米)<br>Average Selling Price of Commercial Buildings (yuan/sq.m) | #住宅<br># Residence |
|---|---|---|---|---|---|---|---|
| **全省总计<br>Provincial Total** | **293.86** | **272.47** | **156.62** | **411690** | **364213** | **1401** | **1337** |
| **按登记注册类型分<br>Grouped by Registration Type** | | | | | | | |
| 内资<br>Domestic Capital | 261.04 | 246.54 | 141.49 | 349953 | 319572 | 1340 | 1296 |
| 国有<br>State-owned | 172.02 | 164.19 | 99.98 | 216876 | 199885 | 1261 | 1217 |
| 集体<br>Collective-owned | 20.87 | 19.53 | 13.10 | 28069 | 26340 | 1345 | 1349 |
| 股份合作<br>Share Holding Cooperative | 0.55 | 0.55 | — | 823 | 823 | 1496 | 1496 |
| 国有联营<br>State-owned Joint | 0.96 | 0.96 | — | 590 | 590 | 615 | 615 |
| 国有与集体联营<br>State-owned and Collective-owned Joint | 2.65 | 2.65 | 2.65 | 5139 | 5139 | 1939 | 1939 |
| 其他联营<br>Other Joint | — | — | — | — | — | — | — |
| 国有独资公司<br>State-owned Single Funded Companies | 1.66 | 1.64 | 1.64 | 2273 | 2198 | 1369 | 1340 |
| 其他有限责任公司<br>Other Corporations Limited | 12.10 | 11.91 | 0.57 | 17961 | 17487 | 1484 | 1468 |
| 股份有限公司<br>Share Holding Corporations Limited | 35.02 | 33.23 | 13.62 | 53221 | 49181 | 1520 | 1480 |
| 私营有限责任公司<br>Individual Corporation Limited | 13.23 | 9.93 | 8.12 | 22753 | 15681 | 1720 | 1579 |

21－2－2 续表(Continued)

| 项　目<br>Item | 实际销售商品房屋面积(万平方米)<br>Floor Space of Buildings Actually Sold (10000sq.m) | # 住宅<br># Residence | 个人购买商品住宅(万平方米)<br>Space of Residence Purchased by Individuals (10000sq.m) | 商品房销售额(万元)<br>Sales of Commercial Buildings (10000yuan) | # 住宅<br># Residence | 商品房平均销售价(元/平方米)<br>Average Selling Price of Commercial Buildings (yuan/sq.m) | # 住宅<br># Residence |
|---|---|---|---|---|---|---|---|
| 私营股份有限公司<br>Indiveduals Share Holding Corporation Limited | 0.14 | 0.14 | 0.14 | 289 | 289 | 2.64 | 2064 |
| 其他内资企业<br>Other Domestic Funded Enterprises | 1.82 | 1.82 | 1.67 | 1959 | 1959 | 1076 | 1076 |
| 港澳台商投资<br>Hong Kong, Macao and Taiwan Funded | 23.54 | 21.88 | 13.27 | 41009 | 36591 | 1742 | 1672 |
| 合资经营<br>Joint Funded Operations | 23.13 | 21.47 | 13.27 | 40491 | 36073 | 1747 | 1680 |
| 股份有限<br>Share Holding Corporation Limited | 0.42 | 0.42 | | 518 | 518 | 1233 | 1233 |
| 外商独资<br>Foreign Funded | 9.28 | 4.05 | 1.86 | 20728 | 8050 | 2234 | 1987 |
| 合资经营<br>Joint Funded Economic Units | 9.28 | 4.05 | 1.86 | 20728 | 8050 | 2234 | 1987 |
| **按隶属关系分<br>Grouped by Administrative Relationship** | | | | | | | |
| 中　央<br>Central | 37.88 | 36.43 | 24.02 | 68483 | 65529 | 1808 | 1799 |
| 省<br>Porovince | 10.00 | 7.89 | 5.48 | 17984 | 13519 | 1798 | 1713 |
| 市、地<br>City, Prefecture | 155.14 | 146.11 | 68.92 | 200716 | 179825 | 1293 | 1231 |
| 县<br>County | 52.76 | 45.05 | 31.25 | 62299 | 45825 | 1195 | 1017 |
| 乡　镇<br>Township, Town | 11.01 | 10.90 | 9.66 | 17567 | 17083 | 1596 | 1567 |
| 其　他<br>Others | 27.06 | 26.09 | 17.29 | 44641 | 42332 | 1650 | 1623 |
| **按资质等级分<br>Grouped by Qualification** | | | | | | | |
| 一　级<br>First-grade | 16.05 | 15.52 | 5.38 | 18098 | 16893 | 1128 | 1080 |
| 二　级<br>Second-grade | 83.23 | 77.62 | 47.00 | 127905 | 116595 | 1537 | 1502 |
| 三　级<br>Third-grade | 88.64 | 85.52 | 53.68 | 119555 | 113284 | 1548 | 1325 |
| 四　级<br>Fourth-grade | 75.58 | 66.62 | 44.61 | 96621 | 84904 | 1331 | 1275 |

# 21－2－3 河北省部分城市房地产开发房屋面积和造价情况(1998 年)

FLOOR SPACE OF BUILDINGS AND THEIR COST IN REAL ESATE OF SOME CITIES OF HEBEL PROVINCE(1998)

| 地 区 Region | 施工面积(万平方米) Floor Space under Construction (10000sq.m) | 竣工面积(万平方米) Floor Space Completed (10000sq.m) | # 住宅 # Residence | 竣工率(%) Completion Rate (%) | 竣工价值(万元) Completion Value (10000yuan) | 竣工造价(元/平方米) Cost of Completion (10000yuan) | 竣工住宅套数(套) Units of Completed Residence (unit) |
|---|---|---|---|---|---|---|---|
| **全省总计 Provincil Total** | **1169.47** | **480.78** | **432.54** | **41.1** | **397584** | **827** | **46567** |
| 石家庄市 Shijiazhuang City | 399.51 | 146.97 | 133.37 | 36.8 | 126322 | 860 | 13185 |
| 唐山市 Tangshan City | 99.83 | 60.31 | 58.21 | 60.4 | 50230 | 833 | 5874 |
| 秦皇岛市 Qinhuangdao City | 117.29 | 46.10 | 35.28 | 39.3 | 47929 | 1040 | 3728 |
| 邯郸市 Handan City | 114.33 | 52.13 | 48.72 | 45.6 | 39749 | 762 | 5444 |
| 邢台市 Xingtai City | 65.05 | 29.91 | 24.69 | 46.0 | 18251 | 610 | 27.4 |
| 保定市 Baoding City | 106.57 | 51.21 | 46.99 | 48.1 | 40388 | 789 | 5957 |
| 张家口市 Zhangjiakou City | 58.76 | 20.35 | 19.73 | 34.6 | 14808 | 728 | 2684 |
| 承德市 Chengde City | 65.06 | 21.34 | 19.95 | 32.8 | 14968 | 701 | 2429 |
| 沧州市 Cangzhou City | 56.35 | 16.96 | 14.11 | 30.1 | 11628 | 686 | 1388 |
| 廊坊市 Langfang City | 61.40 | 25.19 | 22.27 | 41.0 | 26757 | 1062 | 2317 |
| 衡水市 Hengshui City | 25.33 | 10.33 | 9.21 | 40.7 | 6554 | 636 | 847 |

# 21－2－4　河北省部分城市商品房销售情况(1998年)

SELLING OF COMMODITY BUILDINGS OF SOME CITIES OF HEBEI PROVINCES(1998)

| 地　区<br>Region | 实际销售商品房面积(万平方米)<br>Floor Space of Commercial Buidings Actually Sold (10000 sq.m) | #住宅<br># Residence | 个人购买商品住宅·(万平方米)<br>Floor Space of Commercial Buildings Purchased by Individuals (10000 sq.m) | 商品房销售额(万元)<br>Sales of Commercial Buildings (10000yuan) | #住宅<br># Residence | 商品房平均售价(元/平方米)<br>Average Selling Price of Commercial Buildings (yuan/sq.m) | #住宅<br># Residence |
|---|---|---|---|---|---|---|---|
| **全省总计**<br>Provincial Total | **293.86** | **272.47** | **156.62** | **411690** | **364213** | **1401** | **1337** |
| 石家庄市<br>Shijiazhuang City | 82.27 | 70.69 | 30.29 | 139494 | 112336 | 1696 | 1589 |
| 唐山市<br>Tangshan City | 34.68 | 34.10 | 32.19 | 57312 | 56286 | 1653 | 1651 |
| 秦皇岛市<br>Qinhuangdao City | 40.43 | 37.62 | 24.02 | 59890 | 53079 | 1481 | 1411 |
| 邯郸市<br>Handan City | 41.10 | 40.33 | 32.57 | 39786 | 38913 | 968 | 965 |
| 邢台市<br>Xingtai City | 6.98 | 6.56 | 3.40 | 6676 | 5513 | 956 | 840 |
| 保定市<br>Baoding City | 29.74 | 27.83 | 3.22 | 35414 | 30488 | 1191 | 1096 |
| 张家口市<br>Zhangjiakou City | 6.57 | 6.42 | 3.34 | 7367 | 7046 | 1121 | 1098 |
| 承德市<br>Chengde City | 11.09 | 10.58 | 3.18 | 15899 | 14417 | 1434 | 1363 |
| 沧州市<br>Cangzhou City | 11.69 | 10.89 | 9.43 | 12095 | 11062 | 1035 | 1016 |
| 廊坊市<br>Langfang City | 23.86 | 23.03 | 70.53 | 31827 | 30239 | 1334 | 1313 |
| 衡水市<br>Hengshui City | 5.44 | 4.43 | 4.43 | 5930 | 4834 | 1090 | 1091 |

## 21-2-5 中房石家庄指数历史值(1995—1999年)

CHINA REAL ESTATE INDEX SYSTEM SHIJIAZHUANG INDEX(1995—1999)

| 年 份<br>Year | 季 度<br>Quarter | 住 宅<br>Residence |
|---|---|---|
| 1995 | 4 | 196 |
| 1996 | 1 | 196 |
| 1996 | 2 | 197 |
| 1996 | 3 | 199 |
| 1996 | 4 | 201 |
| 1997 | 1 | 204 |
| 1997 | 2 | 204 |
| 1997 | 3 | 204 |
| 1997 | 4 | 204 |
| 1998 | 1 | 204 |
| 1998 | 2 | 208 |
| 1998 | 3 | 210 |
| 1998 | 4 | 215 |
| 1999 | 1 | 219 |
| 1999 | 2 | 217 |
| 1999 | 3 | 214 |
| 1999 | 4 | 218 |

# 21-3-1 河北省国有建筑施工企业主要经济指标(1998 年)

## MAJOR ECONOMIC INDICATORS OF STATE-OWNED CONSTRUCTION ENTERPRISES OF HEBEI PROVINCE(1998)

| 地区 Region | 施工企业个数(个) Number of Construction Enterprises | # 亏损企业 # Number of Loss Enterprises | 建筑业自行完成施工产值(万元) Construction Output Value Completed by Construction Trade (10000 yuan) | 建筑业增加值(万元) Value Added of Construction Trade (10000 yuan) | 施工单位工程个数(个) Number of Projects under Construction (number) | 竣工单位工程个数(个) Number of Projects Completed (number) | 房屋建筑施工面积(万平方米) Floor Space of Buildings under Construction (10000sq.m) | 房屋建筑竣工面积(万平方米) Floor Space of Buildings Completed (10000sq.m) |
|---|---|---|---|---|---|---|---|---|
| **全省总计 Provincial Total** | **457** | **106** | **2312366** | **405022** | **13587** | **7488** | **2418.28** | **984.88** |
| 石家庄市 Shijiazhuang City | 65 | 13 | 679585 | 121637 | 3232 | 1365 | 644.30 | 216.45 |
| 唐山市 Tangshan City | 51 | 5 | 352193 | 65001 | 2304 | 1462 | 356.21 | 146.67 |
| 秦皇岛市 Qinhuangdao City | 43 | 15 | 110486 | 20202 | 784 | 527 | 99.21 | 39.09 |
| 邯郸市 Handan City | 69 | 19 | 360723 | 68317 | 2925 | 1421 | 433.91 | 173.31 |
| 邢台市 Xingtai City | 41 | 10 | 71299 | 12507 | 516 | 298 | 104.28 | 48.36 |
| 保定市 Baoding City | 38 | 7 | 368283 | 56429 | 1128 | 533 | 389.90 | 167.32 |
| 张家口市 Zhangjiakou City | 36 | 12 | 62415 | 13349 | 582 | 400 | 123.15 | 55.39 |
| 承德市 Chengde City | 26 | 9 | 45665 | 7765 | 321 | 238 | 66.62 | 36.86 |
| 沧州市 Cangzhou City | 45 | 4 | 151644 | 27587 | 1245 | 859 | 113.76 | 60.62 |
| 廊坊市 Langfang City | 29 | 9 | 93847 | 9708 | 358 | 279 | 44.71 | 20.20 |
| 衡水市 Hengshui City | 14 | 3 | 16227 | 2521 | 192 | 106 | 42.22 | 20.62 |

# 21-4-1 河北省城市基础设施拥有水平(1998年)

## MUNICIPAL INFRASTRUCTURE BY CITY OF HEBEI PROVINCE(1998)

| 城 市 City | 年末实有住宅建筑面积(万平方米) Year-end Floor Space of Actual Residential Buildings (10000 sq.m) | 年末实有住宅居住面积(万平方米) Year-end Living Space of Actual Residential Buildings (10000 sq.m) | 城市居住人口(万人) Urban Resident Population (10000 persons) | 全年供水总量(万吨) Total Supplying Volume of Tap Water (10000 tons) | 生活用水量(万吨) Volume of Tap Water for Living (10000tons) | 生活用水人口(万人) Population Using Water (10000 persons) |
|---|---|---|---|---|---|---|
| **合 计 Total** | **11799** | **8565.25** | **667.83** | **191329** | **633.27** | **812.99** |
| 石家庄市 Shijiazhuang City | 2688 | 1894.00 | 128.00 | 65973 | 17898 | 155.00 |
| 唐山市 Tangshan City | 2159 | 1576.00 | 110.37 | 25338 | 8392 | 163.64 |
| 秦皇岛市 Qinhuangdao City | 851 | 639.00 | 51.70 | 16820 | 6934 | 67.30 |
| 邯郸市 Handan City | 1616 | 1196.82 | 100.59 | 32048 | 8738 | 120.21 |
| 邢台市 Xingtai City | 573 | 365.19 | 38.71 | 9846 | 4011 | 48.89 |
| 保定市 Baoding City | 1029 | 802.67 | 69.24 | 12582 | 5051 | 69.20 |
| 张家口市 Zhangjiakou City | 1037 | 725.90 | 62.62 | 11786 | 3468 | 70.53 |
| 承德市 Chengde City | 526 | 382.00 | 29.29 | 6489 | 3202 | 29.41 |
| 沧州市 Cangzhou City | 567 | 419.59 | 31.36 | 4783 | 2568 | 42.00 |
| 廊坊市 Langfang City | 363 | 267.80 | 23.20 | 3187 | 1705 | 24.06 |
| 衡水市 Hengshui City | 390 | 296.18 | 22.75 | 2477 | 1360 | 22.75 |

21－4－1 续表(Continued)

| 城　市<br>City | 液化石油气供气总量（吨）<br>Total Volume of Liquefied Gas Supplying (ton) | # 家庭用量<br># for Family Use | 家庭用液化气人口（人）<br>Population Using Liquefied Gas for Family Use (person) | 年末实有铺装道路面积（万平方米）<br>Year-end Space of Actual Paved Roads (10000 sq.m) | 城市下水道总长度（公里）<br>Total Length of Sewer Pipeline (km) | 建成区绿化覆盖面积（公顷）<br>Coverage Space of Afforestation of Construced Area (hectare) |
|---|---|---|---|---|---|---|
| 合　计<br>**Total** | 114970 | 106557 | 3595900 | 5293 | 5214 | 18724 |
| 石家庄市<br>Shijiazhuang City | 38004 | 33092 | 1013300 | 1035 | 762 | 3320 |
| 唐山市<br>Tangshan City | 12878 | 12878 | 360000 | 900 | 976 | 4015 |
| 秦皇岛市<br>Qinhuangdao City | 6670 | 5520 | 283000 | 512 | 792 | 2662 |
| 邯郸市<br>Handan City | 9206 | 9206 | 341400 | 722 | 723 | 2380 |
| 邢台市<br>Xingtai City | 4286 | 4286 | 155800 | 299 | 276 | 1052 |
| 保定市<br>Baoding City | 14353 | 12349 | 433800 | 442 | 426 | 1398 |
| 张家口市<br>Zhangjiakou City | 4178 | 4131 | 174800 | 291 | 347 | 1160 |
| 承德市<br>Chengde City | 1480 | 6380 | 222000 | 220 | 197 | 977 |
| 沧州市<br>Cangzhou City | 11215 | 11215 | 293800 | 263 | 220 | 559 |
| 廊坊市<br>Langfang City | 5000 | 4800 | 125000 | 339 | 251 | 715 |
| 衡水市<br>Hengshui City | 2700 | 2700 | 193000 | 270 | 244 | 486 |

# 第二十二章 山西省房地产统计

# CHAPTER 22 REAL ESTATE STATISTICS OF SHANXI PROVINCE

# 22-1-1　山西全省房地产开发综合统计(1999年)

## COMPOSITE STATISTICS OF REAL ESTATE DEVELOPMENTOF SHANXI PROVINCE(1999)

| 项目 | Item | 合计 Total |
|---|---|---|
| **一、房地产开发投资额(亿元)** | **Investment Value of Real Estate Development (100 million yuan)** | |
| 住宅 | Residence | 27.05 |
| 办公楼 | Office | 0.78 |
| 商业营业用房 | Commerce | 3.03 |
| **二、商品房销售额(亿元)** | **Sale of Commercial Buildings(100 million yuan)** | 11.92 |
| 住宅 | Residence | 10.67 |
| 办公楼 | Office | 0.05 |
| 商业营业用房 | Commerce | 1.10 |
| 销售给个人 | Sold to Individuals | |
| 住宅 | Residence | 8.01 |
| 办公楼 | Office | — |
| 商业营业用房 | Commerce | — |
| **三、房地产开发资金来源(亿元)** | **Funds Sources of Real Estate Development (100 million yuan)** | |
| 国家预算内资金 | State Budgetary Funds | 0.1 |
| 国内贷款 | Domestic Loans | 11.11 |
| 债券 | Bonds | 0.12 |
| 利用外资 | Foreign Investment | — |
| 自筹资金 | Fund Raising | 12.81 |
| 定金及预收款 | Deposits and Pre-charges | |

22－1－1 续表(Continued)

| 项目 | Item | 合计 Total |
|---|---|---|
| 其他资金 | Others | 15.88 |
| **四、房地产开发面积(万平方米)** | **Floor Space of Real Estate Development** (10000 **sq.m**) | |
| 商品房施工面积 | Floor Space of Commercial Buildings under Construction | 762.5 |
| 住宅 | Residence | 691.99 |
| 办公楼 | Office | 21.61 |
| 商业营业用房 | Commerce | 40.70 |
| 商品房新开工面积 | FLoor Space of Commercial Buildings Newly Starting | 412.5 |
| 住宅 | Residence | 389.5 |
| 办公楼 | Office | 1.9 |
| 商业营业用房 | Commerce | 18.0 |
| 商品房竣工面积 | Floor Space of Commercial Buildings Completed | 259.41 |
| 住宅 | Residence | 231.14 |
| 办公楼 | Office | 5.97 |
| 商业营业用房 | Commerce | 17.76 |
| 商品房销售面积 | Floor Space of Commercial Buildings Sold | 116.0 |
| 住宅 | Residence | 108.5 |
| 办公楼 | Office | 0.3 |
| 商业营业用房 | Commerce | 6.2 |

# 22-1-2 太原市房地产投资与土地开发情况(1999年)

## INVESTMENT IN REAL ESTATE AND LAND DEVELOPMENT OF TAIYUAN CITY(1999)

| 项 目 | Item | 总计 Total |
|---|---|---|
| 一、投资情况 | **Investment** | |
| 1. 计划总投资额(万元) | Total Value of Investment Planned(10000yuan) | — |
| #地方企业 | # Local Enterprises | — |
| 本年计划投资额 | Value of Investment Planned This Year | — |
| 2. 房地产开发投资额(万元) | Value of Real Estate Development(10000yuan) | 117077 |
| #国有单位 | # State-owned Units | — |
| 商品房建设投资 | Investment in Real Estate Development | 108192 |
| 土地开发投资 | Investment in Land Development | 8255 |
| 3. 按工程用途分类(万元) | Grouped by Purpose of Projects(10000yuan) | |
| 住宅 | Residence | 94485 |
| 办公楼 | Office | 4974 |
| 商业营业用房 | Commerce | 10417 |
| 其他 | Others | 7201 |
| 二、新增固定资产(万元) | **Newly Increased Fixed Assets**(10000yuan) | — |
| #地方企业 | # Local Enterprises | — |
| 三、土地开发情况(万平方米) | **Land Development**(10000sq.m) | |
| 本年购置土地面积 | Area of Land Purchased This Year | — |
| 实际开发土地面积 | Area of Land Actually Developed | — |

注:本表中数据截止1999年11月底。

Note: Data of this table was up to the end of November 1999.

# 22-1-3 太原市商品房开发情况(1999年)

## DEVELOPMENT OF COMMODITY BUILDINGS OF TAIYUAN CITY(1999)

| 项 目 | Item | 合 计 Total |
|---|---|---|
| 一、商品房开发面积 | **Floor Space of Commercial Development** | |
| 商品房施工面积(万平方米) | Floor Space of Commercial Buildings under Construction(10000 sq.m) | 199.52 |
| 住宅 | Residence | 170.91 |
| 办公楼 | Office | 16.54 |
| 商业营业用房 | Commerce | 10.82 |
| 其他 | Others | 1.26 |
| 商品房新开工面积(万平方米) | Floor Space of Commercial Buildings Newly Started(10000 sq.m) | 35.55 |
| 住宅 | Residence | 34.95 |
| 办公楼 | Office | — |
| 商业营业用房 | Commerce | 0.60 |
| 其他 | Others | — |
| 商品房竣工面积(万平方米) | Floor Space of Commercial Builings Completed(10000 sq.m) | 66.60 |
| 住宅 | Residence | 61.85 |
| 办公楼 | Office | 3.73 |
| 商业营业用房 | Commerce | 0.76 |
| 其他 | Others | 0.26 |
| 二、商品房销售 | **Selling of Commercial Buildings** | |
| 商品房销售面积(万平方米) | Sales of Commercial Buildings(10000 sq.m) | 27.54 |
| 住宅 | Residence | 27.32 |
| 办公楼 | Office | 0.03 |
| 商业营业用房 | Commerce | 0.19 |
| 商品房销售额(万元) | Sales of Commercial Buildings(10000 yuan) | — |
| #销售给个人 | # Sold to Individuals | — |
| 住宅 | Residence | — |
| #销售给个人 | # Sold to Individuals | — |
| 办公楼 | Office | — |
| 商业营业用房 | Commerce | — |
| #销售给个人 | # Sold to Individuals | — |
| 其他 | Others | — |
| 三、商品房竣工价值(万元) | **Value of Commercial Buildings Completed(10000 yuan)** | **53616** |
| 住宅 | Residence | 47651 |
| 办公楼 | Office | 5382 |
| 商业营业用房 | Commerce | 383 |
| 其他 | Others | 200 |

注:本表中数据截止1999年11月末。

Note: Data of this table was up to the end of November 1999.

# 22－2－1　山西省主要年份房地产投资完成情况(1990—1998年)

## INVESTMENT IN REAL ESTATE OF MAIN YEARS OF SHANXI PROVINCE(1990—1998)

| 项　目<br>Item | 单　位<br>Unit | 1990 | 1995 | 1996 | 1997 | 1998 |
|---|---|---|---|---|---|---|
| 本年计划投资<br>Planned Investment This Year | 万元<br>10000yuan | 35664 | 166852 | 159227 | 234300 | 359679 |
| 本年完成投资<br>Completed Investment This Year | 万元<br>10000yuan | 28486 | 150866 | 147893 | 181736 | 278653 |
| #商品住宅<br># Commercial Residence | 万元<br>10000yuan | 24635 | 108054 | 107111 | 156469 | 199862 |
| 本年新增固定资产<br>Newly Increased Fixed Assets This Year | 万元<br>10000yuan | 32128 | 81938 | 115933 | 148474 | 182239 |
| 本年商品房屋销售额<br>Sales of Commercial Buildings This Year | 万元<br>10000yuan | 36188 | 71160 | 87328 | 107365 | 125573 |
| #商品住宅<br># Commercial Residence | 万元<br>10000yuan | 27698 | 51399 | 76847 | 97064 | 115589 |
| 本年竣工家属宿舍套数<br>Units of Staff Dormitories Completed This Year | 套<br>unit | 14659 | 18305 | 21391 | 23074 | 23283 |
| #商品住宅<br># Commercial Residence | 套<br>unit | 14659 | 18305 | 21391 | 23074 | 10577 |
| 本年销售面积<br>Floor Space Sold This Year | 平方米<br>sq.m | 631281 | 760000 | 908859 | 121592 | 1247396 |
| #商品住宅<br># Commercial Residence | 平方米<br>sq.m | 552324 | 700000 | 822750 | 116188 | 1178570 |
| 全年施工房屋面积<br>Floor Space under Construction | 平方米<br>sq.m | 189466 | 379042 | 348512 | 374286 | 5283652 |
| #商品住宅<br># Commercial Residence | 平方米<br>sq.m | 170807 | 293691 | 301489 | 337880 | 4701707 |
| 本年新开工施工房屋面积<br>Floor Space of Newly Starting under Construction | 平方米<br>sq.m | 729892 | 151193 | 146639 | 196725 | 2945768 |
| #商品住宅<br># Commercial Residence | 平方米<br>sq.m | 705075 | 124878 | 128249 | 182462 | 2715615 |
| 本年竣工房屋面积<br>Floor Space Completed This Year | 平方米<br>sq.m | 104502 | 152400 | 153577 | 182495 | 2057245 |
| #商品住宅<br># Commercial Residence | 平方米<br>sq.m | 914060 | 128284 | 142553 | 169192 | 1830561 |
| 本年竣工房屋价值<br>Value of Buildings Completed This Year | 万元<br>10000yuan | 31734 | 122719 | 104587 | 138938 | 162817 |
| #商品住宅<br># Commercial Residence | 万元<br>10000yuan | 26759 | 93996 | 95820 | 127797 | 141083 |

# 22－2－2 山西省全社会固定资产投资情况(1998 年)

## INVESTMENT IN OVERALL FIXED ASSETS OF SHANXI PROVINCE(1998)

| 项目 | Item | 总计 Total | 国有单位 # State-owned | 集体单位 # Collective-owned |
|---|---|---|---|---|
| **一、投资额(万元)** | **Value of Investment(10000 yuan)** | **5346852** | **3892259** | **285102** |
| 按隶属关系分 | Grouped by Administrative Relationship | | | |
| 中央 | Central | 1813654 | 1485428 | — |
| 地方 | Local | 3533198 | 2406831 | 285102 |
| 按资金来源分 | Grouped by Funds Sources | | | |
| 国家预算内投资 | State Budgetary Investment | 177528 | 158417 | 17885 |
| 国内贷款 | Domestic Loans | 1552610 | 1265218 | 20555 |
| 利用外资 | Foreign Investment | 375335 | 266559 | 277 |
| 自筹投资 | Fund-Raising | 2483890 | 1664999 | 197417 |
| 其他资金 | Others | 757489 | 537066 | 48968 |
| 按构成分 | Grouped by Use of Funds | | | |
| 建筑安装工程 | Construction and Installation Projects | 3071309 | 2434470 | 64297 |
| 设备工器具购置 | Purchase of Equipment and Instruments | 1094558 | 842893 | 18038 |
| 其他费用 | Others | 1180985 | 614896 | 202767 |
| 按用途分 | Grouped by Purpose | | | |
| 农林牧渔业用 | Farming, Forestry, Husbandry and Fishery | 83706 | — | — |
| 工业和建筑业用 | Industry and Construction | 2135036 | — | — |
| 商业运输邮电业用 | Commercial, Transportation and Post | — | — | — |
| 住宅 | Residence | 920980 | — | — |
| 其他 | Others | — | — | — |
| **二、房屋建筑面积(万平方米)** | **Floor Space of Building(10000sq.m)** | | | |
| 施工面积 | Floor Space under Canstruction | 3399.2 | 1845.9 | 212.6 |
| 竣工面积 | Floor Space Completed | 1880.6 | 766.1 | 119.9 |
| 住宅 | Residence | 1490.5 | 528.3 | 42.3 |

# 22－2－3　山西全省私人建房情况（1985—1998年）

## BUILDINGS CONSTRUCTION BY PRIVATES OF SHANXI PROVINCE(1985—1998)

| 年　份<br>Year | 竣工房屋投资<br>（万元）<br>Investment of Buildings Completed<br>（10000 yuan） | #住　宅<br># Residence | 竣工房屋面积<br>（万平方米）<br>Floor Space of Buildings Completed(10000 sq.m) | #住宅<br># Residence |
|---|---|---|---|---|
| 城镇和工矿<br>**Cities, Towns and Industrial and Mining Areas** | | | | |
| 1985 | 22938 | 17368 | 329 | 286 |
| 1986 | 33864 | 27113 | 385 | 300 |
| 1987 | 27705 | 22490 | 269 | 235 |
| 1988 | 30363 | 24523 | 265 | 217 |
| 1989 | 38219 | 32295 | 219 | 189 |
| 1990 | 35479 | 23313 | 161 | 118 |
| 1991 | 31477 | 23010 | 158 | 141 |
| 1992 | 34345 | 26293 | 131 | 111 |
| 1993 | 79030 | 48318 | 216 | 188 |
| 1994 | 104137 | 91185 | 363 | 322 |
| 1995 | 101374 | 90000 | 296 | 269 |
| 1996 | 133795 | 116250 | 313 | 280 |
| 1997 | 102224 | 93624 | 253 | 237 |
| 1998 | 115645 | 103252 | 259 | 230 |
| 农村<br>**Rural** | | | | |
| 1985 | 67840 | 58794 | 1327 | 1165 |
| 1986 | 79112 | 73902 | 1886 | 1693 |
| 1987 | 96047 | 93633 | 1991 | 1694 |
| 1988 | 82124 | 76796 | 1461 | 1398 |
| 1989 | 92590 | 86528 | 1191 | 953 |
| 1990 | 152724 | 103171 | 1214 | 1192 |
| 1991 | 124195 | 121410 | 1627 | 1537 |
| 1992 | 61190 | 60562 | 538 | 516 |
| 1993 | 90184 | 90182 | 1058 | 1058 |
| 1994 | 100445 | 69403 | 657 | 589 |
| 1995 | 85050 | 84528 | 406 | 403 |
| 1996 | 267155 | 188081 | 850 | 832 |
| 1997 | 200913 | 198265 | 882 | 799 |
| 1998 | 278600 | 224900 | 625 | 619 |

# 22-3-1 山西全省商品房开发面积情况(1998年)

## FLOOR SPACE OF COMMODITY BUILDINGS OF SHANXI PROVINCE(1998)

| 项目 | Item | 施工面积（平方米）Floor Space under Construction (sq.m) | 新开工 # Newly Starting | 竣工房屋（平方米）Floor Space Completed (sq.m) | 竣工房屋价值（万元）Value of Buildings Completed (10000 yuan) |
|---|---|---|---|---|---|
| 合计 | Total | **5283652** | **2945768** | **2057245** | **162817** |
| 住宅 | Residence | 4701707 | 2715615 | 1830561 | 141083 |
| 别墅、高档公寓 | # Villa, High-grade Apartment | 15487 | 4455 | 13487 | 1823 |
| 安居工程 | Welfare Projects | 2537119 | 1528313 | 840646 | 65437 |
| 办公楼 | Office | 163614 | 31487 | 79557 | 7630 |
| 商业营业用房 | Commerce | 298938 | 147247 | 106745 | 11096 |
| 其他 | Others | 119393 | 51419 | 40382 | 3008 |

# 22－3－2　山西全省商品房租售情况(1998年)

## SELLING AND LEASING OF COMMODITY BUILDINGS OF SHANXI PROVINCE(1998)

| 项　目 | Item | 实际销售(平方米) Floor Space Actually Sold (sq.m) | 预　售(平方米) Floor Space Pre-sold (sq.m) | 空　置(平方米) Floor Space Vacant (sq.m) | 出租(平方米) Space Leased (sq.m) | 实际销售额(万元) Sales of Buildings Actually Sold (10000 yuan) |
|---|---|---|---|---|---|---|
| 合计 | Total | **1247396** | **302763** | **548310** | **57215** | **123339** |
| 外销(租) | Selling and Leasing Externally | — | — | — | 3680 | — |
| 个人 | Individuals | 891499 | 185837 | — | 41066 | 88265 |
| 住宅 | Residence | 1178570 | 293597 | 508483 | 29866 | 113393 |
| #别墅、高档公寓 | # Villa, High-grade Apartment | 13167 | 1500 | — | — | 2361 |
| 安居工程 | Welfare Projects | 528627 | 136929 | 282301 | — | 46783 |
| 个人 | Individuals | 845161 | 193556 | — | 21666 | 82955 |
| 办公楼 | Office | 5422 | — | 4300 | 3420 | 416 |
| 商业营业用房 | Commerce | 51110 | 8566 | 31537 | 23929 | 8102 |
| 其他 | Others | 12294 | 600 | 3990 | — | 1428 |

# 22-3-3 山西全省主要年份竣工房屋面积和新增固定资产(1985—1998年)

## FLOOR SPACE OF BUILDINGS COMPLETED AND NEWLY INCREASED FIXED ASSETS OF MAIN YEARS OF SHANXI PROVINCE(1985—1998)

| 指　标 | Item | 1985 | 1990 | 1995 | 1996 | 1997 | 1998 |
|---|---|---|---|---|---|---|---|
| **一、竣工房屋总面积(万平方米)** | **Total Floor Space of Buildings Completed (10000sq.m)** | **2971.0** | **2156.2** | **1457.9** | **2056.9** | 2069.8 | 1880.6 |
| 国有单位 | State-owned Units | 654.0 | 563.5 | 589.6 | 626.5 | 729.0 | 766.1 |
| 基本建设 | Capital Construction | 514.2 | 294.1 | 340.4 | 374.7 | 447.0 | 542.6 |
| 更新改造 | Innovation | 115.7 | 137.2 | 134.8 | 143.9 | 123.8 | 80.9 |
| 其他 | Others | 24.1 | 132.2 | 114.4 | 107.9 | 158.1 | 217.9 |
| 集体单位 | Collective-owned Units | 661.4 | 218.0 | 95.6 | 163.5 | 189.8 | 119.9 |
| 城镇 | Urban | 39.9 | 41.4 | 46.2 | 26.3 | 36.0 | 46.6 |
| 农村 | Rural | 621.5 | 176.6 | 49.4 | 137.2 | 153.8 | 73.3 |
| 城乡个人 | Urban and Rural Individuals | 1655.6 | 1374.7 | 702.1 | 1162.5 | 1075.7 | 884.3 |
| 城镇 | Urban | 328.7 | 160.7 | 296.3 | 313 | 253.4 | 259.0 |
| 农村 | Rural | 1326.9 | 1214.0 | 405.8 | 849.5 | 822.3 | 624.9 |
| 其他 | Others | — | — | 70.6 | 104.4 | 75.3 | 71.5 |
| **二、新增固定资产(万元)** | **Newly Increased Fixed Assets (10000 yuan)** | **658841** | **943937** | **2270866** | **2387103** | **3291231** | **3839613** |
| 国有单位 | State-owned Units | 430098 | 625828 | 1588886 | 1716712 | 2479229 | 2810583 |
| 基本建设 | Capital Construction | 300140 | 374963 | 1063662 | 948061 | 1543102 | 1901491 |
| 更新改造 | Innovation | 108337 | 200193 | 473173 | 622810 | 707958 | 486056 |
| 其他 | Others | 21621 | 50672 | 52051 | 145841 | 228169 | 423036 |
| 集体单位 | Collective-owned Units | 118418 | 118074 | 264213 | 205012 | 216361 | 272998 |
| 城镇 | Urban | 17385 | 29824 | 47717 | 48723 | 38628 | 69398 |
| 农村 | Rural | 101033 | 88250 | 216496 | 156289 | 177 | 203600 |
| 城乡个人 | Urban and Ruralv Individuals | 110325 | 200035 | 290172 | 436078 | 419897 | 446845 |
| 城镇 | Urban | 22938 | 35938 | 101374 | 133795 | 102224 | 115645 |
| 农村 | Rural | 87387 | 164556 | 188798 | 302383 | 317673 | 331200 |
| 其他 | Others | — | — | 127595 | 29301 | 175744 | 309187 |

# 22-4-1 山西全省建筑施工企业主要经济指标(1994—1998年)

MAJOR ECONOMIC INDICATORS OF CONSTRUCTION ENTERPRISES OF SHANXI PROVINCE(1994—1998)

| 指标<br>Item | 单位<br>Unit | 1994 | 1995 | 1996 | 1997 | 1998 |
|---|---|---|---|---|---|---|
| 施工企业个数<br>Number of Construction Enterprises | 个<br>number | 471 | 453 | 770 | 937 | 942 |
| 平均人数<br>Average Number of Staff | 万人<br>10000persons | 41.6 | 39.81 | 43.9 | 47.2 | 43.7 |
| 施工产值<br>Output Value under Construction | 万元<br>10000yuan | 1325196 | 1468445 | 1568405 | 192009 | 2178151 |
| 增加值<br>Value Added | 万元<br>10000yuan | 388467 | 457235 | 504233 | 609296 | 422404 |
| 竣工产值<br>Output Value of Completion | 万元<br>10000yuan | 751264 | 865610 | 1211487 | 155747 | 1426324 |
| 施工个数<br>Number of Projects under Construction | 个<br>number | 21844 | 21236 | 18283 | 18753 | 16754 |
| 施工面积<br>Floor Space under Construction | 万平米<br>10000sq.m | 1278.9 | 1320 | 1583 | 1839.5 | 1724.9 |
| 竣工个数<br>Number of Projects Completed | 个<br>number | 8373 | 8151 | 11417 | 10910 | 8910 |
| 竣工面积<br>Floor Space Completed | 万平米<br>10000sq.m | 487 | 500.8 | 614.5 | 954.6 | 774.5 |
| 竣工率(按产值计算)<br>Rate of Completion(in Terms of Output Value) | 50.7% | 56.7 | 58.9 | 77.3 | 81 | 65.5 |
| 工程质量优良品率(按个数)<br>Rate of High Quality Projects(in Terms of Number) | 29.4% | 47.2 | 52.4 | 52.3 | 42 | 44.4 |
| 工程质量优良品率(按面积)<br>Rate of High Quality Projects(in Terms of Space) | 29.4% | 30.2 | 33.7 | 33.2 | 28 | 41 |
| 固定资产原价<br>Original Value of Fixed Assets | 万元<br>10000yuan | 466343 | 595782 | 778178 | 877602 | 959133 |
| 固定资产合计<br>Total Value of Fixed Assets | 万元<br>10000yuan | 358966 | 446212 | 582802 | 637744 | 695045 |

22－4－1 续表(Continued)

| 指 标<br>Item | 单 位<br>Unit | 1994 | 1995 | 1996 | 1997 | 1998 |
|---|---|---|---|---|---|---|
| 年末自有机械设备总台数<br>Number of Machinery and Equipment Owned at Year-end | 台<br>set | 70942 | 78324 | 92584 | 112650 | 98277 |
| 年末自有机械设备净值<br>Net Value of Machinery and Equipment Owned at year-end | 万元<br>10000yuan | 145592 | 155925 | 189705 | 228983 | 252456 |
| 年末自有机械设备总功率<br>Total Power of Machinery and Equipment Owned at Year-end | 万千瓦<br>10000kw | 178 | 182.3 | 189.1 | 202.2 | 212.3 |
| 营业利润<br>Business Profits | 万元<br>10000yuan | 52198 | 50798 | 42944 | 38649 | 62 |
| 管理费用<br>Management Expense | 万元<br>10000yuan | 105868 | 122388 | 134243 | 162971 | 183589 |
| 利润总额<br>Total Profits | 万元<br>10000yuan | 3606 | －54.4 | －2263 | －828 | －10502 |
| 上缴税金<br>Taxes Turned Over to State | 万元<br>10000yuan | 4153 | 41266 | 49022 | 55488 | 69716 |
| 全员劳动生产率(按总产值计)<br>Overall Labor Productivity in Terms of Gross Output Value of under Construction | 元/人<br>yuan/person | 31894 | 36886 | 35727 | 40667 | 49824 |
| 全员劳动生产率(按增加值计)<br>Overall Labor Productivity in Terms of Value Added of Construction | 元/人<br>yuan/person | 10167 | 11485 | 11486 | 12905 | 9662 |
| 资本金合计<br>Total Capital Funds | 万元<br>10000yuan | 279630 | 290526 | 362025 | 414246 | 397448 |
| 资产总计<br>Total Assets | 万元<br>10000yuan | 1682945 | 1828468 | 2184869 | 252968 | 2897331 |
| 负债合计<br>Total Liabilities | 万元<br>10000yuan | 1384030 | 1426634 | 1714896 | 1980596 | 2299140 |
| 所有者权益合计<br>Total Ownership Interest | 万元<br>10000yuan | 298915 | 401834 | 469973 | 549093 | 598191 |
| 产值利润率<br>Rate of Profits to Output value | 3.5% | 0.3 | — | －0.14 | — | －0.5 |
| 亏损企业个数<br>Number of Loss Enterprises | 个<br>number | 8.8 | 88 | 145 | 187 | 201 |

# 第二十三章　内蒙古自治区房地产统计

# CHAPTER 23　REAL ESTATE STATISTICS OF INNER MONGOLIA AUTONOMOUS REGION

## 23－1　房地产综合

## COMPOSITE INFORMATION OF REAL ESTATE



## 23－2　建筑业简况

## BASIC INFORMATION OF CONSTRUCTION TRADE

# 23－1－1 内蒙古自治区房地产开发综合统计(1999 年)

## COMPOSITE STATISTICS OF REAL ESTATE DEVELOPMENT OF INNER MONGOLIA AUTONOMOUS REGION(1999)

| 项 目 | Item | 合计 Total |
|---|---|---|
| 一、房地产开发投资额(亿元) | **Investment Value of Real Estate Development (100 million yuan)** | |
| 住宅 | Residence | 18.01 |
| 办公楼 | Office | 0.99 |
| 商业营业用房 | Commerce | 6.23 |
| 二、商品房销售额(亿元) | **Sale of Commercial Buildings(100 million yuan)** | 22.32 |
| 住宅 | Residence | 15.39 |
| 办公楼 | Office | 0.40 |
| 商业营业用房 | Commerce | 6.49 |
| 销售给个人 | Sold to Individuals | |
| 住宅 | Residence | 14.32 |
| 办公楼 | Office | — |
| 商业营业用房 | Commerce | — |
| 三、房地产开发资金来源(亿元) | **Funds Sources of Real Estate Development (100 million yuan)** | |
| 国家预算内资金 | State Budgetary Funds | — |
| 国内贷款 | Domestic Loans | 4.35 |
| 债券 | Bonds | 0.01 |
| 利用外资 | Foreign Investment | 0.09 |
| 自筹资金 | Fund Raising | 10.84 |
| 定金及预收款 | Deposits and Pre-charges | — |

23－1－1 续表(Continued)

| 项　　目 | Item | 合计　Total |
|---|---|---|
| 其他资金 | Others | 10.73 |
| **四、房地产开发面积(万平方米)** | **Floor Space of Real Estate Development** (10000 sq.m) | |
| 商品房施工面积 | Floor Space of Commercial Buildings under Construction | 473.5 |
| 住宅 | Residence | 364.17 |
| 办公楼 | Office | 17.20 |
| 商业营业用房 | Commerce | 83.11 |
| 商品房新开工面积 | FLoor Space of Commercial Buildings Newly Starting | 315.9 |
| 住宅 | Residence | 235.8 |
| 办公楼 | Office | 13.7 |
| 商业营业用房 | Commerce | 59.3 |
| 商品房竣工面积 | Floor Space of Commercial Buildings Completed | 268.6 |
| 住宅 | Residence | 206.73 |
| 办公楼 | Office | 8.34 |
| 商业营业用房 | Commerce | 50.36 |
| 商品房销售面积 | Floor Space of Commercial Buildings Sold | 194.6 |
| 住宅 | Residence | 157.3 |
| 办公楼 | Office | 2.9 |
| 商业营业用房 | Commerce | 34.0 |

# 23－1－2 内蒙古全区房地产开发情况(1998年)

## REAL ESTATE DEVELOPMENT OF INNER MONGOLIA AUTONOMOUS REGION(1998)

| 项 目 | Item | 单 位 | Unit | 合 计 Total |
|---|---|---|---|---|
| **一、投资总额** | **Total Investment Value** | **万元** | **10000yuan** | **228066P** |
| 按经济类型分 | Grouped by Ownership | | | |
| 国有经济 | State-owned Units | 万元 | 10000yuan | 96275 |
| 集体经济 | Collective-owned Units | 万元 | 10000yuan | 27269 |
| 联营经济 | Joint Owned Economic Units | 万元 | 10000yuan | — |
| 股份制经济 | Share Holding Economic Units | 万元 | 10000yuan | 2222 |
| 外商投资经济 | Foreign Funded Economic Units | 万元 | 10000yuan | 2394 |
| 港、澳、台投资经济 | Hong Kong, Macao and Taiwan Funded Economic Units | 万元 | 10000yuan | 772 |
| 其他经济 | Economic Units of Other Types of Ownership | 万元 | 10000yuan | — |
| 按隶属关系分 | Grouped by Administrative Relationship | | | |
| 中央合计 | Central Total | 万元 | 10000yuan | 2436 |
| 地方合计 | Local Total | 万元 | 10000yuan | 225630 |
| 按构成分 | Grouped by Use of Funds | 万元 | 10000yuan | |
| 建筑工程 | Construction Projects | 万元 | 10000yuan | 187196 |
| 安装工程 | Installation Projects | 万元 | 10000yuan | 3543 |
| 设备、工具、器具购置 | Purchase of Equipment and Instruments | 万元 | 10000yuan | 1688 |
| 其他费用 | Others | 万元 | 10000yuan | 35639 |
| 按工程用途分 | Grouped by Purpose of Projects | | | |
| 商业营业用房 | Commercial | 万元 | 10000yuan | 62252 |
| 住宅 | Residence | 万元 | 10000yuan | 180050 |
| 其他 | Others | 万元 | 10000yuan | 37989 |
| **二、新增固定资产** | **Newly Added Fixed Assets** | **万元** | **10000yuan** | **265863** |
| **三、房屋建筑面积和竣工价值** | **Floor Space of Buildings and Completion Value** | | | |
| 本年施工房屋面积 | Floor Space of Buildings under Construction This Year | 万平方米 | 10000sq.m | 368.46 |
| #住宅 | # Residence | 万平方米 | 10000sq.m | 293.33 |
| 本年竣工房屋面积 | Floor Space of Buildings Completed This Yeon | 万平方米 | 10000sq.m | 178.74 |
| #住宅 | # Residence | 万平方米 | 10000sq.m | 141.12 |
| 本年竣工房屋价值 | Value of Buildings Completed This Year | 万元 | 10000yuan | 150360 |
| #住宅 | # Residence | 万元 | 10000yuan | 109921 |

# 23-1-3　内蒙古全区固定资产投资及房屋建筑面积(1985—1998年)

## INVESTMENT IN FIXED ASSETS AND FLOOR SPACE OF BUILDINGS OF INNER MONGOLIA AUTONOMOUS REGION(1985—1998)

| 年份 Year | 投资总额(亿元) Total Investment (100million yuan) | #住宅 # Residence | 按三大产业分(亿元) By Industries(100 million yuan) 第一产业投资 Primary Industry Investment | 第二产业投资 Secondary Industry Investment | 第三产业投资 Tertiary Industry Investment | 房屋建筑面积(万平方米) Floor Space(10000sq.m) 施工面积 Floor Space of Buildings under Construction | 竣工面积 Floor Space of Buildings Completed | #住宅 # Residence |
|---|---|---|---|---|---|---|---|---|
| 1985 | 52.42 | 11.17 | 4.85 | 25.69 | 21.88 | 2524.6 | 2064.4 | 1379.2 |
| 1986 | 47.57 | 7.76 | 3.49 | 23.66 | 20.42 | 1769.8 | 1359.5 | 931.6 |
| 1987 | 53.32 | 9.65 | 1.92 | 26.55 | 24.85 | 1892.3 | 1518.8 | 1023.8 |
| 1988 | 72.05 | 12.61 | 5.58 | 38.89 | 27.58 | 1953.1 | 1513.5 | 1088.9 |
| 1989 | 70.68 | 12.71 | 5.38 | 42.05 | 23.25 | 1638.0 | 1282.4 | 912.5 |
| 1990 | 70.77 | 13.71 | 5.39 | 40.55 | 24.83 | 1490.0 | 1159.8 | 844.4 |
| 1991 | 100.66 | 19.64 | 8.02 | 54.53 | 38.11 | 2122.2 | 1570.8 | 1167.8 |
| 1992 | 149.24 | 15.38 | 10.18 | 81.05 | 58.01 | 1408.0 | 639.7 | 303.8 |
| 1993 | 217.40 | 41.26 | 7.62 | 106.17 | 62.35 | 1752.9 | 985.1 | 601.1 |
| 1994 | 250.99 | 46.65 | 11.25 | 132.09 | 60.00 | 2419.0 | 1907.2 | 1413.8 |
| 1995 | 273.06 | 51.93 | 18.95 | 143.34 | 58.84 | 2744.2 | 2216.0 | 1569.3 |
| 1996 | 275.54 | 59.47 | 16.75 | 128.90 | 70.42 | 2749.9 | 2099.7 | 1584.2 |
| 1997 | 317.50 | 59.63 | 24.15 | 145.14 | 88.59 | 2972.9 | 2476.6 | 1709.1 |
| 1998 | 350.16 | 77.27 | 29.44 | 131.69 | 144.40 | 3276.4 | 2638.7 | 1788.7 |

# 23-2-1 内蒙古全区建筑业企业主要经济指标(1998年)

## MAJOR ECONOMIC INDICATORS OF CONSTRUCTION ENTERPRISES OF INNER MONGOLIA AUTONOMOUS REGION(1998)

| 项目 | Item | 单位 | Unit | 总计 Total |
|---|---|---|---|---|
| 企业个数 | Number of Construction Enterprises | 个 | number | 859 |
| 建筑业总产值 | Gross Output Values of Constructon | 万元 | 10000yuan | 1017600 |
| 建筑工程 | Construction Projects | 万元 | 10000yuan | 858744 |
| 安装工程 | Installation Projects | 万元 | 10000yuan | 119030 |
| 房屋构筑物修理 | Output Value of Buildings Repair and Maintenance | 万元 | 10000yuan | 37275 |
| 非标准设备制造 | Output Value of Non-Standard Equipment Manufacturing | 万元 | 10000yuan | 2551 |
| 竣工产值 | Output Value of Completion | 万元 | 10000yuan | 758602 |
| 单位工程施工个数 | Number of Projects under Construction | 个 | number | 8529 |
| #本年新开工 | # Number Started This Year | 个 | number | 6105 |
| 投标承包个数 | Number of Projects Contracted by Tender | 个 | number | 1901 |
| #本年新开工 | # Number Started This Year | 个 | number | 1405 |
| 单位工程竣工个数 | Number of Projects Completed | 个 | number | 5839 |
| 竣工的优良单位工程个数 | Number of High Quality Projects Completed | 个 | number | 1963 |
| 房屋建筑施工面积 | Floor Space of Buildings under Construction | 万平方米 | 10000sq.m | 1334.4 |
| #本年新开工 | # Floor Space Started This Year | 万平方米 | 10000sq.m | 856.8 |
| 投标承包的面积 | Floor Space of Buildings Contracted by Tender | 万平方米 | 10000sq.m | 483.3 |
| #本年新开工 | # Floor Space Started This Year | 万平方米 | 10000sq.m | 360.2 |
| 房屋建筑竣工面积 | Floor Space of Buildings Completed | 万平方米 | 10000sq.m | 754.1 |
| 房屋建筑优良工程竣工面积 | Floor Space of High Quality Projects | 万平方米 | 10000sq.m | 308.7 |
| 自有机械设备年末总台数 | Year-end Number of Machinery and Equipment Owned | 台 | set | 75548 |
| 自有机械设备年末总功率 | Year-end Total Power of Machinery and Equipment Owned | 万千瓦 | 10000kw | 146.9 |
| #施工机械功率 | # Power of Construction Machinery | 万千瓦 | 10000kw | 109.1 |
| 自有机械设备净值 | Net Value of Machinery and Equipment Owned | 万元 | 10000yuan | 117307 |
| 计算建筑业劳动率的平均人数 | Average Number of Staff by Labor Productivity of Construction | 万人 | 10000 persons | 30.33 |

# 第二十四章　辽宁省房地产统计

# CHAPTER 24　REAL ESTATE STATISTICS OF LIAONING PROVINCE

## 24－1　房地产综合

## COMPOSITE INFORMATION OF REAL ESTATE



## 24－2　建筑业情况

## BASIC INFORMATION OF CONSTRUCTION TRADE



## 24－3　城市基础设施

## MUNICIPAL INFRASTRUCTURE

# 24-1-1 辽宁全省房地产开发综合统计(1999年)

## COMPOSITE STATISTICS OF REAL ESTATE DEVELOPMENT OF LIAONING PROVINCE(1999)

| 项目 | Item | 合计 Total |
|---|---|---|
| 一、房地产开发投资额(亿元) | **Investment Value of Real Estate Development (100 million yuan)** | |
| 住宅 | Residence | 121.28 |
| 办公楼 | Office | 14.52 |
| 商业营业用房 | Commerce | 31.80 |
| 二、商品房销售额(亿元) | **Sale of Commercial Buildings(100 million yuan)** | 147.94 |
| 住宅 | Residence | 117.86 |
| 办公楼 | Office | 7.22 |
| 商业营业用房 | Commerce | 20.82 |
| 销售给个人 | Sold to Individuals | |
| 住宅 | Residence | 86.87 |
| 办公楼 | Office | — |
| 商业营业用房 | Commerce | — |
| 三、房地产开发资金来源(亿元) | **Funds Sources of Real Estate Development (100 million yuan)** | |
| 国家预算内资金 | State Budgetary Funds | 0.51 |
| 国内贷款 | Domestic Loans | 37.19 |
| 债券 | Bonds | 0.25 |
| 利用外资 | Foreign Investment | 6.61 |
| 自筹资金 | Fund Raising | 65.88 |
| 定金及预收款 | Deposits and Pre-charges | — |

24－1－1续表(Continued)

| 项目 | Item | 合计 Total |
|---|---|---|
| 其他资金 | Others | 74.38 |
| **四、房地产开发面积(万平方米)** | **Floor Space of Real Estate Development** (10000 sq.m) | |
| 商品房施工面积 | Floor Space of Commercial Buildings under Construction | 2614.5 |
| 住宅 | Residence | 1929.61 |
| 办公楼 | Office | 181.39 |
| 商业营业用房 | Commerce | 421.85 |
| 商品房新开工面积 | FLoor Space of Commercial Buildings Newly Starting | 1328.0 |
| 住宅 | Residence | 1056.8 |
| 办公楼 | Office | 46.2 |
| 商业营业用房 | Commerce | 181.7 |
| 商品房竣工面积 | Floor Space of Commercial Buildings Completed | 1277.86 |
| 住宅 | Residence | 1057.56 |
| 办公楼 | Office | 46.89 |
| 商业营业用房 | Commerce | 143.29 |
| 商品房销售面积 | Floor Space of Commercial Buildings Sold | 771.0 |
| 住宅 | Residence | 671.9 |
| 办公楼 | Office | 18.9 |
| 商业营业用房 | Commerce | 71.0 |

# 24-1-2 辽宁省房地产开发建设情况(1995—1998年)

## REAL ESTATE DEVELOPMENT OF LIAONING PROVINCE(1995—1998)

单位:万元 Unit:10000 yuan

| 指标 | Item | 1995 | 1996 | 1997 | 1998 |
|---|---|---|---|---|---|
| 投资总额(万元) | Total Investment Value(10000yuan) | 1631678 | 1354493 | 1399122 | 1503829 |
| 商品房屋开发投资额 | Development Investment Value of Commercial Buildings | 1280379 | 1125755 | 1079309 | 1182347 |
| 土地开发投资额 | Land Development Investment Value | 174746 | 93102 | 118385 | 143167 |
| 土地开发面积(万平方米) | Land Area Developed(10000sq.m) | 1234 | 299.4 | 326.1 | 364.4 |
| 房屋建筑面积 | Floor Space of Buildings | | | | |
| 施工面积 | Floor Space under Construction | 2876.5 | 2400.0 | 2216.8 | 2371.7 |
| #住宅 | # Residence | 2026.9 | 1648.8 | 1586.5 | 1752.4 |
| 竣工面积 | Floor Space Completed | 1118.4 | 891.2 | 924.8 | 1007.7 |
| #住宅 | # Residence | 934.5 | 719.1 | 768.9 | 850.7 |
| 全部房屋竣工率(%) | Completion Rate of All of the Buildings (%) | 38.9 | 37.1 | 41.7 | 42.5 |
| #住宅 | # Residence | 46.1 | 43.6 | 48.5 | 48.5 |
| 商品房屋竣工价值 | Value of Commercial Buildings Completed | 940813 | 874154 | 854052 | 9124671 |
| #住宅 | # Residence | 694327 | 559273 | 631120 | 731691 |
| 商品房屋销售额 | Sales of Commercial Buildings | 857012 | 747950 | 755266 | 1198862 |
| #住宅 | # Residence | 595574 | 277359 | 609862 | 971718 |
| 商品房屋销售面积(万平方米) | Floor Space of Commercial Buildings Sold(10000sq.m) | 491.1 | 512.0 | 460.0 | 664.7 |
| #住宅 | # Residence | 421.8 | 219.0 | 401.7 | 577.2 |
| 资金来源 | Funds Sources | | | | |
| 国家预算内资金 | State Budgetary Investment | 14712 | 7195 | 10790 | 10639 |
| 国内贷款 | Domestic Loans | 391849 | 275031 | 316842 | 296.714 |
| 利用外资 | Foreign Investment | 92275 | 105113 | 1172258 | 90596 |
| 自筹和其他投资 | Fund-raising and Others | 1132842 | 967154 | 954232 | 1105880 |

# 24-1-3　辽宁省房地产开发建设情况(1992—1998年)

## REAL ESTATE DEVELOPMENT OF LIAONING PROVINCE(1992—1998)

单位:万元　Unit:10000 yuan

| 指　标 | Item | 1992 | 1993 | 1998 |
|---|---|---|---|---|
| 投资总额(万元) | Total Investment Value(10000yuan) | 456705 | 1131186 | 1503829 |
| 商品房屋开发投资额 | Development Investment Value of Commercial Buildings | 456705 | 1061299 | 1182347 |
| 土地开发投资额 | Land Development Investment Value | 27402 | 69887 | 143167 |
| 土地开发面积(万平方米) | Land Area Developed(10000sq.m) | 275 | 691.1 | 364.4 |
| 房屋建筑面积 | Floor Space of Buildings | | | |
| 施工面积 | Floor Space under Construction | 1329.4 | 2343.2 | 2371.7 |
| #住宅 | # Residence | 1151.2 | 1821.0 | 1752.4 |
| 竣工面积 | Floor Space Completed | 627.3 | 936.9 | 1007.7 |
| #住宅 | # Residence | 571.0 | 805.3 | 850.7 |
| 全部房屋竣工率(%) | Completion Rate of All of the Buildings(%) | 47.19 | 40.0 | 42.5 |
| #住宅 | # Residence | 49.6 | 44.2 | 48.5 |
| 商品房屋竣工价值 | Value of Commercial Buildings Completed | 281453 | 593891 | 924671 |
| #住宅 | # Residence | 248802 | 488677 | 731691 |
| 商品房屋销售额 | Sales of Commercial Buildings | 344211 | 559925 | 1198862 |
| #住宅 | # Residence | 264716 | 429943 | 971718 |
| 商品房屋销售面积(万平方米) | Floor Space of Commercial Buildings Sold (10000sq.m) | 286.2 | 368.0 | 664.7 |
| #住宅 | # Residence | 245.0 | 315.0 | 577.2 |
| 资金来源 | Funds Sources | | | |
| 国家预算内资金 | State Budgetary Investment | 8819 | 1364 | 10639 |
| 国内贷款 | Domestic Loans | 142788 | 218384 | 296714 |
| 利用外资 | Foreign Investment | 14864 | 60872 | 90596 |
| 自筹和其他投资 | Fund-raising and Others | 290234 | 850566 | 1105880 |

# 24-1-4 辽宁省各地区房地产开发经营情况(1998年)

## REAL ESTATE DEVELOPMENT OPERATIONS BY REGION OF LIAONING PROVINCE(1998)

单位:万元 Unit:10000 yuan

| 地区 Region | 开发公司个数(个) Number of Development Companies | 经营总收入 Total Revenue (unit) | 土地转让收入 # Land Transferring Income | 商品房屋出售收入 Sales Income of Commercial Buildings | 房屋出租收入 Leasing Income | 其他收入 Other Income | 经营税金及附加 Business Tax and Extra Charges | 利润总额 Total Profits |
|---|---|---|---|---|---|---|---|---|
| **全省 Total** | **1224** | **1270884** | **16176** | **1177986** | **19592** | **57130** | **63546** | **-93633** |
| 沈阳 Shenyang | 292 | 289240 | 5095 | 255149 | 10779 | 18217 | 14490 | -38747 |
| 大连 Dalian | 381 | 521105 | 8745 | 483943 | 7710 | 20707 | 25755 | -27062 |
| 鞍山 Anshan | 107 | 85710 | — | 82173 | 80 | 3457 | 4618 | -13621 |
| 抚顺 Fushun | 70 | 55575 | — | 54521 | — | 1054 | 2747 | -1853 |
| 本溪 Benxi | 36 | 44825 | — | 42363 | — | 2462 | 2020 | -310 |
| 丹东 Dandong | 54 | 38637 | — | 33964 | 117 | 4556 | 2320 | -7120 |
| 锦州 Jingzhou | 37 | 48211 | — | 47538 | 528 | 145 | 2204 | -810 |
| 营口 Yingkou | 56 | 36890 | 1646 | 35027 | 174 | 43 | 2055 | -5680 |
| 阜新 Fuxin | 30 | 29905 | — | 26019 | 15 | 3871 | 1655 | -672 |
| 辽阳 Liaoyang | 53 | 33674 | — | 33153 | — | 521 | 1298 | -1229 |
| 盘锦 Panjing | 32 | 31886 | — | 31641 | — | 245 | 1375 | 3795 |
| 铁岭 Tieling | 31 | 13112 | 690 | 12398 | — | 24 | 767 | -531 |
| 朝阳 Chaoyang | 22 | 16375 | — | 14723 | 12 | 1640 | 749 | -335 |
| 葫芦岛 Huludao | 23 | 25739 | — | 25374 | 117 | 188 | 1493 | 542 |

# 24-1-5　辽宁省各地区商品房销售情况(1998年)

SELLING OF COMMODITY BUILDINGS BY REGION OF LIAONING PROVINCE(1998)

| 地区 Region | | 实际销售商品房屋面积(万平方米) Floor Space of Commercial Buildings Actually Sold (10000sq.m) | #住宅 # Residence | 个人购买商品住宅(万平方米) Floor Space of Commercial Residence Purchased by Individuals (10000sq.m) | 商品房屋销售额(万元) Sales of Commercial Buildings (10000yuan) | #住宅 # Residence |
|---|---|---|---|---|---|---|
| **全　省** | **Total** | 6647477 | 5771984 | 4177141 | 1198862 | 971718 |
| 沈　阳 | Shenyang | 1204564 | 990602 | 413329 | 291576 | 229510 |
| 大　连 | Dalian | 2126266 | 1856010 | 1348816 | 486959 | 403665 |
| 鞍　山 | Anshan | 435627 | 386725 | 277245 | 66557 | 52466 |
| 抚　顺 | Fushun | 413021 | 378961 | 179090 | 52147 | 44439 |
| 本　溪 | Benxi | 261149 | 234049 | 85811 | 40781 | 32712 |
| 丹　东 | Dandong | 227443 | 201418 | 196831 | 32398 | 27092 |
| 锦　州 | Jingzhou | 327454 | 291523 | 309115 | 47226 | 38135 |
| 营　口 | Yingkou | 382505 | 342740 | 312637 | 42563 | 36227 |
| 阜　新 | Fuxin | 217705 | 196144 | 181614 | 21979 | 18102 |
| 辽　阳 | Liaoyang | 243626 | 200050 | 174423 | 32571 | 22424 |
| 盘　锦 | Panjing | 311133 | 270475 | 272475 | 31641 | 26274 |
| 铁　岭 | Tieling | 124667 | 100725 | 88808 | 12398 | 8366 |
| 朝　阳 | Chaoyang | 161126 | 1336657 | 136107 | 14692 | 11884 |
| 葫芦岛 | Huludao | 211191 | 185905 | 200840 | 25374 | 20422 |

# 24－1－6 辽宁省各地区房地产开发房屋面积和造价(1998年)

## FLOOR SPACE OF BUILDINGS AND THEIR COST IN REAL ESTATE DEVELOPMENT BY REGION OF LIAONING PROVINCE(1998)

| 地区 | Region | 施工房屋面积（万平方米）Floor Space of Buildings under Construction (10000sq.m) | 竣工房屋面积（万平方米）Floor Space of Buildings Completed (10000sq.m) | 房屋建筑面积竣工率（%）Rate of Buildings Completed(%) | 竣工房屋价值（万元）Value of Buildings Completed (10000yuan) | 竣工房屋造价（元/平方米）Cost of Buildings Completed (yuan/sq.m) |
|---|---|---|---|---|---|---|
| **全省** | **Total** | **23716782** | **10076973** | **42.5** | **924671** | **918** |
| 沈阳 | Shenyang | 6106545 | 2387423 | 39.1 | 237733 | 996 |
| 大连 | Dalian | 7994651 | 2864995 | 35.8 | 294210 | 1027 |
| 鞍山 | Anshan | 1862692 | 701007 | 37.6 | 65294 | 931 |
| 抚顺 | Fushun | 1083848 | 501272 | 46.2 | 49297 | 983 |
| 本溪 | Benxi | 953708 | 414097 | 43.4 | 35441 | 856 |
| 丹东 | Dandong | 574209 | 265505 | 46.2 | 25303 | 953 |
| 锦州 | Jingzhou | 764945 | 545520 | 56.5 | 37739 | 692 |
| 营口 | Yingkou | 1073168 | 494492 | 46.1 | 33555 | 679 |
| 阜新 | Fuxin | 807465 | 364226 | 45.1 | 27380 | 752 |
| 辽阳 | Liaoyang | 393061 | 253593 | 64.5 | 16585 | 654 |
| 盘锦 | Panjing | 324651 | 310737 | 95.7 | 20136 | 648 |
| 铁岭 | Tieling | 426064 | 238355 | 55.9 | 18684 | 784 |
| 朝阳 | Chaoyang | 296477 | 207491 | 70.0 | 16541 | 797 |
| 葫芦岛 | Huludao | 855298 | 528260 | 61.8 | 46773 | 885 |

# 24-1-7　辽宁全省城镇和工矿区私人建房情况(1981—1998年)

## BUILDINGS CONSTRUCTION BY INDIVIDUALS IN CITIES, TOWNS AND INDUSTRIAL AND MINING AREAS OF LIAONING PROVINCE(1981—1998)

| 年份 Year | 竣工房屋面积(万平方米) Floor Space of Buildings Completed (10000sq.m) | # 住宅 # Residence | 竣工房屋价值(万元) Value of Buildings Completed (10000yuan) | # 住宅 # Residence | 城镇工矿区个数(个) Number of Cities, Towns and Industrial and Mining Areas (number) | 建房户数(户) Number of Households Constructing Buildings (household) |
|---|---|---|---|---|---|---|
| 1981 | 78.0 | 76.0 | 5431 | 5355 | — | — |
| 1982 | 71.3 | 71.1 | 6090 | 6074 | 93 | — |
| 1983 | 78.8 | 78.7 | 6932 | 6896 | 124 | 15121 |
| 1984 | 82.3 | 78.6 | 7108 | 6892 | 89 | 14982 |
| 1985 | 95.9 | 95.5 | 10807 | 10767 | 106 | 18770 |
| 1986 | 176.9 | 173.9 | 22971 | 22609 | 169 | 30524 |
| 1987 | 214.7 | 211.4 | 34657 | 33753 | 271 | 34138 |
| 1988 | 272.7 | 270.2 | 54307 | 53780 | 215 | 42343 |
| 1989 | 282.0 | 278.4 | 65370 | 64269 | 207 | 40993 |
| 1990 | 205.4 | 202.0 | 52836 | 52249 | 218 | 31415 |
| 1991 | 212.7 | 202.1 | 60227 | 56911 | 223 | 31896 |
| 1992 | 246.2 | 220.6 | 77803 | 70278 | 222 | 33367 |
| 1993 | 278.6 | 258.8 | 141727 | 129396 | 224 | 41061 |
| 1994 | 265.4 | 240.6 | 124869 | 105684 | 239 | 31539 |
| 1995 | 294.1 | 277.7 | 138205 | 127142 | 254 | 37191 |
| 1996 | 304.2 | 264.5 | 173362 | 141515 | 276 | 37627 |
| 1997 | 222.6 | 188.5 | 152892 | 108616 | 292 | 25753 |
| 1998 | 256.9 | 216.3 | 150148 | 124145 | 273 | 27525 |

# 24－1－8 辽宁全省主要年份固定资产投资情况

## INVESTMENT IN FIXED ASSETS OF MAJOR YEARS OF LIAONING PROVINCE

| 指标 | Item | 1990 | 1995 | 1997 | 1998 |
|---|---|---|---|---|---|
| **投资总额(万元)** | **Total Investment Value(10000yuan)** | **2628791** | **8849516** | **9536868** | **10525704** |
| 按经济类型分 | Grouped by Ownership | | | | |
| 国有经济 | State－owned | 2179415 | 5843859 | 5737572 | 6512120 |
| 集体经济 | Collective-owned | 221289 | 954601 | 973625 | 1180798 |
| 个体经济 | Individuals | 228087 | 489205 | 510407 | 835190 |
| 其他经济 | Others | | | | 1997596 |
| 按管理渠道分 | Grouped by Management Channel | | | | |
| 基本建设 | Capital Construction | 1059678 | 324351 | 3973384 | 4380204 |
| 更新改造 | Innovation | 683774 | 2169509 | 2413950 | 2598035 |
| 房地产开发 | Real Estate Development | 195768 | 1631678 | 1399122 | 1503829 |
| 国有其他投资 | State-owned Other Investment | 219195 | 374326 | 243087 | 165124 |
| 按资金来源分 | Grouped by Funds Sources | | | | |
| 国家预算内资金 | State Budgetary Investment | 173234 | 217835 | 293532 | 366325 |
| 国内贷款 | Domestic Loans | 542955 | 1783371 | 1633632 | 1900260 |
| 利用外资 | Foreign Investment | 216079 | 1124282 | 1334700 | 946149 |
| 自筹投资 | Fund-Raising | 1294335 | 4275574 | 1816458 | 5638756 |
| 其他投资 | Others | 402188 | 1448454 | 1458546 | 1674214 |
| 按构成分 | Grouped by Use of Funds | | | | |
| 建筑安装工程 | Construction and Installation Projects | 1627728 | 5361834 | 5836684 | 6419992 |
| 设备、工具、器具购置 | Purchase of Equipment and Instruments | 732060 | 2233112 | 2314686 | 2737208 |
| 其他费用 | Others | 269003 | 1254570 | 1385498 | 1368405 |
| **二、房屋建筑面积(万平方米)** | **Floor Space of Buildings(10000sq.m)** | | | | |
| 施工面积 | Floor Space of Buildings under Construction | 4353.9 | 6844 | 5705.7 | 5816.4 |
| 竣工面积 | Floor Space of Buildings Completed | 3049.0 | 3648.6 | 3254.1 | 3469.5 |
| #住宅 | # Residence | 2112.1 | 2477.7 | 2314.4 | 2144.5 |
| **三、本年新增固定资产(万元)** | **Newly Added Fixed Assets This Year (10000yuan)** | **2414636** | **6241654** | **7399024** | **8644588** |

注:从1993年开始,由于投资制度变化,经济类型划分有调整。

Note: Division of ownership was adjusted according to the change of investment system from 1993.

# 24-1-9　中房大连指数历史值(1995—1998年)

CHINA REAL ESTATE INDEX SYSTEM DALIAN INDEX(1995—1998)

| 年　份<br>Year | 季　度<br>Quarter | 住　宅<br>Residence | 办公用房<br>Office | 商业用房<br>Commerce | 综合指数<br>Composite Index |
|---|---|---|---|---|---|
| 1995 | 1 | 470 | 1175 | 941 | 635 |
| 1995 | 2 | 463 | 1189 | 947 | 629 |
| 1995 | 3 | 478 | 1187 | 947 | 641 |
| 1995 | 4 | 495 | 1191 | 953 | 659 |
| 1996 | 1 | 480 | 1163 | 933 | 643 |
| 1996 | 2 | 482 | 1163 | 935 | 645 |
| 1996 | 3 | 477 | 1156 | 930 | 640 |
| 1996 | 4 | 476 | 1151 | 927 | 638 |
| 1997 | 1 | 471 | 1151 | 927 | 634 |
| 1997 | 2 | 474 | 1151 | 927 | 636 |
| 1997 | 3 | 469 | 1151 | 927 | 632 |
| 1997 | 4 | 469 | 1151 | 927 | 633 |
| 1998 | 1 | 472 | 1151 | 927 | 635 |
| 1998 | 2 | 475 | 1150 | 927 | 637 |
| 1998 | 3 | 476 | 1150 | 927 | 638 |
| 1998 | 4 | 474 | 1149 | 927 | 636 |

# 24－2－1 辽宁全省建筑施工企业主要指标(1998年)

## MAJOR INDICATORS OF CONSTRUCTION ENTERPRISES OF LIAONING PROVINCE(1998)

| 指标 | Item | 单位 | Unit | 合计 Total |
|---|---|---|---|---|
| 施工企业单位个数 | Number of Costruction Enterprises | 个 | number | 2366 |
| 年平均人数 | Annual Average Number of Staff | 万人 | 10000persons | 104.6 |
| 自有固定资产原价 | Original Value of Fixed Assets Owned | 亿元 | 100million yuan | 204.8 |
| 自有固定资产净价 | Net Value of Fixed Assets Owned | 亿元 | 100million yuan | 136.5 |
| 自有机械设备台数 | Sets of Machinery and Equipment Owned | 万台 | 10000sets | 25.8 |
| 自有机械设备净价 | Net Value of Machinery and Equipment Owned | 亿元 | 100million yuan | 53.5 |
| 自有机械设备总功率 | Power of Machinery and Equipment Owned | 万千瓦 | 10000kw | 536.0 |
| 总产值 | Gross Output Value | 亿元 | 100million yuan | 419.0 |
| 增加值 | Value Added | 亿元 | 100millon yuan | 127.2 |
| 施工面积 | Floor Space under Construction | 万平方米 | 10000sq.m | 4318.7 |
| 竣工面积 | Floor Space Completed | 万平方米 | 10000sq.m | 2275.4 |
| 利润总额 | Total Profits | 亿元 | 100million yuan | －4.3 |
| 利税总额 | Total Pre-tax Profits | 亿元 | 100 million yuan | 8.8 |
| 技术装备率 | Value of Machines Per Laborer | 元/人 | yuan/person | 5435 |
| 动力装备率 | Power of Machines Per Laborer | 千瓦/人 | kw/person | 5 |
| 房屋建筑面积竣工率 | Rate of Completion of Floor Space | % | % | 53 |
| 工程质量优良品率(按面积) | Rate of High Quality Projects(in Terms of Floor Space) | % | % | 39.6 |
| 产值利润率 | Ratio of Profits to Output Value | % | % | －1 |
| 产值利税率 | Ratio of Pre-tax Profits to Output Value | % | % | －1 |

# 24-3-1　辽宁省城市基础设施水平(1998年)

## MUNICIPAL FACILITIES BY CITY OF LIAONING PROVINCE(1998)

| 地　区 | Region | 人均居住面积(平方米) Per Capita Residential Space(sq.m) | 城市人口用水普及率(%) Rate of Urban Population Using Tap Water (%) | 城市"三气"普及率(%) Rate of Using Coal Gas, Natural Gas and Liquefied Gas (%) | 人均拥有铺装道路面积(平方米) Per Capita Space of Paved Roads (sq.m) | 人均公共绿地面积(平方米) Per Capita Space of Public Green Land(sq.m) |
|---|---|---|---|---|---|---|
| **全　省** | **Total** | **8.30** | **97.44** | **87.84** | **6.15** | **5.88** |
| 沈　阳 | Shenyang | 7.71 | 100.00 | 97.20 | 8.51 | 6.29 |
| 大　连 | Dalian | 7.92 | 100.00 | 98.00 | 5.84 | 7.30 |
| 鞍　山 | Anshan | 6.65 | 98.97 | 99.14 | 5.20 | 7.74 |
| 抚　顺 | Fushun | 7.50 | 99.61 | 90.96 | 3.75 | 4.83 |
| 本　溪 | Benxi | 7.06 | 91.66 | 59.93 | 3.35 | 5.66 |
| 丹　东 | Dandong | 7.03 | 98.75 | 89.28 | 4.99 | 5.30 |
| 锦　州 | Jingzhou | 7.88 | 100.00 | 95.49 | 6.70 | 5.85 |
| 营　口 | Yingkou | 8.61 | 100.00 | 86.73 | 5.44 | 4.69 |
| 阜　新 | Fuxin | 8.32 | 86.26 | 54.38 | 3.60 | 4.15 |
| 辽　阳 | Liaoyang | 8.30 | 100.00 | 84.07 | 6.79 | 5.85 |
| 盘　锦 | Panjing | 9.52 | 93.89 | 89.99 | 6.70 | 5.68 |
| 铁　岭 | Tieling | 8.23 | 99.30 | 85.67 | 3.73 | 5.51 |
| 朝　阳 | Chaoyang | 7.49 | 89.74 | 74.06 | 6.58 | 4.84 |
| 葫芦岛 | Huludao | 8.24 | 98.68 | 92.59 | 7.56 | 6.30 |

注:人均居住面积指标为抽样调查数据。

Note: Per capita residential space index are data of sample survey.

# 第二十五章 吉林省房地产统计

# CHAPTER 25 REAL ESTATE STATISTICS OF JILIN PROVINCE

# 25-1-1 吉林全省房地产开发综合统计(1999年)

## COMPOSITE STATISTICS OF REAL ESTATE DEVELOPMENT OF JILIN PROVINCE(1999)

| 项目 | Item | 合计 Total |
|---|---|---|
| 一、房地产开发投资额(亿元) | **Investment Value of Real Estate Development** (**100 million yuan**) | |
| 住宅 | Residence | 32.66 |
| 办公楼 | Office | 1.92 |
| 商业营业用房 | Commerce | 10.31 |
| 二、商品房销售额(亿元) | **Sale of Commercial Buildings**(**100 million yuan**) | 30.46 |
| 住宅 | Residence | 22.08 |
| 办公楼 | Office | 1.47 |
| 商业营业用房 | Commerce | 6.86 |
| 销售给个人 | Sold to Individuals | |
| 住宅 | Residence | 16.98 |
| 办公楼 | Office | |
| 商业营业用房 | Commerce | |
| 三、房地产开发资金来源(亿元) | **Funds Sources of Real Estate Deveolpment** (**100 million yuan**) | |
| 国家预算内资金 | State Budgetary Funds | 0.35 |
| 国内贷款 | Domestic Loans | 8.16 |
| 债券 | Bonds | 0.10 |
| 利用外资 | Foreign Investment | 0.47 |
| 自筹资金 | Fund Raising | 25.07 |
| 定金及预收款 | Deposits and Pre-charges | — |

25-1-1 续表(Continued)

| 项目 | Item | 合计 Total |
|---|---|---|
| 其他资金 | Others | 13.16 |
| **四、房地产开发面积(万平方米)** | **Floor Space of Real Estate Development** (10000 sq.m) | |
| 商品房施工面积 | Floor Space of Commercial Buildings under Construction | 751.14 |
| 住宅 | Residence | 546.70 |
| 办公楼 | Office | 25.54 |
| 商业营业用房 | Commerce | 148.77 |
| 商品房新开工面积 | FLoor Space of Commercial Buildings Newly Starting | 403.5 |
| 住宅 | Residence | 329.2 |
| 办公楼 | Office | 8.7 |
| 商业营业用房 | Commerce | 51.0 |
| 商品房竣工面积 | Floor Space of Commercial Buildings Completed | 368.6 |
| 住宅 | Residence | 276.48 |
| 办公楼 | Office | 16.75 |
| 商业营业用房 | Commerce | 62.66 |
| 商品房销售面积 | Floor Space of Commercial Buildings Sold | 212.1 |
| 住宅 | Residence | 178.6 |
| 办公楼 | Office | 6.6 |
| 商业营业用房 | Commerce | 26.7 |

# 25-1-2 吉林全省施工和竣工房屋建筑面积(1997—1998年)

## FLOOR SPACE OF BUILDINGS UNDER CONSTRUCTION AND COMPLETED OF JILIN PROVINCE(1997—1998)

单位:万平方米 Unit:10000 sq.m

| 项目 | Item | 施工面积 Under Construction Floor spaie | | 竣工面积 Completed Floor spaie | | 竣工率(%) Rate of Projects Completed | |
|---|---|---|---|---|---|---|---|
| | | 1997 | 1998 | 1997 | 1998 | 1997 | 1998 |
| **一、房屋建筑面积** | **Floor Space of Buildings** | **2446.05** | **2462.08** | **1798.84** | **1717.54** | **73.5** | **69.80** |
| 基本建设 | Capital Construction | 724.60 | 896.03 | 440.01 | 530.57 | 60.72 | 59.2 |
| 更新改造 | Innovation | 130.15 | 99.03 | 81.22 | 57.44 | 62.40 | 51.90 |
| 其他投资 | Others | 38.02 | 52.98 | 37.01 | 38.09 | 97.34 | 71.90 |
| 房地产开发 | Real Estate Development | 444.36 | 556.04 | 216.83 | 281.25 | 48.79 | 50.60 |
| 城镇集体 | Urban Collective-owned | 36.56 | 31.82 | 22.12 | 18.20 | 60.50 | 57.20 |
| 农村集体 | Rural Collective-owned | 166.02 | 170.86 | 144.07 | 143.27 | 86.78 | 83.90 |
| 城镇个人 | Urban Individual | 266.99 | 278.72 | 266.99 | 278.72 | 100 | 100.00 |
| 农村个人 | Rural Individual | 640.31 | 376.00 | 590.59 | 376.00 | 92.23 | 100.00 |
| **二、住宅建筑面积** | **Floor Space of Residence** | **1369.97** | **1505.39** | **1156.63** | **1207.06** | **84.42** | **80.20** |
| 基本建设 | Capital Construction | 336.79 | 428.54 | 245.16 | 301.39 | 72.79 | 70.30 |
| 更新改造 | Innovation | 21.29 | 8.52 | 19.40 | 6.06 | 91.12 | 71.10 |
| 其他投资 | Others | 17.97 | 30.47 | 17.97 | 26.26 | 100 | 86.20 |
| 房地产开发 | Real Estate Development | 282.14 | 394.64 | 172.88 | 238.12 | 61.27 | 60.30 |
| 城镇集体 | Urban Collective-owned | 15.18 | 15.62 | 10.26 | 11.42 | 67.58 | 73.10 |
| 农村集体 | Rural Collective-owned | 18.69 | 20.54 | 13.05 | 16.75 | 69.82 | 81.50 |
| 城镇个人 | Urban Individual | 242.08 | 231.06 | 242.08 | 231.06 | 100 | 100.00 |
| 农村个人 | Rural Individual | 435.83 | 376.00 | 733.78 | 376.00 | 100 | 100.00 |

# 25－1－3 吉林全省商品房屋销售与出租情况(1997—1998年)

## SELLING AND LEASING OF COMMODITY BUILDINGS OF JILIN PROVINCE (1997—1998)

单位:万平方米 Unit:10000 sq.m

| 项目 Item | | 实际销售面积 Floor Space Actually Sold | | 空置面积 Floor Space Vacant | | 实际销售额(万元) Sales Value (10000 yuan) | |
|---|---|---|---|---|---|---|---|
| | | 1997 | 1998 | 1997 | 1998 | 1997 | 1998 |
| 合　计 | **Total** | **95.02** | **165.94** | **104.61** | **129.13** | **123640** | **214569** |
| 外销(租) | Selling(Leasing)to Foreign Customers | 0.59 | 8.07 | — | — | 1000 | 13951 |
| 个人 | Individuals | 60.99 | 126.33 | — | — | 69837 | 140424 |
| 住宅 | Residence | 84.11 | 143.98 | 72.16 | 97.74 | 101577 | 161814 |
| #别墅、高档公寓 | Villa, High-grade Apartment | — | 0.15 | — | — | — | 277 |
| #个人 | Individuals | 55.24 | 110.70 | — | — | 59527 | 110425 |
| 办公楼 | Office | 3.52 | 7.25 | 6.57 | 7.33 | 7849 | 17228 |
| 商业营业用房 | Commerce | 5.57 | 12.79 | 21.79 | 20.87 | 11362 | 32448 |
| 其他 | Others | 1.82 | 1.92 | 4.07 | 3.19 | 2852 | 3079 |

# 25-1-4　吉林全省商品房施工和竣工面积及竣工价值(1997—1998年)

## FLOOR SPACE OF COMMODITY BUILDINGS UNDER CONSTRUCTION AND COMPLETED AND VALUE OF COMPLETION OF JILIN PROVINCE(1997—1998)

| 项目 | Item | 施工面积(万平方米) Floor Space under Construction (10000 sq.m) | | #新开工 Newly Starting | | 竣工面积(万平方米) Floor Space Completed (10000 sq.m) | | 竣工房屋价值(万元) Value of Housing Completed (10000 yuan) | |
|---|---|---|---|---|---|---|---|---|---|
| | | 1997 | 1998 | 1997 | 1998 | 1997 | 1998 | 1997 | 1998 |
| **合　计** | **Total** | 444.36 | 556.04 | 193.89 | 350.67 | 216.83 | 281.25 | 179941 | 229109 |
| 住宅 | Residence | 282.14 | 394.65 | 142.62 | 285.08 | 172.88 | 238.12 | 131614 | 182786 |
| #别墅、高档公寓 | Villa and High-grade Apartment | 0.92 | 4.08 | 0.92 | — | — | 4.08 | — | 5488 |
| 安居工程 | Welfare Projects | 94.85 | 169.88 | 60.75 | 136.19 | 51.97 | 127.78 | 43123 | 96234 |
| 办公楼 | Office | 40.02 | 31.75 | 10.14 | 9.68 | 16.3 | 11.74 | 19801 | 15696 |
| 商业营业用房 | Commerce | 84.42 | 107.56 | 33.55 | 45.05 | 17.05 | 24.86 | 19831 | 25181 |
| 其他 | Others | 37.78 | 22.08 | 7.58 | 10.86 | 10.60 | 6.53 | 8695 | 5446 |

# 25－1－5 吉林全省历年固定资产投资(1978—1998 年)

## INVESTMENT IN FIXED ASSETS OVER THE YEARS OF JILIN PROVINCE (1978—1998)

单位:万元 Unit:10000 yuan

| 年份 Year | 固定资产投资 Total Investment in Fixed Assets | 按经济类型分 Groupd by Ownership | | | | | | | |
|---|---|---|---|---|---|---|---|---|---|
| | | 国有经济 State-owned | 基本建设 Capital Construction | 更新改造 Innovation | 其他投资 Others | 房地产业 Real Estate | 集体经济 Collective-owned | 城镇 Urban | 农村 Rural |
| 1978 | 181631 | 155969 | 135389 | 20580 | — | — | 18495 | 1507 | 16988 |
| 1979 | 195372 | 172132 | 142929 | 29194 | — | — | 15575 | 1334 | 14241 |
| 1980 | 208798 | 176463 | 140100 | 36363 | — | — | 19574 | 4097 | 15477 |
| 1981 | 209790 | 170519 | 91594 | 64812 | 14113 | — | 22588 | 6713 | 15875 |
| 1982 | 275055 | 220784 | 119683 | 82759 | 18342 | — | 23762 | 8271 | 15491 |
| 1983 | 293320 | 219905 | 133050 | 78220 | 8635 | — | 33907 | 9449 | 24458 |
| 1984 | 409334 | 255014 | 144818 | 82339 | 27857 | — | 21571 | 12675 | 8896 |
| 1985 | 621557 | 373829 | 223967 | 121442 | 28420 | — | 43985 | 19223 | 24762 |
| 1986 | 634122 | 421174 | 232483 | 159217 | 29474 | — | 43798 | 23255 | 20543 |
| 1987 | 769970 | 539577 | 269896 | 206065 | 63616 | — | 63668 | 24424 | 39244 |
| 1988 | 930322 | 678053 | 372848 | 254625 | 50580 | — | 72600 | 37936 | 34664 |
| 1989 | 800996 | 581280 | 290737 | 213991 | 76552 | — | 42792 | 25087 | 17705 |
| 1990 | 935080 | 669374 | 291155 | 225695 | 87691 | 64833 | 28236 | 17990 | 10246 |
| 1991 | 1139671 | 856280 | 404643 | 254042 | 120297 | 77298 | 59834 | 26912 | 32922 |
| 1992 | 1510786 | 1216686 | 620762 | 340093 | 112528 | 143303 | 121667 | 43453 | 78214 |
| 1993 | 2535919 | 2076697 | 1068260 | 451247 | 260930 | 296260 | 233622 | 62191 | 171431 |
| 1994 | 3024672 | 24794908 | 1372110 | 543772 | 154138 | 424888 | 256935 | 59734 | 197201 |
| 1995 | 3418533 | 2797845 | 1670545 | 541280 | 229646 | 356374 | 212210 | 45811 | 166299 |
| 1996 | 3945710 | 3218270 | 2040374 | 624301 | 251511 | 302084 | 246240 | 48965 | 197275 |
| 1997 | 3645109 | 2951207 | 1808299 | 576833 | 313471 | 252604 | 328929 | 43460 | 285469 |
| 1998 | 3558016 | 3502793 | 2009416 | 832004 | 297573 | 363800 | 385784 | 55223 | 330561 |

25－1－5 续表(Continued)

| 年份 Year | 个人投资 Individual Investment | 城镇 Urban | 农村 Rural | 按构成分 Grouped by Use of Funds 建安工程 Construction and Installation | 设备工具器具购置 Purchase of Equipment and Instruments | 其他费用 Others | 按用途分 Grouped by Purpose 生产性 Productive | 非生产性 Non-productive | # 住宅 Residence |
|---|---|---|---|---|---|---|---|---|---|
| 1978 | 7167 | 4447 | 2720 | 110853 | 61811 | 8967 | 149582 | 32049 | 19754 |
| 1979 | 7674 | 5114 | 2560 | 129980 | 54584 | 10808 | 143822 | 51550 | 34264 |
| 1980 | 12761 | 5881 | 6880 | 148578 | 52772 | 7448 | 140360 | 68438 | 49115 |
| 1981 | 16683 | 6763 | 9920 | 153595 | 47899 | 8296 | 126030 | 83760 | 57153 |
| 1982 | 30509 | 8021 | 22488 | 200499 | 60991 | 13565 | 154441 | 120614 | 82136 |
| 1983 | 39508 | 12648 | 26860 | 207339 | 68435 | 17546 | 173754 | 119566 | 74796 |
| 1984 | 132749 | 14794 | 117955 | 322621 | 71806 | 14907 | 238187 | 171147 | 118432 |
| 1985 | 203743 | 21446 | 182297 | 481529 | 107709 | 32319 | 370440 | 251117 | 172342 |
| 1986 | 169150 | 27279 | 141871 | 429468 | 175307 | 29347 | 362757 | 271365 | 182512 |
| 1987 | 166725 | 34261 | 132464 | 489975 | 245887 | 34108 | 481527 | 288443 | 220034 |
| 1988 | 179669 | 46542 | 133127 | 600742 | 246015 | 83565 | 624970 | 305352 | 203785 |
| 1989 | 176924 | 44423 | 132501 | 531282 | 211054 | 58660 | 534925 | 266071 | 190408 |
| 1990 | 237470 | 40658 | 196812 | 608594 | 253669 | 72817 | 604996 | 330084 | 241290 |
| 1991 | 223557 | 37153 | 186404 | 711498 | 294718 | 133455 | 756293 | 383378 | 275610 |
| 1992 | 172433 | 30833 | 141600 | 962770 | 341451 | 206565 | 955493 | 555293 | 368529 |
| 1993 | 225600 | 97957 | 127643 | 1619650 | 574362 | 341907 | 1607197 | 928722 | 740171 |
| 1994 | 272829 | 133482 | 139347 | 1858118 | 761485 | 405069 | 1930132 | 1094540 | 497648 |
| 1995 | 408578 | 105539 | 303039 | 2240811 | 747086 | 430636 | 2189764 | 1228769 | 842257 |
| 1996 | 481200 | 116815 | 364385 | 2450260 | 1119624 | 375826 | 2650647 | 1295063 | 808848 |
| 1997 | 364973 | 118978 | 245995 | 2375912 | 852032 | 417165 | 2533350 | 1111759 | 820149 |
| 1998 | 320108 | 133620 | 186488 | 2944158 | 771154 | 493373 | 2641787 | 1566898 | 912448 |

注：国有经济投资中包括其他经济类型投资。

Note: Investment of state-owned economic include investment of other economic ownership.

# 25-2-1 吉林全省主要年份建筑施工企业概况

## BASIC INFORMATION OF CONSTRUCTION ENTERPRISES OF MAIN YEARS OF JILIN PROVINCE

| 年份 Year | 施工企业 Construction Enterprises | 国有企业 State-owned | 中央企业 Central | 地方企业 Local | 集体企业 Collective-owned | 其它 Others |
|---|---|---|---|---|---|---|
| 企业单位数(个) Number of Enterprises | | | | | | |
| 1985 | 601 | 202 | 19 | 183 | 399 | — |
| 1990 | 576 | 247 | 22 | 225 | 329 | — |
| 1996 | 970 | 450 | 59 | 391 | 477 | 43 |
| 1997 | 766 | 385 | 53 | 332 | 328 | 53 |
| 1998 | 752 | 358 | 46 | 312 | 314 | 80 |
| 平均人数(万人) Average Employment(10000 persons) | | | | | | |
| 1985 | 28.11 | 17.67 | 4.30 | 13.37 | 10.44 | — |
| 1990 | 32.97 | 22.60 | 1.86 | 20.74 | 10.37 | — |
| 1996 | 39.70 | 27.65 | 7.08 | 20.57 | 10.50 | 1.55 |
| 1997 | 35.53 | 25.45 | 6.38 | 19.07 | 8.30 | 1.78 |
| 1998 | 34.20 | 23.16 | 5.67 | 17.49 | 8.03 | 3.07 |
| 总产值(万元) Gross Output Value(10000 yuan) | | | | | | |
| 1985 | 199227 | 133295 | 26379 | 106556 | 58932 | — |
| 1990 | 397151 | 296646 | 73466 | 223180 | 100505 | — |
| 1996 | 1396758 | 1060731 | 341919 | 718812 | 271535 | 64492 |
| 1997 | 1369882 | 1068024 | 377186 | 690838 | 248510 | 53348 |
| 1998 | 1460359 | 1125351 | 438952 | 686399 | 239914 | 95094 |

# 25-2-2　吉林全省建筑业企业经营情况(1998 年)

OPERATION OF CONSTRUCTION ENTERPRISES OF JILIN PROVINCE(1998)

| 指标 | Item | 单位 | unit | 总计 Total |
|---|---|---|---|---|
| 企业个数 | Construction Enterprises | 个 | number | 752 |
| 建筑业产值 | Total Output Value | 万元 | 10000 yuan | 1460359 |
| 建筑工程 | Construction | 万元 | 10000 yuan | 1187475 |
| 安装工程 | Installation | 万元 | 10000 yuan | 348411 |
| 房屋构筑物修理 | Buildings Repair and Maintemance | 万元 | 10000 yuan | 16488 |
| 非标准设备制造 | Non-standard Equipment Manufacture | 万元 | 10000 yuan | 7985 |
| 竣工产值 | Output Value of Buildings Completed | 万元 | 10000 yuan | 1106612 |
| 单位工程施工个数 | Number of Projects under Construction | 个 | number | 11202 |
| 房屋筑施工面积 | Floor Space of Buildings under Construction | 万平方米 | 10000 sq.m | 1290 |
| #本年新开工 | Newly Starting in This Year | 万平方米 | 10000 sq.m | 838 |
| 投标承包 | Floor Space of Tender | 万平方米 | 10000 sq.m | 789 |
| 房屋建筑竣工面积 | Floor Space of Buildings Completed | 万平方米 | 10000 sq.m | 814 |
| #优良工程面积 | Floor Space of High Quality Projects | 万平方米 | 10000 sq.m | 282 |
| 自有机械设备年末总台数 | Machinery and Equipment Owned(year-end) | 台 | unit | 71687 |
| 自有机械设备净值 | Machinery and Equipmenf Owned (Net Value) | 万元 | 10000yuan | 181724 |
| 平均人数 | Staff and Workers(Annual Average) | 人 | person | 34.20 |

# 25－2－3 吉林全省施工企业主要经济指标(1998 年)

## MAJOR ECONOMIC INDICATORS OF CONSTRUCTION ENTERPRISES OF JILIN PROVINCE(1998)

| 指 标 | Item | 合计 Total |
|---|---|---|
| 施工企业单位个数(个) | Construction Enterprises(number) | 752 |
| 全部职工年平均人数(万人) | Annual Average Staff and Workers(10000 persons) | 34.20 |
| 年底自有固定资产原值(万元) | Fixed Assets Owned (Original Value) Year-end (10000 yuan) | 702632 |
| 年底自有固定资产净值(万元) | Fixed Assets Owned (Net Value) Year-end (1000 yuan) | 487554 |
| 年底自有机械设备台数(万台) | Machinery and Eguipment Owned Year-end (1000 set) | 7.16 |
| 年底自有机械设备净值(万元) | Machinery and Equipment Owned (Net Value) Year-end(1000 yuan) | 181724 |
| 总产值(万元) | Gross Output Value (10000 yuan) | 1460359 |
| 增加值(万元) | Added Value (10000 yuan) | 410049 |
| 施工面积(万平方米) | Floor Space of Buildings under Construction (10000 sq.m) | 1290.29 |
| 竣工面积(万平方米) | Floor Space of Buildings Completed (10000 sq.m) | 813.74 |
| 利润总额(万元) | Total Profits (10000 yuan) | －16523 |
| 利税总额(万元) | Pre-tax Profits (10000 yuan) | 30354 |
| 全员劳动生产率(元/人) | Overall Labor Productivity (yuan/person) | |
| 按总产值计算 | In Terms of Gross Output Value (yuan/person) | 42695 |
| 按增加值计算 | In Terms of Construction Value-added (yuan/person) | 11988 |
| 技术装备率(元/人) | Per Capita Machinery Value (yuan/person) | 6104 |
| 动力装备率(元/人) | Per Capita Machinery Capacity (kw/person) | 5.0 |
| 房屋建筑面积竣工率(%) | Rate of Buildings Completed (%) | 63.07 |
| 工程质量优良品率(%)(按工程个数计算) | Rate of High Quality Projects (%) (In terms of Number of Projects) | 33.61 |
| 产值利润率(%) | Ratio of Profit to Output Value (%) | －1.13 |
| 产值利税率(%) | Ratio of Pretares Profits to Output Value (%) | 2.08 |

# 25－3－1　吉林省城市房屋建筑及住房情况(1997—1998年)

BUILDINGS CONSTRUCTION AND HOUSING OF JILIN PROVINCE(1997—1998)

单位:万平方米　Unit:10000 sq.m

| 项目 | Item | 1997 | 1998 |
|---|---|---|---|
| 年末实有房屋建筑面积 | Total Floor Space of Buildings(year-end) | 19126 | 20309 |
| #直管房 | # Direct Managemant Buildings | 1411 | 982 |
| 私房 | Individual Buildings | 4652 | 5737 |
| 年末实有住宅建筑面积 | Total Floor Space of Residential Buildings(year-end) | 11437 | 12170 |
| #直管房 | # Direct Managemant Buildings | 1075 | 833 |
| 私房 | Individual Buildings | 4171 | 5085 |
| 年内新建房屋竣工面积 | Total Floor Space of New Buildings Completed (year-end) | 1066.01 | 1222.00 |
| #住宅面积 | # Floor Space of Residential Buildings | 696.66 | 836.69 |
| 年内房屋减少面积 | Floor Space of Houses Decreased (year-end) | 173.01 | 136.45 |
| #住宅面积 | # Floor Space of Residential Buildings | 97.62 | 88.86 |
| 年末住宅居住面积 | Total Living Space of Residential Buildings (year－end) | 5914.22 | 6311.87 |
| 人均居住面积(平方米) | # Living Space Per Capita(sq.m) | 7.70 | 8.51 |

# 第二十六章 黑龙江省房地产统计

# CHAPTER 26 REAL ESTATE STATISTICS OF HEILONGJIANG PROVINCE

## 26－1－1 黑龙江全省房地产开发综合统计(1999年)

### COMPOSITE STATISTICS OF REAL ESTATE DEVELOPMENT OF HEILONGJIANG PROVINCE(1999)

| 项　目 | Item | 合计 Total |
|---|---|---|
| **一、房地产开发投资额(亿元)** | **Investment Value of Real Estate Development (100 million yuan)** | |
| 住宅 | Residence | 53.27 |
| 办公楼 | Office | 4.98 |
| 商业营业用房 | Commerce | 14.52 |
| **二、商品房销售额(亿元)** | **Sale of Commercial Buildings(100 million yuan)** | 56.55 |
| 住宅 | Residence | 41.84 |
| 办公楼 | Office | 2.23 |
| 商业营业用房 | Commerce | 11.63 |
| 销售给个人 | Sold to Individuals | |
| 住宅 | Residence | 38.00 |
| 办公楼 | Office | — |
| 商业营业用房 | Commerce | — |
| **三、房地产开发资金来源(亿元)** | **Funds Sources of Real Estate Development (100 million yuan)** | |
| 国家预算内资金 | State Budgetary Funds | 0.40 |
| 国内贷款 | Domestic Loans | 14.79 |
| 债券 | Bonds | — |
| 利用外资 | Foreign Investment | 0.30 |
| 自筹资金 | Fund Raising | 27.67 |
| 定金及预收款 | Deposits and Pre-charges | |

26－1－1 续表(Continued)

| 项　目 | Item | 合计　Total |
|---|---|---|
| 其他资金 | Others | 28.17 |
| **四、房地产开发面积(万平方米)** | **Floor Space of Real Estate Development** (10000 sq. m) | |
| 商品房施工面积 | Floor Space of Commercial Buildings under Construction | 1118.7 |
| 住宅 | Residence | 826.83 |
| 办公楼 | Office | 63.07 |
| 商业营业用房 | Commerce | 206.57 |
| 商品房新开工面积 | FLoor Space of Commercial Buildings Newly Starting | 727.4 |
| 住宅 | Residence | 566.9 |
| 办公楼 | Office | 27.8 |
| 商业营业用房 | Commerce | 121.0 |
| 商品房竣工面积 | Floor Space of Commercial Buildings Completed | 547.42 |
| 住宅 | Residence | 428.88 |
| 办公楼 | Office | 19.54 |
| 商业营业用房 | Commerce | 88.96 |
| 商品房销售面积 | Floor Space of Commercial Buildings Sold | 351.4 |
| 住宅 | Residence | 294.7 |
| 办公楼 | Office | 9.5 |
| 商业营业用房 | Commerce | 43.1 |

# 26－1－2 黑龙江省房地产开发基本情况和经营情况(1998年)

## BASIC INFORMATION OF REAL ESTATE DEVELOPMENT AND OPERATION OF HEILONGJIANG PROVINCE(1998)

| 指标 | Item | 合计 Total | 中央 Central | 地方 Local |
|---|---|---|---|---|
| **开发企业基本情况** | **Basic Information of Real Estate Development Enterprises** | | | |
| 开发企业个数(个) | Number of Enterprises(number) | 341 | 60 | 281 |
| 年底职工人数(人) | Number of Staff at Year-end(person) | 16405 | 2001 | 14404 |
| 年平均职工人数(人) | Annual Average Number of Staff(person) | 18160 | 2218 | 15942 |
| 职工工资总额(万元) | Total Wages of Staff (10000yuan) | 13551 | 1715 | 11836 |
| **企业经营情况(万元)** | **Operations of Enterprises(10000yuan)** | | | |
| 资本金合计 | Total Capital Funds | 351813 | 93057 | 258756 |
| 资产总计 | Total Assets | 2023946 | 361711 | 1662235 |
| 固定资产累计折旧 | Accumulative Depreciation of Fixed Assets | 23146 | 6067 | 17079 |
| #本年折旧 | # Depreciation This Year | 4848 | 1788 | 3060 |
| 负债总计 | Total Liability | 1711420 | 288109 | 1423311 |
| 所有者权益合计 | Total Ownership Interest | 312526 | 73602 | 238924 |
| 经营收入总计 | Total Revenue | 462264 | 69920 | 392344 |
| 土地转让收入 | Income of Land Transferring | 2409 | — | 2409 |
| 商品房屋销售收入 | Sales Income of Commercial Buildings | 443668 | 64201 | 379467 |
| #销售给个人 | # Sold to Individuals | 279496 | 33568 | 245928 |
| #商品住宅销售收入 | # Sales of Commercial Residence | 329347 | 48892 | 280455 |
| #销售给个人 | # Sold to Individuals | 240145 | 29879 | 210266 |
| 房屋出租收入 | Income of Houses Leasing | 428 | 136 | 292 |
| 其他收入 | Other Income | 15759 | 3174 | 12585 |
| 经营成本 | Operation Cost | 384535 | 60616 | 323919 |
| 经营税金及附加 | Business Taxes and Extra Charges | 20023 | 3895 | 16128 |
| 利润总额 | Total Profits | －8726 | －9636 | 910 |

# 26-1-3　黑龙江省房地产开发建设投资(1998年)

INVESTMENT IN REAL ESTATE DEVELOPMENT OF HEILONGJIANG PROVINCE(1998)

| 指标 | Item | 合计 Total | 中央 Central | 地方 Local |
|---|---|---|---|---|
| **投资总额(万元)** | **Total Investment Value(10000yuan)** | 587290 | 137032 | 450258 |
| #商品房建设投资 | # Investment in Commercial Buildings Construction | 492060 | 121361 | 370699 |
| 土地开发投资 | Investment in Land Development | 64561 | 15186 | 49375 |
| 按构成分 | Grouped by Use of Funds | | | |
| 建筑安装工程 | Construction and Installation Projects | 466183 | 107740 | 358443 |
| 设备、工器具购置费 | Purchase of Equipment and Instruments | 17504 | 7371 | 10133 |
| 其他费用 | Others | 103603 | 21921 | 81682 |
| #旧建筑物购置费 | # Purchase of Old Buildings | 657 | — | 657 |
| 土地购置费 | Purchase of Land | 41977 | 8025 | 33952 |
| 按工程用途分 | Grouped by Purpose of Projects | | | |
| 住宅 | Residence | 369648 | 84585 | 285063 |
| 办公楼 | Office | 24458. | 2667 | 21791 |
| 商业营业用房 | Commerce | 101959 | 30467 | 71492 |
| 其他 | Others | 91225 | 19313 | 71912 |
| 按资金来源分 | Grouped by Funds Sources | | | |
| 国家预算内资金 | State Budgetary Investment | — | — | — |
| 国内贷款 | Domestic Loans | 142284 | 30893 | 111391 |
| 债券 | Bonds | — | — | — |
| 利用外资 | Foreign Funds | 8955 | 5800 | 3155 |
| #外商直接投资 | # Foreign Direct Investment | 8955 | 5800 | 3155 |
| 自筹投资 | Fund-Raising | 170242 | 37311 | 132931 |
| 其他投资 | Others | 265809 | 63028 | 202781 |
| **新增固定资产(万元)** | **Newly Increased Fixed Assets(10000yuan)** | 517096 | 92051 | 425042 |
| **固定资产交付使用率(%)** | **Ratio of Fixed Assets Put into Use(%)** | 88.1 | — | 94.4 |

# 26－1－4 黑龙江省各地市房地产开发投资情况(1998年)

## INVESTMENT IN REAL ESTATE DEVELOPMENT BY REGION OF HEILONGJIANG PROVINCE(1998)

单位:万元 Unit:10000 yuan

| 地区 Region | 住宅 Residence | #别墅、高档公寓 # Villa, High-grade Apartment | #安居工程 # Welfare Projects | 办公楼 Office | 商品营业用房 Commerce | 其他 Others |
|---|---|---|---|---|---|---|
| **全省 Total** | **369468** | **4720** | **142195** | **24458** | **101959** | **91225** |
| 哈尔滨 Haerbin | 221059 | 3120 | 93814 | 13789 | 51876 | 71737 |
| 齐齐哈尔 Qiqihaer | 44360 | — | 8590 | 1334 | 18931 | 4443 |
| 鸡西 Jixi | 14813 | — | 8574 | 350 | 2635 | 475 |
| 鹤岗 Hegang | 8109 | — | 4538 | 11 | 2250 | 1103 |
| 双鸭山 Shuangyashan | 1333 | — | 1333 | — | — | 450 |
| 大庆 Daqing | 20707 | 1600 | 2942 | 1751 | 9529 | 10031 |
| 伊春 Yichun | 5834 | — | 264 | 2150 | 1322 | 222 |
| 佳木斯 Jiamusi | 8672 | — | 2956 | 1656 | 1232 | 708 |
| 七台河 Qitaihe | 5478 | — | 1760 | 412 | 3651 | 1070 |
| 牡丹江 Mudanjiang | 32404 | — | 14717 | 3005 | 10413 | 807 |
| 黑河 Heihe | 3692 | — | 480 | — | 30 | 179 |
| 绥化 Suihua | 960 | — | — | — | 90 | — |
| 大兴安岭 Daxing'anling | 2227 | — | 2227 | — | — | — |

# 26-1-5　黑龙江省各地市房地产开发资金来源情况(1998年)

FUNDS SOURCES OF REAL ESTATE DEVELOPMENT BY REGION OF HEILONGJIANG PROVINCE(1998)

单位:万元　Unit:10000 yuan

| 地区 Region | | 合计 Total | 国家预算内资金 State Budgetary Investment | 国内贷款 Domestic Loans | 债券 Bonds | 利用外资 Foreign Investment | 自筹资金 Fund Raising | 其他 Others |
|---|---|---|---|---|---|---|---|---|
| 全　省 | **Total** | 587290 | — | 142284 | — | 8955 | 170242 | 265809 |
| 哈尔滨 | Haerbin | 358461 | — | 109903 | — | 6500 | 102656 | 139402 |
| 齐齐哈尔 | Qiqihaer | 69068 | — | 12440 | — | — | 17073 | 39555 |
| 鸡　西 | Jixi | 18273 | — | 4530 | — | — | 4026 | 9717 |
| 鹤　岗 | Hegang | 11473 | — | 1341 | — | — | 6873 | 3259 |
| 双鸭山 | Shuangyashan | 1783 | — | 1114 | — | — | 446 | 223 |
| 大　庆 | Daqing | 42018 | — | 2083 | — | 2455 | 21928 | 15552 |
| 伊　春 | Yichun | 9528 | — | — | — | — | 5332 | 4206 |
| 佳木斯 | Jiamusi | 12268 | — | 1022 | — | — | 1624 | 9622 |
| 七台河 | Qitaihe | 10611 | — | 1173 | 1776 | — | 2371 | 7067 |
| 牡丹江 | Mudanjiang | 46629 | — | 7684 | — | — | 6990 | 31955 |
| 黑　河 | Heihe | 3901 | — | 184 | — | — | 933 | 2784 |
| 绥　化 | Suihua | 1050 | — | 20 | — | — | — | 1030 |
| 大兴安岭 | Daxing'anling | 2227 | — | 789 | — | — | — | 1438 |

# 26-1-6 黑龙江省各地市房地产开发企业经营情况(1998年)

## OPERATIONS OF REAL ESTATE DEVELOPMENT ENTERPRISES BY REGION OF HEILONGJIANG PROVINCE(1998)

单位:万元 Unit:10000 yuan

| 地区 Region | 经营总收入 Total Revenue | 土地转让收入 # Income of Land Transferring | 商品房屋销售收入 Sales Income of Commercial Buildings | 房屋出租收入 Income of Houses Leasing | 房地产其他收入 Other Income of Real Estate Business | 非房地产经营收入 Revenue of Non-real Estate Business | 经营成本 Operation Cost | 经营税金及附加 Business Tax and Extra Charges |
|---|---|---|---|---|---|---|---|---|
| **全 省 Total** | **462264** | **2409** | **443668** | **428** | **15759** | — | **384535** | **20023** |
| 哈尔滨 Haerbin | 303757 | 2374 | 292122 | 120 | 9141 | — | 244378 | 13495 |
| 齐齐哈尔 Qiqihaer | 43389 | 35 | 42048 | 4 | 1302 | — | 38405 | 2169 |
| 鸡 西 Jixi | 16887 | — | 16887 | — | — | — | 14357 | 535 |
| 鹤 岗 Hegang | 6991 | — | 6991 | — | — | — | 5487 | 106 |
| 双鸭山 Shuangyashan | 1146 | — | 368 | 11 | 767 | — | 501 | 65 |
| 大 庆 Daqing | 12547 | — | 11667 | 113 | 767 | — | 13810 | 518 |
| 伊 春 Yichun | 10576 | — | 10576 | — | — | — | 8576 | 533 |
| 佳木斯 Jiamusi | 11504 | — | 10781 | 50 | 673 | — | 10541 | 564 |
| 七台河 Qitaihe | 9864 | — | 8340 | — | 1524 | — | 8969 | 331 |
| 牡丹江 Mudanjiang | 36805 | — | 35090 | 130 | 1585 | — | 31211 | 1471 |
| 黑 河 Heihe | 3927 | — | 3927 | — | — | — | 3650 | 224 |
| 绥 化 Suihua | 1050 | — | 1050 | — | — | — | 1026 | 6 |
| 大兴安岭 Daxing'anling | 3821 | — | 3821 | — | — | — | 3624 | 6 |

# 26-1-7 黑龙江全省主要年份基本建设投资(1990—1998年)

## INVESTMENT IN CAPITAL CONSTRUCTION OF MAIN YEARS OF HEILONGJIANG PROVINCE(1990—1998)

| 指标 | Item | 1990 | 1995 | 1997 | 1998 |
|---|---|---|---|---|---|
| **一、投资总额(万元)** | **Total Investment Value(10000 yuan)** | **670746** | **1986885** | **3443314** | **3084878** |
| 按资金来源分 | Grouped by Funds Sources | | | | |
| 国家预算内资金 | State Budgetary Investment | 149378 | 145043 | 87834 | 176622 |
| 国内贷款 | Domestic Loans | 142523 | 407311 | 1021273 | 746009 |
| 利用外资 | Foreign Investment | 109417 | 217763 | 162691 | 96544 |
| 股票和债券 | Stock and Bonds | — | 3377 | 30027 | 152836 |
| 自筹资金 | Fund-Raising | 218237 | 919729 | 1746758 | 1409641 |
| 其他资金 | Others | 51191 | 293662 | 394731 | 503226 |
| 按构成分 | Grouped by Use of Funds | | | | |
| 建筑安装工程 | Construction and Installation Projects | 498208 | 1389404 | 2441567 | 2278322 |
| 设备、工器具购置 | Purchase of Equipment and Instruments | 123790 | 356116 | 628287 | 407657 |
| 其他费用 | Others | 48748 | 241365 | 373460 | 398899 |
| 按建设性质分 | Grouped by Types of Construction | | | | |
| #新建 | # New Construction | 182349 | 752994 | 1447514 | 1632208 |
| 扩建 | Expansion Construction | 26585 | 1018606 | 1671036 | 1022476 |
| 改建 | Reconstruction | 423239 | 73185 | 117118 | 167269 |
| **二、新增固定资产(万元)** | **Newly Increased Fixed Assets (10000yuan)** | **573180** | **1541655** | **2710010** | **3194697** |
| **三、建设项目个数(个)** | **Number of Construction Projects (number)** | | | | |
| 施工项目 | Projects under Construction | 2245 | 1829 | 1855 | 2265 |
| #大中型项目 | # Large and Medium Projects | 46 | 38 | 37 | 31 |
| 全部建成投产项目 | Projects Completed and Put into Production | 1558 | 1112 | 1101 | 1604 |
| #大中型项目 | # Large and Medium Projects | 10 | 3 | 8 | 8 |
| **四、房屋建筑面积(万平方米)** | **Floor Space of Buildings(10000sq.m)** | | | | |
| 施工面积 | Floor Space of Buildings under Construction | 710 | 961 | 1167 | 1687 |
| #住宅 | # Residence | 272 | 697 | 611 | 761 |
| 竣工面积 | Floor Space of Buildings Completed | 411 | 403 | 706 | 896 |
| #住宅 | # Residence | 180 | 321 | 417 | 516 |

# 26－2－1 黑龙江省房地产开发建设房屋建筑面积和造价(1998年)

## FLOOR SPACE OF BUILDINGS IN REAL ESTATE DEVELOPMENT CONSTRUCTION AND THEIR COST OF HEILONGJIANG PROVINCE(1998)

| 指标 | Item | 合计 Total | 中央 Central | 地方 Local |
|---|---|---|---|---|
| 施工房屋建筑面积(平方米) | Floor Space of Buildings under Construction(sq.m) | 9078438 | 1807317 | 7271121 |
| 住宅 | Residence | 6738909 | 1329662 | 5409247 |
| #安居工程 | # Welfare Projects | 2371442 | 630922 | 1740520 |
| 办公楼 | Office | 543131 | 57331 | 485800 |
| 商业营业用房 | Commerce | 1563172 | 359809 | 1203363 |
| 其他 | Others | 233226 | 60515 | 172711 |
| 竣工房屋建筑面积(平方米) | Floor Space of Buildings Completed(sq.m) | 4713517 | 733112 | 3980405 |
| 住宅 | Residence | 3928648 | 641726 | 3286922 |
| #安居工程 | # Welfare Projects | 1650738 | 391077 | 1259661 |
| 办公楼 | Office | 120678 | 8899 | 111779 |
| 商业营业用房 | Commerce | 579222 | 73642 | 505580 |
| 其他 | Others | 84969 | 8845 | 76124 |
| 竣工房屋价值(万元) | Value of Buildings Completed(10000yuan) | 381370 | 67922 | 313448 |
| 住宅 | Residence | 301159 | 58130 | 243029 |
| #安居工程 | # Welfare Projects | 116661 | 28640 | 88021 |
| 办公楼 | Office | 11845 | 925 | 10920 |
| 商业营业用房 | Commerce | 59854 | 7848 | 52006 |
| 其他 | Others | 8512 | 1019 | 7493 |
| 竣工房屋造价(元/平方米) | Cost of Buildings Completed(yuan/sq.m) | 809 | — | 787 |
| 住宅 | Residence | 767 | — | 739 |
| #安居工程 | # Welfare Projects | 707 | — | 699 |
| 办公楼 | Office | 982 | — | 977 |
| 商业营业用房 | Commerce | 1033 | — | 1029 |
| 其他 | Others | 1002 | — | 984 |
| 竣工房屋住宅套数(套) | Units of Residential Houses Completed(unit) | 49330 | 8743 | 40587 |
| #安居工程 | # Welfare Projects | 21312 | 5547 | 15765 |
| 土地开发面积(公顷) | Area of Land Development(hectare) | | | |
| 本年完成开发土地面积 | Area of Land Developed This Year | 1158903 | 186138 | 972765 |
| 正在开发的土地面积 | Area of Land under Development | 37416 | — | 37416 |
| 待开发的土地面积 | Area of Land to Be Developed | 249708 | 5672 | 244036 |
| 本年购置土地面积 | Area of Land Purchased This Year | 1165273 | 139881 | 1025392 |

# 26-2-2 黑龙江省各地市房地产开发房屋面积情况(1998年)

## FLOOR SPACE OF BUILDINGS IN REAL ESTATE DEVELOPMENT BY REGION OF HEILONGJIANG PROVINCE(1998)

| 地区 Region | 施工房屋建筑面积(平方米) Floor Space of Buildings under Construction (sq.m) | # 新开工面积 # Floor Space Newly Started | # 住宅面积 # Residence | 竣工房屋建筑面积(平方米) Floor Space of Buildings Completed (sq.m) | # 住宅面积 # Residence | 竣工房屋价值(万元) Value of Buildings Completed (10000yuan) | # 住宅价值 # Residence |
|---|---|---|---|---|---|---|---|
| **全省 Total** | **9078438** | **4847002** | **6738909** | **4713517** | **3928648** | **381370** | **301159** |
| 哈尔滨 Haerbin | 5662815 | 2701977 | 4107398 | 2359287 | 2070212 | 197970 | 168100 |
| 齐齐哈尔 Qiqihaer | 1290885 | 666421 | 946252 | 757697 | 582178 | 56834 | 40332 |
| 鸡西 Jixi | 234158 | 189440 | 213966 | 182758 | 164221 | 13383 | 11588 |
| 鹤岗 Hegang | 241167 | 72067 | 196282 | 186911 | 142026 | 12742 | 8327 |
| 双鸭山 Shuangyashan | 24400 | 24400 | 24000 | — | — | — | — |
| 大庆 Daqing | 367530 | 342625 | 220855 | 300230 | 183555 | 33169 | 19860 |
| 伊春 Yichun | 144750 | 84750 | 115760 | 113750 | 97260 | 7378 | 6028 |
| 佳木斯 Jiamusi | 218303 | 187636 | 173004 | 98311 | 80912 | 6742 | 5065 |
| 七台河 Qitaihe | 145671 | 77208 | 118452 | 133281 | 111062 | 9284 | 7309 |
| 牡丹江 Mudanjiang | 634832 | 427520 | 512691 | 488365 | 407973 | 35293 | 26254 |
| 黑河 Heihe | 39731 | 39731 | 37663 | 39731 | 37663 | 3901 | 3712 |
| 绥化 Suihua | 15227 | 15227 | 13617 | 15227 | 13617 | 1050 | 960 |
| 大兴安岭 Daxing'anling | 58969 | 18000 | 58969 | 37969 | 37969 | 3624 | 3624 |

# 26－3－1 黑龙江全省商品房屋销售和出租情况(1998年)

## SELLING AND LEASING OF COMMODITY BUILDINGS OF HEILONGJIANG PROVINCE(1998)

| 指标 Item | 合计 Total | 按经济类型分 Grouped by Ownership | | | | | 按隶属关系分 Grouped by Administrative Relationship | |
|---|---|---|---|---|---|---|---|---|
| | | #国有经济 State-owned | #联营经济 Joint-owned | #股份制经济 Share Holding | #外商投资经济 Foreign Funds | #港澳台投资经济 Hong Kong, Macao and Taiwan Investment | 中央 Central | 地方 Local |
| 实际销售面积(平方米) Floor Space of Commercial Buildings Sold(sq.m) | 3019856 | 2276455 | 113488 | 268885 | 25304 | 91746 | 399082 | 2620774 |
| #销售给个人 # Sold to Individuals | 2410844 | 1891758 | 90525 | 178691 | 5508 | 51287 | 204464 | 2206380 |
| 住宅 Residence | 2667558 | 2083900 | 95720 | 226197 | 15462 | 56345 | 332152 | 2335406 |
| #销售给个人 # Sold to Individuals | 2181490 | 1749920 | 88226 | 153324 | 4127 | 43363 | 185186 | 1996304 |
| 办公楼 Office | 47765 | 12802 | 4934 | 1963 | 6260 | 20658 | 20355 | 27410 |
| 商业营业用房 Commerce | 280384 | 165497 | 12834 | 35724 | 3462 | 14716 | 38421 | 241963 |
| 其他 Others | 24149 | 14256 | — | 5001 | 120 | — | 8154 | 15995 |
| 实际销售额(万元) Actual Sales of Commercial Buildings(10000 yuan) | 446053 | 309632 | 23001 | 39373 | 4345 | 28448 | 74620 | 371433 |
| #销售给个人 Sold to Individuals | 317870 | 235399 | 17755 | 22787 | 1049 | 11014 | 27461 | 290409 |
| 住宅 Residence | 363885 | 267841 | 18509 | 31258 | 2642 | 11571 | 51774 | 312111 |
| #个人 # Sold to Individuals | 273379 | 207737 | 16415 | 18082 | 693 | 8129 | 23721 | 249658 |
| 办公楼 Office | 14634 | 2919 | 804 | 369 | 1250 | 9109 | 8996 | 5638 |
| 商业营业用房 Commerce | 63047 | 35817 | 3688 | 7302 | 428 | 7768 | 12625 | 50422 |
| 其他 Others | 4487 | 3055 | — | 444 | 25 | — | 1225 | 3262 |
| 出租房屋面积(平方米) Space of Houses Leasing (sq.m) | 10992 | 6152 | — | 4040 | — | 300 | 3100 | 7892 |

# 26－3－2　黑龙江省各地市商品房销售情况(1998 年)

SELLING OF COMMODITY BUILDINGS BY REGION OF HEILONGJIANG PROVINCE(1998)

| 地区 Region | 实际销售商品房屋面积(平方米) Floor Space of Commercial Buildings Actually Sold(sq.m) | # 住宅 # Residence | 个人购买商品房屋(平方米) Floor Space of Commercial Buildings Purchased by Individuals(sq.m) | # 住宅 # Residence | 商品房屋销售额(万元) Sales of Commercial Buildings(10000yuan) | # 住宅 # Residence |
|---|---|---|---|---|---|---|
| **全省 Total** | **3019856** | **2667558** | **2410844** | **2181490** | **446053** | **363885** |
| 哈尔滨 Haerbin | 1745010 | 1592649 | 1303380 | 1249028 | 295588 | 252448 |
| 齐齐哈尔 Qiqihaer | 358940 | 286017 | 283045 | 235716 | 41800 | 26805 |
| 鸡西 Jixi | 121757 | 108658 | 98129 | 76261 | 16887 | 13630 |
| 鹤岗 Hegang | 81372 | 49071 | 72328 | 38294 | 7085 | 3988 |
| 双鸭山 Shuangyashan | 3369 | 3078 | 3369 | 3078 | 368 | 295 |
| 大庆 Daqing | 77075 | 63323 | 67539 | 55787 | 11667 | 9007 |
| 伊春 Yichun | 104993 | 90503 | 104993 | 90503 | 9627 | 7223 |
| 佳木斯 Jiamusi | 88287 | 76875 | 65001 | 61385 | 10774 | 8504 |
| 七台河 Qitaihe | 68072 | 64872 | 68072 | 64872 | 5906 | 5461 |
| 牡丹江 Mudanjiang | 285453 | 249903 | 277647 | 245531 | 37653 | 28119 |
| 黑河 Heihe | 32332 | 31023 | 14145 | 12466 | 3927 | 3724 |
| 绥化 Suihua | 15227 | 13617 | 15227 | 10000 | 1050 | 960 |
| 大兴安岭 Daxing'anling | 37969 | 37969 | 37969 | 37969 | 3721 | 3721 |

## 26-4-1 黑龙江全省建筑业企业基本情况(1996—1998年)

BASIC INFORMATION OF CONSTRUCTION ENTERPRISES
OF HEILONGJIANG PROVINCE(1996—1998)

| 指标 Item | 1996 | 1997 | 1998 |
|---|---|---|---|
| 施工企业单位数(个)<br>Number of Construction Enterprises(number) | 1702 | 1710 | 1874 |
| 年平均人数(万人)<br>Annual Average Persons of Staff(10000 persons) | 65.2 | 64.2 | 62.1 |
| 固定资产原值(亿元)<br>Original Value of Fixed Assets(100 million yuan) | 92.0 | 102.4 | 111.6 |
| 固定资产净值(亿元)<br>Net Value of Fixed Assets(100 million yuan) | 68.2 | 73.3 | 79.1 |
| 自有机械设备台数(万台)<br>Sets of Machinery Equipment Owned(10000 sets) | 13.3 | 13.8 | 13.9 |
| 自有机械设备净值(亿元)<br>Net Value of Machinery Equipment Owned(100 million yuan) | 30.3 | 30.6 | 34.6 |
| 自有机械设备总功率(万千瓦)<br>Total Power of Machinery and Equipment Owned(10000 kw) | 351.6 | 379.4 | 361.1 |
| 施工机械功率(万千瓦)<br>Power of Construction Machinery(10000 kw) | 251.4 | 294.7 | 275.7 |
| 总产值(亿元)<br>Gross Output Value(100 million yuan) | 223.0 | 243.5 | 274.0 |
| 竣工产值(亿元)<br>Output Value of Completion(100 million yuan) | 163.0 | 213.1 | 218.5 |
| 产值竣工率(%)<br>Rate of Output Value of Completion to Total Output(%) | 73.1 | 87.5 | 79.7 |
| 增加值(亿元)<br>Value Added(100 million yuan) | 65.7 | 74.2 | 79.8 |
| 单位工程施工个数(个)<br>Number of Projects under Construction(number) | 12128 | 12990 | 13183 |
| 单位工程竣工个数(个)<br>Number of Projects Completed(number) | 9012 | 10064 | 10345 |

26-4-1 续表(Continued)

| 指标　Item | 1996 | 1997 | 1998 |
| --- | --- | --- | --- |
| #优良单位工程个数(个)<br>  # Number of High Quality Projects(number) | 2874 | 3758 | 3577 |
| 单位工程优良品率(%)<br>Rate of High Quality Projects(%) | 31.9 | 37.3 | 34.6 |
| 房屋建筑施工面积(万平方米)<br>Floor Space under Construction(10000 sq.m) | 2237.5 | 2231.1 | 2454.4 |
| 房屋建筑竣工面积(万平方米)<br>Floor Space Completed(10000 sq.m) | 1254.5 | 1330.3 | 1532.7 |
| #优良单位竣工面积(万平方米)<br>  # Floor Space of High Quality Buildings Completed(10000 sq.m) | 450.1 | 568.9 | 721.4 |
| 房屋建筑面积竣工率(%)<br>Rate of Completion of Floor Space(%) | 56.1 | 59.6 | 62.4 |
| 房屋竣工面积优良品率(%)<br>Rate of Floor Space of High Quality Buildings Completed(%) | 35.9 | 42.8 | 47.1 |
| 利润总额(万元)<br>Total Profits(10000 yuan) | 4709 | 31216 | 10187 |
| 利税总额(万元)<br>Total Pre-tax Profits(10000 yuan) | 70636 | 71736 | 89402 |
| 技术装备率(元/人)<br>Value of Machines Per Laborer(yuan/person) | 4643 | 4769 | 6583 |
| 动力装备率(千瓦/人)<br>Power of Machines Per Laborer(kw/person) | 5.4 | 5.9 | 6.9 |

# 26－5－1 黑龙江省部分地市城市基础设施水平(1998 年)

## MUNICIPAL INFRASTRUCTURES OF SOME REGIONS OF HEILONGJIANG PROVINCE(1998)

| 地区 | Region | 人均居住面积(平方米) Per Capita Residence Space (sq.m) | 城市人口用水普及率(%) Rate of Urban Population Using Tap Water (%) | 气化率(%) Rate of Using Gas (%) | 人均拥有铺装道路面积(平方米) Per Capita Space of Paved Road (sq.m) | 人均公共绿地面积(平方米) Per Capita Space of Public Green Land (sq.m) |
|---|---|---|---|---|---|---|
| **全省总计** | **Provincial Total** | **8.0** | **86.1** | **69.2** | **6.5** | **6.5** |
| 地级市合计 | Total of Prefecture Cities | 8.0 | 87.2 | 68.9 | 6.0 | 6.7 |
| 哈尔滨 | Haerbin | 8.2 | 96.4 | 93.8 | 3.7 | 5.3 |
| 齐齐哈尔 | Qiqihaer | 7.5 | 91.2 | 84.3 | 4.0 | 5.0 |
| 鸡西 | Jixi | 6.7 | 94.7 | 29.2 | 3.8 | 5.7 |
| 鹤岗 | Hegang | 7.3 | 83.7 | 25.7 | 3.7 | 11.3 |
| 双鸭山 | Shuangyashan | 7.4 | 76.1 | 17.6 | 3.4 | 5.2 |
| 大庆 | Daqing | 10.3 | 96.1 | 99.2 | 19.9 | 5.2 |
| 伊春 | Yichun | 7.7 | 42.4 | 47.0 | 4.7 | 12.8 |
| 佳木斯 | Jiamusi | 7.7 | 95.9 | 61.1 | 4.2 | 6.2 |
| 七台河 | Qitaihe | 7.2 | 59.2 | 26.1 | 10.0 | 13.5 |
| 牡丹江 | Mudanjiang | 8.1 | 98.6 | 80.0 | 8.7 | 5.8 |
| 黑河 | Heihe | 9.2 | 60.9 | 49.1 | 6.6 | 0.9 |
| 部分县级市 | Some County Cities | | | | | |
| 穆棱 | Muleng | 7.9 | 99.4 | 69.5 | 15.6 | 8.4 |
| 北安 | Bei'an | 7.9 | 98.5 | 43.8 | 7.1 | 5.6 |
| 五大连池 | Wudalianchi | 8.2 | 71.0 | 32.3 | 6.1 | 14.2 |
| 绥化 | Suihua | 8.4 | 100.0 | 91.8 | 5.9 | 6.0 |
| 安达 | Anda | 8.3 | 92.1 | 87.7 | 8.2 | 3.4 |
| 肇东 | Zhaodong | 9.5 | 85.8 | 87.8 | 9.3 | 7.6 |
| 海伦 | Hailun | 7.9 | 84.1 | 93.1 | 4.3 | 2.7 |

# 26－5－2　黑龙江城市建房和住房情况(1998年)

## BUILDINGS CONSTRUCTION AND HOUSING IN CITIES OF HEILONGJIANG PROVINCE(1998)

| 地区 Region | | 建筑区面积(平方公里) Constructed Area(sq.km) | 城市人口密度(人/平方公里) Urban Population Density (person/sq.km) | 年底实有房屋建筑面积(万平方米) Actual Floor Space at Year-end (10000sq.m) | 年底实有住宅建筑面积(万平方米) Actual Floor Space of Residential Houses at Year-end (10000sq.m) | 年底实有住房居住面积(万平方米) Actual Living Space of Residential Houses at Year-end (10000sq.m) |
|---|---|---|---|---|---|---|
| **全省总计** | **Provincial Total** | **1289.2** | **231** | **32462** | **19315** | **9880.9** |
| 地级市合计 | Total of Prefecture Cities | 995.0 | 190 | 24683 | 14076 | 6949.4 |
| 哈尔滨 | Haerbin | 220.0 | 2036 | 8641 | 4660 | 2128.3 |
| 齐齐哈尔 | Qiqihaer | 102.3 | 326 | 2791 | 1613 | 803.0 |
| 鸡西 | Jixi | 64.4 | 3919 | 1486 | 929 | 489.1 |
| 鹤岗 | Hegang | 58.0 | 152 | 1182 | 728 | 428.5 |
| 双鸭山 | Shuangyashan | 58.8 | 284 | 984 | 615 | 319.5 |
| 大庆 | Daqing | 136.4 | 210 | 3822 | 2018 | 928.3 |
| 伊春 | Yichun | 157.5 | 42 | 1754 | 1112 | 653.3 |
| 佳木斯 | Jiamusi | 51.4 | 754 | 1283 | 769 | 392.0 |
| 七台河 | Qitaihe | 66.5 | 267 | 682 | 424 | 212.5 |
| 牡丹江 | Mudanjiang | 58.6 | 584 | 1720 | 1053 | 517.0 |
| 黑河 | Heihe | 21.0 | 12 | 338 | 155 | 77.9 |
| 部分县级市 | Some County Cities | | | | | |
| 穆棱 | Muleng | 10.3 | 2039 | 420 | 283 | 174.8 |
| 北安 | Bei'an | 17.0 | 1572 | 371 | 232 | 124.8 |
| 五大连池 | Wudalianchi | 6.0 | 3200 | 130 | 83 | 45.0 |
| 绥化 | Suiha | 23.4 | 6761 | 671 | 435 | 217.5 |
| 安达 | Anda | 25.0 | 5752 | 417 | 253 | 166.8 |
| 肇东 | Zhaodong | 20.0 | 4680 | 588 | 440 | 306.0 |
| 海伦 | Hailun | 18.2 | 1851 | 259 | 206 | 112.0 |

# 第二十七章 江苏省房地产统计

# CHAPTER 27 REAL ESTATE STATISTICS OF JIANGSU PROVINCE

# 27－1－1　1999年江苏全省房地产开发综合统计

## COMPOSITE STATISTICS OF REAL ESTATE DEVELOPMENT OF JIANGSHU PROVINCE(1999)

| 项目 | Item | 合计 Total |
|---|---|---|
| 一、房地产开发投资额(亿元) | **Investment Value of Real Estate Development (100 million yuan)** | — |
| 住宅 | Residence | 241.59 |
| 办公楼 | Office | 22.45 |
| 商业营业用房 | Commerce | 37.40 |
| 二、商品房销售额(亿元) | **Sale of Commercial Buildings(100 million yuan)** | **237.72** |
| 住宅 | Residence | 196.30 |
| 办公楼 | Office | 9.88 |
| 商业营业用房 | Commerce | 29.03 |
| 销售给个人 | Sold to Individuals | — |
| 住宅 | Residence | 162.64 |
| 办公楼 | Office | — |
| 商业营业用房 | Commerce | — |
| 三、房地产开发资金来源(亿元) | **Funds Sources of Real Estate Development (100 million yuan)** | — |
| 国家预算内资金 | State Budgetary Funds | 0.59 |
| 国内贷款 | Domestic Loans | 80.60 |
| 债券 | Bonds | 0.83 |
| 利用外资 | Foreign Investment | 5.44 |
| 自筹资金 | Fund Raising | 92.68 |
| 定金及预收款 | Deposits and Pre-charges | — |

27－1－1 续表(Continued)

| 项目 | Item | 合计 Total |
| --- | --- | --- |
| 其他资金 | Others | 158.94 |
| **四、房地产开发面积(万平方米)** | **Floor Space of Real Estate Development** (10000 sq.m) | — |
| 商品房施工面积 | Floor Space of Commercial Buildings under Construction | 4182.5 |
| 住宅 | Residence | 3339.06 |
| 办公楼 | Office | 251.09 |
| 商业营业用房 | Commerce | 455.05 |
| 商品房新开工面积 | FLoor Space of Commercial Buildings Newly Starting | 2165.7 |
| 住宅 | Residence | 1840.8 |
| 办公楼 | Office | 63.2 |
| 商业营业用房 | Commerce | 192.4 |
| 商品房竣工面积 | Floor Space of Commercial Buildings Completed | 2164.93 |
| 住宅 | Residence | 1837.13 |
| 办公楼 | Office | 78.92 |
| 商业营业用房 | Commerce | 184.17 |
| 商品房销售面积 | Floor Space of Commercial Buildings Sold | 1500.6 |
| 住宅 | Residence | 1343.2 |
| 办公楼 | Office | 34.6 |
| 商业营业用房 | Commerce | 104.7 |

# 27-1-2 江苏全省主要年份房地产开发情况(1995—1998年)

REAL ESTATE DEVELOPMENT OF MAIN YEARS OF JIANGSU PROVINCE(1995—1998)

| 指标 | Item | 1995 | 1996 | 1997 | 1998 |
|---|---|---|---|---|---|
| **投资总额(亿元)** | **Total Value of Investment**(100 **million yuan**) | **240.85** | **232.62** | **241.55** | **300.24** |
| 按资金来源分 | Grouped by Funds Sources | | | | |
| 国家预算内投资 | State Appropriation | 0.90 | 0.87 | 0.52 | 0.32 |
| 国内贷款 | Domesic Loans | 48.05 | 56.77 | 61.32 | 69.05 |
| 利用外资 | Foreign Investment | 24.51 | 14.58 | 13.57 | 9.87 |
| 自筹投资 | Fund Raising | 71.09 | 59.18 | 59.29 | 87.01 |
| 其他投资 | Others | 96.30 | 101.22 | 106.85 | 133.99 |
| 按构成分 | Grouped by Use of Funds | | | | |
| 建筑安装工程 | Construction and Installation | 172.76 | 168.40 | 179.03 | 214.86 |
| 设备、工器具购置 | Purchase of Equipment and Instruments | 5.96 | 5.05 | 2.97 | 5.09 |
| 其他费用 | Others | 62.13 | 59.17 | 59.58 | 80.29 |
| 按工程用途分 | Grouped by Purpose of Projects | | | | |
| #住宅 | Residence | 139.24 | 129.19 | 142.40 | 196.15 |
| 第三产业 | Tertiary Industry | 240.85 | 232.62 | 241.55 | 300.24 |
| **新增固定资产(亿元)** | **Newly Increased Fixed Assets**(100 **million yuan**) | 145.24 | 191.22 | 200.77 | 229.11 |
| **房屋建筑面积(万平方米)** | **Floor Space of Buildings**(10000**sq.m**) | | | | |
| 施工面积 | Floor Space under Construction | 3510.13 | 3295.30 | 3393.55 | 3809.78 |
| #住宅 | Residence | 2502.75 | 2246.48 | 2382.29 | 2879.63 |
| 竣工面积 | Floor Space Completed | 1630.06 | 1633.32 | 1647.60 | 1824.62 |
| #住宅 | Residence | 1339.47 | 1290.88 | 1277.46 | 1471.62 |
| **土地开发投资额(亿元)** | **Value in Investment of Land Development**(100 **million yuan**) | 26.70 | 26.93 | 24.12 | 29.06 |
| 土地开发面积(万平方米) | Area of Land Development (10000sq.m) | 1329.00 | 796.65 | 761.66 | 904.52 |
| **商品房销售额(亿元)** | **Sales of Commercial Buildings**(100 **million yuan**) | 107.38 | 123.59 | 155.05 | 210.02 |
| 商品房销售建筑面积(万平方米) | Space of Commercial Buildings Sold (10000 sq.m) | 798.31 | 856.13 | 1069.75 | 1321.40 |

# 27－1－3 江苏全省历年基建投资房屋建设情况(1980—1998年)

## BUILDINGS CONSTRUCTION BY CAPITAL CONSTRUCTION INVESTMENT OVER THE YEARS OF JIANGSU PROVINCE(1980—1998)

单位:万平方米 Unit:10000 sq.m

| 年份 Year | 施工房屋建筑面积 Floor Space of Buildings under Construction | #住宅 # Residence | 竣工房屋建筑面积 Floor Space of Buildings Completed | #住宅 # Residence | 房屋建筑面积竣工率(%) Rate of Floor Space of Buildings Completed(%) |
|---|---|---|---|---|---|
| 1980 | 1631.61 | 854.76 | 834.19 | 461.86 | 51.1 |
| 1985 | 1753.88 | 855.80 | 821.30 | 451.61 | 46.8 |
| 1986 | 1737.06 | 830.80 | 949.44 | 520.87 | 54.7 |
| 1987 | 1526.00 | 561.40 | 808.23 | 380.89 | 53.0 |
| 1988 | 1518.05 | 595.00 | 766.81 | 345.94 | 50.5 |
| 1989 | 1272.83 | 504.40 | 689.11 | 295.63 | 54.1 |
| 1990 | 1112.59 | 400.68 | 567.96 | 218.37 | 51.0 |
| 1991 | 1190.25 | 433.99 | 586.45 | 225.52 | 49.3 |
| 1992 | 1602.51 | 568.41 | 779.75 | 322.07 | 48.7 |
| 1993 | 1645.87 | 449.19 | 858.13 | 277.20 | 52.1 |
| 1994 | 1731.45 | 517.24 | 921.61 | 334.04 | 53.2 |
| 1995 | 1895.78 | 541.01 | 1031.75 | 353.06 | 54.4 |
| 1996 | 2027.22 | 574.07 | 1097.57 | 372.03 | 54.1 |
| 1997 | 2179.48 | 608.77 | 1198.14 | 410.46 | 55.0 |
| 1998 | 2479.82 | 796.89 | 1350.53 | 497.83 | 54.5 |

# 27-1-4　江苏全省历年城镇工矿区私人建房情况(1986—1998年)

## BUILDINGS CONSTRUCTION BY PRIVATES IN CITIES,TOWNS AND INDUSTRIAL AND MINING AREAS OVER THE YEARS OF JIANGSU PROVINCE(1986—1998)

| 年　份<br>Year | 建房户数<br>(户)<br>Buildings Construction<br>(Household) | 竣工房屋<br>建筑面积<br>(万平方米)<br>Floor Space of Buildings Completed<br>(10000 sq.m) | #住　宅<br>#Residence | 竣工房屋<br>价值<br>(万元)<br>Value of Buildings Completed<br>(10000 yuan) | #住　宅<br>#Residence |
|---|---|---|---|---|---|
| 1986 | 26830 | 176.95 | 161.35 | 20718 | 18179 |
| 1987 | 25688 | 261.13 | 278.09 | 49474 | 39976 |
| 1988 | 28549 | 265.05 | 223.65 | 50833 | 42421 |
| 1989 | 29183 | 219.48 | 203.96 | 46062 | 39437 |
| 1990 | 23686 | 191.70 | 163.50 | 38276 | 32502 |
| 1991 | 21374 | 178.29 | 155.17 | 46535 | 41118 |
| 1992 | 20624 | 293.79 | 176.68 | 58648 | 49778 |
| 1993 | 27690 | 265.65 | 225.27 | 94147 | 76902 |
| 1994 | 34906 | 280.74 | 220.48 | 122582 | 94863 |
| 1995 | 24716 | 310.72 | 273.10 | 144205 | 122940 |
| 1996 | 25654 | 293.30 | 248.14 | 141910 | 120729 |
| 1997 | 24167 | 329.17 | 272.85 | 164214 | 125148 |
| 1998 | 30217 | 406.62 | 339.48 | 200095 | 154091 |

注:本表不包括农户在城镇地域内的建房投资及面积。

Note: Building construction and space investment by rural household in area of cities and towns are not included in this table.

# 27－1－5 江苏全省主要年份固定资产投资情况(1990—1998年)

## INVESTMENT IN FIXED ASSETS OF MAIN YEARS OF JIANGSU PROVINCE(1990—1998)

| 指标 | Items | 1990 | 1995 | 1996 | 1997 | 1998 |
|---|---|---|---|---|---|---|
| **投资总额(亿元)** | **Total Value of Investment (100 million yuan)** | **356.30** | **1680.17** | **1949.53** | **2203.09** | **2535.50** |
| 按种类分 | Grouped by Type of Construction | | | | | |
| 基本建设 | Capital Construction | 74.32 | 362.15 | 481.07 | 605.05 | 747.18 |
| 更新改造 | Innovation | 41.53 | 218.78 | 238.23 | 274.77 | 296.01 |
| 房地产开发 | Real Estate Development | 11.71 | 240.85 | 232.62 | 241.55 | 300.24 |
| 农村集体 | Rural Collective Units | 54.08 | 451.52 | 463.73 | 451.06 | 485.82 |
| 城镇个人 | City and Town Individuals | 3.83 | 14.42 | 14.19 | 16.42 | 20.01 |
| 农村个人 | Rural Individuals | 142.74 | 199.80 | 261.50 | 329.88 | 299.17 |
| 其他投资 | Others | 28.09 | 192.65 | 258.19 | 284.36 | 311.26 |
| 按经济类型分 | Grouped by Ownership | | | | | |
| 国有经济 | State-owned Units | 134.86 | 602.70 | 708.60 | 826.60 | 1031.95 |
| 集体经济 | Collective-owned Units | 74.87 | 491.08 | 465.21 | 447.94 | 475.36 |
| 其他经济 | Others | 146.57 | 586.39 | 775.72 | 928.55 | 1028.19 |
| 按资金来源分 | Grouped by Funds Sources | | | | | |
| 国家预算内投资 | State Budgetary Investment | 15.02 | 25.83 | 24.01 | 29.63 | 49.46 |
| 国内贷款 | Domestic Loans | 45.47 | 270.16 | 282.88 | 293.66 | 331.83 |
| 利用外资 | Foreign Funds | 15.92 | 228.89 | 335.16 | 390.59 | 413.66 |
| 自筹投资 | Fund Raising | 106.47 | 880.02 | 1001.29 | 1199.29 | 1406.39 |
| 其他投资 | Others | 173.42 | 275.27 | 306.19 | 289.92 | 334.16 |
| 按构成分 | Grouped by Use of Funds | | | | | |
| 建筑安装工程 | Construction and Installation | 284.24 | 983.24 | 1151.16 | 1307.24 | 1503.62 |
| 设备、工器具购置 | Purchase of Equipment and Instruments | 53.70 | 536.48 | 600.59 | 688.66 | 755.02 |
| 其他费用 | Others | 18.36 | 160.45 | 197.78 | 207.19 | 276.86 |
| **房屋建筑面积(万平方米)** | **Floor Space of Buildings (10000 sq.m)** | | | | | |
| 施工面积 | Floor Space under Construction | 12821.31 | 1623.74 | 16236.53 | 17612.19 | 17059.16 |
| #住宅 | # Residence | 10679.54 | 10530.29 | 10833.81 | 11950.95 | 11251.03 |
| 竣工面积 | Floor Space Completed | 11732.39 | 12452.44 | 12776.35 | 14048.26 | 13273.75 |
| #住宅 | # Residence | 10209.36 | 9036.00 | 9392.24 | 10442.75 | 9451.28 |

注:自筹投资中含发行债券部分(下同)。

Note: Fund raising included bond issuing(so did follows).

# 27－1－6　中房常州指数历史值(1995—1999年)

CHINA REAL ESTATE INDEX SYSTEM CHANGZHOU INDEX(1995—1999)

| 年　份<br>Year | 季　度<br>Quarter | 住　宅<br>Residence | 办公用房<br>Office | 商业用房<br>Commerce | 工业用房<br>Factory House | 城市指数<br>Composite Index |
|---|---|---|---|---|---|---|
| 1995 | 4 | 257 | 801 | 1028 | 141 | 382 |
| 1996 | 1 | 270 | 779 | 1027 | 142 | 389 |
| 1996 | 2 | 270 | 779 | 1027 | 142 | 389 |
| 1996 | 3 | 265 | 779 | 1028 | 142 | 387 |
| 1996 | 4 | 266 | 779 | 1027 | 142 | 386 |
| 1997 | 1 | 266 | 779 | 1028 | 142 | 387 |
| 1997 | 2 | 263 | 773 | 1028 | 132 | 383 |
| 1997 | 3 | 265 | 773 | 1028 | 120 | 384 |
| 1997 | 4 | 262 | 773 | 1028 | 125 | 382 |
| 1998 | 1 | 261 | 776 | 1028 | 127 | 382 |
| 1998 | 2 | 265 | 773 | 1032 | 127 | 386 |
| 1998 | 3 | 267 | 773 | 1032 | 126 | 388 |
| 1998 | 4 | 269 | 767 | 1037 | 125 | 389 |
| 1999 | 1 | 272 | 767 | 1032 | — | 389 |
| 1999 | 2 | 270 | 766 | 1028 | — | 389 |
| 1999 | 3 | 268 | 767 | 1024 | — | 387 |
| 1999 | 4 | 270 | 767 | 1019 | — | 389 |

# 27－1－7 中房无锡指数历史值(1996—1999年)

CHINA REAL ESTATE INDEX SYSTEM WUXI INDEX(1996—1999)

| 年 份 Year | 季 度 Quarter | 住 宅 Residence |
|---|---|---|
| 1996 | 1 | 248 |
| 1996 | 2 | 248 |
| 1996 | 3 | 239 |
| 1996 | 4 | 243 |
| 1997 | 1 | 244 |
| 1997 | 2 | 243 |
| 1997 | 3 | 243 |
| 1997 | 4 | 242 |
| 1998 | 1 | 241 |
| 1998 | 2 | 243 |
| 1998 | 3 | 245 |
| 1998 | 4 | 244 |
| 1999 | 1 | 244 |
| 1999 | 2 | 242 |
| 1999 | 3 | 242 |
| 1999 | 4 | 238 |

# 27-2-1　江苏全省建筑施工企业主要经济指标(1998年)

## MAJOR ECONOMIC INDICATORS OF CONSTRUCTION ENTERPRISES OF JIANGSU PROVINCE(1998)

| 指　　标 | Items | 合计 Total | 国有经济 State-owned | 城镇集体经济 Collective-owned | 乡镇企业及其它经济 Rural and Township Industry and Others |
|---|---|---|---|---|---|
| 施工企业个数(个) | Construction Enterprises (number) | 3587 | 573 | 881 | 2133 |
| 建筑业总产值(亿元) | Construction Enterprises Output Value (100 million yuan) | 1224.42 | 335.16 | 387.29 | 501.97 |
| #建筑工程 | Construction | 1080.77 | 285.87 | 341.18 | 453.72 |
| 安装工程 | Installation | 122.63 | 44.49 | 40.19 | 37.96 |
| 建筑业增加值(亿元) | Construction Added-value(100 million yuan) | 244.65 | 67.46 | 76.31 | 100.87 |
| 竣工产值(亿元) | Buildings Completed Output Value (100 million yuan) | 949.60 | 252.59 | 310.90 | 386.09 |
| 单位工程施工个数(个) | Number of Projects under Construction | 65841 | 17574 | 21981 | 26286 |
| #本年新开工 | Newly Starting This Year | 10920.82 | 1905.36 | 3923.80 | 5091.67 |
| 投标承包的面积(万平方米) | Floor Space by Bidding(10000 sq.m) | 10495.01 | 2783.85 | 3303.64 | 4407.53 |
| 单位工程竣工个数(个) | Number of Projects Completed(number) | 48322 | 12174 | 16541 | 19607 |
| #优良工程个数 | Number of High Quality Projects | 15961 | 4690 | 5150 | 6121 |
| 房屋建筑施工面积(万平方米) | Floor Space of Buildings under Construction (10000 sq.m) | 17803.33 | 3831.67 | 5887.35 | 8084.31 |
| #本年新开工 | Newly Starting This Year | 48338 | 12341 | 16366 | 19631 |
| 投标承包个数 | Projects by Bidding | 29293 | 8160 | 9120 | 12013 |
| 房屋建筑竣工面积(万平方米) | Floor Space of Buildings Completed (10000 sq·m) | 9958.90 | 1748.46 | 3497.35 | 4713.10 |
| #优良工程面积 | Floor Space of High Quality Projects | 4119.76 | 914.51 | 1135.46 | 2069.79 |
| 自有机械设备总台数(万台) | Number of Machines Owned (10000 sets) | 60.55 | 15.26 | 18.42 | 26.86 |
| 自有机械设备总功率(万千瓦) | Capacity of Machines Owned (10000 kw) | 686.90 | 277.04 | 175.41 | 234.46 |
| 自有机械设备净值(亿元) | Machinery Owned (Net Value) (100 million yuan) | 103.66 | 36.77 | 24.89 | 42.00 |
| 职工平均人数(万人) | Annual Average Staff and Workers (10000 persons) | 232.32 | 50.52 | 84.00 | 97.80 |
| 全员劳动生产率(元/人) | Overall Labor Productivity(yuan/person) | 52704 | 66346 | 46123 | 51309 |
| 技术装备率(元/人) | Per Capita Machinery Value(yuan/person) | 4462 | 7280 | 2964 | 4293 |
| 动力装备率(千瓦/人) | Per Capita Machinery Power(kw/person) | 2.96 | 5.48 | 2.09 | 2.40 |
| 利润总额(亿元) | Total Profits(100 million yuan) | 14.07 | 2.71 | 4.29 | 7.06 |

# 第二十八章 浙江省房地产统计

# CHAPTER 28 REAL ESTATE STATISTICS OF ZHEJIANG PROVINCE

# 28－1－1　浙江全省房地产开发综合统计(1999年)

COMPOSITE STATISTICS OF REAL ESTATE DEVELOPMENT OF ZHEJIANG PROVINCE(1998)

| 项目 | Item | 合计 Total |
|---|---|---|
| 一、房地产开发投资额(亿元) | **Investment Value of Real Estate Development (100 million yuan)** | — |
| 住宅 | Residence | 193.38 |
| 办公楼 | Office | 19.20 |
| 商业营业用房 | Commerce | 29.36 |
| **二、商品房销售额(亿元)** | **Sale of Commercial Buildings(100 million yuan)** | **252.70** |
| 住宅 | Residence | 197.08 |
| 办公楼 | Office | 18.95 |
| 商业营业用房 | Commerce | 33.95 |
| 销售给个人 | Sold to Individuals | — |
| 住宅 | Residence | 162.81 |
| 办公楼 | Office | — |
| 商业营业用房 | Commerce | — |
| **三、房地产开发资金来源(亿元)** | **Funds Sources of Real Estate Development (100 million yuan)** | — |
| 国家预算内资金 | State Budgetary Funds | 0.57 |
| 国内贷款 | Domestic Loans | 117.36 |
| 债券 | Bonds | 0.06 |
| 利用外资 | Foreign Investment | 1.49 |
| 自筹资金 | Fund Raising | 70.21 |
| 定金及预收款 | Deposits and Pre-charges | — |

28－1－1 续表(Continued)

| 项目 | Item | 合计 Total |
|---|---|---|
| 其他资金 | Others | 229.08 |
| **四、房地产开发面积(万平方米)** | **Floor Space of Real Estate Development (10000 sq.m)** | — |
| 商品房施工面积 | Floor Space of Commercial Buildings under Construction | 3916.7 |
| 住宅 | Residence | 3042.96 |
| 办公楼 | Office | 277.09 |
| 商业营业用房 | Commerce | 380.78 |
| 商品房新开工面积 | FLoor Space of Commercial Buildings Newly Starting | 1826.2 |
| 住宅 | Residence | 1545.6 |
| 办公楼 | Office | 61.5 |
| 商业营业用房 | Commerce | 147.5 |
| 商品房竣工面积 | Floor Space of Commercial Buildings Completed | 1608.74 |
| 住宅 | Residence | 1274.18 |
| 办公楼 | Office | 111.02 |
| 商业营业用房 | Commerce | 150.18 |
| 商品房销售面积 | Floor Space of Commercial Buildings Sold | 1324.4 |
| 住宅 | Residence | 1155.5 |
| 办公楼 | Office | 55.1 |
| 商业营业用房 | Commerce | 94.2 |

# 28-1-2　浙江全省房地产开发投资情况(1995—1998年)

## INVESTMENT IN REAL ESTATE DEVELOPMENT OF ZHEJIANG PROVINCE (1995—1998)

| 项　目 | Item | 1995 | 1996 | 1997 | 1998 |
|---|---|---|---|---|---|
| **房地产开发投资额(万元)** | **Real Estate Development Value (10000 yuan)** | **2463774** | **2435395** | **2154416** | **2266855** |
| #土地开发投资额 | # Land Development Value | 287653 | 212471 | 163777 | 183100 |
| 按资金来源分 | By Source of Funds | | | | |
| 国家预算内投资 | State Budgetary Investment | 19007 | 15207 | 3759 | 8181 |
| 国内贷款 | Domestic Loans | 651902 | 723911 | 593349 | 676559 |
| #债券 | # Bonds | 14110 | 6145 | 1673 | 1352 |
| 利用外资 | Foreign Investment | 80728 | 50962 | 28444 | 22278 |
| 自筹投资 | Fund Raising | 827292 | 491512 | 463089 | 426005 |
| 其他投资 | Others | 884845 | 1153803 | 1065775 | 1132480 |
| 按构成分 | By Use of Funds | | | | |
| 建筑工程 | Construction | 1639107 | 1744842 | 1483994 | 1415035 |
| 安装工程 | Installation | 74353 | 117759 | 122848 | 92783 |
| 设备、工器具购置 | Purchase of Equipment and Instruments | 21769 | 44030 | 47701 | 49101 |
| 其他费用 | Others | 728545 | 528764 | 499873 | 709936 |
| 按用途分 | By Purpose of Projects | | | | |
| #住宅 | # Residence | 1584615 | 1503496 | 129473 | 1407193 |
| **新增固定资产(万元)** | **Newly Increased Fixed Assets (10000 yuan)** | 1158857 | 1895780 | 2135642 | 1928141 |
| **商品房屋销售额(万元)** | **Total Sales of Commercial Houses (10000 yuan)** | 1121258 | 1318508 | 1694450 | 2151768 |
| **房屋建筑面积(万平方米)** | **Floor Space of Buildings (10000 sq.m)** | | | | |
| 施工面积 | Floor Space under Construction | 4035.10 | 3912.40 | 3556.00 | 3420.43 |
| #住宅 | # Residence | 3060.09 | 2839.00 | 2484.24 | 2481.55 |
| 竣工面积 | Floor Space Completed | 1547.43 | 1697.30 | 1617.02 | 1403.20 |
| #住宅 | # Residence | 1272.95 | 1368.50 | 1261.11 | 1101.02 |
| **销售面积(万平方米)** | **Floor Space of Commercial Houses Sold(10000 sq.m)** | 867.47 | 932.00 | 1016.97 | 1192.36 |

# 28-1-3 浙江全省城镇和工矿区私人建房情况(1995—1998年)

## BUILDINGS CONSTRUCTION BY INDIVIDUALS IN CITIES, TOWNS AND INDUSTRIAL AND MINING AREAS OF ZHEJIANG PROVINCE(1995—1998)

| 项 目 | Item | 1995 | 1996 | 1997 | 1998 |
|---|---|---|---|---|---|
| **竣工房屋建筑面积(万平方米)** | **Floor Space of Buildings Completed(10000 sq.m)** | **2047.83** | **2207.86** | **1979.97** | **1813.00** |
| #农业户 | # Agriculture Households | 1588.91 | 1770.11 | 1565.85 | 1409.05 |
| 住宅面积 | Space of Residential Buildings | 1785.89 | 1935.07 | 1723.08 | 1627.45 |
| #农业户 | # Agriculture Households | 1414.56 | 1615.82 | 1404.77 | 1296.63 |
| **竣工房屋价值(万元)** | **Value of Buildings Completed (10000 yuan)** | **892367** | **1054622** | **920368** | **849962** |
| #农业户 | # Agriculture Households | 676076 | 816249 | 716124 | 646657 |
| 住宅价值 | Value of Residential Buildings | 751959 | 903267 | 793328 | 738831 |
| #农业户 | # Agriculture Households | 613232 | 743087 | 716124 | 584699 |
| 城市私人建房 | Buildings Construction by Individuals in Cities | 134797 | 211887 | 149410 | 105141 |
| #农业户 | # Agriculture Households | 85045 | 142576 | 103604 | 58367 |
| 县城私人建房 | Buildings Construction by Individuals in Counties | 192152 | 112098 | 131151 | 137432 |
| #农业户 | # Agriculture Households | 109275 | 59352 | 78201 | 73384 |
| 镇私人建房 | Buildings Construction by Individuals in Towns | 565118 | 730637 | 637600 | 605797 |
| #农业户 | # Agriculture Households | 481756 | 614321 | 534319 | 514906 |
| 工矿区私人建房 | Buildings Construction by Individuals in Industry and Mining Areas | 300 | — | 2207 | 1592 |
| #农业户 | # Agriculture Households | | | | |
| **建房户数(户)** | **Number of Households with Buildings Construction (unit)** | **118197** | **124189** | **96363** | **99223** |
| #农业户 | # Agriculture Households | 97159 | 95363 | 76575 | 78084 |

# 28－1－4 浙江全省农村私人建房情况(1995—1998年)

BUILDINGS CONSTRUCTION BY INDIVIDUALS IN RURAL AREAS OF ZHEJIANG PROVINCE(1995—1998)

| 项 目 | Item | 1995 | 1996 | 1997 | 1998 |
|---|---|---|---|---|---|
| 竣工房屋建筑面积(万平方米) | Floor Space of Buildings Completed (10000 sq.m) | 3968.57 | 7220.00 | 7212.78 | 6536.00 |
| #住宅 | # Residence | 3850.99 | 6300.00 | 6293.70 | 6733.00 |
| 竣工房屋投资(万元) | Investment in Buildings Completed (10000 yuan) | 1518038 | 2221283 | 2220049 | 2013081 |
| #住宅 | # Residence | 1415052 | 1972357 | 1970385 | 2121000 |

# 28－1－5 浙江全省固定资产投资(1995—1998 年)

## INVESTMENT IN FIXED ASSETS OF ZHEJIANG PROVINCE(1995—1998)

| 项 目 | Item | 1995 | 1996 | 1997 | 1998 |
|---|---|---|---|---|---|
| **投资总额(亿元)** | **Total Investment Value (100 million yuan)** | **1357.90** | **1617.54** | **1694.57** | **1847.93** |
| **按经济类型分** | **By Ownership** | | | | |
| 国有经济 | State-owned Units | 690.47 | 849.31 | 910.72 | 1082.07 |
| 基本建设 | Capital Construction | 306.25 | 424.24 | 509.75 | 619.46 |
| 更新改造 | Innovation | 98.51 | 110.34 | 113.22 | 171.16 |
| 房地产开发 | Real Estate Development | 246.38 | 243.54 | 215.44 | 226.69 |
| 其他 | Others | 39.34 | 71.19 | 72.31 | 64.76 |
| 集体经济 | Collective-owned Units | 440.54 | 452.23 | 471.43 | 496.87 |
| 城镇 | Urban | 46.53 | 45.59 | 48.43 | 69.27 |
| 农村 | Rural | 394.01 | 406.64 | 433.00 | 348.88 |
| 城乡居民投资 | Individuals | 226.89 | 316.00 | 412.42 | 304.13 |
| 城镇 | Urban | 21.63 | 23.84 | 20.42 | 20.33 |
| 农村 | Rural | 205.26 | 292.16 | 292.00 | |
| **按构成分** | **By Use of Funds** | | | | |
| 建筑安装工程 | Construction and Installation | 787.63 | 966.42 | 973.05 | 1043.69 |
| 设备、工器具购置 | Purchase of Equipment and Instruments | 324.24 | 450.04 | 423.26 | 474.04 |
| 其他费用 | Others | 246.04 | 201.07 | 298.26 | 330.20 |
| **按用途分** | **By Purpose** | | | | |
| #住宅 | # Residence | 345.01 | 409.31 | 372.71 | 381.25 |
| **房屋建筑面积(万平方米)** | **Floor Space Buildings(10000 sq. m)** | | | | |
| 施工面积 | Floor Space under Construction | 12767.23 | 15580.37 | 15151.42 | 14304.26 |
| #住宅 | # Residence | 8010.64 | 10480.30 | 8277.70 | 9509.42 |
| 竣工面积 | Floor Space Completed | 8520.67 | 11842.47 | 11795.85 | 10845.75 |
| #住宅 | # Residence | 5949.29 | 8726.71 | 8610.89 | 7930.90 |

# 28－2－1　浙江全省建筑业企业概况(1990—1998年)

## BASIC INFORMATION OF CONSTRUCTION ENTERPRISES OF ZHEJING PROVINCE(1990—1998)

| 年　份<br>Year | 总　计<br>Total | 国有企业<br>State-owned Enterprises | 集体企业<br>Collective-owned Enterprises | 其他类型企业<br>Others |
|---|---|---|---|---|
| 企业单位数(个)<br>**Number of Enterprises(number)** | | | | |
| 1990 | 2550 | 109 | 2441 | — |
| 1991 | 2503 | 120 | 2383 | — |
| 1992 | 2458 | 112 | 2322 | 24 |
| 1993 | 2921 | 160 | 2741 | 20 |
| 1994 | 3488 | 215 | 3223 | 50 |
| 1995 | 3549 | 218 | 3216 | 115 |
| 1996 | 3691 | 354 | 2671 | 666 |
| 1997 | 3937 | 399 | 2569 | 969 |
| 1998 | 3540 | 341 | 1572 | 1627 |
| 从业人员(万人)<br>**Employed Persons(10000 persons)** | | | | |
| 1990 | 67.37 | 10.79 | 56.58 | — |
| 1991 | 70.46 | 11.05 | 59.40 | — |
| 1992 | 75.40 | 10.67 | 64.05 | 0.68 |
| 1993 | 97.69 | 9.49 | 87.70 | 0.50 |
| 1994 | 126.78 | 14.71 | 110.96 | 1.11 |
| 1995 | 144.21 | 17.24 | 121.80 | 5.17 |
| 1996 | 145.32 | 21.76 | 105.32 | 18.24 |
| 1997 | 141.22 | 19.85 | 97.16 | 24.21 |
| 1998 | 142.51 | 19.89 | 77.45 | 45.17 |
| 总产值(亿元)<br>**Total Output Value(100 million yuan)** | | | | |
| 1990 | 78.98 | 20.10 | 58.88 | — |
| 1991 | 92.83 | 21.11 | 71.72 | — |
| 1992 | 134.26 | 26.01 | 106.45 | 1.80 |
| 1993 | 264.31 | 35.97 | 226.72 | 1.62 |
| 1994 | 466.22 | 73.47 | 388.17 | 4.58 |
| 1995 | 710.23 | 113.69 | 560.75 | 35.79 |
| 1996 | 845.68 | 149.81 | 591.41 | 104.46 |
| 1997 | 883.33 | 157.11 | 572.15 | 154.07 |
| 1998 | 942.53 | 172.12 | 463.79 | 306.62 |

# 28-2-2 浙江全省建筑业企业房屋建筑面积(1998 年)

## FLOOR SPACE OF BUILDINGS BY ENTERPRISES IN CONSTRUCTION TRADE OF ZHEJIANG PROVINCE(1998)

单位:万平方米 Unit:10000 sq.m

| 地区 Region | | 房屋建筑面积 Floor Space of Buildings Construction | | 国有企业 State-owned Enterprises | | 集体企业 Collective-owned Enterprises | |
|---|---|---|---|---|---|---|---|
| | | 施工面积 Floor Space under Construction | 竣工面积 Floor Space Completed | 施工面积 Floor Space under Construction | 竣工面积 Floor Space Completed | 施工面积 Floor Space under Construction | 竣工面积 Floor Space Completed |
| **全 省** | Total | **11830.18** | **5267.03** | **1279.05** | **501.09** | **6654.21** | **3031.87** |
| 杭州市 | Hangzhou | 1832.58 | 779.00 | 606.24 | 232.31 | 516.93 | 235.27 |
| 宁波市 | Ningbo | 1721.35 | 747.00 | 266.12 | 105.52 | 608.21 | 305.01 |
| 温州市 | Wenzhou | 1018.27 | 473.59 | 133.14 | 44.11 | 614.14 | 301.68 |
| 嘉兴市 | Jiaxing | 467.85 | 250.57 | 3.53 | 2.15 | 257.81 | 133.31 |
| 湖州市 | Huzhou | 305.71 | 174.51 | 39.66 | 22.16 | 195.66 | 109.93 |
| 绍兴市 | Shaoxing | 3041.12 | 1302.82 | 75.69 | 25.58 | 2568.46 | 1099.75 |
| 金华市 | Jinhua | 1833.09 | 799.46 | 98.06 | 43.00 | 876.76 | 386.27 |
| 衢州市 | Quzhou | 248.24 | 130.93 | 43.57 | 20.18 | 126.93 | 71.60 |
| 舟山市 | Zhoushan | 175.82 | 82.56 | 5.89 | 2.30 | 78.79 | 35.19 |
| 台州市 | Taizhou | 1036.70 | 459.70 | 0.60 | 0.60 | 693.80 | 303.59 |
| 丽水地区 | Lishui Prefecture | 149.45 | 66.89 | 6.53 | 3.16 | 116.72 | 50.29 |

# 28-2-3　浙江全省国有经济建筑企业主要经济指标(1996—1998年)

## MAJOR ECONOMIC INDICATORS OF STATE-OWNED CONSTRUCTION ENTERPRISES OF ZHEJIANG PROVINCE(1996—1998)

| 指　　标 | Item | 1996 | 1997 | 1998 |
|---|---|---|---|---|
| 建筑业总产值(亿元) | Gross Output Value of Construction (100 million yuan) | 149.8 | 157.1 | 172.1 |
| 增加值(亿元) | Added Value(100 million yuan) | 34.5 | — | 31.6 |
| 实现利润总额(亿元) | Total Profits(100 million yuan) | 2.0 | 1.6 | 2.5 |
| 上缴税金(亿元) | Taxes Turned over to State(100 million yuan) | 4.0 | 4.1 | 4.7 |
| 房屋建筑施工面积(万平方米) | Floor Space of Buildings under Construction (10000 sq.m) | 1471.6 | 1414.0 | 1279.1 |
| 房屋建筑竣工面积(万平方米) | Floor Space of Buildings Completed(10000 sq.m) | 570.4 | 589.2 | 501.1 |
| 房屋竣工率(%) | Percentage of Buildings Completed(%) | 38.8 | 41.7 | 39.2 |
| 全部职工平均人数(万人) | Average Number of Staff and Workers (10000 persons) | 21.76 | 19.85 | 18.97 |
| 年末拥有固定资产原值(亿元) | Original Value of Fixed Assets Owned (yuar-end) (100 million yuan) | 40.0 | 48.6 | 51.2 |
| 年末拥有固定资产净值(亿元) | Net Value of Fixed Assets Owned (year-end) (100 million yuan) | 29.3 | 34.3 | 36.2 |
| 年末拥有机械设备总台数(万台) | Number of Machinery and Equipment Owned(year-end) (10000 units) | 5.33 | 6.11 | 5.33 |
| 年末拥有机械设备总功率(万千瓦) | Total Power of Machinery and Equipment Owned(year-end)(10000 kw) | 97.0 | 114.1 | 108.4 |
| 技术装备率(元/人) | Value of Machinery Per Labourer(yuan/person) | 5926 | 18714 | 9146 |
| 动力装备率(千瓦/人) | Power of Machinery Per Labourer(kw/person) | 4.5 | 8645 | 5.7 |
| 产值利润率(%) | Ratio of Profits to Gross Output Value(%) | 1.3 | 5.7 | 1.5 |
| 优良品率 | Rate of High Quality Projects | | | |
| 按单位工程个数计算(%) | Calculated by Number of Projects(%) | 28.7 | 32.1 | 38.1 |
| 按房屋竣工面积计算(%) | Calculated by Floor Space of Buildings Completed(%) | 30.9 | 42.2 | 48.6 |

## 28-2-4 浙江全省集体经济建筑企业主要经济指标(1996—1998年)

MAJOR ECONOMIC INDICATORS OF COLLECTIVE-OWNED CONSTRUCTION ENTERPRISES OF ZHEJIANG PROVINCE(1996—1998)

| 指标 | Item | 1996 | 1997 | 1998 |
|---|---|---|---|---|
| 建筑业总产值(亿元) | Gross Output Value of Construction (100 million yuan) | 582.0 | 566.2 | 463.8 |
| 增加值(亿元) | Added Value(100 million yuan) | 144.3 | 143.8 | 103.8 |
| 实现利润总额(亿元) | Total Profits Realized(100 million yuan) | 11.4 | 10.3 | 8.6 |
| 上缴税金(亿元) | Taxes Tuned over to State(100 million yuan) | 16.4 | 17.0 | 14.4 |
| 房屋建筑施工面积(万平方米) | Floor Space of Buildings under Construction (10000 sq.m) | 9520.4 | 8604.4 | 6654.2 |
| 房屋建筑竣工面积(万平方米) | Floor Space of Buildings Completed(10000 sq.m) | 4459.7 | 4051.8 | 3031.9 |
| 房屋竣工率(%) | Percentage of Buildings Completed(%) | 46.8 | 47.1 | 45.6 |
| 全部职工平均人数(万人) | Average Number of Staff and Workers (10000 persons) | 102.35 | 95.39 | 75.81 |
| 年末拥有固定资产原值(亿元) | Original Value of Fixed Assets Owned (yuar-end) (100 million yuan) | 111.1 | 124.1 | 103.6 |
| 年末拥有固定资产净值(亿元) | Net Value of Fixed Assets Owned (year-end) (100 million yuan) | 88.0 | 96.0 | 80.4 |
| 年末拥有机械设备总功率(万台) | Number of Machinery and Equipment Owned(year-end) (10000 units) | 31.8 | 30.66 | 25.70 |
| 年末拥有机械设备(万千瓦) | Total Power of Machinery and Equipment Owned(year-end)(10000 kw) | 299.7 | 314.6 | 237.3 |
| 机械设备总产值(亿元) | Net Value of Machinery and Equipment Owned (year-end)(100 million yuan) | 50.2 | 55.1 | 45.9 |
| 技术装备率(元/人) | Value of Machinery per Labourer(yuan/person) | 4903 | 5776 | 5930 |
| 动力装备率(千瓦/人) | Power of Machinery Per Labourer(kw/person) | 2.9 | 3.3 | 3.1 |
| 产值利润率(%) | Ratio of Profits to Gross Output Value(%) | 2.0 | 1.8 | 1.9 |
| 优良品率 | Rate of High Quality Projects | | | |
| 按单位工程个数计算(%) | Calculated by Number of Projects(%) | 20.5 | 23.9 | 27.1 |
| 按房屋竣工面积计算(%) | Calculated by Floor Space of Buildings Completed(%) | 31.6 | 39.0 | 45.3 |

# 28－2－5　浙江省部分城市建筑业企业工程质量(1998年)

## QUALITY OF PROJECTS BY CONSTRUCTION ENTERPRISES IN SOME CITIES OF ZHEJIANG PROVINCE(1998)

| 地区 Region | | 验收鉴定的单位工程竣工个数(个) Number of Completed Projects Checked (unit) | #优良品 # High Quality Projects | 单位工程优良品率(%) Percentage of High Quality Projects (%) | 验收鉴定的房屋建筑竣工面积(万平方米) Floor Space of Buildings Checked Completed (10000 sq.m) | #优良品 # High Quality Projects | 房屋竣工面积优良品率(%) Percentage of Floor Space of High Quality Buildings (%) |
|---|---|---|---|---|---|---|---|
| **全　省** | **Total** | **26572** | **7247** | **27.3** | **4868.35** | **2241.28** | **46.0** |
| 杭州市 | Hangzhou | 4644 | 1284 | 27.6 | 630.24 | 276.95 | 43.9 |
| 宁波市 | Ningbo | 3998 | 953 | 23.8 | 702.17 | 316.05 | 45.00 |
| 温州市 | Wenzhou | 2559 | 689 | 26.9 | 482.34 | 188.20 | 39.00 |
| 嘉兴市 | Jiaxing | 2178 | 507 | 23.3 | 234.33 | 115.62 | 49.3 |
| 湖州市 | Huzhou | 2324 | 337 | 14.5 | 161.58 | 62.51 | 38.70 |
| 绍兴市 | Shaoxing | 4040 | 1325 | 32.8 | 1250.73 | 636.31 | 50.90 |
| 金华市 | Jinhua | 2825 | 1197 | 42.4 | 731.32 | 373.71 | 51.1 |
| 衢州市 | Quzhou | 922 | 197 | 21.4 | 119.94 | 45.64 | 38.1 |
| 舟山市 | Zhoushan | 544 | 114 | 21.0 | 75.10 | 23.21 | 30.90 |
| 台州市 | Taizhou | 1751 | 533 | 30.4 | 418.30 | 190.71 | 45.6 |
| 丽水地区 | Lishui Prefecture | 787 | 111 | 14.1 | 62.30 | 12.37 | 19.8 |

## 28－2－6 浙江全省部分地市建筑业企业技术装备情况(1998 年)

MACHINES OF CONSTRUCTION ENTERPRISES OF SOME CITIES OF ZHEJIANG PROVINCE(1998)

| 地区 | Region | 自有机械设备总台数(台) Number of Machinery and Equipment Owned (unit) | 自有机械设备总功率(万千瓦) Total Power of Machinery and Equipment Owned (10000 kw) | #施工机械功率 # Power of Construction Machinery | 自有机械设备净值(万元) Net Value of Machinery and Equipment Owned (10000 yuan) | 技术装备率(元/人) Value of Machinery Per Labourer (yuan/person) |
|---|---|---|---|---|---|---|
| **全　省** | Total | **461451** | **503.86** | **413.26** | **970409** | **6809** |
| 杭州市 | Hangzhou | 82416 | 101.52 | 76.72 | 194054 | 7682 |
| 宁波市 | Ningbo | 55866 | 66.83 | 53.33 | 130867 | 7182 |
| 温州市 | Wenzhou | 41357 | 52.78 | 41.95 | 93421 | 7989 |
| 嘉兴市 | Jiaxing | 28237 | 19.67 | 17.10 | 36036 | 6178 |
| 湖州市 | Huzhou | 18550 | 17.57 | 14.30 | 31017 | 6094 |
| 绍兴市 | Shaoxing | 102241 | 97.83 | 84.28 | 214308 | 6226 |
| 金华市 | Jinhua | 55405 | 58.09 | 47.79 | 119737 | 5968 |
| 衢州市 | Quzhou | 12968 | 14.35 | 11.57 | 16845 | 4576 |
| 舟山市 | Zhoushan | 9740 | 10.32 | 9.48 | 19948 | 7174 |
| 台州市 | Taizhou | 46819 | 52.38 | 47.56 | 99548 | 7631 |
| 丽水地区 | Lishui Prefecture | 7852 | 12.53 | 9.19 | 14626 | 6040 |

# 第二十九章　安徽省房地产统计

# CHAPTER 29　REAL ESTATE STATISTICS OF ANHUI PROVINCE

# 29-1-1　安徽全省房地产开发综合统计(1999年)

COMPOSITE STATISTICS OF REAL ESTATE DEVELOPMENT OF ANHUI PROVINCE(1999)

| 项目 | Item | 合计 Total |
|---|---|---|
| 一、房地产开发投资额(亿元) | **Investment Value of Real Estate Development** (100 **million yuan**) | |
| 住宅 | Residence | 48.05 |
| 办公楼 | Office | 6.42 |
| 商业营业用房 | Commerce | 11.46 |
| 二、商品房销售额(亿元) | **Sale of Commercial Buildings**(100 **million yuan**) | 54.84 |
| 住宅 | Residence | 40.86 |
| 办公楼 | Office | 2.48 |
| 商业营业用房 | Commerce | 11.31 |
| 销售给个人 | Sold to Individuals | |
| 住宅 | Residence | 29.47 |
| 办公楼 | Office | — |
| 商业营业用房 | Commerce | — |
| 三、房地产开发资金来源(亿元) | **Funds Sources of Real Estate Development** (100 **million yuan**) | |
| 国家预算内资金 | State Budgetary Funds | 0.83 |
| 国内贷款 | Domestic Loans | 16.52 |
| 债券 | Bonds | 0.27 |
| 利用外资 | Foreign Investment | 0.83 |
| 自筹资金 | Fund Raising | 20.64 |
| 定金及预收款 | Deposits and Pre-charges | — |

29－1－1续表(Continued)

| 项目 | Item | 合计 Total |
|---|---|---|
| 其他资金 | Others | 34.53 |
| **四、房地产开发面积(万平方米)** | **Floor Space of Real Estate Development** (10000 sq.m) | |
| 商品房施工面积 | Floor Space of Commercial Buildings under Construction | 1369.34 |
| 住宅 | Residence | 1034.14 |
| 办公楼 | Office | 92.19 |
| 商业营业用房 | Commerce | 204.05 |
| 商品房新开工面积 | FLoor Space of Commercial Buildings Newly Starting | 646.6 |
| 住宅 | Residence | 538.0 |
| 办公楼 | Office | 27.7 |
| 商业营业用房 | Commerce | 63.8 |
| 商品房竣工面积 | Floor Space of Commercial Buildings Completed | 631.07 |
| 住宅 | Residence | 503.15 |
| 办公楼 | Office | 29.51 |
| 商业营业用房 | Commerce | 88.18 |
| 商品房销售面积 | Floor Space of Commercial Buildings Sold | 445.1 |
| 住宅 | Residence | 383.9 |
| 办公楼 | Office | 12.7 |
| 商业营业用房 | Commerce | 47.30 |

# 29-1-2　安徽全省主要年份房地产开发情况(1995—1998年)

REAL ESTATE DEVELOPMENT OF MAIN YEARS OF ANHUI PROVINCE(1995—1998)

| 指　标 Item | 1995 | 1996 | 1997 | 1998 |
|---|---|---|---|---|
| **投资额(万元) Investment Value (10000yuan)** | | | | |
| 计划总投资 Total Investment Value Planned | 1311280 | 1307314 | 1653684 | 2043556 |
| 本年计划投资 Investment Value Planned This Year | 387664 | 464510 | 575356 | 622966 |
| 本年完成投资 Investment Value Completed This Year | 361015 | 424172 | 475927 | 578239 |
| 商品房建设投资 Investment in Commercial Buildings Construction | 262092 | 344327 | 400495 | 491552 |
| 土地开发投资 Investment in Land Development | 45117 | 57493 | 37764 | 56702 |
| 按构成分 Grouped by Use of Funds | | | | |
| 建筑工程 Construction | 275409 | 306059 | 347600 | 421726 |
| 安装工程 Installation | 15743 | 21310 | 28987 | 54590 |
| 设备、工器具购置 Purchase of Equipment and Instruments | 4142 | 6278 | 7166 | 6725 |
| 其他费用 Others | 65721 | 90525 | 92174 | 95198 |
| #土地购置费 Purchase of Land | 31280 | 38890 | 44555 | 35511 |
| 按用途分 Grouped by Purpose of Projects | | | | |
| 住　宅 Residence | 196623 | 233351 | 270586 | 368969 |
| 办公楼 Office | 39915 | 33115 | 43817 | 44024 |
| 商业营业用房 Commerce | 59609 | 95127 | 92190 | 92335 |
| 其　他 Others | 64868 | 62579 | 69334 | 72911 |
| **新增固定资产(万元) Newly Increased Fixed Assets(10000 yuan)** | 199237 | 310269 | 429418 | 423067 |
| **本年完成开发土地面积(平方米) Area of Land Developed This Year(sq.m)** | 3300600 | 2043733 | 1474333 | 2347793 |
| **本年购置土地面积(平方米) Area of Land Purchased This Year(sq.m)** | 2813900 | 1913623 | 2114022 | 3249598 |

29－1－2 续表(Continued)

| 指　标 Item | 1995 | 1996 | 1997 | 1998 |
|---|---|---|---|---|
| **本年资金来源合计(万元) Total Funds Source This Year(10000yuan)** | 527571 | 581290 | 672464 | 783411 |
| 上年末结余资金 Cash Surplus of The End of Last Year | 84722 | 74067 | 118105 | 103675 |
| 本年资金来源小计 Total Funds Source This Year | 442849 | 507223 | 554359 | 679736 |
| 国家预算内资金 State Budgetary Funds | 2092 | 1627 | 2254 | 14480 |
| 国内贷款 Domestic Loans | 104851 | 119672 | 137670 | 155774 |
| 债　券 Bonds | 378 | 3527 | 58 | 156 |
| 利用外资 Foreign Investment | — | — | — | 20654 |
| 自筹资金 Fund Raising | 100539 | 131327 | 146997 | 164051 |
| 其他资金来源 Others | 203527 | 227928 | 249231 | 324621 |
| **商品房建筑竣工、销售面积(平方米) Floor Space of Commercial Buildings(sq.m)** | | | | |
| 施工面积 Floor Space under Construction | 9048408 | 9949230 | 10776807 | 12285846 |
| # 新开工面积 # Floor space Newly Starting | 3768112 | 4194792 | 4652678 | 6005751 |
| 竣工面积 Floor Space Completed | 3524788 | 4060028 | 4934350 | 5541578 |
| 商品房销售面积 Floor Space of Commercial Buildings Sold | 2204436 | 2536565 | 2722327 | 4051862 |
| # 销售给个人 # Sold to Individuals | 957080 | 1198482 | 1508302 | 2104240 |
| 空置面积 Floor Space Vacant | 618374 | 738861 | 1495982 | 1576628 |
| **商品房竣工价值(万元) Value of Commercial Buildings Completed(10000yuan)** | 220840 | 271069 | 338136 | 352997 |
| **商品房销售额(万元) Sales of Commercial Buildings(10000yuan)** | 223896 | 255350 | 307805 | 453996 |
| # 销售给个人 # Sold to Individuals | 90851 | 116106 | 143433 | 227599 |

# 29－1－3 安徽全省房地产开发投资情况(1998 年)

## INVESTMENT IN REAL ESTATE DEVELOPMENT OF ANHUI PROVINCE(1998)

| 项目 Item | 企业数(个) Number of Enterprises (number) | 实际需要总投资(万元) Total Investment Value Actually Needed (10000 yuan) | 累计完成投资(万元) Accumulatively Completed Investment (10000yuan) | 累计新增固定资产(万元) Accumulative Newly Increased Fixed Assets (10000yuan) | 本年完成投资(万元) Investment Completed This Years (10000yuan) | #商品房建设投资额 Investment Value in Commercial Construction | #土地开发投资额 Investment Value in Land Development |
|---|---|---|---|---|---|---|---|
| **总计 Total** | **824** | **2053368** | **1126147** | **622966** | **578239** | **491552** | **56702** |
| 按经济类型分 Grouped by Ownership | | | | | | | |
| 国有经济 State-owned | 295 | 854620 | 456981 | 288909 | 231569 | 199059 | 18638 |
| 集体经济 Collective-owned | 14 | 83383 | 53407 | 41753 | 13011 | 9516 | 1025 |
| 私营经济 Private | 180 | 252542 | 156949 | 96773 | 104072 | 92220 | 7137 |
| 联营经济 Joint-owned Venture | 64 | 102278 | 57506 | 18121 | 34951 | 25749 | 8054 |
| 股份有限公司 Stock Limited Company | 7 | 22562 | 8790 | 4628 | 5685 | 5105 | 450 |
| 有限责任公司 Limited-liability Company | 75 | 163590 | 83534 | 51847 | 55135 | 47133 | 5834 |
| 中外合资、合作经营 Join Investment, Joint Cooperative Companies | 106 | 204169 | 107350 | 47421 | 60330 | 47407 | 9541 |
| 外资企业 Foreign Investment | 24 | 124553 | 57639 | 22959 | 16790 | 14989 | 775 |
| 与大陆合资、合作经营企业 Joint Venture, Co－operative by Hong Kong, Macao and Taiwan Investment | 6 | 19325 | 15045 | 8677 | 9430 | 7802 | 1627 |
| 港澳台独资企业 Hong Kong, Macao and Taiwan Enterprises | 53 | 226346 | 125946 | 41858 | 47266 | 42572 | 3711 |
| 其他经济 Others | — | — | — | — | — | — | — |
| 按隶属关系分 Groped by Administrative Relationship | | | | | | | |
| 中央 Central | 15 | 185994 | 50951 | 37677 | 20146 | 18119 | 927 |
| 省 Province | 62 | 209186 | 99924 | 35294 | 40314 | 31796 | 5525 |
| 地区 Prefecture | 307 | 790287 | 476176 | 275460 | 237936 | 209135 | 21851 |
| 县 County | 213 | 325599 | 171144 | 110940 | 119905 | 101115 | 8778 |
| 乡镇企业 Township | 84 | 112407 | 69362 | 46392 | 42703 | 37433 | 3069 |
| 其他 Others | 143 | 429895 | 258590 | 117203 | 117235 | 93954 | 16552 |

# 29-1-4 安徽省地市房地产开发投资情况(按构成分类)(1998年)

INVESTMENT IN REAL ESTATE DEVELOPMENT BY REGION OF ANHUI PROVINCE(GROUPED BY USE OF FUNDS)(1998)

单位:万元 Unit:10000 yuan

| 地区 Region | 本年完成投资 Investment Completed This Year | 建筑工程 Construction | 安装工程 Installation | 设备工器具购置 Purchase of Equipment and Instruments | 其他费用 Others | #土地购置费 # Purchase of Land |
|---|---|---|---|---|---|---|
| **全省总计 Total** | **578239** | **421726** | **54590** | **6725** | **95198** | **35511** |
| 合肥市 Hefei City | 155689 | 105690 | 13115 | 4366 | 32518 | 12740 |
| 芜湖市 Wuhu City | 68869 | 49423 | 6367 | 864 | 12215 | 4981 |
| 蚌埠市 Bengbu City | 48199 | 39882 | 2141 | 2 | 6174 | 688 |
| 淮南市 Huainan City | 19918 | 14402 | 592 | 52 | 4872 | 2177 |
| 马鞍山市 Ma'anshan City | 41610 | 37754 | 618 | — | 3238 | 410 |
| 淮北市 Huaibei City | 16264 | 14195 | — | — | 2069 | 1873 |
| 铜陵市 Tongling City | 36351 | 23772 | 7109 | 184 | 5286 | 283 |
| 安庆市 Anqing City | 28177 | 21906 | 3008 | 148 | 3115 | 1694 |
| 黄山市 Huangshan City | 23846 | 11805 | 2357 | 80 | 9604 | 1648 |
| 滁州市 Chuzhou City | 24087 | 18287 | 2088 | 125 | 3587 | 2654 |
| 阜阳市 Fuyang City | 22831 | 21144 | 815 | — | 872 | 331 |
| #亳州市 # Bozhou City | 10021 | 7509 | 525 | 66 | 1921 | 1690 |
| 宿县地区 Suxian Prefecture | 15715 | 11022 | 4202 | — | 491 | 71 |
| 六安地区 Lu'an Prefecture | 15394 | 5995 | 6636 | 351 | 2412 | 135 |
| 宜城地区 Yicheng Prefecture | 12477 | 10200 | 977 | 30 | 1270 | 973 |
| 巢湖地区 Chaohu Prefecture | 27021 | 22031 | 643 | 356 | 3991 | 2463 |
| 池州地区 Chizhou Prefecture | 11770 | 6709 | 3397 | 101 | 1563 | 700 |

# 29-1-5 安徽全省主要年份固定资产投资(1985—1998年)

INVESTMENT IN FIXED ASSETS OF MAIN YEARS OF ANHUI PROVINCE(1985—1998)

| 指标<br>Item | 1985 | 1990 | 1995 | 1996 | 1997 | 1998 |
|---|---|---|---|---|---|---|
| **投资总额 (万元)<br>Total Investment Value (10000 yuan)** | **807377** | **1229788** | **5325424** | **6141800** | **6873048** | **7290313** |
| 按经济类型分<br>Grouped by Ownership | | | | | | |
| 国有经济<br>State-owned Units | 416976 | 657761 | 3174551 | 3558672 | 3966740 | 3165546 |
| 集体经济<br>Collective-owoned Units | 59305 | 121990 | 876653 | 1235740 | 1355410 | 1261528 |
| 个体经济<br>Individuals | 331096 | 450037 | 1247623 | 1297713 | 1520205 | 1574803 |
| 其他各种经济<br>Others | — | — | 26597 | 49675 | 30693 | 1288436 |
| 按资金来源分<br>Grouped by Funds Sources | | | | | | |
| 国家预算内资金<br>State Badgetary Investment | 108580 | 91635 | 179039 | 211654 | 273969 | 256802 |
| 国内贷款<br>Domestic Loans | 137127 | 240815 | 1465420 | 1588604 | 1118426 | 1414119 |
| 利用外资<br>Foreign Investment | 1770 | 13918 | 293284 | 442394 | 550514 | 316504 |
| 债券<br>Bonds | — | — | 20912 | 11959 | 3210 | 70705 |
| 自筹投资<br>Fund Raising | 195744 | 523193 | 779521 | 2752338 | 3235441 | 4067960 |
| 其他投资<br>Others | 5306 | 36707 | 103899 | 614431 | 651748 | 1164223 |
| 按种类分<br>Grouped by Type of Construction | | | | | | |
| 基本建设<br>Capital Constnuction | 134812 | 270706 | 386224 | 1699943 | 1966078 | 2520093 |

29-1-5 续表(Continued)

| 指标<br>Item | 1985 | 1990 | 1995 | 1996 | 1997 | 1998 |
|---|---|---|---|---|---|---|
| 更新改造<br>Innovation | 126009 | 231089 | 964086 | 1023487 | 1153284 | 1096528 |
| 房地产开发<br>Real Estate Development | — | — | 361015 | 424172 | 475927 | 578239 |
| 其他投资<br>Others | 410662 | 612475 | 2300380 | 2728063 | 3071076 | 3095453 |
| 按构成分<br>Grouped by Use of Funds | | | | | | |
| 建筑安装工程<br>Construction and Installation | 543647 | 859610 | 3388229 | 3654143 | 4401273 | 4990669 |
| 设备、工具、器具购置<br>Purchase of Equipment and Instruments | 217506 | 303791 | 1488909 | 1831762 | 1776905 | 1582849 |
| 其他费用<br>Others | 46224 | 66387 | 448286 | 655895 | 694870 | 716795 |
| **新增固定资产(万元)<br>Newly Increased Fixed Assets (10000 yuan)** | 704376 | 1059057 | 4209492 | 5536756 | 6153423 | 5471305 |
| **房屋建筑面积(万平方米)<br>Floor Space of Buildings (10000 sq.m)** | | | | | | |
| 施工面积<br>Floor Space under Construction | 7622.0 | 5673.1 | 8002.8 | 7899.1 | 9049.8 | 9144.1 |
| 竣工面积<br>Floor Space Completed | 6742.3 | 5107.4 | 6614.8 | 6503.3 | 7457.6 | 7390.4 |
| #住宅<br>Residence | 5050.5 | 4452.8 | 4930.4 | 4857.3 | 5676.0 | 5954.7 |

注:1995年开始全社会固定资产中包括房地产投资额。

Note: Fixed asset includes investment value in real estate since 1995.

# 29－2－1　安徽全省房地产开发房屋面积及竣工价值情况(1998年)

SPACE OF BUILDINGS IN REAL ESTATE
DEVELOPMENT AND COMPLETION VALUE OF ANHUI PROVINCE(1998)

| 项目<br>Item | 施工面积<br>(平方米)<br>Floor Space under Construction(sq.m) | #新开工<br>Newly Starting | 竣工面积<br>(平方米)<br>Floor Space Completed (sq.m) | 竣工房屋价值<br>(万元)<br>Value of Buildings Completed<br>(10000 yuan) |
|---|---|---|---|---|
| 房屋建筑面积合计<br>Total Floor Space | 10776807 | 4652678 | 4934350 | 338136 |
| 住宅<br>Residenee | 7354125 | 3441775 | 3666198 | 228183 |
| #别墅、高档公寓<br>Villa, High－grade Apartment | 77231 | 25717 | 37438 | 4240 |
| 安居工程<br>Welfare Projects | 1322292 | 587498 | 717983 | 43543 |
| 办公楼<br>Office | 977588 | 311997 | 336035 | 26635 |
| 商业营业用房<br>Commerce | 2069378 | 768531 | 801518 | 74458 |
| 其他<br>Others | 375716 | 130375 | 130599 | 8860 |

# 29-2-2 安徽省地市房地产开发房屋面积及竣工价值情况(1998年)

## FLOOR SPACE OF BUILDINGS IN REAL ESTATE DEVELOPMENT AND COMPLETION VALUE BY REGION OF ANHUI PROVINCE(1998)

| 地 区 Region | 施工面积(平方米) Floor Space under Construction (sq.m) | #住宅 Residence | 竣工面积(平方米) Floor Space Completed (sq.m) | #住宅 Residence | 竣工面积价值(万元) Value of Buildings Completed (10000yuan) | #住宅 Residence |
|---|---|---|---|---|---|---|
| **全省总计 Total** | **10776807** | **7354125** | **4934350** | **3666198** | **338136** | **228183** |
| 合肥市 Hefei City | 2709472 | 1392799 | 972046 | 601495 | 73479 | 39003 |
| 芜湖市 Wuhu City | 1385506 | 1020897 | 732072 | 565024 | 54054 | 39321 |
| 蚌埠市 Bengbu City | 985959 | 683590 | 405746 | 291914 | 26016 | 16460 |
| 淮南市 Huainan City | 305485 | 244485 | 162186 | 142724 | 9880 | 8662 |
| 马鞍山市 Ma'anshan City | 900732 | 561819 | 464579 | 344904 | 31304 | 21722 |
| 淮北市 Huaibei City | 280028 | 220893 | 93197 | 66727 | 6646 | 4006 |
| 铜陵市 Tongling City | 570208 | 494283 | 231763 | 195104 | 19291 | 15700 |
| 安庆市 Anqing City | 980808 | 727385 | 471783 | 386735 | 23710 | 19041 |
| 黄山市 Huangshan City | 372426 | 253936 | 191492 | 126116 | 15500 | 8705 |
| 滁州市 Chuzhou City | 328498 | 295296 | 154357 | 142154 | 10089 | 9171 |
| 阜阳市 Fuyang City | 758084 | 532322 | 452980 | 316218 | 30198 | 17084 |
| #亳州市 #Bozhou City | 94613 | 75928 | 63930 | 47890 | 2042 | 1443 |
| 宿县地区 Suxian Prefecture | 181043 | 153703 | 77273 | 69833 | 4923 | 4445 |
| 六安地区 Lu'an Prefecture | 166729 | 122196 | 120214 | 85884 | 7234 | 5160 |
| 宜城地区 Yicheng Prefecture | 192159 | 150022 | 93665 | 76569 | 6502 | 5145 |
| 巢湖地区 Chaohu Prefecture | 431325 | 309673 | 201329 | 162698 | 13304 | 9920 |
| 池州地区 Chizhou Prefecture | 228345 | 190826 | 109668 | 92099 | 6006 | 4638 |

# 29－3－1　安徽全省房地产开发房屋销售情况(1998 年)

SELLING OF BUILDINGS IN REAL ESTATE DEVELOPMENT OF ANHUI PROVINCE(1998)

| 指标<br>Item | 实际销售(平方米)<br>Floor Space Actually Sold (sq.m) | 预售(平方米)<br>Floor Space Pre-sold(sq.m) | 空置(平方米)<br>Floor Space Vacant(sq.m) | 出租(平方米)<br>Space Leasing (sq.m) | 实际销售额(万元)<br>Sales of Buildings Actually Sold(10000 yuan) |
|---|---|---|---|---|---|
| **合计 Total** | **2722327** | **817439** | **1495982** | **101771** | **307805** |
| #外销(租) Selling and Leasing Externally | 13324 | 5220 | — | 8232 | 2027 |
| 个人 Individuals | 1508302 | 298063 | — | 16986 | 143433 |
| 住宅 Residence | 2143816 | 660887 | 986327 | 16174 | 206153 |
| #别墅、高档公寓 # Villa, High-grade Apartment | 22930 | 20235 | 6142 | — | 4382 |
| 安居工程 Welfare Projects | 382619 | 57584 | 255549 | — | 28656 |
| #个人 Individuals | 1280215 | 221545 | — | 6508 | 111869 |
| 办公楼 Office | 100539 | 39225 | 80109 | 3269 | 13520 |
| 商业营业用房 Commerce | 451507 | 114879 | 383855 | 77378 | 85605 |
| 其他 Others | 26465 | 2448 | 45691 | 4950 | 2527 |

# 29-3-2 安徽省地市房地产开发房屋销售情况(1998年)

## SELLING OF BUILDINGS IN REAL ESTATE DEVELOPMENT BY REGION OF ANHUI PROVINCE(1998)

| 地 区<br>Region | 实际销售面积(平方米)<br>Floor Space Actually Sold (sq.m) | #售予个人<br># Sold to Individuals | #住宅<br>Residence | 实际销售额(万元)<br>Actual Sales (10000yuan) | #售予个人<br>Sold to Individuals | #住宅<br>Residence |
|---|---|---|---|---|---|---|
| **全省总计<br>Total** | **2722327** | **1508302** | **2143816** | **307805** | **143433** | **206153** |
| 合肥市<br>Hefei City | 529946 | 245797 | 329492 | 97747 | 36551 | 49876 |
| 芜湖市<br>Wuhu City | 377170 | 175769 | 291535 | 42431 | 16107 | 29305 |
| 蚌埠市<br>Bengbu City | 144083 | 61457 | 93827 | 19750 | 5927 | 11362 |
| 淮南市<br>Huainan City | 110749 | 78926 | 105402 | 11678 | 8469 | 10707 |
| 马鞍山市<br>Ma'anshan City | 125132 | 45381 | 109077 | 15803 | 5153 | 12508 |
| 淮北市<br>Huaibei City | 29089 | 10430 | 25437 | 3338 | 1098 | 2931 |
| 铜陵市<br>Tongling City | 168938 | 16504 | 160375 | 16282 | 1896 | 14794 |
| 安庆市<br>Anqing City | 235311 | 199913 | 202237 | 20524 | 15548 | 14392 |
| 黄山市<br>Huangshan City | 138370 | 61155 | 105351 | 13474 | 5251 | 8865 |
| 滁州市<br>Chuzhou City | 145354 | 84002 | 131599 | 12636 | 7288 | 11189 |
| 阜阳市<br>Fuyang City | 233398 | 187445 | 181709 | 15938 | 12584 | 10687 |
| #亳州市<br># Bozhou City | 46429 | 19229 | 38479 | 3189 | 1505 | 2250 |
| 宿县地区<br>Suxian Prefecture | 78054 | 35763 | 73044 | 5339 | 2613 | 4857 |
| 六安地区<br>Lu'an Prefecture | 88746 | 59204 | 61524 | 5763 | 4065 | 3983 |
| 宣城地区<br>Yicheng Prefecture | 77690 | 58545 | 70147 | 6794 | 5124 | 6019 |
| 巢湖地区<br>Chaohu Prefecture | 154378 | 125472 | 130023 | 14287 | 11554 | 10001 |
| 池州地区<br>Chizhou Prefecture | 85919 | 62539 | 73073 | 6021 | 4205 | 4677 |

# 29－3－3　中房合肥指数历史值(1997—1999年)

CHINA REAL ESTATE INDEX SYSTEM HEFEI INDEX(1997—1999)

| 年份<br>Year | 季节<br>Quarter | 住宅<br>Residence | 办公用房<br>Office | 商业用房<br>Commerce | 城市指数<br>Composite Index |
|---|---|---|---|---|---|
| 1997 | 1 | 260 | 694 | 680 | 388 |
| 1997 | 2 | 261 | 701 | 680 | 389 |
| 1997 | 3 | 261 | 682 | 688 | 389 |
| 1997 | 4 | 262 | 683 | 690 | 390 |
| 1998 | 1 | 261 | 680 | 690 | 389 |
| 1998 | 2 | 264 | 677 | 688 | 390 |
| 1998 | 3 | 260 | 669 | 690 | 388 |
| 1998 | 4 | 260 | 665 | 687 | 387 |
| 1999 | 1 | 260 | 663 | 683 | 386 |
| 1999 | 2 | 260 | 659 | 680 | 385 |
| 1999 | 3 | 261 | 653 | 677 | 384 |
| 1999 | 4 | 262 | 647 | 674 | 383 |

# 29-4-1 安徽全省房地产土地开发投资情况(1998年)

## INVESTMENT IN LAND DEVELOPMENT OF REAL ESTATE OF ANHUI PROVINCE(1998)

单位:平方米 Unit:sq.m

| 项目 | Item | 本年完成开发土地面积 Area of Land Developed This Year | 正在开发的土地面积 Area of Land under Development | 待开发土地面积 Area of Land to Be Developed | 本年购置土地面积 Area of Land Purchased This Year |
|---|---|---|---|---|---|
| **总计** | **Total** | **1474333** | **1039525** | **1492315** | **2114022** |
| 按经济类型分 | Grouped by Ownership | | | | |
| 国有经济 | State-owned | 865081 | 431210 | 949642 | 986273 |
| 集体经济 | Collective-owned | 237583 | 158161 | 197899 | 311259 |
| 私营经济 | Private | 3668 | 14000 | — | 42730 |
| 联营经济 | Joint-owned Venture | 10950 | 21450 | 3200 | 20500 |
| 股份有限公司 | Stock Limited Company | 52232 | 72989 | 31773 | 155288 |
| 有限责任公司 | Limited-liability Company | 142611 | 278848 | 161156 | 397317 |
| 中外合资、合作经营 | Joint Investment, Joint Cooperative Companies | 81965 | 33262 | 113626 | 122261 |
| 外资企业 | Foreign Investment | 29000 | — | — | 19000 |
| 与大陆合资、合作经营企业 | Joint Venture, Co-operative by Hong Kong, Macao and Taiwan Investment | 1800 | 17713 | 9019 | 49774 |
| 港澳台独资企业 | Hong Kong, Macao and Taiwan Enterprises | 49443 | 11892 | 26000 | 9620 |
| 其他经济 | Other Economic | — | — | — | — |
| 按隶属关系分 | Grouped by Administrative Relationship | | | | |
| 中央 | Central | 32388 | 15000 | 10168 | 36556 |
| 省 | Province | 43977 | 78100 | 25333 | 104606 |
| 地区 | Prefecture | 695406 | 468251 | 698711 | 710057 |
| 县 | County | 563380 | 177334 | 484111 | 854078 |
| 乡镇企业 | Township | 14437 | 27533 | 27303 | 3000 |
| 其他 | Others | 124745 | 273307 | 246689 | 405725 |

# 29-4-2 安徽省地市房地产土地开发情况(1998年)

## LAND DEVELOPMENT IN REAL ESTATE BY REGION OF ANHUI PROVINCE(1998)

单位:平方米 Unit:sq.m

| 地区 | Region | 完成开发土地面积 Area of Land Developed | 正在开发土地面积 Area of Land under Development | 待开发土地面积 Area of land to Be Developed | 本年购置土地面积 Area of Land Purchased This Year |
|---|---|---|---|---|---|
| **全省总计** | **Total** | **1474333** | **1039525** | **1492315** | **2114022** |
| 合肥市 | Hefei City | 287969 | 337685 | 524380 | 556534 |
| 芜湖市 | Wuhu City | 119063 | 165352 | 245543 | 360306 |
| 蚌埠市 | Bengbu City | 151113 | 19000 | 39000 | 70782 |
| 淮南市 | Huainan Citg | 6580 | 18650 | — | 5250 |
| 马鞍山市 | Ma'anshan City | 98546 | 16297 | 8000 | 57732 |
| 淮北市 | Huaibei City | 800 | 800 | — | 800 |
| 铜陵市 | Tongling City | 73916 | 35416 | 32590 | 51106 |
| 安庆市 | Anqing City | 244660 | 181576 | 70732 | 336366 |
| 黄山市 | Huangshan City | 115410 | 74016 | 317574 | 131982 |
| 滁州市 | Chuzhou City | 54092 | 54125 | 10650 | 134943 |
| 阜阳市 | Fuyang City | 120054 | 41432 | 12000 | 123504 |
| #亳州市 | # Bozhou City | 90164 | 21932 | — | 59950 |
| 宿县地区 | Suxian Prefecture | 6200 | 600 | 500 | 5700 |
| 六安地区 | Lu'an Prefecture | 73800 | 44050 | 111600 | 20837 |
| 宜城地区 | Yicheng Prefecture | 2680 | 400 | 31540 | 117420 |
| 巢湖地区 | Chaohu Prefecture | 75232 | 34100 | 61450 | 112593 |
| 池州地区 | Chizhou Prefecture | 44218 | 16026 | 26756 | 28167 |

# 29-5-1 安徽全省主要年份建筑业企业主要经济指标(1980—1998年)

## MAJOR ECONOMIC INDICATORS OF CONSTRUCITON ENTERPRISES OF MAIN YEARS OF ANHUI PROVINCE(1980—1998)

| 指标 Item | 单位 Unit | 1980 | 1985 | 1990 | 1995 | 1996 | 1997 | 1998 |
|---|---|---|---|---|---|---|---|---|
| 建筑施工企业单位个数 Number of Construction Enterprises | 个 number | 206 | 310 | 338 | 478 | 1489 | 1468 | 1462 |
| 建筑总产值 Output Value of Construction | 万元 10000yuan | 97692 | 212594 | 350460 | 1400973 | 2405536 | 2359972 | 2356154 |
| 建筑工程 Construction | 万元 10000yuan | 87332 | 184060 | 300803 | 1193521 | 2043390 | 1974061 | 2038531 |
| 安装工程 Installation | 万元 10000yuan | 7502 | 20765 | 41181 | 186860 | 296724 | 326234 | 266372 |
| 房屋构筑物修理 Buildings Repair and Maintenance | 万元 10000yuan | 2495 | 6752 | 6994 | 12348 | 40254 | 46839 | 42828 |
| 非标准设备制造 Non-standard Equipment Manufacturing | 万元 10000yuan | 363 | 1017 | 1482 | 8244 | 25168 | 12838 | 8423 |
| 施工个数 Number of Projects under Construction | 个 number | 4881 | 13738 | 12778 | 16538 | 34360 | 29049 | 26569 |
| 竣工个数 Number of Projects Completed | 个 number | 2681 | 8379 | 6129 | 7361 | 19707 | 18803 | 16369 |
| 施工面积 Floor Space under Construction | 万平方米 10000sq.m | 898.50 | 1227.50 | 1075.30 | 1985.43 | 4018.32 | 3633.48 | 3596.40 |
| 竣工面积 Floor Space Completed | 万平方米 10000sq.m | 443.50 | 574.60 | 512.60 | 853.33 | 1975.46 | 1988.55 | 1858.64 |
| #住宅 # Residence | 万平方米 10000sq.m | 203.90 | 253.30 | 212.30 | 389.57 | 929.73 | 935.14 | 1025.10 |
| 房屋建筑面积竣工率 Rate of Completion(in terms of Floor Space) | % | 49.36 | 46.81 | 47.67 | 42.98 | 49.16 | 54.73 | 51.68 |
| 工程质量优良品率 Rate of High Quality Projects(in terms of Space) | % | 45.13 | 59.73 | 28.01 | 34.00 | 43.49 | 27.66 | 25.04 |
| 产值利润率 Rate of Profits to Output value | % | 3.66 | 4.96 | 1.19 | 0.06 | 1.22 | 0.43 | 0.03 |

29－5－1 续表(Continued)

| 指 标<br>Item | 单位<br>Unit | 1980 | 1985 | 1990 | 1995 | 1996 | 1997 | 1998 |
|---|---|---|---|---|---|---|---|---|
| 产值利税率<br>Rate of Pre-tax to Output Value | % | 3.96 | 7.05 | 3.86 | 2.97 | 4.32 | 3.47 | 3.40 |
| 自有固定资产原值<br>Original Value of Fixed Assets Owned | 万元<br>10000yuan | 119783 | 148221 | 215159 | 507546 | 903214 | 866958 | 864747 |
| 自有固定资产净值<br>Net Value of Fixed Assets Owned | 万元<br>10000yuan | 95755 | 111587 | 147220 | 361527 | 585283 | 584755 | 595601 |
| 自有机械设备台数<br>Number of Machinery Equipment Owned | 台<br>10000sets | — | 73015 | 80862 | 91742 | 180950 | 168510 | 191244 |
| 自有机械设备净价<br>Net Value of Machinery Equipment Owned | 万元<br>10000yuan | — | — | 79133 | 165092 | 289441 | 227886 | 245283 |
| 自有机械设备总功率<br>Total Power of Machinery and Equipment Owned | 万千瓦<br>10000kw | — | 122.25 | 133.31 | 169.97 | 250.73 | 234.89 | 220.05 |
| 利润总额<br>Total Profits | 万元<br>10000yuan | 3572 | 10541 | 4153 | 943 | 29375 | 10221 | 774 |
| 利税总额<br>Total Pre-tax Profits | 万元<br>10000yuan | 3872 | 14996 | 13534 | 41646 | 103854 | 81957 | 80036 |
| 全员劳动生产率<br>Overall Labor Productivity | | | | | | | | |
| 按总产值计算<br>In Terms of Gross Output Value | 元/人<br>yuan/person | 3618 | 6365 | 11066 | 36080 | 32420 | 34942 | 36498 |
| 按增加值计算<br>In Terms of Value Added | 元/人<br>yuan/person | 1262 | 2238 | 3855 | 10319 | 9643 | 10080 | 10902 |
| 技术装备率<br>Value of Machines Per Laborer | 元/人<br>yuan/person | — | — | 2499 | 4252 | 3901 | 3374 | 3800 |
| 动力装备率<br>Power of Machines Per Laborer | 千瓦/人<br>kw/person | — | 3.66 | 4.21 | 4.38 | 3.38 | 3.48 | 3.41 |

# 第三十章 福建省房地产统计

# CHAPTER 30 REAL ESTATE STATISTICS OF FUJIAN PROVINCE

# 30－1－1　福建全省房地产开发综合统计(1999年)

## COMMPOSITE STATISTICS OF REAL ESTATE DEVELOPMENT OF FUJIAN PROVINCE(1998)

| 项目 | Item | 合计 Total |
|---|---|---|
| 一、房地产开发投资额(亿元) | **Investment Value of Real Estate Development (100 million yuan)** | |
| 住宅 | Residence | 105.08 |
| 办公楼 | Office | 16.08 |
| 商业营业用房 | Commerce | 22.78 |
| 二、商品房销售额(亿元) | **Sale of Commercial Buildings(100 million yuan)** | 123.75 |
| 住宅 | Residence | 92.54 |
| 办公楼 | Office | 7.91 |
| 商业营业用房 | Commerce | 21.12 |
| 销售给个人 | Sold to Individuals | |
| 住宅 | Residence | 73.50 |
| 办公楼 | Office | — |
| 商业营业用房 | Commerce | — |
| 三、房地产开发资金来源(亿元) | **Funds Sources of Real Estate Development (100 million yuan)** | |
| 国家预算内资金 | State Budgetary Funds | 0.88 |
| 国内贷款 | Domestic Loans | 52.66 |
| 债券 | Bonds | 1.03 |
| 利用外资 | Foreign Investment | 20.42 |
| 自筹资金 | Fund Raising | 59.88 |
| 定金及预收款 | Deposits and Pre-charges | |

30－1－1 续表(Continued)

| 项目 | Item | 合计 Total |
|---|---|---|
| 其他资金 | Others | 136.11 |
| **四、房地产开发面积(万平方米)** | **Floor Space of Real Estate Development (10000 sq.m)** | |
| 商品房施工面积 | Floor Space of Commercial Buildings under Construction | 3166.96 |
| 住宅 | Residence | 2105.23 |
| 办公楼 | Office | 394.47 |
| 商业营业用房 | Commerce | 427.95 |
| 商品房新开工面积 | FLoor Space of Commercial Buildings Newly Starting | 1009.8 |
| 住宅 | Residence | 787.6 |
| 办公楼 | Office | 56.0 |
| 商业营业用房 | Commerce | 123.0 |
| 商品房竣工面积 | Floor Space of Commercial Buildings Completed | 788.82 |
| 住宅 | Residence | 604.21 |
| 办公楼 | Office | 64.75 |
| 商业营业用房 | Commerce | 82.33 |
| 商品房销售面积 | Floor Space of Commercial Buildings Sold | 599.7 |
| 住宅 | Residence | 511.6 |
| 办公楼 | Office | 21.4 |
| 商业营业用房 | Commerce | 54.3 |

# 30-1-2 福建全省房地产开发情况(1995—1998年)

## REAL ESTATE DEVELOPMENT OF FUJIAN PROVINCE(1995—1998)

| 项目 | Item | 1995 | 1996 | 1997 | 1998 |
|---|---|---|---|---|---|
| **完成投资额(万元)** | **Investment Value Completed (10000 yuan)** | **1513688** | **1516930** | **1483314** | **1656320** |
| 按经济类型分 | Grouped by Ownership | | | | |
| 国有经济 | State-owned | 530776 | 415445 | 379736 | 395024 |
| 集体经济 | Collective-owned | 110702 | 128836 | 115593 | 154039 |
| 其他经济 | Other Economic | 872210 | 972649 | 987985 | 1107257 |
| 按构成分 | Grouped by Use of Funds | | | | |
| 建筑工程 | Construction | 1051255 | 981121 | 968672 | 1042469 |
| 安装工程 | Installation | 73644 | 85244 | 86495 | 113529 |
| 设备、工器具购置 | Purchase of Equipment and Instruments | 45520 | 49186 | 46747 | 38757 |
| 按用途分 | Grouped by Purpose of Projects | | | | |
| 工业、建筑业 | Industry and Construction | | | | |
| 商业、运输、邮电业 | Commercial, Transportation and Post | 190552 | 235729 | 236280 | 226913 |
| 住宅 | Residence | 885071 | 752906 | 724855 | 854360 |
| 其他 | Others | 438065 | 528295 | 522179 | 575047 |
| 按隶属关系分 | Grouped by Administrative Relationship | | | | |
| 中央 | Central | 17784 | 36064 | 22588 | 13361 |
| 地方 | Local | 1495904 | 1480866 | 1460726 | 1642959 |
| **新增固定资产(万元)** | **Newly Increased Fixed Assets (10000yuan)** | **656382** | **751447** | **1172812** | **964440** |
| **施工面积(万平方米)** | **Floor Space under Construction (10000sq.m)** | **2506.77** | **2283.80** | **2401.24** | **2748.79** |
| #住宅 | # Residence | 1665.53 | 1469.85 | 1493 | 1730.97 |
| 本年竣工面积 | Floor Space Completed This Year | 732.63 | 526.28 | 662.77 | 578.74 |
| #住宅 | # Residence | 585.82 | 419.56 | 500.07 | 450.90 |
| **土地开发投资额(万元)** | **Investment Value in Land Development (10000yuan)** | **159786** | **235845** | **165261** | **166990** |
| 土地购置费(万元) | Purchase of Land (10000yuan) | 189275 | 107071 | 156625 | 242892 |
| 土地开发面积(万平方米) | Area of Land Development (10000sq.m) | 1618.39 | 835.78 | 737.63 | 448.10 |
| 商品房屋销售额(万元) | Sales of Commercial Buildings (10000yuan) | 661570 | 485111 | 835005 | 1050962 |
| #住宅(万元) | # Residence (10000yuan) | 461399 | 375607 | 620442 | 787052 |

# 30－1－3 福建全省历年住宅投资情况(1978—1999 年)

## INUESTMENT IN RESIDENCE OVER THE YEARS OF FUJIAN PROVINCE (1978—1998)

单位:亿元 Unit:100 million yuan

| 年份 Year | 总计 Total | 国有经济 State-owned Economic | 集体经济 Collective-owned Economic | 私人投资 Private Economic | 其他经济 Other Economic |
|---|---|---|---|---|---|
| 1978 | 0.46 | 0.46 | — | — | — |
| 1979 | 1.12 | 1.12 | — | — | — |
| 1980 | 1.89 | 1.86 | 0.03 | — | — |
| 1981 | 5.20 | 2.45 | 0.29 | 2.46 | — |
| 1982 | 8.42 | 3.35 | 0.45 | 4.62 | — |
| 1983 | 8.32 | 3.50 | 0.55 | 4.27 | — |
| 1984 | 9.62 | 3.36 | 0.69 | 5.57 | — |
| 1985 | 13.57 | 5.18 | 0.97 | 7.42 | — |
| 1986 | 15.27 | 4.79 | 1.05 | 9.43 | — |
| 1987 | 17.18 | 3.76 | 0.67 | 12.75 | — |
| 1988 | 25.00 | 4.89 | 1.20 | 18.91 | — |
| 1989 | 24.61 | 4.25 | 1.15 | 19.21 | — |
| 1990 | 35.88 | 10.03 | 1.17 | 24.68 | — |
| 1991 | 40.55 | 13.47 | 1.62 | 25.46 | — |
| 1992 | 62.87 | 22.44 | 1.70 | 38.73 | — |
| 1993 | 112.78 | 55.28 | 1.78 | 54.68 | 1.04 |
| 1994 | 178.38 | 94.22 | 5.74 | 77.22 | 1.20 |
| 1995 | 219.81 | 104.79 | 6.25 | 106.85 | 1.92 |
| 1996 | 223.47 | 93.19 | 7.01 | 122.01 | 1.26 |
| 1997 | 226.72 | 93.75 | 7.78 | 123.63 | 1.56 |
| 1998 | 256.52 | — | 7.12 | 136.49 | — |

# 30－1－4　福建全省主要年份城乡集体和个人住宅建设情况（1985—1998年）

RESIDENTIAL BUILDINGS CONSTRUCTION BY URBAN AND RURAL COLLECTIVEOWNED UNITS AND INDIVIDUALS OF MAIN YEARS OF FUJIAN PROVINCE(1985—1998)

| 年　份<br>Year | 集　体<br>Collective-owned Units | | 个人<br>Individuals | |
|---|---|---|---|---|
| | 城镇<br>Urban | 农村<br>Rural | 城镇<br>Urban | 农村<br>Rural |
| 投资额(万元)<br>Investment Value(10000yuan) | | | | |
| 1985 | 4093 | 5649 | 21508 | 52645 |
| 1990 | 4212 | 7468 | 62569 | 184214 |
| 1992 | 5689 | 11324 | 141146 | 246117 |
| 1993 | 36649 | 11431 | 238310 | 308467 |
| 1995 | 11176 | 51332 | 410699 | 657764 |
| 1997 | 14366 | 63476 | 442719 | 793547 |
| 1998 | 15315 | 55919 | 560415 | 804482 |
| 竣工面积(万平方米)<br>Floor Space Completed(10000sq.m) | | | | |
| 1985 | 17.40 | 72.53 | 239.51 | 826.99 |
| 1990 | 15.15 | 76.20 | 290.35 | 1803.53 |
| 1992 | 15.59 | 52.18 | 522.19 | 1670.00 |
| 1993 | 33.23 | 49.07 | 601.67 | 1356.00 |
| 1995 | 16.62 | 50.85 | 1009.28 | 1805.29 |
| 1997 | 18.32 | 129.11 | 1083.27 | 1929.44 |
| 1998 | 16.94 | 98.86 | 1175.60 | 2623.84 |

# 30-1-5 福建全省固定资产投资情况(1997—1998年)

INVESTMENT IN FIXED ASSETS OF FUJIAN PROVINCE(1997—1998)

| 项目 | Item | 1997 | 1998 |
|---|---|---|---|
| 一、投资总额(亿元) | **Total Investment Value(100million yuan)** | 898.47 | 1048.52 |
| 按经济类型分 | Grouped by Ownership | | |
| 国有经济 | State-owned | 567.98 | — |
| 基本建设 | Capital Construction | 274.18 | 343.63 |
| 更新改造 | Innovation | 137.31 | 168.34 |
| 其他投资 | Other Investment | 8.16 | — |
| 房地产投资 | Real Estate Development | 148.33 | 165.63 |
| 集体经济 | Collective-owned | 82.70 | 97.85 |
| 城镇 | Urban | 10.04 | — |
| 农村 | Rural | 72.66 | — |
| 私人投资 | Private Investment | 157.25 | 169.89 |
| 城镇 | Urban | 53.11 | — |
| 农村 | Rural | 104.14 | — |
| 其他经济 | Other Economic | 90.54 | — |
| 按构成分 | Grouped by Use of Funds | | |
| 建筑安装工程 | Construction and Installation Projects | 584.08 | 683.24 |
| 设备工具器具购置 | Purchase of Equipment and Instruments | 212.39 | 237.70 |
| 其他费用 | Others | 102.00 | 127.58 |
| 按工程用途分 | Grouped by Purpose of Projects | | |
| 第一产业 | Primary Industry | 27.83 | 25.52 |
| 第二产业 | Secondary Indusry | 261.76 | 320.35 |
| 第三产业 | Tertiary Indusry | 382.16 | 446.12 |
| 住宅 | Residence | 226.72 | 256.52 |
| 二、新增固定资产(亿元) | **Newly Increased Fixed Assets(100million yuan)** | 795.08 | — |
| 三、房屋建筑面积(万平方米) | **Floor Space of Buildings(10000sq.m)** | | |
| 施工面积 | Floor Space of Buildings under Construction | 8418.67 | 9546.30 |
| #住宅 | # Residence | 5282.36 | 6218.93 |
| 竣工面积 | Floor Space of Buildings Completed | 5161.38 | 5951.09 |
| #住宅 | # Residence | 3928.96 | 4628.66 |

# 30－2－1　福建全省历年住宅竣工面积情况(1978—1998年)

## FLOOR SPACE OF RESIDENTIAL BUILDINGS COMPLETED OVER THE YEARS OF FUJIAN PROVINCE(1978—1998)

单位:万平方米　Unit:10000 sq.m

| 年份 Year | 合计 Total | 国有经济 State-owned Economic | 集体经济 Collective-owned Economic | 私人经济 Private Economic | 其他经济 Other Economic |
|---|---|---|---|---|---|
| 1978 | 68.95 | 66.16 | 2.89 | — | — |
| 1979 | 125.58 | 122.46 | 3.12 | — | — |
| 1980 | 174.54 | 171.62 | 2.92 | — | 98.30 |
| 1981 | 1478.93 | 219.94 | 43.87 | 1215.12 | — |
| 1982 | 1481.64 | 271.45 | 157.07 | 1053.12 | — |
| 1983 | 1254.18 | 276.35 | 115.87 | 861.96 | — |
| 1984 | 1323.99 | 271.98 | 107.83 | 944.18 | — |
| 1985 | 1428.08 | 271.63 | 89.93 | 1066.52 | — |
| 1986 | 2150.40 | 273.19 | 106.69 | 1770.52 | — |
| 1987 | 1620.72 | 161.29 | 64.95 | 1394.48 | — |
| 1988 | 2326.26 | 158.96 | 60.68 | 2106.62 | — |
| 1989 | 1751.60 | 132.35 | 41.00 | 1578.25 | — |
| 1990 | 2410.53 | 225.30 | 91.35 | 2093.88 | — |
| 1991 | 2124.80 | 243.18 | 66.11 | 1815.51 | — |
| 1992 | 2554.60 | 294.64 | 67.77 | 2192.19 | — |
| 1993 | 2443.93 | 413.93 | 58.70 | 1957.67 | 13.63 |
| 1994 | 3639.98 | 595.45 | 78.96 | 2952.73 | 12.84 |
| 1995 | 3685.20 | 787.87 | 67.47 | 2814.57 | 15.29 |
| 1996 | 4017.69 | 673.88 | 89.51 | 3233.36 | 20.94 |
| 1997 | 3928.96 | 753.95 | 147.43 | 3012.71 | 14.87 |
| 1998 | 4628.66 | — | 115.80 | 3799.44 | — |

# 30－2－2 福建全省房屋竣工面积情况(1996—1998年)

## FLOOR SPACE OF BUILDINGS COMPLETED OF FUJIAN PROVINCE(1996—1998)

单位:万平方米 Unit:10000 sq.m

| 项 目 | Item | 1996 | 1997 | 1998 |
|---|---|---|---|---|
| **总计** | **Total** | **1424** | **1557** | **1494** |
| 厂房 | Factory Houses | 143 | 187 | 161 |
| 住宅 | Residence | 767 | 817 | 805 |
| 办公用房 | Office | 191 | 188 | 176 |
| 文化教育 | Culture and Education | 80 | 94 | 95 |
| 医疗用房 | Medical | 14 | 22 | 21 |
| 科研用房 | Science and Research | 1 | 2 | 5 |
| 其他 | Others | 228 | 247 | 231 |

# 30-3-1　福建全省建筑企业主要经济指标(1996—1998年)

## MAJOR ECONOMIC INDICATORS OF CONSTRUCTION ENTERPRISES OF FUJIAN PROVINCE(1996—1998)

| 项目 | Item | 1996 | 1997 | 1998 |
|---|---|---|---|---|
| 企业单位数(个) | Number of Enterprises(number) | 1451 | 1582 | 1707 |
| 总产值(亿元) | Total Output Value(100million yuan) | 210.00 | 226.89 | 244.67 |
| 增加值 | Value-added | 56.45 | 63.3 | 74.740 |
| 竣工产值 | Output Value of Completion | 137.51 | 169.25 | 166.56 |
| 房屋施工面积(万平方米) | Floor Space under Construction(10000sq.m) | 3523.30 | 3480.22 | 3742.41 |
| #本年新开工 | # Newly Starting This Year | 1546.20 | 1530.78 | 1774.75 |
| 房屋竣工面积(万平方米) | Floor Space Completed(10000sq.m) | 1424.10 | 1556.90 | 1494.34 |
| #优良工程面积 | # Space of High Quality Projects | 184.50 | 244.92 | 273.27 |
| #住宅 | # Residence | 767.10 | 8 | 804.76 |
| 职工年末人数(万人) | Number of Staff(Year-end)(10000persons) | 46.60 | 47.26 | 42.9 |
| 职工年平均人数 | Annual Average Number of Staff | 44.60 | 43.28 | 41.46 |
| 工程竣工个数(个) | Number of Projects Completed(number) | 11564 | 12990 | 13095 |
| #优良工程个数 | Number of High Quality Projects | 3149 | 3146 | 2198 |
| 优良品率(%) | Rate of High Quality Projects(%) | 27.2 | 24.2 | 16.79 |
| 全员劳动生产率(元/人) | Overall Labor Productivity(yuan/persons) | 47347 | 47046 | 56860 |
| 工资总额(亿元) | Total Wages(100million yuan) | 36.47 | 31.03 | 28.35 |
| 资本金合计 | Total Capital Funds | 50.75 | 62.76 | 80.25 |
| 流动资产年末数 | Year-end Flowting Assets | 249.64 | 280.00 | 320.46 |
| 固定资产原值 | Origindal Value of Fixed Assets | 58.59 | 71.52 | 89.67 |
| 固定资产净值 | Net Value of Fixed Assets | 46.20 | 53.70 | 69.18 |
| 企业总收入 | Total Revenue of Enterprises | 199.11 | 217.73 | 256.21 |
| 工程结算收入 | Total Income of Projects Account Settlement | 193.06 | 212.28 | 248.90 |
| 工程实际成本 | Actual Cost of Projects | 171.17 | 188.23 | 221.61 |
| 利润总额 | Total Profits | 2.35 | 2.84 | 2.61 |
| #工程结算利润 | Profits of Project Account Settlement | 14.93 | 16.39 | 17.54 |
| 利税总额 | Total Pre-tax Profits | 9.78 | 10.99 | 12.94 |

# 第三十一章　江西省房地产统计

# CHAPTER 31　REAL ESTATE STATISTICS OF JIANGXI PROVINCE

# 31-1-1 江西全省房地产开发综合统计(1999年)

## COMPOSITE STATISTICS OF REAL ESTATE DEVELOPMENT OF JIANGXI PROVINCE(1999)

| 项目 | Item | 合计 Total |
|---|---|---|
| 一、房地产开发投资额(亿元) | **Investment Value of Real Estate Development (100 million yuan)** | |
| 住宅 | Residence | 20.05 |
| 办公楼 | Office | 1.14 |
| 商业营业用房 | Commerce | 5.40 |
| 二、商品房销售额(亿元) | **Sale of Commercial Buildings(100 million yuan)** | 20.08 |
| 住宅 | Residence | 15.02 |
| 办公楼 | Office | 0.76 |
| 商业营业用房 | Commerce | 4.01 |
| 销售给个人 | Sold to Individuals | |
| 住宅 | Residence | 12.54 |
| 办公楼 | Office | — |
| 商业营业用房 | Commerce | — |
| 三、房地产开发资金来源(亿元) | **Funds Sources of Real Estate Development (100 million yuan)** | |
| 国家预算内资金 | State Budgetary Funds | 0.04 |
| 国内贷款 | Domestic Loans | 7.79 |
| 债券 | Bonds | 0.01 |
| 利用外资 | Foreign Investment | 3.00 |
| 自筹资金 | Fund Raising | 11.23 |
| 定金及预收款 | Deposits and Pre-charges | — |

31－1－1 续表(Continued)

| 项目 | Item | 合计 Total |
|---|---|---|
| 其他资金 | Others | 15.29 |
| **四、房地产开发面积(万平方米)** | **Floor Space of Real Estate Development** (10000 **sq.m**) | |
| 商品房施工面积 | Floor Space of Commercial Buildings under Construction | 807.92 |
| 住宅 | Residence | 608.91 |
| 办公楼 | Office | 29.83 |
| 商业营业用房 | Commerce | 152.55 |
| 商品房新开工面积 | FLoor Space of Commercial Buildings Newly Starting | 372.1 |
| 住宅 | Residence | 282.7 |
| 办公楼 | Office | 11.9 |
| 商业营业用房 | Commerce | 68.5 |
| 商品房竣工面积 | Floor Space of Commercial Buildings Completed | 361.38 |
| 住宅 | Residence | 286.18 |
| 办公楼 | Office | 10.44 |
| 商业营业用房 | Commerce | 57.60 |
| 商品房销售面积 | Floor Space of Commercial Buildings Sold | 244.90 |
| 住宅 | Residence | 206.0 |
| 办公楼 | Office | 5.6 |
| 商业营业用房 | Commerce | 29.7 |

## 31－1－2 江西全省房地产开发情况(1996—1998年)

### REAL ESTATE DEVELOPMENT OF JIANGXI PROVINCE(1996—1998)

| 指标 | Item | 1996 | 1997 | 1998 |
|---|---|---|---|---|
| 一、投资额(万元) | **Total Investment Value(10000 yuan)** | **263962** | **251323** | **271234** |
| #商品房建设投资额 | # Investment Value in Commercial Buildings Construction | 222316 | 188043 | 211498 |
| 土地开发投资额 | Investment Value in Land Development | 22235 | 24849 | 35863 |
| 按隶属关系分 | Grouped by Administrative Relationship | | | |
| 中央 | Central | 6967 | 6930 | 1472 |
| 地方 | Local | 256995 | 244593 | 269762 |
| 按经济类型分 | Grouped by Ownership | | | |
| 国有经济 | State-owned | 142110 | 119992 | 105937 |
| 集体经济 | Collective-owned | 21456 | 25161 | 25115 |
| 私营经济 | Private | 2202 | 3850 | 21498 |
| 联营经济 | Joint-owned Venture | 2087 | 1727 | 3691 |
| 股份有限公司 | Stock Limited Company | 12672 | 11658 | 14300 |
| 有限责任公司 | Limited-liability Company | 8882 | 20379 | 8379 |
| 中外合资经营 | Joint Venture | 32541 | 26442 | — |
| 中外合作经营 | Co-operative | 1804 | 4110 | — |
| 外资企业 | Foreign Funds | 12824 | 168 | — |
| 与大陆合资经营企业 | Hong Kong, Macao and Taiwan Joint Venture | 12435 | 13622 | — |
| 与大陆合作经营企业 | Hong Kong, Macao and Taiwan Co－operative | 918 | 712 | — |
| 港澳台独资企业 | Hong Kong, Macao and Taiwan Enterprises | 14031 | 22802 | — |

31-1-2续表(Continued)

| 指标 | Item | 1996 | 1997 | 1998 |
|---|---|---|---|---|
| 按构成分 | Grouped by Use of Funds | | | |
| 建筑工程 | Construction | 216003 | 195661 | 202154 |
| 安装工程 | Installation | 5018 | 5314 | 15228 |
| 设备工器具购置 | Purchase of Equipment and Instruments | 2476 | 2463 | 3203 |
| 其他费用 | Others | 40465 | 47885 | 50649 |
| #土地购置费 | # Purchase of Land | 14627 | 16354 | 29126 |
| 按工程用途分 | Grouped by Purpose of Projects | | | |
| 住宅 | Residence | 184164 | 156313 | 159692 |
| #别墅、高档公寓 | # Villa, High-grade Aprtment | 5033 | 5925 | 6604 |
| 安居工程 | Welfare Projects | 47906 | 33150 | 38178 |
| 办公楼 | Office | 10055 | 14832 | 15196 |
| 商业营业用房 | Commerce | 39465 | 37377 | 48744 |
| 其他 | Others | 30278 | 42801 | 47602 |
| **二、新增固定资产(万元)** | **Newly Increased Fixed Assets(10000 yuan)** | **199104** | **182225** | **205798** |
| **三、土地开发(公顷)** | **Land Development(hectare)** | | | |
| 本年完成开发土地面积 | Area of Land Development Completed This Year | 89.85 | 80.06 | 110.83 |
| 正在开发的土地面积 | Area of Land under Development | 121.20 | 143.42 | 90.20 |
| 待开发土地面积 | Area of Land to Be Developed | 88.58 | 99.87 | 68.55 |
| 本年购置土地面积 | Area of Land Purchased This Year | 157.50 | 160.04 | 168.84 |

# 31－1－3 江西全省房地产经营情况(1996—1998年)

## OPERATION OF REAL ESTATE OF JIANGXI PROVINCE(1996—1998)

单位:万元 Unit:10000 yuan

| 指标 | Item | 1996 | 1997 | 1998 |
|---|---|---|---|---|
| 资本金合计 | Total Capital Funds | 340313 | 259877 | — |
| #国家资本金 | # State-owned | — | 33217 | — |
| 资产总计 | Total Assets | 772896 | 609316 | 768563 |
| 负债总计 | Total Liabilities | 583170 | 467055 | 603897 |
| 经营收入总计 | Total Revenue | 141453 | 131730 | 162806 |
| 土地转让收入 | Income of Land Transferring | 4254 | 5187 | 6915 |
| 商品房屋销售收入 | Sales Income of Commercial Buildings | 126236 | 108995 | 144855 |
| #销售给个人 | # Sold to Individuals | 91045 | 85523 | 88351 |
| 商品住宅销售收入 | Sales Income of Commercial Residence | 105397 | 87875 | 97156 |
| #销售给个人 | # Sold to Individuals | 79918 | 68922 | 71988 |
| 房屋出租收入 | Income of Houses Leasing | 2069 | 1082 | 2060 |
| 其他收入 | Other Income | 8894 | 16466 | 8987 |
| 税金与利润 | Taxes and Profits | | | |
| 经营成本 | Operation Cost | 118241 | 107339 | 139299 |
| 经营税金及附加 | Business Tax and Extra Charges | 6931 | 6739 | 8552 |
| 利润总额 | Total Profits | －315 | －9541 | 11186 |
| 资金来源 | Grouped by Funds Sources | | | |
| 本年资金来源合计 | Total Funds of Sources This Year | 295932 | 233709 | 291942 |
| 国家预算内资金 | State Budgetary Investment | 753 | 286 | 1697 |
| 国内贷款 | Domestic Loans | 80522 | 69221 | 75553 |
| 债券 | Bonds | 62 | — | — |
| 利用外资 | Foreign Investment | 30913 | 25879 | 28898 |
| #外商直接投资 | # Direct Investment | 29778 | 18902 | 25031 |
| 对外借款 | Rmouings | 900 | — | 362 |
| 自筹资金 | Funds Raising | 63579 | 58478 | 73385 |
| #自有资金 | # Self-owned | 30297 | 26608 | 40029 |
| 其他 | Others | 230936 | 150500 | — |

# 31-1-4 江西各地市房地产开发投资情况(1998年)

## INVESTMENT IN REAL ESTATE BY REGIONS OF JIANGXI RPROVINCE(1998)

单位:万元 Unit:10000 yuan

| 地区 Region | 合计 Total | 国有经济 State-owned | 集体经济 Collective-owned | 私营经济 Private | 联营经济 Joint-owned | 股份制经济 Share-holding | 外商投资经济 Foreign Investment | 港澳台投资经济 HongKong, Macao and Taiwan Investment |
|---|---|---|---|---|---|---|---|---|
| **全省 Total** | **271234** | **105937** | **25115** | **21498** | **3691** | **21466** | **29164** | **55110** |
| 南昌市 Nanchang City | 78413 | 22639 | 6826 | 16 | — | 4914 | 23433 | 18730 |
| 景德镇市 Jingdezhen City | 9734 | 2010 | 2586 | 1181 | 2791 | 283 | 141 | 742 |
| 萍乡市 Pingxiang City | 16010 | 10564 | — | — | — | 4676 | 770 | — |
| 九江市 Jiujiang City | 37601 | 9307 | 2377 | 5096 | — | 4072 | — | 12529 |
| 新余市 Xinyu City | 5435 | 4677 | — | — | — | 160 | 250 | 348 |
| 鹰潭市 Yingtan City | 15492 | 6411 | 2220 | 1731 | — | 50 | 206 | 3585 |
| 赣州地区 Ganzhou Prefecture | 25090 | 10874 | 5173 | 2854 | 900 | 1269 | 640 | 3380 |
| 宜春地区 Yichun Prefecture | 20342 | 13143 | 80 | — | — | — | — | 6260 |
| 上饶地区 Shangrao Prefecture | 17023 | 5606 | 758 | 7057 | — | 1927 | 1554 | 121 |
| 吉安地区 Ji' an Prefecture | 27396 | 8803 | 4295 | 3563 | — | 1768 | — | 8147 |
| 抚州地区 Fuzhou Prefecture | 18698 | 11903 | 800 | — | — | 2347 | 2170 | 1268 |

# 31-1-5 江西部分地市房地产开发新增固定资产情况(1998年)

NEWLY INCREASED FIXED ASSETS IN REAL ESTATE DEVELOPMENT
OF SOME REGIONS OF JIANGXI PROVINCE(1998)

单位:万元 Unit:10000 yuan

| 地区 Region | 合计 Total | 国有经济 State-owned | 集体经济 Collective-owned | 私营经济 Private | 联营经济 Joint-owned | 股份制经济 Share-holding | 外商投资经济 Foreign Investment | 港澳台投资经济 HongKong, Macao and Taiwan Investment |
|---|---|---|---|---|---|---|---|---|
| **全省 Total** | **205798** | **77528** | **21867** | **15224** | **677** | **14977** | **33166** | **36382** |
| 南昌市 Nanchang City | 82698 | 20765 | 7409 | 1705 | — | 2989 | 26950 | 22880 |
| 景德镇市 Jingdezhen City | 14639 | 3334 | 3037 | 2865 | 677 | 1383 | 2803 | 550 |
| 萍乡市 Pingxiang City | 7636 | 6079 | — | — | — | 1256 | 301 | — |
| 九江市 Jiujiang City | 28051 | 5241 | 3912 | 3383 | — | 4297 | — | 6983 |
| 新余市 Xinyu City | 3661 | 2903 | — | — | — | 160 | 350 | 348 |
| 鹰潭市 Yingtan City | 7603 | 4853 | 1100 | 110 | — | — | — | 1540 |
| 赣州地区 Ganzhou Prefecture | 14969 | 8275 | 2882 | 850 | — | 241 | 300 | 2421 |
| 宜春地区 Yichun Prefecture | 1165 | 9576 | — | — | — | 1600 | — | — |
| 上饶地区 Shangrao Prefecture | 8030 | 3828 | 660 | 3180 | — | 120 | 242 | — |
| 吉安地区 Ji'an Prefecture | 11584 | 4561 | 1897 | 3131 | — | 1171 | — | — |
| 抚州地区 Fuzhou Prefecture | 15273 | 8123 | 970 | — | — | 3360 | 2320 | 500 |

# 31-1-6 江西全省主要年份城镇和工矿区私人建房情况（1990—1998年）

## BUILDINGS CONSTRUCTION BY INDIVIDUALS IN CITIES, TOWNS AND INDUSTRIAL AND MINING AREAS OF MAJOR YEARS OF JIANGXI PROVINCE(1990—1998)

| 项目 | Item | 1990 | 1995 | 1996 | 1997 | 1998 |
|---|---|---|---|---|---|---|
| **一、城镇、工矿区个数(个)** | **Number of Cities, Towns and Industrial and Mining Areas (number)** | **274** | **396** | **454** | **551** | **594** |
| 市 | Cities | 14 | 20 | 29 | 16 | 21 |
| 县城 | County Cities | 70 | 85 | 74 | 89 | 71 |
| 镇 | Towns | 178 | 278 | 335 | 421 | 476 |
| 工矿区 | Industrial and Mining Areas | 12 | 13 | 16 | 25 | 26 |
| **二、建房户数(户)** | **Number of Households Constructing Buildings(unit)** | **14843** | **33448** | **35291** | **31421** | **54106** |
| #农业户建房 | # Agricultural Households | 9695 | 21047 | 26591 | 20166 | 36172 |
| 市 | Cities | 2669 | 4162 | 2556 | 1947 | 3295 |
| 县城 | County Cities | 4408 | 10682 | 11227 | 11310 | 14400 |
| 镇 | Towns | 7716 | 17856 | 21033 | 17839 | 35873 |
| 工矿区 | Industrial and Mining Areas | 50 | 748 | 475 | 298 | 538 |
| **三、竣工房屋价值(万元)** | **Value of Buildings Completed (10000 yuan)** | **27173** | **124624** | **155714** | **173803** | **259408** |
| #农业户建房 | # Agricultural Households | 14752 | 65818 | 94637 | 90723 | 144250 |
| 市 | Cities | 5927 | 21952 | 11412 | 13607 | 19981 |
| 县城 | County Cities | 9863 | 46566 | 57975 | 82845 | 95469 |
| 镇 | Towns | 11306 | 54250 | 83419 | 74419 | 140887 |
| 工矿区 | Industrial and Mining Areas | 77 | 1856 | 2908 | 2932 | 3071 |
| 竣工住宅价值(万元) | Value of Residence Completed (10000yan) | 22819 | 108141 | 138583 | 149153 | 222413 |
| #农业户建房 | # Agricultural Households | 13232 | 60593 | 90294 | 82773 | 129303 |

31－1－6续表(Continued)

| 项目 | Item | 1990 | 1995 | 1996 | 1997 | 1998 |
|---|---|---|---|---|---|---|
| 市 | Cities | 5077 | 20791 | 10733 | 12639 | 18023 |
| 县城 | County Cities | 7324 | 37563 | 49983 | 69902 | 82237 |
| 镇 | Towns | 10643 | 48649 | 75953 | 64317 | 119509 |
| 工矿区 | Industrial and Mining Areas | 75 | 1138 | 1914 | 2295 | 2644 |
| **四、竣工房屋建筑面积(万平方米)** | **Floor Space of Buildings Completed (10000 sq.m)** | **182.29** | **495.06** | **562.49** | **663.77** | **887.98** |
| #农业户建房 | # Agricultural Households | 108.82 | 272.84 | 372.60 | 386.15 | 523.12 |
| 市 | Cities | 33.46 | 71.94 | 37.08 | 36.21 | 55.74 |
| 县城 | County Cities | 60.53 | 190.54 | 194.95 | 277.43 | 313.70 |
| 镇 | Towns | 87.63 | 226.41 | 320.61 | 340.27 | 507.68 |
| 工矿区 | Industrial and Mining Areas | 0.67 | 6.17 | 9.85 | 9.86 | 10.86 |
| 竣工住宅建筑面积(万平方米) | Floor Space of Residence Completed (10000sq.m) | 154.60 | 433.46 | 506.69 | 571.83 | 767.04 |
| #农业户建房 | # Agricultural Households | 100.60 | 253.69 | 357.93 | 351.51 | 457.01 |
| 市 | Cities | 31.96 | 68.66 | 33.93 | 33.51 | 51.80 |
| 县城 | County Cities | 51.72 | 158.47 | 171.54 | 237.33 | 261.62 |
| 镇 | Towns | 70.27 | 201.64 | 294.82 | 294.47 | 444.55 |
| 工矿区 | Industrial and Mining Areas | 0.65 | 4.69 | 6.40 | 6.52 | 9.07 |

# 31-1-7　江西全省固定资产投资情况(1995—1998年)

INVESTMENT IN FIXED ASSETS OF JIANGXI PROVINCE (1995—1998)

| 指标 | Item | 1995 | 1996 | 1997 | 1998 |
|---|---|---|---|---|---|
| 一、投资总额(万元) | **Total Investment Value (10000 yuan)** | **2841825** | **3558519** | **3843045** | **4547650** |
| 按经济类型分 | Grouped by Ownership | | | | |
| 国有经济 | State-owned | 1578969 | 1768689 | 1991245 | 2432166 |
| 集体经济 | Collective-owned | 220873 | 478598 | 533721 | 551394 |
| #农村 | # Rural | 160210 | 410000 | 453600 | 460000 |
| 个体经济 | Individual | 743443 | 1043102 | 1062900 | 1273690 |
| #农村 | # Rural | 617147 | 885186 | 885200 | 1000000 |
| 联营经济 | Joint-owned Venture | 6336 | 4117 | 8752 | 6148 |
| 股份制经济 | Share Holding Enterprises | 161096 | 128651 | 113881 | 108684 |
| 外商投资经济 | Foreign Investment | 94781 | 91457 | 71659 | 75948 |
| 港、澳、台投资经济 | Hong Kong, Macao and Taiwan Investment | 23095 | 37424 | 53749 | 93874 |
| 其他经济 | Other Economic | 13232 | 6481 | 7138 | 5746 |
| 按管理渠道分 | Grouped by Management Channel | | | | |
| 基本建设 | Capital Construction | 1017217 | 1145352 | 1302557 | 1730118 |
| 更新改造 | Innovation | 597737 | 602594 | 658714 | 661574 |
| 房地产开发 | Real Estate Development | 258631 | 263962 | 251323 | 271234 |
| 其他投资 | Others | 968240 | 1546611 | 1630451 | 1884720 |
| 二、资金来源合计(万元) | **Total Funds Sources(10000 yuan)** | **2824734** | **3559466** | **3774727** | **4595096** |
| 国家预算内资金 | State Budgetary Investment | 133839 | 176160 | 137082 | 228143 |
| 国内贷款 | Domestic Loans | 522011 | 672783 | 880018 | 894580 |

31－1－7 续表(Continued)

| 指标 | Item | 1995 | 1996 | 1997 | 1998 |
|---|---|---|---|---|---|
| 利用外资 | Foreign Investment | 207407 | 150910 | 97538 | 239136 |
| 自筹资金 | Funds Raising | 1667375 | 2225794 | 2281543 | 2699008 |
| 其他资金 | Others | 294102 | 333819 | 378546 | 534229 |
| **三、新增固定资产(万元)** | **Newly Increased Fixed Assets (10000 yuan)** | **2098117** | **2780158** | **3756409** | **3829117** |
| 基本建设 | Capital Construction | 581577 | 681782 | 1434935 | 1290380 |
| 更新改造 | Innovation | 495207 | 430191 | 571669 | 533904 |
| 房地产开发 | Real Estate Development | 116780 | 199104 | 182225 | 205798 |
| 其他投资 | Others | 904553 | 1469081 | 1567580 | 1799035 |
| **四、竣工房屋面积(万平方米)** | **Floor Space of Buildings Completed (10000 sq.m)** | **4383.29** | **5176.09** | **4910.30** | **5481.58** |
| 基本建设 | Capital Construction | 417.32 | 511.59 | 475.04 | 490.01 |
| 更新改造 | Innovation | 102.38 | 84.89 | 71.38 | 61.83 |
| 房地产开发 | Real Estate Development | 281.66 | 300.09 | 267.79 | 251.93 |
| 其他投资 | Others | 3581.93 | 4279.52 | 4096.09 | 4677.81 |
| **五、竣工住宅面积(万平方米)** | **Floor Space of Residence Completed(10000 sq.m)** | **3737.56** | **4457.63** | **3800.94** | **4732.05** |
| 基本建设 | Capital Construction | 197.83 | 243.98 | 215.86 | 240.81 |
| 更新改造 | Innovation | 19.66 | 28.75 | 16.81 | 24.03 |
| 房地产开发 | Real Estate Development | 224.01 | 251.40 | 216.34 | 197.31 |
| 其他投资 | Others | 3292.06 | 3933.50 | 3351.93 | 4269.90 |

注:资金来源合计为财务拨款数,不等于投资总额。

Note: Total funds sources was number assigned by financial budget, not equal to actual investment.

# 31－2－1　江西全省房地产开发施工、竣工房屋面积(1998 年)

FLOOR SPACE OF BUILDINGS UNDER CONSTRUCTION AND COMPLETED IN REAL ESTATE DEVELOPMENT OF JIANGXI PROVINCE(1998)

| 指　标 | Item | 施工面积(平方米) Floor Space under Construction (sq.m) | #新开工 # Newly Starting | 竣工面积(平方米) Floor Space Completed (sq.m) | 竣工价值(万元) Value of Completion (10000 yuan) |
|---|---|---|---|---|---|
| **合计** | **Total** | **6798350** | **2842178** | **2519252** | **191222** |
| 1. 住宅 | Residence | 5093624 | 2392723 | 1973082 | 130179 |
| #别墅、高档公寓 | # Villa, High-grade Apartment | 64257 | 32643 | 29273 | 4262 |
| 安居工程 | Welfare Projects | 1562524 | 819347 | 476187 | 27740 |
| 2. 办公楼 | Office | 455793 | 65629 | 131081 | 16937 |
| 3. 商业营业用房 | Commerce | 1103953 | 331827 | 361498 | 38433 |
| 4. 其他 | Others | 144980 | 51990 | 53591 | 5673 |

# 31－2－2 江西全省商品房屋销售与出租情况(1998年)

## SELLING AND LEASING OF COMMODITY BUILDINGS OF JIANGXI PROVINCE(1998)

| 指标 | Item | 实际销售(平方米) Floor Space Actually Sold(sq.m) | 预 售(平方米) Floor Space Pre-sold (sq.m) | 空 置(平方米) Floor Space Vacant(sq.m) | 出 租(平方米) Floor Space Leased(sq.m) | 实际销售额(万元) Sales of Actually Sold (10000yuan) |
|---|---|---|---|---|---|---|
| **合计** | **Total** | **1864743** | **591740** | **966054** | **104019** | **138757** |
| #外销(租) | # Selling and Leasing Externally | 1700 | 600 | — | — | 243 |
| 个人 | Individual | 1337682 | 347808 | — | 17143 | 80631 |
| 1.住宅 | Residence | 1533286 | 530782 | 681608 | 27959 | 91695 |
| #别墅、高档公寓 | # Villa, High - grade Apartment | 8781 | 7897 | 44048 | — | 1593 |
| 安居工程 | Welfare Projects | 437643 | 183429 | 51966 | — | 20033 |
| #个人 | Individual | 1195340 | 346681 | — | 5714 | 65422 |
| 2.办公楼 | Office | 58021 | 14740 | 88088 | 17252 | 10903 |
| 3.商业营业用房 | Commerce | 238541 | 44181 | 175108 | 49867 | 30948 |
| 4.其他 | Others | 34895 | 2037 | 21250 | 8941 | 5211 |

# 31-2-3　江西部分城市房屋面积和住房情况(1998年)

## SPACE OF HOUSES AND HOUSING CONDITIONS OF SOME CITIES OF JIANGXI PROVINCE(1998)

| 城市 City | | 房屋建筑面积(万平方米) Floor Space of Buildings (10000 sq.m) | #住宅 # Residence | 竣工房屋建筑面积(万平方米) Floor Space of Buildings Completed (10000sq.m) | #住宅 # Residence | 实有住宅居住面积(万平方米) Actual Living Space of Residence (10000 sq.m) |
|---|---|---|---|---|---|---|
| **合计** | **Total** | **14232** | **8460** | **593.92** | **459.41** | **4454.60** |
| 南昌市 | Nanchang City | 3672 | 2162 | 91.70 | 69.30 | 1373.68 |
| 景德镇市 | Jingdezhen City | 1368 | 726 | 47.00 | 40.00 | 371.00 |
| 萍乡市 | Pingxiang City | 825 | 468 | 57.00 | 46.00 | 265.00 |
| 九江市 | Jiujiang City | 1234 | 1067 | 50.25 | 45.02 | 455.70 |
| 新余市 | Xinyu City | 659 | 385 | 34.12 | 26.20 | 175.30 |
| 鹰潭市 | Yingtan City | 344 | 198 | 8.86 | 3.43 | 112.53 |
| 贵溪市 | Guixi City | 286 | 155 | 12.20 | 10.90 | 89.25 |
| 赣州市 | Ganzhou City | 911 | 500 | 38.72 | 24.68 | 239.84 |
| 宜春市 | Yichun City | 579 | 303 | 12.00 | 6.50 | 181.80 |
| 丰城市 | Fengcheng City | 249 | 173 | 19.00 | 18.00 | 64.90 |
| 高安市 | Gao'an City | 360 | 165 | 12.40 | 11.00 | 105.60 |
| 上饶市 | Shangrao City | 449 | 282 | 16.21 | 14.84 | 144.74 |
| 吉安市 | Ji'an City | 622 | 321 | 51.24 | 40.32 | 160.00 |
| 临川市 | Linchuan City | 572 | 430 | 25.63 | 19.50 | 192.50 |

## 31－2－4 江西部分城市房产市场(1998年)

HOUSES MARKET CONDITION OF SOME CITIES OF JIANGXI PROVINCE(1998)

| 城市<br>City | 房产买卖<br>Houses Selling | | | | 房产租赁<br>Houses Leasing | | | |
|---|---|---|---|---|---|---|---|---|
| | 成交面积(万平方米)<br>Floor Space Bargained (10000sq.m) | #住宅<br># Residence | 成交金额(万元)<br>Bargained Amount (10000yuan) | #住宅<br># Residence | 出租面积(万平方米)<br>Space Leased (10000sq.m) | #住宅<br># Residence | 租金收入(万元)<br>Income of Leasing (10000yuan) | #住宅<br># Residence |
| **合计<br>Total** | **335.70** | **180.00** | **227607** | **89885** | **476.18** | **395.29** | **4652** | **1177** |
| 南昌市<br>Nanchang City | 41.83 | 32.80 | 34161 | 18504 | 373.92 | 332.10 | 1979 | 1090 |
| 景德镇市<br>Jingdezhen City | 14.01 | 12.31 | 12496 | 8346 | 2.00 | 0.20 | 480 | 5 |
| 萍乡市<br>Pingxiang City | 4.02 | 4.02 | 1663 | 1663 | — | — | — | — |
| 九江市<br>Jiujiang City | 6.02 | 5.93 | 5996 | 5756 | 11530 | — | 427 | — |
| 新余市<br>Xinyu City | 11.99 | 10.80 | 7131 | 5272 | 2.10 | — | 130 | — |
| 鹰潭市<br>Yingtan City | 24.88 | 19.15 | 27590 | 11351 | 3.55 | — | 3 | — |
| 贵溪市<br>Guixi City | 1.94 | 1.46 | 1000 | 670 | 0.95 | — | 169 | — |
| 赣州市<br>Ganzhou City | 120.06 | 42.32 | 84087 | 16921 | 46.49 | 44.32 | 154 | 42 |
| 宜春市<br>Yichun City | 15.00 | 10.00 | 6900 | 4600 | — | — | — | — |
| 丰城市<br>Fengcheng City | 2.90 | 2.75 | 1680 | 1270 | 3.50 | — | 461 | — |
| 高安市<br>Gao'an City | 4.34 | 3.66 | 2075 | 1546 | 9.20 | 2.00 | 300 | 20 |
| 上饶市<br>Shangrao City | 29.57 | — | 15000 | — | — | — | — | — |
| 吉安市<br>Ji'an City | 22.40 | — | 11200 | — | — | — | — | — |
| 临川市<br>Linchuan City | 11.30 | 9.60 | 7590 | 5400 | — | — | — | — |

# 31-3-1 江西全省主要年份国有建筑施工企业主要经济指标（1995—1998年）

## MAJOR ECONOMIC INDICATORS OF STATE-OWNED CONSTRUCTION ENTERPRISES OF MAJOR YEARS OF JIANGXI PROVINCE(1995—1998)

| 指标 Item | 单位 Unit | 1995 | 1996 | 1997 | 1998 |
|---|---|---|---|---|---|
| 施工企业个数 Number of Construction Enterprises | 个 number | 196 | 241 | 218 | 240 |
| 年末实有全部职工人数 Actual Number of All Staff(Year-end) | 万人 10000persons | 12.45 | 15.60 | 14.90 | 14.06 |
| 总产值(自行完成施工产值) Gross Output Value of Construction | 亿元 100million yuan | 52.05 | 58.97 | 48.60 | 51.58 |
| 增加值 Value Added | 亿元 100million yuan | 16.10 | 14.83 | 16.77 | 10.72 |
| 房屋建筑施工面积 Floor Space under Construction | 万平方米 10000sq.m | 798.8 | 867.8 | 823.0 | 954.4 |
| 房屋建筑竣工面积 Floor Space Completed | 万平方米 10000sq.m | 280.7 | 341.3 | 322.4 | 341.8 |
| 房屋建筑面积竣工率 Rate of Completion of Floor Space | % | 35.1 | 39.3 | 39.2 | 35.8 |
| 全员劳动生产率(按施工产值计算) Overall Labor Productivity(in Terms of Output Value under Construction) | 元/人 yuan/person | 34298 | 37806 | 32620 | 37163 |
| 全员人均竣工面积 Overall Per Capita Floor Space Completed | 平方米/人 sq.m/person | 18.5 | 21.9 | 21.6 | 24.3 |
| 技术装备率 Value of Machines Per Laborer | 元/人 yuan/person | 4018 | 4037 | 487 | 31421 |
| 动力装备率 Power of Machines Per Laborer | 千瓦/人 kw/person | 4.2 | 3.9 | 4.7 | 4.1 |
| 工程质量优良品率 Rate of High Quality Projects | % | 25.4 | 32.5 | 48.7 | 36.3 |
| 利润总额 Total Profits | 万元 10000yuan | -6298 | -2436 | -5948 | -7775 |
| 资产总计 Total Assets | 万元 10000yuan | 625741 | 795412 | 863381 | 1011100 |

31－3－1 续表(Continued)

| 指标 Item | 单位 Unit | 1995 | 1996 | 1997 | 1998 |
|---|---|---|---|---|---|
| 年末拥有固定资产原值 Original Value of Fixed Assets Owned at Year-end | 万元 10000yuan | 197099 | 261793 | 310566 | 310200 |
| 年末拥有固定资产净值 Net Value of Fixed Assets Owned at Year-end | 万元 10000yuan | 140015 | 194218 | 223023 | 217800 |
| 竣工产值 Output Value of Completion | 亿元 100million yuan | 24.11 | 36.82 | 31.73 | 30.48 |
| 利税总额 Total Pre-tax Profits | 万元 10000yuan | 9099 | 11083 | 11564 | 9055 |
| 主营业务利润 Profit of Main Business | 万元 10000yuan | 41293 | 34445 | 41583 | 41320 |
| 自有机械设备年末总台数 Number of Machinery and Equipment Owned at Yearend | 万台 10000sets | 26976 | 28968 | 33300 | 33378 |
| 自有机械设备年末总功率 Total Power of Machinery and Equipment Owned at Year-end | 万千瓦 10000kw | 63.14 | 60.67 | 70.32 | 57.69 |
| 单位工程施工个数 Number of Projects under Construction | 个 number | 5647 | 4969 | 5018 | 5654 |
| #本年新开工个数 # Newly Starting This Year | 个 number | 2907 | 2649 | 2924 | 3555 |
| 单位工程竣工个数 Number of Projects Completed | 个 number | 2991 | 2386 | 2896 | 2886 |
| #优良工程个数 # Number of High Quality Projects | 个 number | 761 | 776 | 1409 | 2048 |

注：从1996年起，统计范围为具有资质等级四级以上的独立核算法人建筑业企业，下同。

Note: Statistics cover fourth-grade and higher construction enterprises with independent accounting system since 1996.

# 31－3－2 江西省各地市集体建筑施工企业主要经济指标(1998 年)

MATJOR ECONOMIC INDICATORS OF COLLECTIVE-OWNED CONSTRUCTION ENTERPRISES BY REGION OF JIANGXI PROVINCE(1998)

| 地区 | Region | 施工企业个数(个) Number of Construction Enterprises (number) | 增加值合计(万元) Total Value Added (10000yuan) | 施工面积(万平方米) Floor Space under Construction (10000sq.m) | # 本年新开工 # Newly Starting This Year | 竣工面积(万平方米) Floor Space Completed (10000sq.m) | # 住宅 # Residence |
|---|---|---|---|---|---|---|---|
| **全 省** | **Total** | **1084** | **191272** | **2226.85** | **1129.89** | **1035.49** | **650.02** |
| 南昌市 | Nanchang City | 111 | 65922 | 552.28 | 174.03 | 183.41 | 109.13 |
| 景德镇市 | Jingdezhen City | 49 | 4383 | 68.58 | 39.78 | 40.52 | 25.28 |
| 萍乡市 | Pingxiang City | 80 | 7917 | 81.36 | 50.72 | 37.87 | 24.17 |
| 九江市 | Jiujiang City | 142 | 21362 | 213.40 | 108.54 | 109.44 | 61.74 |
| 新余市 | Xinyu City | 58 | 13321 | 99.04 | 53.85 | 45.22 | 27.67 |
| 鹰潭市 | Yingtan City | 17 | 5176 | 50.02 | 37.33 | 26.03 | 13.47 |
| 赣州地区 | Ganzhou Prefecture | 152 | 17186 | 284.93 | 158.84 | 131.29 | 85.86 |
| 宜春地区 | Yichun Prefecture | 144 | 13704 | 279.47 | 168.47 | 145.40 | 97.11 |
| 上饶地区 | Shangrao Prefecture | 100 | 11079 | 161.37 | 93.19 | 93.51 | 56.47 |
| 吉安地区 | Ji'an Prefecture | 133 | 14597 | 239.24 | 132.15 | 118.86 | 78.49 |
| 抚州地区 | Fuzhou Prefecture | 98 | 16625 | 197.15 | 113.00 | 103.93 | 70.63 |

31－3－4 续表(Continued)

| 地区 Region | 施工产值（万元）Output Value under Construction (10000yuan) | 建筑工程 Construction Projects | 安装工程 Installation Projects | 房屋构筑物修理 Buildings Repair and Maintenance | 非标准设备制造 Non-standard Equipment Manufacturing | 竣工产值（万元）Output Value of Completion (10000 yuan) |
|---|---|---|---|---|---|---|
| **全省 Total** | **893805** | **799898** | **73944** | **10619** | **9343** | **573983** |
| 南昌市 Nanchang City | 312390 | 254222 | 55052 | 1643 | 1473 | 205190 |
| 景德镇市 Jingdezhen City | 21134 | 20204 | 449 | 423 | 59 | 14590 |
| 萍乡市 Pingxiang City | 28504 | 25050 | 2000 | 531 | 924 | 19189 |
| 九江市 Jiujiang City | 102386 | 95351 | 1703 | 1759 | 3574 | 51502 |
| 新余市 Xinyu City | 53215 | 44114 | 3767 | 2445 | 2890 | 24604 |
| 鹰潭市 Yingtan City | 21569 | 20128 | 1200 | 227 | 15 | 14177 |
| 赣州地区 Ganzhou Prefecture | 92031 | 89241 | 1728 | 857 | 205 | 55947 |
| 宜春地区 Yichun Prefecture | 77750 | 73988 | 2743 | 968 | 52 | 58871 |
| 上饶地区 Shangrao Prefecture | 47858 | 46197 | 1237 | 405 | 20 | 40430 |
| 吉安地区 Ji' an Prefecture | 69153 | 67515 | 1425 | 145 | 68 | 46673 |
| 抚州地区 Fuzhou Prefecture | 67815 | 63890 | 2642 | 1218 | 65 | 42811 |

# 第三十二章　山东省房地产统计

# CHAPTER 32　REAL ESTATE STATISTICS OF SHANDONG PROVINCE

# 32－1－1 山东全省房地产开发综合统计(1999年)

## COMPOSITE STATISTICS OF REAL ESTATE DEVELOPMENT OF SHANDONG PROVINCE(1999)

| 项 目 | Item | 合计 Total |
|---|---|---|
| 一、房地产开发投资额(亿元) | **Investment Value of Real Estate Development**（100 million yuan） | |
| 住宅 | Residence | 108.01 |
| 办公楼 | Office | 11.87 |
| 商业营业用房 | Commerce | 20.07 |
| 二、商品房销售额(亿元) | **Sale of Commercial Buildings**(100 million yuan) | 118.35 |
| 住宅 | Residence | 97.90 |
| 办公楼 | Office | 5.69 |
| 商业营业用房 | Commerce | 14.15 |
| 销售给个人 | Sold to Individuals | |
| 住宅 | Residence | 61.47 |
| 办公楼 | Office | — |
| 商业营业用房 | Commerce | — |
| 三、房地产开发资金来源(亿元) | **Funds Sources of Real Estate Development**（100 million yuan） | |
| 国家预算内资金 | State Budgetary Funds | 2.68 |
| 国内贷款 | Domestic Loans | 33.15 |
| 债券 | Bonds | — |
| 利用外资 | Foreign Investment | 2.12 |
| 自筹资金 | Fund Raising | 55.72 |
| 定金及预收款 | Deposits and Pre-charges | — |

32－1－1 续表(Continued)

| 项　目 | Item | 合计　Total |
|---|---|---|
| 其他资金 | Others | 79.83 |
| **四、房地产开发面积(万平方米)** | **Floor Space of Real Estate Development** (10000 sq. m) | |
| 商品房施工面积 | Floor Space of Commercial Buildings under Construction | 2824.4 |
| 住宅 | Residence | 2197.2 |
| 办公楼 | Office | 192.47 |
| 商业营业用房 | Commerce | 376.62 |
| 商品房新开工面积 | FLoor Space of Commercial Buildings Newly Starting | 1408.0 |
| 住宅 | Residence | 1158.0 |
| 办公楼 | Office | 35.3 |
| 商业营业用房 | Commerce | 180.0 |
| 商品房竣工面积 | Floor Space of Commercial Buildings Completed | 1401.9 |
| 住宅 | Residence | 1193.56 |
| 办公楼 | Office | 45.48 |
| 商业营业用房 | Commerce | 136.25 |
| 商品房销售面积 | Floor Space of Commercial Buildings Sold | 880.4 |
| 住宅 | Residence | 779.7 |
| 办公楼 | Office | 23.0 |
| 商业营业用房 | Commerce | 72.0 |

# 32-1-2 山东全省房地产开发投资与土地开发情况(1998年)

## INVESTMENT IN REAL ESTATE DEVELOPMENT AND LAND DEVELOPMENT OF SHANDONG PROVINCE(1998)

| 项目 | Item | 单位 | Unit | 总计 Total |
|---|---|---|---|---|
| 累计完成投资 | Total Investment Completed | 万元 | 10000yuan | 3345840 |
| 累计新增固定资产 | Total Accumulative Newly Added Fixed Assets | 万元 | 10000yuan | 1897389 |
| 未完工程累计投资 | Total Investment of Non-completed Projects | 万元 | 10000yuan | 1377918 |
| 本年计划投资 | Planned Investment This Year | 万元 | 10000yuan | 1594756 |
| 本年完成投资 | Investment Completed This Year | 万元 | 10000yuan | 1319201 |
| #商品房建设投资额 | # Investment Value of Commercial Buildings Construction | 万元 | 10000yuan | 1032128 |
| 土地开发投资额 | Investment Value of Land Development | 万元 | 10000yuan | 139772 |
| 按构成分 | Grouped by Use of Funds | | | |
| 建筑工程 | Construction Projects | 万元 | 10000yuan | 929206 |
| 安装工程 | Installation Projects | 万元 | 10000yuan | 88912 |
| 设备工器具购置 | Purchase of Equipment and Instruments | 万元 | 10000yuan | 29043 |
| #购置旧设备 | # Purchase of Old Equipment | 万元 | 10000yuan | 1250 |
| 其他费用 | Others | 万元 | 10000yuan | 272040 |
| #旧建筑物购置费 | # Purchase of Old Buildings | 万元 | 10000yuan | 8299 |
| 土地购置费 | Purchase of Land | 万元 | 10000yuan | 144665 |
| 按工程用途分 | Grouped by Purpose of Pojects | | | |
| 住宅 | Residence | 万元 | 10000yuan | 810870 |
| #别墅、高档公寓 | # Villas, High-Grade Apartments | 万元 | 10000yuan | 61874 |
| 安居工程 | Welfare Projects | 万元 | 10000yuan | 74287 |

32-1-2续表(Continued)

| 项目 | Item | 单位 | Unit | 总计 Total |
|---|---|---|---|---|
| 办公楼 | Office | 万元 | 10000yuan | 117883 |
| 商业营业用房 | Commerce | 万元 | 10000yuan | 147688 |
| 其他 | Others | 万元 | 10000yuan | 242760 |
| 本年新增固定资产 | Newly Increased Fixed Assets This Year | 万元 | 10000yuan | 957550 |
| 本年完成发土地面积 | Land Development Area Completed This Year | 平方米 | sq.m | 4548329 |
| 正在开发的土地面积 | Land Area under Development | 平方米 | sq.m | 4849178 |
| 待开发土地面积 | Land Area to Be Developed | 平方米 | sq.m | 9728142 |
| 本年购置土地面积 | Land Area Purchased This Year | 平方米 | sq.m | 6222238 |
| 竣工房屋住宅套数合计 | Total Number of Residence Houses Completed | 套 | set | 102637 |
| #别墅、高档公寓套数 | # Sets of Villas, High-grade Apartments | 套 | set | 2223 |
| 安居工程套数 | Sets of Welfare Projects | 套 | set | 9883 |
| 拆迁还建竣工房屋面积 | Completed Floor Space of Buildings Dismantled for Reconstruction | 平方米 | sq.m | 1207429 |
| 统建代建竣工房屋面积 | Completed Floor Space of Buildings United and Replacing | 平方米 | sq.m | 911839 |
| 公益性建筑竣工面积 | Completed Floor Space of Public Constructions | 平方米 | sq.m | 89501 |
| 年平均职工人数 | Annual Average Satff Number | 人 | person | 45334 |
| 年末职工人数 | Year-end Staff Number | 人 | person | 43586 |
| 全年职工工资总额 | Total Salary of Staff All of The Year | 万元 | 10000yuan | 33355 |

# 32－1－3 山东全省房屋建筑面积和价值(1998 年)

## FLOOR SPACE OF BUILDINGS AND THEIR VALUE OF SHANDONG PROVINCE(1998)

| 项目 Item | 单位 Unit | 总计 Total | 基本建设 Capital Construction | 更新改造 Innovation | 房地产开发 Real Estate Development | # 国有经济 # State-owned Units |
|---|---|---|---|---|---|---|
| 本年施工房屋面积 Floor Space of Buildings under Construction This Year | 平方米 sq.m | 64914696 | 32096694 | 5016614 | 23966598 | 11994526 |
| # 住宅 # Residence | 平方米 sq.m | 40742922 | 18342216 | 2188986 | 18663785 | 10016278 |
| 本年竣工房屋面积 Floor Space of Buildings Completed This Year | 平方米 sq.m | 30184767 | 15752360 | 2403445 | 9852849 | 5462626 |
| # 住宅 # Residence | 平方米 sq.m | 19849148 | 9724617 | 742171 | 8480006 | 4790899 |
| 本年竣工房屋价值(万元) Value of Buildings Completed This Year(10000yuan) | 万元 10000yuan | 2705555 | 1490239 | 245567 | 782107 | 412750 |
| # 住宅 # Residence | 万元 10000yuan | 1464453 | 705044 | 55227 | 644405 | 339974 |

# 32-1-4 山东全省主要年份固定资产投资情况(1978—1998年)

## INVESTMENT IN FIXED ASSETS OF MAIN YEARS OF SHANDONG PROVINCE(1978—1998)

单位:万元 Unit:10000 yuan

| 年份 Year | 固定资产投资额 Fixed Assets Investment | # 国有经济 # State-owned Units | # 集体经济 # Collective-owned Units |
|---|---|---|---|
| 1978 | 418731 | 292654 | 84187 |
| 1980 | 699663 | 358316 | 222380 |
| 1983 | 964553 | 491140 | 191918 |
| 1984 | 1401543 | 670905 | 252888 |
| 1985 | 1943266 | 1004205 | 302145 |
| 1986 | 2230796 | 1219520 | 430913 |
| 1987 | 2977724 | 1556494 | 787492 |
| 1988 | 3698173 | 1922020 | 1009735 |
| 1989 | 3055436 | 1622956 | 696839 |
| 1990 | 3356592 | 1854397 | 715064 |
| 1991 | 4398213 | 2340380 | 1047305 |
| 1992 | 6015006 | 3431687 | 1864275 |
| 1993 | 8924799 | 4762573 | 2459010 |
| 1994 | 11080000 | 5375888 | 3184200 |
| 1995 | 13209773 | 6119194 | 3839662 |
| 1996 | 15580121 | 6917577 | 4847902 |
| 1997 | 17922177 | 7732979 | 5696970 |
| 1998 | 20569700 | 9387300 | 6102000 |

注:1998年全社会固定资产投资中含50万元以下项目投资额30000万元。

Note:Fixed Assets of 1998 includes 300 million yuan of the projects with those investments less than 500000 yuan.

# 32－2－1 山东全省建筑业主要经济指标(1998年)

## MAJOR ECONOMIC INDICATORS OF CONSTRUCTION TRADE OF SHANDONG PROVINCE(1998)

| 项目 Item | 企业个数(个) Number of Enterprises (number) | 建筑业总产值(万元) Total OutputValue of Construction (10000yuan) | 竣工产值(万元) Output Value of Completion (10000yuan) | 单位工程施工个数(个) Number of Projects under Construction | 单位工程竣工个数(个) Number of Projects Completed | 房屋建筑施工面积(万平方米) Floor Space of Buildings under Construction (10000sq.m) | 房屋建筑竣工面积(万平方米) Floor Space of Buildings Completed (10000sq.m) |
|---|---|---|---|---|---|---|---|
| **总计 Total** | **4512** | **7026381** | **4571178** | **56311** | **37668** | **9648.69** | **5017.00** |
| **按经济类型分 Grouped by Ownership** | | | | | | | |
| 国有经济 State-owned Units | 756 | 2400349 | 1588091 | 15117 | 9506 | 2168.24 | 886.79 |
| 中央企业 Central Enterprises | — | — | — | — | — | — | — |
| 地方企业 Local Enterprises | — | — | — | — | — | — | — |
| 城镇集体经济 Urban Collective-owned Units | 2894 | 3277009 | 2070247 | 29167 | 19470 | 5732.17 | 3236.25 |
| 城镇私营经济 Urban Individual Economic Units | 302 | 186160 | 118959 | 1951 | 1329 | 288.05 | 172.77 |
| 联营经济 Joint Owned Economic Units | 41 | 148047 | 116400 | 3056 | 2754 | 109.32 | 45.13 |
| 股份制经济 Share Holding Economic Units | 135 | 407585 | 248750 | 2141 | 1309 | 558.48 | 291.51 |
| 外商投资经济 Foreign Funded Economic Units | 25 | 29520 | 12855 | 189 | 92 | 13.25 | 6.34 |
| 港、澳、台投资经济 Economic Units of Hong Kong, Macao and Taiwan Investment | 60 | 49927 | 37382 | 318 | 215 | 41.99 | 21.90 |
| 其他经济 Others | 1 | 300 | 200 | 10 | 8 | — | — |
| **按行业类别分 Grouped by Trades** | | | | | | | |
| 土木工程建筑业 Civil Engineering Construction | 3747 | 6089246 | 3916628 | 45436 | 29157 | 9547.23 | 4951.82 |
| # 房屋 # Buildings | 3489 | 5134545 | 3267452 | 39729 | 25495 | 9347.27 | 4862.78 |
| 线路管道设备安装业 Lines, Pipelines and Equipment Installation | 407 | 739737 | 521948 | 10219 | 8040 | 93.13 | 61.70 |
| 装修装饰业 Fitting up and Decoration | 358 | 197397 | 132602 | 656 | 471 | 5.34 | 3.48 |

# 第三十三章　河南省房地产统计

# CHAPTER 33　REAL ESTATE STATISTICS OF HENAN PROVINCE

# 33－1－1　河南全省房地产开发综合统计(1999年)

## COMPOSITE STATISTICS OF REAL ESTATE DEVELOPMENT OF HENAN PROVINCE(1999)

| 项目 | Item | 合计 Total |
|---|---|---|
| 一、房地产开发投资额(亿元) | **Investment Value of Real Estate Development (100 million yuan)** | |
| 住宅 | Residence | 42.94 |
| 办公楼 | Offce | 6.62 |
| 商业营业用房 | Commerce | 5.76 |
| 二、商品房销售额(亿元) | **Sale of Commercial Buildings(100 million yuan)** | **30.37** |
| 住宅 | Residence | 26.41 |
| 办公楼 | Office | 0.42 |
| 商业营业用房 | Commerce | 3.27 |
| 销售给个人 | Sold to Individuals | |
| 住宅 | Residence | 19.30 |
| 办公楼 | Office | |
| 商业营业用房 | Commerce | |
| 三、房地产开发资金来源(亿元) | **Funds Sources of Real Estate Development (100 million yuan)** | |
| 国家预算内资金 | State Budgetary Funds | 0.38 |
| 国内贷款 | Domestic Loans | 21.46 |
| 债券 | Bonds | 1.10 |
| 利用外资 | Foreign Investment | 0.96 |
| 自筹资金 | Fund Raising | 27.50 |
| 定金及预收款 | Deposits and Pre-charges | |

33-1-1续表(Continued)

| 项目 | Item | 合计 Total |
|---|---|---|
| 其他资金 | Others | 25.49 |
| **四、房地产开发面积(万平方米)** | **Floor Space of Real Estate Development (10000 sq.m)** | |
| 商品房施工面积 | Floor Space of Commercial Buildings under Construction | 1339.6 |
| 住宅 | Residence | 1045.51 |
| 办公楼 | Office | 95.61 |
| 商业营业用房 | Commerce | 132.61 |
| 商品房新开工面积 | FLoor Space of Commercial Buildings Newly Starting | 574.4 |
| 住宅 | Residence | 487.9 |
| 办公楼 | Office | 21.6 |
| 商业营业用房 | Commerce | 44.2 |
| 商品房竣工面积 | Floor Space of Commercial Buildings Completed | 444.87 |
| 住宅 | Residence | 394.88 |
| 办公楼 | Office | 9.95 |
| 商业营业用房 | Commerce | 27.61 |
| 商品房销售面积 | Floor Space of Commercial Buildings Sold | 297.1 |
| 住宅 | Residence | 275.3 |
| 办公楼 | Office | 3.3 |
| 商业营业用房 | Commerce | 15.8 |

# 33－1－2　河南全省房地产开发单位固定资产投资情况(1997—1998 年)

## INVESTMENT IN FIXED ASSETS OF REAL ESTATE DEVELOPMENT UNITS OF HENAN PROVINCE (1997—1998)

| 项目 | Item | 1997 | 1998 |
|---|---|---|---|
| **一、投资总额(万元)** | **Total Investment Value(10000 yuan)** | **517509** | **58067** |
| #商品房建设投资额 | # Investment Value in Commercial Buildings Construction | 401166 | 423762 |
| 土地开发投资额 | Investment Value in Land Development | 53004 | 48547 |
| 按构成分 | Grouped by Use of Funds | | |
| 建筑、安装工程 | Construction and Installation | 390708 | 447196 |
| 设备、工器具购置 | Purchase of Equipment and Instruments | 38229 | 33295 |
| 其他费用 | Others | 88572 | 100476 |
| 按工程用途分 | Grouped by Purpose of Projects | | |
| 住宅 | Residence | 271476 | 320876 |
| #别墅、高级公寓 | # Villa, High-grade Apartment | 15286 | 26416 |
| 办公楼 | Office | 84066 | 101398 |
| 商业营业用房 | Commerce | 80455 | 68492 |
| 其他 | Others | 81512 | 90198 |
| 按资金来源分 | Grouped by Funds Sources | | |
| 国家预算内资金 | State Budgetary Funds | 1700 | 1061 |
| 国内贷款 | Domestic Loans | 204457 | 161718 |
| 债券 | Bonds | 1734 | |
| 利用外资 | Foreign - Investment | 34096] | 12678 |
| 自筹资金 | Fund Raising | 165383 | 178395 |
| 其他 | Others | 110139 | 227115 |
| **二、新增固定资产(万元)** | **Newly Increased Fixed Assets(10000 yuan)** | **389385** | **324439** |
| **三、房屋建筑面积(万平方米)** | **Floor Space of Buildings(10000 sq.m)** | | |
| 施工面积 | Floor Space of Buildings under Construction | 1042.19 | 1175.96 |
| #住宅 | # Residence | 743.22 | 858.64 |
| 竣工面积 | Floor Space of Buildings Completed | 370.26 | 392.03 |
| #住宅 | # Residence | 287.51 | 344.60 |
| **四、土地开发面积(万平方米)** | **Area of Land Developed(10000 sq.m)** | **145.71** | **166.53** |

# 33－1－3 河南省各地市房地产投资完成情况(1998年)

## INVESTMENT COMPLETED IN REAL ESTATE BY REGION OF HENAN PROVINCE(1998)

| 地区 | Region | 投资总额（万元） Total Investment Value(10000yuan) | 新增固定资产（万元） Newly Increased Fixed Assets (10000yuan) | 土地开发面积（平方米） Area of Land Development (sq.m) | 土地开发投资额（万元） Investment Value in Land Development (10000yuan) |
|---|---|---|---|---|---|
| **全　省** | **Total** | **580967** | **324439** | **1665315** | **48547** |
| 郑州市 | Zhengzhou City | 301733 | 128227 | 375351 | 20432 |
| 开封市 | Kaifeng City | 23837 | 19166 | 1774 | 186 |
| 洛阳市 | Luoyang City | 65733 | 45070 | 285839 | 5667 |
| 平顶山市 | Pingdingshan City | 26414 | 27085 | 15795 | 723 |
| 安阳市 | Anyang City | 13664 | 16564 | 17718 | 211 |
| 鹤壁市 | Hebi City | 1184 | 805 | 3200 | 30 |
| 新乡市 | Xinxiang City | 17167 | 12831 | 82600 | 5530 |
| 焦作市 | Jiaozuo City | 13996 | 13394 | 22867 | 665 |
| 濮阳市 | Puyang City | 13713 | 7318 | 70734 | 2323 |
| 许昌市 | Xuchang City | 9973 | 4628 | 248776 | 722 |
| 漯河市 | Luohe City | 18119 | 4289 | — | — |
| 三门峡市 | Sanmenxia City | 9680 | 7805 | 34870 | 222 |
| 南阳市 | Nanyang City | 29460 | 14990 | 238228 | 5117 |
| 商丘市 | Shangqiu City | 10656 | 6432 | 138700 | 3010 |
| 周口地区 | Zhoukou Prefecture | 7836 | 3477 | 3424 | 845 |
| 驻马店地区 | Zhumadian Prefecture | 9086 | 6899 | 109600 | 2556 |
| 信阳地区 | Xinyang Prefecture | 7916 | 5007 | 15839 | 308 |
| 济源市 | Jiyuan City | 800 | 452 | — | — |

# 33－1－4　河南省各地市房地产开发经营情况(1998年)

OPERATION OF REAL ESTATE DEVELOPMENT BY REGION OF HENAN PROVINCE(1998)

| 地区 Region | 经营总收入(万元) Total Revenue (10000yuan) | #土地转让收入 # Income of Land Transferring | #商品房屋销售收入 # Sales Income of Commercial Buildings | #房屋出租收入 # Income of Houses Leasing | 商品房屋销售额(万元) Sales of Commercial Buildings (10000yuan) | #住宅 # Residence | 商品房屋销售面积(平方米) Floor Space of Commercial Buildings Sold(sq.m) | #住宅 # Residence |
|---|---|---|---|---|---|---|---|---|
| **全　省 Total** | **351299** | **13176** | **281049** | **12390** | **273192** | **247047** | **2796126** | **2629424** |
| 郑州市 Zhengzhou City | 141211 | 7174 | 99514 | 10038 | 90087 | 81763 | 586807 | 551493 |
| 开封市 Kaifeng City | 12392 | 117 | 11022 | 491 | 11022 | 8946 | 108385 | 99220 |
| 洛阳市 Luoyang City | 53718 | 1595 | 48215 | 820 | 48613 | 45928 | 448131 | 434846 |
| 平顶山市 Pingdingshan City | 34015 | 120 | 29010 | 14 | 28935 | 28365 | 382201 | 377836 |
| 安阳市 Anyang City | 19024 | 60 | 18611 | 106 | 19532 | 18349 | 223723 | 216157 |
| 鹤壁市 Hebi City | 395 | — | 395 | — | 306 | 266 | 2631 | 2278 |
| 新乡市 Xinxiang City | 14949 | 190 | 11244 | 114 | 11171 | 9831 | 153684 | 146618 |
| 焦作市 Jiaozuo City | 10199 | 524 | 9511 | 82 | 9187 | 7835 | 123966 | 116758 |
| 濮阳市 Puyang City | 8760 | 415 | 8345 | 15 | 8345 | 7325 | 117707 | 109007 |
| 许昌市 Xuchang City | 3513 | 236 | 3410 | 1 | 2849 | 2495 | 41062 | 38750 |
| 漯河市 Luohe City | 4459 | 6 | 4453 | — | 4453 | 3821 | 51452 | — |
| 三门峡市 Sanmenxia City | 5667 | 258 | 5194 | 51 | 5194 | 4409 | 72084 | 57883 |
| 南阳市 Nanyang City | 19446 | 653 | 12878 | 162 | 12955 | 12288 | 179379 | 172279 |
| 商丘市 Shangqiu City | 6635 | 1070 | 5117 | — | 5117 | 3525 | 85117 | 67796 |
| 周口地区 Zhoukou Prefecture | 3295 | 47 | 3034 | 1 | 2922 | 2729 | 65375 | 62800 |
| 驻马店地区 Zhumadian Prefecture | 5629 | 854 | 4253 | 430 | 4242 | 3528 | 55906 | 41756 |
| 信阳地区 Xinyang Prefecture | 7431 | 31 | 6793 | 65 | 7942 | 5324 | 87977 | 77795 |
| 济源市 Jiyuan City | 561 | 241 | 320 | — | 320 | 320 | 4700 | 4700 |

# 33-1-5 河南全省房地产开发企业基本情况及经营状况（1997—1998年）

## BASIC INFORMATION AND OPERATIONAL CONDITIONS OF REAL ESTATE DEVELOPMENT ENTERPRISES OF HENAN PROVINCE(1997—1998)

| 指标 | Item | 单位 | Unit | 1997 | 1998 |
|---|---|---|---|---|---|
| **一、开发企业个数** | **Number of Development Enterprises** | 个 | **number** | **509** | **655** |
| #国有经济 | # State-owned | 个 | number | 237 | 250 |
| 集体经济 | Collective-owned | 个 | number | 98 | 126 |
| 股份制经济 | Share Holding Enterprises | 个 | number | 88 | 57 |
| 外商投资经济 | Foreign Investment | 个 | number | 34 | 30 |
| 港澳台投资经济 | Hong Kong, Macao and Taiwan Investment | 个 | number | 48 | 66 |
| **二、年末职工人数** | **Number of Staff at Year-end** | 人 | **person** | **19532** | **23737** |
| **三、年平均职工人数** | **Annual Average Number of Staff at Year-end** | 人 | **person** | **18123** | **22711** |
| **四、经营收入总计** | **Total Revenue** | 万元 | 10000yuan | 253688 | 351299 |
| 土地转让收入 | Income of Land Transferring | 万元 | 10000yuan | 5138 | 13176 |
| 商品房屋销售收入 | Sales Income of Commercial Buildings | 万元 | 10000yuan | 219637 | 281049 |
| 房屋出租收入 | Income of Houses Leasing | 万元 | 10000yuan | 15007 | 12390 |
| 其他收入 | Other Income | 万元 | 10000yuan | 13876 | 44684 |
| **五、商品房屋销售额** | **Sales of Commercial Buildings** | 万元 | **10000yuan** | **202561** | **273192** |
| #住宅 | # Residence | 万元 | 10000yuan | 175872 | 247047 |
| **六、商品房屋销售面积** | **Floor Space of Commercial Buildings** | 万平方米 | **10000sq.m** | **220.49** | **279.61** |
| #住宅 | # Residence | 万平方米 | 10000sq.m | 201.65 | 262.94 |

注：指标中一、二、三项的统计范围为当年有开发工作量的房地产企业。

Note: The data of the above 1-3 items cover real estate enterprises which have developments.

# 33－1－6 河南全省城镇和工矿区私人建房情况(1998年)

BUILDINGS CONSTRUCTION BY INDIVIDUALS IN CITIES, TOWNS AND INDUSTRIAL AND MINING AREAS OF HENAN PROVINCE(1998)

| 类别 Item | 城镇工矿区个数(个) Number of Cities, Towns and Industrial and Mining Areas(number) | 竣工房屋建筑面积(平方米) Floor Space of Buildings Completed (sq.m) | #住宅 # Residence | 竣工房屋价值(万元) Value of Buildings Completed (10000yuan) | 住宅 # Residence | 建房户数(户) Households Constructing Buildings (household) |
|---|---|---|---|---|---|---|
| **总计 Total** | **654** | **18349800** | **15760700** | **723807** | **614325** | **167216** |
| #农业户建房 # Agricultural Households | — | 9671900 | 8692600 | 356482 | 319643 | 88713 |
| 市 Cities | 43 | 3279200 | 3153000 | 163629 | 156666 | 32902 |
| #农业户建房 # Agricultural Households | — | 1070500 | 1049300 | 61610 | 60797 | 13165 |
| 县城 County Cities | 98 | 5478200 | 4661800 | 230011 | 192058 | 47208 |
| #农业户建房 # Agricultural Households | — | 1582000 | 1345800 | 59372 | 49893 | 11674 |
| 镇 Towns | 482 | 9329000 | 7724500 | 320944 | 258341 | 85515 |
| #农业户建房 # Agricultural Households | — | 6919300 | 6212700 | 232674 | 206431 | 63099 |
| 工矿区 Industrial and Mining Areas | 31 | 263400 | 218400 | 9224 | 7260 | 1591 |
| #农业户建房 # Agricultural Households | — | 100100 | 84800 | 2826 | 2522 | 775 |

# 33-1-7 河南省各地市城镇和工矿区私人建房情况(1998年)

## BUILDINGS CONSTRUCTION BY INDIVIDUALS IN CITIES, TOWNS AND INDUSTRIAL AND MINING AREAS BY REGION OF HENAN PROVINCE(1998)

| 地区<br>Region | 城镇工矿区个数(个)<br>Number of Cities, Towns and Industrial and Mining Areas (number) | 竣工房屋建筑面积(平方米)<br>Floor Space of Buildings Completed (sq.m) | #住宅<br># Residence | 竣工房屋价值(万元)<br>Value of Buildings Completed (10000yuan) | #住宅<br># Residence | 建房户数(户)<br>Households Constructing Buildings (homsehold) |
|---|---|---|---|---|---|---|
| **全省 Total** | **654** | **18349800** | **15760700** | **723807** | **614325** | **167216** |
| 郑州市 Zhengzhou City | 72 | 2037200 | 1627700 | 94866 | 70891 | 11401 |
| 开封市 Kaifeng City | 25 | 514300 | 390500 | 16533 | 12334 | 4214 |
| 洛阳市 Luoyang City | 46 | 1232600 | 1161600 | 52572 | 49831 | 12007 |
| 平顶山市 Pingdingshan City | 37 | 699100 | 572200 | 30682 | 25202 | 5645 |
| 安阳市 Anyang City | 42 | 692800 | 680300 | 23998 | 23466 | 5017 |
| 鹤壁市 Hebi City | 13 | 205200 | 153700 | 9035 | 6511 | 1121 |
| 新乡市 Xinxiang City | 22 | 514700 | 453700 | 19779 | 18294 | 3374 |
| 焦作市 Jiaozuo City | 37 | 1007400 | 944200 | 28979 | 25841 | 5331 |
| 濮阳市 Puyang City | 18 | 242900 | 177600 | 11166 | 8272 | 2445 |
| 许昌市 Xuchang City | 34 | 1996600 | 1893600 | 68651 | 63466 | 18508 |
| 漯河市 Luohe City | 21 | 885400 | 653900 | 31587 | 24350 | 8383 |
| 三门峡市 Sanmenxia City | 41 | 451000 | 309500 | 18375 | 12572 | 3861 |
| 南阳市 Nanyang City | 55 | 1670000 | 1289600 | 62134 | 51013 | 14055 |
| 商丘市 Shangqiu City | 54 | 774400 | 634800 | 30781 | 24148 | 8014 |
| 周口地区 Zhoukou Prefecture | 81 | 1725600 | 1370300 | 61361 | 45237 | 15799 |
| 驻马店地区 Zhumadian Prefecture | 10 | 564300 | 502100 | 23959 | 21287 | 3563 |
| 信阳地区 Xinyang Prefecture | 35 | 1278400 | 1140700 | 54500 | 48453 | 18779 |
| 济源市 Jiyuan City | 11 | 259700 | 216400 | 14187 | 12079 | 1487 |

# 33－1－8　河南全省基本建设投资情况(1990—1998年)

## INVESTMENT IN CAPITAL CONSTURCTION OF HENAN PROVINCE(1990—1998)

| 项目 Item | 1990 | 1991 | 1992 | 1993 | 1994 | 1995 | 1996 | 1997 | 1998 |
|---|---|---|---|---|---|---|---|---|---|
| 一、投资总额(亿元) **Total Investment Value (100 million yuan)** | **52.28** | **79.71** | **101.03** | **162.78** | **238.55** | **319.47** | **408.65** | **457.41** | **530.00** |
| 按资金来源分 Grouped by Funds Sources | | | | | | | | | |
| 国家预算内资金 State Budgetary Investment | 12.50 | 13.44 | 17.71 | 19.12 | 17.93 | 27.87 | 33.56 | 44.67 | 64.60 |
| 国内贷款 Domestic Loans | 13.44 | 23.15 | 25.98 | 44.17 | 69.13 | 78.40 | 86.99 | 90.60 | 125.90 |
| 利用外资 Foreign Investment | 3.67 | 7.35 | 6.93 | 14.14 | 43.28 | 59.12 | 67.78 | 62.11 | 52.49 |
| 自筹资金 Fund Raising | 18.22 | 27.83 | 42.22 | 70.32 | 77.52 | 122.90 | 168.10 | 179.39 | 208.12 |
| 其他资金 Others | 4.45 | 7.94 | 8.19 | 15.03 | 30.69 | 31.18 | 52.22 | 80.64 | 74.39 |
| 按建设性质分 Grouped by Types of Construction | | | | | | | | | |
| #新建 # New Construction | 20.36 | 38.05 | 50.78 | 85.56 | 134.89 | 180.78 | 251.74 | 265.87 | 295.70 |
| 扩建 Expansion | 24.89 | 31.88 | 37.58 | 53.99 | 69.83 | 99.98 | 110.33 | 137.21 | 152.48 |
| 改建 Reconstruction | 4.04 | 3.97 | 5.71 | 13.59 | 18.93 | 16.33 | 18.72 | 24.04 | 46.34 |
| 按三大产业分 Grouped by Industries | | | | | | | | | |
| 第一产业 Primary Industry | 0.41 | 0.31 | 0.89 | 0.53 | 1.45 | 2.16 | 2.94 | 3.03 | 5.88 |
| 第二产业 Secondary Industry | 36.30 | 57.32 | 60.05 | 82.14 | 120.05 | 164.70 | 195.01 | 213.05 | 212.12 |
| 第三产业 Tertiary Industry | 15.57 | 22.09 | 40.10 | 80.11 | 117.05 | 152.62 | 210.70 | 241.33 | 312.00 |
| 二、新增固定资产(亿元) **Newly Increased Fixed Assets (100 million yuan)** | **39.85** | **50.87** | **74.55** | **111.29** | **131.49** | **191.68** | **264.09** | **372.13** | **385.75** |
| 三、房屋建筑面积(万平方米) **Floor Space of Buildings (10000 sq.m)** | | | | | | | | | |
| 施工面积 Floor Space of Buildings under Construction | 888.30 | 1067.40 | 1557.40 | 1665.93 | 1785.34 | 2406.40 | 2432.24 | 2646.90 | 2975.07 |
| #住宅 # Residence | 348.19 | 444.37 | 498.62 | 537.14 | 631.80 | 783.22 | 989.85 | 1090.79 | 1386.39 |
| 竣工面积 Floor Space of Buildings Completed | 428.56 | 505.86 | 672.46 | 829.39 | 891.52 | 1318.61 | 1316.56 | 1419.27 | 1627.31 |
| #住宅 Residence | 190.68 | 243.95 | 296.18 | 308.44 | 348.69 | 361.57 | 610.71 | 635.77 | 780.17 |

# 33-1-9 中房郑州指数历史值(1996—1999年)

## CHINA REAL ESTATE INDEX SYSTEM ZHENGZHOU INDEX(1996—1999)

| 年份 Year | 季节 Quarter | 住宅 Residence | 办公用房 Office | 商业用房 Commerce | 城市指数 Composite Index |
|---|---|---|---|---|---|
| 1996 | 1 | 247 | 680 | 830 | 330 |
| 1996 | 2 | 244 | 680 | 830 | 327 |
| 1996 | 3 | 243 | 680 | 830 | 326 |
| 1996 | 4 | 241 | 679 | 827 | 324 |
| 1997 | 1 | 241 | 679 | 827 | 324 |
| 1997 | 2 | 241 | 679 | 827 | 324 |
| 1997 | 3 | 240 | 679 | 827 | 323 |
| 1997 | 4 | 421 | 675 | 827 | 323 |
| 1998 | 1 | 240 | 675 | 827 | 322 |
| 1998 | 2 | 242 | 675 | 827 | 324 |
| 1998 | 3 | 243 | 675 | 827 | 325 |
| 1998 | 4 | 244 | 672 | 829 | 326 |
| 1999 | 1 | 242 | 672 | 827 | 324 |
| 1999 | 2 | 244 | 670 | 824 | 326 |
| 1999 | 3 | 242 | 665 | 821 | 323 |
| 1999 | 4 | 240 | 660 | 817 | 320 |

# 33－2－1　河南全省房地产施工、竣工面积及价值(1998年)

FLOOR SPACE OF REAL ESTATE UNDER CONSTRUCTION AND COMPLETED AND THEIR VALUE OF HENAN PROVINCE(1998)

| 项目 | Item | 施工面积(平方米) Floor Space under Construction (sq.m) | #新开工 # Newly Starting | 竣工房屋面积(平方米) Floor Space Completed (sq.m) | 竣工房屋价值(万元) Value of Buildings Completed (10000yuan) |
|---|---|---|---|---|---|
| **总计** | **Total** | **11759620** | **4649823** | **3920307** | **284124** |
| 住宅 | Residence | 8586414 | 3822117 | 3445985 | 243244 |
| #别墅、高档公寓 | # Villa, High-grade Apartment | 418894 | 136438 | 209946 | 31222 |
| 安居工程 | Welfare Projects | 2037565 | 900791 | 662025 | 44203 |
| 办公楼 | Office | 1187771 | 189935 | 136781 | 11306 |
| 商业营业用房 | Commerce | 1343563 | 352311 | 254739 | 24298 |
| 其他 | Others | 641872 | 25460 | 82802 | 5276 |

# 33－2－2 河南省各地市基本建设施工、竣工房屋建筑面积(1998年)

## FLOOR SPACE OF BUILDINGS UNDER CONSTRUCTION AND COMPLETED IN CAPITAL CONSTRUCTION BY REGION OF HENAN PROVINCE(1998)

| 地区 Region | 施工面积(平方米) Floor Space under Construction (sq.m) | # 住宅 # Residence | 竣工面积(平方米) Floor Space Completed (sq.m) | # 住宅 # Residence | 竣工率(%) Rate of Completion | # 住宅 # Residence |
|---|---|---|---|---|---|---|
| 全　省 **Total** | **29750719** | **13863926** | **16273077** | **7801745** | **54.7** | **56.3** |
| 郑州市 Zhengzhou City | 6503984 | 2960072 | 2908816 | 1504937 | 44.7 | 50.8 |
| 开封市 Kaifeng City | 930661 | 352117 | 547625 | 236511 | 58.8 | 67.2 |
| 洛阳市 Luoyang City | 2452063 | 1149928 | 1091871 | 557243 | 44.5 | 48.5 |
| 平顶山市 Pingdingshan City | 1335530 | 794040 | 438967 | 307168 | 32.9 | 38.7 |
| 安阳市 Anyang City | 1146883 | 524006 | 602674 | 279516 | 52.5 | 53.3 |
| 鹤壁市 Hebi City | 789374 | 524517 | 301083 | 174560 | 38.1 | 33.3 |
| 新乡市 Xinxiang City | 1193265 | 666508 | 746729 | 396356 | 62.6 | 59.5 |
| 焦作市 Jiaozuo City | 1401784 | 607575 | 671472 | 204443 | 47.9 | 33.6 |
| 濮阳市 Puyang City | 1026225 | 605991 | 776119 | 471633 | 75.6 | 77.8 |
| 许昌市 Xuchang City | 1355859 | 546305 | 730996 | 328603 | 53.4 | 60.2 |
| 漯河市 Luohe City | 1039114 | 375341 | 765517 | 280427 | 73.7 | 74.7 |
| 三门峡市 Sanmenxia City | 1584866 | 764353 | 895793 | 442818 | 56.5 | 57.9 |
| 南阳市 Nanyang City | 2075189 | 834146 | 1171505 | 416882 | 56.5 | 50.0 |
| 商丘市 Shangqiu City | 1462118 | 494957 | 1045314 | 426272 | 71.5 | 86.1 |
| 周口地区 Zhoukou Prefecture | 1084849 | 482067 | 676643 | 319206 | 62.4 | 66.2 |
| 驻马店地区 Zhumadian Prefecture | 1845444 | 994741 | 1302243 | 738444 | 70.6 | 74.2 |
| 信阳地区 Xinyang Prefecture | 2014602 | 887151 | 1398464 | 568248 | 69.4 | 64.1 |
| 济源市 Jiyuan City | 92434 | — | 37614 | — | 40.7 | — |
| 郑州铁路局 Zhengzhou Railway Bureau | 206909 | 175731 | 86528 | 76398 | 41.8 | 43.5 |
| 国防工作办公室 Working Office of State Defense Committee | — | — | — | — | — | — |
| 黄河管理委员会 Committee of Yellow River | 200316 | 122980 | 74604 | 70680 | 37.2 | 57.5 |
| 省直其他 Other Units under Direct Administration of Province | 9250 | 1400 | 2500 | 1400 | 27.0 | 100.0 |

## 33-3-1 河南省国有土地使用权出让和划拨情况(1997—1998年)

CONVEYANCE AND ASSIGNMENT OF STATE-OWNED LAND USE RIGHTS OF HENAN PROVINCE(1997—1998)

| 项目<br>Item | 单位<br>Unit | 1997 | 1998 |
|---|---|---|---|
| **一、国有土地使用权出让**<br>**Conveyance of State-owned Land Use Rights** | | | |
| 地块<br>Land Block | 宗<br>block | 4301 | 7168 |
| 面积<br>Area | 公顷<br>hectare | 36402 | 1853 |
| 有偿出让收入<br>Revenue | 万元<br>10000yuan | 51111 | 76157 |
| 征地费<br>Requisition Fee | 万元<br>10000yuan | 13935 | 19000 |
| 开发费<br>Development Fee | 万元<br>10000yuan | 6297 | 5706 |
| 出让金费<br>Conveyance Fee | 万元<br>10000yuan | 28305 | 50186 |
| 其他收入<br>Others | 万元<br>10000yuan | 2574 | 1265 |
| **二、国有土地划拨**<br>**Assignment of State-owned Land** | | | |
| 地块<br>Land Block | 宗<br>block | 4180 | 6286 |
| 面积<br>Area | 公顷<br>hectare | 2570 | 4987 |

# 33-3-2 河南省各地市国有土地使用权出让和划拨情况(1998年)

CONVEYANCE AND ASSIGNMENT OF STATE-OWNED LAND USE RIGHTS BY REGION OF HENAN PROVINCE(1998)

| 地区 Region | 土地面积(平方公里) Area of Land (sq.km) | 国有土地使用权出让 Conveyance | | | | | | 国有土地划拨 Assignment | |
|---|---|---|---|---|---|---|---|---|---|
| | | 地块(宗) Block | 面积(公顷) Area (hectare) | 收入(万元) Revenue(10000yuan) | | | | 地块(宗) Block | 面积(公顷) Area (hectare) |
| | | | | 征地费 Requisition | 开发费 Development Fee | 出让金费 Conveyance Fee | 其他 Others | | |
| **全省 Total** | **167000** | **7168** | **1853** | **19000** | **5706** | **50186** | **1265** | **6286** | **4987** |
| 郑州市 Zhengzhou City | 7446 | 357 | 342 | 2143 | — | 22035 | — | 250 | 637 |
| 开封市 Kaifeng City | 6444 | 68 | 38 | 291 | — | 1283 | — | 25 | 108 |
| 洛阳市 Luoyang City | 15200 | 128 | 138 | 473 | — | 1790 | 8 | 65 | 82 |
| 平顶山市 Pingdingshan City | 7882 | 66 | 41 | 480 | — | 5732 | 18 | 32 | 14 |
| 安阳市 Anyang City | 7413 | 73 | 60 | 74 | — | 2715 | — | 14 | 22 |
| 鹤壁市 Hebi City | 2182 | 10 | — | — | — | 40 | — | 47 | 9 |
| 新乡市 Xinxiang City | 8169 | 352 | 112 | 3531 | — | 3517 | 620 | 414 | 291 |
| 焦作市 Jiaozuo City | 4071 | 46 | 46 | 928 | 621 | 627 | 182 | 964 | 934 |
| 濮阳市 Puyang City | 4266 | 56 | 28 | 662 | 215 | 1659 | — | 3 | 4 |
| 许昌市 Xuchang City | 4996 | 117 | 91 | — | 1005 | 1604 | — | 123 | 95 |
| 漯河市 Luohe City | 2617 | 35 | 20 | — | — | 512 | — | 243 | 402 |
| 三门峡市 Sanmenxia City | 10496 | 421 | 103 | 2607 | — | 1453 | 125 | 592 | 336 |
| 南阳市 Nanyang City | 26600 | 517 | 73 | 944 | 754 | 3041 | 95 | 453 | 143 |
| 商丘市 Shangqiu City | 10704 | 3 | 3 | — | — | 450 | — | 132 | 1193 |
| 周口地区 Zhoukou Prefecture | 11959 | 199 | 86 | 4902 | 1489 | 1952 | 195 | 861 | 454 |
| 驻马店地区 Zhumadian Prefecture | 15083 | 198 | 389 | 635 | 5 | 893 | — | 24 | 20 |
| 信阳地区 Xinyang Prefecture | 19541 | 4492 | 261 | 1286 | 1617 | 421 | 22 | 2044 | 243 |
| 济源市 Jiyuan City | 1931 | 30 | 22 | 44 | — | 462 | — | — | — |

## 33－4－1 河南省各地市建筑业房屋建筑施工、竣工面积(1998年)

FLOOR SPACE OF BUILDINGS UNDER CONSTRUCTION AND COMPLETED IN CONSTRUCTION TRADE BY REGION OF HENAN PROVINCE(1998)

单位:万平方米 Unit:10000 sq.m

| 地区 Region | 施工面积 Floor Space under Construction | # 国有 # State-owned | # 地方 # Local | # 城镇集体 # Urban Collective-owned | 竣工面积 Floor Space Completed | # 国有 # State-owned | # 地方 # Local | # 城镇集体 # Urban Collective-owned |
|---|---|---|---|---|---|---|---|---|
| **全省 Total** | **5061.35** | **2075.44** | **1628.10** | **2514.78** | **2418.40** | **832.95** | **713.25** | **1379.56** |
| 郑州市 Zhengzhou City | 959.92 | 431.89 | 361.41 | 460.64 | 360.84 | 156.95 | 128.99 | 185.61 |
| 开封市 Kaifeng City | 201.01 | 101.12 | 92.15 | 95.28 | 102.30 | 40.32 | 37.90 | 59.14 |
| 洛阳市 Luoyang City | 615.40 | 374.16 | 162.83 | 203.30 | 228.24 | 88.51 | 44.19 | 117.09 |
| 平顶山市 Pingdingshang City | 301.34 | 118.27 | 46.95 | 152.82 | 116.47 | 38.93 | 19.98 | 65.89 |
| 安阳市 Anyang City | 421.64 | 158.51 | 156.41 | 249.11 | 243.50 | 89.85 | 88.05 | 145.12 |
| 鹤壁市 Hebi City | 103.82 | 64.08 | 64.08 | 34.34 | 43.10 | 27.72 | 27.72 | 14.09 |
| 新乡市 Xinxiang City | 265.72 | 123.04 | 119.88 | 66.00 | 131.25 | 69.64 | 67.89 | 40.81 |
| 焦作市 Jiaozuo City | 133.13 | 49.15 | 34.48 | 79.67 | 58.87 | 15.21 | 12.36 | 42.23 |
| 濮阳市 Puyang City | 179.77 | 96.78 | 96.06 | 69.62 | 118.36 | 71.57 | 70.93 | 42.58 |
| 许昌市 Xuchang City | 236.89 | 24.82 | 24.82 | 104.84 | 127.45 | 8.37 | 8.37 | 78.77 |
| 漯河市 Luohe City | 130.69 | 11.39 | 11.39 | 94.33 | 71.56 | 4.23 | 4.23 | 47.54 |
| 三门峡市 Sanmenxia City | 61.13 | 27.63 | 19.21 | 28.82 | 36.44 | 13.79 | 10.59 | 18.71 |
| 南阳市 Nanyang City | 504.74 | 215.20 | 159.90 | 262.62 | 218.33 | 84.52 | 69.40 | 119.19 |
| 商丘市 Shangqiu City | 162.25 | 45.43 | 45.22 | 90.31 | 113.43 | 21.93 | 21.93 | 71.84 |
| 周口地区 Zhoukou Prefecture | 279.32 | 103.65 | 103.65 | 158.88 | 149.05 | 44.70 | 44.70 | 92.94 |
| 驻马店地区 Zhumadian Prefecture | 208.32 | 79.16 | 79.16 | 126.90 | 113.89 | 38.34 | 38.34 | 74.99 |
| 信阳地区 Xinyang Prefecture | 279.22 | 42.91 | 42.24 | 228.51 | 174.68 | 13.60 | 12.93 | 157.13 |
| 济源市 Jiyuan City | 17.04 | 8.25 | 8.25 | 8.79 | 10.65 | 4.78 | 4.78 | 5.87 |

# 33－4－2 河南省各地市建筑业工程质量优良品率(1998 年)

## RATE OF HIGH QUALITY PROJECTS OF CONSTRUCTION TRADE BY REGION OF HENAN PROVINCE(1998)

单位:% Unit:%

| 市地 Region | 按单位工程个数计算 In Terms of Number of Projects | # 国有 # State-owned | # 地方 # Local | # 城镇集体 # Urban Collective-owned | 按房屋建筑竣工面积计算 In Terms of Floor Space Completed | # 国有 # State-owned | # 地方 # Local | # 城镇集体 # Urban Collective-owned |
|---|---|---|---|---|---|---|---|---|
| **全省 Total** | **34.3** | **43.2** | **32.6** | **26.8** | **36.7** | **43.7** | **45.1** | **32.6** |
| 郑州市 Zhengzhou City | 40.9 | 53.5 | 37.7 | 24.9 | 41.1 | 46.5 | 47.1 | 36.0 |
| 开封市 Kaifeng City | 45.9 | 40.1 | 30.8 | 56.9 | 54.6 | 54.4 | 54.9 | 54.8 |
| 洛阳市 Luoyang City | 42.7 | 70.2 | 27.3 | 15.7 | 28.1 | 30.1 | 48.7 | 26.0 |
| 平顶山市 Pingdingshan City | 22.1 | 38.2 | 21.2 | 7.6 | 30.9 | 53.1 | 45.6 | 21.3 |
| 安阳市 Anyang City | 23.5 | 34.2 | 35.7 | 23.1 | 38.1 | 41.4 | 41.8 | 36.4 |
| 鹤壁市 Hebi City | 46.8 | 24.8 | 24.8 | 63.4 | 13.6 | 15.8 | 15.8 | 8.4 |
| 新乡市 Xinxiang City | 46.3 | 44.4 | 46.2 | 45.8 | 49.9 | 54.4 | 55.8 | 41.9 |
| 焦作市 Jiaozuo City | 24.0 | 67.9 | 11.5 | 4.4 | 22.5 | 47.1 | 42.9 | 14.4 |
| 濮阳市 Puyang City | 35.2 | 31.9 | 38.7 | 45.6 | 53.0 | 54.2 | 54.5 | 48.3 |
| 许昌市 Xuchang City | 40.6 | 30.7 | 30.7 | 49.6 | 54.0 | 39.3 | 39.3 | 57.2 |
| 漯河市 Luohe City | 60.6 | 6.6 | 6.6 | 50.7 | 22.2 | 19.1 | 19.1 | 24.6 |
| 三门峡市 Sanmenxia City | 24.9 | 24.3 | 29.3 | 25.2 | 21.3 | 17.3 | 22.5 | 23.4 |
| 南阳市 Nanyang City | 26.7 | 24.8 | 23.3 | 30.5 | 37.0 | 48.3 | 44.8 | 30.5 |
| 商丘市 Shangqiu City | 22.1 | 19.9 | 20.1 | 20.3 | 24.2 | 22.1 | 22.1 | 23.1 |
| 周口地区 Zhoukou Prefecture | 39.7 | 36.4 | 36.4 | 42.5 | 39.0 | 45.9 | 45.9 | 37.9 |
| 驻马店地区 Zhumadian Prefecture | 28.6 | 34.8 | 34.8 | 24.9 | 35.7 | 45.6 | 45.6 | 30.5 |
| 信阳地区 Xinyang Prefecture | 26.7 | 51.2 | 52.3 | 21.3 | 24.3 | 43.5 | 45.8 | 22.3 |
| 济源市 Jiyuan City | 7.0 | 7.7 | 7.7 | 5.9 | 4.0 | 3.8 | 3.8 | 4.3 |

# 第三十四章　湖北省房地产统计

# CHAPTER 34　REAL ESTATE STATISTICS OF HUBEI PROVINCE

# 34－1－1 湖北全省房地产开发综合统计(1999 年)

## COMPOSITE STATISTICS OF REAL ESTATE DEVELOPMENT OF HUBEI PROVINCE(1999)

| 项目 | Item | 合计 Total |
|---|---|---|
| 一、房地产开发投资额(亿元) | **Investment Value of Real Estate Development (100 million yuan)** | |
| 住宅 | Residence | 80.43 |
| 办公楼 | Office | 13.60 |
| 商业营业用房 | Commerce | 13.78 |
| 二、商品房销售额(亿元) | **Sale of Commercial Buildings(100 million yuan)** | 56.80 |
| 住宅 | Residence | 49.66 |
| 办公楼 | Office | 1.83 |
| 商业营业用房 | Commerce | 4.87 |
| 销售给个人 | Sold to Individuals | |
| 住宅 | Residence | 39.92 |
| 办公楼 | Office | |
| 商业营业用房 | Commerce | |
| 三、房地产开发资金来源(亿元) | **Funds Sources of Real Estate Development (100 million yuan)** | |
| 国家预算内资金 | State Budgetary Funds | 0.69 |
| 国内贷款 | Domestic Loans | 17.83 |
| 债券 | Bonds | 0.68 |
| 利用外资 | Foreign Investment | 7.46 |
| 自筹资金 | Fund Raising | 44.12 |

34-1-1 续表(Continued)

| 项目 | Item | 合计 Total |
|---|---|---|
| 定金及预收款 | Deposits and Pre-charges | |
| 其他资金 | Others | 41.64 |
| **四、房地产开发面积(万平方米)** | **Floor Space of Real Estate Development** (10000 sq.m) | |
| 商品房施工面积 | Floor Space of Commercial Buildings under Construction | 1875.60 |
| 住宅 | Residence | 1423.78 |
| 办公楼 | Office | 183.50 |
| 商业营业用房 | Commerce | 196.65 |
| 商品房新开工面积 | FLoor Space of Commercial Buildings Newly Starting | 744.6 |
| 住宅 | Residence | 676.7 |
| 办公楼 | Office | 15.1 |
| 商业营业用房 | Commerce | 37.1 |
| 商品房竣工面积 | Floor Space of Commercial Buildings Completed | 685.53 |
| 住宅 | Residence | 580.26 |
| 办公楼 | Office | 41.19 |
| 商业营业用房 | Commerce | 46.60 |
| 商品房销售面积 | Floor Space of Commercial Buildings Sold | 438.2 |
| 住宅 | Residence | 401.5 |
| 办公楼 | Office | 8.9 |
| 商业营业用房 | Commerce | 24.8 |

# 34－1－2 湖北全省房地产投资情况(1998年)

## INVESTMENT IN REAL ESTATE OF HUBEI PROVINCE(1998)

| 指　标 | Item | 总　计 Total | #国有经济 State-owned | #集体经济 Collective-owned |
|---|---|---|---|---|
| **一、投资总额(亿元)** | **Total Investment Value (100 million yuan)** | **131.23** | **40.77** | **6.53** |
| 按资金来源分 | Grouped by Funds Sources | | | |
| 国家预算内投资 | State Budgetary Investment | 0.16 | 0.02 | 0.14 |
| 国内贷款 | Domestic Loans | 25.68 | 8.68 | 1.16 |
| 利用境外资金 | Foreign Investment | 4.33 | — | — |
| 自筹投资 | Fund Raising | 48.9 | 17.57 | 2.56 |
| 其他投资 | Others | 52.16 | 14.50 | 2.67 |
| 按构成分 | Grouped by Use of Funds | | | |
| 建筑工程 | Construction | 83.31 | 29.88 | 4.28 |
| 安装工程 | Installation | 11.38 | 1.93 | 0.90 |
| 设备工器具购置 | Purchase of Equipment and Instruments | 5.98 | 0.69 | 0.21 |
| 其他费用 | Others | 30.57 | 8.28 | 1.14 |
| 按工程用途分 | Grouped by Purpose of Projects | | | |
| 住宅 | Residence | 65.09 | 24.47 | 4.69 |
| 办公楼 | Office | 21.24 | 4.37 | 0.27 |
| 商业营业用房 | Commerce | 22.80 | 3.23 | 0.87 |
| 其他 | Others | 22.10 | 8.70 | 0.7 |
| **二、新增固定资产(亿元)** | **Newly Increased Fixed Assets (100 million yuan)** | **111.83** | **35.06** | **5.02** |
| **三、房屋建筑面积(万平方米)** | **Floor Space of Buildings (10000Sq.m)** | | | |
| 施工面积 | Floor Space of Buildings under Construction | 1587.22 | 781.27 | 91.30 |
| #住宅 | # Residence | 1233.47 | 592.93 | 74.71 |
| 竣工面积 | Floor Space of Buildings Completed | 735.68 | 329.54 | 42.81 |
| #住宅 | # Residence | 565.48 | 282.74 | 34.98 |

# 34－1－3 湖北全省房屋竣工建筑面积情况(1978—1998年)

FLOOR SPACE OF BUILDINGS COMPLETED OF HUBEI PROVINCE(1978—1998)

| 年份 Year | 施工面积（万平方米） Floor Space under Construction (10000sq.m) | #住宅 # Residence | 竣工面积（万平方米） Floor Space Completed (10000sq.m) | #住宅 # Residence | 竣工率（%） Rate of Completion (%) | #住宅 # Residence |
|---|---|---|---|---|---|---|
| 1978 | 1343.27 | 513.20 | 666.76 | 280.16 | 49.6 | 54.6 |
| 1979 | 1569.62 | 752.11 | 819.71 | 416.24 | 52.2 | 55.3 |
| 1980 | 1951.16 | 1004.17 | 1024.51 | 586.27 | 52.5 | 58.4 |
| 1981 | 1826.88 | 1050.13 | 1071.61 | 699.74 | 58.7 | 66.6 |
| 1982 | 5963.92 | 4189.18 | 4991.87 | 3720.32 | 83.7 | 88.8 |
| 1983 | 7195.21 | 5305.72 | 6373.71 | 4951.10 | 88.6 | 93.3 |
| 1984 | 7253.40 | 5174.27 | 6364.19 | 4821.51 | 87.7 | 93.2 |
| 1985 | 8079.90 | 5965.71 | 6899.59 | 5434.20 | 85.4 | 91.1 |
| 1986 | 8760.15 | 6686.78 | 7754.53 | 6308.96 | 88.5 | 94.3 |
| 1987 | 7922.23 | 5684.88 | 6803.61 | 5233.59 | 85.9 | 92.1 |
| 1988 | 7225.98 | 4892.04 | 6060.44 | 4484.69 | 83.9 | 91.7 |
| 1989 | 5250.24 | 3590.22 | 4414.47 | 3301.59 | 84.1 | 91.9 |
| 1990 | 5103.48 | 3507.53 | 4169.12 | 3058.40 | 81.7 | 87.2 |
| 1991 | 5300.98 | 3652.67 | 4211.39 | 3157.13 | 79.5 | 86.4 |
| 1992 | 5954.84 | 4066.51 | 4621.87 | 3383.72 | 77.6 | 83.2 |
| 1993 | 5807.24 | 3540.57 | 4050.56 | 2798.42 | 69.8 | 79.0 |
| 1994 | 7158.68 | 4476.46 | 4916.24 | 3482.20 | 68.7 | 77.8 |
| 1995 | 8294.84 | 5304.79 | 5603.20 | 3737.81 | 67.6 | 70.5 |
| 1996 | 8749.65 | 5581.32 | 6073.43 | 4485.82 | 69.4 | 80.4 |
| 1997 | 8963.28 | 5976.86 | 6430.48 | 4790.34 | 71.7 | 80.1 |
| 1998 | 10485.86 | 7179.25 | 7897.96 | 5792.97 | 75.3 | 80.7 |

# 34-1-4 湖北省部分城市房地产销售情况(1998年)

SELLING OF REAL ESTATE OF SOME CITIES OF HUBEI PROVINCE(1998)

| 城市 | City | 房地产开发投资完成额(万元) Completed InvestmentValue of Real Estate Development (10000yuan) | #商品住宅 # Commercial Residence | 商品房销售额(万元) Sales of Commercial Buildings (10000yuan) | 商品房销售建筑面积(万平方米) Floor Space of Commercial Buildings Sold(10000sq.m) |
|---|---|---|---|---|---|
| **总计** | **Total** | **1169575** | **561267** | **649527** | **321.79** |
| 武汉 | Wuhan | 1002186 | 451583 | 545110 | 214.90 |
| 黄石 | Huangshi | 12517 | 12330 | 9149 | 9.91 |
| 十堰 | Shiyan | 12811 | 7255 | 4590 | 4.62 |
| 荆州 | Jingzhou | 29285 | 15811 | 13555 | 13.55 |
| 宜昌 | Yichang | 54060 | 27703 | 42160 | 27.60 |
| 襄樊 | Xiangfan | 26115 | 20157 | 13407 | 15.21 |
| 鄂州 | Ezhou | 10136 | 7422 | 7404 | 9.91 |
| 荆门 | Jingmen | 8030 | 6630 | 4297 | 6.27 |
| 孝感 | Xiaogan | 12618 | 11109 | 8602 | 17.45 |
| 黄冈 | Huanggang | 1817 | 1267 | 1253 | 2.37 |

# 34-1-5 湖北省主要年份个人投资建房情况(1993—1998年)

## BUILDINGS CONSTRUCTION BY INDIVIDUALS OF MAIN YEARS OF HUBEI PROVINCE(1993—1998)

| 项目 Item | 1993 | 1994 | 1995 | 1996 | 1997 | 1998 |
|---|---|---|---|---|---|---|
| **城镇工矿区 Cities, Towns and Industrial and Mining Areas** | | | | | | |
| 本年竣工房屋建筑面积(万平方米) Floor Space of Buildings Completed This Year (10000 sq.m) | 501.21 | 672.96 | 703.45 | 895.69 | 1035.77 | 1293.79 |
| #农业户 # Agricultural Households | 293.86 | 325.85 | 411.47 | 512.65 | 513.90 | 710.43 |
| 住宅竣工建筑面积 Floor Space of Residence Completed | 458.16 | 584.41 | 615.03 | 794.84 | 859.76 | 1178.14 |
| #农业户 # Agricultural Households | 275.32 | 299.27 | 369.96 | 451.29 | 446.25 | 665.69 |
| 本年竣工房屋投资额(亿元) Investment Value of Buildings Completed This Year (100 million yuan) | 9.88 | 15.08 | 21.14 | 28.21 | 36.55 | 45.35 |
| #农业户 # Agricultural Households | 5.29 | 7.11 | 11.08 | 14.27 | 16.33 | 23.63 |
| 住宅竣工投资额 Floor Space of Residence Completed | 8.97 | 13.30 | 18.02 | 25.07 | 30.50 | 40.99 |
| #农业户 # Agricultural Households | 4.97 | 6.62 | 9.97 | 12.97 | 14.61 | 22.28 |
| 建房户数(户) Number of Households Constructing Houses(household) | 41922 | 42780 | 48801 | 57045 | 59522 | 74603 |
| #农业户 # Agricultural Households | 25074 | 23553 | 28105 | 34016 | 33478 | 42585 |
| **农村 Rural** | | | | | | |
| 投资总计(亿元) Total Investment(100 million yuan) | 30.49 | 41.54 | 58.67 | 74.80 | 95.30 | 111.74 |
| 私人竣工房屋投资(亿元) Investment Value of Completed Buildings Constructed by Individuals (100 million yuan) | 24.49 | 33.64 | 44.88 | 56.31 | 72.41 | 81.77 |
| #住宅 # Residence | 22.27 | 28.41 | 41.24 | 44.81 | 67.14 | 74.45 |
| 私人竣工房屋间数(万间) Rooms of Completed Buildings by Individuals (10000 rooms) | 104.43 | 98.97 | 103.15 | 181.75 | 218.5 | 133.24 |
| #住宅 # Residence | 92.59 | 83.37 | 93.58 | 100.39 | 200.16 | 104.32 |
| 私人竣工房屋建筑面积(万平方米) Floor Space of Buildings Completed by Individuals (10000 sq.m) | 1780.60 | 2319.08 | 2568.70 | 2755.17 | 3050.83 | 3354.83 |
| #住宅 # Residence | 1580.06 | 1953.28 | 2346.91 | 2549.08 | 2770.03 | 2915.00 |

# 34－1－6 湖北全省主要年份固定资产投资情况(1996—1998年)

## INVESTMENT IN FIXED ASSETS OF MAIN YEARS OF HUBEI PROVINCE(1996—1998)

单位:亿元 Unit:100 million yuan

| 项目 | Item | 1996 | 1997 | 1998 |
|---|---|---|---|---|
| **总计** | **Total** | **984.38** | **1083.60** | **1231.10** |
| **一、按经济类型分** | **Grouped by Ownership** | | | |
| 国有经济单位 | State-owned Economic Units | 593.32 | 567.60 | 661.94 |
| 基本建设 | Capital Construction | 362.26 | 357.22 | 426.03 |
| 更新改造 | Innovation | 161.25 | 142.56 | 160.87 |
| 其他投资 | Other Investment | 5.22 | 28.96 | 34.27 |
| 房地产开发 | Real Estate Development | 44.59 | 38.86 | 40.77 |
| 集体经济单位 | Collective-owned Economic Units | 96.50 | 107.12 | 116.92 |
| 其他经济单位 | Other Economic Units | 169.78 | 248.32 | 257.72 |
| 私人投资 | Private Investment | 124.78 | 160.56 | 194.52 |
| 城镇 | Urban | 49.98 | 65.26 | 82.78 |
| 农村 | Rural | 74.80 | 95.30 | 111.74 |
| **二、按用途分** | **Grouped by Purpose** | | | |
| 生产性 | Productive | 663.90 | 679.89 | 758.41 |
| 非生产性 | Non-productive | 320.48 | 403.71 | 472.69 |
| #住宅 | # Residence | 172.91 | 206.39 | 264.11 |
| **三、按构成分** | **Grouped by Use of Funds** | | | |
| 建筑安装工程 | Construction and Installation Projects | 510.52 | 600.04 | 695.55 |
| 设备、工具、器具购置 | Purchase of Equipment and Instruments | 307.89 | 264.16 | 323.47 |
| 其他 | Others | 165.97 | 219.40 | 212.08 |
| **四、按资金来源分** | **Grouped by Funds Sources** | | | |
| 国家预算内投资 | State Budgetary Investment | 72.94 | 70.62 | 88.02 |
| 国内贷款 | Domestic Loans | 206.14 | 174.82 | 232.01 |
| 利用外资 | Foreign Investment | 75.27 | 52.32 | 34.69 |
| 自筹投资 | Fund Raising | 365.60 | 633.59 | 680.82 |
| 其他投资 | Others | 264.83 | 152.25 | 195.56 |

## 34－2－1　湖北全省国有建筑业企业主要经济指标(1998 年)

MAJOR ECONOMIC INDICATORS OF STATE-OWNED CONSTRUCTION ENTERPRISES OF HUBEI PROVINCE(1998)

| 项　目 | Item | 单位 | unit | 总计 Total |
|---|---|---|---|---|
| 企业个数 | Number of Constrution Enterprises | 个 | number | 433 |
| 中央企业 | Central Enterprises | 个 | number | 54 |
| 地方企业 | Local Enterprises | 个 | number | 379 |
| 企业人数 | Number of Staff | 万人 | number | 38.22 |
| 中央企业 | Central Enterprises | 万人 | number | 19.00 |
| 地方企业 | Local Enterprises | 万人 | number | 19.22 |
| 房屋建筑施工面积 | Floor Space of Buildings under Construction | 万米$^2$ | 10000sq.m | 2488.8 |
| #本年新开工 | # Newly Starting This Year | 万米$^2$ | 10000sq.m | 975.2 |
| 房屋建筑竣工面积 | Floor Space of Buildings Completed | 万米$^2$ | 10000sq.m | 836.0 |
| 房建筑面积竣工率 | Rate of Floor Space of Buildings Completed | % | % | 33.6 |
| 人均施工面积 | Per Capita Floor Space under Construction | 米$^2$ | sq.m | 65.1 |
| 人均竣工面积 | Per Capita Floor Space Completed | 米$^2$ | sq.m | 21.9 |
| 优良工程竣工面积 | Floor Space of High Quality Projects Completed | 万米$^2$ | 10000sq.m | 269.5 |
| 中央企业 | Central Enterprises | 万米$^2$ | 10000sq.m | 130.0 |
| 地方企业 | Local Enterprises | 万米$^2$ | 10000sq.m | 139.5 |
| 单位工程竣工个数 | Number of Projects Completed | 个 | number | 6418 |
| 中央企业 | Central Enterprises | 个 | number | 3425 |
| 地方企业 | Local Enterprises | 个 | number | 2719 |
| 优良单位工程个数 | Number of High Quality Projects | 个 | number | 3391 |
| 中央企业 | Central Enterprises | 个 | number | 2860 |
| 地方企业 | Local Enterprises | 个 | number | 531 |
| 优良品率(竣工面积) | Rate of Floor Space of High Quality Projects Completed | % | % | 32.2 |
| 中央企业 | Central Enterprises | % | % | 61.3 |
| 地方企业 | Local Enterprises | % | % | 22.4 |

# 第三十五章 湖南省房地产统计

# CHAPTER 35 REAL ESTATE STATISTICS OF HUNAN PROVINCE

# 35－1－1 湖南全省房地产开发综合统计(1999年)

## COMPOSITE STATISTICS OF REAL ESTATE DEVELOPMENT OF HUNAN PROVINCE(1999)

| 项目 | Item | 合计 Total |
|---|---|---|
| 一、房地产开发投资额(亿元) | **Inestment Value of Real Estate Development** (100 **million yuan**) | |
| 住宅 | Residence | 33.37 |
| 办公楼 | Office | 2.25 |
| 商业营业用房 | Commerce | 5.67 |
| 二、商品房销售额(亿元) | **Sale of Commercial Buildings**(100 **million yuan**) | 30.67 |
| 住宅 | Residence | 25.36 |
| 办公楼 | Office | 1.39 |
| 商业营业用房 | Commerce | 3.83 |
| 销售给个人 | Sold to Individuals | |
| 住宅 | Residence | 23.77 |
| 办公楼 | Office | — |
| 商业营业用房 | Commerce | — |
| 三、房地产开发资金来源(亿元) | **Funds Sources of Real Estate Development** (100 **million yuan**) | |
| 国家预算内资金 | State Budgetary Funds | 0.01 |
| 国内贷款 | Domestic Loans | 11.21 |
| 债券 | Bonds | |
| 利用外资 | Foreign Investment | 1.02 |
| 自筹资金 | Fund Raising | 20.18 |
| 定金及预收款 | Deposits and Pre-charges | |

35－1－1 续表(Continued)

| 项目 | Item | 合计 Total |
|---|---|---|
| 其他资金 | Others | 25.41 |
| **四、房地产开发面积(万平方米)** | **Floor Space of Real Estate Development** (10000 sq.m) | |
| 商品房施工面积 | Floor Space of Commercial Buildings under Construction | 1000.18 |
| 住宅 | Residence | 806.12 |
| 办公楼 | Office | 49.50 |
| 商业营业用房 | Commerce | 121.34 |
| 商品房新开工面积 | FLoor Space of Commercial Buildings Newly Starting | 394.7 |
| 住宅 | Residence | 343.9 |
| 办公楼 | Office | 12.4 |
| 商业营业用房 | Commerce | 33.8 |
| 商品房竣工面积 | Floor Space of Commercial Buildings Completed | 479.8 |
| 住宅 | Residence | 406.02 |
| 办公楼 | Office | 19.64 |
| 商业营业用房 | Commerce | 44.35 |
| 商品房销售面积 | Floor Space of Commercial Buildings Sold | 288.7 |
| 住宅 | Residence | 264.8 |
| 办公楼 | Office | 5.0 |
| 商业营业用房 | Commerce | 17.7 |

# 35-1-2 湖南全省房地产开发主要指标(1998年)

## MAJOR INDICATORS OF REAL ESTATE DEVELOPMENT OF HUNAN PROVINCE(1998)

金额单位:万元 Unit:10000 yuan

| 指标名称 Item | 合计 Total | 按经济类型分 Grouped by Ownership | |
|---|---|---|---|
| | | #国有 # State-owned | #集体 # Collective-owned |
| 计划总投资(万元) Total Planned Investment Value(10000 yuan) | 2064983 | 828064 | 124876 |
| 实际需要的总投资(万元) Total Investment Value Actually Completed(10000 yuan) | 2142017 | 856888 | 126084 |
| 累计完成投资(万元) Accumulative Investment Value Completed(10000 yuan) | 1056206 | 404922 | 71474 |
| 累计新增固定资产(万元) Accumulative Newly Increased Fixed Assets(10000 yuan) | 441742 | 203867 | 36125 |
| 本年底未完工程累计投资(万元) Accumulative Investment of Projects Uncompleted(This Year-end)(10000 yuan) | 571138 | 178224 | 31666 |
| 本年计划投资(万元) Planned Investment This Year(10000 yuan) | 550394 | 225961 | 46747 |
| 本年完成投资(万元) Investment Completed This Year(10000 yuan) | 555014 | 220285 | 47260 |
| 按构成分 Grouped by Use of Funds | | | |
| 建筑工程 Construction Projects | 286337 | 121908 | 28099 |
| 安装工程 Installation Projects | 13205 | 2005 | 390 |
| 设备、工具器具购置 Purchase of Equipment and Instruments | 10748 | 1481 | 110 |
| 按工程用途分 Grouped by Purpose of Projects | | | |
| 住宅 Residence | 228847 | 107346 | 20823 |
| 办公楼 Office | 24493 | 5549 | 1036 |
| 商业营业用房 Commerce | 58209 | 13768 | 5468 |

35－1－2 续表(Continued)

| 指标名称 Item | 合计 Total | 按经济类型分 Grouped by Ownership | |
|---|---|---|---|
| | | # 国有 # State-owned | # 集体 # Collective-owned |
| 其他 Others | 109657 | 49403 | 16965 |
| 房地产开发企业本年资金来源(万元) Fund Sources of Real Estate Development Enterprises This Year (10000 yuan) | 537326 | 238269 | 53340 |
| 国内贷款 Domestic Loans | 113514 | 56352 | 7615 |
| 债券 Bonds | 830 | 630 | 200 |
| 自筹资金 Fund Raising | 147726 | 68760 | 15061 |
| 本年土地开发投资(万元) Investment in Land Development This Year(10000 yuan) | 51157 | 29829 | 4164 |
| 本年新增固定资产(万元) Newly Increased Fixed Assets This Year(10000 yuan) | 288087 | 135688 | 23361 |
| 本年施工房屋面积(平方米) Floor Space of Buildings under Construction This Year(sq.m) | 8907399 | 3849205 | 8313444 |
| # 住宅 # Residence | 679175 | 3242458 | 646586 |
| 本年竣工房屋面积(平方米) Floor Space of Buildings Completed(sq.m) | 3281881 | 1691172 | 326056 |
| # 住宅 # Residence | 2688436 | 1462252 | 249620 |
| 本年竣工房屋价值(万元) Value of Buildings Completed(10000 yuan) | 267942 | 121606 | 21574 |
| # 住宅 # Residence | 203850 | 100095 | 14362 |
| 土地开发面积(公顷) Area of Land Developed(hectare) | 3264441 | 1739298 | 196188 |
| 商品房销售额(万元) Sales of Commercial Buildings(10000 yuan) | 193702 | 93829 | 14030 |
| 商品房销售建筑面积(平方米) Floor Space of Commercial Buildings Sold(sq.m) | 1918727 | 1096423 | 154895 |

# 35－1－3　湖南省各地市房地产开发情况(1998年)

## REAL ESTATE DEVELOPMENT BY REGION OF HUNAN PROVINCE(1998)

| 地区 Region | 开发公司个数(个) Number of Development Enterprises (number) | 年平均职工人数(人) Annual Average Number of Staff (person) | 经营总收入(万元) Total Revenue (10000yuan) | 土地转让 # Income of Land Transferring | 商品房屋销售 Sales Income of Commercial Buildings | 房屋出租 Income of Houses Leasing | 其他 Others | 本年实现利润(万元) Profits This Year (10000 yuan) |
|---|---|---|---|---|---|---|---|---|
| **全省总计 Total** | **605** | **17322** | **235162** | **32816** | **185932** | **1804** | **14601** | — |
| 长沙市 Changsha City | 167 | 5018 | 87106 | 14424 | 67841 | 477 | 4364 | — |
| 株洲市 Zhuzhou City | 65 | 1486 | 24371 | 3463 | 16836 | 71 | 4001 | — |
| 湘潭市 Xiangtan City | 35 | 1606 | 21013 | 495 | 18657 | 70 | 1791 | — |
| 衡阳市 Hengyang City | 48 | 1713 | 23308 | 1375 | 21445 | 434 | 54 | — |
| 邵阳市 Shaoyang City | 45 | 971 | 7966 | 1453 | 6307 | 1 | 205 | — |
| 岳阳市 Yueyang City | 38 | 1223 | 14087 | 4423 | 8383 | 40 | 1241 | — |
| 常德市 Changde City | 57 | 1313 | 17938 | 2467 | 15174 | 96 | 201 | — |
| 张家界市 Zhangjiajie City | 7 | 277 | 390 | — | 340 | 30 | 50 | — |
| 益阳市 Yiyang City | 29 | 766 | 8704 | 108 | 8437 | 115 | 44 | — |
| 郴州市 Chenzhou City | 40 | 747 | 10114 | 181 | 9796 | 229 | 137 | — |
| 永州市 Yongzhou City | 26 | 835 | 8189 | 2290 | 5179 | 34 | 686 | — |
| 娄底地区 Loudi Prefecture | 22 | 622 | 3778 | 1030 | 1913 | 397 | 438 | — |
| 怀化地区 Huaihua Prefecture | 18 | 581 | 6938 | 775 | 5447 | 3 | 713 | — |
| 湘西自治州 Xiangxi Autonomous Prefecture | 8 | 164 | 1260 | 332 | 177 | 66 | 685 | — |

# 35-1-4 湖南省各地市商品房屋销售情况(1998年)

## SELLING OF COMMODITY BUILDINGS BY REGION OF HUNAN PROVINCE(1998)

| 地区 Region | | 实际销售商品房屋面积(平方米) Floor Space of Commercial Buildings Actually Sold(sq.m) | # 住宅 # Residence | 个人购买商品房住宅(平方米) Floor Space of Commercial Residence Purchased by Individuals (sq.m) | 商品房屋销售额(万元) Sales of Commercial Buildings (10000yuan) | # 住宅 # Residence |
|---|---|---|---|---|---|---|
| **全省总计** | **Total** | **1918727** | **1707381** | **1476990** | **193702** | **155819** |
| 长沙市 | Changsha City | 399740 | 361799 | 307329 | 67692 | 57549 |
| 株洲市 | Zhuzhou City | 176191 | 162394 | 137709 | 17514 | 14339 |
| 湘潭市 | Xiangtan City | 232076 | 216100 | 198910 | 18344 | 15393 |
| 衡阳市 | Hengyang City | 211407 | 181127 | 172767 | 20701 | 13933 |
| 邵阳市 | Shaoyang City | 125986 | 89471 | 69419 | 9130 | 5148 |
| 岳阳市 | Yueyang City | 145176 | 137760 | 82197 | 10676 | 9796 |
| 常德市 | Changde City | 173962 | 164984 | 142880 | 15104 | 13577 |
| 张家界市 | Zhangjiajie City | 6800 | 5600 | — | 340 | 281 |
| 益阳市 | Yiyang City | 131723 | 118352 | 113925 | 10775 | 7786 |
| 郴州市 | Chenzhou City | 95215 | 83765 | 79364 | 9839 | 7487 |
| 永州市 | Yongzhou City | 76540 | 62191 | 49899 | 5153 | 3600 |
| 娄底地区 | Loudi Prefecture | 30189 | 21719 | 21408 | 1840 | 1254 |
| 怀化地区 | Huaihua Prefecture | 112153 | 101069 | 100963 | 6357 | 5582 |
| 湘西自治州 | Xiangxi Autonomous Prefecture | 1569 | 1050 | 220 | 237 | 94 |

## 35-1-5 湖南省各地市城镇和工矿区私人建房情况(1998年)

BUILDINGS CONSTRUCTION BY INDIVIDUALS IN CITIES, TOWNS AND INDUSTRIAL AND MINING AREAS BY REGION OF HUNAN PROVINCE(1998)

| 地区 | Region | 竣工房屋建筑面积(平方米) Floor Space of Buildings Completed(sq.m) | #住宅 # Residence | 竣工房屋价值(万元) Value of Buildings Completed (10000 yuan) | #住宅 # Residence | 建筑户数(户) Number of Households Constructing Buildings(unit) |
|---|---|---|---|---|---|---|
| **全省总计** | **Total** | **1519.21** | **1369.47** | **541658** | **475592** | **82491** |
| 长沙市 | Changsha City | 201.88 | 165.98 | 81095 | 62547 | 11175 |
| 株洲市 | Zhuzhou City | 73.17 | 73.16 | 21695 | 21692 | 3498 |
| 湘潭市 | Xiangtan City | 32.18 | 29.78 | 13159 | 12309 | 2241 |
| 衡阳市 | Hengyang City | 174.94 | 164.78 | 56941 | 52780 | 10365 |
| 邵阳市 | Shaoyang City | 170.60 | 160.66 | 65034 | 61971 | 8518 |
| 岳阳市 | Yueyang City | 187.57 | 182.11 | 60424 | 57133 | 10833 |
| 常德市 | Changde City | 137.38 | 120.98 | 53453 | 45370 | 7185 |
| 张家界市 | Zhangjiajie City | 58.61 | 57.13 | 17049 | 16715 | 4196 |
| 益阳市 | Yiyang City | 56.02 | 48.49 | 23117 | 17586 | 2996 |
| 郴州市 | Chenzhou City | 71.90 | 62.27 | 26312 | 23412 | 4404 |
| 永州市 | Yongzhou City | 222.53 | 189.86 | 71083 | 59064 | 9864 |
| 娄底地区 | Loudi Prefecture | 36.48 | 31.29 | 13006 | 10751 | 1373 |
| 怀化地区 | Huaihua Prefecture | 77.23 | 65.42 | 31703 | 26975 | 4172 |
| 湘西自治州 | Xiangxi Autonomous Prefecture | 18.72 | 16.96 | 7587 | 7287 | 1671 |

# 35-1-6 湖南省全社会固定资产投资情况(1996—1998年)

INVESTMENT IN FIXED ASSETS OF HUNAN PROVINCE(1996—1998)

| 类别 | Item | 1996 | 1997 | 1998 |
|---|---|---|---|---|
| **投资总额(亿元)** | **Total Investment Value(100 milion yuan)** | **678.33** | **688.36** | **848.59** |
| 按经济类型分 | Grouped by Ownership | | | |
| 国有经济 | State-owned | 375.27 | 353.97 | 457.00 |
| 集体经济 | Collective-owned | 79.25 | 84.48 | 95.65 |
| 个体经济 | Individual | 178.58 | 19·5.17 | 230.15 |
| 联营经济 | Joint-owned Venture | 0.56 | 0.89 | 0.53 |
| 股份制经济 | Share Holding Enterprises | 11.05 | 19.31 | 36.52 |
| 外商投资经济 | Foreign Investment | 21.38 | 23.33 | 10.70 |
| 港澳台投资经济 | Hong Kong, Macao and Taiwan Investment | 10.95 | 8.37 | 13.65 |
| 其他经济 | Other Economic | 1.29 | 2.84 | 4.3 |
| 按管理渠道分 | Grouped by Management Channel | | | |
| 基本建设 | Capital Construction | 253.92 | 258.01 | 343.06 |
| 更新改造 | Innovation | 120.14 | 107.26 | 115.54 |
| 房地产开发 | Real Estate Development | 40.22 | 34.02 | 42.12 |
| 其他投资 | Others | 264.05 | 289.07 | 347.87 |
| 按资金来源分 | Grouped by Funds Sources | | | |
| 国家预算内投资 | State Budgetary Investment | 13.12 | 18.37 | 28.95 |
| 国内贷款 | Domestic Loans | 126.98 | 108.41 | 133.29 |
| 债券 | Bonds | 5.28 | 0.13 | 9.71 |
| 利用外资 | Foreign Investment | 28.62 | 30.86 | 32.62 |
| 自筹投资 | Fund-Raising | 368.93 | 423.71 | 472.94 |
| 其他资金 | Others | 135.40 | 106.88 | 171.08 |
| 按构成分 | Grouped by Use of Funds | | | |
| 建筑安装工程 | Construction and Installation Projects | 456.53 | 491.22 | 607.22 |
| 设备、工具、器具购置 | Purchase of Equipment and Instruments | 138.84 | 126.45 | 146.46 |
| 其他费用 | Others | 82.96 | 70.69 | 94.91 |
| 按隶属关系分 | Grouped by Administrative Relationship | | | |
| 中央 | Central | 174.70 | 162.66 | 184.48 |
| 地方 | Local | 480.27 | 503.83 | 628.70 |
| 其他 | Others | 23.36 | 21.87 | 35.14 |
| 按用途分 | Grouped by Purpose of Projects | | | |
| 住宅 | Residence | 206.59 | 224.43 | 291.18 |
| **房屋建筑面积(万平方米)** | **Floor Space of Buildings(10000sq.m)** | | | |
| 施工面积 | Floor Space of Buildings under Construction | 12627.96 | 10289.91 | 13916.28 |
| 竣工面积 | Floor Space of Buildings Completed | 10582.17 | 8674.84 | 11382.54 |
| 住宅 | Residence | 8918.35 | 7012.41 | 9639.96 |

注:1998年固定资产投资额中,不含50万元及以下基本建设、更新改造和其他投资12.37亿元项目。

Note: Investment value in fixed assets of 1998 doesn't include 1237 billion yuan of capital construction, innovation and other items of 500000 yuan and less.

# 35－2－1 湖南省各地市房地产开发房屋建筑面积和造价情况(1998年)

## FLOOR SPACE OF BUILDINGS IN REAL ESTATE DEVELOPMENT AND THEIR COST BY REGION OF HUNAN PROVINCE(1998)

| 地区 | Region | 施工房屋面积(平方米) Floor Space under Construction (sq.m) | 竣工房屋面积(平方米) Floor Space Completed (sq.m) | 房屋建筑面积竣工率(%) Rate of Floor Space Completed(%) | 竣工房屋价值(万元) Value of Buildings Completed (10000yuan) | 竣工房屋造价(元/平方米) Cost of Buildings Completed (yuan/sq.m) |
|---|---|---|---|---|---|---|
| **全省总计** | **Total** | **8907399** | **3281881** | **36.84** | **267942** | **816.43** |
| 长沙市 | Changsha City | 3397807 | 983805 | 28.95 | 12819 | 1228.08 |
| 株洲市 | Zhuzhou City | 907639 | 373308 | 41.34 | 25601 | 685.79 |
| 湘潭市 | Xiangtan City | 679818 | 283637 | 41.72 | 16858 | 594.35 |
| 衡阳市 | Hengyang City | 897686 | 331060 | 36.88 | 20164 | 609.07 |
| 邵阳市 | Shaoyang City | 465718 | 128550 | 27.60 | 10424 | 810.89 |
| 岳阳市 | Yueyang City | 434163 | 254984 | 58.73 | 14216 | 557.53 |
| 常德市 | Changde City | 467308 | 246857 | 52.83 | 18536 | 750.88 |
| 张家界市 | Zhangjiajie City | 105713 | 6565 | 6.21 | 284 | 432.60 |
| 益阳市 | Yiyang City | 338991 | 220958 | 65.18 | 13486 | 610.34 |
| 郴州市 | Chenzhou City | 416455 | 117248 | 28.15 | 7876 | 671.74 |
| 永州市 | Yongzhou City | 229462 | 118262 | 51.54 | 6213 | 525.36 |
| 娄底地区 | Loudi Prefecture | 151696 | 66208 | 43.65 | 3589 | 542.08 |
| 怀化地区 | Huaihua Prefecture | 353282 | 134986 | 38.21 | 8896 | 659.03 |
| 湘西自治州 | Xiangxi Autonomous Prefecture | 61661 | 15453 | 25.06 | 980 | 634.18 |

## 35－2－2 湖南省部分城市城镇集体、单位房屋建筑面积情况(1998年)

FLOOR SPACE OF BUILDINGS OF URBAN COLLECTIVE-OWNED UNITS BY CITY OF HUNAN PROVINCE(1998)

| 地区 Region | | 施工面积 Floor Space under Construction | # 住宅 # Residence | 竣工面积 Floor Space Completed | # 住宅 # Residence |
|---|---|---|---|---|---|
| **全省总计** | **Total** | **249.91** | **142.33** | **117.48** | **69.35** |
| 长沙市 | Changsha City | 44.35 | 25.29 | 20.93 | 9.02 |
| 株洲市 | Zhuzhou City | 17.92 | 14.04 | 6.37 | 3.09 |
| 湘潭市 | Xiangtan City | 30.81 | 15.05 | 10.55 | 7.17 |
| 衡阳市 | Hengyang City | 25.80 | 15.45 | 11.06 | 7.89 |
| 邵阳市 | Shaoyang City | 26.94 | 17.65 | 10.85 | 7.77 |
| 岳阳市 | Yueyang City | 9.88 | 6.78 | 7.89 | 5.69 |
| 常德市 | Changde City | 19.86 | 9.89 | 9.26 | 5.75 |
| 张家界市 | Zhangjiajie City | 5.58 | 2.19 | 2.04 | 0.63 |
| 益阳市 | Yiyang City | 10.56 | 6.86 | 6.09 | 4.00 |
| 郴州市 | Chenzhou City | 20.21 | 9.97 | 9.82 | 5.52 |
| 永州市 | Yongzhou City | 8.42 | 3.84 | 7.92 | 3.84 |
| 娄底地区 | Loudi Prefecture | 15.67 | 7.92 | 9.27 | 4.56 |
| 怀化地区 | Huaihua Prefecture | 10.05 | 5.76 | 4.91 | 2.13 |
| 湘西自治州 | Xiangxi Autonomous Prefecture | 3.86 | 1.64 | 0.52 | 0.29 |

# 35－3－1　湖南全省建筑业企业主要经济指标(1998年)

## MAJOR ECONOMIC INDICATORS OF CONSTRUCTION ENTERPRISES OF HUNAN PROVINCE(1998)

| 项　目 | Item | 单位 | Unit | 合计 Total |
|---|---|---|---|---|
| 施工企业个数 | Number of Construction Enterprises | 个 | number | 1840 |
| 施工企业人数 | Actual Number of All Staff(Year-end) | 万人 | 10000persons | 82.72 |
| 建筑业总产值(施工产值) | Gross Output Value of Construction | 万元 | 10000 yuan | 3273222 |
| 建筑安装 | Construction and Installation | 万元 | 10000 yuan | 3158257 |
| 房屋构筑物修理 | Buildings Repair and Maintenance | 万元 | 10000 yuan | 81075 |
| 非标准设备制造 | Non-standard Equipment Manufacturing | 万元 | 10000 yuan | 33890 |
| 增加值 | Value Added | 万元 | 10000 yuan | 876333 |
| 年底自有机械设备 | Number of Machinery and Equipment Owned at Year-end | 台 | set | 288779 |
| 年底自有机械设备净值 | Net Value of Fixed Assets Owned at Year-end | 万元 | 10000 yuan | 379014 |
| 技术装备率(全部职工) | Value of Machines Per Laborer | 元/人 | yuan/person | 4430 |
| 动力装备率(全部职工) | Power of Machines Per Laborer | 千瓦/人 | kw/person | 4.22 |
| 劳动生产率 | Overall Labor Productivity | % | | 38261 |
| 劳动生产率 | Overall Labor Productivity | % | | 10594 |
| 人均竣工面积 | Overall Per Capita Floor Space Completed | 平方米/人 | sq.m/person | 28.8 |
| 竣工产值 | Output Value of Completion | 万元 | 10000 yuan | 2359130 |
| 验收的单位工程 | Number of Projects Checked and Accepted | 个 | /number | 13053 |
| 优良品 | High Quality Projects | 个 | number | 4308 |
| 验收的单位工程优良品率 | Rate of High Quality Projects Checked and Accepted | % | | 33.0 |
| 验收的竣工面积 | Completed Floor Space Checked and Accepted | 万平方米 | 10000sq.m | 2382.3 |
| 优良品 | High Quality Projects | 万平方米 | 10000sq.m | 898.4 |
| 验收的竣工面积优良品率 | Rate of Floor Space of High Quality Projects Completed and Checked | % | | 37.7 |
| 固定资产原值 | Original Value of Fixed Assets at Year-end | 万元 | 10000 yuan | 1192184 |
| 固定资产净值 | Net Value of Fixed Assets at Year-end | 万元 | 10000 yuan | 867155 |
| 流动资产年末合计 | Total Floating Assets(Year-end) | 万元 | 10000 yuan | 2109855 |
| 利润总额 | Total Profits | 万元 | 10000 yuan | 19488 |
| 利税总额 | Total Pre-tax Profits | 万元 | 10000 yuan | 115843 |
| 资金利润率 | Ratio of Profits to Capital Funds | % | | 0.7 |
| 产值利润率 | Ratio of Profits to Output Value | % | | 0.6 |
| 产值利税率 | Ratio of Pre-tax to Output Values | % | | 3.5 |

注：1.建筑施工企业均指资质等级四级及以上的建筑企业。

2.本表中数据截止1999年末。

Note：a) Construction enterprises refer to those with grade-four and higher qualifieation.

b) Data of this table was up to the end of 1999.

# 第三十六章 广东省房地产统计

# CHAPTER 36 REAL ESTATE STATISTICS OF GUANGDONG PROVINCE

# 36-1-1 广东全省房地产开发综合统计(1999年)

## COMPOSITE STATISTICS OF REAL ESTATE DEVELOPMENT OF GUANGDONG PROVINCE(1999)

| 项目 | Item | 合计 Total |
|---|---|---|
| **一、房地产开发投资额(亿元)** | **Investment Value of Real Estate Development** (100 million yuan) | |
| 住宅 | Residence | 466.68 |
| 办公楼 | Office | 39.12 |
| 商业营业用房 | Commerce | 72.05 |
| **二、商品房销售额(亿元)** | **Sale of Commercial Buildings**(100 million yuan) | 574.53 |
| 住宅 | Residence | 472.34 |
| 办公楼 | Office | 26.65 |
| 商业营业用房 | Commerce | 68.79 |
| 销售给个人 | Sold to Individuals | |
| 住宅 | Residence | 379.63 |
| 办公楼 | Office | |
| 商业营业用房 | Commerce | |
| **三、房地产开发资金来源(亿元)** | **Funds Sources of Real Estate Development** (100 million yuan) | |
| 国家预算内资金 | State Budgetary Funds | 0.21 |
| 国内贷款 | Domestic Loans | 170.90 |
| 债券 | Bonds | 0.20 |
| 利用外资 | Foreign Investment | 45.42 |
| 自筹资金 | Fund Raising | 258.31 |
| 定金及预收款 | Deposits and Pre-charges | — |

36-1-1 续表(Continued)

| 项目 | Item | 合计 Total |
|---|---|---|
| 其他资金 | Others | 386.20 |
| **四、房地产开发面积(万平方米)** | **Floor Space of Real Estate Development** (10000 sq.m) | |
| 商品房施工面积 | Floor Space of Commercial Buildings under Construction | 8984.1 |
| 住宅 | Residence | 6638.75 |
| 办公楼 | Office | 569.91 |
| 商业营业用房 | Commerce | 1104.44 |
| 商品房新开工面积 | FLoor Space of Commercial Buildings Newly Starting | 2798.0 |
| 住宅 | Residence | 2334.5 |
| 办公楼 | Office | 46.1 |
| 商业营业用房 | Commerce | 231.1 |
| 商品房竣工面积 | Floor Space of Commercial Buildings Completed | 2641.6 |
| 住宅 | Residence | 2182.48 |
| 办公楼 | Office | 79.50 |
| 商业营业用房 | Commerce | 243.42 |
| 商品房销售面积 | Floor Space of Commercial Buildings Sold | 1817.8 |
| 住宅 | Residence | 1622.4 |
| 办公楼 | Office | 36.5 |
| 商业营业用房 | Commerce | 122.8 |

# 36－1－2 广东省房地产开发投资情况(1998 年)

## INVESTMENT IN REAL ESTATE DEVELOPMENT OF GUANGDONG PROVINCE(1998)

| 经济类型 | Ownership | 开发企业个数(个) Number of Development Enterprise (unit) | 完成投资额(亿元) Investment Value Completed (100million yuan) | 商品房建设 Commercial Buildings Construction | #住宅 Residence | 土地开发 Land Development |
|---|---|---|---|---|---|---|
| **全省总计** | **Province Total** | **3936** | **602.72** | **442.98** | **44.57** | **371.06** |
| 国有经济 | State-Owned | 1102 | 142.49 | 107.22 | 1.22 | 92.92 |
| 集体经济 | Collective－Owned | 1185 | 81.46 | 59.74 | 7.95 | 54.83 |
| 私营经济 | Private | 212 | 60.03 | 44.40 | 4.36 | 38.21 |
| 联营经济 | Joint-Owned | 106 | 12.08 | 8.77 | 0.91 | 6.83 |
| 股份有限公司 | Joint-stock Company Limited | 167 | 45.96 | 34.58 | 2.41 | 29.20 |
| 有限责任公司 | Limited-liability Company | 355 | 87.53 | 58.09 | 7.37 | 52.92 |
| 港澳台独资企业 | Hong Kong，Macao and Taiwan Venture Exclusively Enterprise | 674 | 151.16 | 115.13 | 8.70 | 83.16 |
| 其他经济 | Others | 9 | 1.21 | 0.88 | 0.03 | 0.77 |

# 36-1-3 广东省各市房地产开发投资情况(1998年)

## INVESTMENT IN REAL ESTATE DEVELOPMENT BY CITY OF GUANGDONG PROVINCE(1998)

| 城市 City | | 开发企业个数(个) Number of Development Enterprise (unit) | 完成投资额(亿元) Investment Value Completed (100million yuan) | 商品房建设 Commercial Buildings Construction | #住宅 Residence | 土地开发 Land Development |
|---|---|---|---|---|---|---|
| 广州 | Guangzhou | 1212 | 269.37 | 198.24 | 22.26 | 163.72 |
| 深圳 | Shenzhen | 303 | 167.49 | 134.11 | 6.05 | 99.89 |
| 珠海 | Zhuhai | 167 | 22.50 | 12.62 | 0.71 | 16.55 |
| 汕头 | Shantou | 279 | 24.80 | 17.50 | 0.51 | 17.59 |
| 韶关 | Shaoguan | 102 | 2.21 | 1.81 | 0.18 | 1.36 |
| 河源 | Heyuan | 37 | 0.74 | 0.27 | 0.41 | 0.19 |
| 梅州 | Meizhou | 59 | 2.79 | 2.10 | 0.35 | 1.74 |
| 惠州 | Huizhou | 332 | 5.54 | 4.48 | 3.46 | 0.05 |
| 汕尾 | Shanwei | 28 | 1.11 | 0.52 | 0.08 | 0.76 |
| 东莞 | Dongguan | 41 | 9.55 | 7.60 | 0.36 | 7.37 |
| 中山 | Zhongshan | 105 | 13.94 | 8.14 | 2.69 | 6.85 |
| 江门 | Jiangmen | 370 | 16.64 | 12.34 | 1.53 | 11.73 |
| 佛山 | Foshan | 292 | 39.65 | 28.21 | 3.38 | 24.70 |
| 阳江 | Yangjiang | 74 | 4.42 | 0.99 | 1.80 | 1.53 |
| 湛江 | Zhanjiang | 74 | 2.72 | 1.69 | 0.66 | 1.62 |
| 茂名 | Maoming | 88 | 3.01 | 1.13 | 1.27 | 1.14 |
| 肇庆 | Zhaoqing | 124 | 6.07 | 4.44 | 0.55 | 4.38 |
| 清远 | Qingyuan | 48 | 1.62 | 1.11 | 0.26 | 1.07 |
| 潮州 | Chaozhou | 88 | 4.67 | 3.44 | 0.56 | 3.10 |
| 揭阳 | Jieyang | 66 | 2.18 | 1.67 | — | 1.69 |
| 云浮 | Yunfu | 47 | 1.72 | 0.60 | 0.90 | 0.62 |

# 36-1-4 广东全省固定资产投资主要指标(1995—1998 年)

## MAJOR INDICATORS OF INVESTMENT IN FIXED ASSETS OF GUANGDONG PROVINCE(1995—1998)

| 项 目 | Item | 1995 | 1996 | 1997 | 1998 |
|---|---|---|---|---|---|
| **完成投资额(亿元)** | **Investment Value Completed** (100 **million yuan**) | **2327.22** | **2327.64** | **2298.14** | **2668.13** |
| 按报表种类分 | Grouped by Type Report Form | | | | |
| 基本建设 | Capital Construction | 905.97 | 909.73 | 903.26 | 1072.30 |
| #大中型项目 | # Large and Medium Projects | 332.32 | 321.87 | 281.48 | 424.29 |
| 更新改造 | Innovation | 255.61 | 277.00 | 273.90 | 327.38 |
| #限额以上项目 | # Above-norm Projects | 54.78 | 64.06 | 73.49 | 90.40 |
| 房地产开发 | Real Estate Development | 563.89 | 528.85 | 528.31 | 602.72 |
| 其它投资 | Others | 114.36 | 128.03 | 100.60 | 112.83 |
| 城镇集体 | Urban Collective-owned Units | 43.73 | 57.92 | 53.38 | 60.88 |
| 农村集体 | Rural Collective-owned Units | 195.75 | 191.99 | 196.61 | 220.84 |
| 城镇和工矿区私人 | Individuals in Urban and Industrial and Mining Areas | 52.41 | 44.19 | 39.77 | 48.13 |
| 农村私人 | Individuals in Rural Areas | 195.50 | 189.93 | 202.31 | 223.05 |
| 按经济类型分 | Grouped by Type of Ownership | | | | |
| 国有经济 | State-owned | 1122.84 | 1078.74 | 1066.81 | 1175.38 |
| 集体经济 | Collective-owned | 363.67 | 340.18 | 323.14 | 382.65 |
| #农村 | # Rural Collective-owned | 195.75 | 191.99 | 196.61 | 220.84 |
| 个体经济 | Individuals | 249.78 | 235.50 | 247.47 | 334.93 |
| #农村 | # Rural Individuals | 195.50 | 189.93 | 202.31 | 223.05 |
| 联营经济 | Joint-owned | 17.22 | 20.82 | 18.65 | 9.17 |

36-1-4续表(Continued)

| 项　　目 | Item | 1995 | 1996 | 1997 | 1998 |
|---|---|---|---|---|---|
| 股份制经济 | Share Holding | 108.85 | 94.06 | 126.48 | 260.24 |
| 外商投资经济 | Foeign Funded | 254.88 | 269.78 | 243.88 | 139.12 |
| 港澳台投资经济 | Funded by Entrepreneurs from Hong Kong, Macao and Taiwan | 197.93 | 260.03 | 265.14 | 356.84 |
| 其他经济 | Others | 12.05 | 28.53 | 6.57 | 9.80 |
| 按构成分 | Grouped by Use of Funds | | | | |
| 建筑安装工程 | Construction and Installation | 1507.92 | 1507.04 | 1511.58 | 1688.14 |
| 设备工具器具购置 | Purchase of Equipment and Instruments | 464.75 | 498.79 | 464.56 | 546.06 |
| 其他费用 | Others | 354.55 | 321.81 | 322.01 | 433.93 |
| 按资金来源分 | Grouped by Source of Funds | | | | |
| 国家预算内资金 | State Budgetary Funds | 25.02 | 21.05 | 20.69 | 44.02 |
| 国内贷款 | Domestic Loans | 348.81 | 331.94 | 283.82 | 391.15 |
| 利用外资 | Foreign Investment | 431.37 | 472.21 | 457.10 | 372.20 |
| 自筹资金 | Fund Raising | 873.35 | 876.04 | 959.70 | 1156.63 |
| 其它资金 | Others | 648.67 | 625.95 | 576.83 | 704.12 |
| **房屋建筑面积 (万平方米)** | **Floor Space of Buildings (10000 sq.m)** | | | | |
| 施工面积 | Floor Space under Construction | 21364.88 | 19993.80 | 19089.47 | 20765.20 |
| 竣工面积 | Floor Space Completed | 10689.48 | 10360.80 | 10141.70 | 11364.72 |
| #住宅 | # Residence | 7308.18 | 6891.43 | 6876.72 | 7713.39 |
| 实际销售商品房屋面积 (万平方米) | Floor Space of Commercial Buildings Actually Sold (10000 sq.m) | 1000.41 | 1038.74 | 1165.97 | 1538.93 |
| #住宅 | # Residence | 850.44 | 896.27 | 1020.53 | 1354.10 |
| 个人购买商品住宅 (万平方米) | Commercial Buidings Purchased by Individuals (10000 sq.m) | 680.97 | 548.69 | 801.48 | 1068.72 |

# 36-1-5 广东省基本建设主要指标(1995—1998年)

## MAJOR INDICATORS OF CAPITAL CONSTRUCTION OF GUANGDONG PROVINCE(1995—1998)

| 项目 | Item | 1995 | 1996 | 1997 | 1998 |
|---|---|---|---|---|---|
| **一、建设项目个数(个)** | **Number of Projects(unit)** | | | | |
| 施工项目 | Number of Projects under Construction | 4456 | 4456 | 4521 | 5065 |
| #大中型项目 | # Large and Medium Projects | 98 | 90 | 85 | 100 |
| 全部建成投产项目 | Projects Fully Completed and Put into Use | 1819 | 1964 | 1973 | 2272 |
| #大中型项目 | # Large and Medium Projects | 22 | 14 | 15 | 15 |
| **二、投资总额(亿元)** | **Total Investment Value(100 million yuan)** | **905.97** | **909.73** | **903.26** | **1072.30** |
| 按构成分 | Grouped by Use of Funds | | | | |
| 建筑安装工程 | Construction and Installation | 531.49 | 571.40 | 565.64 | 657.72 |
| 设备、工器具购置 | Purchase of Equipment and Instruments | 231.25 | 197.60 | 202.71 | 220.43 |
| 其他费用 | Others | 143.23 | 140.73 | 134.91 | 194.15 |
| 按建设性质分 | Grouped by Type of Construction | | | | |
| #新建 | New Construction | 624.73 | 613.66 | 603.43 | 735.27 |
| 扩建 | Expansion | 184.73 | 234.38 | 215.72 | 250.86 |
| 改建 | Reconstruction | 43.05 | 37.54 | 52.78 | 46.49 |
| 按工程用途分 | Grouped by Purpose of Projects | | | | |
| 农林牧渔业 | Farming, Forestry, Animal Husbandry and Fishery | 8.07 | 7.01 | 13.55 | 16.42 |
| 工业、建筑业 | Industry and Construction | 380.29 | 356.38 | 303.75 | 338.17 |
| 商业、运输邮电业 | Commerce, Transportation, Post and Telecommunications | 262.39 | 273.07 | 230.85 | 266.69 |
| 住宅 | Residence | 77.62 | 70.41 | 77.83 | 90.01 |
| 其他 | Others | 177.60 | 202.86 | 277.28 | 361.01 |
| 按资金来源分 | Grouped by Source of Funds | | | | |
| 国家预算内资金 | Sate Budgetary Funds | 19.79 | 15.19 | 14.00 | 35.81 |
| 国内贷款 | Domestic Loans | 127.41 | 137.51 | 96.83 | 175.96 |
| 利用外资 | Foreign Investment | 217.39 | 191.77 | 254.18 | 221.97 |
| 自筹资金 | Fund Raising | 449.61 | 457.83 | 477.64 | 571.64 |
| 其他资金 | Others | 91.79 | 107.43 | 60.61 | 66.91 |
| **三、新增固定资产(亿元)** | **Newly Increased Fixed Assets (100 million yuan)** | **509.60** | **661.43** | **644.33** | **903.63** |
| **四、房屋建筑面积(万平方米)** | **Floor Space of Buildings (10000 sq.m)** | | | | |
| 施工面积 | Floor Space under Construction | 3822.75 | 3930.90 | 3790.47 | 3942.63 |
| 竣工面积 | Floor Space Completed | 1528.53 | 1676.29 | 1532.42 | 1598.77 |
| #住宅 | # Residence | 608.25 | 672.61 | 616.18 | 643.13 |

# 36-1-6　1999年广东省全省完成投资额最大的50家房地产开发企业

## THE TOP 50 REAL ESTATE DEVELOPMENT ENTERPRISES WITH GREATEST INVESTMENT VALUE COMPLETED OF GUANGDONG PROVINCE IN 1999

| 序号 Number | 单位名称 Name of the Enterprises | 完成投资(万元) Investment Value Completed(10000 yuan) |
|---|---|---|
| 1 | 广州市城市建设开发集体有限公司 | 81594 |
| 2 | 熊谷蚬壳发展(广州)有限公司 | 76512 |
| 3 | 深圳市万科房地产开发公司 | 67459 |
| 4 | 广东省信托房产开发公司 | 64547 |
| 5 | 广州市番禺祈福新村房地产有限公司 | 58578 |
| 6 | 广州鹏城房产有限公司 | 52696 |
| 7 | 深圳南油(集团)有限公司 | 51659 |
| 8 | 汕头联泰(集团)有限公司 | 41900 |
| 9 | 深圳市城市建设开发(集团)公司 | 40700 |
| 10 | 广州市侨鑫集团有限公司 | 36977 |
| 11 | 深圳茂业(集团)有限公司 | 36600 |
| 12 | 广州大鹏房地产公司 | 34449 |
| 13 | 广州保利房地产开发公司 | 34264 |
| 14 | 深圳市长城地产(集团)股份有限公司 | 31238 |
| 15 | 广州市东方兴盛房产发展有限公司 | 30986 |
| 16 | 广州珲祥房地产开发有限公司 | 30500 |
| 17 | 深圳市赛格广场投资发展有限公司 | 29446 |
| 18 | 广东华景新城房地产有限公司 | 28219 |
| 19 | 佛山市城南办公室 | 28000 |
| 20 | 广州市恒大房地产开发有限公司 | 27310 |
| 21 | 广州市国商大厦开发有限公司 | 25334 |
| 22 | 深圳市物业发展(集团)股份有限公司 | 24200 |
| 23 | 广州市番禺粤海房地产有限公司 | 23766 |
| 24 | 深圳百仕达一有限公司 | 23193 |
| 25 | 广州远洋建设实业公司 | 23005 |
| 26 | 广州英华房地产实业有限公司 | 22725 |
| 27 | 金地(集团)股份有限公司 | 22647 |
| 28 | 广州世纪房地产实业有限公司 | 22298 |
| 29 | 深圳市龙岗区房地产开发公司 | 22165 |
| 30 | 广东合生明晕房地产有限公司 | 22097 |
| 31 | 广州三新实业总公司 | 22061 |

36-1-6 续表(Continued)

| 序号 Number | 单位名称 Name of the Enterprises | 完成投资(万元) Investment Value Completed(10000 yuan) |
|---|---|---|
| 32 | 中山市港口镇地产房屋发展公司 | 20500 |
| 33 | 顺德市碧桂园物业发展有限公司 | 20000 |
| 34 | 广州右润置业有限公司 | 19959 |
| 35 | 国都集团发展(深圳)有限公司 | 19837 |
| 36 | 深圳市建鹏达房增开发公司 | 19754 |
| 37 | 瑞京隆房地产开发(深圳)有限公司 | 18802 |
| 38 | 新世纪建设发展(深圳)有限公司 | 18513 |
| 39 | 广州合生科技园房地产有限公司 | 18500 |
| 40 | 深圳明悦房地产开发有限公司 | 18462 |
| 41 | 深圳市新港鸿房地产有限公司 | 18454 |
| 42 | 深圳市元盛实业公司 | 18200 |
| 43 | 广州豪城房产开发有限公司 | 18129 |
| 44 | 南海黄岐沙新房地产发有限公司 | 18056 |
| 45 | 深圳市麦高尔投资发展公司 | 18000 |
| 46 | 南海市吉鸿房地产开发有限公司 | 17319 |
| 47 | 深圳市新怡和事业发展有限公司 | 17000 |
| 48 | 广州永和利房地产开发有限公司 | 16888 |
| 49 | 深圳市百货广场大厦开发有限公司 | 16871 |
| 50 | 广州市升恒房地产发展有限公司 | 16571 |

# 36-2-1 广东省各市房屋建筑面积(1998年)

## FLOOR SPACE OF BUILDINGS BY CITY OF GUANGDONG PROVINCE(1998)

| 城市 City | | 施工建筑面积(万平方米) Floor Space under Construction (10000 sq.m) | #住宅 Residence | 竣工建筑面积(万平方米) Floor Space Completed (10000 sq.m) | #住宅 Residence | 竣工价值(亿元) Value Completed (100 million yuan) | #住宅 Residence |
|---|---|---|---|---|---|---|---|
| **基本建设总计 Total Capital Construction** | | **3942.63** | **1475.30** | **1598.77** | **643.13** | **185.26** | **62.78** |
| 广州 | Guangzhou | 1099.70 | 475.68 | 334.54 | 157.13 | 39.25 | 19.13 |
| 深圳 | Shenzhen | 871.45 | 402.03 | 268.44 | 121.82 | 54.91 | 16.96 |
| 珠海 | Zhuhai | 233.79 | 39.83 | 65.03 | 19.26 | 6.41 | 1.67 |
| 汕头 | Shantou | 165.82 | 38.13 | 62.14 | 16.46 | 7.09 | 1.64 |
| 韶关 | Shaoguan | 115.64 | 58.85 | 68.00 | 37.08 | 4.26 | 2.16 |
| 河源 | Heyuan | 63.19 | 21.62 | 42.71 | 15.25 | 2.32 | 0.85 |
| 梅州 | Meizhou | 77.32 | 25.76 | 49.16 | 19.59 | 3.77 | 1.12 |
| 惠州 | Huizhou | 114.26 | 38.69 | 79.45 | 25.67 | 4.78 | 1.36 |
| 汕尾 | Shanwei | 70.43 | 10.12 | 18.27 | 6.47 | 1.41 | 0.48 |
| 东莞 | Dongguan | 64.04 | 14.59 | 34.37 | 8.61 | 4.14 | 0.89 |
| 中山 | Zhongshan | 79.71 | 14.38 | 26.30 | 8.20 | 3.91 | 0.81 |
| 江门 | Jiangmen | 70.20 | 14.96 | 44.98 | 9.69 | 4.05 | 0.80 |
| 佛山 | Foshan | 87.58 | 16.19 | 42.95 | 4.43 | 7.91 | 0.41 |
| 阳江 | Yangjiang | 51.18 | 7.94 | 39.77 | 4.86 | 3.54 | 0.32 |
| 湛江 | Zhanjiang | 189.74 | 101.59 | 102.89 | 63.32 | 9.44 | 5.06 |
| 茂名 | Maoming | 130.24 | 68.76 | 54.86 | 34.25 | 5.00 | 2.59 |
| 肇庆 | Zhaoqing | 113.65 | 34.42 | 66.35 | 23.68 | 5.84 | 1.75 |
| 清远 | Qingyuan | 109.58 | 38.52 | 66.83 | 28.34 | 5.11 | 2.22 |
| 潮州 | Chaozhou | 63.12 | 8.16 | 42.93 | 5.03 | 4.61 | 0.49 |
| 揭阳 | Jieyang | 105.38 | 19.78 | 43.99 | 11.38 | 4.82 | 0.87 |
| 云浮 | Yunfu | 66.53 | 25.41 | 44.81 | 22.60 | 2.68 | 1.19 |

# 36－2－2 广东省各市房地产开发房屋建筑面积及价值(1998 年)

## FLOOR SPACE OF BUILDINGS AND THEIR VALUE IN REAL ESTATE DEVELOPMENT BY CITY OF GUANGDONG PROVINCE(1998)

| 城市 | City | 房屋建筑面积(万平方米) Floor Space of Buildings (10000 sq.m) | | | 工房屋价值(万元) Value of Buildings Completed (10000 yuan) | #住宅 Residence |
|---|---|---|---|---|---|---|
| | | 施工面积 Floor Space of Buildings under Construction | 竣工面积 Floor Space of Buildings Completed | #住宅 Residence | | |
| 广州 | Guangzhou | 3269.52 | 758.62 | 571.27 | 973805 | 730741 |
| 深圳 | Shenzhen | 1656.65 | 463.31 | 356.30 | 1465010 | 1044859 |
| 珠海 | Zhuhai | 375.76 | 113.49 | 89.65 | 185293 | 142908 |
| 汕头 | Shantou | 542.48 | 159.51 | 113.76 | 150133 | 110228 |
| 韶关 | Shaoguan | 85.74 | 41.46 | 27.19 | 30518 | 19225 |
| 河源 | Heyuan | 7.91 | 2.00 | 1.16 | 2329 | 1335 |
| 梅州 | Meizhou | 48.76 | 24.76 | 17.30 | 22419 | 13035 |
| 惠州 | Huizhou | 114.49 | 43.29 | 31.86 | 27682 | 20286 |
| 汕尾 | Shanwei | 27.19 | 15.75 | 11.53 | 16431 | 14263 |
| 东莞 | Dongguan | 197.64 | 75.71 | 60.87 | 115584 | 73689 |
| 中山 | Zhongshan | 238.83 | 51.69 | 44.31 | 54276 | 45945 |
| 江门 | Jiangmen | 464.95 | 180.01 | 150.89 | 129753 | 106225 |
| 佛山 | Foshan | 615.79 | 213.70 | 178.20 | 270726 | 217195 |
| 阳江 | Yangjiang | 22.23 | 2.98 | 1.08 | 3222 | 778 |
| 湛江 | Zhanjiang | 76.57 | 17.14 | 13.84 | 15788 | 12936 |
| 茂名 | Maoming | 40.39 | 11.72 | 9.75 | 10772 | 8245 |
| 肇庆 | Zhaoqing | 138.90 | 57.07 | 51.11 | 47190 | 41405 |
| 清远 | Qingyuan | 24.84 | 12.50 | 11.12 | 8246 | 7405 |
| 潮州 | Chaozhou | 84.93 | 40.22 | 32.31 | 59736 | 43742 |
| 揭阳 | Jieyang | 73.85 | 26.00 | 22.65 | 16608 | 13951 |
| 云浮 | Yunfu | 23.37 | 8.02 | 6.94 | 5312 | 4494 |

# 36-3-1 广东省商品房屋销售情况(1998年)

SELLING OF COMMODITY BUILDINGS OF GUANGDONG PROVINCE(1998)

| 经济类型 | Ownership | 实际销售面积（万平方米）Floor Space of Commercial Buildings Actually Sold (10000 sq. m) | #住宅 Residence | 个人购买的商品房屋（万平方米）Commercial Residence Purchased by Individuals (10000 sq. m) | 实际销售额（万元）Sales of Commercial Buildings (10000 yuan) | #住宅 Residence |
|---|---|---|---|---|---|---|
| **全省总计** | **Province Total** | **1538.93** | **1354.10** | **1180.98** | **5302203** | **4163369** |
| 国有经济 | State-owned | 413.44 | 364.15 | 333.31 | 1358834 | 1088998 |
| 集体经济 | Collective-owned | 394.39 | 352.70 | 307.70 | 784081 | 655614 |
| 私营经济 | Private | 131.97 | 116.71 | 104.02 | 655282 | 413717 |
| 联营经济 | Joint-owned | 26.46 | 25.02 | 20.30 | 83856 | 75221 |
| 股份有限公司 | Joint-stock Company Limited | 78.66 | 71.54 | 71.35 | 341470 | 293682 |
| 有限责任公司 | Limited-Liability Company | 160.74 | 143.79 | 127.21 | 682629 | 575930 |
| 港澳台独资企业 | Hong Kong, Macao and Taiwan Venture Exclusively Enterprise | 275.32 | 227.06 | 165.45 | 1248442 | 935712 |
| 其他经济 | Others | 1.35 | 1.32 | 0.38 | 3548 | 3441 |

# 36－3－2 广东省各市商品房屋销售情况(1998 年)

## SELLING OF COMMODITY BUILDINGS BY CITY OF GUANGDONG PROVINCE(1998)

| 城市 | City | 实际销售面积(万平方米) Floor Space of Commercial Buildings Actually Sold (10000 sq.m) | #住宅 Residence | 个人购买的商品房屋(万平方米) Commercial Residence Purchased by Individuals (10000 sq.m) | 实际销售额(万元) Sales of Commercial Buildings (10000 yuan) | #住宅 Residence |
|---|---|---|---|---|---|---|
| 广州 | Guangzhou | 405.05 | 349.30 | 234.60 | 1961381 | 1513338 |
| 深圳 | Shenzhen | 290.35 | 251.31 | 228.05 | 1720868 | 1304420 |
| 珠海 | Zhuhai | 77.21 | 66.90 | 61.73 | 261083 | 207915 |
| 汕头 | Shantou | 108.16 | 93.12 | 97.23 | 262356 | 220449 |
| 韶关 | Shaoguan | 26.80 | 22.83 | 21.49 | 29626 | 22884 |
| 河源 | Heyuan | 1.81 | 1.41 | 1.31 | 1642 | 1090 |
| 梅州 | Meizhou | 22.64 | 17.14 | 18.18 | 22567 | 15110 |
| 惠州 | Huizhou | 25.07 | 23.92 | 23.28 | 37978 | 36438 |
| 汕尾 | Shanwei | 4.76 | 4.31 | 3.89 | 4423 | 4152 |
| 东莞 | Dongguan | 38.33 | 33.70 | 25.15 | 100367 | 85369 |
| 中山 | Zhongshan | 38.88 | 37.58 | 21.57 | 92548 | 87103 |
| 江门 | Jiangmen | 119.67 | 109.24 | 110.71 | 167349 | 139568 |
| 佛山 | Foshan | 230.02 | 206.50 | 203.04 | 451663 | 367799 |
| 阳江 | Yangjiang | 4.01 | 1.98 | 2.29 | 5099 | 2158 |
| 湛江 | Zhanjiang | 14.67 | 14.50 | 12.73 | 20313 | 19935 |
| 茂名 | Maoming | 12.30 | 11.60 | 8.65 | 14734 | 13195 |
| 肇庆 | Zhaoqing | 53.29 | 50.35 | 49.85 | 73358 | 63592 |
| 清远 | Qingyuan | 9.90 | 9.28 | 9.44 | 8268 | 7198 |
| 潮州 | Chaozhou | 20.36 | 16.68 | 17.58 | 31509 | 23147 |
| 揭阳 | Jieyang | 26.69 | 24.41 | 23.14 | 27618 | 22140 |
| 云浮 | Yunfu | 8.96 | 8.04 | 7.08 | 7453 | 6369 |

# 36-4-1　广东省各地市国有土地使用权出让与划拨情况(1998年)

## CONVEYANCE AND ADMINISTRATIVE ALLOCATION OF STATE-OWNED LAND USE RIGHT BY REGION OF GUANGDONG PROVINCE(1998)

| 城市 | City | 土地使用权出让 Conveyance of the Use Right of State-Owned Land | | | | | | 土地使用权划拨 Administrative Allocation of the Use Right | | 实现流转的土地数量(万平方米) Total Land Area Transferred (10000 sq.m) |
|---|---|---|---|---|---|---|---|---|---|---|
| | | 地块(宗) Number of Blocks (block) | 面积(万平方米) Area (10000 sq.m) | 有偿出让收入(万元) Revenue (10000 yuan) | | | | 地块(宗) Number of Blocks (block) | 面积(万平方米) Area (10000 sq.m) | |
| | | | | 征地费 Expropriation Fee | 开发费 Development Fee | 净收益 Net Revenue | 其他 Others | | | |
| **全省总计** | **Total** | **10249** | **9537** | **46522** | **146619** | **462238** | **34178** | **8078** | **5814** | **15351** |
| 广州 | Guangzhou | 657 | 821 | 5655 | 67358 | 249135 | — | 208 | 60 | 881 |
| 深圳 | Shenzhen | 558 | 1974 | — | — | 160291 | — | — | — | 1974 |
| 珠海 | Zhuhai | 469 | 296 | 3810 | 33515 | 1047 | — | — | — | 296 |
| 汕头 | Shantou | 352 | 303 | 21960 | 2796 | 6371 | 12437 | 18 | 37 | 340 |
| 韶关 | Shaoguan | 591 | 120 | 2678 | — | 2256 | 1426 | 1083 | 43 | 163 |
| 河源 | Heyuan | 185 | 390 | 1816 | 982 | 56 | 20 | 1158 | 520 | 910 |
| 梅州 | Meizhou | 143 | 331 | 2506 | 621 | 2311 | 2329 | 82 | 1510 | 1841 |
| 惠州 | Huizhou | 2608 | 1001 | 1620 | 1222 | 4592 | — | 5 | 18 | 1019 |
| 汕尾 | Shanwei | 233 | 191 | — | — | 55 | — | 78 | 84 | 275 |
| 东莞 | Dongguan | 42 | 75 | — | — | 2166 | — | 49 | 51 | 126 |
| 中山 | Zhongshan | 1479 | 1857 | 351 | — | 8500 | — | 66 | 92 | 1949 |
| 江门 | Jiangmen | 71 | 177 | 778 | 62 | 1188 | — | 2333 | 996 | 1173 |
| 佛山 | Foshan | 450 | 578 | 4205 | 14334 | 12286 | 13 | 468 | 165 | 743 |
| 阳江 | Yangjiang | 110 | 208 | 74 | — | 249 | — | 11 | 53 | 261 |
| 湛江 | Zhanjiang | 892 | 694 | 3778 | 18179 | 3541 | 550 | 944 | 531 | 1125 |
| 茂名 | Maoming | 373 | 3 | 25 | 3692 | 4536 | 85 | 95 | 39 | 42 |
| 肇庆 | Zhaoqing | 238 | 51 | — | 45 | 376 | 13 | 700 | 365 | 416 |
| 清远 | Qingyuan | 614 | 215 | 788 | 94 | 1422 | 40 | 706 | 847 | 1062 |
| 潮州 | Zhaozhou | 3 | 7 | 136 | — | 198 | — | 30 | 37 | 44 |
| 揭阳 | Jieyang | 41 | 221 | 1509 | 3719 | 1622 | 17263 | 14 | 250 | 471 |
| 云浮 | Yunfu | 140 | 24 | 134 | — | 40 | — | 30 | 116 | 140 |

# 36-5-1 广东建筑业企业主要经济指标(1997—1998年)

## MAJOR ECONOMIC INDICATORS OF CONSTRUCTION ENTERPRISES OF GUANGDONG PROVINCE(1997—1998)

| 项目 | Item | 1997 | #国有 State-Owned | 1998 | #国有 State-Owned |
|---|---|---|---|---|---|
| 建筑业企业个数(个) | Number of Construction Enterprises(unit) | 2399 | 662 | 2961 | 729 |
| 从业人员(万人) | Number of Persons (10000 persons) | 141.89 | 56.22 | 142.82 | 48.46 |
| 自有固定资产原价(亿元) | Fixed Assets Owned (original value) (100 million yuan) | 267.96 | 138.39 | 284.24 | 135.94 |
| 自有固定资产净值(亿元) | Fixed Assets Owned (net value) (100 million yuan) | 189.58 | 93.02 | 191.26 | 86.35 |
| 自有机械设备台数(万台) | Number of Machinery and Equipment Owned (100 million yuan) | 56.88 | 18.34 | 55.37 | 15.62 |
| 自有机械设备净值(亿元) | Net Value of Machinery and Equipment Owned (100 million yuan) | 95.47 | 45.55 | 93.88 | 40.30 |
| 自有机械设备总功率(万千瓦) | Total Power of Machinery and Equipment Owned (10000 kw) | 815.30 | 368.37 | 823.83 | 389.10 |
| 建筑业总产值(亿元) | Gross Output Value of Construction (100 million yuan) | 732.97 | 352.98 | 800.00 | 329.98 |
| #建筑安装工程 | Construction and Installation | — | — | 786.00 | 324.67 |
| 建筑业增加值(亿元) | Value Added of Construction Trade (100 million yuan) | 723.34 | 349.17 | 176.70 | 74.27 |
| #固定资产折旧 | Depreciation of Fixed Assets | 216.42 | 109.75 | 14.94 | 7.34 |
| 应付工资 | Wages Payable | 78.38 | 45.37 | 104.71 | 43.26 |
| 应付福利费 | Welfare Expenses Payable | 103.01 | 51.35 | 9.63 | 4.84 |
| 工程结算税金及附加 | Taxes and Extra Charges on Project Settlement Accounts | 11.03 | 6.17 | 26.02 | 10.60 |
| 管理费用中的税金 | Taxes in Management Expenses | 1.43 | 0.57 | 1.46 | 0.50 |
| 工程结算利润 | Profits of Project Settlement Accounts | 60.70 | 30.70 | 14.89 | 4.29 |
| 施工面积(万平方米) | Floor Space of Buildings under Construction (10000 sq.m) | 14522.87 | 5621.82 | 14972.28 | 4982.07 |
| 竣工面积(万平方米) | Floor Space of Buildings Completed (10000 sq.m) | 5271.22 | 1698.48 | 5560.68 | 1574.30 |

36－5－1 续表(Continued)

| 项　　目 | Item | 1997 | # 国有 State-Owned | 1998 | # 国有 State-Owned |
|---|---|---|---|---|---|
| 利润总额(亿元) | Total Profits(100 million yuan) | 14.53 | 5.09 | 15.55 | 4.40 |
| 利税总额(亿元) | Total Pre-tax Profits(100 million yuan) | 38.26 | 15.90 | 43.03 | 15.50 |
| 劳动生产率 | Overall Labor Productivity | | | | |
| 按总产值计算(元/人) | In Terms of Gross Output Value(yuan/person) | 50939 | 64245 | 57498 | 68655 |
| 按增加值计算(元/人) | In Terms of Value Added(yuan/person) | 15041 | 19976 | 12708 | 20346 |
| 技术装备率(元/人) | Value of Machines Per Labourer(yuan/person) | 6728 | 8102 | 6574 | 8317 |
| 动力装备率(千瓦/人) | Power of Machines Per Labourer(kw/person) | 5.7 | 6.6 | 5.8 | 8.0 |
| 房屋建筑面积竣工率(%) | Rate of Floor Space of Buildings Completed (%) | 36.3 | 30.2 | 37.1 | 31.6 |
| 工程质量优良品率(%) | Rate of High Quality Projects(%) | 45.3 | 61.8 | 58.7 | 57.8 |
| 产值利润率(%) | Ratio of Profits to Gross Output Value(%) | 2.0 | 1.4 | 1.9 | 1.3 |
| 产值利税率(%) | Ratio of Pre-tax Profits to Gross Output Value (%) | 5.2 | 4.5 | 5.4 | 4.7 |

注:从 1996 年开始建筑业企业的统计范围有调整,口径比以前大,因此有关数据与以前年份不可比。

Note: The statistical coverage of construction enterprises was adjusted since 1996. It was a larger one than that of the previous years. Therefore the data were not entirely comparable with the previous ones.

# 第三十七章 广西壮族自治区房地产统计

# CHAPTER 37 REAL ESTATE STATISTICS OF GUANGXI ZHUANG NATIONALITY AUTONOMOUS REGION

# 37－1－1 广西全区房地产开发综合统计(1999年)

## COMPOSITE STATISTICS OF REAL ESTATE DEVELOPMENT OF GUANGXI REGION(1999)

| 项目 | Item | 合计 Total |
|---|---|---|
| **一、房地产开发投资额(亿元)** | **Investment Value of Real Estate Development (100million yuan)** | |
| 住宅 | Residence | 16.06 |
| 办公楼 | Office | 1.65 |
| 商业营业用房 | Commerce | 2.89 |
| **二、商品房销售额(亿元)** | **Sale of Commercial Buildings(100million yuan)** | 24.50 |
| 住宅 | Residence | 17.85 |
| 办公楼 | Office | 3.51 |
| 商业营业用房 | Commerce | 2.81 |
| 销售给个人 | Sold to Individuals | |
| 住宅 | Residence | 14.92 |
| 办公楼 | Office | — |
| 商业营业用房 | Commerce | — |
| **三、房地产开发资金来源(亿元)** | **Funds Sources of Real Estate Development (100million yuan)** | |
| 国家预算内资金 | State Budgetary Funds | — |
| 国内贷款 | Domestic Loans | 9.42 |
| 债券 | Bonds | — |
| 利用外资 | Foreign Investment | 1.37 |
| 自筹资金 | Fund Raising | 14.03 |
| 定金及预收款 | Deposits and Pre-charges | — |

37－1－1 续表(Continued)

| 项目 | Item | 合计 Total |
|---|---|---|
| 其他资金 | Others | 18.03 |
| **四、房地产开发面积(万平方米)** | **Floor Space of Real Estate Development** (10000 sq.m) | |
| 商品房施工面积 | Floor Space of Commercial Buildings under Construction | 582.3 |
| 住宅 | Residence | 436.49 |
| 办公楼 | Office | 37.28 |
| 商业营业用房 | Commerce | 80.48 |
| 商品房新开工面积 | Floor Space of Commercial Buildings Newly Starting | 228.9 |
| 住宅 | Residence | 186.8 |
| 办公楼 | Office | 3.9 |
| 商业营业用房 | Commerce | 33.7 |
| 商品房竣工面积 | Floor Space of Commercial Buildings Completed | 200.05 |
| 住宅 | Residence | 160.79 |
| 办公楼 | Office | 9.73 |
| 商业营业用房 | Commerce | 23.94 |
| 商品房销售面积 | Floor Space of Commercial Buildings Sold | 161.5 |
| 住宅 | Residence | 140.9 |
| 办公楼 | Office | 9.6 |
| 商业营业用房 | Commerce | 8.4 |

## 37-1-2 广西全区房地产开发投资主要指标(1993—1998年)

## MAJOR INDICATORS OF INVESTMENT IN REAL ESTATE DEVELOPMENT OF GUANGXI REGION(1993—1998)

| 项目<br>Item | 1993 | 1994 | 1995 | 1996 | 1997 | 1998 |
|---|---|---|---|---|---|---|
| **投资总额(亿元)**<br>**Total Investment Value(100 million yuan)** | **31.65** | **32.84** | **51.51** | **43.23** | **33.54** | **32.68** |
| 按资金来源分<br>Grouped by Funds Sources | | | | | | |
| 国家预算内投资<br>State Budgetary Investment | 0.04 | 0.24 | 0.23 | 0.02 | 0.03 | — |
| 国内贷款<br>Domestic Loans | 5.58 | 9.06 | 15.20 | 12.97 | 9.99 | 8.38 |
| 利用外资<br>Foreign Funds | 2.54 | 3.06 | 4.86 | 4.26 | 1.79 | 1.13 |
| 自筹投资<br>Fund Raising | 13.85 | 11.92 | 12.52 | 10.10 | 8.07 | 8.52 |
| 其他投资<br>Other Investment | 9.64 | 8.56 | 18.70 | 15.88 | 13.66 | 14.65 |
| 按构成分<br>Grouped by Use of Funds | | | | | | |
| 建筑安装工程<br>Construction and Installation | 21.30 | 25.03 | 34.49 | 31.77 | 23.63 | 23.02 |
| 设备、工器具购置<br>Purchase of Equipment and Instruments | 0.25 | 0.34 | 0.66 | 0.93 | 0.91 | 0.79 |
| 其他费用<br>Others | 10.10 | 7.47 | 16.36 | 10.53 | 9.00 | 8.87 |
| 按工程用途分<br>Grouped by Purpose of Projects | | | | | | |
| #住宅<br># Residence | 20.80 | 22.53 | 26.05 | 20.22 | 16.04 | 16.08 |
| **新增固定资产(亿元)**<br>**Newly Increased Fixed Assets(100 million yuan)** | **8.51** | **14.17** | **22.69** | **24.29** | **26.13** | **27.96** |

37－1－2续表(Continued)

| 项　目<br>Item | 1993 | 1994 | 1995 | 1996 | 1997 | 1998 |
|---|---|---|---|---|---|---|
| **房屋建筑面积(万平方米)<br>Floor Space of Buildings(10000 sq.m)** | | | | | | |
| 施工面积<br>Floor Space of Buildings under Construction | 607.20 | 735.81 | 867.27 | 860.03 | 676.38 | 662.74 |
| #住宅<br># Residence | 438.79 | 498.98 | 625.77 | 567.46 | 476.77 | 479.15 |
| 竣工面积<br>Floor Space of Buildings Completed | 169.19 | 259.47 | 276.09 | 240.87 | 256.38 | 240.15 |
| #住宅<br># Residence | 148.40 | 222.62 | 231.99 | 190.15 | 201.67 | 190.46 |
| **土地开发投资额(亿元)<br>Land Development Investment Value (100 million yuan)** | **7.80** | **7.77** | **12.41** | **7.64** | **5.48** | **4.28** |
| **土地开发面积(万平方米)<br>Land Area Developed(10000 sq.m)** | **1038.34** | **1270.38** | **1274.35** | **323.54** | **265.80** | **195.49** |
| **商品房销售额(亿元)<br>Sales of Commercial Buildings (100 million yuan)** | **15.06** | **19.19** | **15.84** | **14.88** | **18.15** | **25.63** |
| **商品房销售建筑面积(万平方米)<br>Floor Space of Sold Commercial Buildings (10000 sq.m)** | **127.40** | **171.70** | **156.84** | **123.69** | **153.54** | **175.29** |

# 37－1－3 广西全区房地产开发投资及资金来源(1999 年)

## REAL ESTATE DEVELOPMENT INVESTMENT AND FUNDS SOURCES OF GUANGXI REGION(1999)

单位:亿元 Unit:100 million yuan

| 项目<br>Item | 合计<br>Total | 按隶属关系分<br>Grouped by Administrative | | 按资质等级分<br>Grouped by Qualification | | |
|---|---|---|---|---|---|---|
| | | 中央<br>Central | 地方<br>Local | 一级<br>First-grade | 二级<br>Second-grade | 三级及以下<br>Third-grade and Lower |
| **完成投资额<br>Investments Value Completed** | **32.68** | **1.94** | **30.74** | **1.58** | **11.95** | **19.15** |
| #商品房建设投资<br># Construction Investment of Commercial Buildings | 22.47 | 0.63 | 21.84 | 1.29 | 7.79 | 13.39 |
| 按经济类型分<br>Grouped by Ownership | | | | | | |
| 国有经济<br>State-owned Economic | 13.60 | 1.94 | 11.66 | 0.77 | 5.94 | 6.89 |
| 集体经济<br>Collective－owned Economic | 2.87 | — | 2.87 | — | 0.11 | 2.76 |
| 其他经济<br>Other Economic | 16.21 | — | 16.21 | 0.81 | 5.90 | 9.50 |
| 按构成分<br>Grouped by Use of Funds | | | | | | |
| 建筑安装工程<br>Construction and Installation | 23.02 | 0.64 | 22.38 | 1.45 | 8.02 | 13.55 |
| 设备、工器具购置<br>Purchase of Equipment and Instruments | 0.79 | — | 0.79 | — | 0.51 | 0.28 |
| 其他费用<br>Others | 8.87 | 1.30 | 7.57 | 0.13 | 3.42 | 5.32 |
| 按工程用途分<br>Grouped by Purpose of Projects | | | | | | |
| 住宅<br>Residence | 16.08 | 0.62 | 15.46 | 1.04 | 4.84 | 10.20 |
| #别墅、公寓<br># Villas, Apartments | 0.89 | — | 0.89 | — | 0.10 | 0.79 |

37－1－3 续表(Continued)

| 项目 Item | 合计 Total | 按隶属关系分 Grouped by Administrative | | 按资质等级分 Grouped by Qualification | | |
|---|---|---|---|---|---|---|
| | | 中央 Central | 地方 Local | 一级 First-grade | 二级 Second-grade | 三级及以下 Third-grade and Lower |
| 安居工程 Welfare Projects | 3.85 | 0.60 | 3.25 | 0.03 | 1.13 | 2.51 |
| 办公楼 Office | 2.78 | — | 2.78 | 0.04 | 1.91 | 0.83 |
| 商业营业用房 Commerce | 3.49 | — | 3.49 | 0.25 | 1.28 | 1.96 |
| 其他 Others | 10.33 | 1.32 | 9.01 | 0.25 | 3.92 | 6.16 |
| **新增固定资产 Newly Added Fixed Assets** | **27.96** | **0.62** | **27.34** | **2.57** | **11.67** | **13.72** |
| **资金来源合计 Total Funds Sources** | **56.39** | **2.81** | **53.57** | **4.68** | **19.49** | **32.21** |
| 上年末结余资金 Cash Surplus of Last Year-end | 13.29 | 0.61 | 12.68 | 0.38 | 6.36 | 6.55 |
| 本年资金来源小计 Total Funds Sources This Year | 43.09 | 2.20 | 40.89 | 4.30 | 13.13 | 25.66 |
| 国家预算内资金 State Budgetary Investment | — | — | — | — | — | 0.04 |
| 国内贷款 Domestic Loans | 11.05 | 1.43 | 9.62 | 0.45 | 4.34 | 6.26 |
| 债券 Bonds | — | — | — | — | — | — |
| 利用外资 Foreign Funds | 1.50 | — | 1.50 | 0.04 | 0.66 | 0.80 |
| 自筹资金 Fund Raising | 11.23 | 0.01 | 11.22 | 0.40 | 3.75 | 7.08 |
| 其他资金 Other Investments | 19.31 | 0.76 | 18.55 | 3.41 | 4.38 | 11.52 |

# 37-1-4 广西全区房地产开发房屋建筑情况(1997—1998年)

BUILDINGS CONSTRUCTION IN REAL ESTATE DEVELOPMENT OF GUANGXI REGION(1997—1998)

| 项目 Item | 施工房屋面积(万平方米) Floor Space under Construction(10000sq.m) | | 竣工房屋面积(万平方米) Floor Space Completed(10000sq.m) | | 竣工房屋价值(万元) Value of Buildings Completed(10000yuan) | |
|---|---|---|---|---|---|---|
| | 1997 | 1998 | 1997 | 1998 | 1997 | 1998 |
| 房屋建筑面积合计 Total Floor Space of Buildings | 676.38 | 662.74 | 256.38 | 240.15 | 208897 | 198957 |
| 住宅 Residence | 476.77 | 479.15 | 201.67 | 190.46 | 149188 | 137537 |
| #别墅、公寓 # Villas, Apartments | 11.64 | 13.93 | 6.24 | 5.38 | 6894 | 8382 |
| 安居工程 Welfare Projects | 134.79 | 125.87 | 57.51 | 47.13 | 36017 | 33485 |
| 办公楼 Office | 80.39 | 81.91 | 18.15 | 17.20 | 20324 | 29373 |
| 商业营业用房 Commerce | 83.33 | 67.56 | 31.21 | 20.60 | 34782 | 18438 |
| 其他 Others | 35.90 | 34.12 | 5.35 | 11.89 | 4603 | 13609 |

# 37－1－5　广西各地市房屋和住宅竣工面积及造价(1998年)

## FLOOR SPACE COMPLETED OF BUILDINGS AND RESIDENCE AND THEIR COST BY REGION OF GUANGXI REGION(1998)

| 地区 | Region | 房屋竣工面积(万平方米) Space of Ruilding Completed (10000sq.m) | 住宅竣工面积(万平方米) Space of Residence Completed (10000sq.m) | 房屋造价(元/平方米) Cost of Buildings (yuan/sq.m) | 住宅造价(元/平方米) Cost of Residence (yuan/sq.m) |
|---|---|---|---|---|---|
| 南宁市 | Nanning City | 163.41 | 82.89 | 978 | 701 |
| 柳州市 | Liuzhou City | 55.12 | 33.09 | 758 | 589 |
| 桂林市 | Guilin City | 75.09 | 34.45 | 744 | 712 |
| 梧州市 | Wuzhou City | 44.70 | 17.87 | 717 | 614 |
| 北海市 | Beihai City | 10.23 | 2.65 | 1065 | 789 |
| 防城港市 | Fangchenggang City | 20.95 | 9.53 | 849 | 685 |
| 钦州市 | Qinzhou City | 29.54 | 13.11 | 721 | 529 |
| 贵港市 | Guigang City | 20.68 | 8.16 | 609 | 495 |
| 南宁地区 | Nanning Prefecture | 79.50 | 39.68 | 709 | 573 |
| 柳州地区 | Liuzhou Prefecture | 47.86 | 21.72 | 583 | 484 |
| 桂林地区 | Guilin Prefecture | 57.89 | 32.78 | 620 | 495 |
| 百色地区 | Baise Prefecture | 37.71 | 19.60 | 748 | 670 |
| 河池地区 | Hechi Prefecture | 65.46 | 28.48 | 642 | 563 |
| 柳州铁路局 | Liuzhou Railway Bureau | 35.72 | 30.46 | 735 | 729 |

注:本表含基建、更改及其他投资。

Note: This table include capital construction, innovation and other investment.

# 37－1－6 广西全区城镇和工矿区私人建房情况(1998 年)

## BUILDINGS CONSTRUCTION BY INDIVIDUALS IN CITIES, TOWNS AND INDUSTRIAL AND MINING AREAS OF GUANGXI REGION(1998)

| 项目<br>Item | 城镇、工矿区（个）<br>Number of Cities, Towns and Industrial and Mining Areas | 竣工房屋面积（万平方米）<br>Floor Space of Buildings Completed(10000 sq.m) | | 竣工房屋价值（万元）<br>Value of Buildings Completed (10000 yuan) | | 建房户数(户)<br>Households |
|---|---|---|---|---|---|---|
| | | 合计<br>Total | #住宅<br># Residence | 合计<br>Total | #住宅<br># Residence | |
| **总 计<br>Total** | **738** | **1718.90** | **1627.54** | **551589** | **516154** | **128069** |
| #农业户建房<br># Agricultural Households | — | 1006.52 | 959.60 | 294948 | 281561 | 86563 |
| 市<br>Cities | 19 | 114.37 | 110.64 | 51070 | 49366 | 6346 |
| #农业户建房<br># Agricultural Households | — | 22.14 | 21.44 | 8493 | 81737 | 1346 |
| 县城<br>County Cities | 71 | 535.52 | 506.24 | 181484 | 167565 | 31640 |
| #农业户建房<br># Agricultural Households | — | 130.95 | 122.98 | 43152 | 39674 | 8520 |
| 镇<br>Towns | 639 | 1065.09 | 1006.65 | 317887 | 298075 | 89749 |
| #农业户建房<br># Agricultural Households | — | 857.75 | 814.50 | 243092 | 233503 | 76639 |
| 工矿区<br>Industrial and Mining Area | 9 | 3.92 | 3.92 | 1148 | 1148 | 334 |
| #农业户建房<br># Agricultural Households | — | 0.68 | 0.68 | 211 | 211 | 58 |

# 37-1-7 中房柳州指数历史值(1995—1999年)

## CHINA REAL ESTATE INDEX SYSTEM LIUZHOU INDEX(1995—1999)

| 年份 Year | 季度 Quarter | 住宅 Residence | 办公用房 Office | 商业用房 Commerce | 城市指数 Composite Index |
|---|---|---|---|---|---|
| 1995 | 4 | 201 | 415 | 550 | 299 |
| 1996 | 1 | 212 | 432 | 554 | 311 |
| 1996 | 2 | 211 | 432 | 554 | 310 |
| 1996 | 3 | 203 | 432 | 554 | 306 |
| 1996 | 4 | 206 | 432 | 554 | 308 |
| 1997 | 1 | 205 | 432 | 554 | 307 |
| 1997 | 2 | 194 | 432 | 554 | 305 |
| 1997 | 3 | 194 | 432 | 554 | 305 |
| 1997 | 4 | 194 | 432 | 554 | 305 |
| 1998 | 1 | 194 | 432 | 554 | 305 |
| 1998 | 2 | 194 | 432 | 554 | 305 |
| 1998 | 3 | 192 | 432 | 554 | 303 |
| 1998 | 4 | 191 | 432 | 554 | 302 |
| 1999 | 1 | 193 | 430 | 551 | 304 |
| 1999 | 2 | 189 | 407 | 550 | 300 |
| 1999 | 3 | 186 | 422 | 544 | — |
| 1999 | 4 | 184 | 417 | 540 | 293 |

# 37－2－1 广西全区建筑企业主要经济指标(1998 年)

## MAJOR ECONOMIC INDICATORS OF CONSTRUCTION ENTERPRISES OF GUANGXI REGION(1998)

| 项目<br>Item | 单位<br>Unit | 总计<br>Total | # 国有经济<br># State-owned Units | 中央企业<br># Central Enterprises | 地方企业<br>Local Enterprises | # 城镇集体经济<br># Urban Collective-owned Units |
|---|---|---|---|---|---|---|
| 企业个数<br>Number of Enterprises | 个<br>number | 929 | 235 | 16 | 219 | 621 |
| 建筑业总产值<br>Total Output Value of Construction Trade | 万元<br>10000 yuan | 1344209 | 790929 | 169537 | 621392 | 483790 |
| 建筑工程<br>Construction Projects | 万元<br>10000 yuan | 1209187 | 715110 | 127395 | 587715 | 431421 |
| 安装工程<br>Installation Projects | 万元<br>10000 yuan | 107673 | 64606 | 37496 | 27110 | 37945 |
| 房屋构筑物修理<br>Buildings Repair and Maintenance | 万元<br>10000 yuan | 16568 | 2858 | 234 | 2624 | 12016 |
| 非标准设备制造<br>Non-standard Equipment Manufacturing | 万元<br>10000 yuan | 10781 | 8355 | 4412 | 3943 | 2409 |
| 建筑业增加值<br>Added Value of Construction | 万元<br>10000 yuan | 343022 | 202628 | 45616 | 157012 | 126761 |
| 竣工产值<br>Output Value of Completion | 万元<br>10000 yuan | 973558 | 567690 | 85449 | 482241 | 357982 |
| 单位工程施工个数<br>Number of Projects under Construction | 个<br>number | 14486 | 6566 | 1587 | 4979 | 7288 |
| # 本年新开工<br># Newly Started This Year | 个<br>number | 8976 | 3973 | 807 | 3166 | 4641 |
| # 投标承包<br># Number of Projects Contracted by Biding | 个<br>number | 4489 | 2042 | 801 | 1241 | 2230 |
| 单位工程竣工个数<br>Number of Projects Completed | 个<br>number | 8305 | 3593 | 687 | 2726 | 4394 |
| # 优良工程<br># High Quality Projects | 个<br>number | 2054 | 1260 | 599 | 661 | 733 |

37－2－1续表(Continued)

| 项目<br>Item | 单位<br>Unit | 总计<br>Total | #国有经济<br>#State-owne Units | 中央企业<br>#Central Enterprises | 地方企业<br>Local Enterprises | #城镇集体经济<br>#Urban Collective-owned Units |
|---|---|---|---|---|---|---|
| 房屋建筑施工面积<br>Floor Space of Buildings under Construction | 万平方米<br>10000 sq.m | 2383.60 | 1016.10 | 75.90 | 940.20 | 1218.80 |
| #本年新开工<br>#Newly Started This Year | 万平方米<br>10000 sq. | 1159.20 | 411.40 | 37.90 | 373.50 | 685.00 |
| #投标承包<br>#Number of Projects Contracted by Bidding | 万平方米<br>10000 sq. | 924.90 | 394.50 | 29.80 | 364.70 | 476.40 |
| 房屋建筑竣工面积<br>Floor Space of Buildings Completed | 万平方米<br>10000 sq. | 1125.90 | 356.80 | 29.30 | 327.50 | 705.30 |
| #优良工程<br>#High Quality Projects | 万平方米<br>10000 sq. | 257.50 | 121.30 | 13.60 | 107.70 | 119.10 |
| #住宅面积<br>#Floor Space of Residence | 万平方米<br>10000 sq. | 611.00 | 198.13 | 20.94 | 177.19 | 377.61 |
| 年末自有机械设备总台数<br>Number of Machinery and Equipment Owned at Year-end | 台<br>set | 739054 | 44340 | 10704 | 33636 | 89886 |
| 年末自有机械设备总功率<br>Total Power of Machinery and Equipment Owned at Year-end | 万千瓦<br>10000 kw | 179.20 | 109.20 | 33.16 | 76.10 | 63.50 |
| #施工机械功率<br>#Power of Machinery and Equipment on Construction | 万千瓦<br>10000 kw | 131.40 | 72.70 | 25.00 | 47.70 | 53.60 |
| 年末自有机械设备净值<br>Year-end Net Value of Machinery and Equipment Owned | 万元<br>10000 yuan | 195866 | 123912 | 37683 | 86229 | 61411 |
| 计算建筑业劳动生产率的平均人数<br>Average Persons for Calculating Labor Productivity | 万人<br>10000persons | 34.80 | 16.50 | 2.60 | 13.90 | 16.50 |

注：本篇资料凡末位小数点后各项相加不等于总计者，均由于四舍五入的缘故，以后各表同。

Note: The total plused by au of the items might not be equal to the total number for rounding of the data. The following sheets are of the same.

# 37－3－1 广西全区城市人口和建设用地(1998 年)

## URBAN POPULATION AND CONSTRUCTION LAND OF GUANGXI REGION(1998)

| | 城市 City | 城市人口（万人）Urban Population (10000persons) | #非农业人口 # Non-agriculture Population | 城市面积（平方公里）Urban Area (sq.km) | 建成区面积（平方公里）Constructed Area(sq.km) | #居住用地 # Residence Area |
|---|---|---|---|---|---|---|
| **合 计** | **Total** | **823.17** | **417.18** | **17902** | **557.06** | **163.21** |
| 南宁市 | Nanning City | 130.81 | 95.41 | 1834 | 91.12 | 27.53 |
| 柳州市 | Liuzhou City | 88.59 | 77.58 | 651 | 88.98 | 19.47 |
| 桂林市 | Guilin City | 61.12 | 45.83 | 565 | 54.01 | 14.80 |
| 梧州市 | Wuzhou City | 32.84 | 25.32 | 307 | 23.00 | 6.38 |
| 北海市 | Beihai City | 49.70 | 19.60 | 957 | 29.60 | 5.18 |
| 防城港市 | Fangchenggang City | 8.96 | 8.72 | 41 | 17.14 | 7.31 |
| 钦州市 | Qingzhou City | 113.83 | 17.24 | 4657 | 55.49 | 17.50 |
| 贵港市 | Guigang City | 163.32 | 29.08 | 3532 | 37.64 | 11.30 |
| 玉林市 | Yulin City | 33.53 | 17.77 | 180 | 32.35 | 12.93 |
| 凭祥市 | Pingxiang City | 9.99 | 2.79 | 650 | 7.14 | 1.94 |
| 合山市 | Heshan City | 14.20 | 6.07 | 360 | 5.30 | 1.37 |
| 桂平市 | Guiping City | 15.95 | 14.72 | 221 | 12.30 | 2.70 |
| 北流市 | Beiliu City | 15.47 | 11.14 | 25 | 15.00 | 5.94 |
| 百色市 | Baise City | 32.31 | 11.92 | 3713 | 27.40 | 10.41 |
| 河池市 | Hechi City | 15.33 | 10.53 | 80 | 13.81 | 3.75 |
| 宜州市 | Yizhou City | 9.94 | 6.71 | 41 | 9.40 | 1.36 |
| 岑溪市 | Cenxi City | 11.85 | 8.20 | 30 | 16.05 | 8.05 |
| 东兴市 | Dongxing City | 7.53 | 1.91 | 21 | 6.10 | 1.83 |
| 贺州市 | Hezhou City | 7.90 | 6.64 | 36 | 15.23 | 2.90 |

# 37－3－2 广西全区城市房屋建筑和住房情况(1998 年)

## URBAN HOUSES CONSTRUCTION AND HOUSING CONDITIONS OF GUANGXI REGION(1998)

| | 城市 City | 年末实有房屋建筑面积(万平方米) Year-end Actual Floor Space of Buildings (10000osq.m) | 年末实有住宅建筑面积(万平方米) Year-end Actual Floor Space of Residence (10000 sq.m) | 年末实有住宅使用面积(万平方米) Year-end Actual Usage Space of Residence (10000 sq.m) | 年末实有住宅居住面积(万平方米) Year-end Actual Living Space of Residence (10000 sq.m) | 人均住宅居住面积(平方米) Per Capita Living Space of Residence (sq.m) |
|---|---|---|---|---|---|---|
| **合 计** | **Total** | **16636** | **9310** | **6534.10** | **4039.83** | **8.80** |
| 南宁市 | Nanning City | 3399 | 1770 | 1206.93 | 738.44 | 7.99 |
| 柳州市 | Liuzhou City | 2668 | 1366 | 978.83 | 583.71 | 8.20 |
| 桂林市 | Guilin City | 1864 | 897 | 635.00 | 375.00 | 8.19 |
| 梧州市 | Wuzhou City | 977 | 478 | 326.66 | 105.85 | 8.06 |
| 北海市 | Beihai City | 898 | 480 | 354.50 | 182.20 | 8.98 |
| 防城港市 | Fangchenggang City | 464 | 312 | 235.15 | 156.66 | 17.48 |
| 钦州市 | Qinzhou City | 1197 | 683 | 488.60 | 320.57 | 10.69 |
| 贵港市 | Guigang City | 695 | 544 | 303.56 | 212.22 | 6.42 |
| 玉林市 | Yulin City | 1361 | 840 | 608.45 | 377.26 | 11.43 |
| 凭祥市 | Pingxiang City | 90 | 58 | 41.97 | 25.14 | 9.56 |
| 合山市 | Heshan City | 156 | 85 | 63.00 | 37.65 | 6.33 |
| 桂平市 | Guiping City | 585 | 306 | 214.40 | 125.11 | 7.93 |
| 北流市 | Beiliu City | 518 | 312 | 226.30 | 149.86 | 9.69 |
| 百色市 | Baise City | 382 | 189 | 119.10 | 71.70 | 6.05 |
| 河池市 | Hechi City | 422 | 203 | 143.75 | 85.74 | 8.34 |
| 宜州市 | Yizhou City | 334 | 292 | 219.00 | 146.00 | 14.90 |
| 岑溪市 | Cenxi City | 153 | 138 | 110.40 | 82.80 | 7.20 |
| 东兴市 | Dongxing City | 141 | 125 | 86.41 | 57.80 | 7.68 |
| 贺州市 | Hezhou City | 332 | 228 | 172.19 | 106.12 | 13.43 |

# 第三十八章 海南省房地产统计

# CHAPTER 38 REAL ESTATE STATISTICS OF HAINAN PROVINCE

## 38-1-1 海南全省房地产开发综合统计(1999年)

### COMPOSITE STATISTICS OF REAL ESTATE DEVELOPMENT OF HAINAN PROVINCE(1999)

| 项目 | Item | 合计 Total |
|---|---|---|
| **一、房地产开发投资额(亿元)** | **Investment Value of Real Estate Development (100million yuan)** | |
| 住宅 | Residence | 3.62 |
| 办公楼 | Office | 0.05 |
| 商业营业用房 | Commerce | 0.98 |
| **二、商品房销售额(亿元)** | **Sale of Commercial Buildings(100 million yuan)** | 6.29 |
| 住宅 | Residence | 5.63 |
| 办公楼 | Office | 0.63 |
| 商业营业用房 | Commerce | 0.02 |
| 销售给个人 | Sold to Individuals | |
| 住宅 | Residence | 5.23 |
| 办公楼 | Office | — |
| 商业营业用房 | Commerce | — |
| **三、房地产开发资金来源(亿元)** | **Funds Sources of Real Estate Development (100million yuan)** | |
| 国家预算内资金 | State Budgetary Funds | — |
| 国内贷款 | Domestic Loans | 0.22 |
| 债券 | Bonds | — |
| 利用外资 | Freign Investment | 0.50 |
| 自筹资金 | Fund Raising | 4.89 |
| 定金及预收款 | Deposits and Pre-charges | — |

38－1－1续表(Continued)

| 项目 | Item | 合计 Total |
|---|---|---|
| 其他资金 | Others | 1.33 |
| **四、房地产开发面积(万平方米)** | **Floor Space of Real Estate Development** (10000 sq.m) | |
| 商品房施工面积 | Floor Space of Commercial Buildings under Construction | 123.08 |
| 住宅 | Residence | 98.23 |
| 办公楼 | Office | 6.55 |
| 商业营业用房 | Commerce | 15.71 |
| 商品房新开工面积 | Floor Space of Commercial Buildings Newly Starting | 394.7 |
| 住宅 | Residence | 343.9 |
| 办公楼 | Office | 12.4 |
| 商业营业用房 | Commerce | 33.8 |
| 商品房竣工面积 | Floor Space of Commercial Buildings Completed | 28.65 |
| 住宅 | Residence | 21.90 |
| 办公楼 | Office | 1.21 |
| 商业营业用房 | Commerce | 5.04 |
| 商品房销售面积 | Floor Space of Commercial Buildings Sold | 35.0 |
| 住宅 | Residence | 33.4 |
| 办公楼 | Office | 1.5 |
| 商业营业用房 | Commerce | — |

# 38－1－2 海南省房地产业主要经济指标(1998 年)

## MAJOR ECONOMIC INDICATORS OF REAL ESTATE DEVELOPMENT OF HAINAN PROVINCE(1998)

| 指　标 | Item | 合计 Total |
|---|---|---|
| **一、资金来源(万元)** | **Funds Sources(10000 yuan)** | **76619** |
| 国家预算内投资 | State Budgetary Investment | — |
| 国内贷款 | Domestic Loans | 9607 |
| 利用外资 | Foreign Investment | 20732 |
| 自筹投资 | Fund Raising | 35843 |
| 其他投资 | Others | 10437 |
| **二、投资总额(万元)** | **Total Investment(10000 yuan)** | **102398** |
| 按构成分 | Grouped by Use of Funds | |
| 建筑安装工程 | Construction and Installation Projects | 62160 |
| 设备、工具购置 | Purchase of Equipment and Instruments | 3760 |
| 其他费用 | Others | 36478 |
| **三、经济效益(万元)** | **Economic Efficiency(10000 yuan)** | |
| 资本金 | Capital Funds | 406687 |
| 年末资产负债 | Year-end Assets and Liabilities | — |
| 资产总计 | Total Assets | 1735698 |
| 固定资产累计折旧 | Accumulative Depreciation of Fixed Asses | 30969 |
| # 本年折旧 | # Depreciation This Year | 3655 |
| 负债总计 | Total Liabilities | 1127895 |
| 所有者权益 | Ownership Interest | 607803 |
| 损益情况 | Balance of Assets and Liabilities | — |
| 经营收入总计 | Total Revenue | 84271 |
| # 土地转让收入 | # Income of Land Transferring | 43713 |
| 商品房屋销售收入 | Sales Income of Commercial Buildings | 34358 |
| # 销售给个人 | # Sold to Individuals | 17078 |
| 商品住宅销售收入 | Sales Income of Commercial Residence | 31065 |
| # 销售给个人 | # Sold to Individuals | 16971 |
| 房屋出租收入 | Income of Houses Leasing | 1130 |
| 经营成本 | Operation Cost | 62631 |
| 销售费用 | Selling Cost | 1921 |
| 经营税金及附加 | Business Tax and Extra Charges | 6485 |
| 管理费用及财务费用 | Management and Finance Expense | 51315 |
| 投资收益及营业外收入 | Investment Benefits and Income of Other Business | 7949 |
| 营业外支出 | Expense of Other Business | 13635 |
| 利润总额 | Total Profits | 41215 |

# 38－1－3　海南省商品房屋销售情况(1998年)

SELLING OF COMMODITY BUILDINGS OF HAINAN PROVINCE(1998)

| 项目 Item | 施工面积(万平方米) Floor Space under Construction (10000 sq.m) | 新开工 Newly Starting | 竣工房屋 Buildings Completed 面积(万平方米) Floor Space (10000sq.m) | 竣工房屋 Buildings Completed 价值(万元) Value (10000 yuan) | 房屋实际销售(万平方米) Floor Space of Buildings Actually Sold (10000 sq.m) | 房屋预售面积(万平方米) Floor Space Pre-sold (10000 sq.m) | 空置面积(万平方米) Floor Space Vacant (10000sq.m) |
|---|---|---|---|---|---|---|---|
| **总计 Total** | **147.64** | **14.73** | **24.92** | **28756** | **20.98** | **4.1** | **214.57** |
| 住宅 Residence | 102.4 | 12.54 | 22.36 | 25731 | 18.75 | 3.52 | 197.4 |
| #别墅、高档公寓 # Villa, High－grade Apartment | 4.51 | 1.87 | 0.95 | 2122 | 1.74 | — | 5.69 |
| 安居工程 Welfare Residence | 17.78 | 1.53 | 11.91 | 9651 | 10.64 | — | 5.83 |
| 办公楼 Office | 10.92 | 0.4 | 0.74 | 881 | 0.17 | 0.17 | 4.65 |
| 商业营业用房 Commerce | 31.32 | 1.79 | 1.54 | 1732 | 1.99 | 0.41 | 7.13 |
| 其他 Others | 2.99 | — | 0.28 | 412 | 0.07 | — | 5.36 |

# 38-1-4 海南省各市县城镇和工矿区个人建房情况(1998年)

## BUILDINGS CONSTRUCTION BY INDIVIDUALS IN CITIES, TOWNS AND INDUSTRIAL AND MINING AREAS BY REGION OF HAINAN PROVINCE(1998)

| 地区 Region | | 建房户数(户) Households Constructing Buildings(unit) | #农户 # Rural Households | 竣工房屋建筑面积(平方米) Floor Space of Buildings Completed(sq.m) | #住宅 # Residence | 竣工房屋价值(万元) Value of Buildings Completed (10000yuan) | #住宅 # Residence |
|---|---|---|---|---|---|---|---|
| **全省总计** | **Total** | **8836** | **2587** | **1903202** | **1720317** | **104041** | **94942** |
| 海口市 | Haikou City | 2126 | 6 | 15181 | 14749 | 21661 | 21541 |
| 三亚市 | Sanya City | 486 | 35 | 33764 | 29654 | 2083 | 1824 |
| 通什市 | Tongshi City | 53 | — | 7803 | 3096 | 840 | 599 |
| 琼山市 | Qiong Shan City | 145 | 65 | 20860 | 19560 | 1174 | 1096 |
| 文昌市 | Wenchang City | 860 | 136 | 504231 | 434738 | 13558 | 10560 |
| 琼海市 | Qionghai City | 952 | 398 | 291438 | 291438 | 8990 | 8990 |
| 万宁市 | Wanning City | 135 | 50 | 80714 | 70714 | 4520 | 3960 |
| 定安县 | Ding'an County | 360 | 273 | 32200 | 23900 | 1590 | 1290 |
| 屯昌县 | Tunchang County | 195 | 35 | 50338 | 47440 | 3360 | 3160 |
| 澄迈县 | Chengmai County | 1089 | 687 | 153113 | 138489 | 7227 | 5661 |
| 临高县 | Lingao County | 251 | 53 | 26461 | 25705 | 1485 | 1318 |
| 儋州市 | Zhanzhou City | 1819 | 409 | 386721 | 328160 | 23149 | 21064 |
| 东方县 | Dongfang County | 35 | — | 8050 | 7000 | 483 | 420 |
| 乐东县 | Ledong County | 241 | 195 | 60147 | 36007 | 2305 | 1649 |
| 琼中县 | Qiongzhong County | 69 | 5 | 6060 | 6060 | 182 | 182 |
| 保亭县 | Baoting County | 5 | — | 700 | 400 | 65 | 40 |
| 陵水县 | Lingshui County | 55 | — | 10950 | 10950 | 765 | 765 |
| 白沙县 | Baisha County | 22 | — | 2790 | 2790 | 74 | 74 |
| 昌江县 | Changjiang County | 273 | 240 | 20923 | 18678 | 590 | 509 |
| 农垦系统 | Agriculture Development System | — | — | — | — | — | — |
| 洋浦 | Yangpu | — | — | — | — | — | — |

# 38－1－5 海南省全社会固定资产投资(1998 年)

## INVESTMENT IN FIXED ASSETS OF HAINAN PROVINCE(1998)

单位:万元 Unit:10000 yuan

| 项目<br>Item | 固定资产投资总额<br>Total Investment in Fixed Assets | 基本建设<br>Capital Construction | 更新改造<br>Innovation | 房地产开发<br>Real Estate Development | 城镇集体及国有其他<br>Urban Collective-owned Units and Other State-owned | 农村集体<br>Rural Collective-owned | 城乡个人<br>Urban and Rural Individuals | # 农村<br># Rural |
|---|---|---|---|---|---|---|---|---|
| **总计<br>Total** | **1833360** | **1358912** | **62992** | **102398** | **32057** | **26098** | **250903** | **146802** |
| 按资金来源分<br>Grouped by Funds Sources | | | | | | | | |
| 国有投资<br>State Budgetary Investment | 116034 | 112450 | 706 | — | 672 | 2206 | — | — |
| 国内贷款<br>Domestic Loans | 273233 | 242814 | 10383 | 12893 | 5884 | 1313 | — | — |
| 股票债券<br>Stock and Bonds | 14615 | 14615 | — | — | — | — | — | — |
| 利用外资<br>Foreign Investment | 323303 | 293328 | 1670 | 27707 | 598 | — | — | — |
| 自筹投资<br>Fund Raising | 972892 | 599771 | 43860 | 47903 | 18740 | 11715 | 250903 | 146862 |
| 其他投资<br>Others | 133283 | 95934 | 6373 | 13949 | 6163 | 10864 | — | — |
| 按构成分<br>Grouped by Use of Funds | | | | | | | | |
| 建筑安装工程<br>Construction and Installation Projects | 1185577 | 868828 | 17101 | 62160 | 12664 | 20542 | 204282 | 90341 |
| 设备工具器具购置<br>Purchase of Equipment and Instruments | 371000 | 264074 | 43332 | 3760 | 12330 | 883 | 46621 | 46621 |
| 其他<br>Others | 276783 | 226010 | 2559 | 36478 | 7063 | 4673 | — | — |

38-1-5 续表(Continued)

| 项目 Item | 固定资产投资总额 Total Investment in Fixed Assets | 基本建设 Capital Construction | 更新改造 Innovation | 房地产开发 Real Estate Development | 城镇集体及国有其他 Urban Collective-owned Units and Other State-owned | 农村集体 Rural Collective-owned | 城乡个人 Urban and Rural Individuals | # 农村 # Rural |
|---|---|---|---|---|---|---|---|---|
| 按隶属关系分 Grouped by Administrative Relationship | | | | | | | | |
| 中央项目 Central Projects | 175061 | 163312 | 8002 | 3448 | 299 | — | — | — |
| 地方项目 Local Projects | 911807 | 528893 | 22515 | 60427 | 22971 | 26098 | 250903 | 146862 |
| #省属项目 # Projects by Province Administration | 746492 | 666707 | 32475 | 38523 | 8787 | — | — | — |
| 按建设性质分 Grouped by Types of Construction | | | | | | | | |
| #新建 # New Construction | 1229908 | 837941 | 1627 | 102398 | 14082 | 22957 | 250903 | 146862 |
| 扩建 Expansion | 290219 | 245773 | 37574 | — | 3487 | 3385 | — | — |
| 改建 Reconstruction | 36997 | 19618 | 10473 | — | 5938 | 968 | — | — |

# 38－1－6　海南省历年全社会新增固定资产投资(1979—1999 年)

INVESTMENT IN NEWLY INCREASED FIXED ASSETS OVER THE YEARS OF HAINAN PROVINCE(1979—1999)

| 年份 Year | 新增固定资产(万元) Newly Increased Fixed Assets (10000yuan) | # 基本建设 # Capital Construction | # 更新改造 # Innovation | # 房地产 # Real Estate Development | 固定资产交付使用率(%) Rate of Fixed Assets Put into Use(%) |
|---|---|---|---|---|---|
| 1979 | 22494 | 21857 | 637 | — | 70.0 |
| 1980 | 27949 | 27635 | 314 | — | 80.5 |
| 1981 | 38060 | 25023 | 1151 | — | 79.8 |
| 1982 | 48498 | 28952 | 6578 | — | 83.2 |
| 1983 | 44947 | 20563 | 10809 | — | 71.2 |
| 1984 | 73165 | 38666 | 11156 | — | 74.5 |
| 1985 | 114797 | 63782 | 19438 | — | 75.0 |
| 1986 | 130697 | 76090 | 22150 | — | 81.7 |
| 1987 | 146045 | 68514 | 29063 | — | 91.5 |
| 1988 | 143292 | 61636 | 25920 | — | 71.1 |
| 1989 | 203489 | 118535 | 28960 | — | 70.6 |
| 1990 | 296653 | 198663 | 24777 | 22953 | 83.4 |
| 1991 | 355971 | 193900 | 58521 | 52632 | 78.0 |
| 1992 | 558056 | 305272 | 40924 | 132255 | 64.1 |
| 1993 | 699207 | 430499 | 63633 | 77023 | 37.1 |
| 1994 | 1490207 | 1056396 | 72372 | 192254 | 67.7 |
| 1995 | 1347016 | 966314 | 67576 | 119457 | 68.0 |
| 1996 | 1572488 | 1174074 | 66360 | 149719 | 84.6 |
| 1997 | 1272129 | 903003 | 49530 | 83190 | 92.2 |
| 1999 | 1222709 | 837001 | 55500 | 30471 | 66.7 |

# 38－2－1 海南省全社会房屋施工、竣工面积情况(1998 年)

## FLOOR SPACE OF BUILDINGS UNDER CONSTRUCTION AND COMPLETED OF HAINAN PROVINCE(1998)

单位:万平方米 Unit:10000 sq.m

| 项目 | Item | 合计 Total |
|---|---|---|
| **一、施工面积(平方米)** | **Floor Space of Buildings under Construction(sq.m)** | **1164.3** |
| 基本建设 | Capital Construction | 590.5 |
| 更新改造 | Innovation | 8.6 |
| 房地产开发 | Real Estate Development | 147.6 |
| 城镇集体及其他 | Urban Collective-owned and Others | 16.6 |
| 农村集体 | Rural Collective-owned | 26.2 |
| 城乡个人 | Urban and Rural Individuals | |
| 城镇 | Urban | 171.2 |
| 农村 | Rural | 203.6 |
| **二、竣工面积(平方米)** | **Floor Space of Buildings Completed(sq.m)** | **688.2** |
| 基本建设 | Capital Construction | 254.3 |
| 更新改造 | Innovation | 6.3 |
| 房地产开发 | Real Estate Development | 24.9 |
| 城镇集体及其他 | Urban Collective-owned and Others | 6 |
| 农村集体 | Rural Collective-owned | 21.9 |
| 城乡个人 | Urban and Rural Individuals | |
| 城镇 | Urban | 171.2 |
| 农村 | Rural | 203.6 |

# 38－2－2　海南省全社会住宅施工、竣工面积情况(1998年)

FLOOR SPACE OF RESIDENCE UNDER CONSTRUCTION AND COMPLETED OF HAINAN PROVINCE(1998)

单位:万平方米　Unit:10000 sq.m

| 项目 | Item | 合计 Total |
|---|---|---|
| **一、施工面积** | **Floor Space of Buildings under Construction** | **688.6** |
| 基本建设 | Capital Construction | 234.3 |
| 更新改造 | Innovation | 2.3 |
| 房地产开发 | Real Estate Development | 102.4 |
| 城镇集体及其他 | Urban Collective-owned and Others | 8.7 |
| 农村集体 | Rural Collective-owned | 5.2 |
| 城乡个人 | Urban and Rural Individuals | |
| 城镇 | Urban | 151.1 |
| 农村 | Rural | 184.6 |
| **二、竣工面积** | **Floor Space of Buildings Completed** | **500.5** |
| 基本建设 | Capital Construction | 132.6 |
| 更新改造 | Innovation | 2 |
| 房地产开发 | Real Estate Development | 22.3 |
| 城镇集体及其他 | Urban Collective-owned and Others | 3.6 |
| 农村集体 | Rural Collective-owned | 4.3 |
| 城乡个人 | Urban and Rural Individuals | |
| 城镇 | Urban | 151.1 |
| 农村 | Rural | 184.6 |

# 38－2－3 海南省各市县房屋施工、竣工建筑面积及造价(1998年)

## FLOOR SPACE OF BUILDINGS AND THEIR COST BY REGION OF HAINAN PROVINCE(1998)

| 地区 Region | | 施工面积(万平方米) Floor Space under Construction (10000sq.m) | 竣工面积(万平方米) Floor Space Completed (10000sq.m) | 竣工率(%) Rate of Completion of Floor Space(%) | 竣工价值(万元) Value of Completion (10000yuan) | 竣工造价(元/平方米) Cost of Buildings Completed (yuan/sq.m) |
|---|---|---|---|---|---|---|
| **全　省** | **Total** | **147.64** | **24.92** | **16.88** | **28756** | **1154** |
| 海口市 | Haikou City | 130.45 | 21.91 | 16.8 | 25333 | 1156 |
| 三亚市 | Sanya City | 3.21 | 0.41 | 12.77 | 342 | 434 |
| 通什市 | Tongshi City | — | — | — | — | — |
| 琼山市 | Qiongshan City | 6.99 | 0.24 | 3.4 | 700 | 2916 |
| 文昌市 | Wenchang City | 5598 | — | — | — | — |
| 琼海市 | Qionghai City | 18000 | — | — | — | — |
| 定安县 | Ding'an County | — | — | — | — | — |
| 澄迈县 | Chengmai County | — | — | — | — | — |
| 临高县 | Lingao County | — | — | — | — | — |
| 儋州市 | Zhanzhou City | 4.25 | 0.48 | 11.29 | 342 | 713 |
| 东方县 | Dongfang County | 0.09 | 0.09 | 100 | 50 | 555 |
| 乐东县 | Ledong County | — | — | — | — | — |
| 琼中县 | Qiongzhong County | — | — | — | — | — |
| 保亭县 | Baoting County | — | — | — | — | — |
| 陵水县 | Lingshui County | — | — | — | — | — |
| 白沙县 | Baisha County | — | — | — | — | — |
| 昌江县 | Changjiang County | — | — | — | — | — |
| 农　垦 | Agriculture Development System | 2.59 | 1.73 | 66.8 | 1929 | 1115 |
| 洋　浦 | Yangpu | — | — | — | — | — |

# 38－2－4 海南省各市县竣工房屋价值情况(1998 年)

## VALUE OF BUILDINGS COMPLETED BY REGION OF HAINAN PROVINCE(1998)

单位:万元 Unit:10000 yuan

| 地区 Region | 竣工价值 Value of Completion | 基本建设 Capital Construction | 更新改造 Innovation | 房地产开发 Real Estate Development | 城镇集体及其他 Urban Collective-owned Units and Others | 农村集体 Rural Collective-owned | 城乡个人 Urban and Rural Individuals | |
|---|---|---|---|---|---|---|---|---|
| | | | | | | | 城镇 Urban | 农村 Rural |
| **全省总计 Total** | **527391** | **276343** | **9988** | **28756** | **4618** | **13304** | **104041** | **90341** |
| 海口市 Haikou City | 168001 | 113036 | 192 | 25393 | 1270 | 1264 | 21661 | 5158 |
| 三亚市 Sanya City | 44292 | 35446 | — | 342 | 100 | 967 | 2083 | 5354 |
| 通什市 Tongshi City | 10967 | 8792 | — | — | 180 | — | 840 | 1155 |
| 琼山市 Qiong shan City | 23978 | 9931 | 337 | 700 | 664 | 1068 | 1174 | 10104 |
| 文昌市 Wenchang City | 38195 | 12910 | 30 | — | 234 | 1000 | 13558 | 10463 |
| 琼海市 Qionghai City | 47850 | 18098 | — | — | — | — | 18930 | 10822 |
| 万宁市 Wanning City | 34293 | 21252 | — | — | — | 1160 | 4520 | 7361 |
| 定安县 Ding'an County | 8245 | 4560 | — | — | — | 33 | 1590 | 2062 |
| 屯昌县 Tunchang County | 8679 | 3732 | — | — | 76 | 180 | 3360 | 1331 |
| 澄迈县 Chengmai County | 21260 | 9651 | — | — | 15 | 220 | 7227 | 4147 |
| 临高县 Lingao County | 7758 | 3468 | 140 | — | 80 | 58 | 1485 | 2527 |
| 儋州市 Zhanzhou City | 52521 | 7049 | 103 | 342 | 1166 | 6728 | 23149 | 13985 |
| 东方县 Dongfang County | 6928 | 5058 | 46 | 50 | — | 469 | 483 | 822 |
| 乐东县 Ledong County | 9304 | 1624 | — | — | — | 104 | 2305 | 5271 |
| 琼中县 Qiongzhong County | 5447 | 1135 | — | — | — | — | 182 | 4130 |
| 保亭县 Baoting County | 3888 | 2268 | — | — | — | 19 | 65 | 1536 |
| 陵水县 Lingshui County | 4895 | 1804 | — | — | — | — | 765 | 2326 |
| 白沙县 Baisha County | 2055 | 1266 | — | — | — | 35 | 74 | 680 |
| 昌江县 Changjiang County | 4209 | 1706 | — | — | 833 | — | 590 | 1080 |
| 农垦系统 Agriculture Development System | 24393 | 13324 | 9140 | 1928 | — | — | — | — |
| 洋浦 Yangpu | 233 | 233 | — | — | — | — | — | — |

# 38－2－5 海南省各市县竣工住宅价值情况(1998 年)

## VALUE OF RESIDENCE COMPLETED BY REGION OF HAINAN PROVINCE(1998)

单位:万元 Unit:10000 yuan

| 地区 Region | 竣工价值 Value of Completion | 基本建设 Capital Construction | 更新改造 Innovation | 房地产开发 Real Estate Development | 城镇集体及其他 Urban Collective-owned Units and Others | 农村集体 Rural Collective-owned | 城乡个人 Urban and Rural Individuals | |
|---|---|---|---|---|---|---|---|---|
| | | | | | | | 城镇 Urban | 农村 Rural |
| **全省总计 Total** | **343816** | **133787** | **1474** | **25731** | **3007** | **2370** | **94642** | **82805** |
| 海口市 Haikou City | 122136 | 71457 | — | 22760 | 1011 | 299 | 21541 | 5068 |
| 三亚市 Sanya City | 15813 | 8254 | — | — | 12 | 448 | 1824 | 5275 |
| 通什市 Tongshi City | 3666 | 1762 | — | — | 150 | — | 599 | 1155 |
| 琼山市 Qiongshan City | 18653 | 6284 | 310 | 700 | 664 | 613 | 1096 | 8986 |
| 文昌市 Wenchang City | 26483 | 7823 | — | — | — | — | 10560 | 8100 |
| 琼海市 Qionghai City | 31720 | 3535 | — | — | — | — | 18930 | 9255 |
| 万宁市 Wanning City | 19044 | 7332 | — | — | — | 1010 | 3960 | 6742 |
| 定安县 Ding'an County | 5032 | 1764 | — | — | — | — | 1290 | 1978 |
| 屯昌县 Tunchang County | 5834 | 1303 | — | — | 40 | — | 3160 | 1331 |
| 澄迈县 Chengmai County | 12959 | 3231 | — | — | 15 | — | 5661 | 4052 |
| 临高县 Lingao County | 5894 | 2193 | — | — | 38 | — | 1318 | 2345 |
| 儋州市 Zhanzhou City | 37885 | 2676 | 73 | 342 | 723 | — | 21064 | 13007 |
| 东方县 Dongfang County | 5025 | 3737 | 46 | — | — | — | 420 | 822 |
| 乐东县 Ledong County | 7281 | 524 | — | — | — | — | 1649 | 5108 |
| 琼中县 Qiongzhong County | 4945 | 633 | — | — | — | — | 182 | 4130 |
| 保亭县 Baoting County | 2486 | 910 | — | — | — | — | 40 | 1536 |
| 陵水县 Lingshui County | 4251 | 1160 | — | — | — | — | 765 | 2326 |
| 白沙县 Baisha County | 1130 | 418 | — | — | — | — | 74 | 638 |
| 昌江县 Changjiang County | 2748 | 934 | — | — | 354 | — | 509 | 951 |
| 农垦系统 Agriculture Development System | 10831 | 7857 | 1045 | 1929 | — | — | — | — |
| 洋浦 Yangpu | — | — | — | — | — | — | — | — |

# 38-3-1 海南省全社会建筑业主要年份主要经济指标(1992—1998年)

## MAJOR ECONOMIC INDICATORS OF OVERALL CONSTRUCTION TRADE OF MAIN YEARS OF HAINAN PROVINCE(1992—1998)

| 项目 Item | 单位 Unit | 1992 | 1993 | 1995 | 1996 | 1997 | 1998 |
|---|---|---|---|---|---|---|---|
| 企业单位数 Number of Construction Enterprises | 个 number | 266 | 394 | 702 | 572 | 495 | 359 |
| 企业职工人数 Number of Staff | 万人 10000persons | 9.96 | 14.20 | 10.87 | 9.85 | 6.87 | 11.05 |
| 建筑业总产值 Gross Output Value of Construction | 万元 10000yuan | 246308 | 506804 | 394885 | 241668 | 246960 | 308507 |
| # 施工产值 # Output Value under Construction | 万元 10000yuan | 245065 | 500136 | 390363 | 239101 | 242731 | 307368 |
| 竣工产值 Output Value of Completion | 万元 10000yuan | 186143 | 281958 | 254021 | 157779 | 90733 | 178261 |
| 增加值 Value Added | 万元 10000yuan | 72404 | 136797 | 92445 | 56449 | 66972 | 70507 |
| 房屋建筑施工面积 Floor Space under Construction | 万平方米 10000sq.m | 663.7 | 1027.3 | 874.9 | 453.4 | 406.1 | 453 |
| 房屋建筑竣工面积 Floor Space Completed | 万平方米 10000sq.m | 256.6 | 295.3 | 241.5 | 150.0 | 167.1 | 196.1 |
| # 住宅 # Residence | 万平方米 10000sq.m | 144.8 | 146.7 | 74.2 | 93.0 | 101.6 | 120.1 |
| 房屋建筑面积竣工率 Rate of Completion of Floor Space | % | 38.7 | 28.7 | 27.6 | 33.1 | 41.1 | 43.3 |
| 工程质量优良品率 Rate of Floor Space of High Quality Projects | % | 38.6 | 39.1 | 29.0 | 37.9 | 51.6 | 29.9 |
| 劳动生产率(按施工产值计算) Overall Labor Productivity(in terms of Output under Construction) | 元/人 yuan/person | 24605 | 35221 | 35912 | 24274 | 35332 | 27816 |
| 年末固定资产原值 Original Value of Fixed Assets at Year-end | 万元 10000yuan | 60426 | 91062 | 124417 | 83237 | 108324 | 127311 |
| 年末固定资产净值 Net Value of Fixed Assets at Year-end | 万元 10000yuan | 48122 | 68854 | 108437 | 64442 | 83040 | 93009 |
| 年末流动资产 Year-end Floating Assets | 万元 10000yuan | 189458 | 369500 | 269538 | 316830 | 293383 | 339495 |
| # 流动资金 Floating Funds | 万元 10000yuan | 83258 | 162378 | 118493 | 139232 | 128928 | 224931 |
| 利润总额 Total Profits | 万元 10000yuan | 6469 | 15343 | 522 | 1184 | 1091 | -1326 |
| 利税总额 Total Pre-tax Profits | 万元 10000yuan | 11046 | 28370 | 16277 | 8509 | 11195 | 8209 |
| 产值利润率 Ratio of Profits to Gross Output Value | % | 2.6 | 3.0 | 0.1 | 0.5 | 0.4 | — |

# 第三十九章 四川省房地产统计

# CHAPTER 39 REAL ESTATE STATISTICS OF SICHUAN PROVINCE

# 39-1-1　四川全省房地产开发综合统计(1999年)

## COMPOSITE STATISTICS OF REAL ESTATE DEVELOPMENT OF SICHUAN PROVINCE(1999)

| 项目 | Item | 合计 Total |
|---|---|---|
| 一、房地产开发投资额(亿元) | **Investment Value of Real Estate Development** (100 million yuan) | |
| 住宅 | Residence | 84.87 |
| 办公楼 | Office | 74.10 |
| 商业营业用房 | Commerce | 21.66 |
| 二、商品房销售额(亿元) | **Sale of Commercial Buildings(100 million yuan)** | **97.95** |
| 住宅 | Residence | 74.82 |
| 办公楼 | Office | 4.65 |
| 商业营业用房 | Commerce | 17.12 |
| 销售给个人 | Sold to Individuals | |
| 住宅 | Residence | 59.17 |
| 办公楼 | Office | — |
| 商业营业用房 | Commerce | — |
| 三、房地产开发资金来源(亿元) | **Funds Sources of Real Estate Development** (100 million yuan) | |
| 国家预算内资金 | State Budgetary Funds | 0.04 |
| 国内贷款 | Domestic Loans | 41.89 |
| 债券 | Bonds | 0.53 |
| 利用外资 | Foreign Investment | 0.62 |
| 自筹资金 | Fund Raising | 59.30 |
| 定金及预收款 | Deposits and Pre-charges | — |

39-1-1续表(Continued)

| 项目 | Item | 合计 Total |
|---|---|---|
| 其他资金 | Others | 69.21 |
| **四、房地产开发面积(万平方米)** | **Floor Space of Real Estate Development (10000 sq.m)** | **2718.4** |
| 商品房施工面积 | Floor Space of Commercial Buildings under Construction | |
| 住宅 | Residence | 2108.45 |
| 办公楼 | Office | 153.69 |
| 商业营业用房 | Commerce | 367.25 |
| 商品房新开工面积 | Floor Space of Commercial Buildings Newly Starting | 1261.7 |
| 住宅 | Residence | 1043.4 |
| 办公楼 | Office | 44.2 |
| 商业营业用房 | Commerce | 145.9 |
| 商品房竣工面积 | Floor Space of Commercial Buildings Completed | 1013.32 |
| 住宅 | Residence | 805.93 |
| 办公楼 | Office | 49.61 |
| 商业营业用房 | Commerce | 118.24 |
| 商品房销售面积 | Floor Space of Commercial Buildings Sold | 725.7 |
| 住宅 | Residence | 643.6 |
| 办公楼 | Office | 14.7 |
| 商业营业用房 | Commerce | 60.9 |

# 39－1－2　四川省房地产开发投资情况(1998年)

## INVESTMENT IN REAL ESTATE DEVELOPMENT OF SICHUAN PROVINCE(1998)

单位:亿元　Unit:100 million yuan

| 项　目 | Item | 合计 Total | #土地开发投资 # Investment in Land Development | #商品房投资 # Investment in Commercial Buildings | 商品房销售额 Sales of Commercial Buildings | 本年新增固定资产 Newly Increased Fixed Assets This Year |
|---|---|---|---|---|---|---|
| **投资额** | **Investment Value** | **120.60** | **7.42** | **101.69** | **71.52** | **71.93** |
| 按隶属关系分 | Grouped by Administrative Relationship | | | | | |
| 中央 | Central | 0.46 | 0.11 | 0.31 | 0.25 | 0.23 |
| 省 | Province | 7.85 | 0.15 | 7.24 | 3.24 | 4.36 |
| 地区 | Prefecture | 52.03 | 2.69 | 43.46 | 26.58 | 28.33 |
| 县 | County | 35.95 | 3.21 | 28.96 | 24.42 | 26.19 |
| 其他 | Others | 24.31 | 1.26 | 21.72 | 17.03 | 12.82 |
| 按经济类型分 | Grouped by Ownership | | | | | |
| 国有经济 | State-owned | 33.72 | 1.39 | 29.67 | 23.03 | 21.47 |
| 集体经济 | Collective-owned | 22.54 | 3.33 | 16.74 | 11.84 | 13.99 |
| 联营经济 | Joint-owned Ventrure | 8.65 | 0.54 | 7.53 | 5.08 | 5.78 |
| 股份有限公司 | Stock Limited Company | 14.64 | 0.84 | 13.13 | 9.15 | 9.05 |
| 有限责任公司 | Limited-liability Company | 20.08 | 0.77 | 18.15 | 12.07 | 11.09 |
| 三资企业 | Joint Investment, Cooperative and Foreign Venture | 3.98 | 0.24 | 3.24 | 0.83 | 0.70 |
| 港澳台企业 | Hong Kong, Macao and Taiwan Investment | 14.52 | 0.24 | 11.25 | 8.58 | 8.60 |
| 其他经济 | Other Economic | 2.47 | 0.07 | 1.98 | 0.94 | 1.25 |

# 39-1-3 四川省各市地州基本建设施工、竣工房屋面积(1999年)

## FLOOR SPACE OF BUILDINGS UNDER CONSTRUCTION AND COMPLETED IN CAPITAL CONSTRUCTION BY REGION OF SICHUAN PROVINCE(1999)

单位:万平方米 Unit:10000 sq.m

| 地区 Region | 施工面积 Floor Space under Construction | # 住宅 # Residence | 竣工面积 Floor Space Completed | # 住宅 # Residence | 竣工率(%) Rate of Completion | # 住宅 # Residence |
|---|---|---|---|---|---|---|
| **全省总计 Total** | **3414.79** | **1914.15** | **1551.68** | **916.12** | **45** | **48** |
| 成都市 Chengdu City | 951.34 | 459.66 | 355.33 | 189.99 | 37 | 41 |
| 自贡市 Zigong City | 98.21 | 59.34 | 42.98 | 29.12 | 44 | 49 |
| 攀枝花市 Panzhihua City | 110.62 | 78.14 | 43.73 | 31.47 | 40 | 40 |
| 泸州市 Luzhou City | 187.33 | 112.26 | 104.51 | 68.32 | 56 | 61 |
| 德阳市 Deyang City | 266.33 | 129.28 | 101.30 | 59.90 | 38 | 46 |
| 绵阳市 Mianyang City | 162.33 | 62.93 | 72.48 | 28.54 | 45 | 45 |
| 广元市 Guangyuan City | 89.76 | 52.15 | 41.85 | 26.20 | 47 | 50 |
| 遂宁市 Suining City | 62.27 | 33.24 | 36.83 | 20.86 | 59 | 63 |
| 内江市 Neijiang City | 114.66 | 68.01 | 54.41 | 30.79 | 47 | 45 |
| 乐山市 Leshan City | 160.46 | 107.09 | 84.94 | 52.74 | 53 | 49 |
| 南充市 Nanchong City | 217.03 | 125.72 | 117.17 | 63.46 | 54 | 50 |
| 宜宾市 Yibin City | 174.65 | 113.47 | 79.95 | 51.49 | 46 | 45 |
| 眉山地区 Meishan Prefecture | 117.60 | 89.25 | 60.97 | 44.57 | 52 | 50 |
| 广安地区 Guang'an Prefecture | 160.03 | 83.42 | 76.35 | 48.62 | 48 | 58 |
| 达川地区 Dachuan Prefecture | 94.50 | 55.83 | 54.54 | 33.97 | 58 | 61 |
| 巴中地区 Bazhong Prefecture | 33.18 | 19.17 | 17.35 | 8.45 | 52 | 44 |
| 雅安地区 Ya'an Prefecture | 93.50 | 64.36 | 37.03 | 23.58 | 40 | 37 |
| 阿坝州 Aba Prefecture | 28.52 | 13.40 | 14.56 | 8.47 | 51 | 63 |
| 甘孜州 Ganzi Prefecture | 37.97 | 20.68 | 17.48 | 9.60 | 46 | 46 |
| 凉山州 Liangshan Prefecture | 112.85 | 85.24 | 49.79 | 33.19 | 44 | 39 |
| 其他 Others | 46.99 | 16.15 | 34.79 | 14.74 | 74 | 88 |

# 39－1－4 四川全省固定资产投资情况(1998 年)

## INVESTMENT IN FIXED ASSETS OF SICHUAN PROVINCE(1998)

| 项 目 | Item | 总计 Total | #国有经济 # State-owned | #集体经济 Collective-owned | #农村 # Rural |
|---|---|---|---|---|---|
| **一、投资总额(亿元)** | **Total Investment Value(100 million yuan)** | **1184.80** | **722.75** | **119.29** | **87.38** |
| 按构成分 | Grouped by Use of Funds | | | | |
| 建筑安装工程 | Construction and Installation Projects | 742.50 | 425.23 | 75.19 | 52.48 |
| 设备工器具购置 | Purchase of Equipment and Instruments | 265.00 | 174.12 | 30.48 | 27.74 |
| 其他费用 | Others | 177.30 | 123.40 | 13.62 | 7.18 |
| 按用途分 | Grouped by Purpose | | | | |
| 住宅 | Residence | 278.07 | 96.99 | 20.16 | 5.48 |
| **二、房屋建筑面积(万平方米)** | **Floor Space of Buildings (10000 sq.m)** | | | | |
| 施工面积 | Floor Space of Buildings under Construction | 12009 | 4011 | 1244 | 673 |
| #住宅 | # Residence | 8407 | 2507 | 520 | 150 |
| 竣工面积 | Floor Space of Buildings Completed | 8265 | 1847 | 781 | 520 |
| #住宅 | # Residence | 6304 | 1177 | 313 | 131 |

# 39－1－5 四川省城市固定资产投资完成情况(1998年)

INVESTMENT COMPLETED IN FIXED ASSETS OF CITIES OF SICHUAN PROVINCE(1998)

| 地区 Region | 房地产开发投资额(万元) Investment Value in Real Estate Development (10000yuan) | #商品住宅 # Commercial Residence | 全年新增固定资产(万元) Newly Increased Fixed Assets This Year (10000yuan) | 施工住宅建筑面积(万平方米) Floor Space of Residence under Construction (10000sq.m) | 竣工住宅建筑面积(万平方米) Floor Space of Residence Completed (10000sq.m) | 商品房屋销售建筑面积(万平方米) Floor Space of Commercial Buildings Sold (10000sq.m) | 商品房屋销售额(万元) Sales of Commercial Buildings (10000yuan) |
|---|---|---|---|---|---|---|---|
| 成都市 Chengdu City | 799700 | 455200 | 2572400 | 1991.26 | 1232.00 | 332.00 | 494736 |
| 自贡市 Zigong City | 28600 | 20247 | 157054 | 286.11 | 259.05 | 22.22 | 19805 |
| 攀枝花市 Panzhihua City | 10176 | 6102 | 215916 | 125.15 | 66.77 | 0.13 | 247 |
| 泸州市 Luzhou city | 35391 | 23405 | 277385 | 121.65 | 95.94 | 20.32 | 15337 |
| 德阳市 Deyang City | 30731 | 18033 | 289556 | 358.40 | 248.76 | 21.12 | 16782 |
| 绵阳市 Mianyang City | 101989 | 48252 | 542837 | 768.23 | 533.29 | 34.66 | 36935 |
| 广元市 Guangyuan City | 17031 | 10637 | 219896 | 386.84 | 293.98 | 2.88 | 3014 |
| 遂宁市 Suining City | 23453 | 16274 | 179708 | 47.90 | 28.98 | 20.75 | 18981 |
| 内江市 Neijiang City | 20024 | 12137 | 131581 | 84.43 | 42.88 | 13.61 | 9719 |
| 乐山市 Leshan City | 20142 | 15575 | 243403 | 397.73 | 312.77 | 9.14 | 7965 |
| 宜宾市 Yibin City | 19189 | 11592 | 287156 | 298.10 | 230.78 | 18.51 | 13482 |
| 南充市 Nanchong City | 55738 | 31150 | 273588 | 593.49 | 391.51 | 27.37 | 24418 |
| 广安市 Guang'an City | 13475 | 9035 | 236918 | 391.33 | 323.16 | 22.58 | 9146 |

# 39－2－1 四川省建筑业企业主要经济指标(1998年)

## MAJOR ECONOMIC INDICATORS OF CONSTRUCTION ENTERPRISES OF SICHUAN PROVINCE(1998)

| 项目<br>Item | 单位<br>Unit | 总计<br>Total | #国有企业<br>State-owned | #城镇集体<br>Urban Collective-ownd |
|---|---|---|---|---|
| 企业个数<br>Nubmer of Construction Enterprises | 个<br>number | 3028 | 432 | 2085 |
| 建筑业总产值<br>Gross Output Value of Construction | 万元<br>10000yuan | 5977644 | 2854139 | 2505344 |
| 竣工产值<br>Ouptut Value under Construction | 万元<br>10000yuan | 4441235 | 2108439 | 1848844 |
| 单位工程施工个数<br>Number of Projects under Construction | 个<br>number | 41713 | 15397 | 21362 |
| #本年新开工<br># Newly Starting This Year | 个<br>number | 26403 | 8684 | 14661 |
| 投标承包个数<br>Projects Contracted by Bidding | 个<br>number | 18486 | 7832 | 8473 |
| #本年新开工<br># Newly Starting This Year | 个<br>number | 12083 | 4374 | 6317 |
| 单位工程竣工个数<br>Number of Projects Completed | 个<br>number | 26378 | 8360 | 14917 |
| 竣工的优良单位工程个数<br>Number of High Quality Projects Completed | 个<br>number | 9174 | 3848 | 4404 |
| 房屋建筑施工面积<br>Floor Space of Buildings under Construction | 万平方米<br>10000sq.m | 9623.36 | 3059.72 | 5169.68 |
| 房屋建筑竣工面积<br>Floor Space of Buildings Completed | 万平方米<br>10000sq.m | 5017.25 | 1150.38 | 3115.73 |
| 房屋建筑优良工程竣工面积<br>Floor Space of High Quality Projects Completed | 万平方米<br>10000sq.m | 1855.81 | 523.56 | 1033.45 |
| 自有机械设备年末总台数<br>Number of Machinery and Equipment Owned at Year-end | 台<br>set | 374026 | 103895 | 215051 |
| 自有机械设备年末总功率<br>Total Power of Machinery and Equipment Owned at Year-end | 万千瓦<br>10000kw | 578.64 | 261.56 | 252.30 |
| 计算建筑业劳动生产率的平均人数<br>Average Number of Staff for Calculating Overall Labor Productivity | 万人<br>10000persons | 159.20 | 54.05 | 84.83 |

# 39-2-2 四川省各地市施工、竣工房屋面积(1998年)

## FLOOR SPACE OF BUILDINGS UNDER CONSTRUCTION AND COMPLETED BY REGION OF SICHUAN PROVINCE(1998)

单位:万平方米 Unit:10000 sq.m

| 地区<br>Region | 房屋建筑施工面积<br>Floor Space of Buildings under Construcion | #本年新开工<br># Newly Starting This Year | 房屋建筑竣工面积<br>Floor Space of Buildings Completed | #优良品面积<br># Floor Space of High Quality | #住宅面积<br># Floor Space of Residence | 房屋面积竣工率(%)<br>Rate of Floor Space Completed(%) | 房屋面积优良品率(%)<br>Rate of Floor Space of High Quality(%) |
|---|---|---|---|---|---|---|---|
| **全省总计<br>Total** | **9623** | **5326** | **5017** | **1856** | **3011** | **52.14** | **36.99** |
| 成都市<br>Chengdu City | 3348 | 1595 | 1457 | 540 | 867 | 43.53 | 37.06 |
| 自贡市<br>Zigong City | 286 | 155 | 155 | 63 | 98 | 54.31 | 40.52 |
| 攀枝花市<br>Panzhihua City | 191 | 94 | 79 | 37 | 48 | 41.61 | 46.26 |
| 泸州市<br>Luzhou City | 680 | 477 | 454 | 187 | 268 | 66.73 | 41.23 |
| 德阳市<br>Deyang City | 530 | 271 | 297 | 116 | 148 | 55.98 | 39.04 |
| 绵阳市<br>Mianyang City | 656 | 294 | 317 | 139 | 182 | 48.34 | 43.88 |
| 广元市<br>Guangyuan City | 128 | 68 | 65 | 23 | 39 | 50.89 | 35.84 |
| 遂宁市<br>Suining City | 286 | 182 | 207 | 58 | 121 | 72.18 | 28.02 |
| 内江市<br>Neijiang City | 415 | 228 | 216 | 61 | 133 | 51.89 | 28.08 |
| 乐山市<br>Leshan City | 325 | 193 | 167 | 54 | 109 | 51.36 | 32.11 |
| 南充市<br>Nanchong City | 627 | 392 | 336 | 161 | 202 | 53.57 | 47.88 |
| 宜宾市<br>Yibin City | 293 | 203 | 170 | 39 | 102 | 57.82 | 23.20 |
| 眉山地区<br>Meishan Prefecture | 348 | 231 | 247 | 97 | 149 | 70.98 | 39.17 |
| 广安地区<br>Guang'an Prefecture | 467 | 281 | 276 | 79 | 175 | 59.11 | 28.49 |
| 达川地区<br>Dachuan Prefecture | 464 | 291 | 267 | 114 | 161 | 57.69 | 42.67 |
| 巴中地区<br>Bazhong Prefecture | 78 | 46 | 49 | 22 | 33 | 62.75 | 44.57 |
| 雅安地区<br>Ya'an Prefecture | 100 | 69 | 49 | 15 | 36 | 48.80 | 30.18 |
| 阿坝州<br>Aba Prefecture | 6 | 4 | 5 | 2 | 2 | 86.40 | 28.65 |
| 甘孜州<br>Ganzi Prefecture | 17 | 9 | 6 | 4 | 4 | 35.83 | 60.29 |
| 凉山州<br>Liangshan Prefecture | 82 | 55 | 43 | 9 | 29 | 52.45 | 19.90 |

# 39－3－1　四川省城市基本情况(1999 年)

## BASIC INFORMATION OF CITIES OF SICHUAN PROVINCE(1999)

| 城市 City | 年末总人口（万人） Total Population at Year-end (10000persons) | #非农业人口 Non-agriculture Population | 年末全部从业人员数(万人) Employed Persons at Year-end (10000persons) | #城镇个体劳动者 # Urban Individual Laborers | 土地面积（平方公里） Area of Territory (sq. km) | #建成区面积 # Area Constructed |
|---|---|---|---|---|---|---|
| 成都市 Chengdu City | 997.00 | 327.29 | 583.90 | 25.76 | 12390 | 192 |
| 自贡市 Zigong City | 314.29 | 68.34 | 167.73 | 3.20 | 4373 | 48 |
| 攀枝花市 Panzhihua City | 100.51 | 53.48 | 53.86 | 2.18 | 7434 | 42 |
| 泸州市 Luzhou City | 459.45 | 67.29 | 261.02 | 5.26 | 12247 | 22 |
| 德阳市 Deyang City | 373.72 | 68.73 | 232.41 | 3.93 | 5954 | 39 |
| 绵阳市 Mianyang City | 517.27 | 97.56 | 287.33 | 3.93 | 20249 | 43 |
| 广元市 Guangyuan City | 299.16 | 51.07 | 155.06 | 2.98 | 16306 | 44 |
| 遂宁市 Suining City | 371.43 | 51.85 | 185.74 | 5.25 | 5300 | 19 |
| 内江市 Neijiang City | 416.55 | 70.41 | 216.98 | 3.48 | 5386 | 23 |
| 乐山市 Leshan City | 344.47 | 78.60 | 189.39 | 5.80 | 12826 | 54 |
| 宜宾市 Yibin City | 501.51 | 78.95 | 284.31 | 7.97 | 13283 | 17 |
| 南充市 Nanchong City | 708.96 | 88.09 | 400.59 | 5.03 | 12494 | 27 |
| 广安市 Guang'an City | 427.11 | 44.53 | 214.27 | 4.37 | 6344 | 11 |

# 第四十章 贵州省房地产统计

# CHAPTER 40 REAL ESTATE STATISTICS OF GUIZHOU PROVINCE

# 40－1－1　贵州全省房地产开发综合统计(1999年)

COMPOSITE STATISTICS OF REAL ESTATE
DEVELOPMENT OF GUIZHOU PROVINCE(1999)

| 项目 | Item | 合计　Total |
|---|---|---|
| **一、房地产开发投资额(亿元)** | **Investment Value of Real Estate Development（100 million yuan）** | |
| 住宅 | Residence | 18.85 |
| 办公楼 | Office | 1.75 |
| 商业营业用房 | Commerce | 5.56 |
| **二、商品房销售额(亿元)** | **Sale of Commercial Buildings(100 million yuan)** | 17.65 |
| 住宅 | Residence | 14.02 |
| 办公楼 | Office | 0.91 |
| 商业营业用房 | Commerce | 2.66 |
| 销售给个人 | Sold to Individuals | |
| 住宅 | Residence | 11.27 |
| 办公楼 | Office | — |
| 商业营业用房 | Commerce | — |
| **三、房地产开发资金来源(亿元)** | **Funds Sources of Real Estate Development（100 million yuan）** | |
| 国家预算内资金 | State Budgetary Funds | 0.05 |
| 国内贷款 | Domestic Loans | 10.58 |
| 债券 | Bonds | 0.51 |
| 利用外资 | Foreign Investment | 1.24 |
| 自筹资金 | Fund Raising | 11.76 |
| 定金及预收款 | Deposits and Pre-charges | |

40 - 1 - 1 续表(Continued)

| 项目 | Item | 合计　Total |
|---|---|---|
| 其他资金 | Others | 14.26 |
| **四、房地产开发面积(万平方米)** | **Floor Space of Real Estate Development** (10000 sq.m) | |
| 商品房施工面积 | Floor Space of Commercial Buildings under Construction | 656.14 |
| 住宅 | Residence | 486.28 |
| 办公楼 | Office | 38.82 |
| 商业营业用房 | Commerce | 111.74 |
| 商品房新开工面积 | Floor Space of Commercial Buildings Newly Starting | 204.5 |
| 住宅 | Residence | 175.9 |
| 办公楼 | Office | 44 |
| 商业营业用房 | Commerce | 20.00 |
| 商品房竣工面积 | Floor Space of Commercial Buildings Completed | 229.28 |
| 住宅 | Residence | 189.43 |
| 办公楼 | Office | 7.36 |
| 商业营业用房 | Commerce | 28.46 |
| 商品房销售面积 | Floor Space of Commercial Buildings Sold | 137.6 |
| 住宅 | Residence | 126.2 |
| 办公楼 | Office | 2.9 |
| 商业营业用房 | Commerce | 7.8 |

# 40-1-2 贵州全省房地产开发投资情况(1998年)

INVESTMENT IN REAL ESTATE DEVELOPMENT
OF GUIZHOU PROVINCE(1998)

| 项目 Item | 单位 Unit | 合计 Total | 商品住宅 Commercial Residence | 国有 State-owned | 集体 Collective-owned | 其他 Others |
|---|---|---|---|---|---|---|
| 房地产开发投资额 Value of Investment in Real Estate Development | 万元 10000 yuan | 194165 | 103560 | 48337 | 30724 | 115104 |
| #土地开发投资额 # Value of Investment in Land Development | 万元 10000 yuan | 12550 | — | 8273 | 463 | 3814 |
| 本年新增固定资产 Newly Increased Fixed Assets This Year | 万元 10000 yuan | 146369 | — | 46865 | 18310 | 81194 |
| 商品房屋建筑面积 Floor Space of Commercial Buildings | | | | | | |
| 施工面积 Floor Space under Construction | 万平方米 10000 sq.m | 478 | 318 | 130 | 95 | 253 |
| 竣工面积 Floor Space Completed | 万平方米 10000 sq.m | 146 | 117 | 60 | 24 | 62 |
| 土地开发面积 Area of Land Development | 万平方米 10000 sq.m | 47 | — | 42 | 1 | 4 |
| 商品房屋销售建筑面积 Floor Space of Commercial Buildings Sold | 万平方米 10000 sq.m | 95 | 85 | 41 | 20 | 34 |
| 商品房屋销售额 Sales of Commercial Buildings | 万元 10000 yuan | 119806 | 91889 | 49212 | 26075 | 44519 |

# 40－1－3 贵州全省城镇和工矿区私人固定资产投资情况 (1997—1998年)

## INVESTMENT IN FIXED ASSETS BY INDIVIDUALS OF CITIES, TOWNS AND INDUSTRIAL AND MINING AREAS OF GUIZHOU PROVINCE(1997—1998)

| 项目 | Item | 1997 | 1998 |
|---|---|---|---|
| 完成投资额合计(万元) | Total Investment Value Completed (10000 yuan) | 57002 | 112576 |
| #生产性 | # Productive | 2854 | 2180 |
| 城镇工矿区个数(个) | Number of Cities, Towns and Industrial and Mining Area(number) | 311 | 591 |
| 竣工房屋建筑面积(万平方米) | Floor Space of Buildings Completed (10000 sq.m) | 208 | 429 |
| #住宅 | # Residence | 188 | 376 |
| 竣工房屋价值(万元) | Value of Buildings Completed (10000 yuan) | 55274 | 110186 |
| #住宅 | # Residence | 49014 | 99973 |
| 建房户数(户) | Number of Households Constructing Buildings(unit) | 17092 | 29911 |
| #农业户 | # Agriculture Households | 10734 | 22271 |

# 40-1-4 贵州全省固定资产投资情况(1997—1998年)

INVESTMENT IN FIXED ASSETS OF GUIZHOU PROVINCE(1997—1998)

| 项 目 | Item | 1997 | 1998 |
|---|---|---|---|
| **一、投资总额(万元)** | **Total Investment Value**(10000 yuan) | | |
| 按经济类型分 | Grouped by Ownership | 1497463 | 1889354 |
| 国有经济 | State-owned | 884794 | 1195793 |
| 基本建设 | Capital Construction | 495081 | 572855 |
| 更新改造 | Innovation | 76223 | 72369 |
| 其他投资 | Other Investment | 41365 | 22369 |
| 房地产开发 | Real Estate Development | 150888 | 48337 |
| 集体经济 | Collective-owned | 32746 | 35276 |
| 城镇 | Urban | — | — |
| #房地产开发 | # Real Estate Development | 22131 | — |
| 农村 | Rural | 118142 | 143502 |
| 联营经济 | Joint-owned Venture | 4284 | 3111 |
| 股份制经济 | Share Holding Enterprises | 172134 | 11472 |
| 中外合资经济 | Joint Venture | 67143 | 29228 |
| 中外合作经济 | Cooperative Economic | 3081 | 1337 |
| 外资企业 | Foreign Investment | 9387 | 11674 |
| 与大陆合资经济 | Joint Venture with Hong Kong, Macao and Taiwan Investment | 1325 | 25914 |
| 与大陆合作经济 | Cooperative with Hong Kong, Macao and Taiwan Investment | — | 10258 |
| 港澳台独资 | Hong Kong, Macao and Taiwan Enterprises | 4955 | 6144 |

40-1-4 续表(Continued)

| 项　目 | Item | 1997 | 1998 |
|---|---|---|---|
| 其他经济 | Other Economic | 7754 | |
| 城乡个人 | Urban and Rural Individual | 553868 | 677132 |
| 城镇 | Urban | 57002 | 112576 |
| 农村 | Rural | 496866 | 564556 |
| 按投资类型分 | Grouped by Types of Investment | | |
| 基本建设 | Capital Construction | 995305 | 1306706 |
| 更新改造 | Innovation | 559248 | 639800 |
| 其他 | Others | 764872 | 908442 |
| 房地产开发 | Real Estate Development | 152857 | 194165 |
| 按工程用途分 | Grouped by Purpose of Projects | | |
| 生产性建设 | Productive Construction | 1621041 | 1913575 |
| 非生产性建设 | Non-productive Construction | 851241 | 1135538 |
| # 住宅 | # Residence | 561619 | 706847 |
| **二、本年新增固定资产(万元)** | **Newly Increased Fixed Assets This Year(10000 yuan)** | **2056871** | **2283897** |
| 固定资产交付使用率(%) | Rate of Fixed Assets Put into Use(%) | 83.2 | 74.9 |
| **三、竣工房屋建筑面积(万平方米)** | **Floor Space of Buildings Completed(10000 sq. m)** | **2801** | **3157** |
| # 住宅 | # Residence | 1944 | 2271 |

注:国有单位"其他投资"中包括国有单位2万-5万元零星固定资产投资。

Note: Other investment of state-owned units include small investments of 20000 to 50000 yuan in fixed assets by state-owned units.

# 40－1－5 贵州全省基本建设房屋建筑面积情况(1997—1998年)

## FLOOR SPACE OF BUILDINGS IN CAPITAL CONSTURCTION OF GUIZHOU PROVINCE(1997—1998)

| 项　目 | Item | 单　位 Unit | 1997 合　计 Total | 1997 #国有 # State-owned | 1998 合　计 Total | 1998 # 国有 # State-owned |
|---|---|---|---|---|---|---|
| 房屋建筑面积 | FLoor Space of Buildings | | | | | |
| 施工面积 | Floor Space of Buildings under Construction | 万平方米 10000 sq.m | 792 | 735 | 985 | 940 |
| #住宅 | # Residence | 万平方米 10000 sq.m | 331 | 318 | 492 | 483 |
| 竣工面积 | Floor Space of Buildings Completed | 万平方米 10000 sq.m | 439 | 406 | 550 | 523 |
| #住宅 | # Residence | 万平方米 10000 sq.m | 187 | 179 | 252 | 246 |
| 新增固定资产 | Newly Increased Fixed Assets | 万元 10000 yuan | 702397 | 682300 | 759666 | 730392 |
| 项目个数 | Number of Projects | | | | | |
| 施工项目个数 | Number of Projects under Construction | 个 number | 3646 | 3581 | 4525 | 4449 |
| #本年新开工 | # Newly Starting This Year | 个 number | 2616 | 2577 | 3506 | 3462 |
| #大中型项目 | # Large and Medium Projects | 个 number | 23 | 19 | 30 | 26 |
| 投资项目个数 | Number of Projects with Completed Investment | 个 number | 2505 | 2477 | 3185 | 3141 |

# 40－2－1 贵州全省建筑业企业主要经济指标(1998 年)

MAJOR ECONOMIC INDICATORS OF CONSTRUCTION ENTERPRISES OF GUIZHOU PROVINCE(1998 年)

| 项目 | Item | 单位 | Unti | 总计 Total |
|---|---|---|---|---|
| 企业个数 | Number of Enterprises | 个 | number | 617 |
| 建筑业总产值 | Total Output Value of Construction | 万元 | 10000yuan | 831976 |
| 建筑工程 | Construction | 万元 | 10000yuan | 741354 |
| 安装工程 | Installation | 万元 | 10000yuan | 81989 |
| 房屋构筑物修理 | Buildings of Repair and Maintenance | 万元 | 10000yuan | 5522 |
| 非标准设备制造 | Nonstandard Equipment Manufacturing | 万元 | 10000yuan | 3111 |
| 竣工产值 | Output Value of Completion | 万元 | 10000yuan | 545841 |
| 单位工程施工个数 | Number of Projects under Construction | 个 | number | 8486 |
| #本年新开工个数 | # Number of Projects Newly Starting This Year | 个 | number | 4955 |
| #投标承包个数 | # Number of Projects Contracted by Bidding | 个 | number | 3449 |
| 单位工程竣工个数 | Number of Projects Completed | 个 | number | 4883 |
| 竣工的优良单位工程个数 | Number of High Quality Projects Completed | 个 | number | 1020 |
| 房屋建筑施工面积 | Floor Space of Buildings under Construction | 万平方米 | 10000sq.m | 1457 |
| #本年新开工面积 | # Floor Space Newly Starting This Year | 万平方米 | 10000sq.m | 728 |
| #投标承包面积 | # Floor Space Contracted by Bidding | 万平方米 | 10000sq.m | 820 |
| 房屋建筑竣工面积 | Floor Space of Buildings Completed | 万平方米 | 10000sq.m | 592 |
| 房屋建筑优良工程竣工面积 | Floor Space of High Quality Buildings Completed | 万平方米 | 10000sq.m | 1697 |
| 自有机械设备年末总台数 | Number of Machinery and Equipment Owned at Year-end | 台 | set | 46688 |
| 自有机械设备年末总功率 | Total Power of Machinery and Equipment Owned at Year-end | 万千瓦 | 10000kw | 75 |
| #施工机械功率 | # Power of Construction Machinery and Equipment | 万千瓦 | 10000kw | 52 |
| 自有机械设备净值 | Net Value of Machinery and Equipment Owned at Year-end | 万元 | 10000yuan | 101698 |

# 第四十一章　云南省房地产统计

# CHAPTER 40　REAL ESTATE STATISTICS OF YUNNAN PROVINCE

# 41－1－1 云南全省房地产开发综合统计(1999 年)

## COMPOSITE STATISTICS OF REAL ESTATE DEVELOPMENT OF YUNNAN PROVINCE(1999)

| 项目 | Item | 合计 Total |
|---|---|---|
| 一、房地产开发投资额(亿元) | **Investment Value of Real Estate Development** (100 million yuan) | |
| 住宅 | Residence | 64.54 |
| 办公楼 | Office | 8.90 |
| 商业营业用房 | Commerce | 9.00 |
| 二、商品房销售额(亿元) | **Sale of Commercial Buildings**(100 million yuan) | 51.97 |
| 住宅 | Residence | 46.84 |
| 办公楼 | Office | 1.10 |
| 商业营业用房 | Commerce | 3.51 |
| 销售给个人 | Sold to Individuals | — |
| 住宅 | Residence | 20.05 |
| 办公楼 | Office | — |
| 商业营业用房 | Commerce | — |
| 三、房地产开发资金来源(亿元) | **Funds Sources of Real Estate Development** (100 million yuan) | |
| 国家预算内资金 | State Budgetary Funds | 0.06 |
| 国内贷款 | Domestic Loans | 27.97 |
| 债券 | Bonds | — |
| 利用外资 | Foreign Investment | 1.54 |
| 自筹资金 | Fund Raising | 14.38 |
| 定金及预收款 | Deposits and Pre-charges | |

41-1-1 续表(Continuted)

| 项目 | Item | 合计 Total |
|---|---|---|
| 其他资金 | Others | 47.84 |
| **四、房地产开发面积(万平方米)** | **Floor Space of Real Estate Development** (10000 sq.m) | |
| 商品房施工面积 | Floor Space of Commercial Buildings under Construction | 1052.3 |
| 住宅 | Residence | 817.97 |
| 办公楼 | Office | 91.71 |
| 商业营业用房 | Commerce | 90.51 |
| 商品房新开工面积 | Floor Space of Commercial Buildings Newly Starting | 309.6 |
| 住宅 | Residence | 255.4 |
| 办公楼 | Office | 21.6 |
| 商业营业用房 | Commerce | 18.9 |
| 商品房竣工面积 | Floor Space of Commercial Buildings Completed | 441.20 |
| 住宅 | Residence | 370.37 |
| 办公楼 | Office | 29.51 |
| 商业营业用房 | Commerce | 27.25 |
| 商品房销售面积 | Floor Space of Commercial Buildings Sold | 3148 |
| 住宅 | Residence | 298.5 |
| 办公楼 | Office | 5.9 |
| 商业营业用房 | Commerce | 8.5 |

# 41-1-2 云南全省房地产业开发经营情况(1996—1998年)

## DEVELOPMENT AND OPERATIONS OF REAL ESTATE TRADE OF YUNNAN PROVINCE(1996—1998)

| 项目 | Item | 1996 | 1997 | 1998 |
|---|---|---|---|---|
| 本年完成投资额(万元) | Investment Value Completed This Year(10000 yuan) | 348133 | 399577 | 647324 |
| #住宅 | # Residence | 235665 | 222527 | 354523 |
| #安居工程 | # Welfare Projects | 16438 | 46560 | 69865 |
| 土地开发 | Land Deveplopment | 54219 | 48842 | 143823 |
| 施工面积(万平方米) | Floor Space under Construction(10000 sq.m) | 540.49 | 506.89 | 767.88 |
| #本年新开工 | # Newly Starting This Year | 206.49 | 236.26 | 362.16 |
| 商品房竣工价值(万元) | Value of Commercial Buildings Completed (10000 yuan) | 267796 | 270593 | 352179 |
| 商品房竣工面积(万平方米) | Floor Space of Commercial Buildings Completed (10000 sq.m) | 279.78 | 249.35 | 299.7 |
| 土地开发面积(公顷) | Land Area Developed(hectare) | 180.82 | 192.36 | 306.89 |
| 商品房销售额(万元) | Sales of Commercial Buildings(10000 yuan) | 235086 | 235001 | 391440 |
| #住宅 | # Residence | 207662 | 187871 | 314109 |
| 商品房销售面积(万平方米) | Floor Space of Commercial Buildings Sold (10000 sq.m) | 204.07 | 179.03 | 233.56 |
| #住宅 | # Residence | 190.89 | 152.06 | 205.16 |
| 商品房空置面积(万平方米) | Floor Space of Commercial Buildings Vacant (10000 sq.m) | 71.78 | 51.30 | 69.05 |
| #住宅 | # Residence | 61.89 | 39.83 | 56.4 |
| 别墅、高档公寓 | Villa, High-grade Apartment | 5.65 | 1.90 | 14.72 |
| 商业营业用房 | Commerce | 7.41 | 7.78 | 4.31 |
| 房地产业经营总收入(万元) | Gross Operational Revenue of Real Estate (10000 yuan) | 264563 | 252959 | 425458 |
| 营业利润(万元) | Profits(10000 yuan) | 6816 | 4885 | 12497 |
| 职工平均年工资(元) | Annual Average Salary of Staff(yuan) | 7492 | 8172 | 9643 |

# 41-1-3 云南省部分地区房地产开发企业经营情况(1998年)

## OPERATIONS OF REAL ESTATE DEVELOPMENT ENTERPRISES OF SOMEREGIONS OF YUNNAN PROVINCE(1998)

单位:万元 Unit:10000 yuan

| 地区 Region | 经营总收入 Total Revenue | 土地转让收入 Income of Land Transferring | 商品房屋销售收入 Sales Income of Commercial Buildings | 房屋出租收入 Rental Income of Houses | 其他收入 Other Income | 本年缴纳税费 Taxes Turned over This Year | 本年实现利润 Profits Realized This Year |
|---|---|---|---|---|---|---|---|
| **全省合计 Total** | **425458** | **18783** | **392008** | **3079** | **11588** | **18659** | **12497** |
| 昆明 Kunming | 346698 | 7978 | 333816 | 2502 | 2402 | 15215 | 12387 |
| 东川 Dongchuan | 152 | — | 135 | — | 17 | 8 | 5 |
| 昭通 Zhaotong | — | — | — | — | — | — | — |
| 曲靖 Qujing | 7697 | 598 | 4628 | — | 2471 | 255 | 1287 |
| 楚雄 Chuxiong | 5477 | 68 | 3540 | 43 | 1826 | 222 | 301 |
| 玉溪 Yuxi | 17651 | 2045 | 14734 | 176 | 696 | 851 | 744 |
| 红河 Honghe | 23632 | 651 | 20663 | 67 | 2251 | 918 | -337 |
| 文山 Wenshan | 1456 | 400 | 852 | — | 204 | 118 | 68 |
| 思茅 Simao | 1543 | 30 | 1162 | — | 351 | 182 | -97 |
| 西双版纳 Xishuangbanna | 742 | — | 545 | — | 197 | 69 | -648 |
| 大理 Dali | 9204 | 3049 | 5926 | — | 119 | 443 | 270 |
| 保山 Baoshan | 7033 | 2693 | 3562 | 110 | 749 | 281 | -469 |
| 德宏 Dehong | 833 | 249 | 149 | 29 | 287 | 35 | -900 |
| 丽江 Lijiang | 3184 | 1021 | 2153 | 148 | 10 | 58 | -36 |
| 怒江 Nujiang | — | — | — | — | — | — | — |
| 迪庆 Diqing | — | — | — | — | — | — | — |

# 41－1－4 云南省部分地区商品房投资情况(1998年)

## INVESTMENT IN COMMODITY BUILDINGS OF SOME REGIONS OF YUNNAN PROVINCE(1998)

单位:万元 Unit:10000 yuan

| 地区 Region | | 本年完成投资 Investment Completed This Year | 住宅 Residence | 办公楼 Office | 商业营业用房 Commerce | 其他 Others |
|---|---|---|---|---|---|---|
| **全省合计** | **Total of Province** | **647324** | **354523** | **62490** | **69711** | **160600** |
| 昆明 | Kunming | 509371 | 268344 | 56952 | 63125 | 120950 |
| 东川 | Dongchuan | 250 | 250 | — | — | — |
| 昭通 | Zhaotong | 570 | 220 | — | 50 | 300 |
| 曲靖 | Qujing | 14425 | 5939 | 245 | 360 | 7881 |
| 楚雄 | Chuxiong | 4099 | 2294 | 50 | 407 | 1348 |
| 玉溪 | Yuxi | 44831 | 33609 | 2260 | 191 | 8771 |
| 红河 | Honghe | 28652 | 23503 | 666 | 2636 | 1847 |
| 文山 | Wenshan | 5974 | 1667 | 1312 | 472 | 2523 |
| 思茅 | Simao | 3436 | 2715 | 36 | 45 | 639 |
| 西双版纳 | Xishuangbanna | 1462 | 1042 | — | 200 | 220 |
| 大理 | Dali | 18508 | 9767 | 150 | 1470 | 7121 |
| 保山 | Baoshan | 9999 | 3111 | 819 | 729 | 5340 |
| 德宏 | Dehong | 460 | 87 | — | 25 | 348 |
| 丽江 | Lijiang | 4759 | 1653 | 60 | — | 3106 |
| 怒江 | Nujiang | — | — | — | — | — |
| 临沧 | Lincang | 528 | 322 | — | — | 206 |

# 41－1－5 云南省部分地区商品房空置情况(1998 年)

## VACANCY OF COMMODITY BUILDINGS OF SOME REGIONS OF YUNNAN PROVINCE(1998)

单位:平方米 Unit:sq.m

| 地区 | Region | 房屋空置面积 Space of Vacant Buidings | 住宅 Residence | 别墅公寓 Villa, Apartment | 安居工程 Welfare Projects | 办公用房 Office | 商业用房 Commerce | 其他 Others |
|---|---|---|---|---|---|---|---|---|
| **全省合计** | **Total** | **690535** | **564013** | **147186** | **105775** | **64926** | **43088** | **18508** |
| 昆明 | Kunming | 551422 | 456018 | 142008 | 84300 | 58081 | 20805 | 16518 |
| 东川 | Dongchuan | 675 | 675 | — | — | — | 3030 | — |
| 昭通 | Zhaotong | 2103 | 2103 | — | — | — | — | — |
| 曲靖 | Qujing | 5352 | 5352 | — | — | — | — | — |
| 楚雄 | Chuxiong | 3834 | 3134 | — | 1361 | 700 | — | — |
| 玉溪 | Yuxi | 12892 | 12892 | 4338 | 8204 | — | — | — |
| 红河 | Honghe | 33432 | 21681 | — | 362 | 2456 | 8755 | 540 |
| 文山 | Wenshan | 5917 | 2601 | — | — | 836 | 2480 | — |
| 思茅 | Simao | 966 | 966 | — | 966 | — | — | — |
| 西双版纳 | Xishuangbanna | 2354 | 2354 | — | 2036 | — | — | |
| 大理 | Dali | 32160 | 29601 | — | — | — | 1109 | 1450 |
| 保山 | Baoshan | 31825 | 26699 | 553 | 9362 | 2769 | 2367 | — |
| 德宏 | Dehong | 11479 | 2297 | 287 | 150 | — | 9182 | — |
| 丽江 | Lijiang | 4680 | 2890 | — | — | 920 | 870 | 2859 |
| 临沧 | Lincang | 420 | 420 | — | — | — | — | — |

# 41-1-6 云南全省固定资产投资情况(1996—1998年)

## INVESTMENT IN FIXED ASSETS OF YUNNAN PROVINCE(1996—1998)

| 项目 Item | 1996 | | 1997 | | 1998 | |
|---|---|---|---|---|---|---|
| | 合计 Total | #地方 # Local | 合计 Total | #地方 # Local | 合计 Total | #地方 # Local |
| **投资总额(万元) Total Investment Value(10000 yuan)** | **4480236** | **3524211** | **5405030** | **4358567** | **6725414** | **5386364** |
| 按资金来源分 Grouped by Funds Sources | | | | | | |
| 国家预算内投资 State Budgetary Investment | 236142 | 126924 | 415436 | 200238 | 420979 | 272685 |
| 国内贷款 Domestic Loans | 976225 | 744731 | 1089130 | 961632 | 1442855 | 1233031 |
| 债券 Bonds | 5899 | 5899 | 22991 | 18491 | 29377 | 29377 |
| 利用外资 Foreign Investment | 161536 | 144266 | 193511 | 183846 | 102262 | 72181 |
| 自筹资金 Fund Raising | 2105269 | 1527007 | 2412222 | 1757895 | 3109769 | 2217384 |
| 其它资金来源 Others | 995165 | 975394 | 1272740 | 1236465 | 1568392 | 1509926 |
| 按构成分 Grouped by Use of Funds | | | | | | |
| 建筑安装工程 Construction and Installation Projects | 2778966 | 2324275 | 3551308 | 3002044 | 4441592 | 3818033 |
| 设备、工具器具购置 Purchase of Equipment and Instruments | 1233041 | 784341 | 1181408 | 754354 | 1283068 | 664019 |
| 其它费用 Others | 468229 | 415605 | 672314 | 602169 | 948974 | 852532 |
| 按建设性质分 Grouped by Types of Construction | | | | | | |
| #新建 # New Construction | 1515184 | 1116323 | 2025350 | 1582387 | 2359117 | 1958226 |

41 - 1 - 6 续表(Continued)

| 指标 Item | 1996 | | 1997 | | 1998 | |
|---|---|---|---|---|---|---|
| | 合计 Total | # 地方 # Local | 合计 Total | # 地方 # Local | 合计 Total | # 地方 # Local |
| 扩建 Expansion | 936536 | 663419 | 1147291 | 766139 | 1336209 | 870016 |
| 改建 Reconstruction | 608324 | 448320 | 612862 | 457513 | 793632 | 563479 |
| 按用途分 Grouped by Purpose of Projects | | | | | | |
| 生产性建设 Productive Construction | 2692358 | 1923851 | 3278226 | 2375349 | 3886675 | 2738142 |
| 非生产性建设 Non-productive Construction | 1787878 | 1600370 | 2126804 | 1983218 | 1448469 | 1374391 |
| # 住宅 # Residence | 911404 | 821311 | 1032400 | 948480 | 1338490 | 1222051 |
| **新增固定资产(万元) Newly Increased Fixed Assets(10000 yuan)** | **3514085** | **2720118** | **3763650** | **3009464** | **5208363** | **3830517** |
| **施工项目个数(个) Number of Construction Projects(number)** | **14232** | **13026** | **17406** | **16111** | **17124** | **16014** |
| # 本年新开工 # Newly Starting This Year | 10904 | 10158 | 13863 | 12939 | 13727 | 13060 |
| **投产项目个数(个) Number of Projects Put into Production(number)** | **10641** | **9864** | **13649** | **12724** | **13082** | **12609** |
| **施工房屋面积(万平方米) Floor Space of Buildings under Construction(10000 sq.m)** | **4444.2** | **4072.3** | **4484.3** | **4150.8** | **5136.1** | **4697.1** |
| # 住宅 # Residence | 2714.5 | 2535.6 | 2662.0 | 2497.1 | 3184.6 | 2951.6 |
| **竣工房屋面积(万平方米) Floor Space of Buildings Completed(10000 sq.m)** | **3332.8** | **3142.1** | **3348.7** | **3160.2** | **3531.9** | **3329.7** |
| # 住宅 # Residence | 2247.2 | 2152.6 | 2204.4 | 2100.3 | 2361.5 | 2252.5 |

注:1990 年按"建设性质分"和"新增固定资产"不包括农村集体投资和城乡私人投资。

Note: Data of Grouped by Types of Construction and Newly Increased Fixed Assets in 1990 don't include investments by rural collective-owned units and urban and rural individuals

# 41-2-1 云南全省主要年份房屋建筑施工、竣工面积情况(1996—1998年)

FLOOR SPACE OF BUILDINGS UNDER CONSTRUCTION AND COMPLETED OF MAIN YEARS OF YUNNAN PROVINCE(1996—1998)

单位:万平方米 Unit:10000 sq.m

| 项目 Item | 1996 | | 1997 | | 1998 | |
|---|---|---|---|---|---|---|
| | 合计 Total | #住宅 # Residence | 合计 Total | #住宅 # Residence | 合计 Total | #住宅 # Residence |
| **施工房屋建筑面积 Floor Space of Buildings under Construction** | **4444.24** | **2714.53** | **4484.33** | **2662.04** | **5136.07** | **3184.62** |
| 国有单位 State-owned Units | 1936.14 | 999.80 | 1928.76 | 990.01 | 2397.43 | 1304.19 |
| 基本建设 Capital Construction | 1120.07 | 506.10 | 1112.28 | 521.91 | 1535.65 | 832.75 |
| 更新改造 Innovation | 405.30 | 162.55 | 389.60 | 153.41 | 362.49 | 143.92 |
| 其他投资 Other Investment | 24.04 | 13.77 | 63.65 | 22.70 | 48.81 | 19.49 |
| 房地产开发 Real Estate Development | 386.73 | 317.38 | 363.22 | 291.99 | 450.48 | 344.03 |
| 集体单位 Collective-owned Units | 343.75 | 81.08 | 416.30 | 88.39 | 417.89 | 110.69 |
| 城镇集体 Urban Collective-owned | 98.40 | 34.41 | 99.05 | 30.93 | 105.25 | 39.88 |
| #房地产开发 # Real Estate Development | 4.31 | 3.83 | 5.27 | 3.77 | 10.70 | 8.87 |
| 农村集体 Rural Collective-owned | 245.35 | 46.67 | 317.25 | 57.46 | 301.94 | 67.94 |
| 城乡个人 Urban and Rural Individuals | 1883.69 | 1546.78 | 1841.68 | 1482.19 | 1810.48 | 1485.42 |
| 城镇居民建房 Urban Individuals Construction | 126.98 | 100.30 | 118.73 | 87.88 | 175.21 | 141.73 |
| 农民建房 Rural Individuals Construction | 1756.71 | 1446.48 | 1722.95 | 1394.31 | 1635.28 | 1343.69 |
| 其他单位 Other Units | 280.66 | 86.87 | 297.59 | 101.45 | 510.27 | 242.33 |
| #房地产开发 # Real Estate Development | 113.46 | 68.34 | 138.40 | 70.39 | 306.71 | 192.06 |

41-2-1续表(Continued)

| 项目 Item | 1996 | | 1997 | | 1998 | |
|---|---|---|---|---|---|---|
| | 合计 Total | #住宅 # Residence | 合计 Total | #住宅 # Residence | 合计 Total | #住宅 # Residence |
| **竣工房屋建筑面积 Floor Space of Buildings Completed** | **3332.75** | **2247.20** | **3348.70** | **2204.39** | **3531.93** | **2361.45** |
| 国有单位 State-owned Units | 585.26 | 1061.10 | 1062.63 | 600.17 | 1225.76 | 705.58 |
| 基本建设 Capital Construction | 607.60 | 297.21 | 602.65 | 316.36 | 807.29 | 442.75 |
| 更新改造 Innovation | 218.23 | 84.09 | 215.88 | 98.10 | 177.00 | 71.79 |
| 其他投资 Other Investment | 12.87 | 7.21 | 48.16 | 18.90 | 31.89 | 13.92 |
| 房地产开发 Real Estate Development | 222.40 | 194.76 | 195.94 | 167.12 | 209.58 | 177.12 |
| 集体单位 Collective-owned Units | 266.85 | 64.16 | 334.20 | 71.36 | 344.28 | 87.45 |
| 城镇集体 Urban Collective-owned | 53.82 | 23.13 | 51.68 | 16.49 | 62.46 | 19.85 |
| #房地产开发 # Real Estate Development | 4.16 | 3.83 | 0.56 | 0.23 | 4.18 | 4.02 |
| 农村集体 Rural Collective-owned | 213.23 | 41.03 | 282.52 | 54.87 | 277.64 | 63.58 |
| 城乡个人 Urban and Rural Individuals | 1883.69 | 1546.78 | 1841.68 | 1482.19 | 1810.48 | 1485.42 |
| 城镇居民建房 Urban Individuals Construction | 126.98 | 100.30 | 118.73 | 87.88 | 175.21 | 141.73 |
| 农民建房 Rural Individuals Construction | 1756.71 | 1446.48 | 1722.95 | 1394.31 | 1635.28 | 1343.69 |
| 其他单位 Other Units | 121.11 | 52.99 | 110.19 | 50.67 | 151.40 | 83.01 |
| #房地产开发 # Real Estate Development | 53.22 | 43.13 | 52.84 | 38.40 | 83.93 | 62.21 |

# 41-2-2 云南全省各类房屋竣工面积及价值(1998年)

## FLOOR SPACE AND VALUE OF DIFFERENT BUILDINGS COMPLETED OF YUNNAN PROVINCE(1998)

| 项目 Item | 本年施工房屋面积(平方米) Space under Construction This Year(sq.m) | #本年新开工 # Newly Starting This Year | 本年竣工房屋面积(平方米) Space Completed This Year(sq.m) | 本年竣工房屋价值(万元) Value of Buildings Completed ThisYear (10000 yuan) | 造价(元/平方米) Cost(yuan/sq.m) |
|---|---|---|---|---|---|
| **合计 Total** | **51360719** | **37266175** | **35319301** | **2001495** | **566.69** |
| 住宅 Residence | 31846209 | 25494400 | 23614510 | 1140809 | 483.10 |
| #城镇住宅 # Urban Residence | 17729912 | 11378103 | 9541805 | 742038 | 777.67 |
| 厂房 Factory | 1908584 | 466317 | 946983 | 95663 | 1010.19 |
| 仓库 Warehouse | 727123 | 284139 | 387647 | 31055 | 801.12 |
| 商业营业用房 Commence | 2157378 | 875140 | 862040 | 97393 | 1129.80 |
| 服务业用房 Buildings for Service | 1342555 | 470634 | 566028 | 76693 | 1354.93 |
| 办公用房 Office | 2480450 | 1091993 | 1036958 | 122751 | 1183.76 |
| 教育用房 Buildings for Education | 1509912 | 920579 | 979640 | 71497 | 729.83 |
| 文化体育用房 Buildings for Culture and Physical Education | 238808 | 102325 | 102962 | 21286 | 2067.36 |
| 医疗用房 Buildings for Medical | 649922 | 300697 | 263898 | 29325 | 1111.22 |
| 科学实验研究用房 Buildings for Science Experiments and Research | 171287 | 87133 | 70620 | 8924 | 1263.66 |
| 其他 Others | 8328489 | 7172820 | 6488016 | 306096 | 471.79 |
| #业务用房 # Buildings for Business | 594131 | 341258 | 269254 | 28491 | 1058.15 |

# 41－2－3 云南省部分地市房地产开发面积情况(1998 年)

## FLOOR SPACE OF REAL ESTATE DEVELOPMENT OF SOME PREFFCTURES AND CITIES OF YUNNAN PROVINCE(1998)

单位:平方米 Unit:sq.m

| 地区 Region | 施工面积 Space under Construction | # 国有单位 # State-owned | 施工住宅 Residence under Construction | # 国有单位 # State-owned | 竣工面积 Space Completed | # 国有单位 # State－owned | 竣工住宅 Residence Completed | # 国有单位 # State-owned |
|---|---|---|---|---|---|---|---|---|
| **全省合计 Total of Province** | **7678840** | **4535989** | **5449584** | **3450533** | **2996958** | **2108383** | **2433446** | **1774778** |
| 昆明 Kunming | 5391003 | 2775380 | 3480967 | 1901960 | 2264768 | 1529531 | 1822851 | 1287591 |
| 东川 Dongchuan | 4343 | 4343 | 4343 | 4343 | 2943 | 2943 | 2943 | 294 |
| 昭通 Zhaotong | 11928 | 1928 | 10928 | 1928 | 6979 | 6979 | 6331 | 6331 |
| 曲靖 Qujing | 189854 | 189854 | 165223 | 165323 | 65566 | 65566 | 63035 | 63035 |
| 楚雄 Chuxiong | 62428 | 40475 | 53583 | 32110 | 24988 | 22208 | 21204 | 18424 |
| 玉溪 Yuxi | 738848 | 646798 | 675837 | 612237 | 161049 | 146699 | 135948 | 131748 |
| 红河 Honghe | 656721 | 542620 | 574726 | 490805 | 198220 | 190315 | 177738 | 170659 |
| 文山 Wenshan | 103984 | 103984 | 55663 | 55663 | 70457 | 70457 | 32942 | 32942 |
| 思茅 Simao | 86969 | 65489 | 79883 | 58403 | 20340 | 10340 | 19839 | 9839 |
| 西双版纳 Shishuangbanna | 15667 | 11908 | 14986 | 11908 | 11908 | 11908 | 11908 | 11908 |
| 大理 Dali | 196295 | 12908 | 157854 | 12908 | 83995 | 6280 | 79627 | 6280 |
| 保山 Baoshan | 165620 | 78515 | 121867 | 52454 | 58926 | 21731 | 37627 | 14658 |
| 德宏 Dehong | 3393 | 18171 | 3033 | — | 3393 | 1990 | 3033 | — |
| 丽江 Lijiang | 56017 | 56017 | 44721 | 44721 | 27825 | 27825 | 22171 | 22171 |
| 临沧 Lincang | 5770 | 5770 | 5770 | 5770 | 2580 | 2580 | 2580 | 2580 |

# 41－2－4 云南全省商品房销售出租情况(1998年)

SELLING AND LEASING OF COMMODITY BUILDINGS OF YUNNAN PROVINCE(1998)

| 项目<br>Item | 实际销售面积(平方米)<br>Floor Space Actually Sold (sq.m) | 预售面积(平方米)<br>Floor Space Pre-sold(sq.m) | 空置销售额(万元)<br>Sales of Vacance (10000 yuan) | 出租面积(平方米)<br>Space Leasing(sq.m) | 实际销售额(万元)<br>Actual Sales (10000 yuan) |
|---|---|---|---|---|---|
| **全省合计 Total of Province** | **2335627** | **806018** | **690535** | **118923** | **391440** |
| #外销 # For Overseas | 1694 | 490 | — | — | 596 |
| 个人 Individuals | 945452 | 165443 | — | 17647 | 147441 |
| 住宅 Residence | 2051590 | 739869 | 564013 | 57159 | 314109 |
| #别墅、高档公寓 # Villa, High－grade Apartment | 98710 | 4868 | 147186 | — | 31422 |
| 安居工程 Welfare Projects | 405939 | 271946 | 105775 | — | 36035 |
| #个人 # Individuals | 786555 | 146053 | — | 8514 | 115069 |
| 办公室 Office | 92583 | 28015 | 64926 | 2029 | 26837 |
| 商业营业用房 Commerce | 140911 | 24745 | 43088 | 49301 | 41608 |
| 其他 Others | 50543 | 13389 | 18508 | 10434 | 8886 |

# 41－2－5 云南省部分地市商品房销售情况(1998年)

## SELLING OF COMMODITY BUILDINGS OF SOME PREFECTURES AND CITIES OF YUNNAN PROVINCE(1998)

| 地区 Region | 销售面积(平方米) Space Sold (sq. m) | 销售给个人 Sold to Individuals | 住宅(平方米) Residence (sq. m) | 销售给个人 Sold to Individuals | 办公楼(平方米) Office(sq. m) | 商业营业用房 Commerce | 其他 Others | 销售额(万元) Sales (10000 yuan) | 销售给个人 Sold to Individuals |
|---|---|---|---|---|---|---|---|---|---|
| **合计 Total** | **2335627** | **942452** | **2051590** | **786555** | **92583** | **140911** | **50543** | **391440** | **147441** |
| 昆明 Kunming | 1694684 | 657348 | 1477959 | 556963 | 69317 | 125614 | 21794 | 334669 | 125785 |
| 东川 Dongchuan | 3349 | 3259 | 3279 | 3189 | — | 70 | — | 135 | 125 |
| 昭通 Zhaotong | — | — | — | — | — | — | — | — | — |
| 曲靖 Qujing | 86253 | 33718 | 83722 | 33718 | 2531 | — | — | 4413 | 1999 |
| 楚雄 Chuxiong | 23526 | 15452 | 20200 | 15428 | — | 354 | 2972 | 2720 | 1703 |
| 玉溪 Yuxi | 153126 | 34431 | 135765 | 26007 | 9428 | 108 | 7825 | 14346 | 2813 |
| 红河 Honghe | 213586 | 90595 | 200227 | 57272 | 7123 | 5939 | 297 | 20451 | 5932 |
| 文山 Wenshan | 21186 | 12730 | 5564 | 4757 | — | 2937 | 12685 | 1415 | 451 |
| 思茅 Simao | 11075 | 1075 | 11075 | 1075 | — | — | — | 1162 | 62 |
| 西双版纳 Shishuang-banna | 4934 | 3595 | 4934 | 3595 | — | — | — | 545 | 344 |
| 大理 Dali | 51586 | 36725 | 48563 | 34657 | — | 2233 | 790 | 5703 | 4222 |
| 保山 Baoshan | 44518 | 39108 | 37417 | 35838 | 3614 | 3296 | 91 | 2560 | 3204 |
| 德宏 Dehong | 1624 | 1624 | 1264 | 1264 | — | 360 | — | 149 | 149 |
| 丽江 Lijiang | 24020 | 10632 | 19461 | 10632 | 570 | — | 3980 | 2029 | 509 |
| 临沧 Lincang | 2160 | 2160 | 2160 | 2160 | — | — | — | 143 | 143 |

# 41－3－1　云南全省建筑施工企业主要经济指标(1998 年)

## MAJOR ECONOMIC INDICATORS OF CONSTRUCTION ENTERPRISES OF YUNNAN PROVINCE(1998)

| 项目 Item | | 合计 Total | # 国有经济 # State-owned | # 集体经济 # Collective-owned |
|---|---|---|---|---|
| 企业个数(个) | Number of Construction Enterprises(number) | 1450 | 171 | 1042 |
| 计算建筑业全员劳动生产率职工人数(万人) | Number of Staff for Calculating Overall Labor Productivity of Construction Trade (10000 persons) | 547701 | 166136 | 312465 |
| 年末固定资产原值(万元) | Original Value of Fixed Assets at Year-end (10000 yuan) | 858434 | 443810 | 318350 |
| 年末固定资产净值(万元) | Net Value of Fixed Assets at Year-end (10000 yuan) | 599126 | 281988 | 241416 |
| 年末自有机械设备总台数(台) | Total Sets of Machinery and Equipment Owned at Year-end(set) | 165283 | 32127 | 115259 |
| 年末自有机械设备净值(万元) | Net Value of Machinery and Equipment Owned at Year-end(10000 yuan) | 280767 | 105549 | 130169 |
| 自有机械设备总功率(千瓦) | Total Power of Machinery and Equipment Owned at Year-end(kw) | 2358369 | 961488 | 1178651 |
| 总产值(万元) | Gross Output Value(10000 yuan) | 2541656 | 1111900 | 1123654 |
| 增加值(万元) | Value Added (10000 yuan) | 542300 | 220186 | 246411 |
| 固定资产折旧(万元) | # Depreciation of Fixed Assets This Year (10000 yuan) | 259308 | 161822 | 76934 |
| 应付工资(万元) | Salary Payable(10000 yuan) | 337598 | 123148 | 171068 |
| 应付福利费(万元) | Welfare Funds Payable(10000 yuan) | 36831 | 15677 | 12842 |
| 工程结算税金及附加(万元) | Taxes and Extra Charges of Settlement of Projects(10000 yuan) | 76887 | 30954 | 35556 |
| 管理费用中的税金(万元) | Taxes among Management Funds (10000 yuan) | 8585 | 4032 | 3784 |

41－3－1续表(Continued)

| 项目 | Item | 合计 Total | #国有经济 # State-owned | #集体经济 # Collective-owned |
|---|---|---|---|---|
| 工程结算利润(万元) | Profits of Settlement of Projects(10000yuan) | 180828 | 72597 | 80565 |
| 房屋建筑施工面积(万平方米) | Floor Space under Construction (10000 sq.m) | 3291.71 | 1189.05 | 1709.69 |
| 房屋建筑竣工面积(万平方米) | Floor Space Completed(10000 sq.m) | 1848.23 | 455.19 | 1166.01 |
| 利润总额(万元) | Total Profits(10000 yuan) | 36245 | －2178 | 30723 |
| 利税总额(万元) | Total Pre-tax Profits(10000 yuan) | 121687 | 32808 | 70062 |
| 按总产值计算的全员劳动生产率(元/人) | Overall Labor Productivity in Terms of Total Output Value(yuan/person) | 46406 | 66927 | 35961 |
| 按增加值计算的全员劳动生产率(元/人) | Overall Labor Productivity in Terms of Added Value (yuan/person) | 9901 | 13253 | 7886 |
| 技术装备率(元/人) | Value of Machines Per Laborer (yuan/person) | 5126 | 6353 | 4166 |
| 动力装备率(千瓦/人) | Power of Machines Per Laborer(kw/person) | 4031 | 5.79 | 3.77 |
| 房屋建筑面积竣工率(%) | Rate of Completion of Floor Space(%) | 56.15 | 38.28 | 68.2 |
| 工程质量优良品率(%) | Rate of High Quality Projects (in Terms of Number of Projects)(%) | 31.94 | 45.2 | 26.13 |
| 产值利润率(%) | Ratio of Profits to Output Value(%) | 1.42 | －0.2 | 2.73 |
| 产值利税率(%) | Ratio of Pre-tax Profits to Output Value(%) | 4.97 | 2.95 | 6.24 |

# 第四十二章　西藏自治区房地产统计

# CHAPTER 42　REAL ESTATE STATISTICS OF TIBET AUTONOMOUS REGION

# 42-1-1 西藏各地市基本建设房屋建设情况(1997—1998年)

HOUSES CONSTRUCTION IN CAPITAL CONSTRUCTION BY REGION OF TIBET AUTONOMOUS REGION (1997—1998)

| 地区 | Region | 本年施工房屋建筑面积(平方米) Space of Buildings under Construction This Year (sq.m) | #住宅 Residence | 本年竣工房屋面积(平方米) Space of Buildings Completed This Year (sq.m) | 本年竣工房屋价值(万元) Value of Buildings Completed This Year (10000 yuan) | 本年竣工房屋造价(元/平方米) Cost of Buildings Completed This Year (yuan/sq.m) |
|---|---|---|---|---|---|---|
| **1997年合计** | **Total(1997)** | **848481** | **301559** | **856709** | **93159** | **1087** |
| 拉萨市 | Lasa City | 277060 | 67414 | 236828 | 24056 | 1016 |
| 昌都地区 | Changdu Prefecture | 99628 | 32295 | 50614 | 5582 | 1103 |
| 山南地区 | Shannan Prefecture | 108844 | 37798 | 107096 | 12034 | 1124 |
| 日喀则地区 | Rikaze Prefecture | 200389 | 71270 | 103627 | 11533 | 1113 |
| 那曲地区 | Naqu Prefecture | 53027 | 19636 | 53027 | 4732 | 892 |
| 阿里地区 | Ali Prefecture | 31701 | 9462 | 31701 | 4682 | 1477 |
| 林芝地区 | Linzhi Prefecture | 110364 | 16977 | 110364 | 11698 | 1060 |
| 区直单位 | Units Directly under Region Administrative | 216822 | 46707 | 163452 | 18842 | 1153 |
| **1998年合计** | **Total(1998)** | **1155644** | **431420** | **858882** | **103450** | **1204** |
| 拉萨市 | Lasa City | 226999 | 70776 | 155013 | 12417 | 801 |
| 昌都地区 | Changdu Prefecture | 139406 | 59533 | 80840 | 11243 | 1391 |
| 山南地区 | Shannan Prefecture | 124250 | 30314 | 84872 | 9084 | 1077 |
| 日喀则地区 | Rikaze Prefecture | 239749 | 65493 | 163335 | 24640 | 1509 |
| 那曲地区 | Naqu Prefecture | 82007 | 22803 | 82007 | 10342 | 1261 |
| 阿里地区 | Ali Prefecture | 32024 | 8113 | 3024 | 4549 | 15043 |
| 林芝地区 | Linzhi Prefecture | 68460 | 29700 | 57402 | 6728 | 1207 |
| 区直单位 | Units Directly under Region Administrative | 262749 | 124868 | 203889 | 24747 | 1189 |

# 42－1－2 西藏全区国有企业更新改造投资情况(1980—1998年)

## INVESTMENT IN INNOVATION OF STATE-OWNED ENTERPRISES OF TIBET AUTONOMOUS REGION (1980—1998)

| 年份 Year | 本年完成投资（万元） Completed Investment This Year （10000 yuan） | 本年新增固定资产（万元） Newly Added Fixed Assets （10000 yuan） | 新增固定资产交付率（%） Rate of Newly Added Fixed Assets Put into Use(%) | 施工房屋建筑面积（平方米） Floor Space of Buildings under Construction （sq.m） | 竣工房屋建筑面积（平方米） Floor Space of Buildings Completed （sq.m） |
|---|---|---|---|---|---|
| 1980 | 513 | 348 | 67.8 | 6727 | 6727 |
| 1981 | 1264 | 1284 | 101.6 | 7678 | 7678 |
| 1982 | 778 | 511 | 65.7 | 10768 | 7048 |
| 1983 | 3060 | 2756 | 90.1 | 29175 | 24317 |
| 1984 | 2745 | 2245 | 81.8 | 46136 | 33579 |
| 1985 | 4726 | 5004 | 105.9 | 52100 | 47600 |
| 1986 | 2804 | 2083 | 74.3 | 18900 | 12400 |
| 1987 | 1642 | 1140 | 69.4 | 10633 | 4582 |
| 1988 | 1951 | 2052 | 105.2 | 23984 | 12210 |
| 1989 | 4544 | 4086 | 89.9 | 26003 | 11281 |
| 1990 | 1821 | 1461 | 90.2 | 19861 | 17900 |
| 1991 | 299 | 291 | 97.3 | | |
| 1992 | 516 | 438 | 84.9 | 1883 | 1883 |
| 1993 | 5812 | 3657 | 62.9 | 6877 | 3830 |
| 1994 | 18132 | 16039 | 88.5 | 6005 | 4800 |
| 1995 | 35232 | 28237 | 80.2 | 3162 | 3162 |
| 1996 | 23623 | 15610 | 66.1 | 4764 | 4764 |
| 1997 | 22596 | 20136 | 89.1 | 1548 | 1154 |
| 1998 | 26172 | 9611 | 36.7 | 12654 | 10833 |

# 42－1－3 西藏全区固定资产投资(1995－1998年)

## INVESTMENT IN FIXED ASSETS OF TIBET AUTONOMOUS REGION(1995－1998)

| 项目 | Item | 1995 | 1997 | 1998 |
|---|---|---|---|---|
| **投资总额(万元)** | **Total Investment Value (10000 yuan)** | **369492** | **345495** | **427457** |
| 按经济类型分 | Grouped by Ownership | | | |
| 国有经济 | State-owned Units | 360572 | 316286 | 394888 |
| 集体经济 | Collective-owned Units | 15 | 4124 | 4708 |
| #农村 | # Rural | — | 2175 | 1998 |
| 个体经济 | Individuals | — | 8864 | 12870 |
| #农村 | # Rural | — | 2256 | 4488 |
| 联营股份制经济 | Joint Share Holding Economic Units | 6033 | 14645 | 10462 |
| 其他经济 | Others | 2872 | 1576 | 4529 |
| 按资金来源分 | Grouped by Funds Sources | | | |
| 国家预算内投资 | State Budgetary Investment | 257589 | 79350 | 190083 |
| 国内贷款 | Domestic Loans | 13046 | 59408 | 29435 |
| 利用外资 | Foreign Investments | 4107 | 3825 | 1473 |
| 自筹投资 | Funds Raising | 69156 | 156603 | 151026 |
| 其他投资 | Other Investment | 22622 | 45732 | 76631 |
| 按管理渠道分 | Grouped by Administration Channels | | | |
| 基本建设 | Capital Construction | 329023 | 303246 | 366071 |
| 更新改造 | Innovations | 35232 | 22596 | 31292 |
| 房地产开发 | Real Estate Development | — | 6590 | 6637 |
| 其他投资 | Other Investment | 5237 | 13063 | 23457 |
| 按构成分 | Grouped by Use of Funds | | | |
| 建筑安装工程 | Construction and Installation Projects | 298893 | 282858 | 354305 |
| 设备、工器具购置 | Purchase of Equipment and Instruments | 55378 | 34004 | 47816 |
| 其他费用 | Others | 15221 | 28633 | 25336 |
| 按建设性质分 | Grouped by Type of Construction | | | |
| #新建 | # New Construction | 212700 | 209610 | 218230 |
| 扩建 | Expansion | 32457 | 46029 | 35575 |
| 改建 | Reconstruction | 95917 | 59394 | 127067 |
| 房屋建筑面积(万平方米) | Floor Space of Buildings(10000 sq.m) | | | |
| 施工面积 | Floor Space under Construction | 120.28 | 163.5 | 188.7 |
| 竣工面积 | Floor Space Completed | 100.01 | 138.5 | 146.3 |
| #住宅 | # Residence | 46.18 | 70.8 | 84.3 |

# 42-2-1 西藏全区建筑业企业基本情况(1997—1998年)

## BASIC INFORMATION OF CONSTRUCTION ENTERPRISES OF TIBET AUTONOMOUS REGION(1997-1998)

| 项目 Item | 单位 Unit | 1997 | 1998 |
|---|---|---|---|
| 企业个数<br>Number of Construction Enterprises | 个 number | 71 | 92 |
| # 亏损企业<br># Loss Enterprises | 个 number | 10 | 7 |
| 建筑业总产值<br>Gross Output Value of Constructon | 万元 10000 yuan | 79519 | 94455 |
| 建筑工程<br>Construction Projects | 万元 10000 yuan | 76241 | 92058 |
| 安装工程<br>Installation Projects | 万元 10000 yuan | 20727 | 1921 |
| 房屋构筑物修理<br>Output Value of Buildings Repair and Maintenance | 万元 10000 yuan | 1079 | 206 |
| 非标准设备制造<br>Output Value of Non-Standard Equipment Manufacturing | 万元 10000 yuan | 126 | 270 |
| 建筑业增加值<br>Increased Output Value of Construction | 万元 10000 yuan | 43315 | 27105 |
| 竣工产值<br>Output Value of Completion | 万元 10000 yuan | 44202 | 54932 |
| 单位工程施工个数<br>Number of Projects under Construction | 个 number | 413 | 606 |
| # 本年新开工个数<br># Newly Satrting This Year | 个 number | 352 | 548 |
| 单位工程竣工个数<br>Number of Projects Completed | 个 number | 316 | 498 |
| # 优良工程<br># Number of High Quality Projects | 个 number | 147 | 267 |
| 房屋建筑施工面积<br>Floor Space of Buildings under Construction | 万平方米 10000 sq.m | 39.80 | 55.6 |

42－2－1 续表(Continued)

| 项目 Item | 单位 Unit | 1997 | 1998 |
|---|---|---|---|
| #本年新开工面积<br># Floor Space Newly Starting This Year | 万平方米 10000 sq.m | 105.18 | 49.0 |
| 房屋建筑竣工面积<br>Floor Space of Buildings Completed | 万平方米 10000 sq.m | 112.75 | 44.8 |
| #优良工程面积<br># Floor Space of High Quality Projects | 万平方米 10000 sq.m | 17.30 | 23.7 |
| 住宅面积<br>Floor Space of Residence | 万平方米 10000 sq.m | 80.64 | 18.7 |
| 自有机械设备年末总台数<br>Number of Machinery and Equipment Owned at Year-end | 台 set | 3114 | 3979 |
| 自有机械设备年末总功率<br>Total Power of Machinery and Equipment Owned at Year-end | 万千瓦 10000 kw | 19.80 | 13.9 |
| #施工机械功率<br># Power of Construction Machinery | 万千瓦 10000 kw | 12.26 | 8.2 |
| 自有机械设备净值<br>Net Value of Machinery and Equipment Owned | 万元 10000 yuan | 20.89 | 19498 |
| 全部职工平均人数<br>Average Number of All Staff | 人 person | 16653 | 17510 |
| 全员劳动生产率<br>Overall Labor Productivity Rate | | | |
| 按总产值计算<br>In Terms of Gross Output Value | 元/人 yuan/person | 41231 | 53944 |
| 按增加值计算<br>In Terms of Value-added | 元/人 yuan/person | 32406 | 15479 |

# 42－2－2 西藏全区建筑业企业经营情况(1997—1998年)

## OPERATIONAL CONDITIONS OF CONSTRUCTION ENTERPRISES OF TIBET AUTONOMOUS REGION(1997—1998)

| 项目 Item | 单位 Unit | 1997 | 1998 |
|---|---|---|---|
| 企业亏损面<br>Loss Rate of Enterprises | % | 14.08 | 7.61 |
| 房屋建筑面积竣工率<br>Completion Rate of Floor Space of Buildings | % | 83.77 | 80.58 |
| 工程质量优良品率<br>Rate of High Quality Projects | % | 47.47 | 44.6 |
| 技术装备率<br>Value of Machines Per Laborer | 元/人 yuan/person | 1024 | 11135 |
| 动力装备率<br>Power of Machines Per Laborer | 千瓦/人 kw/person | 9.18 | 7.9 |
| 产值利润率<br>Ratio of Profits to Gross Output Value | % | 6.11 | 4.65 |
| 资金利润率<br>Ratio of Profits to Funds | % | 4.12 | 3.25 |
| 资本金利润率<br>Ratio of Profits to Capital | % | 14.59 | 13.15 |
| 工资利润率<br>Ratio of Profit to Salary | % | 25.63 | 26.84 |
| 产值工资率<br>Ratio of Salary to Gross Output Value | % | 23.84 | 26.84 |
| 百元产值占用流动资金<br>Circulation Funds Occupied Per 100 yuan of Gross Output Value | 元 yuan | 10.24 | 17.32 |
| 流动比率<br>Ratio of Floating | % | 130.19 | 108.52 |
| 速动比率<br>Ratio of Speed | % | 106.38 | 80.16 |
| 资产负债率<br>Ratio of Liabilities to Assets | % | 52.09 | 51.05 |
| 职工人均生产房屋竣工面积<br>Per Capita Production Floor Space Completed by Staff | 平方米/人 sq.m/person | 19.87 | 31.73 |

# 第四十三章 陕西省房地产统计

# CHAPTER 43 REAL ESTATE STATISTICS OF SHAANXI PROVINCE

# 43－1－1　陕西全省房地产开发综合统计(1999年)

## COMPOSITE STATISTICS OF REAL ESTATE DEVELOPMENT OF SHAANXI PROVINCE(1999)

| 项目 | Item | 合计　Total |
|---|---|---|
| **一、房地产开发投资额(亿元)** | **Investment Value of Real Estate Development** (100 million yuan) | |
| 住宅 | Residence | 47.35 |
| 办公楼 | Office | 3.94 |
| 商业营业用房 | Commerce | 6.59 |
| **二、商品房销售额(亿元)** | **Sale of Commercial Buildings(100 million yuan)** | **44.75** |
| 住宅 | Residence | 40.80 |
| 办公楼 | Office | 2.24 |
| 商业营业用房 | Commerce | 1.16 |
| 销售给个人 | Sold to Individuals | |
| 住宅 | Residence | 32.83 |
| 办公楼 | Office | — |
| 商业营业用房 | Commerce | — |
| **三、房地产开发资金来源(亿元)** | **Funds Sources of Real Estate Development** (100 million yuan) | |
| 国家预算内资金 | State Budgetary Funds | — |
| 国内贷款 | Domestic Loans | 17.77 |
| 债券 | Bonds | 0.27 |
| 利用外资 | Foreign Investment | 2.54 |
| 自筹资金 | Fund Raising | 17.98 |
| 定金及预收款 | Deposits and Pre-charges | — |

43-1-1 续表(Continued)

| 项目 | Item | 合计 Total |
|---|---|---|
| 其他资金 | Others | 29.57 |
| **四、房地产开发面积(万平方米)** | **Floor Space of Real Estate Development** (10000 sq.m) | |
| 商品房施工面积 | Floor Space of Commercial Buildings under Construction | 1313.5 |
| 住宅 | Residence | 1089.55 |
| 办公楼 | Office | 89.08 |
| 商业营业用房 | Commerce | 63.98 |
| 商品房新开工面积 | Floor Space of Commercial Buildings Newly Starting | 414.7 |
| 住宅 | Residence | 345.3 |
| 办公楼 | Office | 7.4 |
| 商业营业用房 | Commerce | 17.0 |
| 商品房竣工面积 | Floor Space of Commercial Buildings Completed | 580.8 |
| 住宅 | Residence | 536.01 |
| 办公楼 | Office | 20.42 |
| 商业营业用房 | Commerce | 20.89 |
| 商品房销售面积 | Floor Space of Commercial Buildings Sold | 429.5 |
| 住宅 | Residence | 410.3 |
| 办公楼 | Office | 9.7 |
| 商业营业用房 | Commerce | 6.1 |

# 43－1－2 陕西全省房地产开发投资主要指标(1998年)

## MAJOR INDICATORS OF INVESTMENT IN REAL ESTATE DEVELOPMENT OF SHAANXI PROVINCE (1998)

| 项目 | Item | 房地产开发 Real Estate Development | # 地方 # Local | 兼营房地产单位 Units with Part-time of Real Estate Development |
|---|---|---|---|---|
| **一、企业数(个)** | **Development Enterprises(number)** | **323** | **309** | **3** |
| **二、投资总额(万元)** | **Total Investment Value(10000 yuan)** | **513529** | **505264** | **720** |
| # 商品房建设投资额 | # Investment Value in Commercial Buildings Construction | 383409 | 377594 | 720 |
| 土地开发投资额 | Investment Value in Land Development | 66291 | 64591 | — |
| 按隶属关系分 | Grouped by Administrative Relationship | | | |
| 中央 | Central | 8265 | — | — |
| 地方 | Local | 505264 | 505264 | 720 |
| # 省属 | # Provincial | 33777 | 33777 | — |
| 地(市)属 | Prefecture and City | 313096 | 313096 | — |
| 县属 | County | 72846 | 72846 | 220 |
| 按构成分 | Grouped by Use of Funds | | | |
| 建筑工程 | Construction Projects | 375727 | 371025 | 590 |
| 安装工程 | Installation Projects | 14360 | 14197 | — |
| 设备、工器具购置 | Purchase of Equipment and Instruments | 9035 | 9028 | — |
| 其他费用 | Others | 114407 | 111014 | 130 |
| # 旧建筑物购置费 | # Purchase of Old Buildings | 5381 | 5361 | — |
| 土地购置费 | Purchase of Land | 70029 | 66824 | 130 |

43-1-2续表(Continued)

| 项目 | Item | 房地产开发 Real Estate Development | # 地方 # Local | 兼营房地产单位 Units with Part-time of Real Estate Development |
|---|---|---|---|---|
| 按工程用途分 | Grouped by Purpose of Projeets | | | |
| 住宅 | Residence | 338547 | 334036 | 330 |
| #别墅、高档公寓 | # Villa, High-grade Apartment | 23800 | 23800 | — |
| 安居工程 | Welfare Project | 204125 | 202344 | — |
| 办公楼 | Office | 29904 | 29327 | 50 |
| 商业营业用房 | Commerce | 40691 | 40673 | 210 |
| 其他 | Others | 104387 | 101228 | 130 |
| **三、本年新增固定资产(万元)** | **Newly Increased Fixed Assets (10000 yuan)** | **290426** | **296900** | **550** |
| **四、房屋建筑面积及竣工价值** | **Floor Space of Buildings and Value of Completion** | | | |
| 施工面积(万平方米) | Floor Space of Buildings under Construction (10000 sq.m) | 957.79 | 942.77 | 1.25 |
| 竣工面积(万平方米) | Floor Space of Buildings Completed (10000 sq.m) | 262.60 | 258.58 | 0.45 |
| #住宅 | # Residence | 224.85 | 221.39 | 0.37 |
| 竣工价值(万元) | Value of Buildings Completed (10000 yuan) | 223471 | 219945 | 550 |
| #住宅 | # Residence | 174156 | 171275 | 296 |
| **五、职工人数及工资总额** | **Number of Staff and Total Wages** | | | |
| 年平均职工人数(人) | Annual Average Number of Staff (person) | 12015 | 11298 | 44 |
| 年末职工人数(人) | Number of Staff at Year-end (person) | 12979 | 12262 | 43 |
| 全年职工工资总额(万元) | Total Wages of Staff All The Year (10000 yuan) | 8487 | 7926 | 24 |

# 43－1－3　陕西省各地市房地产开发投资主要指标(1998 年)

## MAJOR INDICATORS OF INVESTMENT IN REAL ESTATE DEVELOPMENT BY REGION OF SHAANXI PROVINCE(1998)

单位:万元　Unit:10000 yuan

| 地　区<br>Region | 计划总投资<br>Total Planned Investment | 本年计划投资<br>Planned Investment This Year | 本年完成投资<br>Investment Completed This Year | # 商品房建设投资<br># Investment in Commercial Buildings | # 土地开发投资<br># Investment in Land Development | 本年新增固定资产<br>Newly Increased Fixed Assets |
|---|---|---|---|---|---|---|
| **全省 Total** | **2992987** | **824043** | **513529** | **383409** | **66291** | **290426** |
| **关中 Central of Shaanxi** | **2899913** | **776960** | **473825** | **356396** | **60289** | **260374** |
| 西安市 Xi'an City | 2639181 | 669512 | 382142 | 292274 | 51674 | 199261 |
| 铜川市 Tongchuan City | 86117 | 33149 | 26707 | 14108 | 2986 | 21737 |
| 宝鸡市 Baoji City | 61698 | 32368 | 26245 | 17756 | 2189 | 23232 |
| 咸阳市 Xianyang City | 68491 | 31189 | 29504 | 25864 | 2300 | 12062 |
| 渭南市 Weinan City | 33066 | 7728 | 6557 | 5224 | 240 | 4082 |
| **陕南 South of Shaanxi** | **57620** | **33222** | **29993** | **22453** | **5464** | **23703** |
| 汉中市 Hanzhong City | 40184 | 24113 | 20695 | 14108 | 4582 | 17016 |
| 安康地区 Ankang Prefecture | 14896 | 7449 | 7651 | 6698 | 882 | 6091 |
| 商洛地区 Shangluo Prefecture | 2540 | 1660 | 1647 | 1647 | — | 596 |
| **陕北 North of Shaanxi** | **35454** | **13861** | **9711** | **4560** | **538** | **6349** |
| 延安市 Yan'an City | 16764 | 6734 | 3289 | 1620 | — | 2410 |
| 榆林地区 Yulin Prefecture | 18690 | 7127 | 6422 | 2940 | 538 | 3939 |

# 43-1-4 陕西省各地市房地产开发企业经营情况(1998年)

## OPERATIONS OF REAL ESTATE DEVELOPMENT ENTERPRISES BY REGION OF SHAANXI PROVINCE(1998)

单位:万元 Unit:10000 yuan

| 地区 Region | 经营收入合计 Total Revenue | 土地转让收入 Income of Land Transferring | 商品房屋销售收入 Sales Income of Commercial Buildings | #销售给个人 # Sold to Individuals | #住宅销售收入 # Sales Income of Residence | #销售给个人 # Sold to Individuals | 房屋出租 Income of Houses Leasing | 房地产其他经营收入 Other Revenue of Real Estate |
|---|---|---|---|---|---|---|---|---|
| **全省 Total** | **253820** | **18167** | **219359** | **145911** | **169950** | **135456** | **841** | **15453** |
| **关中 Central of Shaanxi** | **230340** | **17918** | **197885** | **125086** | **149956** | **115944** | **791** | **14466** |
| 西安市 Xi'an City | 187800 | 14249 | 166626 | 100770 | 123455 | 93175 | 290 | 6635 |
| 铜川市 Tongchuan City | 8006 | — | 3257 | 709 | 3104 | 671 | 61 | 4688 |
| 宝鸡市 Baoji City | 18473 | 184 | 15615 | 12565 | 12045 | 11176 | 61 | 4688 |
| 咸阳市 Xianyang City | 12221 | 2697 | 9010 | 8513 | 8518 | 8393 | 53 | 461 |
| 渭南市 Weinan City | 3840 | 68 | 3377 | 2529 | 2834 | 2529 | — | 395 |
| **陕南 South of Shaanxi** | **17917** | **220** | **17119** | **17007** | **16367** | **16320** | **33** | **545** |
| 汉中市 Hanzhong City | 12466 | — | 12107 | 12030 | 11469 | 11422 | 31 | 328 |
| 安康地区 Ankang Prefecture | 4329 | 220 | 3915 | 3880 | 3801 | — | 194 | |
| 商洛地区 Shangluo Prefecture | 1122 | — | 1097 | 1097 | 1097 | 1097 | 2 | 23 |
| **陕北 North of Shaanxi** | **5563** | **749** | **3818** | **3818** | **3627** | **3192** | **17** | **442** |
| 延安市 Yan'an City | 843 | — | 316 | 316 | 371 | 316 | — | 190 |
| 榆林地区 Yulin Prefecture | 4720 | 749 | 3502 | 3502 | 3256 | 2876 | 17 | 252 |

# 43－1－5　陕西省各地市商品房屋销售情况(1998年)

## SELLING OF COMMODITY BUILDINGS BY REGION OF SHAANXI PROVINCE(1998)

单位:平方米　Unit:sq.m

| 地　区 Region | 实际销售面积合计 Total Floor Space Actually Sold | #个人 # Individuals | 住宅 Residence | #别墅、高档公寓 # Villa, High－grade Apartment | #安居工程 # Welfare Projects | #个人 # Individuals | 办公楼 Office | 商业营业用房 Commerce | 其他 Other | 预售面积 Floor Space Pre-sold | #住宅 # Residene | 实际销售额(万元) Sales of Buildings Actually Sold (10000 yuan) |
|---|---|---|---|---|---|---|---|---|---|---|---|---|
| **全省 Total** | **1823165** | **1438694** | **1680127** | **75273** | **742737** | **1414417** | **42808** | **46583** | **53647** | **2660332** | **2600261** | **235765** |
| **关中 Central of Shaanxi** | **1545270** | **1165366** | **1412047** | **75273** | **675146** | **1147310** | **41029** | **38547** | **53647** | **2608723** | **2549076** | **214858** |
| 西安市 Xi'an City | 1171051 | 893648 | 1086108 | 75273 | 524853 | 879432 | 23988 | 22274 | 38681 | 2520176 | 2467716 | 177389 |
| 铜川市 Tongchuan City | 54277 | 10300 | 45350 | — | 41898 | 10173 | — | 127 | 8800 | 30021 | 25021 | 7257 |
| 宝鸡市 Baoji City | 171807 | 124986 | 142144 | — | 70000 | 120620 | 17041 | 12622 | — | 33467 | 31280 | 17923 |
| 咸阳市 Xianyang City | 98540 | 89517 | 91030 | — | 22630 | 91030 | — | 1344 | 6166 | 21159 | 21159 | 9220 |
| 渭南市 Weinan City | 49595 | 46915 | 47415 | — | 15765 | 46115 | — | 2180 | — | 3900 | 3900 | 3069 |
| **陕南 South of Shaanxi** | **225894** | **225315** | **219558** | — | **25482** | **219034** | **579** | **5757** | — | **35158** | **34734** | **17101** |
| 汉中市 Hanzhong City | 151676 | 151511 | 146448 | — | — | 145924 | 165 | 5063 | — | 35158 | 34734 | 12095 |
| 安康地区 Ankang Prefecture | 56318 | 55904 | 55210 | — | 25482 | 55210 | 414 | 694 | — | — | — | 3915 |
| 商洛地区 Shangluo Prefecture | 17900 | 17900 | 17900 | — | — | 17900 | — | — | — | — | — | 1097 |
| **陕北 North of Shaanxi** | **52001** | **48013** | **48522** | — | **42109** | **48013** | **1200** | **2279** | — | **16451** | **16451** | **3800** |
| 延安市 Yan'an City | 5148 | 3600 | 4109 | — | — | 3600 | — | 1039 | — | 8351 | 8351 | 653 |
| 榆林地区 Yulin Prefecture | 46853 | 44413 | 44413 | — | 42109 | 44413 | 1200 | 1240 | — | 8100 | 8100 | 3147 |

# 43－1－6 陕西全社会固定资产投资情况(1978—1998年)

## INVESTMENT IN OVERALL FIXED ASSETS OF SHAANXI PROVINCE(1978－1998)

单位:万元 Unit:10000 yuan

| 年份 Year | 合计 Total | 国有经济单位 State-owned Units | # 基本建设 # Capital Construction | # 更新改造 # Innovation | # 房地产开发 # Real Estate Development | 集体经济单位 Collective-owned Units |
|---|---|---|---|---|---|---|
| 1978 | 203548 | 172004 | 159104 | 12900 | — | 19144 |
| 1979 | 211622 | 174656 | 156916 | 17740 | — | 20166 |
| 1980 | 278020 | 232468 | 205241 | 27227 | — | 22652 |
| 1981 | 229244 | 174732 | 133373 | 41359 | — | 23369 |
| 1982 | 294805 | 233192 | 166718 | 66474 | — | 28006 |
| 1983 | 308266 | 249870 | 165200 | 77665 | — | 10978 |
| 1984 | 403864 | 280735 | 186105 | 77192 | — | 32370 |
| 1985 | 579881 | 398109 | 252243 | 124141 | — | 42700 |
| 1986 | 635300 | 472526 | 290702 | 163638 | — | 42385 |
| 1987 | 808912 | 581118 | 343640 | 207063 | — | 74075 |
| 1988 | 947210 | 670827 | 393011 | 241020 | — | 81821 |
| 1989 | 951793 | 671345 | 401423 | 222124 | — | 60757 |
| 1990 | 1037154 | 738541 | 427635 | 231948 | — | 69640 |
| 1991 | 1249323 | 853623 | 506297 | 242730 | — | 93903 |
| 1992 | 1424653 | 1087073 | 647390 | 335921 | — | 75607 |
| 1993 | 2282062 | 1718582 | 998278 | 550215 | 98106 | 140072 |
| 1994 | 2832912 | 2029222 | 1256693 | 522544 | 126089 | 178850 |
| 1995 | 3243250 | 2266117 | 1402705 | 634948 | 146652 | 215301 |
| 1996 | 3719955 | 2564807 | 1506426 | 759975 | 169621 | 219995 |
| 1998 | 4240987 | 2876361 | 1853788 | 674034 | 165734 | 247426 |
| 1998 | 5448916 | 3828888 | 2435733 | 745904 | 322557 | 270700 |

# 43－1－7　中房西安指数历史值(1995—1999 年)

CHINA REAL ESTATE INDEX SYSTEM
XI'AN INDEX(1995—1999)

| 年　份<br>Year | 季　节<br>Quarter | 住　宅<br>Residence | 办公用房<br>Office | 商业用房<br>Commerce | 城市指数<br>Composite Index |
|---|---|---|---|---|---|
| 1995 | 4 | 419 | 881 | 893 | 498 |
| 1996 | 1 | 413 | 879 | 893 | 492 |
| 1996 | 2 | 410 | 875 | 890 | 489 |
| 1996 | 3 | 406 | 870 | 882 | 484 |
| 1996 | 4 | 411 | 868 | 907 | 489 |
| 1998 | 1 | 416 | 861 | 909 | 492 |
| 1998 | 2 | 422 | 875 | 912 | 499 |
| 1998 | 3 | 420 | 871 | 912 | 497 |
| 1998 | 4 | 422 | 860 | 912 | 498 |
| 1998 | 1 | 421 | 855 | 912 | 496 |
| 1998 | 2 | 426 | 853 | 912 | 500 |
| 1998 | 3 | 432 | 845 | 910 | 505 |
| 1998 | 4 | 433 | 847 | 910 | 506 |
| 1999 | 1 | 429 | 845 | 907 | 502 |
| 1999 | 2 | 433 | 841 | 905 | 505 |
| 1999 | 3 | 435 | 835 | 902 | 506 |
| 1999 | 4 | 432 | 839 | 898 | 503 |

# 43－2－1 陕西全省房地产开发面积及造价情况(1998 年)

## FLOOR SPACE AND COST OF REAL ESTATE DEVELOPMENT OF SHAANXI PROVINCE(1998)

| 地区 Region | 施工房屋面积(平方米) Floor Space under Construction (sq.m) | #住宅 # Residence | 竣工房屋面积(平方米) Floor Space Completed (sq.m) | #住宅 # Residence | 竣工房屋价值(万元) Value of Buildings Completed (10000yuan) | #住宅 # Residence | 竣工房屋造价(元/平方米) Cost of Buildings Completed (yuan/sq.m) | #住宅 # Residence |
|---|---|---|---|---|---|---|---|---|
| **全省 Total** | **9577949** | **8015125** | **2625983** | **2248549** | **223471** | **174156** | **851** | **775** |
| **关中 Central of Shaanxi** | **8651131** | **7166762** | **2199341** | **1855995** | **195178** | **149464** | **887** | **805** |
| 西安市 Xi'an City | 6788737 | 5523667 | 1561710 | 1333330 | 143620 | 109982 | 920 | 825 |
| 铜川市 Tongchuan City | 494596 | 419664 | 175265 | 142944 | 15021 | 10716 | 857 | 750 |
| 宝鸡市 Baoji City | 605179 | 500066 | 254511 | 187450 | 20457 | 14257 | 804 | 761 |
| 咸阳市 Xianyang City | 512559 | 491485 | 138014 | 132610 | 11998 | 11354 | 869 | 856 |
| 渭南市 Weinan City | 130060 | 111880 | 69841 | 59661 | 4082 | 3155 | 584 | 529 |
| **陕南 South of Shaanxi** | **729832** | **691086** | **343120** | **327338** | **21944** | **20298** | **640** | **620** |
| 汉中市 Hanzhong City | 437600 | 412420 | 228543 | 218668 | 16336 | 15030 | 715 | 687 |
| 安康地区 Ankang Prefecture | 250732 | 239666 | 100490 | 94570 | 5012 | 4672 | 499 | 494 |
| 商洛地区 Shangluo Prefecture | 41500 | 39000 | 14100 | 14100 | 596 | 596 | 423 | 423 |
| **陕北 North of Shaanxi** | **196986** | **157277** | **83522** | **65216** | **6349** | **4394** | **760** | **674** |
| 延安市 Yan'an City | 94428 | 70903 | 25923 | 11017 | 2410 | 895 | 930 | 812 |
| 榆林地区 Yulin Prefecture | 102558 | 86374 | 57599 | 54199 | 3939 | 3499 | 684 | 646 |

# 43-3-1　陕西全省建筑施工企业主要指标(1998年)

## MAJOR INDICATORS OF CONSTRUCTION ENTERPRISES OF SHAANXI PROVINCE(1998)

| 项目 Item | 单位 Unit | 合计 Total | 国有经济 State-owned Units | 中央企业 Central | 地方企业 Local | #大中型企业 # Large and Medium Enterprises |
|---|---|---|---|---|---|---|
| 单位工程施工个数 Number of Projects under Construction | 个 number | 12751 | 7005 | 3905 | 3100 | 6784 |
| #本年新开工个数 # Number of Projects Newly Starting This Year | 个 number | 7522 | 3904 | 2202 | 1702 | 3545 |
| 单位工程竣工个数 Number of Projects Completed | 个 number | 6845 | 3454 | 1900 | 1554 | 3131 |
| #优良工程个数 # Number of High Quality Projects | 个 number | 3008 | 2078 | 1490 | 588 | 2134 |
| 房屋建筑施工面积 Floor Space of Buildings under Construction | 万平方米 10000sq.m | 2206.93 | 951.06 | 250.39 | 700.67 | 1140.32 |
| #本年新开工面积 # Floor Space of Newly Starting This Year | 万平方米 10000sq.m | 1100.12 | 417.51 | 117.61 | 299.9 | 485.61 |
| 房屋建筑竣工面积 Floor Space of Buildings Completed | 万平方米 10000sq.m | 981.26 | 364.74 | 85.32 | 261.42 | 421.41 |
| 厂房 Factory Houses | 万平方米 10000sq.m | 84.34 | 47.05 | 24.67 | 22.38 | 51.46 |
| 住宅 Residence | 万平方米 10000sq.m | 636.06 | 200.26 | 42.50 | 157.76 | 251.81 |
| 办公用房 Office | 万平方米 10000sq.m | 96.36 | 39.51 | 6.59 | 32.92 | 49.76 |
| 商业、居民服务业用房 Commerce, Residents Service | 万平方米 10000sq.m | 53.18 | 14.54 | 0.80 | 13.74 | 25.24 |
| 文化教育用房 Cultural and Educational | 万平方米 10000sq.m | 63.83 | 14.54 | 2.91 | 11.63 | 20.36 |
| 医疗用房 Medical | 万平方米 10000sq.m | 8.44 | 2.48 | 1.09 | 1.39 | 2.57 |
| 科研用房 Science Research | 万平方米 10000sq.m | 6.81 | 6.27 | 2.24 | 4.03 | 6.13 |
| 其他用房 Others | 万平方米 10000sq.m | 32.23 | 13.67 | 4.53 | 9.14 | 13.90 |
| #优良工程面积 # Floor Space of High Quality Projects | 万平方米 10000sq.m | 474.85 | 185.59 | 53.25 | 132.34 | 248.80 |
| 优良品率(按面积计算) Rate of Floor Space of High Quality Projects | % | 48.4 | 53.5 | 47.1 | 6.4 | 59.0 |

# 第四十四章 甘肃省房地产统计

# CHAPTER 44 REAL ESTATE STATISTICS OF GANSU PROVINCE

# 44-1-1 甘肃全省房地产开发综合统计(1999年)

## COMPOSITE STATISTICS OF REAL ESTATE DEVELOPMENT OF GANSU PROVINCE(1999)

| 项目 | Item | 合计 Total |
|---|---|---|
| 一、房地产开发投资额(亿元) | **Investment Value of Real Estate Development**(100 million yuan) | |
| 住宅 | Residence | 14.90 |
| 办公楼 | Office | 1.81 |
| 商业营业用房 | Commerce | 5.30 |
| 二、商品房销售额(亿元) | **Sale of Commercial Buildings**(100 million yuan) | 13.48 |
| 住宅 | Residence | 9.86 |
| 办公楼 | Office | 0.40 |
| 商业营业用房 | Commerce | 3.20 |
| 销售给个人 | Sold to Individuals | |
| 住宅 | Residence | 6.89 |
| 办公楼 | Office | — |
| 商业营业用房 | Commerce | — |
| 三、房地产开发资金来源(亿元) | **Funds Sources of Real Estate Development**(100 million yuan) | |
| 国家预算内资金 | State Budgetary Funds | — |
| 国内贷款 | Domestic Loans | 3.85 |
| 债券 | Bonds | — |
| 利用外资 | Foreign Investment | 0.17 |
| 自筹资金 | Fund Raising | 5.87 |
| 定金及预收款 | Deposits and Pre-charges | — |

44－1－1 续表(Continued)

| 项目 | Item | 合计 Total |
|---|---|---|
| 其他资金 | Others | 11.83 |
| **四、房地产开发面积(万平方米)** | **Floor Space of Real Estate Development** (10000 **sq.m**) | |
| 商品房施工面积 | Floor Space of Commercial Buildings under Construction | 431.2 |
| 住宅 | Residence | 314.48 |
| 办公楼 | Office | 28.32 |
| 商业营业用房 | Commerce | 76.93 |
| 商品房新开工面积 | Floor Space of Commercial Buildings Newly Starting | 135.2 |
| 住宅 | Residence | 115.1 |
| 办公楼 | Office | 6.4 |
| 商业营业用房 | Commerce | 11.8 |
| 商品房竣工面积 | Floor Space of Commercial Buildings Completed | 172.1 |
| 住宅 | Residence | 147.71 |
| 办公楼 | Office | 2.07 |
| 商业营业用房 | Commerce | 20.20 |
| 商品房销售面积 | Floor Space of Commercial Buildings Sold | 105.8 |
| 住宅 | Residence | 92.8 |
| 办公楼 | Office | 2.4 |
| 商业营业用房 | Commerce | 10.6 |

# 44-1-2　甘肃全省房地产开发情况(1996—1998年)

## REAL ESTATE DEVELOPMENT OF GANSU PROVINCE(1996—1998)

| 项　目 | Item | 1996 | 1997 | 1998 |
|---|---|---|---|---|
| **一、基本情况** | **Basic Conditions** | | | |
| 开发公司个数(个) | Number of Development Companies(number) | 307 | 293 | 321 |
| #国有经济 | # State-owned Units | 102 | 93 | 91 |
| 集体经济 | Collective-owned Units | 78 | 67 | 66 |
| 外商投资经济 | Foreign Invested Units | — | 52 | 34 |
| 港澳台投资经济 | Hong Kong, Macao and Taiwan Funded Units | — | 14 | 33 |
| 年平均职工人数(人) | Annual Average Number of Staff(person) | 537058 | 6560 | 8373 |
| **二、投资情况(万元)** | **Investments(10000 yuan)** | | | |
| 计划投资 | Planned Investments | 185723 | 202678 | — |
| 完成投资 | Completed Investments | 172688 | 182848 | 214747 |
| #商品房建设投资 | # Investments in Commercial Buildings Construction | 125733 | 141487 | — |
| 土地开发投资 | Land Development Investment | 18815 | 11900 | 13919 |
| **三、经营情况(万元)** | **Operations(10000 yuan)** | | | |
| 经营总收入 | Total Operation Revenue | 96706 | 108440 | 110814 |
| #土地转让收入 | # Land Transferring Income | 3030 | 1563 | 1032 |
| #商品房销售收入 | # Land Selling Income | 88175 | 102460 | 100804 |
| #交纳税费收入 | # Taxes | 4209 | 3482 | — |
| #实现利润 | # Profits | -7206 | -35810 | -12839 |
| **四、商品房屋销售情况** | **Selling of Commercial Buildings** | | | |
| 实际销售面积(万平方米) | Actual Sold Space(10000 sq.m) | 64.67 | 83.53 | 77.56 |
| #住宅 | # Residence | 58.25 | 71.23 | 70.96 |
| #个人购买住房 | # Space Bought by Individuals | 19.03 | 32.41 | 43.20 |
| 销售额(万元) | Sales(10000 yuan) | 76312 | 103737 | 99637 |
| #住宅 | # Residence | 66312 | 79161 | 83962 |
| **五、房屋建筑价值** | **Houses Construction Value** | | | |
| 施工房屋面积(万平方米) | Floor Space under Construction(10000 sq.m) | 342.53 | 358.01 | 389.74 |
| 竣工房屋面积(万平方米) | Floor Space Completed(10000 sq.m) | 117.28 | 125.89 | 121.26 |
| 竣工房屋价值(万元) | Value of Completed Buildings(10000 yuan) | 85750 | 102440 | 97658 |
| 竣工房屋造价(元/平方米) | Cost of Completed Buildings(yuan/sq.m) | 731.16 | 813.73 | 805.36 |

# 44-1-3 甘肃省各市房地产开发情况(1998年)

## REAL ESTATE DEVELOPMENT BY CITY OF GANSU PROVINCE(1998)

单位:万元 Unit:10000 yuan

| 城市 | City | 投资额 Investment Value | | # 商品住宅 # Commercial Residence | |
|---|---|---|---|---|---|
| | | 地区 City | 市区 Urban | 地区 City | 市区 Urban |
| **合计** | **Total** | **210553** | **206530** | **127258** | **123315** |
| 兰州市 | Lanzhou City | 155928 | 153011 | 88732 | 85815 |
| 嘉峪关市 | Jiayuguan City | 363 | 363 | 363 | 363 |
| 金昌市 | Jinchang City | 1448 | 963 | 1434 | 963 |
| 白银市 | Baiyin City | 5000 | 4520 | 4184 | 3704 |
| 天水市 | Tianshui City | 21223 | 21082 | 11205 | 11130 |
| 玉门市 | Yumen City | 517 | 517 | 509 | 509 |
| 平凉市 | Pingliang City | 7735 | 7735 | 5620 | 5620 |
| 临夏市 | Linxia City | — | — | — | — |
| 武威市 | Wuwei City | 5630 | 5630 | 4200 | 4200 |
| 张掖市 | Zhangye City | 6100 | 6100 | 6100 | 6100 |
| 酒泉市 | Jiuquan City | 3911 | 3911 | 2658 | 2658 |
| 西峰市 | Xifeng City | 1100 | 1100 | 780 | 780 |
| 敦煌市 | Dunhuang City | 1598 | 1598 | 1473 | 1473 |

# 44-1-4 甘肃省各市固定资产投资情况(1998年)

INVESTMENT IN FIXED ASSETS BY CITY OF GANSU PROVICE(1998)

单位:万元 Unit:10000 yuan

| 城市 | City | 投资额 Investment Value | | #住宅建筑 Commercial Residence | |
|---|---|---|---|---|---|
| | | 地区 City | 市区 Urban | 地区 City | 市区 Urban |
| **合计** | **Total** | **2181939** | **1961010** | **463324** | **410714** |
| 兰州市 | Lanzhou City | 1248269 | 1104449 | 254995 | 232296 |
| 嘉峪关市 | Jiayuguan City | 102113 | 102113 | 19633 | 19633 |
| 金昌市 | Jinchang City | 77619 | 62201 | 21039 | 16831 |
| 白银市 | Baiyin City | 158110 | 131179 | 36217 | 27263 |
| 天水市 | Tianshui City | 157530 | 122770 | 54171 | 37422 |
| 玉门市 | Yumen City | 77890 | 77890 | 5877 | 5877 |
| 平凉市 | Pingliang City | 154086 | 154086 | 9904 | 9904 |
| 临夏市 | Linxia City | 9648 | 9648 | 4794 | 4794 |
| 武威市 | Wuwei City | 38150 | 38150 | 8957 | 8957 |
| 张掖市 | Zhangye City | 89188 | 89188 | 26200 | 26200 |
| 酒泉市 | Jiuquan City | 21540 | 21540 | 10235 | 10235 |
| 西峰市 | Xifeng City | 32905 | 32905 | 8877 | 8877 |
| 敦煌市 | Dunhuang City | 14891 | 14891 | 2425 | 2425 |

# 44-2-1 甘肃省建筑业企业概况(1980—1998年)

## BASIC INFORMATION OF CONSTRUCTION ENTERPRISES OF GANSU PROVINCE(1980—1998)

| 年份<br>Year | 总计<br>Total | 施工企业<br>Construction Enterprises | #国有企业<br>State-owned Enterprises | #城镇集体企业<br>Urban Collective-owned Enterprise | 附营施工单位<br>Units with Part-time Construction Business | 农村建筑队<br>Rural Construction Teams |
|---|---|---|---|---|---|---|
| **企业单位数(个)<br>Number of Construction Enterprises** | | | | | | |
| 1980 | 1246 | 97 | 36 | 61 | — | 1149 |
| 1985 | 2159 | 210 | 65 | 145 | — | 1949 |
| 1986 | 4576 | 201 | 64 | 137 | — | 4375 |
| 1987 | 6416 | 225 | 70 | 155 | — | 6191 |
| 1988 | 7387 | 243 | 76 | 167 | — | 7144 |
| 1989 | 7718 | 240 | 75 | 165 | — | 7478 |
| 1990 | 7940 | 221 | 77 | 144 | — | 7719 |
| 1991 | 7731 | 243 | 82 | 161 | — | 7488 |
| 1992 | 8033 | 242 | 83 | 159 | — | 7791 |
| 1993 | 9660 | 283 | 83 | 200 | 46 | 9331 |
| 1994 | 10856 | 307 | 92 | 208 | 28 | 10521 |
| 1995 | 12532 | 302 | 89 | 202 | 25 | 12205 |
| 1996 | 14238 | 383 | 99 | 234 | 6 | 13849 |
| 1997 | 14615 | 363 | 89 | 221 | — | 14252 |
| 1998 | 17809 | 430 | 104 | 212 | — | 17379 |
| **从业人员(万人)<br>Employed Persons(10000 persons)** | | | | | | |
| 1980 | 18.08 | 12.23 | 10.44 | 1.79 | — | 5.85 |
| 1985 | 40.39 | 19.27 | 14.21 | 5.06 | — | 21.12 |
| 1986 | 50.76 | 20.03 | 14.96 | 5.07 | — | 30.73 |
| 1987 | 54.61 | 21.02 | 15.00 | 6.02 | — | 33.59 |
| 1988 | 58.43 | 20.89 | 14.99 | 5.90 | — | 37.54 |

44－2－1续表(Continued)

| 年份<br>Year | 总计<br>Total | 施工企业<br>Construction Enterprises | #国有企业<br>State－owned Enterprises | #城镇集体企业<br>Urban Collective-owned Enterprise | 附营施工单位<br>Units with Part-time Construction Business | 农村建筑队<br>Rural Construction Teams |
|---|---|---|---|---|---|---|
| 1989 | 53.59 | 18.21 | 13.57 | 4.64 | — | 35.38 |
| 1990 | 53.63 | 18.29 | 13.94 | 4.35 | — | 35.34 |
| 1991 | 54.11 | 18.36 | 13.65 | 4.71 | — | 35.75 |
| 1992 | 56.86 | 18.61 | 13.71 | 4.90 | — | 38.25 |
| 1993 | 65.76 | 20.29 | 14.08 | 6.21 | 1.08 | 44.39 |
| 1994 | 72.92 | 21.45 | 14.82 | 6.53 | 2.60 | 48.87 |
| 1995 | 76.23 | 21.05 | 13.18 | 6.46 | 0.48 | 54.70 |
| 1996 | 95.79 | 36.90 | 15.77 | 17.96 | 0.03 | 58.86 |
| 1997 | 95.00 | 35.16 | 16.60 | 15.84 | — | 59.84 |
| 1998 | 73.43 | 34.10 | 13.11 | 15.66 | — | 39.33 |
| **总产值(万元)<br>Total Output Value(10000 yuan)** | | | | | | |
| 1980 | 64073 | 58413 | 50870 | 7543 | — | 5660 |
| 1985 | 197736 | 144747 | 114140 | 30607 | — | 52989 |
| 1986 | 248154 | 163299 | 133905 | 29394 | — | 84855 |
| 1987 | 296138 | 191281 | 154458 | 36823 | — | 104857 |
| 1988 | 352143 | 210907 | 171091 | 39816 | — | 141236 |
| 1989 | 366169 | 225106 | 186373 | 38733 | — | 141063 |
| 1990 | 383007 | 234898 | 198359 | 36539 | — | 148109 |
| 1991 | 429006 | 265406 | 218918 | 46488 | — | 163600 |
| 1992 | 539692 | 325051 | 262516 | 62535 | — | 214641 |
| 1993 | 778072 | 410029 | 310730 | 99299 | 20805 | 347238 |
| 1994 | 1080261 | 515297 | 404270 | 109214 | 34688 | 530286 |
| 1995 | 1459679 | 608067 | 443562 | 105207 | 43381 | 808231 |
| 1996 | 1933703 | 822649 | 501663 | 231196 | 482 | 1110572 |
| 1997 | 2372710 | 874137 | 565423 | 214861 | — | 1498573 |
| 1998 | 1751945 | 762372 | 522113 | 216376 | — | 989573 |

# 44－3－1 甘肃省城市主要基础设施拥有水平(1998 年)

## MAJOR MUNICIPAL INFRASTRUCTURE OF GANSU PROVINCE(1998)

| 城市<br>City | 人均居住面积<br>(平方米/人)<br>Per Capita Residential Space<br>(sq.m/person) | 城市人口用水普及率<br>(%)<br>Rate of Population with Access to Tap Water | 城市燃气普及率<br>(%)<br>Rate of Population with Access to Gas(%) | 年末实有铺装道路面积<br>(万平方米)<br>Year-end Actual Paved Roads Area<br>(10000 sq.m) | 人均拥有铺装道路面积<br>(平方米)<br>Per Capita Paved Roads Area(sq.m) | 人均园林绿地面积<br>(平方米)<br>Per Capita Green Land Area(sq.m) |
|---|---|---|---|---|---|---|
| **合计<br>Total** | **10.96** | **55.58** | **23.37** | **2542** | **3.79** | **14.00** |
| 兰州市<br>Lanzhou City | 12.14 | 85.55 | 53.15 | 913 | 5.22 | 9.52 |
| 嘉峪关市<br>Jiayuguan City | 15.29 | 96.57 | 80.48 | 93 | 6.51 | 29.17 |
| 金昌市<br>Jinchang City | 13.14 | 89.91 | — | 107 | 5.63 | 34.08 |
| 白银市<br>Baiyin City | 12.72 | 97.71 | 25.16 | 221 | 4.96 | 19.39 |
| 天水市<br>Tianshui City | 8.96 | 37.57 | 3.53 | 146 | 1.25 | 9.68 |
| 玉门市<br>Yumen City | 5.73 | 100.00 | 62.73 | 146 | 1.25 | 9.68 |
| 平凉市<br>Pingliang City | 1.04 | 33.38 | 5.78 | 213 | 4.87 | 11.58 |
| 临夏市<br>Linxia City | 8.15 | 49.64 | — | 74 | 3.83 | 7.25 |
| 武威市<br>Wuwei City | 11.12 | 15.26 | 6.36 | 172 | 1.76 | 7.33 |
| 张掖市<br>Zhangye City | 9.19 | 50.19 | 17.16 | 102 | 2.19 | 21.03 |
| 酒泉市<br>Jiuquan City | 13.20 | 31.05 | 21.36 | 144 | 4.47 | 18.81 |
| 西峰市<br>Xifeng City | 4.02 | 36.13 | 3.74 | 214 | 6.84 | 48.63 |
| 敦煌市<br>Dunhuang City | 11.20 | 24.79 | 6.54 | 50 | 3.85 | 18.63 |

注:本表中数据截止 1998 年末,且不包括市辖县数量。

Note: Data of this sheet was up to the end of 1998 and doesn't include data of counties under administration of cities.

# 第四十五章 青海省房地产统计

# CHAPTER 45 REAL ESTATE STATISTICS OF QINGHAI PROVINCE

# 45－1－1 青海全省房地产开发综合统计(1999年)

## COMPOSITE STATISTICS OF REAL ESTATE DEVELOPMENT OF QINGHAI PROVINCE(1999)

| 项目 | Item | 合计 Total |
|---|---|---|
| 一、房地产开发投资额(亿元) | **Investment Value of Real Estate Development** (**100 million yuan**) | |
| 住宅 | Residence | 6.83 |
| 办公楼 | Office | 0.86 |
| 商业营业用房 | Commerce | 2.63 |
| 二、商品房销售额(亿元) | **Sale of Commercial Buildings**(**100 million yuan**) | 4.49 |
| 住宅 | Residence | 3.24 |
| 办公楼 | Office | 0.26 |
| 商业营业用房 | Commerce | 0.97 |
| 销售给个人 | Sold to Individuals | |
| 住宅 | Residence | 0.66 |
| 办公楼 | Office | — |
| 商业营业用房 | Commerce | — |
| 三、房地产开发资金来源(亿元) | **Funds Sources of Real Estate Development** (**100 million yuan**) | |
| 国家预算内资金 | State Budgetary Funds | 0.09 |
| 国内贷款 | Domestic Loans | 2.73 |
| 债券 | Bonds | — |
| 利用外资 | Foreign Investment | 0.67 |
| 自筹资金 | Fund Raising | 4.68 |
| 定金及预收款 | Deposits and Pre-charges | — |

45-1-1 续表(Continued)

| 项目 | Item | 合计 Total |
|---|---|---|
| 其他资金 | Others | 2.33 |
| **四、房地产开发面积(万平方米)** | **Floor Space of Real Estate Development** (10000 sq.m) | |
| 商品房施工面积 | Floor Space of Commercial Buildings under Construction | 174.3 |
| 住宅 | Residence | 131.72 |
| 办公楼 | Office | 11.13 |
| 商业营业用房 | Commerce | 30.01 |
| 商品房新开工面积 | Floor Space of Commercial Buildings Newly Starting | 60.6 |
| 住宅 | Residence | 47.1 |
| 办公楼 | Office | 2.5 |
| 商业营业用房 | Commerce | 12.4 |
| 商品房竣工面积 | Floor Space of Commercial Buildings Completed | 78.1 |
| 住宅 | Residence | 58.82 |
| 办公楼 | Office | 5.40 |
| 商业营业用房 | Commerce | 13.25 |
| 商品房销售面积 | Floor Space of Commercial Buildings Sold | 30.7 |
| 住宅 | Residence | 25.7 |
| 办公楼 | Office | 1.2 |
| 商业营业用房 | Commerce | 3.7 |

# 45－1－2 青海全省房地产开发经营情况(1998 年)

## REAL ESTATE DEVELOPMENT CONDITIONS OF QINGHAI PROVINCE(1998)

单位:万元 Unit:10000 yuan

| 项目 | Item | 合计 Total | # 国有经济 # State-owned Economic | # 集体经济 Collective-owned Economic |
|---|---|---|---|---|
| **资本金合计** | **Total Capital Funds** | **44002** | **11651** | **2704** |
| 国家资本金 | State Capital Funds | 9519 | — | — |
| **年末资产负债情况** | **Balance of Assets and Liabilities(Year－end)** | | | |
| 资产总计 | Total Assets | 162214 | 74178 | 25746 |
| 固定资产累计折旧 | Accumulative Depreciation of Fixed Assets | 12587 | 1165 | 228 |
| 本年折旧 | Depreciation This Year | 544 | 57 | 47 |
| 负债总计 | Total Liabilities | 119484 | 57374 | 23655 |
| 所有者权益合计 | Total Ownership Interest | 42730 | 16804 | 2091 |
| **损益情况** | **Profit and Loss** | | | |
| 经营收入总计 | Total Revenue | 22794 | 16084 | 2091 |
| 土地转让收入 | Land Transferring Income | 2766 | 2766 | — |
| 商品房屋销售收入 | Sales Income of Commercial Buildings | 16983 | 11100 | 2227 |
| # 销售给个人 | # Sales of Buildings Sold to Individuals | 9519 | 7386 | 1743 |
| 商品住宅销售收入 | Sales Income of Commercial Residence | 16181 | 10752 | 1833 |
| # 销售给个人 | # Sales of Commercial Residence Sold to Individuals | 9219 | 7300 | 1529 |
| 房屋出租收入 | Leasing Income of Houses | 68 | 65 | 3 |
| 其他收入 | Other Income | 2977 | 2108 | 512 |
| 经营成本 | Operational Cost | 14699 | 8974 | 2039 |
| 销售使用 | Selling Cost | 5009 | 4795 | 26 |
| 经营税金及附加 | Business Tax and Extra Charges | 1030 | 708 | 182 |
| 其他业务利润 | Other Operational Profit | 25 | — | — |
| 管理费用及财务费用 | Management and Finance Cost | 2663 | 1409 | 428 |
| 投资收益及营业外收入 | Investment Benefits and Extra Income | 36 | 24 | — |
| 营业外支出 | Extra Expenditure | 130 | 108 | 2 |
| 利润总额 | Total Profit | －676 | 129 | 65 |

# 45－1－3　青海省房地产投资情况(1990—1998 年)

INVESTMENT IN REAL ESTATE OF QINGHAI PROVINCE(1990—1998)

| 年份 Year | 投资总额(万元) Total Investment Value (10000yuan) | 土地开发投资 Land Development Investment | 商品房屋建设投资 Commercial Buildings Construction Investment | 商品房屋施工面积(万平方米) Floor Space of Buildings under Construction (10000sq.m) | #住宅 # Residence | 商品房销售建筑面积(万平方米) Floor Space of Commercial Buildings Sold (10000sq.m) | 商品房销售额(万元) Sales of Commercial Buildings (10000yuan) |
|---|---|---|---|---|---|---|---|
| 1990 | 3180 | — | 3180 | 7.76 | 7.76 | 2.56 | — |
| 1991 | 3631 | — | 3631 | 9.42 | 6.93 | 5.38 | 3297 |
| 1992 | 5815 | — | 5815 | 14.82 | 12.72 | 7.31 | 4578 |
| 1993 | 13398 | 2123 | 11275 | 18.16 | 15.09 | 5.28 | 4441 |
| 1994 | 11937 | 565 | 11372 | 23.92 | 20.25 | 4.31 | 3015 |
| 1995 | 22205 | 442 | 13293 | 22.60 | 19.46 | 10.46 | 11350 |
| 1996 | 22514 | 1329 | 14681 | 8.38 | 5.90 | 10.34 | 10468 |
| 1997 | 24559 | 2453 | 12657 | 63.29 | 48.24 | 8.99 | 109.73 |
| 1998 | 86549 | 5384 | 51541 | 15013 | 117.62 | 12.78 | 16225 |

# 45－1－4 青海全省房地产开发竣工情况(1998年)

## COMPLETION IN REAL ESTATE DEVELOPMENT OF QINGHAI PROVINCE(1998)

| 项目 | Item | 施工面积(平方米) Floor Space under Construction (sq.m) | 新开工 # Newly Starting | 竣工面积(平方米) Floor Space Completed (sq.m) | 竣工房屋价值(万元) Value of Buildings Completed (10000yuan) |
|---|---|---|---|---|---|
| 房屋建筑面积合计 | Total Floor Space of Buildings | 1501315 | 1044430 | 573883 | 48124 |
| 按用途分 | Grouped by Purpose of Projects | | | | |
| 住　宅 | Residence | 1176190 | 879324 | 494143 | 38531 |
| 别墅、高档公寓 | Villa, High－grade Apartment | — | — | — | — |
| 安居工程 | Welfare Project | 570459 | 481284 | 218960 | 19098 |
| 办公楼 | Office | 134871 | 32324 | 11127 | 1274 |
| 商业营业用房 | Commerce | 178426 | 127423 | 62551 | 7332 |
| 其　他 | Others | 11828 | 5359 | 6062 | 987 |

# 45－1－5　青海全省主要年份固定资产投资情况(1990—1998年)

INVESTMENT IN FIXED ASSETS OF MAIN YEARS OF QINGHAI PROVINCE(1990—1998)

单位:亿元　Unit:100 million yuan

| 项目 | Item | 1990 | 1994 | 1995 | 1996 | 1997 | 1998 |
|---|---|---|---|---|---|---|---|
| **投资总额** | **Total Investment Value** | **22.25** | **45.20** | **55.58** | **77.66** | **97.66** | **116.38** |
| 国有经济 | State-owned Units | 19.92 | 39.45 | 45.15 | 64.42 | 76.24 | 89.01 |
| 基本建设 | Capital Construction | 14.17 | 27.84 | 31.41 | 48.36 | 58.54 | 69.10 |
| 跨省项目 | Inter-provincial Projects | 0.73 | — | 0.22 | — | 2.65 | 0.93 |
| 更新改造 | Innovation | 2.25 | 6.56 | 8.44 | 10.42 | 11.19 | 12.19 |
| 其他投资 | Other Investment | 3.18 | 3.95 | 3.39 | 3.61 | 4.53 | 4.63 |
| #房地产开发 | # Real Estate Development | 0.32 | 1.10 | 1.91 | 2.03 | 1.98 | 3.09 |
| 集体经济 | Collective-owned Units | 0.54 | 1.48 | 5.34 | 5.08 | 4.60 | 3.99 |
| 城镇 | Urban | 0.29 | 0.73 | 1.50 | 1.08 | 1.20 | 1.14 |
| 房地产开发 | Real Estate Development | — | 0.09 | 0.29 | 0. 21 | 0.09 | 0.37 |
| 农村 | Rural | 0.25 | 0.75 | 3.84 | 4.00 | 3.40 | 2.85 |
| 个体经济 | Individual Economic | 1.79 | 3.49 | 4.34 | 4.62 | 10.24 | 10.89 |
| 城镇居民 | Urban Residents | 0.32 | 0.43 | 0.83 | 0.88 | 6.54 | 6.70 |
| 农民 | Rural Residents | 1.47 | 3.06 | 3.51 | 3.74 | 3.70 | 4.19 |
| 其他各种经济 | Other Economic | — | 0.78 | 0.75 | 3.54 | 6.58 | 12.49 |
| 基本建设 | Capital Construction | — | 0.40 | 0.51 | 3.03 | 3.54 | 5.52 |
| 更新改造 | Innovation | — | 0.37 | 0.20 | 0.49 | 2.64 | 1.74 |
| 其他投资 | Other Investment | — | 0.01 | 0.03 | 0.02 | 0.01 | 0.04 |
| 房地产开发 | Real Estate Development | — | — | 0.01 | — | 0.39 | 5.19 |

45－1－5 续表(Continued)

| 项目 | Item | 1990 | 1994 | 1995 | 1996 | 1997 | 1998 |
|---|---|---|---|---|---|---|---|
| **构成** | **Grouped by Use of Funds** | **100.00** | **100.00** | **100.00** | **100.00** | **100.00** | **100.00** |
| 国有经济 | State－owned Units | 89.53 | 87.28 | 81.23 | 82.95 | 78.07 | 76.48 |
| 基本建设 | Capital Construction | 63.69 | 61.59 | 56.51 | 62.27 | 59.94 | 59.37 |
| 跨省项目 | Inter－provincial Projects | 3.28 | — | 0.40 | — | 2.71 | 0.80 |
| 更新改造 | Innovation | 10.11 | 14.51 | 15.19 | 13.42 | 11.46 | 10.47 |
| 其他投资 | Other Investment | 14.29 | 8.74 | 6.10 | 4.65 | 4.64 | 3.98 |
| 房地产开发 | Real Estate Development | 1.44 | 2.44 | 3.43 | 2.61 | 2.03 | 2.65 |
| 集体经济 | Collective－owned Units | 2.43 | 3.27 | 9.61 | 6.54 | 4.70 | 3.43 |
| 城镇 | Urban | 1.30 | 1.61 | 2.70 | 1.39 | 1.22 | 0.98 |
| 房地产开发 | Real Estate Development | — | 0.20 | 0.52 | 0.27 | 0.09 | 0.32 |
| 农村 | Rural | 1.13 | 1.66 | 6.91 | 5.15 | 3.48 | 2.45 |
| 个体经济 | Individual Economic | 8.04 | 7.72 | 7.81 | 5.95 | 10.49 | 9.36 |
| 城镇居民 | Urban Residents | 1.44 | 0.95 | 1.49 | 1.13 | 6.7 | 5.76 |
| 农民 | Rural Residents | 6.60 | 6.77 | 6.32 | 4.82 | 3.79 | 3.60 |
| 其他各种经济 | Other Economic | — | 1.73 | 1.35 | 4.56 | 6.74 | 10.73 |
| 基本建设 | Capital Construction | — | 0.89 | 0.92 | 3.90 | 3.63 | 4.74 |
| 更新改造 | Innovation | — | 0.82 | 0.36 | 0.63 | 2.70 | 1.05 |
| 其他投资 | Other Investment | — | 0.2 | 0.05 | 0.03 | 0.01 | 0.03 |
| 房地产开发 | Real Estate Development | — | — | 0.02 | — | 0.40 | 4.46 |

注:1. 其他各种经济包括了联营经济、股份有限公司、中外合资经营、中外合作经营与大陆合资经营、其他经济。

2. 个体经济投资数据为抽样调查推算数。

3. 城镇居民投资数据1998年以前为房屋竣工价值,1998年为投资额(房屋竣工价值为1.31亿元)。

Note: a) Other Economic includes joint－owned ventures, share holding companies, joint invested ventures, co－operative ventrues and other economic.

b) Data of Individual economic investment was estimated by sample survey.

c) Data of Urban resident investment was value of buildings completed before 1998, and was investment in 1998 (the value of buildings completed was 131 million yuan).

# 45-2-1　青海全省竣工房屋面积(1996—1998年)

## FLOOR SPACE OF BUILDINGS COMPLETED OF QINGHAI PROVINCE(1996—1998)

单位:万平方米　Unit:10000 sq.m

| 项目<br>Item | 1996 | | 1997 | | 1998 | |
|---|---|---|---|---|---|---|
| | 合计<br>Total | #住宅<br># Residence | 合计<br>Total | #住宅<br># Residence | 合计<br>Total | #住宅<br># Residence |
| **总计<br>Total** | **366.33** | **246.98** | **394.20** | **289.12** | **490.88** | **373.43** |
| 国有经济<br>State-owned Units | 150.08 | 91.08 | 177.92 | 113.14 | 246.94 | 174.03 |
| 基本建设<br>Capital Construction | 102.32 | 55.86 | 136.86 | 86.73 | 179.80 | 121.17 |
| 更新改造<br>Innovation | 26.48 | 16.57 | 22.24 | 10.28 | 9.75 | 3.45 |
| 其他投资<br>Other Investment | 0.16 | — | 0.04 | — | — | — |
| 房地产开发业<br>Real Estate Development | 21.12 | 18.65 | 18.78 | 16.13 | 57.39 | 49.41 |
| 集体经济<br>Collective-owned Units | 27.35 | 4.82 | 14.31 | 3.03 | 17.98 | 3.21 |
| 城镇<br>Urban | 3.64 | 1.76 | 4.57 | 1.25 | 5.28 | 2.93 |
| 房地产开发<br>Real Estate Development | 0.81 | 0.79 | 1.24 | 1.23 | — | — |
| 农村<br>Rural | 22.90 | 2.27 | 8.32 | 0.55 | 12.70 | 0.28 |
| 个体经济<br>Individual Economic | 179.67 | 148.17 | 187.85 | 163.10 | 225.96 | 196.19 |
| 城镇<br>Urban | 29.26 | 25.27 | 39.92 | 32.20 | 27.87 | 23.82 |
| 农村<br>Rural | 150.41 | 122.90 | 147.93 | 130.90 | 198.09 | 172.37 |
| 其他各种经济<br>Other Economic | 9.23 | 2.91 | 14.12 | 9.85 | — | — |
| 基本建设<br>Capital Construction | 6.42 | 0.81 | 10.88 | 8.57 | — | — |
| 更新改造<br>Innovation | 2.81 | 2.10 | 2.88 | 0.94 | — | — |
| 其他投资<br>Other Investment | — | — | 0.02 | — | — | — |
| 房地产开发<br>Real Estate Development | — | — | 0.34 | 0.34 | — | — |

# 45-2-2 青海全省商品房屋售租情况(1998年)

## SELLING AND LEASING OF COMMODITY BUILDINGS OF QINGHAI PROVINCE(1998)

| 项目<br>Item | 实际销售(平方米)<br>Floor Space Actually Sold (sq.m) | 预售(平方米)<br>Floor Space Pre-sold (sq.m) | 空置(平方米)<br>Floor Space Vacant (sq.m) | 出租(平方米)<br>Floor Space for Leasing (sq.m) | 实际销售额(万元)<br>Sales of Buildings Actually Sold (10000 yuan) |
|---|---|---|---|---|---|
| 房屋面积合计<br>Total Floor Space | 127822 | 128446 | 156630 | 27952 | 16225 |
| 外销(租)<br>Selling(Leasing) Externally | — | — | — | 1000 | — |
| 对个人<br>To Individuals | 61106 | 32553 | — | 2000 | 9119 |
| 住宅<br>Residence | 122961 | 107965 | 141634 | 2000 | 15423 |
| 别墅、高档公寓<br>Villa, High-grade Apartment | — | — | — | — | — |
| 安居工程<br>Welfare Projects | 5101 | 32188 | — | — | 688 |
| 对个人<br>To Individuals | 58516 | 8473 | — | 2000 | 8819 |
| 办公楼<br>Office | 2200 | 2100 | 8507 | — | 197 |
| 商业营业用房<br>Commerce0 | 2661 | 15696 | 3492 | 25952 | 605 |
| 其他<br>Others | — | 2685 | 2937 | — | — |

# 45-3-1　青海全省建筑业企业主要经济指标(1998年)

MAJOR ECONOMIC INDICATORS OF CONSTUCTION ENTERPRISES OF QINGHAI PROVINCE(1998)

| 项目 | Item | 单位 | Unit | 总计 Total |
|---|---|---|---|---|
| 企业个数 | Number of Construction Enterprises | 个 | number | 215 |
| 建筑业总产值 | Gross Output Value | 千元 | 1000 yuan | 3555762 |
| 建筑工程 | Construction Projects | 千元 | 1000 yuan | 2974206 |
| 安装工程 | Installation Projects | 千元 | 1000 yuan | 524305 |
| 房屋构筑的修理 | Buildings Repair and Maintenance | 千元 | 1000 yuan | 33771 |
| 非标准设备制造 | Non-standard Equipment Manufacturing | 千元 | 1000 yuan | 23480 |
| 竣工产值 | Completion Output Value | 千元 | 1000 yuan | 1786129 |
| 单位工程施工个数 | Number of Projects under Construction | 个 | number | 2685 |
| #本年新开工个数 | # Number of Projects Newly Starting This Year | 个 | number | 1944 |
| #投资承包个数 | # Projects Contracted by Bidding | 个 | number | 1713 |
| 单位工程竣工个数 | Number of Projects Completed | 个 | number | 1706 |
| 竣工的优良单位工程个数 | Number of High Quality Projects Completed | 个 | number | 725 |
| 房屋建筑施工面积 | Floor Space under Construction | 平方米 | sq.m | 4288096 |
| #本年新开工面积 | # Floor Space Newly Starting This Year | 平方米 | 10000sq.m | 2550292 |
| #投标承包面积 | # Floor Space Contracted by Bidding | 平方米 | sp.m | 3158502 |
| 房屋建筑竣工面积 | Floor Space Completed | 平方米 | sq.m | 1900903 |
| 房屋建筑优良工程竣工面积 | Floor Space of High Quality Projects Completed | 平方米 | sq.m | 621227 |
| 自有机械设备年末总台数 | Total Number of Machinery and Equipment Self-owned at Year-end | 台 | sets | 29637 |
| 自有机械设备年末总功率 | Total Power of Machinery and Equipment Self-owned at Year-end | 千瓦 | 1000 kw | 521004 |
| #施工机械功率 | # Power of Construction Machines | 千瓦 | 1000 kw | 397911 |
| 自有机械设备净值 | Net Value of Machinery Equipment Self-owned | 千元 | 1000 yuan | 581609 |

# 45-4-1 西宁市城市建设用地情况(1990—1998年)

## LAND FOR CITY CONSTRUCTION OF XINING CITY(1990—1998)

| 项目<br>Item | 单位<br>Unit | 1990 | 1991 | 1992 | 1993 | 1994 | 1995 | 1996 | 1997 | 1998 |
|---|---|---|---|---|---|---|---|---|---|---|
| 市区人口<br>Urban Population | 万人<br>10000persons | 65.0 | 65.6 | 66.1 | 66.4 | 67.3 | 68.3 | 69.4 | 70.16 | 70.86 |
| #非农业人口<br># Non-agriculture | 万人<br>10000persons | 55.0 | 55.7 | 56.1 | 56.2 | 56.7 | 57.8 | 58.7 | 59.52 | 60.07 |
| 市区面积<br>Urban Area Space | 平方公里<br>sq.km | 350 | 350 | 350 | 350 | 350 | 350 | 350 | 350 | 350 |
| 建成区面积<br>Space of Constructed Area | 平方公里<br>sq.km | 51.5 | 51.6 | 52.0 | 52.1 | 52.3 | 52.8 | 52.8 | 59.79 | 59.79 |
| 城市建设用地面积<br>Space of Land for Urban Construction | 平方公里<br>sq.km | 51.5 | 51.6 | 52.0 | 52.1 | 52.3 | 52.7 | 52.8 | 59.79 | 59.79 |
| 工业用地<br>Industrial Land | 平方公里<br>sq.km | 10.5 | 10.5 | 10.7 | 10.7 | 10.7 | 10.7 | 10.7 | 10.75 | 10.75 |
| 仓储用地<br>Warehouse Land | 平方公里<br>sq.km | 2.6 | 2.7 | 2.7 | 2.7 | 2.7 | 2.7 | 2.7 | 2.71 | 2.71 |
| 对外交通用地<br>Traffic Land | 平方公里<br>sq.km | 5.8 | 5.9 | 5.9 | 5.9 | 5.9 | 6.4 | 6.4 | 6.46 | 6.46 |
| 生活居住用地<br>Residential Living | 平方公里<br>sq.km | 21.8 | 21.9 | 22.0 | 22.0 | 22.2 | 22.2 | 22.2 | 22.2 | 22.6 |
| 其他城建用地<br>Other Urban Construction | 平方公里<br>sq.km | 10.7 | 10.7 | 10.7 | 10.8 | 10.8 | 10.8 | 10.8 | 17.67 | 17.67 |
| 本年征用土地面积<br>Space of Land Requisite This Year | 平方公里<br>sq.km | — | 0.11 | 0.3 | 0.1 | 0.58 | 0.07 | 0.07 | 0.25 | 0.25 |

# 第四十六章　宁夏回族自治区房地产统计

# CHAPTER 46　REAL ESTATE STATISTICS OF NINGXIA HUI NATIONALITY AUTONOMOUS REGION

# 46－1－1 宁夏全区房地产开发综合统计(1999年)

## COMPOSITE STATISTICS OF REAL ESTATE DEVELOPMENT OF NINGXIA REGION(1999)

| 项目 | Item | 合计 Total |
|---|---|---|
| 一、房地产开发投资额(亿元) | **Investment Value of Real Estate Development（100 million yuan）** | |
| 住宅 | Residence | 7.48 |
| 办公楼 | Office | 0.83 |
| 商业营业用房 | Commerce | 2.60 |
| 二、商品房销售额(亿元) | **Sale of Commercial Buildings(100 million yuan)** | 10.77 |
| 住宅 | Residence | 7.68 |
| 办公楼 | Office | 0.28 |
| 商业营业用房 | Commerce | 2.66 |
| 销售给个人 | Sold to Individuals | |
| 住宅 | Residence | 4.94 |
| 办公楼 | Office | — |
| 商业营业用房 | Commerce | — |
| 三、房地产开发资金来源(亿元) | **Funds Sources of Real Estate Development（100 million yuan）** | |
| 国家预算内资金 | State Budgetary Funds | 0.05 |
| 国内贷款 | Domestic Loans | 3.27 |
| 债券 | Bonds | — |
| 利用外资 | Foreign Investment | 0.01 |
| 自筹资金 | Fund Raising | 3.07 |
| 定金及预收款 | Deposits and Pre-charges | — |

46－1－1 续表（Continued）

| 项目 | Item | 合计 Total |
|---|---|---|
| 其他资金 | Others | 6.93 |
| **四、房地产开发面积（万平方米）** | **Floor Space of Real Estate Development**（10000 sq.m） | |
| 商品房施工面积 | Floor Space of Commercial Buildings under Construction | 209.65 |
| 住宅 | Residence | 156.84 |
| 办公楼 | Office | 13.47 |
| 商业营业用房 | Commerce | 35.37 |
| 商品房新开工面积 | Floor Space of Commercial Buildings Newly Starting | 135.3 |
| 住宅 | Residence | 105.6 |
| 办公楼 | Office | 8.7 |
| 商业营业用房 | Commerce | 18.0 |
| 商品房竣工面积 | Floor Space of Commercial Buildings Completed | 124.2 |
| 住宅 | Residence | 93.82 |
| 办公楼 | Office | 8.21 |
| 商业营业用房 | Commerce | 19.87 |
| 商品房销售面积 | Floor Space of Commercial Buildings Sold | 76.7 |
| 住宅 | Residence | 64.0 |
| 办公楼 | Office | 1.6 |
| 商业营业用房 | Commerce | 10.4 |

# 46-1-2 宁夏全区房地产开发综合统计(1997—1998年)

## COMPOSITE STATISTICS OF REAL ESTATE DEVELOPMENT OF NINGXIA REGION(1997—1998)

| 项目 | Item | 单位 | Unit | 1997 | 1998 |
|---|---|---|---|---|---|
| 一、基本情况 | **Basic Conditions** | | | | |
| 开发公司个数 | Number of Development Companies | 个 | number | 80 | 95 |
| #国有 | # State-owned Units | 个 | number | 40 | 41 |
| 集体 | Collective-owned Units | 个 | number | 12 | 18 |
| 其他 | Other Economic Units | 个 | number | 28 | 36 |
| 年平均职工人数 | Annual Average Staff | 人 | person | 5039 | 6115 |
| 资产总计 | Total Assets | 万元 | 10000yuan | 183733 | 1245196 |
| 二、投资情况 | **Investments** | | | | |
| 本年计划投资 | Planned Investments This Year | 万元 | 10000yuan | 62641 | 119024 |
| 本年完成投资 | Completed Investments This Year | 万元 | 10000yuan | 60497 | 112982 |
| #商品房建设投资 | # Construction Investments on Commercial Buildings | 万元 | 10000yuan | 47341 | 101418 |
| 三、经营情况 | **Operations** | | | | |
| 经营总收入 | Total Operation Revenue | 万元 | 10000yuan | 46418 | 71836 |
| #土地转让收入 | # Land Conveyance Income | 万元 | 10000yuan | 256 | 46 |
| #商品房屋销售收入 | # Commercial Buildings Sales Income | 万元 | 10000yuan | 40579 | 67441 |
| #经营税金及附加 | # Taxes and Extra Charges | 万元 | 10000yuan | 2390 | 3422 |
| #利润总额 | # Total Profits | 万元 | 10000yuan | 1719 | 1032 |
| 四、销售情况 | **Sales** | | | | |
| 实际销售商品房屋面积 | Actually Sold Space | 万米$^2$ | 10000sq.m | 35.8 | 63.77 |
| #住宅 | # Residence | 万米$^2$ | 10000sq.m | 30.2 | 54.49 |
| #个人购买商品住房 | # Space Purchased by Individuals | 万米$^2$ | 10000sq.m | 20.6 | 42.74 |
| 商品房销售额 | Sales of Commercial Buildings | 万元 | 10000yuan | 46372 | 77272 |
| #住宅 | # Residence | 万元 | 10000yuan | 33636 | 51142 |
| 五、房屋建筑价值 | **Houses Construction Value** | | | | |
| 施工房屋面积 | Floor Space under Construction | 万米$^2$ | 10000sq.m | 126.6 | 207.91 |
| 竣工房屋面积 | Floor Space Completed | 万米$^2$ | 10000sq.m | 68.8 | 124.60 |
| 竣工房屋价值 | Value of Completed Buildings | 万元 | 10000yuan | 45023 | 84846 |
| 竣工房屋造价 | Cost of Completed Buildings | 元/米$^2$ | yuan/sq.m | 654.4 | 680.94 |

# 46-1-3　宁夏全区固定资产投资情况(1952—1998年)

INVESTMENT IN FIXED ASSETS OF NINGXIA REGION(1952—1998)

单位:万元　Unit:10000 yuan

| 年份 Year | 全社会固定资产投资额 Total Fixed Assets Investment Value | #基本建设投资 Capital Construcion Investment | #地方投资 Local | #更新改造投资 Innovation |
|---|---|---|---|---|
| 1952 | 502 | 502 | 464 | — |
| 1957 | 1536 | 1536 | 826 | — |
| 1958 | 9287 | 9287 | 5445 | — |
| 1965 | 14002 | 14002 | 4081 | — |
| 1970 | 24659 | 24659 | 15116 | — |
| 1975 | 24957 | 24957 | 19820 | — |
| 1977 | 31704 | 31704 | 17732 | — |
| 1978 | 42719 | 42246 | 16003 | — |
| 1979 | 41704 | 38486 | 21181 | 2892 |
| 1980 | 39758 | 30409 | 22198 | 8903 |
| 1981 | 36618 | 20143 | 13448 | 14341 |
| 1982 | 48041 | 27348 | 19988 | 15421 |
| 1983 | 56159 | 32992 | 20710 | 16352 |
| 1984 | 83565 | 45500 | 26497 | 17595 |
| 1985 | 136346 | 79413 | 42590 | 26493 |
| 1986 | 173469 | 93164 | 39095 | 39982 |
| 1987 | 193748 | 108563 | 36354 | 39422 |
| 1988 | 187891 | 87760 | 45153 | 44476 |
| 1989 | 175757 | 80681 | 41869 | 46943 |
| 1990 | 219603 | 113336 | 52612 | 52045 |
| 1991 | 288134 | 158334 | 63802 | 54523 |
| 1992 | 380942 | 196743 | 106031 | 79569 |
| 1993 | 526673 | 253662 | 143163 | 113741 |
| 1994 | 609780 | 328750 | 195913 | 144188 |
| 1995 | 701237 | 336000 | 169677 | 158960 |
| 1996 | 773191 | 418094 | 201893 | 177760 |
| 1997 | 881027 | 480045 | 251407 | 181646 |
| 1998 | 1086536 | 595030 | 406973 | 185925 |

# 46-4 宁夏全区城镇居民家庭居住情况(1992—1998年)

## HOUSING OF URBAN RESIDENTS OF NINGXIA REGION(1992—1998)

| 项目 Item | 1992 | 1993 | 1995 | 1996 | 1997 | 1998 |
|---|---|---|---|---|---|---|
| **一、平均每户居住面积(平方米) Residence Space Per Household(sq.m)** | | | | | | |
| 使用面积 Usage Space | 49.05 | 50.93 | 49.78 | 49.77 | 55.09 | 56.85 |
| 居住面积 Living Space | 36.18 | 37.26 | 36.06 | 35.91 | 40.27 | 42.51 |
| 辅助面积 Auxiliary Space | 12.87 | 13.67 | 13.72 | 13.76 | 14.82 | 14.34 |
| **二、按人均居住面积分组的各类家庭比重(%) Households Percentage Grouped by Per Capita Residence Space(%)** | | | | | | |
| 无房户 Houseless Households | — | 0.18 | — | — | — | — |
| 4平方米以下 Households with Less Than 4 sq.m | 0.18 | — | 0.36 | — | 0.17 | 0.17 |
| 4-6平方米 4-6sq.m | 6.00 | 4.91 | 4.91 | 5.00 | 2.80 | 2.59 |
| 6-8平方米 6-8sq.m | 17.27 | 15.64 | 16.18 | 17.00 | 12.13 | 11.36 |
| 8平方米以上 More Than 8 sq.m | 76.37 | 79.45 | 78.55 | 78.00 | 84.00 | 85.88 |
| **三、按自来水分组的各类家庭比重(%) Households Percentage Grouped by Tap Water(%)** | | | | | | |
| 无自来水 Households with No Tap Water | 3.83 | 2.55 | 1.64 | 2.00 | 3.19 | 2.96 |
| 独用自来水 Households Self-owned Tap Water | 91.97 | 94.36 | 94.91 | 95.00 | 95.75 | 96.53 |
| 公用自来水 Household Having Public Tap Water | 4.20 | 3.09 | 3.65 | 3.00 | 1.06 | 0.51 |

46－1－4 续表(Continued)

| 项目 Item | 1992 | 1993 | 1995 | 1996 | 1997 | 1998 |
|---|---|---|---|---|---|---|
| **四、按卫生设备分组的各类家庭比重(%) Households Percentage Grouped by Sanitary Equipment(%)** | | | | | | |
| 无卫生设备 Households with No Sanitary Equipment | 42.62 | 35.64 | 18.91 | 21.00 | 26.83 | 25.92 |
| 有浴室厕所 Households with Bathroom and Toilet | 15.48 | 16.55 | 20.36 | 20.00 | 9.74 | 13.95 |
| 有厕所无浴室 Households with Toilet But No Bathroom | 36.79 | 42.91 | 52.36 | 51.00 | 59.68 | 57.12 |
| 公有卫生设备 Households with Public Sanitary Equipment | 5.11 | 4.90 | 8.37 | 8.00 | 3.75 | 3.01 |
| **五、按燃料使用情况分组的家庭比重(%) Households Percentage Grouped by Using Gas(%)** | | | | | | |
| #液化石油气 # Liquefied Petroleum Gas | 25.32 | 31.64 | 56.73 | 58.00 | 63.70 | 66.67 |
| 煤 Coal | 72.31 | 64.00 | 37.09 | 39.00 | 29.16 | 26.73 |

# 46-2-1 宁夏全区主要建筑企业主要经济指标(1998年)

## MAJOR ECONOMIC INDICATORS OF MAIN CONSTRUCTION ENTERPRISES OF NINGXIA REGION(1998)

| 项目 | Item | 合计 Total |
|---|---|---|
| 建筑业企业个数(个) | Number of Construction Enterprises(number) | 433 |
| 职工人数(万人) | Number of Staff(10000 persons) | 8.0652 |
| 自有机械设备台数(万台) | Number of Machinery and Equipment Owned(10000 sets) | 3.3069 |
| 自有机械设备净值(亿元) | Net Value of Machinery and Equipment Owned(100 million yuan) | 6.35606 |
| 自有机械设备总功率(万千瓦) | Total Power of Machinery and Equipment Owned(10000 kw) | 56.4349 |
| 建筑业总产值(亿元) | Gross Output Value of Construction(100 million yuan) | 39.3603 |
| 建筑工程(亿元) | Construction(100million yuan) | 33.21238 |
| 安装工程(亿元) | Installation(100million yuan) | 5.55271 |
| 房屋构筑物修理(万元) | Buildings Repair and Maintenance(10000 yuan) | 5715.3 |
| 非标准设备制造(万元) | Non-standard Equipment Manufacturing(10000 yuan) | 236.8 |
| 对内销售产值(万元) | Output Value Selling to Domestic Market(10000 yuan) | 3638 |
| 竣工产值(万元) | Output Value of Completion(10000 yuan) | 316959.6 |
| 单位工程施工个数(个) | Number of Projects under Construction(number) | 3824 |
| 本年新开工 | Newly Starting This Year | 2975 |
| 投标承包个数 | Number of Projects by Tender | 1331 |
| #本年新开工 | Newly Starting This Year | 966 |
| 单位工程竣工个数(个) | Number of Projects Completed(number) | 2929 |
| 房屋建筑施工面积(万平方米) | Floor Space of Buildings under Construction(10000 sq.m) | 469.3153 |
| 本年新开工面积 | Newly Starting This Year | 326.3123 |
| 投标承包面积 | Space by Tender | 256.0299 |
| #本年新开工 | Newly Starting This Year | 186.6265 |
| 房屋建筑竣工面积(万平方米) | Floor Space of Buildings Completed(10000 sq.m) | 302.4695 |
| 优良工程竣工面积(万平方米) | Floor Space of High Quality Projects Completed(10000 sq.m) | 89.1203 |

# 第四十七章 新疆维吾尔自治区房地产统计

# CHAPTER 47 REAL ESTATE STATISTICS OF XINJIANG UIGUR AUTONOMOUS REGION

# 47－1－1 新疆全区房地产开发综合统计(1999年)

## COMPOSITE STATISTICS OF REAL ESTATE DEVELOPMENT OF XINJIANG REGION(1998)

| 项目 | Item | 合计 Total |
|---|---|---|
| 一、房地产开发投资额(亿元) | **Investment Value of Real Estate Development (100 million yuan)** | |
| 住宅 | Residence | 17.44 |
| 办公楼 | Office | 0.91 |
| 商业营业用房 | Commerce | 2.71 |
| 二、商品房销售额(亿元) | **Sale of Commercial Buildings(100 million yuan)** | 17.77 |
| 住宅 | Residence | 15.83 |
| 办公楼 | Office | 0.64 |
| 商业营业用房 | Commerce | 1.26 |
| 销售给个人 | Sold to Individuals | |
| 住宅 | Residence | 13.70 |
| 办公楼 | Office | — |
| 商业营业用房 | Commerce | — |
| 三、房地产开发资金来源(亿元) | **Funds Sources of Real Estate Development (100 million yuan)** | |
| 国家预算内资金 | State Budgetary Funds | — |
| 国内贷款 | Domestic Loans | 2.97 |
| 债券 | Bonds | — |
| 利用外资 | Foreign Investment | 0.58 |
| 自筹资金 | Fund Raising | 7.39 |
| 定金及预收款 | Deposits and Pre-charges | — |

47－1－1 续表(Continued)

| 项目 | Item | 合计 Total |
|---|---|---|
| 其他资金 | Others | 13.49 |
| **四、房地产开发面积(万平方米)** | **Floor Space of Real Estate Development** (10000 sq.m) | |
| 商品房施工面积 | Floor Space of Commercial Buildings under Construction | 343.38 |
| 住宅 | Residence | 295.62 |
| 办公楼 | Office | 10.04 |
| 商业营业用房 | Commerce | 34.33 |
| 商品房新开工面积 | Floor Space of Commercial Buildings Newly Starting | 212.7 |
| 住宅 | Residence | 194.8 |
| 办公楼 | Office | 4.8 |
| 商业营业用房 | Commerce | 12.5 |
| 商品房竣工面积 | Floor Space of Commercial Buildings Completed | 160.00 |
| 住宅 | Residence | 143.93 |
| 办公楼 | Office | 1.78 |
| 商业营业用房 | Commerce | 13.52 |
| 商品房销售面积 | Floor Space of Commercial Buildings Sold | 127.5 |
| 住宅 | Residence | 120.4 |
| 办公楼 | Office | 2.1 |
| 商业营业用房 | Commerce | 4.7 |

# 47-1-2 新疆全区房地产开发情况(1997—1998年)

## REAL ESTATE DEVELOPMENT OF XINJIANG REGION(1997—1998)

| 项目 | Item | 1997 | 1998 |
|---|---|---|---|
| **一、房地产开发投资额(万元)** | **Real Estate Development Investment Value (10000 yuan)** | **169906** | **148577** |
| #地方 | # Local | 135164 | 120519 |
| 商品房建设投资 | Investment in Commercial Buildings Construction | 147110 | 129858 |
| #地方 | # Local | 118727 | 106819 |
| 土地开发投资 | Investment in Land Development | 9066 | 15491 |
| #地方 | # Local | 8808 | 10837 |
| 按构成分 | Grouped by Use of Funds | | |
| 建筑工程 | Construction Projects | 120470 | 110155 |
| 安装工程 | Installation Projects | 12983 | 5319 |
| 设备工器具购置 | Purchase of Equipment and Instruments | 14485 | 6586 |
| 其他费用 | Others | 21968 | 26517 |
| 按工程用途分 | Grouped by Purpose of Projects | | |
| 住宅 | Residence | 81886 | 95225 |
| 办公楼 | Office | 25347 | 17394 |
| 商业营业用房 | Commerce | 41935 | 22027 |
| 其他 | Others | 20738 | 13931 |
| **二、房地产新增固定资产(万元)** | **Newly Added Real Estate Fixed Assets (10000 yuan)** | **113272** | **101681** |
| #地方企业 | # Local Enterprises | 83238 | 89887 |
| **三、本年购置土地面积(万平方米)** | **Land Area Purchased This Year(10000 sq.m)** | **45.29** | **63.59** |
| #地方企业 | # Local Enterprises | 41.38 | 53.03 |
| 完成开发土地面积 | Land Area Developed | 43.10 | 46.08 |
| #地方企业 | # Local Enterprises | 38.91 | 38.23 |
| **四、商品房屋施工面积(万平方米)** | **Floor Space of Commercial Buildings under Construction(10000 sq.m)** | **222.20** | **252.61** |

47－1－2 续表(Continued)

| 项 目 | Item | 1997 | 1998 |
|---|---|---|---|
| 住宅 | Residence | 144.50 | 188.38 |
| 办公楼 | Office | 25.16 | 20.63 |
| 商业营业用房 | Commerce | 47.68 | 40.72 |
| 其他 | Others | 4.87 | 2.87 |
| **五、商品房屋竣工面积(万平方米)** | **Floor Space of Commercial Buildings Completed(10000 sq.m)** | **93.56** | **94.28** |
| 住宅 | Residence | 73.32 | 79.92 |
| 办公楼 | Office | 10.80 | 6.60 |
| 商业营业用房 | Commerce | 6.93 | 6.23 |
| 其他 | Others | 2.51 | 1.53 |
| **六、商品房屋销售建筑面积(万平方米)** | **Floor Space of Commercial Buildings Sold (10000 sq.m)** | **55.43** | **83.29** |
| 住宅 | Residence | 52.48 | 75.97 |
| 办公楼 | Office | 1.28 | 3.42 |
| 商业营业用房 | Commerce | 0.98 | 3.46 |
| 其他 | Others | 0.69 | 0.44 |
| **七、竣工房屋造价(元/平方米)** | **Cost of Buildings Completed (yuan/sq.m)** | **1057** | **983** |
| **八、商品房屋销售额(万元)** | **Sales of Commercial Buildings(10000 yuan)** | **75110** | **124900** |
| 住宅 | Residence | 67585 | 105326 |
| #销售给个人 | # Sold to Individuals | 45778 | 68151 |

# 47-1-3 新疆各地市商品房施工、竣工房屋建筑面积(1998年)

## FLOOR SPACE OF COMMODITY BUILDINGS UNDER CONSTRUCTION AND COMPLETED BY REGION OF XINJIANG REGION(1998)

| 地区 Region | 投资额(万元) Investment Value (10000 yuan) | 竣工房屋建筑面积(万平方米) Floor Space Completed (10000 sq.m) | 住宅 Residence | 商品房屋销售面积(万平方米) Floor Space Sold (10000 sq.m) | 住宅 Residence |
|---|---|---|---|---|---|
| **总计 Total** | **148577** | **94.28** | **79.92** | **94.28** | **79.92** |
| 乌鲁木齐市 | 101067 | 48.83 | 38.33 | 48.83 | 38.33 |
| 克拉玛依市 | 1346 | 0.99 | 0.88 | 0.99 | 0.88 |
| 石河子市 | 5829 | 7.27 | 6.35 | 7.27 | 6.35 |
| 吐鲁番地区 | 222 | 0.43 | 0.43 | 0.43 | 0.43 |
| 哈密地区 | 1423 | 2.05 | 1.95 | 2.05 | 1.95 |
| 昌吉回族自治州 | 10382 | 13.04 | 12.59 | 13.04 | 12.59 |
| 伊犁哈萨克自治州 | 10872 | 13.16 | 12.32 | 13.16 | 12.32 |
| 奎屯市 | 1023 | 0.87 | 0.63 | 0.87 | 0.63 |
| 伊犁地区 | 6388 | 8.77 | 8.42 | 8.77 | 8.42 |
| 塔城地区 | 1900 | 1.47 | 1.47 | 1.47 | 1.47 |
| 阿勒泰地区 | 1561 | 2.05 | 1.8 | 2.05 | 1.8 |
| 博尔塔拉蒙古自治州 | 191 | — | — | — | — |
| 巴音郭楞蒙古自治州 | 13304 | 6.42 | 5.32 | 6.42 | 5.32 |
| 阿克苏地区 | 1507 | 1.25 | 1.13 | 1.25 | 1.13 |
| 克孜勒苏柯尔克孜自治州 | — | — | — | — | — |
| 喀什地区 | 2434 | 0.85 | 0.62 | 0.85 | 0.62 |
| 和田地区 | — | — | — | — | — |

# 47－1－4 新疆全区城镇及工矿区私人建房情况(1985—1998年)

## BUILDINGS CONSTRUCTION BY INDIVIDUALS IN CITIES, TOWNS AND INDUSTRIAL AND MINING AREAS OF XINJIANG REGION(1985—1998)

| 年份<br>Year | 建房户数(户)<br>Households Constructing Buildings (unit) | 竣工房屋建筑面积(万平方米)<br>Floor Space of Buildings Completed (10000sq.m) | #住宅<br># Residence | 竣工房屋价值(万元)<br>Value of Buildings Completed (10000yuan) | #住宅<br># Residence |
|---|---|---|---|---|---|
| 1985 | 12577 | 93.17 | 82.28 | 4926 | 4477 |
| 1986 | 14522 | 126.90 | 95.40 | 8812 | 6852 |
| 1987 | 9588 | 82.90 | 68.20 | 6631 | 5074 |
| 1988 | 11527 | 119.50 | 99.50 | 10974 | 9323 |
| 1989 | 9302 | 98.70 | 86.10 | 10570 | 8992 |
| 1990 | 8875 | 88.09 | 76.75 | 10698 | 8890 |
| 1991 | 6412 | 68.74 | 53.36 | 7637 | 6923 |
| 1992 | 8370 | 85.03 | 73.30 | 14709 | 11925 |
| 1993 | 17762 | 190.32 | 179.31 | 29210 | 25414 |
| 1994 | 10466 | 121.25 | 103.77 | 34171 | 27885 |
| 1995 | 13496 | 160.51 | 123.06 | 52330 | 37374 |
| 1996 | 13311 | 163.27 | 138.90 | 59513 | 48050 |
| 1997 | 13481 | 143.24 | 123.67 | 56774 | 47141 |
| 1998 | 13135 | 151.45 | 129.16 | 60390 | 50028 |

# 47-1-5 新疆区内各地市固定资产投资情况(1998年)

## INVESTMENT IN FIXED ASSETS BY REGION OF XINJIANG REGION(1998)

单位:万元 Unit:10000 yuan

| 地区 Region | 合计 Total | 基本建设 Capital Construction | 更新改造 Innovation | 商品房 Commercial Buildings | 其他 Others | 城镇个人 Urban Individuals |
|---|---|---|---|---|---|---|
| **全区总计 Total** | **4659794** | **3320951** | **760914** | **148577** | **368962** | **60390** |
| 乌鲁木齐市 | 1044852 | 650136 | 254820 | 101067 | 31508 | 7321 |
| 克拉玛依市 | 763154 | 416642 | 141956 | 1346 | 203210 | — |
| 石河子市 | 92854 | 34997 | 51338 | 5829 | 589 | 101 |
| 吐鲁番地区 | 216889 | 204945 | 5710 | 222 | 3077 | 2935 |
| 哈密地区 | 84895 | 57580 | 18381 | 1423 | 2620 | 4891 |
| 昌吉回族自治州 | 257002 | 136803 | 89811 | 10382 | 14410 | 5596 |
| 伊犁哈萨克自治州 | 404470 | 295442 | 67424 | 10872 | 15120 | 15612 |
| 奎屯市 | 60596 | 51148 | 7048 | 1023 | 1037 | 330 |
| 伊犁地区 | 116115 | 75629 | 18933 | 6388 | 7676 | 7489 |
| 塔城地区 | 120948 | 71339 | 35359 | 1900 | 5667 | 6683 |
| 阿勒泰地区 | 106821 | 97326 | 6084 | 1561 | 740 | 1110 |
| 博尔塔拉蒙古自治州 | 52217 | 27440 | 15155 | 191 | 8326 | 1105 |
| 巴音郭楞蒙古自治州 | 644762 | 506073 | 46816 | 13304 | 70335 | 8234 |
| 阿克苏地区 | 195961 | 130856 | 48351 | 1507 | 11127 | 4120 |
| 克孜勒苏州 | 19616 | 16277 | 233 | — | 204 | 2902 |
| 喀什地区 | 132736 | 101618 | 14884 | 2434 | 8128 | 5672 |
| 和田地区 | 63013 | 54769 | 6035 | — | 308 | 1901 |

# 47－2－1　新疆全区建筑施工企业主要经济指标(1998年)

MAJOR ECONOMIC INDICATORS OF CONSTRUCTION ENTERPRISES OF XINJIANG REGION(1998)

| 项目 | Item | 合计 Total |
|---|---|---|
| 施工企业单位数(个) | Number of Costruction Enterprises(number) | 682 |
| 年底全部职工实有人数(万人) | Number of All of The Staff at Year-end(10000 persons) | 22.14 |
| 全部职工年平均人数(万人) | Annual Average Persons of All of The Staff(10000 persons) | 30.08 |
| 年底自有固定资产原值(万元) | Original Value of Fixed Assets Self-owned at Year-end (10000 yuan) | 586000 |
| 年底自有固定资产净值(万元) | Net Value of Fixed Assets Self-owned at Year-end(10000 yuan) | 399995 |
| 年底自有机械设备台数(万台) | Sets of Machinery and Equipment Owned at Year-end (10000 sets) | 7.26 |
| 年底自有机械设备净值(万元) | Net Value of Machinery and Equipment Self-owned at Year-end (10000 yuan) | 164157 |
| 年底自有机械设备总功率(万千瓦) | Total Power of Machinery and Equipment Self-owned at Year-end (10000 kw) | 147.56 |
| 总产值(万元) | Gross Output Value(10000 yuan) | 1434787 |
| 增加值(万元) | Added Value(10000 yuan) | 296444 |
| #本年固定资产折旧(万元) | # Depreciation of Fixed Assets This Year(10000 yuan) | 30169 |
| 施工面积(万平方米) | Floor Space under Construction(10000 sq.m) | 1662.36 |
| 竣工面积(万平方米) | Floor Space Completed (10000 sq.m) | 879.67 |
| 利润总额(万元) | Total Profits(10000 yuan) | －5875 |
| 利税总额(万元) | Total Pre-tax Profits(10000 yuan) | 37596 |
| 全员劳动生产率(元/人) | Overall Labor Productivity(yuan/person) | |
| 按总产值计算 | In Terms of Total Output Value | 47698 |
| 按增加值计算 | In Terms of Added Value | 9855 |
| 技术装备率(元/人) | Value of Machines Per Laborer(yuan/person) | 7415 |
| 动力装备率(千瓦/人) | Power of Machines Per Laborer(kw/person) | 7 |
| 房屋建筑面积竣工率(%) | Rate of Completion of Floor Space(%) | 53 |
| 工程质量优良品率(按工程个数计算)(%) | Rate of High Quality Projects (In Terms of Number of Projects)(%) | 29.6 |
| 产值利润率(%) | Ratio of Profits to Output Value(%) | －0.4 |
| 产值利税率(%) | Ratio of Pre-tax Profit to Output Value(%) | 2.6 |

附　录

Appendix

# 主要统计指标解释

## EXPIANATORY NOTES ON MAIN STATISTICAL INDICATORS

1. **房地产开发投资**　由各种经济类型的房地产开发公司、商品房建设公司,以及其他房地产开发单位统一开发的,包括统代建、拆迁还建的住宅、厂房、仓库、饭店、宾馆、度假村、写字楼、办公楼等房屋建筑物和配套的服务设施、土地开发工程,如道路、给水、排水、供电、供热、通讯、平整场地等基础设施工程的投资。非房地产企业实际从事房地产开发或经营活动的也包括在内,但不包括单纯的土地交易活动。

**Investment in Real Estate Development** includes the investment by the real estate development companies, commercial buildings construction companies and other real estate development units of various types of ownership in the construction of house buildings , such as residential buildings , factory buildings , warehouses, hotels , guesthouses, holiday villages , office buildings and the complementary service facilities and land development projects of infrastructure . It covers the activities of the non-real estate companies in real estate development or management , but excludes the activities in simple land transactions.

2. **房屋建筑面积**　是从房屋的外墙线算起,包括房屋结构(如墙、柱)占用面积和地下室的面积,但不包括天井、台阶等占用的面积。凹阳台、挑阳台按其水平投影面积一半计算建筑面积。多层建筑,按各层平面面积总和计算。

**Floor Space of Buildings** refers to total floor space in each story of buildings calculated from the outside line of building walls , including the area occupied by construction like pillars or walls and basements , but not the Space of small yard and perron. Space of caved -in balcony and protruding balcony is measured by half of their floor space . Multi-story building is included in total floor space of each floor.

3. **施工和竣工房屋建筑面积**　房屋建筑面积是从房屋外墙线算起的各层平面面积的总和,包括房屋结构(如柱、墙)占有的面积和地下室面积。多层建筑按各自然层面积总和计算,包括房屋内的楼隔层,突出墙面的眺望间、门斗、有柱雨罩的面积。不包括突出墙面结构的构件、艺术装饰等所占的面积,如台阶等。凹阳台、挑阳台按其水平投影面积一半计算建筑面积。

**Floor Space of Buildings under Construction and Copmleted** refers to total floor space in each story of buildings calculated from the outside line of builing includes the total floor space of each story, including area occupied by separating walls, watching rooms, doorways, and pillars, but excluding protruding wall structures, artistic decoration, etc. (for example, flight of steps). The space of recessed verand and tanticevered baloony is counted by half of the projection area.

4. **住宅建筑面积**　指施工和竣工房屋建筑面积中供居住用的施工和竣工房屋建筑面积。

**Floor Space of Residential Buildings** refers to the floor space of the residential buildings under construction and completed among the total space of buildings under construction and completed.

5. **竣工面积**　指在报告期内房屋建筑按照设计要求已全部完工,达到住人和使用条件,经验收鉴定合格,正式移交给使用单位的建筑面积。

**Floor Space Completed** refers to the floor space of buildings completed in the reference period, which have come up to the designed standards and have been put into use.

6. **住宅竣工建筑面积**　是指报告期内竣工的可供使用的住宅建筑面积。即按照住宅建筑设计要求在土建工程和房屋本身附属的水、电、卫生(设计中有煤气、暖气的应包括这部分)工程以及通风、电梯等设备已经全部完成,达到住人或使用条件,经验收合格正式交付给使用单位的建筑面积。

**Floor Space of Completed Housing** refers to construction area which are completed in the reference period and ready for use , that is , the floor space of buildings which , including the required water , electricity, toilets , ventilation , elevators , etc , are completed , satisfying the conditions of desired specification and have been checked , accepted by and formaliy delivered to users.

**7. 房屋建筑面积竣工率** 指一定时期内房屋竣工面积占同期房屋施工面积的比率。它是从房屋建筑施工速度的角度反映投资效果和建筑业经济效益的指标。

**Completion Rate of Floor Space of Buildings** refers to the ratio of the floor space of buildings completed in certain period of time to the floor space of buildings under construction in the same period, which reflects the investment result and economic efficiency of the construction industry from the angle of the speed of project construction.

**8. 建筑业总产值(即自行完成施工产值)** 指建筑业企业或附营建筑施工单位自行完成的按工程进度计算的建筑安装生产总值。建筑业产值包括:

①建筑工程产值:指列入建筑工程预算内的各种工程价值。

②设备安装工程产值:指设备安装工程价值。

③房屋、构筑物修理产值:指房屋、构筑物修理所完成的价值,但不包括被修理房屋、构筑物本身的价值和生产设备的修理价值。

④非标准设备制造产值:指加工制造没有定型的、非标准的生产设备的加工费和原材料价值,不论是现场还是附属加工厂为本单位承建工程制造的非标准设备的价值,都应计算产值。

**Gross Output Value of Construction (Output Value of Projects under Construction)** refers to the gross output value of construction and installation projects that are undertaken by construction enterprises or affiliated constructing units , calculated in line with the planned schedule. It includes:

(1) Output value of construction projects , that is the value of projects coverd by the project budgets;

(2) Output value of installation projects , that is the value of the installation of equipment;

(3) Output value of repair of buildings and structures , that is the value created through the repairs of buildings or structures , but does not include the value of buildings or structures being repaired and the value of the repair of production equipment;

(4) Output value of manufactured non-standard equipment , that is the value of non-standard production equipment (including raw materials and manufacturing cost ) made for the construction project, irrespective of whether the equipment is manufactured on the construction site or by subsidiary workshops.

**9. 建筑业增加值** 指建筑业企业在报告期内以货币表现的建筑业生产经营活动的最终成果。目前建筑业增加值采用分配法计算,即从收入的角度出发,根据生产要素在生产过程中应得的收入份额计算。具体计算公式为:

建筑业增加值 = 本年提取的固定资产折旧 + 应付工资 + 应付福利费 + 管理费用中的劳动待业保险金、税金 + 工程结算税金及附加 + 工程结算利润 - 转作奖金的利润。

**Value Added of Construction** refers to the final result of the activities of production and management of construction in monetary terms in the reference period . At present , the value added of construction is calculated with the method of distribution. In other words , it is the sum of income of various production factors in the production process. The formula is as follows:

Value added of construction = depreciation of fixed assets in the year + wages payable + welfare expenses payable + insurance premiun and tax for waiting for employment in the administrative expenses + taxes and surcharges on project settlement + profit gained from project settlement-profit used as bonus.

**10. 竣工产值** 指在报告期内,按照设计所规定的工程内容全部完成,达到了设计规定的交工条件,经有关部门检查验收鉴定合格的单位工程价值之和。

**Output Value of Construction Completed** refers to the total value of unit projects, which are completed in reference period, according to the project content defined by the design , satisfied the delivery specifications , checked and accepted by authorities concerned.

**11. 全员劳动生产率** 指报告期企业平均每个职工创造的增加值,反映企业生产技术水平、经营管理水平、职工技术熟练程度和劳动积极性的综合表现。

**Overall Labor Productivity** refers to average value added per staff and workers in a given period, which reflects comprehensive results of production technology, management , labor skill and initiative.

**12. 全社会固定资产投资** 固定资产投资是对社会固定资产再生产的主要手段。通过建造和购置固定资产的活动,国民经济不断采用先进技术装备,建立新兴部门,进一步调整经济结构和生产力的地区分布,增强经济实力,为改善人民物质文化生活创造物质条件。这对我国的社会主义现代化建设具有重要意义。

固定资产投资额是以货币表现的建造和购置固定资产活动的工作量,它是反映固定资产投资规模、速度、比例关系和使用方向的综合性指标。全社会固定资产投资包括国有经济单位投资、城乡集体经济单位投资、各种经济类型的单位投资和城乡居民个人投资。按照我国现行计划管理体制,国有经济单位固定资产投资总额分为基本建设、更新改造、商品房屋建设投资和其他固定资产投资四个部分;城乡集体经济单位投资包括城镇集体所有制单位投资和农村集体所有制单位投资;各种经济类型的单位投资包括联营经济、股份制经济、中外合资经营、中外合作经营、外资、与大陆合资经营、与大陆合作经营、港澳台独资及其他经济类型的单位投资。城镇居民个人投资包括城市、县城、镇、工矿区所辖范围内的个人建房和农村个人建房及购买生产性固定资产的投资。

**Total Investment In Fixed Assets** Investment in fixed assets in major means for social reproduction of fixed assets. In the process of capital construction and industrial modernization , more advanced technology and new equipment are adopted and new sectors are established , which promote the economic structure, production regional layout and productivity to improve people's livelihood and speed up our socialist modernization.

Value of investment in fixed assets refers to construction and purchase of fixed assets in terms of money, which reflects the size, pace, structure, and utilization of investment in fixed assets. Total investment in fixed assets includes investment by urban and rural residents. According to China's current planning and management system investment by state-owned units includes four parts, i.e. investment in capital construction, industrial modernization, construction of commercial building and residence, and others. Investment by units of various other kinds of ownership refers to investment by enterprises and institutions of joint ownership, share-hodling foreign ownership, ownership by overseas Chinese from Hong Kong, Macao and Taiwan and other ownership. Urban individual investment includes investment in individual-built housing and purchase of fixed assets for production purpose in areas of city, county, town and special mining zone and in rural areas.

**13. 固定资产投资额的分组** 为了从不同方面研究固定资产投资的使用情况,对投资额进行各种分组。

(1)按构成分组:固定资产投资活动按其工作内容和实现方式分为建筑安装工程,设备、工具、器具购置,其他费用三个部分。

①建筑安装工程(建筑工作量)指各种房屋、建筑物的建造工程和各种设备、装置的安装工程。包括各种房屋建造工程,各种用途设备基础和各种工业窑炉的砌筑工程;为施工而进行的各种准备工作和临时工程以及完工后的清理工作等;铁路、道路的铺设,矿井的开凿及石油管道的架设等;水利工程;防空地下建筑等特殊工程;各种机械设备的安装工程;为测定安装工程质量,对设备进行的试行工作。在安装工程中,不包括被安装设备本身的价值。

②设备、工具、器具购置指购置或自制达到固定资产标准的设备、工具、器具的价值,固定资产的标准按财务部门规定。新建单位、扩建单位的新建车间按照设计和计划要求购置或自制的全部设备、工具、器具,不论是否达到固定资产标准,均计入"设备、工具、器具购置"中。

③其他费用指除建筑安装工程和设备、工具、器具购置以外的投资完成额。它包括两种性质的费用,一种是属于增加固定资产的费用,主要有:建设单位管理费,土地、青苗等补偿费和安置补助费,勘察设计费,研究实验费,农林单位牲畜购置费,各种经济林木的营造费,办公和生活家具,器具购置费,引进技术和进口设备项目的其他费用,联合试运转费等;一种是属于不增加固定资产的费用,主要有:施工机械转移费,生产职工培训费,农业开荒费用及

报废工程损失费等。

(2)按用途分组:分为物质生产性建设和非物质生产性建设投资。

物质生产性建设是指直接用于物质生产或满足物质生产需要的建设,包括工业、建筑业和地质资源勘探,农林、水利、气象、运输邮电、商业和物资供销的建设;非物质生产性建设一般是指用于满足人民物质和文化生活福利需要的建设,包括住宅、科研、文化、教育、卫生、城市公用、生活服务事业,以及行政管理机关和团体的建设等。

(3)按建设性质分组:建设项目的性质一般分为新建、扩建、改建、迁建、恢复。基本建设按建设项目划分建设性质,更新改造、国民经济单位其他固定资产投资及城镇集体投资按整个企业、事业单位的建设情况确定建设性质。目前基本建设和更新改造是根据我国现行的计划管理体制区分的,所以基本建设和更新改造都可以分别按新建、扩建等划分。

①新建一般是指从无到有、"平地起家"新开始建设单位。有的单位原有基础很小,经过建设后其新增加的固定资产价值超过原有固定资产价值(原值)三倍以上的也算新建。

②扩建一般是指为扩大原有产品的生产能力,在厂内或其他地点增建主要生产车间(或主要工程)独立的生产线或总厂之下的分厂的企业;事业单位和行政单位在原单位增建业务用房(如学校增建教学用房、医院增建门诊部或病床用房、行政机关增建办公楼等)也作为扩建。

③改建一般是指现有企业、事业单位为了技术进步,提高产品质量,增加花色品种,促进产品升级换代,降低消耗和成本,加强资源综合利用和三废治理、劳保安全等,采用新技术、新工艺、新设备、新材料等,对现有设施、工艺条件进行技术改造或更新(包括相应配套的辅助性生产、生活福利设施)。有的企业为充分发挥现有生产能力,进行填平补齐而增建不增加本单位主要产品生产能力的车间等,也属于改建。

(4)按国民经济行业分组:按国民经济行业分组是按项目建设投产后的主要产品种类或工程主要用途及社会经济活动性质来确定。基本建设按建设项目划分国民经济行业,更新改造、国有经济单位其他固定资产投资及城镇集体投资根据整个企业、事业单位所属的行业来划分。一般情况下,一个建设项目或一个企业、事业单位只能属于一种国民经济行业。为了更准确地反映国民经济各行业之间的比例关系,联合企业(总厂)所属分厂属于不同行业的,原则上按分厂划分行业。

**Classification of Fixed Assets Investment** In order to study the utilization of fixed assets investment from different aspects , investment can be classified in the following ways:

(1) By structure refers three major parts of investment activities, i. e. construction and installation, purchase of equipment and instruments , and other expenses.

a. Construction and installation (workload of construction) refers to construction projects of various housing buildings and installation of various equipment and instruments , including construction of various house , equipment foundations and industrial kiln stoves , preparation work for project construction , and clearing up work, post project construction pavement of railways and roads, drilling of mines and construction of oil pipes , water conservancy, air defense underground constructions and other special projects , installation of oil pipes , water conservancy, air defense underground constructions and other special projects , installation of various machiney equiment , testing operation for protesting the quality of installation projects . The value of equipment installed in installation projects is not considered.

b. Purchase of equipment and instruments refers to total value of equipment tools , and vessels purchased of self-produced, which come up to standards for fixed assets, equipment tools and vessels purchased or self-produced , which come up to standards for fixed assets , equipment tools and vessels purchased or self-produced for new workshops by newly established or expanded units are categorized as"purchase of equipment and instruments"regardless of standards for fixed assets.

c. Other expenses refers to investment completed which are not included above . The category consists of two types of expenses one increases fixed assets, including administration expenses of construction units, compensation for land and plants, compensation for moving, and expenses on geological survey and design , reseach and test, purchase of animals by agricultural and forestry units , introduction of technology and imports of equipment , and joint protesting of projects; the other does not increase fixed assets , including expense on transportation of construction machinery , training for employees, reclamation of agricultural land , and loss for discarded projects.

(2) By function investment in material productive construction and non-material productive construction.

Material productive construction refers to construction directly or indirectly for material production, including the construction in industry, building construction, geological prospecting, farming , forestry , water conservancy, meteorology, transportation, commerce and materials and goods supply. Non-material productive construction refers to the construction for meeting the material and cultural needs, including construction in housing , scientific research, culture , education, healthcare, urban public utility, daily life service and government organizations and societies.

(3) By type of construction in general can be divided into three categories: new construction , expansion, transformation, replacement. Capital construction projects are classified according to the purposes of construction and investment in industrial modernization and other fixed assets are identified by the general types of construction. The current distinction between capital construction and industrial modernization are determined by China's current planning and management system, which are divided into new construction, expanstion, etc, respectively.

a. New construction in general refers to newly constructed units , in which value of newly added fixed assets exceeds the original one by three times . Expansion construction is considered as new construction.

b. Expansion refers to construction for increasing original product capacity , new major production workshop within factories or other location , independent production line , or branch factory under major factory. Newly constructed business housing for institutions and administrative organizations (such as newly constructed school buildings, clinics or beds in hospitals , and office buildings of administration, etc.) are classified in expansion.

c. Transformation refers to innovation to existing equipment and technical conditions undertaken by enterprises and institutions for the purposes of technology advancement, improvement in product quality, adding variety of products , promoting new generation of products, reducing production consumption and cost , promoting comprehensive utilization of resources , strengthening treatment of wasted water , gas and solids , and safety in production , ect, through new technologies and techniques , and new materials (including accessory production and living and welfare facilities ). Construction of new workshops for improving exsting production capacity (rather than increasing production capacity ) is also considered as transformaton.

(4) By branch of industry, investment projects can be classified by major products of those projects of the purpose of the projects , or the nature of their social economic activities. Investment in capital construction is classified according to the nature of the projects. Classification of technical up-dating , fixed assets investment in state-owned units and urban collective-owned units is determined by the industry the enterprises or institutions belong to . In general , one project or one enterprise of institution can only belong to one branch of industry . In order to reflect more accurately the proportions of various industries , branch factories which defer for their general factory in classification of industry are , in principle , classified according to their economic activities.

**14. 基本建设投资额** 基本建设是指国有企业、事业单位以扩大生产能力(或工程效益)为主要目的的新建、扩建工程及有关工作。

基本建设投资额是以货币表现的基本建设完成的工作量。它是反映一定时期内通过基本建设活动由实物量价值转化而成,是反映基本建设规模和建设进度的综合性指标。它根据工程的实际进度按预算价格(预算价格是编制施工图预算时所用的价格)计算的工作量。没有形成工程实体的建筑材料和没有开始安装的设备,都不计算投资完成额。

**Investment Value In Capital Construction** refers to investment in new projects or an addition to existing facilities for the purposes of expanding production capacity of improving efficiency of state-owned enterprises and institutions.

Value of capital construction investment refers to completed capital construction in terms of money , which reflects the size and progress of capital construction during a certain period of time . It is calculated at budget prices according to the actual completion of the project and therefore , construction materials and equipment which are not put into operation are not included.

**15. 更新改造投资额** 更新改造是指国有企业、事业单位对原有设施进行固定资产更新和技术改造,以及配套的辅助性生产、生活福利设施等工程和有关的工作。通过更新改造,提高社会综合经济效益和实现以内涵为主的扩大再生产。

更新改造投资额是以货币表现的更新改造完成的工作量。根据我国现行统计制度,基本建设和更新改造的划分是:(1)列入基本建设计划的项目作为基本建设投资,列入更新改造计划的项目作为更新改造投资;(2)更新改造计划与基本建设计划结合安排的项目及未列入计划的项目,根据工程性质分别作为基本建设投资或更新改造投资。属于对企业、事业单位原有设施进行技术改造或更新的项目和增建主要生产车间、分厂等,其新增生产能力或效益达到大中型标准的项目,以及由于城市环境保护和安全生产的需要进行的迁建工程,作为更新改造的投资。

**Investment Value in Innovation** refers to the investment in projects for renewing modernizing or replacing the existing assets and related supplementary projects . Through innovation , overall social efficiency is increased and intensive form of increased reproduction is realized.

Innovation value is determined by its workload in terms of money . According to China's current statistical system , the division between capital construction investment and innovation is: (1) projects which are listed in capital construction plan are identified as capital construction investment ; projects which are listed in industrial modernization plan are identified as capital construction investment; (2) projects which are in capital construction and innovation or not listed in specific plan are identified as either capital construction or innovation according to the nature of the projects. Projects for the purpose of renewing or transforming existing assets of enterprises and institutions and construction or major workshops or accessory plant and projects for the purposes of enviromental protection and safety in production are considered as innovation of the capacity or profitabiltiy of those projects have not reached the standards of large or medium scale.

**16. 其他固定资产投资** 是指按照国家规定不纳入基本建设、更新改造和房地产开发投资的建造和购置，其总投资在五万元以上的国有经济单位的其他固定资产投资，具体包括：用油田维护费和石油开发基金进行的油田维护和开发工程；矿山、森林等采掘采伐工业用维简费进行的开拓延伸工程；交通部门公路养路费对原有公路、桥梁进行改建的工程；商业部门用简易建筑费建造的仓库工程。

**Other Investment in Fixed Assets** refers to investment in fixed assets by state-owned units and valued above 50000 yuan , which is not included in capital construction and industrial modernization according to the state regulations , such as oilfield development projects using special oil-field development funds , development and expansion projects or mining and forestry departments using maintenance funds , road and bridge construction projects using road tolls , and warehouse construction of commerce department using simple construction funds.

**17. 施工项目** 指报告期内曾进行建筑或安装工程施工活动的建设项目。包括报告期内新开工项目，报告期以前开工跨入报告期继续施工的项目以及报告期施工过并在报告期内全部建设投产或停缓建的项目。

**Projects under Construction** refer to projects having construction and installation undertaken in the reference period, including projects started in the reference or continued from the previous , or completed and put into production or suspended in the reference period.

**18. 全部建成投产项目** 工业项目是指设计文件规定形成生产能力的主体工程及其相应配套的辅助设施全部建成，经负荷试运转，证明具备生产设计规定合格产品的条件，并经过验收鉴定合格或达到竣工验收标准，与生产性工程配套的生产福利设施可以满足近期正常生产的需要，正式移交生产的建设项目。非工业性项目是指设计文件规定的主体工程和相应的配套工程全部建成，能够发挥设计规定的全部效益，经验收鉴定合格或达到竣工验收标准，正式移交使用的建设项目。

**Projects Completed and Put into Use** Industrial projects refer to the major projects and accessory facilities completed , which result in forming production capacity and have been checked and accepted while welfare facilities have been completed and can ensure normal production and formally put into production . Non-industrial projects refer to the major projects and accessory facilities completed , which possess the designed capacity and have been checked , accepted and formally put into production.

**19. 新增固定资产(或称交付使用的固定资产)** 是指通过投资活动所形成的新的固定资产价值。包括已经建成投入生产或交付使用的工程价值和达到固定资产标准的设备、工具、器具的投资，以及有关应摊入的费用。新增固定资产价值包括交付使用工程的全部价值，即包括交付使用工程的报告期内完成的投资和报告期以前完成的投资的全部价值在内。

**Newly Increased Fixed Assets** refer to value of new fixed assets through investment , which includes projects completed and put into production, investment in equipment , tools and instruments considerd as fixed assets and relevant expenses. Value of newly increased fixed assets covers total value of completed projects , including total value of investment incurred in the report period when the projects are completed and investment incurred in the previous periods.

**20. 固定资产交付使用率** 是指一定时期新增固定资产与同期完成投资额的比例。它是从投资额中形成固定资产的比例来反映投资的建设速度,衡量建设过程中投资效果的一个综合性指标。计算公式为:

$$固定资产交付使用率 = \frac{新增固定资产}{固定资产投资额} \times 100\%$$

**Rate of Projects of Fixed Assets Completed and Put into Operation** refers to ratio of newly increased fixed assets to total investment completed in the same period, which is a comprehensive indicator reflection construction speed of investment by the ratio of formed fixed assets to investment and efficiency of investment.

The formula is

$$\text{Rate of Projects of Fixed Assets Completed and Put into Operation} = \frac{\text{Newly Increased Fixed Assets}}{\text{Fixed Assets Investment}} \times 100\%$$

**21. 新增生产能力(或工程效益)** 是指通过固定资产投资活动而增加的设计能力或工程效益,它是用实物形态表示的固定资产投资的成果。

新增生产能力的数量,原则上应按工程的设计(或计划)能力计算,但以设备数量、建筑物容积、面积或长度表示的新增生产能力(或工程效益)则按实际建成数量计算。

新增生产能力(或工程效益)一般有如下四种表现形式:

(1)以建设项目或单项工程在单位时间内(一般是一年)所能生产的产品数量来表示,如炼钢、化肥、化纤、汽车等的新增生产能力都是用年产量来表示的;

(2)以建设项目或单项工程在单位时间内所能处理的原料数量来表示,如炼油工程年处理原油能力;

(3)以新增主要设备的数量或容量来表示,如棉纺纺绽枚数、织布机台数、发电机组容量等;

(4)非工业部门新增工程效益,一般用建筑物容积、容量、面积、长度表示,如公路里程、水库容量、仓库容量、房屋建筑面积等;或按社会提供的效益表示,如学校学生名额、医院床位、灌区灌溉面积等。

**Newly Increased Production Capacity (or Project Efficiency)** refers to the increase in designed capacity and project efficiency through investment in fixed assets, reflecting the accomplishment of investment in fixed assets in physical form. Measurement of newly increased production capactity is, in principle, based on the designed or planned capacity of the projects, but newly increased production capacity measured by the quantity of equipment, volume, area or length of buildings if worked out by the actually completed quantities.

There are four types of newly increased production capacity:

(1) measured by quantity of output produced by construction projects of single project within certain period of time (usually one year), such as steel, chemical fertilizer, chemical fiber, car, etc:

(2) measured by quantity of raw materials processed by construction projects or single project within certain period of time (usually one year), such as oil refining;

(3) measured by quantity or volume of newly increased major equipment, such as cotton spindles, cloth weaving machines, electricity generating sets;

(4) measured by infrastructrue, usually in volume, area, length of structure, such as roads, reservoirs, warehouses, buildings, or by services provided to the public, such as school seats, hospital beds and irrigated area.

**22. 外商直接投资** 是指外国企业在经济组织或个人(包括华侨、港澳台同胞以及我国在境外注册的企业)按我国有关政策、法规,用现汇、实物、技术等在我国境内开办独资企业、与我国境内的企业或经济组织共同举办中外合资经营企业、合作经营企业或合作开发资源的投资以及客商投资收益的再投资。在浦东新区,外商直接投资方式主要有:(1)中外合资企业,(2)中外合作经营企业,(3)外商独资企业,(4)B股项目。

**Direct Foreign Investment** refers to the legal investment, in types of foreign exchange, physical substance and/or technology, by foreign enterprises, economic organizations or individual (including overseas Chinese, people from Hong Kong, Macao, Taiwan and Chinese enterprises, enterprises which are registered overseas). Foreign direct investment includes investment in solely foreign funded enterprises in China, Sino-foreign joint ventures, cooperative operating enterprises, investment in cooperatively exploiting natural and reinvestment of foreign investors . In Pudong New Area , main types of foreign direct investment are (1) Sino-foreign joint-ventures, (2) cooperative operating enterprises, (3) solely foreign funded enterprises. (4) Bshare-holding corporations.

**23. 外商实际投资** 是指按合同(章程)规定,外商以现金、实物及专有技术等工业产权计价的全部实缴资本额,包括经有关部门批准,外商用于扩大再生产、发展企业规模或补充基本建设资金不足而投入的追加资金。外商的实缴资本额一律折成美元计算。

**Actual Investment of Foreign Investors** refers to all foreign investors paid-in capital, in cash , in kind or in special technique , based on contracts , which includes the additional funds used for extenstional reproduction , expanding enterprise scale or complements to capital construction . All the foreigners' paid -in capital is measured by or converted to US dollars.

**24. 城市基础设施投资** 包括第二产业中电力、煤气及水的生产和供应业;第三产业中的交通运输和邮电通信业、市内交通、园林绿地、环境卫生、市政工程、公共服务业的投资。

**Investment in Urban Infrastructure** refers to the investment in production and supply of power , gas and tap water in the secondary industry and water conservancy , railway transportation, highway transportation , pipeline transportation , air transportation , post and telecommunications , public services , environmental protection investment in the tertiary industry.

**25. 公共绿地** 指供游览休息的各种公园、动物园、植物园、陵园以及花园、游园和供游览休息用的林荫道绿地、广场绿地。不包括一般栽植的行道树及林荫道的面积。

**Public Green Space** refers to green spaces of various parks , zoos , botanical gardens, cemeterise , amusement parks, treeflanked boulevards green-land squares for tourism and relaxation. Spaces with trees planted alongside the steets and boulevards are excluded.

**26. 工业废水排放量** 指经过企业厂区所有排放口排到企业外部的工业废水量。包括生产废水、外排的直接冷却水、超标排放的矿井地下水和与工业废水混排的厂区生活污水,不包括外排的间接冷却水(清污不分流的间接冷却水应计算在内)。

**Volume of Industrial Waste Water Discharged** refers to the volume of industrial waste water discharged , through all outlets , to the outside of industrial enterprises, including waste water produced , direct-cooling water , underground water from mines that does not meet the standard of discharge , and the domestic sewage mixed up with industrial waste water when discharged , but excluding discharged indirect-cooling water.

**27. 国内生产总值** 是按市场价格计算的国内生产总值的简称。它是一个国家(地区)所有常住单位在一定时期内生产活动的最终成果。国内生产总值有三种表现形态,即价值形态、收入形态和产品形态。从价值形态看,它是所有常住单位在一定时期内所生产的全部货物和服务价值超过同期投入的全部非固定资产货物和服务价值的差额,即所有常住单位的增加值之和;从收入形态看,它是所有常住单位在一定时期内所创造并分配给常住单位和非常住单位的初次分配收入之和。从产品形态看,它是最终使用的货物和服务减去进口货物和服务的差额。在实际核算中,国内生产总值的三种表现形态表现为三种计算方法,即生产法、收入法和支出法。三种方法分别从不同的方面反映国内生产总值及其构成。

**Gross Domestic Product** refers to gross domestic product calculated at market price, which is all the final products of resident units(enterprises and self-employed individuals) of a country (or region) during a certain period of time. Gross Domestic Product is presented in three different forms, i.c. value added, income, and products respectively. The form value refers to the total value of all products and services produced by all resident units during a certain period of time minus total value of non – fixed assets materials and services or the summation of the value added of all resident units, the form of income includes all the income items produced by all resident units and distributed to all resident and non-resident units; the form of product refers to all final goods and services minus of goods and services. In the practice of national accounting, Gross Domestic Product is calculated by three approaches. i. e. product approach, income approach, and expenditure approach respectively to reflect Gross Domestic Product and composition from different aspects.

**28. 三次产业** 根据社会生产活动历史发展的顺序对产业结构的划分,产品直接取自自然界的部门称为第一产业;对初级产品进行再加工的部门称为第二产业;为生产和消费提供各种服务的部门称为第三产业。它是世界上通用的产业结构分类,但各国的划分不尽一致。我国三次产业的划分是:

第一产业:农业(包括种植业、林业、牧业和渔业)。

第二产业:工业(包括采掘业、制造业、自来水、电力、蒸气、热水、煤气)和建筑业。

第三产业:除第一、第二产业以外的其他各业。由于第三产业包括的行业多、范围广,根据我国的实际情况,第三产业可分为两大部分:一是流通部门,二是服务部门。具体又可分为四个层次:

第一层次:流通部门,包括交通运输、邮电通讯业,商业、餐饮业、物资供销和仓储业。

第二层次:为生产和生活服务的部门,包括金融、保险业,地质普查业,房地产业、公用事业,居民服务业,咨询服务业和综合技术服务业,农、林、牧、渔、水利服务业和水利业,公路、内河(湖)航道养护业等。

第三层次:为提高科学文化水平和居民素质服务的部门,包括教育、文化、广播电视、科学研究、卫生、体育和社会福利事业等。

第四层次:为社会公共需要服务的部门,包括国家机关、政党机关和社会团体,以及军队和警察等。

**Three Industries** Industry Structure has been classified according to the historical sequence of development. Primary industry refers to extraction of natural resources; secondary industry involves processing of primary products; and tertiary indutry provides services of various kinds for production and consumption. The above-mentioned classification is universal. It varies from country to country to some extent. Industry in China comprises:

Primary industry: agriculture(including farming, forestry, husbandry and fishery).

Secondary industry: industry(including mining, manufacture , water supply, electricity generation and supply, steam, hot water, gas, and so on) and construction.

Tertiary industry: all the other industry involves a large variety of industries in China, it is divided into two sectors: circulation sector and service sector and further into four levels:

The first level: circulation sector, including transportation, post and telecommunications, commerce, catering, material supply and distribution and warehousing.

The second level: service sector providing service for producers and consumers, including banking, insurance. geological survey, real estate, public utility, service for residents, consultancy service, and comprehensive technical services, and service for agricultrue, forestry, husbandry, fishery, water conservancy and road maintenance, internal water ways, etc.

The third level: service for improving education and cultural life of people, including education, culture, broadcasting, television, science research, sports and social welfare etc.

The fourth level: service sector providing services for public needs, including government agencies, political and party institutions, social organizations, army, and policemen.

**29. 经济类型的划分** 在我国国民经济中,以生产资料的所有制性质和国家有关法规为依据,对企业、个体工商户和个人合伙,以及其他经济组织划分如下九种经济类型:

国有经济指生产资料归国家所有的各种企业、事业单位以及各级国家机关、人民团体等单位。

集体经济单位指生产资料归公民集体所有的各种企业、事业单位。包括农村各种经济组织经营的农、林、牧、副、渔业,乡、村经营的企业、事业单位;城市、县、镇以及街道兴办的集体经济性质的企业、事业单位。

私营经济单位指生产资料归公民私人所有的单位。包括私营独资企业、私营合伙企业和私营有限责任公司。

个体经济是指生产资料归劳动者个人所有,以个体劳动为基础,劳动成果归劳动者个人占有和支配,包括所有按照规定进行工商登记注册的个体工商户和个人合伙。

联营经济单位指不同所有制性质的企业之间或者企业、事业单位之间共同投资组成新的经济实体,包括紧密型联营企业、半紧密型联营企业和松散型联营企业。

股份制经济单位指全部注册资本由全体股东共同出资,并以股份形式投资举办的企业。主要包括股份有限公司和有限责任公司。

外商投资经济单位指外国投资者根据中华人民共和国有关涉外经济的法律、法规,以合资、合作或独资的形式在中国大陆境内开办的企业。包括中外合资经营企业、中外合作经营企业和外资企业。

港、澳、台投资经济单位指港、澳、台地区投资者参照中华人民共和国有关涉外经济的法律、法规,以合资、合作或独资的形式在大陆举办的企业。包括合资经营企业、合作经营企业和独资企业。

其他经济指随着经济体制改革的深化,可能会出现除上述经济类型之外的新的其他经济形式。

**Classification of Economic Sectors** In Chinese national economy, all the firms and economic organizations are classified into nine sectors according to the ownership of the means of production and state laws and regulations:

State-owned Economic Unites refers to enterprises, institutions ,and government administrative organizations at various levels, social organizations and etc. with state ownership of production means.

Collectively-owned Economic Units refers to various enterprises and institutions with collective ownership of producting means. including various rural economic organizations engaged im agriculture, forestry, husbandry, sideline production, and fishery; enterprises and instuitions run by PNA towns and villages; collective enterprises and institutions run by cities, counties , towns and subdistricts committees.

Private-owned Economic Units refers to businesscs owned by individuals, including individual-owned private enterprises, jointly-owned private enterprises, and privately-owned companies of limited liabilities.

Individual Economy, including all the indiviual firms and partnertship which are registered as required refer to the entities where the means of production are owned by the workers. Based on individuals' work, the woring results belong to the workers themselves.

Joint Ownership Units refers to economic entities jointly invested by enterprises of different ownership of by enterprises and institutions ,and the partnerships among the joint ownership units can be close, half close, or loose.

Share-Holding Economic Units refers to enterprises invested in the form of share-holding with investment by all the share holders, which mainly include limited companies.

Foreign-Owned Economic Units refers to enterprises established by foreigners in the territory of mainland China according to the related economic laws and regulations of the People's Republic of China in the form of joint venture, cooperative venture, or sole investment, including Sino-foreign joint ventures, Sino-foreign joint cooperation enterprises, and solely foreign owned enterprises.

Economic Units Owned by business people from Hong Kong, Macao, Taiwan refer to enterprises established by investors from Hong Kong, Macao, Taiwan on the territory of mainland China according to the related economic laws and regulations of the People's Republic of China in the form of joint venture, cooperation enterprise venture ,and solely owned enterprises.

Other Ownership Economy refers to other new economic forms with the development of economic refom.

**30. 当年价格、可比价格、不变价格** 当年价格(或现行价格)是指报告期的实际价格,如工业品的出厂价格、农产品的收购价格、商品零售价格等。用当年价格计算的一些以货币表现的物量指标或劳务总量指标,如国内生产总值、工农业总产值、社会商品零售额等,反映当年的实际情况,使国民经济各项指标互相衔接,便于考察当年社会经济效益,便于对生产和流通、生产和分配、生产和消费之间进行经济核算和综合平衡。

按当年价格计算的以货币表现的指标,在不同年份之间进行对比时,因包含各年间价格变动的因素,不能确切地反映实物量的增减变动,必须消除价格变动的因素后,才能真实反映经济发展动态。因此,在计算增长速度时都使用按可比价格计算的数字。

可比价格在对不同时期的价值量指标对比时,扣除了价格变动的因素,以确切表示物量的变化。按可比价格计算有两种方法,一是直接按产品产量乘其不变价格;二是用价格指数换算。

不变价格是用某一时期同类产品的年平均(出厂)价格作为"固定价格",来计算各个时期的产品价值,以消除各个时期价格变动的影响,保证前后时期、地区之间、计划和实际之间指标的可比。但是,不变价格不是永久固定不变,随着工农业产品价格水平的变化,我国已先后编制过五次全国统一的工业产品和农产品不变价格,即 1952 年不变价格,1957 年不变价格,1970 年不变价格,1980 年不变价格,从 1991 年开始使用 1990 年不变价格。本《年鉴》上的不变价格使用的就是 1990 年不变价格。

**Current Prices, Comparable Prices, Constant Prices** Current prices refers to the actual prices in the report period, for example, industrial producers' prices, procurement prices of agricultural products, retail prices , and so on . Goods and services measured by the current prices , such as gross national product, such as gross output value of industry and agriculture, total retail sales, reflect the current-year actual activities. The various national economic indicators, such as current -year social economic efficiency, production, exchange, distribution and consumption could be understood and compared directly if they are measured by the current prices.

The indicators measured by the current prices can not exactly reflect the real change over different years if the price level changes during the period of time. The comparable prices would be used in measuring growth rates , in order to deflate the price change.

There are two approaches to use comparable prices, one is to multiply output by constant prices; the other is to be converted by price indexes.

Constant prices refers to the average (producers') prices of a given product in certain year, which are fixed and used for measurement of product value in many years. Constant prices isolate the pure change from the real growth. The product values measured by constant prices are comparable over time, across regions and between the planned and the actual. Constant prices, however , are not fixed for ever. As the price levels of industrial and agricultral products change , China has issued for five times the unified constant prices for products of industry and agriculture, the 1952 constant prices , 1957 constant prices. 1970 constant prices , 1980 constant prices. 1990 constant prices which have been used since 1991. The constant prices used in the Yearbook are that of 1990.

31. **人口数** 为每年12月31日的常住户口,不包括临时户口人数。

**Population** refers to the population with permanent residents registered by December 31 of every year, excluding the migrant population without resident permits

32. **人口自然增长率** 人口自然增长率亦称人口净增率,是指在一定时期内(通常为一年)人口自然增加数(出生人数减死亡人数)与该时期内平均人数(或期中人数)之比,一般用千分率表示。在死亡率大于出生率时,人口自然增长为负数。计算公式:

$$人口自然增长率 = \frac{本年出生人数-本年死亡人数}{年平均人数} \times 1000‰$$

$$人口自然增长率 = 人口出生率 - 人口死亡率$$

**Natural Growth Rate of Population** Birth rate, or crude birth rate , refers to the rate of birth numbers per thousand populations in PNA during a given year , which is often presented as ‰. The following formula is used:

$$\textit{Natural Growth of Population} = \frac{\textit{Number of Births - Number of Deaths}}{\textit{Average Number of Population}} \times 1000‰$$

$$\textit{Natural Growth of Population} = \textit{Births Rate-Death Rate}$$

33. **农业人口、非农业人口** 是人口按经济特征分组的主要指标。农业人口指依靠从事农业(包括种植业、林业、牧业、渔业)维持生活的全部人口,即包括从事农、林、牧、渔业生产的人口以及由他们抚养的人口。非农业人口指依靠从事农业以外职业的人口以及由他们抚养的人口。但长期以来,在户籍管理上,往往把在农村中就业并按工资形式获得劳动报酬及由其抚养的人口统计为非农业人口;在农村劳动并参加农村合作经济收益分配的人,及由其抚养的人口作为农业人口统计。

**Agricultural Population, Non-agricultural Population** are main indicators of population grouped by economic features. Agricultural population refers to the total number of people who live on agriculture, including farming, forestry, husbandry and fishery, and the people sponsored by them. Non-agricultural population refers to the number of people who live on non-agriculture, jobs and the people sponsored by them. According to the resident registering control system , however, the people who are employed in rural area, receive income, and the people sponsored by them are actually registered as non-agricultural population. The people who work in rural area and receive their income from agricultural collective units and the people sponsored by them are statistically defined as agricultural population.

34. **城镇人口、农村人口** 是人口按居住地域分组的统计指标。浦东新区的"镇"是按照国家关于设置市、镇建制的有关规定,经上海市人民政府批准设置的镇。1995年11月浦东新区撤乡建镇,实行镇管村体制,因此,按统计制度规定,从1996年开始新区人口全部统计为"城镇人口"。

一般来说,城镇人口绝大部分是非农业人口,但在实行镇管村体制后,新区城镇人口中就有相当数量的农业人口。

**Urban Population, Rural Population** are statistical indicators of population that are grouped by residential regions. "town" in PNA, is an equivalent to "township" in non-PNA regions of the country, which has been approved by Shanghai Municipality according to the relevant state regulations.

Generally speaking, among the urban population, majority is non-agricultural population. The rest is agricultural population. Among the rural population, majortity is agricultural population. The rest is non-agricultural population.

**35. 从业人员** 指从事一定社会劳动,并取得劳动报酬或经营收入的人员。包括:

(1)全部职工;

(2)再就业的离退休人员;

(3)私营业主、个体户主及其从业人员;

(4)乡镇企业从业人员;

(5)农村从业人员;

(6)其他从业人员(包括民办教师、宗教职业者、现役军人等)。

这一指标反映了一定时期内全部劳动力资源的实际利用情况,是研究我国基本国情国力的重要指标。

各单位的从业人员是指在各级国家机关、政党机关、社会团体及企业、事业单位中工作,并取得劳动的全部人员。包括职工,再就业的离退休人员,民办教师以及在各单位中工作的外方人员和港、澳、台方人员。

各单位的从业人员反映了各单位实际参加生产或工作的全部劳动力。

**Persons Employed** refers to total number of persons engaged in social labor who receive income, including:

(1) Toal staff and workers;

(2) Reemployed retired peopl;

(3) Self-employed people and their employees;

(4) Employees in town enterprises;

(5) rural employees;

(6) Other social employees (eg. non-government-paid teachers, religious workers , servicemen).

This indicator reflects the actual utilization of total labor force during a certain period of time and is often used for the research of China's economic affairs and man power.

Persons Employed in Various Units refers to total staff working for government agencies of various levels, political party organizations, social organizations and enterprises and institutions receiving income , including staff reemployed retiree, non-government paid teachers foreigners and Chinese compatriots from Hong Kong, Macao and Taiwan working in various units.

The indicator reflects the total employees actually engaged in production or other operations in various units.

**36. 职工** 指在国有经济、城镇集体经济、联营经济、股份制经济、外商和港、澳、台投资经济、其他经济单位及其附属机构工作,并由其支付工资的各类人员。

**Staff and Workers** refers to those who work in (and receive income there from) enterprises and institutions by state ownership, collective ownership, joint ownership, share-holding, foreign ownership, and ownership by Chinese from Hong Kong, Macao, and Taiwan, and other ownership and their affiliated units.

**37. 职工工资总额** 指各单位在一定时期内直接支付给本单位全部职工的劳动报酬总额。

工资总额的计算原则应以直接支付给职工的全部劳动报酬为根据。各单位支付给职工的劳动报酬以及其他根据有关规定支付的工资,不论是计入成本的还是不计入成本的,不论是按国家规定列入计征奖金税项目的,还是未列入计征奖金税项目的,不论是以货币形式支付的还是以实物形式支付的,均包括在工资总额内。

**Total Wages of Staff and Workers** refers to total remuneration payment to permanent staff and workers of various units during a certain period of time.

The calculation of total wages is based on the total remuneration payment and therefore, wages and salaries and other payments to workers and staff regardless of its resources , category , in kind or cash.

**38. 职工平均工资** 指企业、事业、机关单位的职工在一定时期内平均每人所得的货币工资额。它表明一定时期职工工资收入的高低程度,是反映职工工资水平的主要指标。计算公式为:

$$职工平均工资 = \frac{报告期实际支付的全部职工工资总额}{报告期全部职工平均人数}$$

**Average Wages of Staff and Workers** refers to the average wages in money terms per person during a certain period of time for workers and staff of enterprises , institutions , and government agencies , which reflects the general level of wage income during a certain period of time and is calculated as follows:

$$\textit{Average Wages of Staff and Workers} = \frac{\textit{Total Wages of Staff and Workers in Reference Period}}{\textit{Average Number of Staff and Workers in Reference Period}}$$

**39. 职工平均实际工资** 指扣除物价变动因素后的职工平均工资。计算公式为:

$$职工平均实际工资 = \frac{报告期职工平均工资}{报告期城镇居民消费价格指数}$$

**Average Real Wages of Staff and Workers** refers to average wages of staff and workers after removing the effects of price changes , which is calculated as follows:

$$\textit{Average Real Wages of Staff and Workers} = \frac{\textit{Average Wages of Staff and Workers in Reference Period}}{\textit{Consumer Price Index of Urban Residents in Reference Period}}$$

**40. 工业** 指从事自然资源的开发,对采掘品和农产品进行加工和再加工的物质生产部门,具体包括:(1)对自然资源的开采,如采矿、晒盐、森林采伐等(但不包括禽兽捕猎和水产捕捞);(2)对农副产品的加工、再加工,如碾米、磨粉、酿酒、榨油、轧花、缫丝、屠宰、纺织、制革、药材加工等;(3)对采掘品的加工、再加工,如炼铁、炼钢、轧钢、炼焦、化工生产、石油加工、机器制造、木材加工等,以及自来水、煤气和电力的生产及供应等;(4)对工业品的修理、翻新,如修理机械设备、交通运输工具等。

**Industry** refers to material production sectors engaging in extraction of natural reources and processing of natural resources agricultual products and reprocessing, including(1) extraction of natural rescources, such as mining, extracting salt, felling trees (hunting and fishery are not included);(2)processing and reprocessing of farm and sideline products , such as rice husking, wheat milling , wine making , oil pressing, cotton ginning, silk reeling , animal slaughtering, textile, hides processing and medical herb processing;(3)processing and reprocessing of the extracted products , such as steel making, iron smelting, steel rolling, coke making , chemicals manufactring, petroleum processing, machine manufacturing, timber processing and production and supply of tap water, gas and electricity ;(4)repairing of industrial producls such as machinery and means of transportaion.

**41. 工业企业主要财务指标**

(1)资本金合计

资本金指企业在工商行政管理部门登记的注册资金。资本金合计包括国家资本金、法人资本金、个人资本金、外商资本金和集体资本金等。

国家资本金是指有权代表国家投资的政府部门或者机构以国有资产投入企业形成的资本金。不论企业的资本金是哪个政府部门或机构投入的,只要是以国家资金进行投资的,均作为国家资本金。

法人资本金是指其他法人单位以其依法可以支配的资产投入企业形成的资本金。

个人资本金是指社会个人或本企业内部职工以个人合法财产投入企业形成的资本金。

外商资本金是指外国投资者以及香港、澳门、台湾地区投资者投入企业形成的资本金。

集体资本金是指集体所有制企业投入企业形成的资本金。

(2)资产总计

资产是指企业拥有或者控制的能以货币计量的经济资源,包括各种财产、债权和其他权利。资产按其流动性(即资产的变现能力和支付能力)划分为:流动资产、长期投资、固定资产、无形资产、递延资产和其他资产。

流动资产合计是指可以在一年内或者超过一年的一个生产周期内变现或者耗用的资产合计。流动资产年平均余额是指一年内工业企业全部流动资产的平均余额。

固定资产合计,固定资产是指使用年限在一年以上,单位价值在规定标准以上,并在使用过程中保持原有物质形态的资产,包括房屋及建筑物、机器设备、运输设备、工具器具等。固定资产合计是指企业固定资产净值,固定资产清理,在建工程、待处理固定资产损失所占有的资金合计。固定资产原值是指固定资产按取得时的实际成本计价。在固定资产尚未交付使用或者已投入使用但尚未办理竣工决算之前发生的固定资产的借款利息和有关费用,以及外币借款的汇兑差额,应当计入固定资产价值,之后的计入当期损益。接受捐赠的固定资产应按照同类资产的市场价格或有关凭据确定固定资产价值,接受捐赠固定资产时发生的各项费用,应当计入固定资产价值。融资租入的固定资产,按租赁协议确定的设备价款、运输费、途中保险费、安装调度费等支出计价、扩建过程中发生的变价收入,加上由于改建、扩建而增加的支出计价。盘盈的固定资产,按重置完全价值计价。固定资产净值是指固定资产原值减去累计折旧后的净额。

(3)负债合计

负债合计是指企业承担的能力以货币计量,将以资产或劳务偿付的债务总计。负债一般按偿还期长短分为流动负债和长期负债。流动负债合计是指企业一年内或超过一年的一个营业周期内偿还的债务;长期负债合计是指偿还期在一年以上或者超过一年的一个营业周期内偿还债务。

(4)产品销售收入

产品销售收入是指企业销售成品,自制半成品,提供工业性劳务等主要经营业务取得的业务总额。

(5)利润总额

利润总额是指企业实现的利润。

## Major Financial Indicators of Industrial Enterprises

(1)Total Capital Assets

Total Capital Assets refers to an enterprise's capital registered with a local industrial and commercial adminisitrative department. The total capital assets includes the capital assets of the state, the legal persons, individuals, foreign investors and collectives.

State capital assets means the capital accest derived from the state-owned assets invested into enterprises by government departments or organizations which have the right to invest on behalf of the state. No matter the capital in cash if an enterprises comes from which govenment department or organization, it shall be deemed as the state capital assets if the investment comes from the state fund.

Legal person capital assets refers to the capital assets stemmed from the investment put into an enterprise by other firms using assets legitimately at their disposal.

Individual capital assets is the capital assets derived from investment put into an enterprise by individuals or the enterprise's employees using their legitimates personal possession.

Foreign investor's capital assets refers to the capital assets resulting from investment put into an enterprise by foreign investors or investors from Hong Kong, Macao and Taiwan.

Collective capital assets is the capital assets derived form investment put into an enterprise by collective enterprises.

(2)Total Property

Total property means economic resources owned or controlled by an enterprise which can be calculated in monetary terms. They include all types of properties, creditor's rights and other rights. In view of their liquidity (e.g, cash ability and paying capacity). property can be divided into circulating fund, long-term investment, fixed assets, intangible assets, deferred assets and other assets.

The total circulating funds refer to an enterprise's total cashable or usable assets within a production cycle which can be either shorter or longer than a year. The annual average balance of circulating funds means the average balance of the total circulating funds of an enterprise within a year.

The total fixed asset mean assets with a duration over one year, a unit price above the prescribed level an maintaining their original physical shape during the utilization period. They include houses, buildings, machines, equipment, transport facilities, tools and instruments. The total fixed assets and the add-up of the new value of the fixed assets retirement of fixed assets, projects under construction and the capital occupied for handling the net loss of the fixed assets of an enterprise. They include the original value, the net value and the annual net value balance of the fixed assets. The original value of the fixed assets is the cost price of the assets at the time of their obtaining. The loan interest and other fees concerning the fixed assets before they are put into use of after they are put into use but before the final settlement of account and the balance of exchange of the relevant foreign exchange loans shall be included into the value of the fixed assets , but they shall be grouped into the current period profits and losses afterwards. The value of donated fixed assets shall be calculated according the market price of the same type assets of relevant credentials and shall include all the fees related to accepting of the donation. The value of the fixed assets obtained through capital leasing shall include the equipment prices as prescribed in the leasing contracts , the transportation fee, the transportation insurance and the cost of installation and testing . The value of the renovated and expanded assets shall be equal to the original book value of the original assets minus the income from the current price occured during the renovation and expansion process and plus the expenditure for the renovaton and expasion . The value of the investory profit-generated fixed assets shall be equal to the complete replacement price . The net value of the fixed assets is the result of deduction the accumulated depreciation from the original value of the fixed assets.

(3) Total Liabilities

Total Liabitities refer to the total debts of an enterprise which can be calculated in monetary terms and will be repaid in the forms of assets of service . Usually the debts are divided into liquid liability and long-term debt according to the length of the payback period. The liquid liability is the debt that an enterprise will pay back during an operation cycle , which is either shorter or longer than a year. The long-term debt refers to a debt whose payback period is longer than a year or which will be repaid during an operation cycle , which is longer than a year.

(4) Revenue of Product Sales

Total after tax profits the total protits and losses realized by an enterprise during a given period of time and is its final financial result . It includes operating profit , subsidies, investment yield and non-operationg income. Total after tax profits the total profits and losses realized by an enterprise during a given period of time and is its final financial result . It includes operating profit , subsidies, investment yield and non-operating income.

(5) Total profits

Total profits refer to the profits gained by the enterprises.

42. **耕地面积** 是指年初可以用来种植农作物、经常进行耕锄的田地,除包括熟地、当年新开荒地、连续撂荒未满三年的耕地和当年的休闲地(轮歇地)外,还包括以种植农作物为主并附带种植桑树、茶树、果树和其他林木的土地,以及沿海、沿湖地区已围垦利用的“滩涂”。

**Space of Cultivated Land** refers to farmland which is plowed constantly for growing agricultural crops , including cultivated land, newly cultivated land in the current year, farmland left without cultivation for less than three years and fallow land in the current year, farmland with some fruit trees , mulberry trees , tea trees and other trees and cultivated seashore land , lake land etc. Land planted totally with mulbery trees , tea trees and orchards etc. are not included in this category.

# 搜房网络
# 广告服务

## 搜房网网络广告服务简介

截止到2001年1月，中国的互联网用户已达到2300万，比年初增长了一倍。据预测，到2004年中国的互联网用户将是1亿，他们的主力年龄是28–35岁。从现在到未来几年内，28–35岁的人群也将是房地产的主力消费群。

### 与传统广告形式而言，搜房网络广告有以下一些特点：

- 互动性强
- 效果易于测量
- 针对性强
- 广告不受时空限制
- 定向性强

搜房网已成为房地产业投放广告的必选媒体，搜房网上拥有海量的、直接的潜在客户：

每天近300万的页面浏览量是您广告投放效果的保障。

根据调查，搜房网81.25%的浏览者为大专及以上文化；88.76%在25–45岁之间；96.3%的人上搜房是查找想要的信息；74.5%的人是寻找买卖租赁信息。

与Sina.com、Sohu.com结成战略联盟，合作推出房产家居频道，点击Sina.com、Sohu.com房产家居频道后，直接进入SouFun.com首页，从而为客户的广告带来大量的业主访问者。

## 搜房网网络广告服务种类：

- 图片类广告：

旗帜（Banner）广告（468*60、400*50）
按钮（Button）广告（120*60、100*50、160*60）
新闻图片（150*123）

- 文字链接广告：

页面各处的纯文字链接，具体为：
首页：滚动文字、每日新闻条、重点推荐文字条、大中华热销楼盘；
交易网：楼市话题、房博士推荐、人气排行榜。

- 特殊效果广告：

是搜房网根据市场需要创造和借鉴的新型广告形式：
全景式广告：点击搜房网相应网址后，先出现客户楼盘的页面，2、3秒后，出现搜房网相应页面，楼盘广告在相应页面上；
下拉式广告：当鼠标移动到广告上时，下拉出一个更大的广告条；
背景广告：客户楼盘以背景形式出现在搜房网相应页面上；
弹出广告：随搜房内容同时弹出的广告；
游动广告：可在页面上移动的广告；
巨型广告：比普通广告大得多，从而吸引购房者点击。

搜房同时为客户提供上述广告形式的文案创意、美术设计（综合运用Dreamweaver、Dhtml、Flash、Java及音频、视频等技术）服务，最大限度的将网络科技和创造艺术完美地结合，为客户创造效益。

- 栏目冠名赞助及栏目出租

冠名赞助：大中华热销楼盘、最新动态、楼市话题、购房顾问、楼市快递、房博士推荐、家居商城（家居网）、家装建材及时信息（家居网），该栏目顶端出现“此栏目由某某赞助”字样。
栏目出租：家居商城（家居网），该栏目将在一定期限内完全登载承租方提供的内容。

- 广告策划及代理

广告策划：利用搜房网平台，为客户策划和举办各种楼盘推广活动，使客户以尽量少的花费取得最大的效果。现提供以下所列的各种策划服务：有奖调查、网上新盘发布及推广、在线评选、老总论坛、网上直播房产游戏等；
广告代理：搜房网为客户代理发布各种网络媒体的广告，并为其提供网络广告的投放时间、网页、位置、价格、广告组合等各种咨询建议。

**全心全意为产业服务**

E-mail:Marketing@SouFun.com

北京公司
电话：010–65669466
传真：010–65669468

上海公司
电话：021–68863036
传真：021–58889235

深圳公司
电话：0755–2125699
传真：0755–2125997

重庆公司
电话：023–63763882
传真：023–63763885

天津公司
电话：022–27501702
传真：022–27501732

厦门公司
电话：0592–2394498
传真：0592–2394498

成都公司
电话：028–6743269
传真：028–6755574

贵阳公司
电话：0851–5622623
传真：0851–5622623

台湾公司
电话：02–27350563
传真：02–27350698

香港公司
电话：852–29736336
传真：852–29736300

搜房 SouFun www.SouFun.com

# 中指 城市典型住宅指数

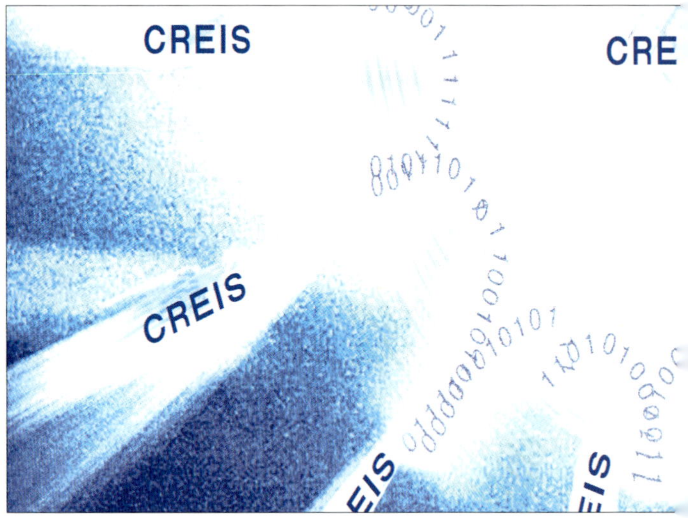


“典型住宅指数系统”在中房指数系统理论体系和架构的基础上，通过对城市各区域房地产项目的典型特性分析（其中最重要的是价格），从局部到综合反映房地产市场微观领域的态势及走向，并通过各区域市场的反映达到对整个城市房地产市场的反映与监测。整个系统设计包括理论设计、典型项目的选取、指数计算、市场分析及媒体发布。该系统由15至30个典型住宅项目价格指数和其合成指数构成。

## NEIHAN 内涵

* 定期、准确、权威的市场分析系统；
* 独特、高效、持续的广告效应；
* 创造品牌的认证体系；
* 强大的通讯功能，基于搜房网，开发商与购房者直接交流信息。

## LICHENG 历程

| | |
|---|---|
| 1998年12月 | 美国硅谷 中房指数系统秘书长莫天全组织并主持指数研究小组。完成“城市典型住宅指数系统”的理论与运行设计。 |
| 1999年1月 | 中房指数系统向全国学术界、产业界、政府主管部门专家、学者征求意见。 |
| 1999年2月 | 北京：典型住宅指数首次新闻发布会，现代城、万科城市花园等典型项目成为首批入选样本项目。 |
| 2000年1月 | 经过一年的运行实践，以典型指数系统为核心的“三位一指”立体化营销推广系统诞生。 |
| 2000年9月 | 天津：典型住宅指数首次新闻发布会，万科花园新城、顺驰世纪城等典型项目成为首批入选样本项目。 |
| 2000年11月 | 重庆：典型住宅指数首次新闻发布会，龙湖花园、华宇广场等典型项目成为首批入选样本项目。 |
| 2000年12月 | 上海、深圳、成都、厦门正式开展典型住宅指数选样工作。 |

## ZHANWANG 展望

城市典型住宅指数将在以后得到更广泛地发展与应用，与各地开发投资企业、共创品牌，为房地产业的发展作出贡献。

**全心全意为产业服务**

E-mail:Marketing@SouFun.com

| 北京公司 | 上海公司 | 深圳公司 | 重庆公司 | 天津公司 |
|---|---|---|---|---|
| 电话：010-65669466 | 电话：021-68863036 | 电话：0755-2125699 | 电话：023-63763882 | 电话：022-27501702 |
| 传真：010-65669468 | 传真：021-58889235 | 传真：0755-2125997 | 传真：023-63763885 | 传真：022-27501732 |
| 厦门公司 | 成都公司 | 贵阳公司 | 台湾公司 | 香港公司 |
| 电话：0592-2394498 | 电话：028-6743269 | 电话：0851-5622623 | 电话：02-27350563 | 电话：852-29736336 |
| 传真：0592-2394498 | 传真：028-6755574 | 传真：0851-5622623 | 传真：02-27350698 | 传真：852-29736300 |

# 搜房研究院简介

SOUFUN.COM ACADEMY

SOUFUN.COM ACADEMY INTRODUCTION

搜房研究院是世界上第一个房地产 .com 研究院，旨在为房地产业界精英提供一个交流平台，本着务实、创新、服务社会大众的理念，共同探索中国房地产业的发展方向，预测房地产市场的走势，引领产业的概念及实践创新，促进大中华地区 IT 产业与房地产业的紧密结合，为产业整体发展提供全方位的服务。

搜房研究院不同于一般的新兴房地产网络公司，也不同于传统意义上的研究机构或顾问公司，因其具备了自身特有的优势。第一，资金支持。搜房资讯有限公司由美国国际数据集团（IDG）和高盛（Goldman sachs）投资，这为研究院提供了长期发展所需的资金保证。第二，人才资源。搜房研究院汇集了一大批国外、国内研究领域与房地产业界精英及专业团队，特聘国内外知名企业、政府主管部门、学术团体的专家作为研究院的专家研究员。第三，市场资源。中房指数系统建立了全国及各重要城市房地产市场监控体系，被道琼斯指数、法国路透社采纳为唯一反映中国房地产市场状况的晴雨表。中指长期树立的权威性与专业性，为研究院的发展奠定了坚实的基础。第四，网络平台。搜房网（Soufun.com）作为搜房研究院的技术支持平台，构筑一种立体的、全方位的，网上、网下相结合的高效运作体系，为客户提供房地产全程解决方案。

搜房研究院主要设置了四个方面业务：企划中心、中房指数系统、信息出版部、教育培训部。

## 中房指数系统系列产品

- 中房指数月报
- 中房预警报告
- 中国各大城市房地产市场报告（北京、上海、深圳、重庆……）
- 中房典型指数报告

《中房指数月报》、《北京房地产市场报告》已全新改版。

## 信息出版部

- 房地产统计年鉴
- 房地产系列丛书、专著
- 职业培训与资格考试教材、参考书目、案例分析
- 媒体出版物，包括传统媒体、网络媒体和多媒体

《中国房地产指数：理论与实践》、《购房指南》等系列丛书即将出版。

## 教育培训部

- 开展业内高级培训
- 提供置业资格考前培训
- 实现 E-EDUCATION
- 促进国际交流合作

与剑桥大学国际地产学院联合主办的"房地产开发与金融总裁留学班"已经启动。

# 搜房研究院企划中心

搜房研究院企划中心

SOUFUN.COM ACADEMY ADIVICE CENTER

**服务宗旨** **以客户的最大利益为我们的出发点**

**我们的目标** **全心全意为产业服务，共建美好家园**

搜房企划中心是为房地产投资开发商提供房地产市场调研、项目定位、营销策划等全面解决方案的综合型房地产投资顾问机构。企划中心凭籍公司拥有的具权威性的中房指数系统和强大的搜房网专业数据库，以及国内外众多经验丰富专家和行业精英，竭诚为房地产业提供一流的全程服务。公司业务遍及大中华地区。主要业务范围为：

### 数据信息提供

经验丰富的中房指数专业市场调查大队在全国十多个中心城市开展了广泛的市场调查，获得了详实的第一手资料，建立了多种资料数据库。为您提供房地产政策法规、宏观经济数据、房地产开发统计数据、房地产指数、房地产项目详细情况等信息服务。

### 房地产市场分析研究

房地产市场分析研究，是搜房资讯有限公司一项重要业务。利用中房指数掌握的详实可靠的基础资料，对您有意开发的区域或项目进行市场前景分析、风险分析、发展策略分析等，并提供相应研究成果报告。

### 项目可行性研究及定位分析

一个项目的成功与否，首先决定于先期开发阶段能否以市场为先导，对项目进行准确定位和研究。基于多年的房地产市场研究经验，企划中心可以向开发商提供拟开发项目的投资分析、竞争对手分析、产品创新分析及项目的运作技巧和操作方式，作出全方位、多角度、多层次的项目可行性分析及定位分析。

### 项目全程营销策划（含INTERNET）

搜房的优势还在于传统的房地产营销与互联网电子商务的有机结合。我们注重基于Internet基础上的各种有效的房地产全程营销解决方案的研究和开发，旨在为我们的产业与企业带来全新、有效的运作模式和市场开发方式。

### 房地产企业诊断及发展战略

房地产企业的生存、发展、壮大建立在企业对外部环境和内部资源准确判断的基础上。基于为多家企业提供房地产全方位服务的经验，搜房研究院在把握全局的情况下对企业的优势、劣势以及未来发展方向进行客观公正的诊断，并提出相应整改方案，为企业可持续发展提供创新思路。

### 房地产企业管理信息系统

信息时代，传统的房地产企业必然会面临新的机遇和挑战。结合当今领先的管理技术、信息技术、INTERNET应用技术及我们丰富的房地产企业信息、管理实践，为房地产企业建立管理信息系统，实现管理流程程序化及企业信息资源的有效配置，塑造企业现代化形象，提高企业的竞争力。

### 土地及房屋资源信息系统的建立（GIS）

搜房研究院在全面详实调查的基础上，整合相关政府部门信息资源，运用GIS平台建立区域或城市土地、房屋资源信息系统，为政府土地利用、长远规划、招商引资等提供决策依据，为企业细分市场定位提供准确的基础数据。

# 《中国房地产指数系统月报》(月刊)、《北京房地产市场报告》(季刊) 现已全面改版

## 《中国房地产指数系统月报》(月刊)

【目标定位】中国房地产指数系统是由中国房地产业协会指导、搜房研究院承办的国内最早的房地产市场监控系统。作为中国房地产指数发布平台的《中国房地产指数系统月报》定位于准确把握全国和地方城市房地产市场脉搏,全面分析房地产市场当前形势和热点,掌握房地产市场规律,预测未来走势,为全国房地产开发商、中介服务机构、政府和金融界有关部门提供信息服务和决策依据。

【内容简介】主要栏目有:(1)中房指数系列报告。包括北京、上海、重庆、深圳等主要城市价格指数和北京写字楼租金指数月报。(2)焦点事件。对房地产市场最具影响的事件进行深度分析。(3)地产人物。介绍业界著名人物及其对市场、营销、项目、政策等的观点、看法和预测。(4)典指报告。根据典型项目指数分析城市住宅市场变动情况。另外,还不定期推出个案分析、业界视点、市场营销、政策评述、地产金融、市场调查等栏目。

【出版时间】每月16日出版

【定　　价】600元/年·12期

## 《北京房地产市场报告》(季刊)

【目标定位】北京房地产市场报告力求全面把握北京房地产市场;透析新政策、新概念、重大事件等对北京房市影响;探索市场发展规律,为北京房地产开发商、中介机构、政府和金融界有关部门提供决策参考。

【内容简介】主要栏目有:(1)市场总体形式分析。主要通过投资、供给和需求等因素分析,对北京房地产市场形势和前景作出判断和预测。(2)分物业市场分析。利用统计资料及分物业中房指数,结合具体项目、政策等,对住宅、办公用房、写字楼等分物业市场进行分析、判断、预测。(3)焦点事件。对房地产市场具有重大影响的事件进行深度分析。(4)地产人物。业界著名人物介绍。不定期推出的栏目有:个案分析、业界视点、市场营销、政策评述、地产金融和市场调查等。

【出版时间】每年1、4、7、10月底出版

【定　　价】600元/年·4期

讯地址:北京朝阳区东环南路2号航华科贸中心招商局大厦2606室
编:100022
话:(010)65669466转205、208
真:(010)65669468
系人:李全先生 周樱小姐
址:WWW.SOUFUN.COM
子邮箱:consult@soufun.com

# 北京市公交房地产开发公司简介

北京市公交房地产开发公司成立于1992年，隶属于北京市公共交通总公司，为全民所有制企业。公司的宗旨是“发展公交、服务社会、以人为本、追求完美”。

公司成立以来，先后开发了静安中心、京润大厦、巴黎公寓、爱地大厦等项目，完成开发建筑面积15万平方米，取得了较好的社会效益和经济效益，为公交事业的发展做出了较的贡献。为适应房地产市场的形势，为社会各界提供一个自然、温馨、和谐的家居，目前公司正集中力量开发住宅项目，正在建设开发的项目有：紫苑阁（海淀区花园村）、天泽园（宣武区核桃园）、安馨园（东城区安定门）、丽景馨居（朝阳区甘露园）、回龙观公交住宅小区（经济适用房）。

快乐无穷大

龙庆峡（假日）乡村俱乐部

5 + 2 健 康 生 活 新 选 择

# 每套10万元起

## 拥有带产权的假日酒店

### 每月只需出租2天，即可还清银行月供，让你玩出钱来！

◆ 快乐无穷大—龙庆峡（假日）乡村俱乐部位于素有“北京夏都”之称的延庆县龙庆峡风景区内，从马甸桥上八达岭高速驱车一小时即到。东距龙庆峡入口处1300余米，西邻石京龙滑雪场、背靠延绵青山，南望近500亩的桃林。项目总占地16万平方米，总建筑面积为5.35万平方米，绿化率高达75%，容积率仅为0.33。

◆ 京城首家带产权的假日酒店。送全部精装修，送全套家具及包括床单、被罩在内的全套床上用品，甚至还送全套电器：25寸超平彩电、影碟机、冰箱、微波炉、电话（无需支付初装费），入住时只要带上自己的衣服，真正的物超所值！你的所得决不仅仅是这些——无污染的青山绿水（20多个风景区分布四周），近万米的会所里齐全的配套设施，30余种康乐项目，200亩的山林绿地，童话中的山景木屋，夕阳下的沙滩碧水，还有“快乐无穷大”与“5+2健康生活的新选择”。

◆ 玩出钱来。根据当地酒店、宾馆、饭店平均收费标准，本项目每套房每月只须出租2天，即可还清银行月供，第三天、第四天……即是你的利润。每月只需出租5天，除去费用回报率仍可高达33%！

◆ 包租——对投资回报最有力的承诺。对于购买5套以上的业主，本项目的物业管理集团承诺以包租的方式保证业主每套房每月RMB833元的租金收益（并在包租期内免收物业管理费、采暖费、水电费等费用）。包租期至少5年。这样若投资人选择银行按揭付款方式每套首付2万元，月付553元，每月除去还给银行的钱外，投资人还能赚取280元的利润，每套房一年的利润是3360元，回报率高达16.8%。但这决不是你全部的所得——20年后，银行贷款还清，每月每套的利润将是833元（还没有考虑租金上调的因素，若考虑该因素，利润会更高），每年即是9996元的收益，此时回报率将高达49.98%.同时，你又拥有了一套假日酒店的产权，何乐而不为？

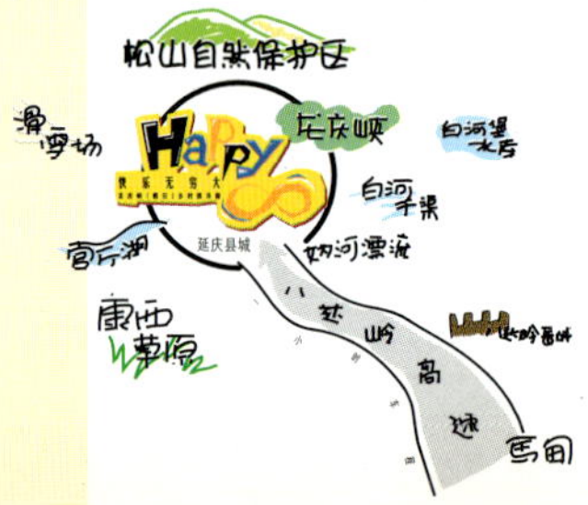

立林电子
LEELEN
千年防线 来自坚实的积累
创建安全文明智能住宅小区的管理系统
系统功能
可视防盗对讲
通讯联网
监视监控
报警求助
多路报警
自动抄四表
智能“一卡通”
强大的物业管理
通过ISO9002
厦门立林保安有限公司
地址：厦门火炬高科技开发区创新城6、7楼
邮编：361006
电话：0592-5620918 5625928 5717838
http://www.leelen.com
E-mail:leelen@public.com.cn
北京世纪立林科技有限公司
地址：北京市丰台区菜户营鹏润家园2A--107号
邮编：100054
电话：010-63438588 63432820 63432821
63432823 63432824 63488121
传真：010-03488303

# 中山威利信建材公司

## --凯莱系列卫浴产品

**colour Sh0wer room**

*perfact pursuit of*

**MORDEN LIVE**

**FA-90082/FA-900A**
Size:900x900x1930mm
**FA-80082/FA-800A**
Size:800x800x1930mm

**FC-90072/FC-900A**
Size:900x900x1960mm
**FC-80072/FC-800A**
Size:800x800x1960mm

**FA-90012/FA-900**
Size:900x900x2005mm
**FA-80012/FA-800**
Size:800x800x2005mm

凯莱卫浴:以其新颖的设计、美观的造型坚固耐用的特性在卫浴行业独树一帜。多种款式、多种型号标准或不标准规格一应俱全,特别是根据不同的空间量身定做的非标准产品将使您有更多的选择。凯莱卫浴现已成为现代宾馆、酒店、高档住宅以及普通家庭的首选品牌之一。

凯莱卫浴采用德国先进技术和德台合资生产的精美五金原件精心打造而成,所有的产品均采用安全玻璃(该项技术现已获ISO9002和英国BSI认证)。

凯莱卫浴将以其宜人的色彩,精湛的工艺,优质的服务为您营造一个典雅舒适的卫浴空间。

凯莱卫浴 带给您舒适清爽每一天。

总公司:0760-8502999
北京分公司:010-63846375
联系人: 谭明 移动电话:13001023708